아비뇽의 여인들 또는
폭력의 두 얼굴

아비뇽의 여인들 또는 폭력의 두 얼굴

초판 1쇄 인쇄 2017년 9월 25일
초판 1쇄 발행 2017년 9월 30일

지은이 정항균
펴낸이 성낙인
펴낸곳 서울대학교출판문화원

출판등록 제15-3호

주소 08826 서울 관악구 관악로 1
대표전화 02-880-5252 | **팩스** 02-888-4148
전략기획팀(출판상담 및 홍보) 02-880-5217
출판관리팀(주문상담) 02-889-4424, 02-880-7995
이메일 snubook@snu.ac.kr
홈페이지 www.snupress.com

ISBN 978-89-521-1929-2 93800

이 책의 출판은 2016년 서울대학교 인문대학 인문학 '학술총서 출간' 지원 사업의 지원을 받았음.

폭력의 두 얼굴

아비뇽의 여인들 또는

정항균 지음

서울대학교출판문화원

The Virgins of Avignon or the Two Faces of Violence

Jeong, Hang-Kyun

Seoul National University Press

| 머리말 |

미국의 저명한 심리학자인 스티븐 핑커는 자신의 저서에 '우리 본성의 선한 천사'라는 제목을 붙이며, 근대적 이성에 대한 확고한 믿음을 바탕으로 인류가 어떻게 폭력에 맞서 싸워 왔으며 평화로운 사회를 향한 지난한 노력을 수행해 왔는지 보여 준다. 비록 나는 이 책에서 핑커가 제시한 여러 가지 테제들을 다양한 측면에서 비판하기는 했지만, 그것이 결코 핑커의 책을 폄하하려는 의도는 아니다. 사실 나는 내 자신과 다른 생각을 지닌 사람들의 책을 읽기를 좋아하며 그것으로부터 가장 많이 배운다. 왜냐하면 나와 다른 생각을 지닌 사람들은 나에게 끊임없이 질문을 던지며 내가 지닌 생각이 과연 옳은지 성찰하게 만들기 때문이다. 이 책은 핑커의 책을 읽기 전에 거의 완성이 되었지만, 우연의 일치인지는 모르겠지만 다시 책의 구성을 살펴보니 핑커의 책에 대한 일종의 답변처럼 쓰여 있음을 확인할 수 있었다. 이 책의 제목 역시 핑커의 책을 읽고 떠올랐다. 이러한 점을 염두에 두면서 이 책의 제목에 대해 설명하고, 책의 구성과 각 단원의 내용을 간략히 소개하고자 한다.

이 책의 제목은 '아비뇽의 여인들 또는 폭력의 두 얼굴'이다. 초등학교 때 우연히 피카소의 그림을 본 적이 있었다. 그 당시에는 서양미술사에 대한 지식이 전혀 없었기 때문에 내 눈에 생경하게 보이는 그림들이 유치해 보이기도 했지만 그 낯설음이 무섭게 느껴지기도 했다. 그중 피카소의 〈아비뇽의 여인들 Les Demoiselles d'Avignon〉(1907)이라는 그림이 단연 눈에 들어왔다. 특히 가면을 쓴 듯한 얼굴, 눈과 코를 각기 다른 시점에서 그린 듯한 어색한 얼굴이 몹시도 낯설고 무서웠다. 그래서 그 얼굴을 지우고 제대로 된 사람 얼굴을 그려 넣었으면 하고 바라던 기억이 난다. 피카소의 그림은 사람의 얼굴에 가해진 폭력처럼 느껴졌고, 그것을 올바로 돌려놓아야 할 어떤 의무감을 가졌던 것이다.

물론 시간이 흐르고 피카소의 그림에 대해 조금씩 알게 되면서 이러한 생각은 바뀌었다. 피카소는 이 그림에서 사창가에서 일하는 창녀들의 모습을 보여 주고 있고, 창녀들이 자신의 일을 하기 위해 써야 했던 보이지 않는 가면을 가시적으로 보여 줌으로써 가면처럼 보이는 왜곡된 얼굴에 감춰진 폭력을 묘사하였던 것이다. 그러나 이러한 폭력의 가시화를 뛰어넘어 피카소의 그림을 신체에 대한 다중시점주의적인 묘사로 해석할 때, 또 다른 폭력의 차원을 이야기할 수 있다. 이러한 관점에서는 여성의 가면 뒤에 숨겨진 어떤 진정한 얼굴을 발견하는 것이 중요한 것이 아니라, 그러한 진정한 얼굴에 대한 집착이야말로 폭력이 될 수 있음을 보여 주는 것이 중요하다. 하나의 얼굴을 만들고 동일한 정체성을 부여해야 한다는 그 의무감이 그 사람에게 내재한 수많은 다양한 측면들, 즉 타자성을 억압하는 폭력을 낳을 수 있다. 어쩌면 우리의 얼굴은 가면, 아니 데리다가 말한 것처럼 하나의 폐허에 지나지 않을지 모르며, 그러한 폐허로부터 무수히 많은 다른 얼굴들을 떠올릴 수 있을 것이다. 아니 그렇게 많은 얼굴까지도 필요 없을지 모른다. 단지 자아 속에 숨겨진 단 하나의 타자만이라도 떠올릴 수 있다면 새로운 출발을 위해서는 그것으로 충분하다.

핑커는 폭력에서 단 하나의 얼굴만을 보았다. 그러한 폭력은 도덕적으로 나쁜 것이고, 적대적인 관계에서 발생하는 부정성의 폭력이며, 물리적 · 신체적 폭력을 의미한다. 그러나 나는 폭력에 또 다른 얼굴들이 숨어 있다고 생각한다. 그래서 내게는 도덕적으로 나쁜 폭력 외에 윤리적으로 정당화될 수 있는 폭력, 타인에 대한 폭력 외에 스스로에게 가하는 자기 연관적 폭력, 물리적 · 신체적 폭력 외에 심리적 · 정신적 폭력의 얼굴을 찾아내는 것이 중요하다. 그러한 폭력의 또 다른 얼굴을 찾아내는 것은 〈아비뇽의 여인들〉이라는 그림을 그리는 작업이며 자아 속에 들어 있는 타자를 인정함으로써 궁극적으로는 타자에 대한 폭력을 막는 작업이기도 하다.

그러한 다양한 시선에서 대상을 바라볼 수 있을 때 비로소 대상에 대한 진정한 이해가 시작될 수 있다. 법은 폭력을 막고 질서를 수호하는 기능을 갖지만, 동시에 그 자신이 폭력과 밀접한 연관을 맺고 있으며 자신을 정의로 내세울 때 폭력적이 될 수 있다. 인간은 근대에 들어 생명을 소중히 여기고 생명정치를 수행함으로써 중세의 야만적 폭력을 줄일 수 있었지만, 그러한 생명정치는 이후 가치 있는 생명과 가치 없는 생명을 구분하며 다시 폭력적으로 변했다. 법과 생명정치는 결코 폭력을 막는 평화의 수호자인 것만은 아니며, 동시에 폭력을 발생시킬 수 있는 위험을 내포하고 있다. 즉 그들의 얼굴은 하나가 아니라 두 개인 것이다.

이처럼 모든 것에는 여러 개의 얼굴이 숨어 있다. 폭력 역시 마찬가지이다. 레비나스에 따르면 단순한 사물과 달리 얼굴은 표현하고 호소하며 어떤 윤리적 요구를 제시한다. 폭력이라는 추상적 개념에서 얼굴을 떠올릴 수 있다면, 이로부터 폭력을 정의하고 이해하는 것이 단순한 개념정의의 문제가 아니라 윤리적인 문제임을 보여 줄 수 있을 것이다. 왜냐하면 폭력의 다양한 얼굴을 하나의 얼굴로 축소시키고 지워 나가는 것이 바로 폭력이기 때문이다. 그러한 폭력에 맞서기 위해 이 책의 제목을 '아비뇽의 여인들 또는 폭력의 두 얼굴'로 정하였다.

핑커는 1,400페이지에 달하는 폭력에 관한 저서에서 수렵채집시대에서 현대에 이르는 다양한 폭력의 문제를 다루면서도 정작 폭력이 무엇인지에 대해서는 단 한 줄도 쓰지 않았다. 그가 폭력이 무엇인지 명확히 정의하지는 않았지만, 폭력을 계량화할 수 있고 통계를 통해 폭력감소를 확인한다는 생각을 가졌던 것으로 미루어 그가 이야기한 폭력은 물리적 · 신체적 폭력을 의미함을 짐작할 수 있다.

이 책의 제1부에서는 과연 폭력을 물리적 · 신체적 폭력으로 국한시켜 정의하는 것이 타당한지 비판적인 물음을 제기하며, 폭력에 대한 지각이나 인식이 역사적으로 변화하는 것처럼 폭력에 대한 정의 역시 근본적으로 변화 가능하다는 전제에서 출발할 것이다. 또한 폭력을 물리적 폭력과 정신적 폭력(또는 구조적 폭력), 가시적 폭력과 비가시적 폭력으로 구분하는 데 그치지 않고, 자아와 타자 간에 존재하는 면역학적인 폭력인 부정성의 폭력 외에 긍정성의 폭력 개념을 제시한 한병철의 관점을 이어받되 더 발전시켜 이념적 폭력이라는 개념을 제시하고, 이를 폭력 패러다임의 전환을 알려 주는 중요한 개념으로 사용할 것이다.

제2부에서는 법과 폭력, 타자와 폭력, 생명권력과 폭력, 긍정성의 폭력이라는 네 가지 주제로 폭력의 다양한 양상과 그것에 대한 성찰을 다루고자 한다.

첫 번째 장에서는 국가와 법 그리고 폭력의 관계가 다루어진다. 핑커는 중앙집권적인 근대국가의 성립과 법이 어떻게 개인의 폭력적 충동을 제어하고 자기통제를 가져와 폭력의 감소에 기여하였는지 보여 준다. 그러나 국가의 폭력독점과 법의 폭력억제 기능에만 초점을 맞추면, 국가에 의해 자행되는 폭력이나 폭력과 밀접한 내재적 관계를 맺고 있는 법의 폭력성을 자칫 간과하기 쉽다. 이 장에서는 홉스, 루소, 로크, 헤겔 같은 근대 사상가들뿐만 아니라 크로포트킨, 벤야민, 라캉, 데리다 같은 현대 사상가들의 국가와 법에 관한 사상들도 살펴보면서 법과 폭력이 맺고 있는 다양한 관계에 대해 성찰하고자 한다. 또한 법과 폭력의 관계를 전면적으로 다루고 있는 작품으로 카프카의 「유형지에서 In der Strafkolonie」(1919)와 『소송 *Der Proceß*』(1925)을 분석할 것이다.

두 번째 장에서는 타자와 폭력의 관계에 대해 살펴볼 것이다. 핑커가 수렵채집사회의 부족 간 전쟁을 언급하며 원시사회에도 폭력이 만연해 있음을 주장할 때, 그러한 폭력의 근본원인은 자아와 타자의 구분에 있음을 알 수 있다. 이러한 구분을 통한 타자의 배제 내지 배척은 그 후의 인류역사에서 지속적으로 이루어지며 집단학살의 중요한 원인으로 작용하였다. 자아와 타자의 이분법적 구분은 종교적 · 인종적 · 문화적 요인 등 다양한 이유에서 비롯되는데, 그러한 명확한 구분은 항상 폭력의 위험성을 내포하고 있다는 것이 인류의 역사를 통해 밝혀져 왔다. 비단 집단적인 차원에서뿐만 아니라 개인들 간의 관계에서도 자아와 타자의 명확한 구분은 폭력의 잠재력을 내포하고 있다. 이 장에서는 먼저 레비나스의 타자의 윤리학과 버틀러의 윤리적 폭력 개념을 중심으로 자아와 타자의 관계 및 이와 관련된 폭력의 문제를 다루고자 한다. 이와 관련된 문학작품으로는 브링크만의 『고지라 *Godzilla*』(1968)와 슐링크의 『책 읽어 주는 남자 *Der Vorleser*』(1995)를 다룰 것이다. 이어서 타자와 폭력의 문제를 집단적 정체성의 문제와 연결시켜 살펴볼 것이다. 특히 서양 근대성의 어두운 이면이기도 한 식민지 개발과 관련하여 서양인들이 비서양인들을 어떻게 타자화하며 폭력을 행사하였는지 살펴보며, 이에 맞선 포스트식민주의 이론들로 프란츠 파농과 호미 바바의 이론을 소개할 것이다. 문학작품으로는 식민주의의 폭력에 맞서 포스트식민주의와 혼종적 정체성을 내세우는 크라흐트의 소설 『나 여기 있으리. 햇빛 속에 그리고 그늘 속에 *Ich werde hier sein im Sonnenschein und im Schatten*』(2008)와 『제국 *Imperium*』(2012)을 분석할 것이다.

세 번째 장에서는 생명권력과 폭력의 문제를 다룰 것이다. 중세까지만 해도 인간은 질병과 고문, 혈수와 끊임없는 전쟁에 노출되어 죽음에 익숙해 있었고, 생명의 존엄성에 대한 인식도 결여되어 있었다. 또한 현세보다 내세를, 신체보다 영혼을 강조하는 기독교적인 세계관도 생명에 대한 무관심을 낳는 데 기여하였다. 더욱이 사람들은 공개처형이나 고문을 오락거리로 즐기며 타인에 대한 배려와 공감 대신 잔혹성을 드러내기도 하였다. 그러나 17세기 종교전쟁을 기점으로 지속적인 전쟁에 대한 환멸이 생겨나기 시작하였으며, 18세기에 들어서면서 인간생명의 존엄성에 대한 인식이 싹트면서 인간의 생명을 정치의 대상으로 삼는 생명정치가 생겨난다. 푸코는 생명정치를 다소

중립적인 관점에서 서술하였지만, 이탈리아의 정치학자인 아감벤은 생명정치가 인간의 생명을 관리하고 돌보는 긍정적 기능에서 가치 있는 생명과 가치 없는 생명을 구분하며 가치 없는 생명으로 분류된 호모 사케르를 사회에서 배제하고 심지어 말살하는 방향으로 나아가고 있음을 비판한다. 그러나 다른 한편 네그리와 하트는 생명정치를 다시 긍정적 의미로 복원시켜 새로운 의미를 부여하기도 한다. 이처럼 생명정치가 어떠한 시대적 배경에서 생겨나 역사적으로 어떤 의미변화를 겪었는지, 현대에는 어떻게 다양한 관점에서 수용되고 있는지를 특히 폭력의 문제와 연관시켜 살펴보고자 한다. 문학작품으로는 조지 오웰의 『1984』(1949)를 생명정치 버전으로 바꿔 서술한 율리 체의 소설 『범죄의 체소. 어떤 소송 *Corpus Delicti. Ein Prozess*』(2009)을 다룰 것이다.

끝으로 마지막 4장에서는 긍정성의 폭력 문제를 다루고자 한다. 한병철에 따르면, 현대사회에서는 자아가 타자를 적으로 간주하며 타자에게 행사하는 부정적 폭력에서, 자아가 더 많은 성과를 올리기 위해 자발적으로 스스로를 채근하며 자기 자신에게 가하는 긍정적 폭력으로 폭력 패러다임이 전환하였다. 폭력 개념을 자아와 타자의 면역학적 관계의 관점에서만 바라보지 않고 자아가 스스로에게 가하는 자기 연관적인 폭력의 가능성을 생각했다는 점에서 폭력에 대한 한병철의 관점은 특별하다. 그는 자아가 자발적으로 자신에게 가하는 긍정성의 폭력이 지닌 병리학적이고 부정적인 측면만을 부각시키고 있는데, 이 장에서는 이에 맞서 긍정적인 의미를 지닌 긍정성의 폭력도 있음을 제시하고자 한다. 특히 자아가 자신의 폐쇄적인 정체성 및 이분법적이고 억압적인 사회적 담론과 제도를 공격하고 해체하는 행위를 이념적 폭력이라는 개념으로 제시하며, 정신적인 차원에서의 긍정적 폭력의 가능성에 대해 성찰하고자 한다. 또한 한병철은 긍정성의 폭력의 징후인 자아-피로에 맞서 한트케의 우리-피로라는 개념을 내세우는데, 이러한 한트케의 우리-피로 개념을 어떻게 현대적으로 재해석하여 긍정성을 끌어낼 수 있을지 생각해 볼 것이다.

나는 이전에 저술한 책들에서 각각 기억, 반복, 문자, 시각(또는 시선)이라는 주제를 다루었었다. 이 모든 책의 출발점은 하나의 단어에 숨겨진 비밀을 푸는 것이었다. 하나의 단어는 고고학적으로 그 단어의 결을 파고들어 가면, 현대를 사는 우리에게는 낯선 의미를 드러내준다. 그러한 단어의 의미가 역사적으로 변할 뿐만 아니라, 그 단어가 지칭하는 현상에 대한 가치평가 역시 변화한다. 가령 동일한 것의 반복으로서 근대의 반복 개념은 기억과 반대되고 망각과 결부되는 부정적 개념이었지만, 자아를 잊고 신의 행위를 반복하는 전근대적 반복 개념은 긍정적 의미를 갖기도 한다. 또한 포스트모던적인 현대의 반복 개념은 동일성의 반복이 아닌 차이 자체의 반복을 지시하며, 차이가 반복되고 반복이 차이를 낳는 언뜻 보아 역설적인 상황을 만들어 내며 창조적인 반복으로서 또다시 긍정적 의미를 획득한다. 그 때문에 이 책에서도 '폭력'이라는 한 단어에 숨겨진 다양한 의미와 폭력에 대한 역사적 인식 및 패러다임의 변화를 살펴보고 있다. 이러한 작업을 통해 한 단어가 한 권의 책이 된 셈이다.

또한 폭력이라는 단어는 다양한 학문들이 서로 교류하며 대화를 나누는 하나의 장이 되기도 한다. 나는 이 책에서 폭력이라는 현상에 다각적으로 접근하기 위해 사회학, 철학, 심리학, 문학, 역사학, 정치학, 인류학, 생물학, 신경과학 등 다양한 학문분야의 책을 읽었다. 이를 통해 언뜻 단순해 보이는 폭력의 이해를 위해 얼마나 많은 학문분야들이 상호협력하며 학제적 연구를 수행해 왔는지 알 수 있었고 그로부터 많은 도움을 받았다. 하나의 텍스트는 상호텍스트성의 그물망 속에서 생겨난다는 말이 거짓은 아닌 듯하다. 폭력에 관한 한 권의 책을 읽다가 그 내용과 연관된 또 다른 책을 읽고 그로부터 또 다른 독서가 이어지고 그렇게 읽다 보니 폭력에 관한 한 권의 책을 내기에 이르렀다. 부디 이 책에서 다루어진 폭력에 관한 다양한 논의들이 폭력을 바라보는 새로운 관점을 열어 주고 활발한 후속연구로 이어질 수 있기를 바란다.

이 책의 출판은 2016년 서울대학교 인문대학 인문학 '학술총서 출간' 지원사업의 지원을 받았다. 이 자리를 빌려 어려운 여건에서도 출판지원을 해 준 인문대학 측에 대해 진심으로 감사의 마음을 전하고 싶다.

2017년 9월 관악캠퍼스에서

정 항 균

| 차례 |

제2부 폭력의 유형들

서론

일반적으로 20세기는 폭력의 시대로 간주된다. 이 시기에 양차 세계대전이 일어났으니 이러한 생각은 어찌 보면 당연한 것인지도 모른다. 그러나 스티븐 핑커는 우리가 자명한 것으로 간주하는 이러한 생각이 사실에 부합하지 않으며, 오히려 역사적으로 볼 때 폭력은 꾸준히 감소하였음을 다양한 통계자료를 통해 입증한다. 우리는 오늘날도 끊임없이 벌어지는 테러와 내전, 핵무기의 위협에 직면하여 현대사회를 폭력의 사회로 규정하려 하지만, 21세기는 인류 역사상 그 어떤 때보다 평화로운 시기라는 것이다.[1] 다만 폭력이 줄어들수록 그것으로

1 네덜란드의 윤리학자 얀 페르플라체도 이와 유사한 주장을 하고 있다. "폭력이 우리로 하여금 왜 그렇게 자제력을 잃도록 만드는지는 쉽게 설명될 수 있다. 서유럽에서 폭력은 예외가 되었다. 비록 절대적인 수치에 있어서는 지난 양차 세계대전에서만큼 그렇게 많은 희생자가 있었던 적이 아직까지 한 번도 없었지만, 폭력은 평화 시기의 서유럽사회에서는 거의 사라진 것이나 마찬가지이다. 역사적 연구와 통계는 중세 이후의 이러한 발전을 입증하고 있다. 네덜란드와 벨기에에서 살인율은 15세기에는 매년 10만 명당 평균 45명이었다. […] 19세기부터 살인율은 내려가 1970년에는 일시적

인한 충격은 더 심해지며 이에 대한 우리의 관심도 높아져 가는데, 특히 신문이나 텔레비전 같은 언론은 이러한 관심을 이용해 우리에게 폭력에 대한 불안이나 공포를 조성하며 마치 현대사회가 폭력이 난무한 사회인 것 같은 인상을 심어 준다.[2]

나는 이 책이 거의 완성되었을 무렵 뒤늦게 핑커의 책을 읽게 되었다. 그가 1,400페이지에 달하는 방대한 책에서 주장한 내용들은 폭력에 대한 나의 테제를 근본적으로 바꿔 놓지는 못했지만 다양한 측면에서 질문을 던지며 내가 폭력의 문제에 대해 다시 성찰하는 계기를 만들어 주었다. 그래서 여기서는 핑커의 책에 대한 언급으로 이 책의 서두를 열어 나가고자 한다.

나는 서론에서 핑커가 쓴 책의 핵심적인 내용을 정리하기보다는 내게 의미 있는 테제만을 골라 소개하며 비판적 논의를 전개해 나갈 것이다.

핑커의 책에서 흥미로운 첫 번째 내용은 그가 원시적인 수렵채집사회의 폭력성에 대해 언급하고 있다는 점이다. 핑커에 따르면, 영장류학자들 중에는 인간의 조상이 평화롭고 순한 보노보라고 주장하는 학자들이 있고[3], 또한 원시사회에서 인간은 무리를 이루고 함께 사냥

으로 10만 명당 1명으로 기록적인 최저점에 도달하였다. […] 시간이 흘러가면서 사람들은 갈등을 폭력으로 해결하려는 경향을 점점 덜 보이고 있었다." Jan Verplaetse, *Der moralische Instinkt. Über den natürlichen Ursprung unserer Moral*, Göttingen, 2011, 76쪽.

2 J. Verplaetse, 같은 책, 76-77쪽 참조.

3 핑커는 그 예로 저명한 영장류학자 프란스 드 발을 들고 있는데, 사실 이러한 지적은 올바르지 않다. 물론 드 발이 인간의 선한 특성과 도덕적 진화를 보노보와 연결시켜 설명하고 있는 것은 사실이지만, 그가 인류가 보노보의 특징만을 지니며 보노보에게서 유래한다고 말하고 있지는 않기 때문이다. 오히려 그는 "우리 인간 종은 두 유인원의 특성을 모자이크로 공유하고 있다. 우리는 '양극성 유인원'이다. 기분이 좋을 때면

하며 음식을 나눠 먹었기에 서로 협력이 필요한 삶에서 폭력성은 제어되어야 했으며 그래서 도덕적인 감정이 자연스럽게 스며든 평화로운 삶을 살았다고 주장하는 학자들이 있다.[4] 소위 태고의 황금시대에 대한 동경이 지금도 존재하는데, 하지만 핑커는 이러한 생각이 신화에 불과하다며 이를 다각적으로 반박한다.

첫 번째 반박근거는 수렵채집인들의 사망원인을 조사하면 그 대부분이 자연사가 아니라는 것이다. 고고학자들이 선사시대 인간의 유골을 조사하면 그것이 자연사인지 아니면 타인의 폭력에 의한 사망인지 알 수 있는데, 시신의 대부분이 외상에 의한 뼈의 손상을 보여 주며 당시의 빈번한 폭력을 입증하고 있다. 핑커는 수렵채집인들에게 폭력을 행사할 동기가 없다는 일반적인 견해에 반대하며[5], 홉스가 말한 일반적인 분쟁의 원인이 이들에게도 존재했다고 주장한다. "수렵채집인도 땅을 얻기 위해서 남을 침략한다. 사냥터, 물웅덩이, 강둑이나 하구, 혹은 부싯돌, 흑요석, 소금, 황토처럼 귀한 광물자원을 얻기

보노보처럼 친절하고, 기분을 잡치면 침팬지처럼 지배하려 들고 폭력적이 된다."(프란스 드 발, 『착한 인류. 도덕은 진화의 산물인가』, 오준호 옮김, 미지북스, 2014, 124쪽)라고 말한다.

4 내가 찾은 예로는 일본의 대표적인 영장류 연구학자인 야마기와 주이치 교수가 있다. 앞의 내용과 관련된 부분은 다음을 참조하시오. 야마기와 주이치, 『폭력은 어디서 왔나. 인간성의 기원을 탐구하다』, 한승동 옮김, 곰출판, 2015, 300-302쪽.

5 얀 페르플라체도 이와 같은 견해를 보이고 있다. "최근 수십 년간의 연구는 이러한 관점을 근본적으로 수정하였다. 캐롤 엠버(1978)와 로렌스 킬리(1996)는 평화로운 사냥꾼과 채집자 상을 수정하였다. 그들은 선사시대에 전적으로 유혈적인 전투적 갈등이 존재하였음을 보여 주었다. […] 사냥꾼과 채집자들이 무장전투를 했다는 확실한 증거는 중석기 시대와 초기 신석기 시대에 발견된다. 제벨 사하바(수단, 기원전 12000년)에서는 약 육십 명의 사람들의 유골이 들어 있는 공동묘지가 발굴되었는데, 그중 절반은 타격이나 화살에 의해 사망하였다." J. Verplaetse, 같은 책, 80쪽.

위해서다. 상대의 가축이나 저장 식량을 약탈할 수도 있다. 그들은 또 여자를 놓고 자주 싸운다. 남자들은 여자를 납치하려는 뚜렷한 목적에서 이웃 마을을 습격하고, 데려온 여자들을 윤간하거나 아내로 나눠 갖는다. […] 비국가 사회 사람들은 안전을 위해서도 싸운다. 그들의 머리에도 안보의 딜레마, 즉 홉스의 함정이 들어 있다. 자기 집단이 작아서 걱정일 때는 이웃 마을과 제휴를 맺고, 적들의 연합이 커지는 것이 걱정일 때는 선제공격을 가한다. […] 그러나 대부분의 조사에서 전쟁의 동기로 제일 자주 거론되는 것은 역시 복수다. 수렵 채집인들과 부족 사회 사람들은 도둑질, 간통, 재물 파괴, 밀렵, 여자 납치, 틀어진 거래, 마술로 여겨진 행위, 과거의 폭력 행위에 대해서 복수한다."[6] 물론 핑커가 여기서 언급한 대부분의 폭력은 부족 간 전쟁과 관련된 것이며, 인류학자들도 원시사회가 '전쟁사회'였다는 것을 인정하고 있다. 그러나 다른 한편 프랑스의 인류학자인 피에르 클라스트르의 주장처럼, 원시사회의 부족 간 전쟁은 각 부족의 인구수를 조절하며 위계적인 사회질서가 생겨나지 않도록 하는 긍정적인 속성을 가지고 있다. 비록 수렵채집사회가 전쟁사회이기는 하지만, 그 사회는 동시에 위계적인 권력구조가 부재하며 공동소유에 입각한 평등이 보장된 억압과 착취가 없는 사회라는 것이다. 따라서 핑커처럼 단순히 폭력으로 인한 사망자의 수를 통해 수렵채집사회를 야만적인 사회로 규정하고 수렵채집사회에서 농경사회로의 전환을 평화화과정[7]이라는

6 스티븐 핑커, 『우리 본성의 선한 천사』, 김명남 옮김, 사이언스북스, 2015, 109쪽.

7 "첫 번째 변화는 수천 년의 규모로 벌어졌다. 인류 진화 역사에서 대부분을 차지했던 무정부적 수렵, 채집, 원예 농업 사회들이 약 5,000년 전부터 도시와 정부를 갖춘 최초의 농업 문명으로 전이한 사건이다. 이와 더불어 과거 자연 상태의 삶을 특징지었

이름으로 부르며 그것을 일종의 역사적 발전으로 보는 관점은 문제가 있다.

그러나 다른 한편 핑커의 공적은 수렵채집사회에서 폭력에 의한 사망이 단순히 부족 간의 전쟁에 의해서만 이루어진 것이 아니라는 점을 밝혀냈다는 것이다. 그는 비국가사회에서 한 부족 내의 살인율이 국가사회의 살인율보다 현저히 높다는 것을 통계자료를 통해 보여 준다.[8] 물론 전쟁이 아닌 일반살인의 통계는 멀지 않은 과거에 존재했거나 현재 존재하는 부족사회에서 얻은 것이기 때문에, 1만 년 전의 수렵채집사회에 그대로 적용할 수는 없을 것이다. 1만 년 전에 죽은 사람의 유골에 가해진 상해흔적만으로는 그것이 부족 간 전쟁에 의한 것인지 아니면 부족 내의 살인에 의한 것인지 확인하는 것이 불가능하다. 따라서 태고의 수렵채집사회의 집단 내 폭력의 정도를 정확히 가늠할 수는 없으며, 단지 미국이나 스페인이 아메리카 원주민을 몰아내기 이전에 그곳에 존재했던 수렵채집사회나 현존하는 다른 수렵채집사회의 예를 통해 그 상태를 유추할 수 있을 뿐이다. 그리고 이동할 수 있는 공간이 제한되어 있었고 농경사회나 제국 또는 국가와 병존했던 시기의 부족사회와 보다 광활한 영토에서 자유롭게 이동할 수 있던 순수한 수렵채집 시기의 부족사회가 서로 다른 상황에 놓여 있었음을 인정해야 할 것이다. 그럼에도 불구하고 수렵채집시대의 한 부족 내의 폭력이 빈번했다는 핑커의 주장은 귀 담아 들을 필요가

던 만성적 습격과 혈수가 줄었고, 폭력적 사망의 비율이 5분의 1로 줄었다. 나는 이런 평화의 부여를 평화화과정이라고 부르겠다." 같은 책, 18쪽.

8 같은 책, 121쪽 참조.

있다. 왜냐하면 한 사회 내의 폭력은 결코 위계적인 권력구조가 존재하지 않거나 경제적인 평등이 보장되었다고 해서 발생하지 않는 것이 아니기 때문이다. 하지만 그러한 사회에는 국가에 의한 폭력이나 사회구조적인 폭력이 존재하지 않기 때문에, 그 사회를 단순히 원시적인 사회로 폄하하거나 폭력적인 사회로 무시해서는 안 된다. 오히려 그러한 사회에는 사회적 불평등과 위계적 권력구조가 존재하는 현대사회가 배워야 할 점이 많이 있다. 그러나 다른 한편 원시 수렵채집사회의 인간들에게는 아직까지 주술적인 사고에서 벗어나 현실을 바라보는 능력, 스스로를 자제하는 능력 또는 자신의 부족을 넘어 낯선 타부족의 구성원에게까지 감정이입하고 공감할 수 있는 능력이 결핍되어 있었으며, 이러한 인식적 · 도덕적 능력의 한계로 인해 사회 내외적인 폭력의 발생을 막을 수 없었음을 간과해서는 안 된다.

태고의 수렵채집사회를 비폭력적인 평화로운 사회로 이상화하는 것에 대한 또 다른 반박근거로 핑커는 인간에게 내재된 폭력적 본성을 들고 있다. 그는 폭력이 단순히 사회적인 원인에 의해 발생하는 것이 아니며, 인간 자체에게 이러한 폭력적 본성이 생물학적으로 내재되어 있음을 강조한다. 또한 원시사회처럼 본성을 제어하거나 통제할 수 있는 사회적 장치가 존재하지 않을 때 그러한 본성이 쉽게 표출될 수 있음을 지적한다. 인간의 본성과 관련해 핑커는 성선설이나 성악설의 입장 어느 한쪽에 서지 않는다. 그는 인간의 뇌에 분노회로나 공포회로가 존재하여 공격성이나 폭력을 유발할 수 있다고 말하면서도, 동시에 인간 대뇌의 눈확겉질처럼 자기절제와 타인에 대한 공감을 담당하며 도덕적 기능을 수행하는 부분도 존재함을 강조한다.[9] 또는 직접적인 폭력의 원인은 아니지만 테스토스테론같이 남성의 우세경쟁을 유발하는 호르몬이나[10] 공감과 신뢰를 끌어내며 폭력을 제어하는 옥시토신 같은 호르몬이 존재함을[11] 언급하기도 한다. 따라서 인간은 생리적으로 폭력적인 본성을 갖고 있는 동시에 그것을 도덕적으로 제어하고 통제할 줄 아는 도덕적 본성도 갖고 있다고 할 수 있다. 그 때문에 폭력을 단순히 사회구조적인 문제와만 연결시키며, 억압과 착취가 존재하지 않는 사회에서 폭력은 존재하지 않으며 수렵채집사회에서 농경사회로 넘어가면서 폭력이 발생했다고 주장하는 것은 문제가 있다.

따라서 이 책에서는 원시 수렵채집사회를 폭력이 부재한 사회로 이상화하지는 않겠지만, 다른 한편 핑커가 놓치고 있는 원시 수렵채집사회의 사회구조적인 측면을 살펴보며 그것이 현대사회가 여전히 안고 있는 구조적 폭력의 문제를 성찰할 수 있는 계기가 될 수 있음을 강조할 것이다.

핑커의 책에서 흥미로운 두 번째 내용은 폭력에 있어서 경제적인 부분이 차지하고 있는 비중에 관한 것이다. 우리는 흔히 경제적인 불평등이 폭력의 중요한 요인 중 하나라고 생각한다. 그래서 폭력은 항상 경제적으로 주변부에 있거나 경제활동에서 배제된 계층에서 빈번히 발생할 수밖에 없으며, 그러한 폭력의 직접적 계기는 경제적인 요인이라고 믿는다. 그러나 핑커는 폭력을 역사적으로 고찰하면서 과거에는 폭력의 행사자가 하층민 못지않게 부유한 계층일 경우가 많았

9 같은 책, 849-851쪽 참조.
10 같은 책, 877-879쪽 참조.
11 같은 책, 983-984쪽 참조.

다고 말한다. 명예의 문화를 중시하는 사회에서 살았던 중세 기사들은 모욕에 대해 폭력으로 대응하는 경우가 많았고 또한 약탈 같은 목적을 위해서도 빈번히 폭력을 행사했다.[12] 이에 반해 현대사회에서는 하층민들이 법보다는 자력구제에 호소해 '정의'를 실현하려는 경향을 보이며 폭력의 주된 행사자가 된다. 법학자 도널드 블랙의 조사에 따르면, 현대사회에서 전체 살인 중 경제적 목적처럼 실제적인 목적을 추구하는 경우는 10% 미만의 소수에 지나지 않으며 대부분의 경우는 "모욕에 대한 보복, 집안싸움의 격화, 불성실하거나 자신을 떠난 연인에 대한 처벌, 그 밖의 질투, 복수, 자기방어 행위"[13] 같은 도덕적 동기를 지닌 살인이었다.

폭력의 주된 동기가 경제적 동기가 아니라 도덕적 동기라는 사실은 하부구조에 의해 폭력이 규정되는 것이 아님을 보여 준다. 쉽게 말해 이상적인 공산주의 사회가 실현되어 경제적인 불평등이 없어진다고 해서 폭력이 자동적으로 근절되는 것은 아니라는 말이다. 이는 원시공산주의사회에 만연했던 폭력에서도 확인할 수 있다. 그러나 현대

---

12 봉건시대의 기사들은 자신의 영지를 소유하며 경제적으로 자립해 있었기 때문에 사회적인 관계에 있어서 독립적인 지위를 유지할 수 있었다. 그래서 그들의 행동이나 감정의 자제를 요구하는 외적인 통제장치가 거의 존재하지 않았다. 그들의 행동이 폭력적인 이유는 이러한 사회적 관계를 통해서 설명될 수 있다. 하지만 서로 경쟁적인 위치에 있는 독립된 귀족기사들 중 다수가 전쟁과 권력 투쟁을 통해 몰락하게 되면서 권력의 독점화가 이루어진다. 이렇게 해서 생겨난 절대주의 궁정에서 몰락한 기사들이 궁정귀족으로 새롭게 편입되며 예속된 지위를 갖게 되었을 때, 그들은 자신의 새로운 신분을 유지하기 위해 왕의 비위를 맞추고 감정을 절제하며 내적인 통제를 하지 않을 수 없게 되었다. 엘리아스는 이러한 사회적 관계의 변동이 폭력의 감소에 결정적으로 기여하였음을 강조한다. 노르베르트 엘리아스, 『문명화과정 II』, 박미애 옮김, 한길사, 2007, 321쪽과 346-359쪽 참조.

13 핑커, 같은 책, 166쪽.

사회에서 경제적으로 취약한 계층에서 폭력이 많이 발생한다는 것은 경제적인 문제가 직접적인 폭력의 원인은 아니더라도 간접적으로 폭력발생에 영향을 미칠 수 있음을 암시한다. 가령 극빈계층의 아이들은 교육기회가 박탈되거나 제한되어 길거리를 돌아다니며 쉽게 패거리 조직을 형성하거나 아니면 범죄조직에 노출되기 쉽다. 또한 실업이 만연하고 경제적으로 소외된 지역에서는 주민들이 좌절감에 휩싸이거나 분노의 감정에 휩쓸려 가정에서나 사회에서 사소한 문제로도 쉽게 폭력적인 성향을 분출시킬 수 있다. 그리고 폭력이 발생할 때 그것을 하나의 원인으로 환원시켜 설명하기 힘든 경우가 많고 앞에서 살펴본 것처럼 경제적 요인이 간접적인 요인으로 작용할 수 있는 소지도 많기 때문에, 모든 폭력의 원인 중 경제적 원인은 10%에 지나지 않기 때문에 사소한 문제에 불과하다고 주장하기는 힘들 것이다. 다만 사회적 폭력의 원인을 경제적 요인으로 환원시켜 설명하는 기계적인 인과론의 관점은 핑커가 통계자료를 통해 보여 주듯이 설득력이 없으며 폭력의 동인을 지나치게 단순화시켜 고찰하는 문제점을 노출한다.

핑커의 책에서 흥미로운 세 번째 내용은 국가와 법이 갖는 폭력 억제의 측면이다. 이는 근대에 대한 핑커의 긍정적 평가와 맞물려 있기도 하다. 어떻게 보면 국가와 법이 사적인 복수의 악순환을 막아 주고 사회 내에서 폭력을 감소시키는 역할을 한다는 생각은 자명한 것처럼 여겨질 수도 있다. 그러나 학계에서는 이와 달리 국가와 법이 갖는 폭력적 측면을 꾸준히 부각시켜 왔다. 마르크스주의 이론은 근대국가가 프롤레타리아에 대한 부르주아지의 지배에 의존하는 억압과 착취의 성격을 지니고 있음을 강조했고 그러한 국가 자체가 구조적 폭력을 행사하고 있을 뿐만 아니라 집단살해와 같은 물리적 폭력도 적극적으로 행사해 왔음을 비판한다. 포스트구조주의 이론도 위계적인 구조를 지닌 국가의 폭력독점은 무방비상태의 개인에 대한 국가의 폭력행사로 나타난다며, 국가와 그것을 뒷받침하는 법의 폭력성을 비판한다.

국가와 법에 대한 이러한 신랄한 비판은 벤야민, 들뢰즈, 네그리와 하트 등 많은 사상가들에게서 발견되는데, 이러한 상황에서 폭력을 감소시키는 국가와 법의 긍정적 특성을 부각시키는 핑커의 주장은 매우 흥미롭다. 핑커는 종교전쟁으로 얼룩져 있던 16-17세기에 유럽인들이 전쟁이나 혈수血讐 같은 폭력에 진저리를 치고 있었으며, 이러한 폭력의 순환에서 벗어나기 위해 중앙집권적인 국가를 수립하고 법에 의한 통치를 단행하였다고 말한다. "중세 후기부터 20세기까지 유럽 국가들의 살인율은 과거의 10분의 1에서 50분의 1로 낮아졌다. 사회학자 노르베르트 엘리아스는 『문명화과정』이라는 책에서 이 놀라운 감소는 조각조각 나뉘었던 봉건 영토들이 중앙 권력과 상업 하부구조를 갖춘 큰 왕국으로 통합되었기 때문이라고 주장했다. 나는 엘리아스에게 동의하는 의미에서 이 경향성을 문명화과정이라고 부르겠다."[14] 핑커는 이론에서 출발하기보다 통계자료에 의거해 근대국가의 수립 이후 폭력이 얼마나 급격히 감소하고 있는지를 보여 주며, 홉스가 말한 리바이어던이 실질적으로 효과가 있었음을 강조한다. 그러면서 오늘날도 내전으로 인해 무정부상태에 들어선 사회나 식민지 해

---

14 같은 책, 18쪽.

방 후 아직 체계가 잡히지 않은 허약한 국가들에서 체계가 잡힌 강력한 국가들에서보다 폭력이 더 빈번히 발생함을 보여 준다. "리바이어던 이론은 한마디로 법이 전쟁보다 낫다는 것인데, 이런 리바이어던은 인류 역사에서 느지막한 단계에 등장했다. 고고학자들에 따르면, 인류는 원래 무정부상태로 살다가 지금으로부터 약 5,000년 전에 문명이 등장했다. 정주하던 농부들은 서로 뭉쳐 최초의 도시와 나라를 만들었고, 최초의 정부를 발달시켰다."[15] 핑커는 원시상태의 인간을 온화한 품성을 지닌 인간으로 이상화한 루소를 비판하고 홉스의 관점에 동조한다. 그는 5,000년 전에 최초로 발생한 도시와 국가의 형성으로 폭력이 급격히 감소하면서 소위 평화화과정이 본격적으로 시작된 후, 중앙집권적인 강력한 근대국가가 다시 한 번 마녀사냥과 이단자에 대한 잔혹한 고문 그리고 종교전쟁이나 기사들의 사적인 전쟁을 억제하면서 문명화과정을 수행하며 폭력을 급격히 감소시키는 데 기여하였다고 주장한다. 물론 핑커는 국가가 국민들의 폭력을 더 효과적으로 줄이기 위해서는 국가통치의 정당성을 국민들로부터 인정받아야 한다며, 리바이어던적 국가에서 생겨날 수 있는 문제점을 간과하지는 않는다. 그러나 그는 대부분의 국가폭력이 전제국가나 독재국가 같은 일부 국가에서 생겨났다며, 국가와 폭력이 불가분의 관계에 있는 것이 아니라 특정한 국가형태가 국가폭력을 낳고 있을 뿐임을 강조한다.

중앙집권적인 국가는 법치국가로서 국민의 사적인 복수를 금하

15 같은 책, 90쪽.

고 제3자로서 폭력을 독점함으로써 개인이 보복폭력을 행사할 대상을 빼앗아 갈 뿐만 아니라, 동시에 법을 통해 행동 결과를 예측하게 하여 개인에게 폭력을 억제하고 자기통제를 수행하게 한다. 경제적인 차별이 없어지고 도덕적인 의식이 성숙해져 법의 지배 없이도 운영되는 이상적인 사회를 꿈꾸는 사람들도 있지만, 인간에게 폭력적 성향이 내재되어 있고 경제적인 문제로만 폭력이 발생하는 것도 아니며 이상적인 사회는 현실에서 실현되기도 힘들기 때문에 상대방의 행동을 예측 가능하게 하고 이를 통해 보다 안정된 관계를 유지하는 데 도움을 준다는 점에서 법에 의한 통제를 부정적으로만 볼 수는 없을 것이다. 문명화란 단순히 자기가 하고 싶은 대로 충동에 따라 행동하는 것이 아니라 에티켓을 지키고 사회적 규범을 준수하며 자기를 통제하고 타인을 배려하는 방향으로 사회가 변하는 것을 의미한다. 이러한 관점에서 볼 때, 핑커가 홉스를 높게 평가하며 중앙집권적인 근대국가의 출현과 법에 의한 통치를 단순히 부정적으로만 보지 않은 것은 타당하다.

또한 이와 관련하여 핑커가 근대를 재평가하려고 시도한 것 역시 올바른 작업이라고 생각된다. 사실 포스트모더니즘이나 포스트구조주의[16]와 유사한 입장을 견지하는 나 같은 사람은 근대라는 말이 나

---

16 물론 포스트모더니즘과 포스트구조주의 사이에는 분명한 차이가 존재한다. 하지만 여기서 포스트모더니즘과 포스트구조주의의 차이점이나 그것 사이에 위치한 나의 입장에 대해 설명하지는 않을 것이다. 왜냐하면 그렇게 하기 위해서는 별도의 텍스트를 집필해야만 하기 때문이다. 다만 포스트모더니즘에 대한 필자의 이해와 관련해서 간단히 개인적인 철학적 입장을 표명하려고 한다.

필자는 이성 자체를 악마화하며 반이성적인 입장을 취하기보다는 그러한 이성의 절대적 타당성을 의심하며 더 이성적일수록 진리를 확신하기 어렵고 이성에 따라 미래

오면 조건반사적으로 반응하며 근대적 이성을 모든 악의 출발점인 것처럼 비판하는 경향이 있다. 그러나 폭력의 역사를 살펴보면, 근대가 인도주의적인 혁명을 통해 미신과 편견에 의한 잔혹한 폭력의 감소에 얼마나 기여했는지 잘 알 수 있다. 오늘날 마녀사냥이나 고문을 일삼는 종교재판 또는 혈수나 인신공양 같은 악습이 폐지된 데는 근대적인 이성과 이에 바탕을 둔 도덕의식이 기여한 바가 컸다. 핑커는 폭력의 역사적 감소를 통해 근대성을 재평가해야 한다고 말한다. "첫 번째는 우리가 근대성을 바라보는 방식의 문제이다. 이때 근대성이란 과학, 기술, 이성이 인간의 삶을 바꾸고 그와 더불어 관습, 신앙, 공동체, 전통적 권위, 자연과 합일이 사라진 상태를 말한다. 오늘날의 사회비평에서는 근대성에 대한 혐오가 중심적이고 고정적인 요소이다. 소읍의 친밀한 분위기에 대한 향수 때문이든, 혹은 생태적 지속 가능성, 공산주의적 통일성, 가족 가치, 종교적 신념, 원시적 공동체주의, 자연과의 조화 등등에 대한 향수 때문이든, 많은 사람이 시계를 거꾸로 돌리기를 갈망한다."[17] "감상적이지 않은 역사 기록과 통계 해석이 근대성에 대한 시각을 바꿔 놓는 것은 바로 이 대목이다. 그것들은 평화로웠던 과거에 대한 향수가 망상 중의 망상임을 보여 준다. 요즘 어린이 책들은 원주민의 삶을 낭만화하여 그리곤 하지만, 이제 우리는 그들의 전쟁 사망률이 현대 세계 대전의 사망률보다 높았음을 안다. 중세 유럽을 낭만적으로 바라보는 시선은 정교하게 세공된 고문 도구들을

를 계산하거나 예측하기 힘들다는 입장을 취하고 있다. 그래서 하버마스 식으로 궁극적인 합의에 도달하는 것을 목표로 하기보다는 절대적인 진리와 도덕에 도달할 수 없다는 한계를 인식하면서도 그것에 대한 열린 담론을 포기하지 않는 입장을 지지한다.

17 같은 책, 1172-1173쪽.

간과하고, 살해 위험이 오늘날의 30배였다는 사실에 무지하다."[18]

근대 계몽주의 사상과 출판의 확장은 사람들이 타인의 관점을 취하며 감정이입하고 더 나아가 그들의 안녕을 내 것처럼 바라며 공감하는 태도를 갖게 하였다. 그러나 공감은 때로는 자신과 가까운 사람에게 더 잘 이루어지며 그래서 공정성을 해치고 편파적이 될 수도 있다. 이러한 위험을 교정하기 위한 수단이 이성이다. 이성은 단순한 부족주의에서 벗어나 특정 공동체의 구성원에 대한 공감을 자신과 무관한 인류 전체에로까지 확대하는 데 기여하며, 단순한 도덕적 감정을 추상적인 이성적 도덕으로 발전시킨다. 핑커는 이러한 공감과 이성적 도덕의 발전이야말로 18세기 인도주의 혁명을 이끌며 중세의 폭력을 감소시킨 결정적 요소라고 강조한다.[19]

근대의 제도적 정비와 인도주의 사상이 폭력의 급격한 감소를 이끄는 데 결정적으로 기여하였으며, 이에 따라 근대에 대한 재인식과 재평가가 필요하다는 핑커의 말에 전적으로 동감하면서도 다른 한편 핑커가 근대의 어두운 측면을 지나치게 축소하여 서술하고 있는 것은 아닌가 생각되기도 한다. 그는 대결구도에서 상대방을 죽여야 자신이 사는 제로섬 게임이 아니라 교환을 통해 모두가 이득을 보는 포지티브섬 게임을 특성으로 갖는 상업적 교류가 중앙집권적 국가체제와 함께 근대의 평화를 구축하는 요소라고 주장한다. 또한 리바이어던적인 강력한 중앙집권적 국가가 자칫 민주적인 방식으로 통치되지 못하거나 국가의 법이 정당성을 부여받지 못할 때 폭력의 감소추세가 제한

---

18 같은 책, 1175쪽.

19 같은 책, 974-978쪽, 1002-1005쪽 참조.

될 수 있다는 것도 강조한다. 그래서 그는 온화한 상업의 평화유지 기능과 개인의 자유를 강조하는 반면 국가의 지나친 개입을 피해야 한다며, 강력한 중앙집권적 국가에 대해 거리를 두기도 한다. 그러나 이러한 관점은 자칫 신자유주의처럼 국가의 간섭 없는 자유로운 경쟁에 기반을 둔 자본주의 경제시스템을 민주주의 국가의 토대인 것처럼 착각하게 만들 수 있다. 핑커는 근대의 온화한 상업이 교환을 통해 거래당사자들 모두에게 이득을 가져다줌으로써 서로의 이익과 관점을 고려하는 평화로운 관계를 유지시켜 준다고 주장하지만, 그러한 자유시장경제의 이면에 대해서는 전혀 언급하지 않는다. 즉 자유 시장경제는 총성이 들리지 않지만 생사를 걸고 투쟁하는 치열한 기업 간의 경쟁에 기반을 두고 있을 뿐만 아니라, 비단 마르크스주의 경제이론의 관점을 취하지 않더라도 현실적으로 자본가의 착취를 허용하며 빈부격차의 확대를 가져올 위험성을 내포하고 있다. 핑커는 "똑똑한 응답자일수록 정부가 부자의 소득을 빈자에게 재분배할 의무가 있다는 명제(좌파적이지만 고전적 자유주의와는 거리가 있는 명제이다)에 덜 동의하는 편이었지만"[20]이라며 부의 불균등을 교정하려는 시도에 냉소적 태도를 보이지만, 20세기 후반에서 21세기 초반까지의 물리적 폭력의 감소세에도 불구하고 오히려 미국의 빈부격차는 엄청나게 늘어났다는 사실에 대해서는 침묵한다. 전 세계 자산의 50.4%를 상위 1%의 부자들이 독식하고 있는 현실에서[21] 물리적 폭력의 감소를 역사발전의 척

20 같은 책, 1123쪽.

21 「전 세계 자산 절반 이상 상위 1% 부자 손 안에」. 실린 곳: 『경향신문』 2015년 10월 14일(http://news.khan.co.kr/kh_news/khan_art_view.html?artid=201510142235575&code=970100, 2016. 3. 23.).

도로 제시한다는 것은 아무런 설득력이 없다.

또한 핑커가 근대의 중앙집권적인 국가가 폭력감소에 기여한 긍정적 역할에 대해서는 강조하고 있지만, 그것의 부정적 측면이나 이에 대한 대안에 대해서는 충분히 숙고하지 못하고 있다는 인상을 피하기 힘들다. 가령 중세는 봉건기사들과 교회의 부당한 폭력으로만 점철되어 있던 것이 아니라, 12-15세기에 시민들의 자립과 자치에 기반을 둔 수공업조합이었던 길드나 농촌공동체도 존재하였다. 이러한 조합들이 서로 교류하며 연합을 맺는 체제는 일종의 연방시스템을 형성하는데, 이러한 연방시스템 내에서 각 조합이나 공동체들은 자치를 보장받으면서도 자유롭게 이동하고 서로 교류하고 협력할 수 있었다. 이러한 자치공동체의 살인율이 가령 기사가 통치하는 봉건영토의 살인율과 비교해 어떠한지 안타깝게도 이에 대한 통계자료를 갖고 있지는 못하지만[22], 우리는 홉스가 말한 리바이어던적인 중앙집권적 국가와 시민들의 자립과 자치에 기반을 둔 공동체들의 연합형태를 비교하며 오늘날의 민주적인 국가형태에 대해 생각해 볼 필요가 있다. 오늘날의 민주주의 국가시스템이 대의민주주의의 형태를 취하고 선거민주주의에 만족하고 있는 상황에서, 엄밀히 말해 법을 제정하는 국회의원들이 국민의 이익과 관심을 '대변 represent', 다시 말해 '재현 represent'하고 있는지 의구심이 든다. 진정한 민주주의의 본질이 국

---

22 그러나 중세의 도시공동체를 너무 미화해서는 안 될 것이다. "가족의 복수, 사적인 결투나 또는 근친 간의 보복이 귀족 집안 사이에만 발생했던 것은 아니다. 가족 간, 그리고 파당들 사이의 전쟁은 앞선 시대 못지않게 15세기 도시들의 일상풍경이었다. 시민계급들뿐만 아니라 모자 제조인, 재단사, 목동들과 같은 힘없는 사람들도 쉽게 칼을 잡았던 것이다." 엘리아스, 『문명화과정 I』, 381쪽.

민 스스로가 통치과정에 참여하는 것이라면, 이러한 민주주의는 거대하고 강력한 중앙집권적인 국가보다는 자치와 자립에 기반을 둔 자치공동체들의 연합형태로 이루어진 연방국가의 형태를 취할 때 보다 잘 이루어질 수 있을 것이다. 또한 오늘날 중앙집권적인 근대 민족국가의 이념에서 벗어나 국가를 사회구성원들 간의 행위를 조정하고 통치하는 다양한 사회적 제도와 장치 중 하나로 간주하는 거버넌스의 이념이 점점 더 설득력을 얻고 있다. 더욱이 현대사회에서 점점 탈경계적인 성격을 띠고 있는 기후변화나 금융위기, 테러 같은 다양한 위험들에 직면해 국가라는 틀에 얽매이지 않고 세계적인 차원에서 함께 협력하며 대처하는 세계적인 거버넌스가 새로운 위기관리 형식으로 그 중요성을 획득하고 있다.[23] 따라서 협소한 민족국가적인 이데올로기에서 벗어나는 것이 필요하며, 심지어 미래에는 국가의 형태를 벗어난 정치시스템이 가능한지 생각해 보는 것도 의미가 있을 것이다.

또한 근대성과 근대국가에 대한 핑커의 긍정적 평가는 그가 칭송하는 서유럽 국가들과 미국이 저지른 식민지 역사의 범죄를 생각해 볼 때 재고의 여지가 있다. 핑커는 가령 홀로코스트와 근대를 연결 짓는 생각을 근거 없는 것으로 비판하며 나치이데올로기는 근대성과 무관하다고 주장한다.[24] 이런 식의 논리에 따르면, 근대 유럽 국가들의 식민지 통치 역시 근대와 무관한, 반근대적이고 비합리적인 단순한 일탈 현상에 불과하다. 더 나아가 핑커는 근대 이전의 아메리카나 아

23 이 문제를 전면적으로 다루고 있는 책으로 다음을 참조하시오. Ulrich Beck, *Weltrisikogesellschaft*, Frankfurt a.M., 2008.

24 핑커, 같은 책, 1091-1092쪽 참조.

프리카 사회의 야만성을 강조하고 탈식민지과정에서 일어난 이들의 무정부적 상태가 폭력을 유발하였다며, 서구의 식민지 지배가 적어도 근대적인 행정적 · 법적 시스템을 도입하여 사회정치적 안정을 가져오는 데 기여하는 측면이 있었음을 부각시킨다. 이러한 서구중심적인 관점의 문제점은 이성에 의해 진리와 거짓, 선과 악을 구분하는 과학적이고 합리적인 근대적 사고가 자신이 옳다고 믿는 것 외의 모든 것을 배제 내지 배척하는 폭력을 행사함을 간과하고 있다는 것이다. 서구 근대인의 관점에서 아프리카나 아시아 또는 아메리카 대륙의 인간들은 계몽되지 못한 채 비합리적으로 또는 심지어 비도덕적으로 살아가는 타자일 뿐이며, 그러한 우월감에 기반을 두고 심지어 존 스튜어트 밀 같은 근대의 대표적인 사상가조차 유럽의 식민지 지배를 승인하고 정당화했던 것이다. 사실 나치이데올로기는 유럽의 식민지 지배를 다른 대륙에서 유럽 내로 옮겨 온 것에 불과하다. 근대 유럽인들이 인종차별에 바탕을 두고 이성적인 자아와 야만적인 타자를 구분하며 후자에 대한 전자의 지배를 정당화했듯이, 나치 독일 역시 인종차별을 바탕으로 우수한 아리아인과 그렇지 못한 종족들을 구분하며 후자에 대한 전자의 지배를 정당화한 것이다. 또한 핑커가 칭송한 온화한 상업이론이 식민지 국가들의 침략과 착취에는 적용되지 못했으며, 상업과 폭력이 나란히 진행되었음을 간과해서는 안 될 것이다. 이러한 근대의 한계를 인정하고 그것을 반성할 때만이 근대의 참모습이 밝혀지고 그것의 공과가 올바르게 평가될 수 있을 것이다.

또한 폭력을 억제하고 사회적 안정을 보장하기 위해 법이라는 시스템을 유지하더라도, 그것을 도덕이 실제적으로 구현된 형태로 보거나 정의의 실현과 동일시하는 오류에서 벗어나야 한다. 법치주의가 필요하다고 해도, 그것이 결코 정의를 보장할 수는 없음을 간과해서는 안 된다. 현대사회에서 살인은 법적으로 처벌받는다. 거기에는 살인은 도덕적으로 부당한 행동이라는 전제가 깔려 있다. 그러나 살인은 무조건 부당하다는 도덕적 판단은 개별적 케이스를 보편성이라는 이름하에 일괄적으로 처리하는 데서 나온 단순화에 불과하다. 그러한 사건에 대한 도덕적 판단은 결코 선악의 이분법으로 해결되지 않으며, 특수한 맥락을 고려하여 내려져야 한다. 가령 식민지 압제에 시달리는 피지배자들이 식민지지배자들에게 행사하는 폭력은 그것이 구체적으로 어떠한 상황에서 발생하느냐에 따라 도덕적인 평가가 달라질 수 있다. 사실 대부분의 폭력은 소위 도덕적인 이유에서 저질러지며, 가해자는 자신의 폭력에 정당성을 부여하고 피해자는 자신의 피해를 더 소급시켜 확대해석한다는 점에서 옳고 그름의 문제는 선악의 이분법으로 판단하기 어려운 면이 있다. 가해자와 피해자의 시점을 떠난 제3자의 입장에서 객관적이고 공평한 도덕적 판결을 내릴 수 있다는 생각 역시 환상인데, 왜냐하면 제3자는 자신이 가지고 있는 지식과 가치평가 기준의 지평하에서, 즉 보편적이라고 주장되기는 하지만 특수한 맥락에 기반을 두고 판단을 내리기 마련이며, 그래서 그러한 판단은 결코 객관적이 될 수 없으며 사람들마다 다를 수밖에 없기 때문이다.

우리가 상대방에 대한 공감을 가까운 친척이나 공동체의 일원을 넘어 인류 전체, 아니 심지어는 동물에게까지 확대해야 하며 그러한 과정에서 이성의 힘이 필요하다는 핑커의 주장에는 전적으로 동의하지만, 이성에 입각한 도덕이 특수한 사회적 맥락을 넘어서는 보편타당성을 지닐 수 있다는 그의 주장에는 동의할 수 없다. 이성에 의해 인간의 도덕적 능력이 진보하며 이에 따라 과거의 사회에서 일어난 잔혹한 행동들을 현재의 이성적인 도덕에 의거해 단죄할 수 있다는 생각은 문제가 있다. 하지만 이것이 결코 과거에 일어난 모든 잔혹한 행위를 계보학적 관점에서 서술하며 역사의 상대성이라는 관점에서 용인해야 함을 의미하지는 않는다. 다만 살인을 비롯한 폭력은 무조건 나쁘고 평화는 무조건 진보와 발전을 의미한다는 이분법적 사고에서 벗어나야 하며, 나아가 각 시대가 처한 특수한 사회적 맥락을 고려하여 폭력에 대한 도덕적 평가를 내려야 함을 강조하고자 할 뿐이다.

마지막으로 핑커의 책에서 흥미로운 점은 역사적으로 폭력이 감소했다는 그의 주장과 이를 뒷받침하기 위해 그가 다양한 통계적 자료를 사용하고 있다는 것이다. 그런데 그가 폭력의 감소를 주장하며 역사가 평화의 방향으로 진보하고 있다고 말할 때, 그가 말하는 폭력은 과연 무엇을 의미하는가?

핑커와 마찬가지로 누너빙클러도 근대 이후 물리적 폭력의 행사를 제한하려는 무수한 노력들이 있었음을 지적한다. "민족국가의 형성과 함께 물리적 폭력의 사용은 점차 중앙기관에 의해 독점되고 있으며 민주적인 법치국가의 헌법의 시행으로 억제되거나 통제되고 있다. 유혈의 복수나 자구책은 폐지되었으며, 가정이라는 사적인 공간에서의 폭력의 사용은 법적으로 상당히 제한되어 있다. 또한 평화로운 공동생활의 공간이 안으로는 경찰에 의해, 밖으로는 군대에 의해 (광범위하게) 보장되어 있다. 고문과 사형은 많은 국가에서 폐지되었으며, 공격적인 전쟁이나 민간인에 대한 위해는 비난받는다."[25] 물론 누

---

25 Gertrud Nunner-Winkler, "Überlegungen zum Gewaltbegriff", *Gewalt*, Wilhelm Heitmeyer & Hans-Georg Soeffner (Hrsg.), Frankfurt a.M., 2004, 37쪽.

너빙클러는 아프리카에서의 내전이나 이슬람 테러, 국가폭력, 가정 내에서의 폭력 등이 여전히 전 세계적으로 일어나고 있으며 그래서 물리적 폭력이 종결되었다고는 볼 수 없지만, 그래도 물리적 폭력의 억제를 위한 다양한 노력들이 우리가 추구해야 할 중요한 가치이며 현실사적으로 나타나는 중요한 발전을 보여 주고 있다고 주장한다.[26]

핑커나 누너빙클러 모두 역사적인 폭력 감소를 언급할 때 폭력을 물리적 폭력과 등치시킨다. 그런데 현대가 과거에 비해 폭력이 늘어났느냐 줄어들었냐의 문제는 단순히 객관적으로 존재하는 물리적 폭력의 통계를 통해 대답할 수 있는 성질의 것이 아니다. 왜냐하면 폭력의 증가와 감소의 문제는 무엇을 폭력으로 인지하느냐는 문제와 긴밀히 연결되어 있기 때문이다. 만일 폭력을 단순한 가시적인 신체적 폭력을 넘어 보이지 않는 심리적 · 정서적 폭력이나 구조적 · 시스템적인 폭력으로까지 확장시켜 이해한다면, 그리고 그러한 보이지 않는 폭력이 가시적인 폭력의 원인으로 작용하며 복잡한 관계를 맺고 있음을 인식한다면, 이제 객관적인 데이터를 바탕으로 폭력의 감소추세를 확인하며 근대문명의 승리를 기뻐할 수만은 없다는 것을 알 수 있다. 이러한 맥락에서 슈로어가 태고부터 존재해 온 물리적 폭력을 시대초월적인 폭력 개념으로 끌어올리며 비가시적인 폭력현상이나 폭력 유형의 역사적 변화를 간과하는 것을 비판할 때[27], 이는 전적으로 타당하다. 문제는 폭력에 대한 계량적인 접근이 아니라, 폭력에 대한 인지

26 같은 글, 37-38쪽 참조.

27 Markus Schroer, "Gewalt ohne Gesicht. Zur Notwendigkeit einer umfassenden Gewaltanalyse", *Gewalt*, Wilhelm Heitmeyer & Hans-Georg Soeffner (Hrsg.), Frankfurt a.M., 2004, 155쪽과 163-164쪽 참조.

능력을 발전시키고 보이지 않는 폭력을 밝혀낼 수 있는 민감성을 기르는 것이다. 근대적인 이성적 사고에 빠져 모든 것을 계량화할 수 있다고 믿고 통계적으로 입증 가능한 물리적 폭력만을 폭력으로 간주하는 태도는 폭력에 대해 새로운 민감성을 발전시킨 현대인들의 변화된 폭력에 대한 인식을 제대로 좇아가지 못한다.

물론 그렇다고 폭력 개념을 무분별하게 확장하고 모든 것을 폭력이라는 개념 속에 구겨 넣자는 말은 아니다. 우리가 대충 이성적일 때는 복잡한 현상을 데카르트처럼 단순한 수학공식으로 환원시켜 설명할 수 있을지 모르지만, 원인과 결과가 맺고 있는 대단히 복잡한 관계를 모두 고려하는 진정으로 이성적인 태도를 취한다면 오히려 현상의 설명은 더 어려워지고 미래의 예측도 더 힘들어질 것이다. 마찬가지로 폭력에 대한 엄밀한 학문적 접근은 폭력 개념이 그렇게 단순하게 정의될 수 없고 다양한 정신적 의미를 펼쳐 나갈 수 있음을 보여줄 것이다. 아울러 폭력 개념을 물리적 · 신체적 폭력으로 환원시키며 그러한 개념의 시대 초월적 타당성을 주장하기보다는, 폭력이 그것을 구성하는 요소(예를 들면 폭력의 주체, 대상, 수단, 내용, 직접성, 윤리적 맥락)와 관련해 다양한 유형으로 분류될 수 있고 시대적으로도 폭력의 패러다임이 변해 왔음을 인식하는 것이 필요하다.

제1부

폭력이란 무엇인가?

제1장

기존의 폭력 정의에 대한 비판적 성찰

폭력에 대해서는 이미 국내외적으로 많은 다양한 연구들이 존재한다. 하지만 막상 폭력에 대해 명확한 개념 정의를 시도하는 연구를 발견하기란 쉽지 않다. 실제로 폭력이라는 개념을 정의하려고 시도하면, 문제가 그렇게 간단하지 않다는 것을 알게 된다. 이 장에서는 우선 폭력의 정의와 관련해 세 가지 대표적인 관점을 소개한 후, 그러한 관점의 문제점을 지적하며 새로운 폭력 정의의 가능성을 탐색하고자 한다.

1. 규범적 관점에서의 폭력 정의

첫 번째는 규범적인 관점에서 정의된 폭력 개념이다. 이는 근대 이후 우리가 일반적으로 폭력에 대해 갖고 있는 관점이기도 하다. 여기서 규범적이란 말은 폭력이 도덕적인 정당성의 문제와 관련되어 있음을 지시할 뿐만 아니라, 그것이 언제나 도덕적으로 나쁜 폭력임을 가리킨다. 이러한 관점에서는 위법행위에 대한 처벌이나 불법시위의 물리적 진압은 폭력이 아니지만, 범죄행위는 폭력으로 간주된다. 즉 폭력은 정당성을 부여받지 못한 위해행위를 가리키며, 거기에는 항상 도덕적인 비난이 따라다닌다.

폭력은 폭력을 행사하는 사람과 폭력을 당하는 사람이 맺는 특별한 관계에서 비롯되며, 이는 인간 상호 간의 관계를 다루는 규범적 영역과 관련되기 때문에 도덕적 판단과 무관하지 않다. 즉 폭력은 그 자체로 가치중립적으로 정의될 수 없으며 특별한 도덕적 가치평가를 수반한다. 이는 우리의 언어사용에도 반영된다. 예를 들면 우리는 자신의 생명을 보호하기 위해 상대방을 죽일 때, 이를 폭력이 아니라 정당방위라고 부른다. 또는 죄인을 사형시키는 형벌집행 역시 폭력이라고 부르지는 않는다. 왜냐하면 그러한 사형집행은 정당한 권력에 의해 행사된 것이기 때문이다. 아렌트는 이런 도덕적 정당성의 관점에서 권력과 폭력을 구분한다. "권력은 결코 정당화를 필요로 하지 않으면서, 정치 공동체의 현존 자체에 내재한다. 권력이 필요로 하는 것은 정당성이다. […] 권력은 언제든지 사람들이 모이고 제휴하여 행동할 때 생겨나지만, 그 정당성은 나중에 뒤따라올 어떤 행동에서가 아니라 오히려 최초의 모임에서 유래한다. 정당성은, 도전받을 경우, 과거에 대한 호소에 기초하지만, 반면에 정당화는 미래에 위치하는 목적과 관련이 있다. 폭력은 정당화될 수 있지만, 결코 정당성을 가질 수 없다."[1] 물론 권력과 폭력을 단순히 대치시켜 정당성 대 정당화로 구

1 한나 아렌트, 『폭력의 세기』, 김정한 옮김, 이후, 1999, 84-85쪽.

분하는 아렌트의 정의는 문제가 많지만, 폭력이 "결코 정당성을 가질 수 없다."라는 아렌트의 말이 폭력을 도덕적으로 옳지 못한 행위로 바라보는 우리의 일상적 관점과 일치함을 확인할 수 있다.

그러나 폭력의 비도덕성이 과연 시대를 초월한 보편적인 폭력의 정의를 위한 기준이 될 수 있을지 생각해 볼 필요가 있다. 중세까지는 폭력이 주로 특정한 상황적 맥락과 관련되어 평가되었고 반드시 비도덕적인 현상으로 간주되지도 않았으며, 심지어 때로는 집단이나 사회의 정체성을 형성하는 중요한 요인으로까지 간주되었다. 주변부족이나 맹수로부터 자신의 생명을 지키는 것이 최우선 과제였던 시대에 폭력은 필수적인 생존수단이자 사회구조를 형성하는 기능을 갖고 있었다. 즉 폭력은 특정한 사회에서 일종의 도덕적 의무였던 것이다. 따라서 이러한 사회에서 "폭력은 도덕의 대극 對極이 아니다. 폭력은 특정한 종류의 도덕, 즉 폭력의 도덕의 핵심적 요소인 것이다."[2]

반면 근대에 들어서면서 계몽주의 사상의 영향으로 이성에 근거한 도덕 개념이 특정한 집단이나 특정한 사회의 이익이나 관점을 넘어서는 도덕의 보편성을 내세움에 따라 폭력 역시 비도덕적이고 정당하지 못한 행위로 간주되기 시작한다. 이러한 관점에서 근대는 비폭력을 이념적으로나 생활세계적으로 또는 정치적으로 일종의 규범으로 삼는 반면, 폭력은 비도덕적인 것으로 단죄한다.[3] 17세기에 발발한 종교전쟁이 끝나고, 특히 19세기 초 나폴레옹의 정복전쟁이 종결되면

---

2 J. Verplaetse, 같은 책, 75쪽.

3 Teresa Koloma Beck & Klaus Schlichte, *Theorien der Gewalt*, Hamburg, 2014, 25쪽 참조.

서 유럽에는 민족국가가 자리를 잡게 된다. 폭력을 독점한 강력한 근대국가가 지배하게 되면서 일상적 폭력은 줄어들고 의료기술과 위생시설의 발전으로 사망률 자체가 감소하면서 생명에 대한 관심도 늘어난다. 그 때문에 생명을 파괴하는 행위로서 폭력은 야만적인 것으로 낙인찍힌다. 이로써 폭력은 근대의 문명과 원시사회의 야만성을 분류하는 척도로 간주되기에 이른다.[4] "그리하여 19세기부터 비폭력이 근대 사회의 대표적인 특징이라는 생각이 확고하게 자리를 잡는다. [···] 또는 의도적인 위해행위가 단호히 폭력이 아니라, 다른 개념, 예를 들면 '처벌', '훈육수단' 또는 '인도적 개입'으로 지칭되면서 담론적으로 은폐되었거나 은폐되고 있다."[5] 이 말은 결국 오늘날 우리가 사용하는 폭력 개념이 그 자체로 규범적인 가치평가를 담고 있어 항상 나쁜 폭력이 될 수밖에 없는 상황이 결코 폭력이라는 현상의 본질을 반영하는 것이 아니라, 오히려 근대가 이분법적인 도덕에 따라 폭력을 재단한 데서 비롯된 것임을 보여 준다. 그러나 19세기까지 비교적 안정되고 평온한 질서를 유지하던 근대 유럽사회는 내재적으로 많은 폭력을 숨겨 왔으며, 특히 20세기 양차 대전과 홀로코스트를 겪으며 근대 자체가 부정적 의미에서의 폭력의 원인이 아닌지 하는 의구심을 낳기까지 하고 있다.[6] 나아가 폭력 자체를 악으로 규정하는 근대의 도덕적

---

4 같은 책, 26-27쪽 참조.

5 같은 책, 28쪽 이하.

6 가령 마르크스는 시민사회를 자본주의의 착취구조에 의해 설명하며 자유주의 이념 속에 구조적 폭력(비록 이런 개념을 사용하지는 않지만)이 은폐되어 있음을 지적한다. 또한 파농은 19세기 후반 유럽 국가들의 평화가 식민주의 내지 제국주의의 폭력에 기반을 두고 있음을 강조한다. 나아가 아도르노와 호르크하이머, 그 이후에는 바우만이 근대 자체가 내재하고 있는 폭력성을 강력히 비판한다. 같은 책, 30-33쪽 참조.

평가 역시 많은 문제점을 지닌다. 왜냐하면 국가의 폭력독점을 정당화하는 근대 민족국가의 관점에서 국가가 국민에게 부당하게 행사하는 국가폭력은 권력이라는 이름 아래 사실상 은폐되어 버리기 때문이다. 또한 독재국가의 폭력에 맞선 모든 저항이나 혁명이 도덕적으로 정의롭지 못한 폭력으로 낙인찍힐 때, 비폭력/폭력의 도덕적 이분법은 문제가 많은 것으로 나타난다.

그 때문에 폭력을 도덕적으로 나쁜 것으로 규정하는 규범적 정의에서 벗어날 필요가 있다. 독일어의 경우를 살펴보면, 폭력을 지칭하는 'Gewalt'라는 단어는 오늘날처럼 도덕적으로 부당한 의미에서의 폭력만을 지칭하지 않았다. 반대로 이 단어는 합법적인 권한이나 지배 또는 그러한 힘을 가리키는 말로 사용되기도 하였다. 오늘날에도 '삼권분립 Gewaltenteilung'이나 '처분권한(또는 결정권, 통치권) Verfügungsgewalt' 같은 단어에서 비도덕적인 위해행위를 지시하는 폭력 개념과는 다른 Gewalt의 의미가 발견된다.[7] Gewalt라는 단어가 지닌 의미의 역사적인 변천을 통해 얻어야 할 교훈은, 근대 이후 도덕적 맥락에서 부당한 행위로 규정되어 온 '폭력' 개념을 새로운 맥락에서 이해하고 사용해야 한다는 것이다. 나중에 '폭력기계'라는 개념을 다루는 장에서 보다 자세히 논의되겠지만, 도덕적으로 나쁜 행위로 정의된 협소한 폭력 개념을 비판하고 그러한 폭력의 정의가 은폐해 온 폭력현상들(법 준수를 위한 무력사용, 훈육조치 등)을 드러낼 때 비로소 폭력 개념의 다양한 의미스펙트럼을 제대로 보여 줄 수 있을 것이다.

---

7 같은 책, 38-39쪽 참조.

폭력을 비도덕적인 신체의 위해행위로 국한시키는 관점의 문제성은 도덕의 보편성 자체가 담보될 수 없다는 사실과도 관련이 있다. 이 문제는 뒤에서 보다 상세히 다룰 것이다. 다만 여기서 간략히 선취해서 말하자면, 보편적인 도덕이 없다면 마찬가지로 폭력을 도덕적으로 부당한 위해행위로 정의하는 것 역시 문제가 있다는 것이다.

2. 가치중립적인 관점에서의 폭력 정의

두 번째 폭력의 정의는 폭력이라는 현상 자체에 집중하며 그것을 객관적으로 기술하려는 관점이다. 폭력을 객관적으로 정의하려는 시도는 무엇보다 폭력을 규범적 관점에서 정의하려는 관점에 대한 비판에서 출발한다. 조금 거칠게 정의되어 있기는 하지만, 네이버사전에서도 두 번째 유형의 폭력정의와 유사한 정의를 발견할 수 있다. 이에 따르면 폭력은 "남을 거칠고 사납게 제압할 때에 쓰는, 주먹이나 발 또는 몽둥이 따위의 수단이나 힘. 넓은 뜻으로는 무기로 억누르는 힘을 이르기도 한다."[8] 위의 정의에서 폭력이란 물리적인 수단에 의해 신체에 가해지는 폭력을 지칭한다.

물론 이러한 폭력의 정의는 언어를 사용한 심리적 폭력이나 정치적, 경제적, 사회적 시스템에 의해 가해지는 구조적 폭력 등을 배제함으로써 지나치게 협소한 의미로 사용되는 것처럼 보일 수도 있다. 하

8 네이버 국어사전(http://krdic.naver.com/detail.nhn?docid=40701400, 2015. 10. 10.).

지만 가령 독일에서 1990년부터 본격화된 폭력에 대한 사회학적 연구를 예로 들면, 폭력의 원인을 중점적으로 살펴보던 기존의 연구에서 벗어나 폭력 자체로 연구방향을 전환할 것을 표방하며 폭력을 연구한 일련의 연구자들, 즉 하인리히 포피츠, 트루츠 폰 트로타, 볼프강 조프스키 등은 모두 폭력을 신체적 폭력으로 제한시켜 정의하고자 한다.[9] 포피츠는 폭력을 권력의 여러 유형 중 한 가지로 간주하며 "의도적으로 다른 사람의 신체에 상처를 입히는 권력행위"[10]로 정의한다. 누너빙클러 역시 현대에 폭력 개념이 지나치게 확장된 의미에서 사용되고 있으며 이로써 서로 이질적인 현상들을 폭력이라는 개념하에 섞어 놓고 있다며 폭력 개념을 다시 제한적인 의미로 사용하고자 한다. 이에 따라 누너빙클러는 "폭력을 인간이 인간에게 의도적으로 가하는 물리적[11] 위해"[12]로 정의한다. 그녀는 그러한 가치중립적인 개념규정이 "연구대상을 명확히 경계 짓는"[13] 장점도 지닌다고 말한다. 이 경우 폭력은 일상적인 의미에서 도덕적으로 부당한 것만을 의미하는 폭력 외의 다른 폭력들을 포함하는 장점을 지닌다. 물론 폭력을 신체적 폭력으로 정의하는 것은 폭력에 대한 일상적 견해와 별반 다르지 않은 진부한 관점으로 여겨질 수도 있다. 그러나 벡과 슐리히테는 사회학이 얼마 전까지만 해도 신체라는 테마에 거의 주목하지 않았고 그

9 M. Schroer, 같은 글, 160-161쪽 참조.

10 Heinrich Popitz, *Phänomene der Macht*, Tübingen, 1992, 48쪽.

11 원래 '물리적'이라는 수식어는 폭력의 수단 내지 도구를 가리키는 의미로 사용될 수 있지만, 여기서는 거의 '신체적'이라는 의미와 동일한 의미로 사용되고 있다.

12 G. Nunner-Winkler, 같은 글, 28쪽.

13 같은 쪽.

래서 "실제로 폭력의 신체성이 사회학적으로 여태까지 거의 다루어지지 않았다"[14]며, 가해와 고통의 체험에 기반을 둔 폭력과 신체의 연관성에 대한 연구가 많은 생산적인 연구결과를 도출해 내었음을 강조한다. 이처럼 가치중립적이고 신체적인 폭력으로 폭력의 범위를 좁히는 관점은 폭력의 대상을 분명히 하고 나아가 폭력의 신체연관성에 주목하게 한다는 점에서 의미가 있다.

그럼에도 불구하고 포피츠나 누너빙클러의 폭력에 대한 가치중립적인 정의는 두 가지 문제점을 갖고 있다.

첫 번째는 이러한 정의가 그들의 주장처럼 그렇게 가치중립적이지 않다는 점이다. 가령 누너빙클러처럼 "폭력을 인간이 인간에게 의도적으로 가하는 물리적 위해"로 정의한다면, 폭력의 주체나 대상의 범주에서 인간 외의 존재는 모두 배제된다. 그러나 이러한 배제 자체는 결코 가치중립적이지 않으며 동물살해를 도덕적으로 정당화하는 작용을 한다. 폭력이 일차적으로 가치중립적으로 정의되더라도, 그렇게 해서 폭력으로 분류된 행위는 이차적으로 윤리적 담론[15]의 대상, 즉 그러한 폭력이 정당한지 아닌지 논쟁의 대상이 될 수 있는 반면, 특정한 신체적 위해 자체가 폭력으로 분류되지 않는다면 자동적으로

---

14 T. K. Beck & K. Schlichte, 같은 책, 125쪽.

15 여기서 담론은 하버마스가 사용한 의미에서의 담론(Diskurs)을 의미한다. 하버마스는 일상적인 대화에서 대화참여자들이 합의에 도달하지 못할 때 이성적인 논거를 제시하며 보다 높은 의사소통의 차원에서 합의를 추구한다고 말하면서, 이러한 2차적인 의사소통차원을 담론이라는 개념으로 지칭한다(Jürgen Habermas, *Vorstudien und Ergänzungen zur Theorie des kommunikativen Handelns*, Frankfurt a.M., 1995, 122쪽 참조). 이 책에서 윤리적 · 도덕적 담론이라는 개념을 사용할 때는 하버마스적인 의미에서 사용하겠지만, 하버마스처럼 보편적인 합의에 도달하는 이상적 상황을 전제로 하지는 않는다는 점에서는 입장 차이가 있다.

그로부터 윤리적 담론 역시 생겨날 수 없다. 동물이 의도를 지닐 수 있느냐 없느냐에 대한 논란은 차치하고라도, 동물에 대한 인간의 신체적 위해를 폭력 개념에서 배제시키는 것은 명백히 인간중심적 사고의 산물이다.[16] 그러한 인간중심적인 폭력 개념의 정의는 미래에 사이보그 같은 존재가 탄생한다면 더욱더 한계를 드러낼 것이다. 또한 누너빙클러를 비롯한 사람들이 폭력의 정의에서 '의도적인'이라는 수식어를 사용한 이유 역시 묻지 않을 수 없다. 물론 이는 한편으로 동물을 본능만을 지닌 존재로 격하시키며 폭력을 인간에게만 해당되는 현상으로 정의하려는 의도를 드러내기도 하지만, 다른 한편으로 그것이 다시금 윤리적인 범주를 폭력 정의에 끌어들일 필요성을 제기하기도 하기 때문이다. 누너빙클러의 정의에 따르면, 가령 허가를 받은 사냥꾼이 동물을 사냥하려다가 실수로 다른 사람을 쏘아 죽이면, 이는 폭력이 아니다. 왜냐하면 그는 피해자를 살해할 의도가 없었기 때문이다. 그러나 이러한 살해의도와 상관없이 피해자의 몸에 상처가 생겼고 이로 인해 그가 죽었다는 사실에는 변함이 없다. 그럼에도 왜 그것은 폭력이 아닌가? 그것은 결국 그러한 행위가 윤리적인 담론을 벗어나 있다는 것 말고는 다른 설명을 찾기 힘들다.

---

16 오늘날 돌고래나 침팬지 같은 동물은 발달장애를 지닌 인간보다 더 높은 지능을 갖고 있는 것으로 알려져 있다. 또한 돌고래는 높은 지성뿐만 아니라 감정도 지니고 있으며 나아가 언어와 도덕적 행동능력까지 가지고 있는 것으로 밝혀졌다. 그래서 돌고래나 유인원 같은 동물들은 인간과 동등한 '비인간인격체'로 간주되어야 한다는 주장이 제기되고 있다. 심지어 지능이 낮은 동물을 학대하거나 실험대상으로 삼는 것 또는 식용으로 삼는 것 역시 인간중심적인 시각을 반영하며 정당하지 못하다는 주장도 나오고 있다. 「돌고래 인격 존중해 수족관 설치를 금하노라」, 실린 곳: 『한겨레신문』 2015년 1월 17일(http://www.hani.co.kr/arti/society/environment/674032.html, 2015. 12. 26.) 참조.

반면 폭력을 윤리적인 담론이 개입되어 있는 현상으로 정의하면, 가령 권투 같은 스포츠는 의도적인 위해를 행하더라도 일차적으로는 폭력이 아니다. 왜냐하면 권투를 하는 당사자인 선수들은 모두 게임의 룰에 합의했기 때문에 서로에게 신체적 위해를 가하는 것이 윤리적 문제를 야기하지 않기 때문이다. 그러나 권투 자체를 스포츠가 아닌 야만적인 폭력으로 간주하며 그것의 폐지를 요구하는 사람이 있다면, 즉 권투에서 행해지는 신체적 위해를 윤리적 담론의 틀에서 바라보는 사람이 있다면, 권투는 폭력의 범주에 들어올 수도 있을 것이다. 이처럼 어떤 현상이 폭력인지 아닌지는 결코 객관적으로 기술 가능하거나 자명하지 않으며, 때로는 이와 같은 가치평가와 담론에 따라 그것이 폭력인지 아닌지의 여부가 결정된다.

따라서 나는 폭력을 도덕적으로 나쁜 폭력으로 정의하는 규범적 정의에 반대할 뿐만 아니라, 폭력을 단순히 객관적으로 기술할 수 있는 가치중립적인 현상으로 보는 관점에도 거리를 둔다. 왜냐하면 폭력이라는 행위는 적어도 그러한 행위가 보편적인 도덕은 아니더라도 상대적인 윤리의 관점에서 좋고 나쁘냐를 따질 수 있는 윤리적 맥락과 연관되어 있기 때문이다. 이 말은 폭력이 윤리적으로 반드시 나쁜 것만은 아니며 심지어 좋을 수도 있음을 의미할 뿐만 아니라, 동시에 항상 그러한 가치평가와 결부되어 논의되는 현상이라는 것을 의미한다. 따라서 이 책에서는 폭력 개념을 완전히 객관적으로 기술될 수 있는 현상으로 묘사하지는 않을 것이다. 왜냐하면 폭력은 보편적인 도덕의 차원에서 선악의 이분법에 따라 규정될 수는 없더라도, 적어도 특수한 사회적 · 역사적 맥락과 관련된 판단으로서 '옳고 그름'을 다루는 영역인 윤리적 차원을 떠나지는 않기 때문이다. 다시 말해 보편적으로 타당한 도덕이 없다고 해서, 인간행위의 옳고 그름을 판단하는 도덕의 영역이 사라지는 것은 아니며, 이러한 차원에서 폭력은 이를 두고 상대적인 가치평가인 윤리적 담론이 벌어질 수 있는 현상이며 그에 따라 폭력을 윤리적으로 좋은 폭력과 나쁜 폭력으로 평가하는 것 자체가 불가능하지는 않다. 그러한 평가가 시대초월적인 보편타당성을 요구하지는 못하더라도 말이다.

인류의 초기에 보편적인 도덕 개념은 존재하지 않았으며, 각 부족이 다른 부족과 벌인 전쟁 역시 오늘날의 윤리적 관점에서 옳고 그름을 평가하기 힘들다. 왜냐하면 원시시대에 한 부족 내에는 구성원들 간의 상호적인 공감과 동정심이 존재했지만, 타 부족성원에 대한 윤리적인 공감능력은 결여되었기 때문이다. 따라서 이러한 원시부족사회에서는 부족 내부적으로는 친족이나 사회구성원 간의 공감과 원조에 기반을 두는 '결속의 도덕'이 지배적이었지만, 타 부족과의 관계에서는 '폭력의 도덕'이 지배적이었다고 할 수 있다. 이러한 도덕은 보편적 정당성을 요구하는 현대의 합리적이고 이성적인 도덕과 달리, 도덕적 본능 내지 도덕의 감정에 토대를 두고 있다. 그런데 설령 한 부족이 다른 부족과 적대적인 관계에 있다고 하더라도 무조건 그들과 전쟁을 수행하지는 않는다. 한 부족이 다른 부족과 전쟁을 수행하려면 부족구성원들의 동의를 필요로 하는데, 이 때문에 무리한 전쟁을 요구하는 부족구성원은 설령 그가 우두머리라고 할지라도 비난받을 수 있고 심지어 부족에서 쫓겨 나거나 살해당할 수도 있다. 따라서 원시부족사회에서도 전쟁수행에 앞서 전쟁을 하는 것이 좋은지 나쁜지에 대한 가치평가가 내려져야 한다. 그런데 이러한 가치평가는 보편적인 정당성을 논하는 도덕적 차원에서보다는 자신이 속한 부족의 이해관계와 관련되는 상대적인 윤리적 차원에서 내려진다.

의사이자 인류학자인 디디에 파생은 도덕 개념을 보편적인 도덕을 넘어서서 보다 포괄적으로 이해한다. "그는 이러한 맥락에서 도덕을 가치의 확고한 결정이나 올바른 것과 잘못된 것의 명확한 구분으로 이해하는 것이 아니라, 인류학적인 연구가 가능한, 주어진 역사적 · 지리적 틀 내에서 이루어지는 규범의 형성으로 이해한다."[17] 이와 같이 정의된 도덕은 페르플라체가 말한 이성적인 논증에 입각해 보편타당성을 요구하는 '합리적인 윤리' 내지 '원칙의 윤리'뿐만 아니라[18], 전근대적인 도덕의 형식이지만 오늘날까지 여전히 존속되고 있는 도덕적 본능과 감정에 기반을 둔 다른 형태의 도덕유형[19]까지 포함하는 보다 포괄적인 개념이 된다. 나아가 소위 말하는 이성적인 도덕은 도덕적 감정 대신 이성적인 논거에 기반을 두고 선악의 문제를 특정한 맥락이나 관점에 국한시키지 않고 보편적 차원에서 논의하려 하지만, 이러한 논의는 궁극적으로 완결될 수 없고 도덕적 판단을 내리는 사람의 주관적인 특정한 시점에 다시 종속됨으로써 보편타당성을 획득하기 어려운 딜레마에 빠지게 된다.

도덕의 문제를 보편적인 도덕으로 환원시키지 않으려는 디디에 파생의 입장에 동의하면서도 개념적으로 도덕과 윤리를 구분할 필요

---

17 Thomas Lemke, *Biopolitik*, Hamburg, 2007, 113쪽.

18 위의 개념에 대한 자세한 설명은 다음을 참조하시오. J. Verplaetse, 같은 책, 210-215쪽.

19 페르플라체는 이러한 도덕유형으로 결속의 도덕, 폭력의 도덕, 정화의 도덕, 협력의 도덕을 들고 있다. 물론 그는 이러한 도덕유형의 목록이 결코 자신이 제시한 유형으로 제한되지는 않는다며 그 목록을 열어 두고 있다. 페르플라체가 제시한 도덕적 본능이나 도덕적 감정에 기반을 둔 위의 도덕유형에 대한 자세한 설명은 다음을 참조하시오. 같은 책, 20-21쪽.

성을 제기하고 싶다. 하버마스는 보편타당성을 요구하는 도덕과 상대적인 가치의 문제를 다루는 실존적 · 윤리적 문제를 구분한다.[20] 기본적으로 이러한 구분에 동의하면서도 보편적인 타당성을 지닌 도덕에 대한 믿음을 여전히 갖고 있는 하버마스의 입장에는 거리를 두고자 한다.

들뢰즈는 또 다른 관점에서 도덕과 윤리를 구분한다. "도덕은 판단체계이다. 도덕은 이중의 판단으로, 당신은 당신 자신을 판단하고 또 당신은 판단을 받는다. 도덕에 대한 취향을 가진 이들은 판단에 대한 취향을 가진 이들이다. 판단하기는 항상 존재보다 우월한 권위를 함축한다. 그것은 언제나 존재론보다 우월한 어떤 것을 함축한다. 그것은 항상 존재보다 하나 더 많은 것, 존재를 만들고 행위를 만드는 선을 함축한다. 그것은 존재보다 우월한 선이고 그것은 일자一者이다. 가치는 존재보다 우월한 이런 권위를 표현한다. 따라서 가치들은 판단체계의 근본 요소이다. […] 윤리에서 그것은 완전히 다르다. 당신은 판단하지 않는다. […] 누군가가 뭔가를 말하거나 행하면 당신은 그것을 가치와 연결하지 않는다. 당신은 어떻게 그것이 가능한가를 자문한다. 어떻게 그것이 내적인 방식으로 가능한가? 즉 당신은 사물이나 진술을 그것이 함축하는, 그것이 자신 안에 싸안고 있는 존재의 양태

20 하버마스는 시대와 장소를 초월하여 보편적으로 통용될 수 있는 도덕의 문제와 개인에게 중요한 상대적인 가치의 문제인 실존적 · 윤리적 문제를 구분한다. J. Habermas, *Erläuterungen zur Diskursethik*, Frankfurt a.M., 1992, 124쪽 참조.
이와 달리 페르플라체는 심리학자들이 도덕적 본성이나 감정을 가리키기 위해 도덕이라는 개념을 즐겨 사용하는 반면, 도덕철학자들은 보다 규범적인 것에 초점을 맞춰 윤리라는 개념을 즐겨 사용한다며, 하버마스의 개념사용과 반대로 오히려 일반적으로는 도덕이 상대적인 타당성과 연결되고, 윤리가 보편타당성과 연결되고 있다고 말한다. J. Verplaetse, 같은 책, 210쪽 참조.

와 연관 짓는다. […] 당신은 존재의 감춰진 양태를 구하지 초월적인 가치를 구하지 않는다. 그것이 내재성의 작동방식이다."[21]

버틀러는 우월한 입장에서 도덕적 판단을 내리는 것을 비판하며 도덕과 윤리를 구분한 들뢰즈의 견해를 자신의 입장에 맞게 수정하여 받아들인다. 그녀는 개인적 · 법적 · 정치적 삶에 있어서 판단의 필요성을 인정하면서도 모든 윤리적 관계가 판단으로 환원될 수는 없다며, 다른 사람을 판단하기에 앞서 그를 인정하고 이해하기 위한 말 걸기의 필요성을 강조한다. 즉 판단에 앞서 상대방을 이해하기 위한 질문이 필요하다. "따라서 말 걸기에 어떤 윤리가 존재하고 사법적 판단을 포함한 판단이 말 걸기의 한 형식이라면, 판단의 윤리적 가치는 그 판단이 취하는 말 걸기의 형식에 의해 결정될 것이다."[22] 여기서 버틀러는 상대방을 자신과 동등한 인간으로 인정하기보다는 우월한 입장에서 판단만을 내리려는 태도를 윤리적 폭력으로 간주하며, 보편타당성을 주장하는 도덕적 판단에 거리를 둔다. 그러나 그것이 앞에서 들뢰즈가 말한 것처럼 가치판단 일체로부터 멀어지는 것을 의미하지는 않는다. 들뢰즈는 가치판단 자체를 도덕으로 간주하며 윤리와 구분하지만, 버틀러는 초월적인 입장에서 보편타당성을 주장하는 도덕적 판단을 부정하면서도 윤리를 가치연관적인 문제로 간주한다. 나 역시 이러한 입장에서 윤리적 담론을, 정의와 정당성의 문제를 둘러싼 가치판단과 연결되어 있으면서도 동시에 타인에 대한 이해와 인정에 기

---

21 Cours Vincennes. 12/21/1980, http://www.webdeleuze.com/php/texte.php?cle=190&groupe=Spinoza&langue=2(주디스 버틀러, 『윤리적 폭력 비판』, 양효실 옮김, 인간사랑, 2013, 80-81쪽 재인용).

22 같은 책, 82-83쪽.

반을 두고 그를 이해하기 위한 질문을 던지기를 포기하지 않는 태도로 이해할 것이다.

도덕을 윤리로 대체하는 것은 다른 사람에 대한 이해를 배제한 채 자신의 도덕적 판단의 초월성, 즉 보편타당성을 주장하는 것에 거리를 두는 것을 의미한다. 하지만 이것이 결코 윤리적 가치의 문제에 대한 무관심을 의미하지는 않는다. 왜냐하면 이러한 정의 문제를 방치하고 모든 윤리적 가치를 상대화시키면, 데리다가 말한 것처럼 정의가 "도착적인 계산에 의해 재전유될"[23] 위험이 있기 때문이다. 그 때문에 설령 불완전할지라도 정의의 문제를 둘러싼 윤리적 담론을 통해 계산 불가능한 정의를 계산해 내며 정의에 대해 논하는 것은 의미가 있다.

이러한 보다 폭넓은 의미에서 이해된 윤리의 차원이 원인으로 작용하는 신체적 위해를 폭력으로 이해한다면, 원시사회에서의 전쟁 역시 폭력으로 부를 수 있을 것이다. 폭력은 단순히 '의도적인 신체적 위해'로 정의될 수 있는 가치중립적인 현상이 아니다. 오히려 폭력은 개인들이 맺고 있는 사회적 관계나 개인과 집단의 관계 또는 집단 간의 관계를 파괴하거나 공고히 하는 또는 심지어 그것을 형성 내지 재구성하는 기능을 지닌다.[24] 그 때문에 그러한 사회적 관계에 위치한

---

23 자크 데리다, 『법의 힘』, 진태원 옮김, 문학과지성사, 2012, 59쪽.

24 폭력은 관계를 파괴하며 문제를 발생시킬 뿐만 아니라, 때로는 관계를 형성하며 문제를 해결하기도 한다. 가령 폭력조직이나 특수한 모임의 입회식에서 폭력이 행사될 때, 이는 폭력의 대상을 그 조직의 일원으로 받아들이는 기능을 수행한다. 이로써 폭력은 갈등을 만들어 낼 뿐만 아니라 때로는 갈등을 해결하는 기능도 지니고 있음을 알 수 있다. 최근에는 미국에서 서로 알력이 있는 사람들을 모아 서로 치고 박고 싸우게 함으로써 문제를 해결하고 서로에 대한 나쁜 감정을 씻어 내는 모임이 개최되기도

구성원들은 폭력에 대해 입장을 취하며 가치평가를 내려야 한다. 원시사회에서 전쟁이 가령 부족한 자원이나 여성의 획득을 위해서 또는 예방적인 선제공격의 목적으로 행해질 때, 이러한 전쟁수행은 그 당시의 사회적 맥락에서는 보편적인 도덕적 정당성을 부여받을 필요가 없으며 단지 그것이 자기 집단의 생존과 사회질서 유지에 도움이 될 수 있는지의 관점에서만 평가된다. 친밀성의 정도에 따라 자신의 집단과 이방인이 구분될 때 이방인에 대한 폭력은 오늘날의 이성적인 도덕의 관점에서 판단되지 않는다. 따라서 그러한 다른 부족과의 전쟁은 오늘날의 관점에서 보면 오히려 집단적인 정치적 고려에서 행해진다. 반면 현대사회에서 전쟁은 인명살상에 대한 도덕적 문제를 수반하며 필연적으로 보편적인 도덕적 담론을 유발한다. 그래서 전쟁에서 수행된 폭력이 정당화되려면 그에 합당한 도덕적 명분을 얻어야 하는 것이다. 그러나 이를 두고 현대의 폭력과 관련해서는 도덕적 담론이 행해질 수 있지만, 전근대적 폭력에서는 그렇지 않다는 결론을 내려서는 안 될 것이다. 왜냐하면 도덕은 결코 근대적인 이성적 도덕으로 환원될 수 없으며, 각 시대마다 상이한 유형의 윤리적 규범이 작용하고 있기 때문이다. 따라서 인류 초기에서 현대에 이르기까지 광범위한 폭력 현상을 정의하려면, 폭력이 성립되기 위한 전제조건으로 그것의 원인이 되는 포괄적 의미에서의 윤리적 맥락이 존재해야 한다.

두 번째로 누너빙클러는 명확히 인식 가능한 대상만을 폭력으로 정의하고자 하며 그렇게 명확히 규정된 폭력만이 경험적인 사회학적

하였다. 물론 이러한 폭력이 얼마나 문제해결능력이 있는지, 그러한 방법이 과연 도덕적으로 정당한 방법인지에 대해서는 논란이 있겠지만 말이다.

연구의 의미 있는 분석대상이 될 수 있다고 생각한다. 그녀는 심리적 폭력이나 구조적 폭력의 경우에는 소위 폭력의 대상으로 간주되는 사람들이 자신에게 가해진 모욕이나 억압을 모두 동일하게 폭력으로 인식하지는 않기 때문에 이러한 폭력이 객관적인 성격을 띨 수 없음을 강조한다. 반면 신체적 폭력이나 물리적 폭력[25]은 객관적으로 인지 가능하기 때문에 분명한 분석대상이 될 수 있으며, 이를 바탕으로 역사적으로 고문이나 사형의 감소현상이 어떻게 나타나는지 등 의미 있는 사회학적 연구를 수행할 수 있다는 것이다.[26]

그런데 과연 신체적인 위해는 항상 명료하게 인식될 수 있는가? 누너빙클러는 의도적인 위해만을 폭력으로 생각하기 때문에, 실수로 발을 밟거나 실수로 얼굴을 치는 행위는 폭력으로 분류하지 않는다. 그런데 우리가 과연 인간의 행위를 보고 그것이 의도적인지 아닌지 항상 명확하게 판단할 수 있을까? 가령 어떤 사람이 누군가를 차로 치고 달아났을 때, 그것이 과실인지 고의인지는 그 자체만으로는 판단하기 힘들다. 즉 신체적인 위해의 경우에도 의도성을 파악하려면 해석이 필요한 경우가 있다. 그리고 누너빙클러가 폭력에 포함시킨 순간적인 감정에 의해 촉발된 폭력[27]의 경우도, 엄밀히 말하면 그것이

---

25 누너빙클러는 신체적 폭력이라는 개념 대신 물리적 폭력이라는 개념을 사용하는데, 이는 심리적 · 정신적 폭력의 반대개념으로 사용하기에는 적절하지 못하다. 왜냐하면 물리적 폭력이라는 개념은 신체나 무기 같은 폭력의 수단에 초점을 맞추는 데 반해, 신체적 폭력이라는 개념은 폭력이 가해지는 장소에 초점을 맞추기 때문이다. 따라서 심리적 · 정신적 폭력의 반대 개념은 물리적 폭력이 아니라 신체적 폭력이다.

26 G. Nunner-Winkler, 같은 글, 29쪽, 41쪽, 45쪽 참조.

27 누너빙클러는 폭력의 네 가지 형식을 구분한다. 첫 번째는 자신의 이익을 관철시키기 위해 행사되는 목적합리적 폭력이고, 두 번째는 기존의 가치규범의 준수나 새로운 가치의 설정을 위해 행사되는 가치합리적 폭력이며, 세 번째는 폭력행위 자체에서 즐거움을

폭력인지 아닌지는 객관적으로 인식되기보다는 해석과 판단을 요하며 명확히 해석될 수 없는 경우가 자주 발생한다. 왜냐하면 그러한 폭력이 과연 의도성을 띠는지 아니면 의도가 발생하기 이전에 전성찰적으로 일어난 행위인지 판단하기 어려운 경우도 많기 때문이다.[28] 가령 에테아 호프만의 소설 『모래사나이 *Der Sandmann*』의 주인공인 나타나엘처럼, 어떤 사람이 광기에 빠져 자신에 대한 통제력을 완전히 상실한 채 누군가를 폭행한다면, 이는 누너빙클러에 의하면 의도되지 않은 행위이므로 폭력이 되지 않을 것이다. 그러나 어디까지가 광기이고 어디까지가 의도인지 그 경계선이 늘 분명한 것은 아니다. 이처럼 엄밀히 살펴보면 신체적 위해도 항상 객관적으로 인식 가능한 폭력은 아닌 것이다.

누너빙클러는 순간적인 감정에 의해 촉발된 정동적 폭력을 폭력으로 분류하고 있지만, 사실 정동적 폭력은 이성적인 통제에서 벗어나 의도되지 않은 채 일어나는 경우가 많이 있다. 그렇다면 그것은 누너빙클러의 분류와 모순되게도 폭력이 아닌 셈이다. 그러나 적어도 정신적으로 정상적인 사람이 순간적으로 흥분하거나 분노하여 의도

느끼며 자신을 표현하는 수단으로서 사용되는 표현적 폭력이고, 네 번째는 걷잡을 수 없는 통제 불가능한 분노로 인해 행해지는 정동적 폭력이다. 같은 글, 49-55쪽 참조. 폭력의 유형구분은 어떤 척도를 사용하느냐에 따라 다양하게 이루어질 수 있는데, 누너빙클러는 폭력의 '목적'에 초점을 맞추어 폭력유형을 구분하고 있다. 앞에서 언급한 첫 번째에서 세 번째 폭력유형까지는 모두 특정한 목적성을 지니지만, 마지막 정동적 폭력의 경우는 목적성을 지니지 않는다는 점에서 앞의 세 가지 유형과 구분된다.

28 누너빙클러 자신도 '정동적 폭력'을 정의할 때 이것의 전 성찰적 · 반사적 성격을 강조한다. "가끔 폭력행위는 전혀 통제되지 않은 채 걷잡을 수 없는 분노에서 행해진다. […] 뇌의 중심인 대뇌피질이 무슨 일이 벌어지고 있는지 제대로 이해하기도 전에, 거의 반사적으로 정서적 기억의 지시를 받는 반응이 일어날 수 있다." 같은 글, 54쪽 이하.

하지 않은 폭력을 행사했을 때도 이는 폭력으로 분류될 수 있다. 왜냐하면 이러한 의도하지 않은 채 행해지는 신체적 위해로서의 정동적 폭력 역시 윤리적 맥락과 연결되기 때문이다. 정동적 폭력은 일반적으로 그에 선행하는 언어적인 다툼과 같은 상황을 전제로 한다. 예를 들면, 딸의 말대꾸에 자신도 모르게 손찌검을 한 아버지의 폭력행위는 딸이 보인 무례한 태도나 어조 또는 자신의 뜻을 따르지 않는 그녀의 반항 등 다양한 원인에서 비롯될 수 있으며, 그의 폭력은 그가 그러한 선행하는 딸의 태도나 말을 옳지 않다고 판단하였음을 보여 준다. 따라서 이러한 전체 맥락을 고려할 때, 그의 정동적 폭력은 설령 의도성이 없는 반사적인 행동일지라도 명백히 윤리적 맥락 안에 들어와 있음을 알 수 있다.

이러한 비의도적인 정동적 폭력이 폭력으로 포함될 수 있다면, 또한 폭력의 주체로서의 행위자인 인간과 동물 외에 의도를 가질 수 없는 사회적 구조나 시스템 역시 폭력의 주체가 될 수 없는지 질문을 던질 필요가 있을 것이다. 왜냐하면 인간이 만들었지만 나름의 고유한 작동법칙을 갖고 있는 사회적 시스템 역시 그것이 지닌 사물적 특성에도 불구하고 그 안에서 살아가는 인간과 끊임없이 상호작용하며 윤리적 담론의 대상이 될 수 있기 때문이다. 이러한 의미에서 폭력을 단순히 의도적인 신체적 위해로 간주하는 좁은 의미의 폭력정의를 넘어서 보다 광범위한 의미에서의 폭력을 정의하려는 세 번째 관점을 살펴볼 필요가 있다.

3. 광의의 폭력 개념 정의

구조나 시스템이 인간과 관련을 맺고 있고 계급관계와 같은 구조적 불평등이 규범적 · 도덕적 영역에서 언급될 수 있는 것은 사실이지만, 그로 인한 고통이 곧 폭력과 동일시될 수 있을까? 폭력을 의도적인 신체적인 위해로 보는 좁은 의미의 폭력정의에 대한 비판은 1970년대에 시작되어 폭력 개념의 엄청난 확장을 가져왔다. 갈퉁의 '구조적 폭력', 부르디외의 '상징적 폭력', 스피박의 '인식론적 폭력'[29], 바우만의 '문화적 폭력'[30] 등 협소하게 규정된 신체적 폭력 개념을 넘어서는 다양한 개념들이 쏟아져 나왔다. 마치 모든 것이 폭력이라는 이름으로 불릴 수 있는 것처럼 말이다.

이처럼 폭력 개념이 확장된 시발점은 갈퉁이 1970년대에 '구조적 폭력'이라는 개념을 제시하면서부터이다. 그에 따르면, "폭력은 인간이 자신에게 현재 실현된 신체적 · 정신적 상황이 그것이 잠재적으로

---

29 이 개념에 대한 자세한 설명은 다음을 참조하시오. Gayatri Chakravorty Spivak, "Can the Subaltern Speak?", *Marxism and the Interpretation of Culture*, Cary Nelson & Lawrence Grossberg (Eds.), Houndmills, Basingstoke, & Hampshire, 1988, 302쪽.

30 "분류는 포함과 배제라는 행위로 이루어져 있다. 모든 명명행위는 세계를 두 부분으로 나눈다. 즉 자신의 이름을 듣는 단위와 그렇지 못한 그 밖의 모든 단위들로 말이다. 특정한 단위들은 다른 단위들이 배제되고 바깥에 머물러 있는 한에서만 하나의 부류에 포함될 수, 즉 하나의 부류로 만들어질 수 있다. 포함/배제라는 이러한 작업은 변함없이 세계에 가해지는 폭력행위이며 어느 정도 강압의 지원을 필요로 한다." Zygmunt Bauman, *Moderne und Ambivalenz*, Hamburg, 2005, 13쪽.
누너빙클러는 "바우만이 분류를 통해 질서를 수립하려고 애쓰는 근대적 사고에서 폭력의 뿌리를 발견한다"(G. Nunner-Winkler, 같은 글, 22쪽)며, 이를 '문화적 폭력'으로 지칭한다. 즉 문화적 폭력이라는 개념은 바우만이 직접 사용한 개념이 아니라, 누너빙클러가 바우만이 언급한, 근대적 사고에 내재한 폭력성을 지칭하기 위해 사용한 개념이다.

실현가능한 상황보다 못하도록 영향을 받을 때 존재한다. […] 여기서 폭력은 잠재적인 것과 현실적인 것, 그렇게 될 수 있는 것과 지금 존재하는 것 사이의 차이에 대한 원인으로 정의된다. 폭력은 잠재적인 것과 현실적인 것 사이의 간극을 넓히거나 이러한 간극을 좁히는 것을 어렵게 만드는 것이다."[31] 물론 이처럼 광범위하게 정의된 폭력은 좁은 의미의 신체적인 폭력 개념으로 소진될 수 없으며, 이에 따라 갈퉁은 인간에 의해 수행되는 직접적인 폭력과 구분되는, 간접적이고 구조적인 폭력 개념을 제안한다. 그러나 이러한 갈퉁의 구조적 폭력 개념은 인간의 자아실현을 가로막는 착취나 불평등 같은 사회의 구조적 폐해를 폭력과 동일시하며 폭력 개념을 무차별적으로 사용하고 있다고 비판받아 왔다. 한병철도 갈퉁의 구조적 폭력 개념이 폭력 개념을 너무 광범위하게 사용하고 있으며, 폭력과 권력 개념을 서로 뒤섞고 있다고 비판한다. 갈퉁에게 있어 구조적 폭력이란 "자원과 기회를 공정하게 분배하는 것을 가로막는 박탈의 부정성"[32]을 의미한다. 그러나 한병철은 "갈퉁이 폭력을 위계와 서열로 소급시키고 있는데, 이러한 특징들은 사실상 권력과 지배관계의 기반을 이루고 있다"[33]며, 갈퉁이 말한 "구조적 폭력이 엄밀한 의미에서는 폭력이 아니"[34]라고 말한다.

또한 한병철은 부르디외의 상징적 폭력 개념 역시 마찬가지로 비판한다. 상징적 폭력은 사람들이 의식 이전에 습관적으로 지배체제를

31 Johan Galtung, *Strukturelle Gewalt. Beiträge zur Friedens- und Konfliktforschung*, Reinbek, 1975, 9쪽.

32 Byung-Chul Han, *Topologie der Gewalt*, Berlin, 2012, 101쪽.

33 같은 책, 102쪽.

34 같은 곳.

받아들이고 긍정하도록 만드는, 아비투스 속에 새겨진 폭력이다.[35] 그러나 한병철은 권력이 권력의 대상에게 아무리 억압적으로 작용할지라도 또한 설득하려는 매개적인 성격을 띠며, 그래서 그 대상에게 선택할 수 있는 최소한의 행위공간이 생겨난다고 주장한다. 반면 폭력은 권력과 달리 상징적 매개를 필요로 하지 않는 직접적이고 적나라한 강제력의 행사라며 폭력과 권력을 구분한다.[36] 따라서 부르디외가 말하는 상징적 폭력은 바로 이러한 상징적 매개를 거쳐 지배자가 자신의 의지를 관철시키고 자신이 원하는 바를 피지배자에게 행하도록 한다는 점에서, 사실은 폭력이 아니라 권력이 사용하는 지배의 기술이라는 것이다. 이처럼 부르디외도 권력과 폭력 개념을 제대로 구분하지 않으며 뒤섞어 사용하고 있는 것으로 비판된다.

갈퉁과 마찬가지로 지젝도 가시적인 물리적 폭력으로서의 주관적 폭력과 대비되는 비가시적인 객관적 폭력 개념을 내세운다. 이러한 객관적 폭력은 다시 구조적 폭력과 상징적 폭력으로 나누어진다.[37] 그는 특히 자본주의 사회에서 개인의 물리적 폭력인 주관적 폭력이 근원적으로는 구조적 폭력에서 기인하는 경우가 많다고 지적한다. 구조적 폭력이란 사회의 정치적 · 경제적 시스템과 관련되지만 인간과 무관하지 않은데, 왜냐하면 지젝은 이러한 구조적 폭력을 예를 들면 불평등한 계급관계에서 비롯되는 것으로 간주하기 때문이다. 따라서 동물이나 단순한 사물과 달리 체제에 의한 구조적 폭력은 도덕적 담

---

35 같은 곳. 그리고 Han, *Was ist Macht?*, Stuttgart, 2005, 55-56쪽 참조.

36 B. C. Han, *Topologie der Gewalt*, 103쪽 참조.

37 슬라보예 지젝, 『폭력이란 무엇인가』, 이현우 · 김희진 · 정일권 옮김, 난장이, 2012, 24쪽 참조.

론의 지평에서 작용하기 때문에 폭력으로 간주될 수 있다는 것이다. 이처럼 지젝이 자본주의 사회의 비가시적인 구조적 폭력에 주목하게 만든 것은 분명 의미가 있는 일이지만, 그가 제시한 풍부한 구체적 사례분석에 비해 권력과 폭력의 관계나 구조적 폭력과 심리적 폭력의 연관성 등 폭력의 정의와 관련해서는 충분히 논의하지 못한 인상을 주는 것도 사실이다.

한병철은 구조나 시스템에서 이루어지는 폭력이라는 것도 결국에는 위계적인 지배관계, 즉 지배자와 피지배자 간의 불평등한 관계에서 비롯된다며, 폭력의 행사자로서의 행위주체에 주목한다. "구조적 폭력이나 상징적 폭력은 모두 지배관계, 위계적이고 대립적인 계급관계를 전제로 한다. 이러한 폭력은 지배계급이 지배받는 계급에게, 권력을 소유한 자가 권력의 지배를 받는 자에게 […] 행사한다. 여기서 가해자와 피해자는 분명히 구분된다. 타자의 착취가 일어나는 것이다."[38] 그는 푸코의 권력 개념을 살펴보면서 푸코가 권력관계를 구조적으로 힘의 관계의 다양성으로 정의한 것을 비판한다. 그는 푸코의 탈주체적인 권력 개념을 비판하며, 권력은 자아가 자신의 의지를 타자에게까지 확장시키려는 의도에서 행사되는 힘으로 정의한다. 푸코 역시 나중에는 권력이 구조에 의지하더라도 구체적으로는 주체의 행위 안에서만 존재한다는 점을 인정했다는 것이다.[39]

한병철은 여기서 권력이나 폭력을 인간의 행위로 간주하며 행위이론적인 관점에 서 있다는 점에서 앞에서 다루었던 가치중립적인 폭

38 B. C. Han, *Topologie der Gewalt*, 104쪽.
39 같은 책, 111-112쪽 참조.

력이론들과 공통점을 갖는다. 이러한 행위이론적 관점은 넓은 의미에서 폭력의 '주체'가 인간을 넘어서 인간과 관련을 맺고 있는 사물들까지 포함할 수 있는 가능성을 배제한다. 한병철은 행위이론적 관점에서 구조나 시스템을 인간들 사이의 지배관계로 환원시키면서 그것들의 상대적인 자율성, 즉 고유한 법칙과 역동성을 간과한다. 분명 사회시스템은 인간이 만든 것이지만, 그것이 하나의 시스템이라는 사물의 지위를 획득하고 나면 그 나름의 고유한 역동성을 지니게 된다는 점을 잊어서는 안 된다. 가령 한국의 교육시스템을 예로 들면, 입시체제에 맞춰져 있는 교육시스템은 무한경쟁을 낳고 더 나은 성과에 대한 압박을 가져온다. 그렇지만 이것이 위계와 서열에 기반을 둔 인간적인 관계로 환원되지는 않는다. 물론 부모의 경제력에 따른 교육기회의 차별이 학업성적에 영향을 미친다고 말할 수 있겠지만 그것이 현재의 교육시스템 전체의 작동원리를 설명할 수는 없다. 과외가 금지되었고 학교가 평준화되어 있던 1980년대에도 한국의 모든 고등학생들이 엄격한 규율시스템 아래에서 더 나은 성적을 얻기 위한 혹독한 경쟁에 시달려야 했다. 이러한 교육시스템은 한병철이 이야기한 자아와 타자의 권력관계의 모델보다는 푸코가 『감시와 처벌 *Surveiller et punir*』(1975)에서 언급한 비인격적인 규율권력의 모델에 의해 더 잘 설명될 수 있을 것이다. 물론 여기서도 선생이 학생을 엄격히 감시하고 훈육하는 모습이 등장하지만, 이를 넘어서 이른 등교시간과 방과 후 자율학습 및 주말 자율학습, 내신등급 등의 체계는 명백히 불평등한 사회적 지배관계의 구조와는 별도로 작동하는 교육시스템의 특징들이다. 이러한 교육시스템은 무제한의 자유로운 경쟁을 부추기며, 대학 서열화와 성적지상주의를 조장한다. 한병철은 구조적 폭력 같은 객관적 폭력(그가 보기에 엄밀한 의미에서는 권력)이 사실은 지배자와 피지배자 같은 행위주체들을 통해서만 구체적으로 존재할 수 있음을 강조하며 엄밀한 의미에서 객관적 폭력이란 존재할 수 없다고 주장하지만, 이 책에서는 이러한 입장에 거리를 두며 시스템 자체가 고유한 동력을 얻어 그 안에 있는 인간에게 막대한 영향을 미치며 심지어 폭력까지 행사할 수 있다는 입장을 피력할 것이다. 물론 구조적 관계를 통해 생겨난 주체성이 단순히 사회시스템에 의해 일방적으로 규정되지만은 않으며, 오히려 동시에 행위능력을 획득하여 시스템에 저항하며 시스템의 변화를 가져올 수도 있다는 점을 인정해야 하겠지만 말이다.[40]

흥미로운 것은 한병철 자신이 시스템 폭력 같은 개념을 사용하며 앞에서 구조적 폭력 개념을 비판한 것과 모순되는 모습을 보이기도 한다는 점이다. 그가 성과사회에서 자유로운 개인이 자발적으로 더 많은 성과를 내도록 스스로를 채찍질하며 소진증후군 등의 증상에 시달리는 것을 긍정성의 폭력으로 부를 때, 이러한 폭력은 자본의 무한한 증식 및 과잉생산과 가속화를 요구하는 후기 자본주의 사회시스템에서 비롯된 것으로 간주된다. 즉 시스템에 내재한 폭력이 자유로운 개인의 자발적 착취라는 긍정성의 폭력을 낳았다는 것이다. 여기서 한병철은 앞에서와 달리 후기 자본주의 경제시스템을 권력관계 속에

40 T. K. Beck & K. Schlichte, 같은 책, 145쪽: "푸코는 주체화를 복종과 동시에 권능도 생산해 내는 양가적인 과정으로 묘사한다. 주체화가 복종인 이유는 주체로서 존재하는 것이 구조적으로 확고하고 제도적으로도 정착된 특정한 형식 안에서만 가능하기 때문이다. 하지만 그것은 또한 권능이기도 한데, 그 이유는 바로 이러한 결속을 토대로 장기적 관점에서 보면 심지어 주체구조들의 변화를 가능하게 하는 행위능력이 생겨나기 때문이다."

서 파악하지 않으며 시스템 자체에 자율성을 지닌 사물의 속성을 부여하며 그것 자체가 폭력의 주체가 될 수 있다고 주장한다. 그러나 한병철은 자신의 앞선 주장과 모순되는 이러한 시스템의 폭력이 어떻게 폭력으로 불릴 수 있는지에 대해서는 자세한 설명을 회피한다.

앞에서 말한 것처럼 한병철은 권력이 비록 자아의 의지를 타자에게까지 확장하려는 전략적 측면을 지니고 있음에도 불구하고 매개적이고 의사소통적인 측면도 지니고 있다며, 권력을 소통적 측면이 결여되어 있는 직접적이고 적나라한 폭력과 구분한다. 즉 그는 권력과 폭력을 명확히 구분하며 서로 대립되는 것으로 파악한다. 그러나 과연 권력과 폭력이 항상 명확히 구분되는 것일까? 독일어 Gewalt라는 단어에 권력과 폭력의 의미가 함께 존재한다는 사실은 권력과 폭력이 서로 연관을 맺고 있으며 경우에 따라서는 동일한 현상을 가리킬 수도 있음을 암시한다. 나아가 공권력 같은 국가의 권력이 시위진압에서처럼 폭력으로 실현될 때 권력이 폭력이 될 수 있음을 알 수 있다. 독일의 사회학자 하인리히 포피츠 역시 폭력을 권력의 '한 유형'으로 간주하며, 경우에 따라서 폭력과 권력이 동일한 모습을 띨 수 있음을 강조한다.[41]

물론 한병철이 이야기한 것처럼, 폭력이 의사소통적 측면과 대비되는 '직접성'의 특징을 지니고 있는 것은 사실이다. 그러나 그렇다고 폭력과 의사소통이 결코 아무런 연관을 맺지 않고 대립적인 관계에

---

41 포피츠는 권력을 "타인의 힘에 맞서 스스로를 관철시킬 수 있는 힘"(H. Popitz, 같은 책, 22쪽)으로 정의한 후, 이를 다시 네 가지 유형으로 구분한다. 폭력은 그 가운데 하나인 남을 해치는 '행위권력'에 포함된다. 같은 책, 24쪽과 31쪽 참조.

놓여 있는 것은 아니다. 이 점을 간과한다면, 언어적 폭력이라는 현상을 이해할 수 없게 된다. 언어적 폭력은 신체에 가해지는 폭력이 아니라 마음에 가해지는 심리적 폭력이기 때문에, 폭력을 신체에 가해지는 위해로 정의하는 포피츠의 정의 역시 이러한 폭력유형을 포괄할 수 없다.

그렇다면 언어적 폭력은 어떻게 가능한 것일까? 어떻게 의사소통을 추구하는 언어와 그러한 매개성을 배제하는 듯 보이는 폭력이 공존할 수 있을까? 이 질문에 답하기 전에 우선 신체적 폭력은 과연 완전히 의사소통적 차원과 단절된 채 그것과 아무런 연관을 맺고 있지 않은지 살펴보아야 할 것이다. 우리는 언어적 폭력[42]과 달리 신체적 폭력을 모두 똑같은 선상에 놓은 채 여러 형태의 폭력유형들에 나타나는 심각성의 정도 차이를 간과하는 경향이 있다. 가령 연인 사이에 남성이 여성의 볼을 꼬집는 경우를 살펴보자. 이는 여성이 귀여워서 하는 행동일 수도 있지만, 경우에 따라서는 파트너에 대한 불만을 소심하게 감정을 실어 가벼운 신체적 폭력으로 표현하는 행동일 수도 있다. 물론 이런 꼬집는 행위를 통해 남녀 간에 심각한 불화가 초래되거나 관계가 단절되는 경우는 거의 발생하지 않을 것이다. 왜냐하면 이러한 극히 미약한 폭력행위는 연인관계를 위협하지 않는 선에서 행해져야 하며 그래서 폭력의 수위를 조절해야 하기 때문이다. 즉 그러한 미약한 폭력은 연인 간의 소통의 단절을 초래하는 선까지 가서는

42 언어적 폭력에 나타나는 심각성의 정도를 다양한 척도를 통해 체계화하려는 시도로는 다음의 글을 참조하시오. Ekkehard König & Katerina Stathi, "Gewalt durch Sprache. Grundlagen und Manifestationen", *Gewalt in der Sprache. Rhetoriken verletzenden Sprechens*, Sybille Krämer & Elke Koch (Hrsg.), München, 2010, 45-59쪽.

안 되며, 단지 자신의 감정이 상했음을 알리는 선에 그쳐야 한다. 이보다 조금 심한 정도의 폭력으로 자식에 대한 부모의 체벌을 들 수 있다. 물론 여기에도 다양한 정도 차이가 있겠지만, 가령 자로 손바닥을 때리는 경우를 생각해 보자. 이런 경우 일반적으로 부모는 자식의 손을 때릴 때 그로 인해 손가락이 다치지 않도록 잘 조준해서 내려쳐야 하며 때리는 강도도 적절하게 조절해야 한다. 즉 그것은 잘못을 반성할 수 있을 정도로 폭력을 가하지만, 결코 아이의 신체에 심각한 손상이 가도록 해서는 안 된다. 이러한 교육적 의도에서 행해지는 가정 내 폭력이 정당한지의 여부는 일단 제쳐 두자. 다만 이러한 폭력이 항상 교육적 의도라는 맥락의 영향을 받은 채 이루어지며, 이러한 체벌이 끝난 후 다시 부모와 자식 간의 소통이 이루어질 수 있도록 일정 선을 넘지 않아야 한다는 점에 주목할 필요가 있다. 이처럼 모든 폭력이 가족 간의 관계나 사회적 관계를 근본적으로 파괴하며 폭력이 가해지는 대상의 인간적 특성을 빼앗아 그를 사물화시키는 것은 아니다.[43] 오히려 적지 않은 경우에 있어서 폭력의 주체는 폭력의 대상을 심지어 폭력이 행해지는 가운데에도 여전히 의사소통 파트너로 고려하며 폭력

---

43 S. Krämer, "'Humane Dimesion' sprachlicher Gewalt oder: Warum symbolische und körperliche Gewalt wohl zu unterscheiden sind", *Gewalt in der Sprache*, 34쪽: "살인은 한 인간을 생명 없는 사물로 변화시킨다. 또한 고문 역시 인간에게서 인간성을 빼앗아 가고, 그를 "동물적인 신체", 고통만을 느끼는 신체로 만드는 특성을 지닌다. 살인에서 급진적으로 압축되어 표현된 것은 모든 형태의 신체적 폭력에 정도에 따라 존재한다. 신체적 폭행이 이루어질 때, 인간은 마치 파괴될 수 있는 '사물'처럼 다루어진다. […]"
여기서 크레머는 신체적 폭력이 인간을 사물로 변형시키고 있음을 지적하면서도, 폭력마다 그러한 정도가 다르게 존재할 수 있음을 암시한다. 하지만 그녀는 이 문제를 보다 깊이 다루기보다는 오히려 다시 신체적 폭력이 인간을 사물로 만드는 기능만을 강조하며 이를 통해 그것을 언어적 폭력과 구분하려고 시도한다.

후에도 그러한 관계가 유지될 수 있도록 폭력의 수위와 방법을 꼼꼼히 고려한다. 물론 살인 같은 극단적인 형태의 폭력에 이르면, 폭력대상자는 완전히 사물화되며 폭력의 주체와 대상 간의 의사소통적 관계도 단절된다. 그러나 이러한 극단적인 경우의 하위에 존재하는 다양한 중간단계의 폭력유형들은 의사소통적 맥락과 어떤 식으로든 관계를 맺고 있으며, 따라서 폭력과 의사소통을 단순히 대립시키는 한병철의 구분법은 문제가 있음을 알 수 있다.

신체적 폭력이 그것을 둘러싸고 있는 의사소통적 맥락과 맺고 있는 다양한 정도의 관계를 고려하는 방식은 언어적 폭력을 살펴볼 때도 적용할 필요가 있다. 한병철의 주장과 달리 언어적 폭력은 결코 자기모순이 아니다. 폭력이 매개적이고 의사소통적인 언어에서 발붙일 자리가 없지는 않다. 폭력이 단순히 신체적인 고통을 가하는 위해에 한정되지 않고 심리적인 상처를 수반하는 위해까지 포함한다면, 언어적 폭력도 존재할 수 있다. 심지어 우리는 때로 물리적 폭력보다 언어적 폭력에 더 괴로워하기도 한다. 그런데 언어적 폭력에는 그 심각성의 정도에 따라 다양한 중간단계들이 존재한다. 가령 상대의 신체적 콤플렉스를 지적하며 모욕하는 개인적 모욕에서 성적 비하와 인종차별적 발언에 이르는 집단관련적인 모욕에 이르기까지 다양한 형태가 존재한다. 이러한 언어폭력의 가장 극단적인 경우는 상대방에게 욕설을 퍼부으며 이성적 · 감정적 소통의 단절 직전까지 가는 것이다. 물론 상대적으로 가벼운 모욕이나 비방이 의사소통의 단절까지 이르게 하지는 않겠지만, 그러한 모욕이나 비방조차도 명백히 대화당사자들의 소통에 타격을 가하며 그 순간은 적어도 상대방에 대한 인정을 훼손하며 그를 동등한 인간으로 인정하지 않게 한다. 즉 언어적 폭력의 대상은 열등한 인간으로 간주되거나 동물이나 벌레, 심지어는 쓰레기 같은 사물로 격하되기도 한다. 따라서 앞의 각주에서 크레머가 언급한 바 있는 인간의 동물화 내지 사물화가 언어적 폭력의 경우에는 말로써 표명되는 것이다. 물론 버틀러는 상대방의 마음에 상처를 주는 언어적 폭력에 있어서조차도 그 상대방에 대한 최소한의 인정이 이루어질 수밖에 없다고 말하고[44], 크레머도 "수신자가 말을 건네받음으로써 동시에 사회적 장소를 점유하기 때문에, 말로써 상처를 입고 마음이 상하고 모욕과 굴욕을 당할 수 있는 수신자의 내재적 인정은 언어적인 폭력의 필수불가결한 조건이다."[45]라고 말하기도 한다. 쉽게 말해 언어적 소통을 하고 있다는 자체가 이미 상대방에 대한 최소한의 인정을 내포하고 있으며 사회적 관계의 유지라고 보아야 한다는 것이다. 하지만 이러한 인정 내에서 이와 동시에 상대방에 대한 인정을 침해하는 다양한 강도의 파괴적 행위가 일어나고 있으며, 극단적인 욕설이 오가는 대화에서는 심지어 인정의 경계선에 서 있게 되기도 한다. 따라서 언어적 소통 한가운데에서 폭력이 일어나는 것이 결코 불가능한 것은 아니다.

물리적 폭력이 의사소통적인 관계의 영향을 받으며 폭력의 강도와 방식마저 이러한 관계에 의해 부분적으로 조절될 수 있다면, 이와 달리 언어적 소통 한가운데에서 정당하게 또는 부당하게 마음에 상처를 입히는 심리적 폭력이 행해질 수도 있다. 언어를 도구로 사용하는

---

44 Judith Butler, *Hass spricht. Zur Politik des Performativen*, Berlin, 1998, 45쪽 참조.

45 S. Krämer, "'Humane Dimesion' sprachlicher Gewalt oder: Warum symbolische und körperliche Gewalt wohl zu unterscheiden sind", 42쪽.

언어적 폭력이 무엇보다 인간의 마음에 상처를 입히는 심리적 폭력으로 인정될 수 있다면, 마찬가지로 인간의 심리에 상처를 입히는 또 다른 폭력의 유형, 즉 구조적 폭력 내지 시스템적 폭력이 가능한지도 물어보아야 할 것이다.

언어적 폭력은 그것이 수행되면서 동시에 폭력을 가한다는 점에서 물리적인 폭력과 공통점을 지닌다. 즉 둘 다 일종의 행위로서 수행되는 순간 폭력이 가해진다. 이에 반해 구조적 폭력은 행위가 아닌 과정으로서 지속성을 띤다는 점에서 앞의 두 폭력 유형과 구별된다. 앞에서 다룬 언어적 폭력에서 폭력의 주체는 상대를 모욕하거나 멸시함으로써 그에게 주어져야 할 인정을 (부분적으로) 박탈하며 위계적인 관계를 형성한다. 이것은 구조적 폭력에서 사회적인 계급이 형성되고 이로 인해 위계적 관계가 발생하는 것과 비슷하다. 물론 이러한 언어적 관계는 최소한의 인정을 내포하며 폭력의 대상을 언어적 관계 속에 포함시키는데, 이것은 구조적 폭력의 불평등한 사회적 관계에서도 마찬가지이다. 즉 사회에서 동등한 사회구성원으로 인정받지 못하고 정치적 · 경제적 · 사회적으로 부분적으로 배제되고 자신의 권리를 박탈당한 사람들은 불평등한 권력관계 속에서 어느 정도 활동공간을 갖고 있지만 동시에 자신의 활동공간의 제약을 통해 직접적으로 심리적 · 신체적 고통을 겪기도 한다. 즉 고통을 야기하는 배제(또는 강제적 포함) 자체가 직접성의 성격을 띠기 때문에 일종의 폭력이라고 말할 수 있다. 또는 이러한 차별적인 사회구조가 아니더라도, 어떤 시스템 속에 있는 구성원이 비인간적인 사물처럼 간주되고, 그들의 신체적 · 심리적 고통이 시스템의 구조 내지 내적 속성과 연관되어 있으며 그로부터 직접적으로 유발된 것이라는 사실이 입증될 수 있다면, 이러한 경우에 우리는 구조적 폭력 내지 시스템의 폭력에 대해 이야기할 수 있을 것이다.

한병철은 후기 자본주의 사회의 구성원들이 자발적인 자기착취를 하며 시스템의 폭력을 긍정성의 폭력이라는 형식으로 전환시켜 자신에게 고통을 가한다고 주장한다. 즉 이러한 사회에서의 자본의 무한한 증식과 과잉생산 및 가속화의 경향이 사회구성원에게 정신적 압박을 가하며, 이들이 그러한 시스템의 특성을 자발적으로 자신의 것으로 만들어 스스로를 착취하는 긍정성의 폭력에 시달린다는 것이다. 하지만 한병철의 주장과 달리 현대 자본주의 체제하에서 아직까지도 많은 사람들이 자발적인 착취보다는 타인에 의한 착취에 시달리고 있다. 이러한 착취는 자본가와 노동자 사이의 계급적 관계에서 비롯된 것으로 권력관계에 바탕을 두고 있기 때문에, 역으로 생각하면 자본가는 소통의 공간을 열어 두고 노동자도 행위의 공간을 지닌다고 볼 수도 있다. 가령 경영진과 노동조합의 협상은 권력관계 속에 내재된 이러한 행위공간을 잘 보여 준다. 이러한 협상과 소통의 공간을 활용하고 또한 민주적인 담론의 과정을 거쳐 제도적인 변화와 보완을 모색함으로써 사회적 불평등의 구조적 문제가 상당부분 해소될 수 있다면, 그러한 사회의 구성원들은 구조적 폭력을 거의 느끼지 못할 것이다. 물론 이를 북유럽이나 북미의 일부 국가들에 한정된 상황으로 간주하고 그것마저 신식민주의 이론에 의해 설명하며, 자본주의 사회의 구조적 폭력에 대해 이야기하는 사람도 있을 것이다. 또는 이와 반대되는 입장을 피력하는 사람도 있을 수 있다. 물론 자본주의 사회에서 (경제적인) 평등의 원칙이 침해될 수는 있지만, 보다 상위원칙인 자유를 지키기 위해 그러한 침해가 정당화될 수 있다는 자유주의자들의 주장이 그러한 예이다. 우리는 하나의 도덕적 원칙을 보다 상위의 도덕원칙에 기대어 위반하며 그러한 위반을 정당화시키곤 한다. 이에 따라 자본주의 사회에 나타나는 착취와 경제적 불평등 역시 상이한 도덕적 관점에서 평가될 수 있다. "그리하여 자유주의 이론의 추종자에게 자율성의 원칙이 우선권을 지니게 되는 반면, 평등주의자는 평등의 원칙에 최고의 우선권을 부여할 것이다. 하지만 어떤 윤리적 이론도 보편적인 구속력을 지니지는 못하며, 그것은 오직 그 이론에 동의하는 사람들에게만 구속력을 지닌다. […] 이러한 이유에서 윤리적 원칙들의 서열에 대해 합의하는 경우는 아주 드물다."[46] 따라서 어떤 사회구조에 대한 도덕적 평가와 이와 관련된 그 사회의 폭력성에 대한 논의는 결코 객관적인 성격을 지니지 못하며 담론의 문제로 귀결됨을 알 수 있다.

비록 지젝은 구조적 폭력을 객관적으로 인식 가능한 폭력으로 간주했지만, 사실은 이러한 구조적 폭력의 문제 역시 어느 정도는 담론에 의해 결정되는 담론의존성을 띠고 있음을 부인할 수 없다. 사회주의 이론가들이 주장하는 구조적 폭력의 문제와 관련해 제기될 수 있는 또 다른 문제는 자본주의 내의 모든 노동자 계급을 동일한 범주로 묶어 구조적 폭력의 희생자로 볼 수 있을지 하는 것이다. 왜냐하면 이들 간에도 상당한 경제적 격차와 사회적 관심과 정치적 이해관계의 차이가 존재하기 때문이다. 따라서 이들 모두가 자신들을 착취하는 사회구조에 의해 고통을 겪으며 구조적 폭력을 경험하고 있다고 일반

---

46 J. Verplaetse, 같은 책, 234쪽.

화시켜 말하기는 힘들 것이다. 또한 이러한 자본주의적 사회구조 내에서 살아가는 개인들에게도 자신의 상황을 변화시킬 수 있는 '일정한 행위 공간'이 존재하고 있기 때문에, 자본주의가 지닌 많은 문제점에도 불구하고 그것에는 폭력의 특징인 '직접성'이 결여되어 있다고 볼 수 있다. 나아가 오늘날처럼 물질적 생산보다 정보와 지식의 정신적 생산이 지배적인 사회에서는 노동시간과 여가시간의 경계구분도 애매하며 그 때문에 어떤 사람이 정확히 얼마나 착취당하고 있는지 확인하기는 사실상 불가능하다. 따라서 자본주의의 착취 구조 자체를 구조적 폭력과 동일시하는 것은 문제가 있어 보인다. 다만 사회시스템의 내부에 포함되어 있으면서도 그것의 다양한 시스템들에 자발적으로 참여할 힘이 결여되어 스스로 배제된 사람들, 즉 사회의 주변부에 위치한 사람들이 다수를 이루는 사회의 문제점이 그런 시스템 자체에서 비롯되었다고 믿는 사람은 시스템의 폭력을 이야기할 수 있을 것이다.

이러한 여러 가지 난점이 있다고 해서 구조적 폭력 개념을 포기할 필요는 없다. 오히려 보이지 않는 이러한 폭력으로 인해 오늘날 더 많은 사람들이 신체적 · 심리적으로 고통을 받고 있는 현실에서 이러한 구조적 폭력을 보다 섬세하게 규정하고 정의하려는 노력이 필요할 것이다. 이러한 구조적 폭력의 한 가지 척도로 다층적 배제를 제안할 수 있을 것이다. 언어적 소통관계에 있는 사람이 그러한 관계 '내'에서 모욕적이거나 차별적인 말을 들으며 자신의 인간적 존엄을 박탈당하고 사회적 인정을 부분적으로 잃고 부분적 배제를 경험하는 것처럼, 사회구성원도 그 사회에 '포함'되어 있으면서도 부분적으로는 다양한 기능적 시스템 내에서 배제되어 있을 수도 있다. 슈로어는 갈등의 구조적 폭력 개념을 보완하면서 루만에 기대어 "다층적 배제를 […] 구조적 폭력으로 부를 것을"[47] 제안한다. "폭력이란 배제된 사람들의 인격권을 빼앗고 그들을 단지 벌거벗은 신체로 다루는 것이다. 이런 벌거벗은 신체들은 "어떻게 내일까지 살아남을 수 있을지, 어떻게 폭력과 배고픔과 섹슈얼리티의 문제를 극복할 수 있을지에, 즉 순수하게 신체적인 현상들에 몰두한다."(루만)[48] "이러한 의미에서 배제란 기능체계에 의해 수행되는, 사회적으로 생산된 폭력이다."[49] 수용소에 갇혀 있는 사람들처럼 어떤 법적 권리도 지니지 못하고 강요된 노동 외에 정당한 경제적 활동도 할 수 없는 배제된 인간들, 소위 "쓸모없는 인간들"[50]은 선거에 참여하며 정치적 권리를 누리거나 회사에 다니며 경제적 활동을 하거나 성적인 권리를 누릴 수 있는 시스템 내의 피착취자들과 다른 지위를 갖고 있다. 이러한 배제된 인간들에게는 권력관계 속에 아직까지 존재하는 활동공간이 남아 있지 않다. 그들의 사회적 배제는 소통과 (자유로운) 행위공간이 결여된 '직접적인' 폭력인 것이다.

이러한 예외적인 공간의 존재들은 그러한 공간에 있다는 사실만으로 이미 폭력을 겪고 있다. 나치수용소 수감자들은 물리적 폭력을 겪고 나서가 아니라 이미 수용소에 갇혀 있는 순간부터 폭력을 당하고 있는 것이다. 만일 한 사회의 정치적 · 경제적 시스템이 그것의 구조적인 문제 때문에 이러한 배제된 자들, 쓸모없는 자들을 양산하고 있다면, 그 시스템은 폭력적인 시스템이라고 말할 수 있을 것이다. 독일에 거주하는 유대인들은 나치의 강제수용소에 끌려가기 전에 이미

47 M. Schroer, 같은 글, 167쪽.
48 같은 글, 167쪽.
49 같은 글, 168쪽.
50 같은 곳.

뉘른베르크 인종차별법을 통해 여러 가지 시민적 권리를 박탈당하며 차별받았는데, 이러한 차별이 물리적 폭력 없이 이루어졌다 할지라도 우리는 이를 구조적인 '폭력'으로 부를 수 있을 것이다. 물론 소위 '정상적인 사회'에서는 이러한 배제된 자들이 완전히 모든 기능 시스템으로부터 배제되지 않도록 포함의 전략을 수행하기도 하지만, 이러한 포함이 어떤 조건하에서 이루어지는지 주목할 필요가 있다. 심지어 나치의 강제수용소 역시 수용소 밖의 사회시스템에서 배제하는 가운데 수용소의 시스템으로 들어가도록 포함시키는 강제적 포함/배제의 폭력을 행사하고 있다. 언어적 소통에서 아무리 욕설을 들어도 최소한의 사회적 공간과 인정이 보존되는 것처럼, 사회적 배제 역시 다층적인 배제를 하더라도 수용소 같은 공간에 또다시 포함시키기 때문에 완전한 배제의 형식을 취하지는 않는다. 따라서 죽음을 의미할 완전한 배제가 이루어지기 전의 공간인 강제수용소는 다층적 배제와 강제적 포함의 공간으로 간주될 수 있을 것이다. 그러나 이러한 극단적인 폭력적 시스템이 아니더라도 '소위' 정상적인 사회의 구성원들 역시 설령 시스템에 포함될지라도 예를 들면 테러방지법에 의해 테러용의자로 몰려 다시 언제라도 그로부터 배제될 수 있는 위험에 처해 있을 때, 이러한 '주변부'의 위치는 폭력의 구렁텅이로 곤두박질할 수 있는 절벽에 다름 아니다. 그리고 이러한 시스템의 폭력은 제국주의하의 식민지 노예경제체제나 나치의 수용소뿐만 아니라 심지어 현대사회에서도 여전히 발견된다.

물론 어떤 시스템이든 인간이 만든 것이기 때문에 그로 인해 권력관계에 기반을 두고 특정계급의 이익에 기여하며 억압과 착취를 할 수도 있지만, 더 나아가 그러한 시스템은 단순한 인간적 권력관계의 반영을 넘어서서 인간이 완전히 통제할 수 없는 어느 정도 자율성을 획득한 사물의 속성을 띠기도 한다. 따라서 그러한 시스템은 매우 복잡한 성격을 띠게 되며 그것이 폭력성을 지니느냐의 문제 역시 그 시스템 내에 살아가는 사람들에 따라 달리 평가될 수 있다. 또한 '자본주의 경제시스템에서 노동자계급만이 또는 노동자계급은 모두 구조적 폭력의 희생자이다'라는 식으로 단순화시켜 말할 수는 없을 것이다. 왜냐하면 이는 시스템의 폭력 역시 지젝의 견해와 달리 단순히 객관적으로 인식될 수 있는 문제가 아니라 그러한 시스템에 대한 가치평가와 밀접하게 연관되어 있는 해석의 문제이기 때문이다. 또한 시스템의 폭력은 단순히 그 속에서 살아가는 참여자의 주관적 감정에 의해서 판단될 문제가 아니라, 앞에서 이야기한 것처럼 그러한 참여자의 지위를 지닐 수 있는 모든 제3자의 관찰자적 시점과 그에 따른 담론에 의해 결정되어야 할 문제이다. 그렇다고 시스템이 폭력의 주체가 될 가능성을 배제할 필요는 없다. 그 이유는 앞에서 이야기한 것처럼 다층적으로 기능시스템에서 배제되거나 자신의 의사와 관련 없이 어떤 시스템에 강제적으로 포함되도록 강요되며 거기서 빠져나올 수 없을 때, 그로 인해 겪게 될 심리적 · 신체적 고통을 폭력 이외의 다른 개념으로 부를 수 없기 때문이다. 만일 나치강제수용소에서 직접적인 물리적 폭력이 가해지지 않는다고 해서 그곳에 갇혀 있는 수감자들에게 아무런 폭력이 가해지지 않는다고 주장한다면 이는 난센스가 될 것이다. 왜냐하면 그들에게 강요된 죽음의 노동과 소유물의 탈취를 비롯한 모든 인간적인 권리의 박탈만으로도 그것을 강요한 시스템은 이미 폭력적이라고 부를 수 있기 때문이다.

앞에서 누너빙클러가 한 것처럼 명확성이라는 척도로 모든 것을 분명히 규정하고 구분하며 그 범주에 들어가지 않는 것을 억지로 배제한다면, 이는 바우만이 말한 의미에서 문화적 폭력이 될 것이다.[51] 누너빙클러가 바우만을 비판하기 위해 인용한 그 문장을 여기서는 누너빙클러의 입장을 비판하기 위해 다시 한 번 인용하고자 한다. "분류는 포함과 배제라는 행위로 이루어져 있다. [⋯] 포함/배제라는 이러한 작업은 변함없이 세상에 가해지는 폭력행위이며 어느 정도 강압의 지원을 필요로 한다."[52] 물론 세상을 분류하는 것 자체가 폭력인지 아닌지는 보다 깊은 성찰을 요하며 문화적 폭력 개념의 타당성 여부는 더 생각해 볼 필요가 있지만, 적어도 명확성을 척도로 어떤 개념을 분명하게 규정하고 그에 해당하지 않는 것을 그 개념에서 배제하는 것에 대한 바우만의 비판은 타당성을 지닌다. 시각적으로 확인 가능한, 물리적이고 신체적인 폭력만을 폭력으로 간주하고 언어적 폭력이나 구조적 폭력 또는 이에 따른 심리적 폭력을 그러한 폭력 정의에서 배제한다면, 이는 편의상의 이유로 진리를 탐구하는 학문의 임무를 방기하는 것이 될 것이다. 물론 폭력 개념의 확장이 자칫 모든 것을 다 폭력이라는 이름으로 부르며 개념을 무분별하게 사용하거나 남용할 위험을 내포하고 있는 것은 사실이지만, 이러한 위험에 맞서 보다 섬세하고 다층적인 접근을 통해 폭력 개념의 확장 가능성을 살펴보는 것 자체를 무의미한 것으로 배격해서는 안 될 것이다.

---

51 누너빙클러도 이러한 자신의 폭력 개념규정이 진리보다는 합목적성의 문제와 관련이 있음을 인정한다. "개념에 대한 설명은 진리의 척도가 아니라 합목적성의 척도에 따른다. 폭력을 갈퉁처럼 포괄적으로 정의하는 것이 잘못된 것은 아니다. 하지만 그것을 통해 얻는 것은 거의 없는 것처럼 보인다." G. Nunner-Winkler, 같은 글, 45쪽.

52 Z. Bauman, 같은 책, 13쪽.

제2장

폭력의 구성요소 고찰을 통한 폭력 개념 정의

앞 장에서 폭력에 대한 기존의 정의를 살펴보면서, 폭력에 대한 정의가 행위이론적인 관점만으로는 불충분하며 체계이론의 관점도 함께 고려해야만 제대로 내려질 수 있음을 언급하였다. 이 장에서는 이러한 인식을 바탕으로 우선 폭력을 형성하고 있는 다양한 구성요소들을 살펴볼 것이다. 그러나 행위이론의 관점과 체계이론의 관점을 동시에 적용시켜 폭력의 구성요소들을 살펴볼 수는 없기 때문에, 우선 행위이론의 관점에서 폭력의 구성요소들을 살펴본 후, 구조적 폭력 같은 경우에 있어서 이러한 구성요소들에 어떤 변화가 생겨나는지 알아보기로 하겠다. 아울러 폭력의 구성요소들에 대한 성찰을 바탕으로 폭력에 대한 개념적 정의를 내려 보도록 시도할 것이다.

1. 폭력의 내적 구성요소

1) 폭력의 수단과 내용

행위이론의 관점에서 보면, 폭력이라는 현상이 발생하기 위해서는 다음과 같은 다섯 가지 구성요소가 필요하다. 폭력의 주체와 대상[1], 폭력의 수단과 내용(장소) 그리고 폭력의 직접성이 그것이다. 아래에서는 우선 폭력의 수단과 내용(장소)에 대해 알아보자.

(1) 폭력의 수단

한나 아렌트는 폭력과 권력을 도구에 대한 의존성과 인민에의 지지라는 척도로 서로 구분한다. "사실상 권력과 폭력의 가장 명백한 차별성들 중의 하나는 권력이 항상 다수를 필요로 하는 상태에 있는 반면에, 폭력은 도구에 의존하기 때문에 다수가 없어도 어느 정도 처리할 수 있다는 점이다."[2] 즉 권력이 인민의 지지를 바탕으로 생겨나는 데 반해, 폭력은 다수의 동의 없이도 도구의 힘에 의해 물리적 강제력을 행사할 수 있다는 것이다. 물론 전쟁 같은 조직화된 폭력행위에서는 무기 같은 도구들이 사용되지만, 일상에서는 신체적인 수단만 이용한 폭력도 자주 일어난다. 따라서 도구라는 개념은 폭력을 정의하기에는

---

1 폭력의 가해자와 피해자라는 개념을 사용할 수도 있겠지만, 가해자와 피해자는 폭력을 기본적으로 도덕적으로 나쁜 행위로 규정하는 선이해를 전제로 하기 때문에 여기서는 보다 중립적인 개념인 주체와 대상이라는 개념을 사용하도록 하겠다. 다만 여기서 사용된 폭력의 주체라는 개념은 좁은 의미의 주체 개념보다는 폭력 행사의 출발점으로서 구조나 시스템까지 포괄할 수 있는 보다 광범위한 개념을 가리킨다.

2 아렌트, 『폭력의 세기』, 71쪽.

부적절해 보이므로, 여기서는 폭력의 수단이라는 보다 확장된 개념을 사용하도록 할 것이다. 폭력의 수단에는 인간의 신체나 무기 같은 물리적 도구뿐만 아니라 상징적 소통 수단인 언어도 포함된다. 심지어 제스처나 시선 같은 비언어적인 수단도 폭력에 사용될 수 있다.

물론 특별한 수단을 사용하지 않고서도 폭력이 발생할 수 있다. 마땅히 해야 할 행동을 하지 않음으로써, 즉 책임을 방기함으로써 발생하는 폭력이 그것이다. 가령 어머니가 갓난아기를 전혀 돌보지 않고 무책임하게 내버려 둔다면, 그 아이는 생명을 위협받게 된다. 이 아기에게는 스스로를 돌볼 수 있는 힘이 결여되어 있기 때문에, 어머니의 책임방기는 비윤리적이고 직접적인[3] 성격을 띤 폭력이라고 할 수 있다. 따라서 어떤 폭력수단도 사용하지 않고 어떤 폭력'행위'도 하지 않는 폭력도 존재할 수 있다.

폭력의 유형을 정의하는 방식은 다양하다. 만일 폭력의 유형을 폭력의 수단에 의해 분류한다면, 물리적 폭력이나 언어적 폭력 같은 유형이 존재할 것이다. 반면 구조적 폭력은 행위자의 폭력과 달리 별도의 폭력수단이 필요 없기 때문에 이러한 폭력유형으로 분류되지는 않는다. 흔히 물리적 폭력과 신체적 폭력은 거의 동일한 의미로 사용되곤 하지만, 엄밀히 말하면 이 둘은 상이한 개념이다. 왜냐하면 물리

---

3 자신의 윤리적 책임을 방기하는 것이 모두 폭력이 되지는 않는다. 설령 상대방이 그러한 책임방기로 고통을 당할지라도, 그에게 그것에 맞서 상황을 개선시킬 활동공간이 조금이라도 주어진다면 그러한 상황을 폭력으로 부를 수는 없을 것이다. 왜냐하면 거기에는 폭력을 구성하는 요소인 '직접성'이 결여되어 있기 때문이다. 그러나 갓난아기나 중층치매노인처럼 상대방의 책임방기로 생겨난 상황에 대응할 수 있는 힘이 결여된 사람들에게는 그러한 책임방기가 직접적인 위해로 나타나기 때문에 폭력이 된다.

적 폭력은 폭력을 가하는 수단이 신체나 무기 같은 물리적 수단임을 가리키는 개념인 데 반해, 신체적 폭력은 폭력이 가해지는 장소 내지 폭력의 내용을 가리키는 개념이기 때문이다. 이러한 폭력의 장소 내지 내용에 따라 폭력의 유형을 구분하자면, 폭력은 신체적 폭력과 심리적 폭력(내지 정신적 폭력)으로 구분될 수 있을 것이다.

(2) 폭력의 내용

폭력 수단의 차이에 따라 폭력의 내용도 달라진다. 폭력 수단에 따른 폭력유형 구분이 폭력 수단을 사용하는 폭력의 주체와 관련된 구분이라면, 폭력의 내용에 따른 폭력유형 구분은 폭력이 가해진 대상과 관련된 구분이다. 즉 후자는 폭력의 피해자가 고통을 느끼는 장소 내지 그러한 폭력의 내용과 관련된 구분이다. 신체의 일부나 무기를 수단으로 삼는 물리적 폭력은 일반적으로 신체에 가해지는 신체적 폭력을 야기한다. 반면 언어를 수단으로 사용한 언어적 폭력은 마음에 가해지는 심리적 폭력을 발생시킨다. 이는 폭력의 수단이 폭력의 내용에 어느 정도 영향을 미친다는 것을 의미한다. 그러나 전자가 후자를 규정하며 양자 간에 확고한 결합형태가 존재하는 것은 아니다. 폭력의 수단과 그 내용 간에는 일대일 대응관계가 성립하지 않는다. 물리적 폭력이 신체적 폭력을 야기하는 것은 맞지만, 많은 경우 그것은 심리적 폭력을 동반한다. 반대로 언어적 폭력 역시 일차적으로는 심리적 폭력을 야기하지만, 경우에 따라 그것은 심신증을 유발하며 신체적 폭력으로 확대될 수도 있다. 또한 성폭력의 아주 예외적인 경우이기는 하지만, 여성이 권력을 이용해 협박하며 남자 부하직원이나 미성년자를 성폭행할 경우, 이는 신체적인 폭력보다는 오히려 심리적인 폭력으로 분류될 수 있을 것이다. 따라서 폭력의 수단과 폭력의 내용 간에는 어느 정도 상관관계가 있는 것은 사실이지만, 그것이 반드시 일대일 대응관계를 이루는 것은 아니라는 사실을 지적할 필요가 있다.

언어나 제스처, 심지어 시선까지도 폭력의 수단이 될 수 있다는 사실과 함께 폭력 개념의 확장이 일어난다. 폭력은 인간의 신체에 고통을 줄 뿐만 아니라, 인간의 내면에 심리적 상처를 남기기도 한다. 외과의사의 시대에서 정신과의사의 시대로 패러다임이 변한 오늘날 특히 심리적 폭력에 주목할 필요가 있다.

누너빙클러는 신체적 폭력과 심리적 폭력의 구조적 차이를 지적하는데, 그러한 차이 중 하나로 폭력이 가해자의 일방적 행위로 규정되느냐 아니면 가해자와 피해자의 상호작용적 사건으로 규정되느냐의 여부를 든다.[4] 쉽게 설명하면 신체적 폭력은 가해자가 행사하는 폭력만으로도 이미 성립되지만, 언어적 폭력은 피해자의 협조 없이 단순히 가해자의 언어행위만으로는 성공을 거두지 못한다는 것이다. 가령 화자가 모욕하려는 의도가 없었더라도 청자가 화자의 말을 모욕으로 받아들일 수도 있고, 반대로 화자가 모욕하려 했지만 청자가 이를 대수롭게 받아들이지 않으며 모욕으로 느끼지 않을 수도 있다. 이 두

---

4 G. Nunner-Winkler, 같은 글, 39쪽: "특히 중요한 차이점은 전형적인 경우의 신체적 폭력이 독백적으로, 즉 가해자 혼자에 의해서 행해질 수 있는 반면, 심리적 폭력은 상호행위적인 사건이며, 다시 말해 가해자가 성공을 거두기 위해 피해자의 협력에 의존해 있다는 것이다."
아래에서는 누너빙클러와 크레머의 논의를 이어 논지를 전개하기 때문에, 폭력의 주체와 대상이라는 개념 대신 폭력의 가해자와 피해자라는 개념을 사용하기로 한다.

경우 모두 모욕이라는 언어적 행위를 통한 심리적 폭력은 일어나지 않는다. 즉 화자가 모욕하려는 의도를 가지고 말하고 청자가 그것을 모욕으로 해석하고 그로 인해 모욕의 감정을 느껴야만 모욕이 성립된다는 것이다.

그런데 이 경우 누너빙클러는 심리적 폭력을 폭력의 가해자와 피해자의 상호작용, 즉 폭력과 관련된 당사자들의 주관적 시점에 국한시키는 문제점을 보인다. 하지만 이러한 관점의 문제점은 올더스 헉슬리의 『멋진 신세계 *Brave New World*』(1932)에 나오는 대다수의 인물들이 자신들이 사는 세계가 행복하다고 느끼지만 실제로 그렇게 체험된 세계가 결코 이상적인 세계가 아닌 것처럼, 심리적 폭력을 결정하는 척도 역시 단순하게 폭력당사자들의 주관적 관점으로 제한되어서는 안 된다는 데 있다. 왜냐하면 폭력은 그것이 신체적 폭력이든 심리적 폭력이든 상관없이 결코 객관적으로 또는 당사자들의 주관적 감정에 의해서만 결정될 수 없는, 원칙적으로 모든 제3자의 관점까지 포함하여 결정되어야 할 윤리적 담론의 대상이기 때문이다. 즉 그것이 폭력인지 아닌지는 실제 참여자들의 관점보다는 관찰자(정확히는 잠재적인 모든 참여자들)의 관점에 의해 결정되어야 한다. 화자가 청자에게 모욕하려는 의도 없이 말했지만 청자가 그것을 모욕으로 받아들였을 때, 화자의 언어행위에는 화자가 미처 의식하지 못하는 모욕적 요소가 담겨 있을 수 있다. 이를테면 남성 화자가 단순한 농담으로 한 발언이 여성 청자에게는 심한 여성비하적인 언행으로 느껴질 수 있는 것이다. 또는 이와 반대로 남성 화자가 그러한 여성비하적인 모욕적 언사를 해도 남성중심적 사고나 문화에 익숙한 여성 청자는 아무런 모욕을 느끼지 않을 수도 있다. 이 경우 이러한 언어행위가 폭력인지 아닌지는 화자의 의도('발화수반행위/언표내적행위 illocution')나, 언어효과('발화효과행위/완전언표행위 perlocution')로서 청자가 받은 주관적 감정이나 해석에 의해 결정되는 것이 아니라, 잠재적으로 화자와 청자의 역할을 둘 다 떠맡을 수 있는 모든 제3자의 관찰자적 시점에 의해 결정되어야 한다. 따라서 심리적 폭력의 경우 위해 행위에 따른 고통은 반드시 대화상대자로서의 청자가 참여하는 현실에서 발생할 필요는 없으며, 거기서는 그러한 고통이 발생하지 않았다 해도 제3자인 잠재적인 폭력상황의 당사자들이 그러한 가해요소를 인식하고 고통을 동일한 상황에서 느낄 수 있는 가능성이 존재한다면 폭력으로 간주될 수 있다. 따라서 이러한 언어행위가 폭력이냐 아니냐는 객관적으로 결정될 수 있기보다는 담론에 의해 결정되어야 할, 즉 본질적으로는 궁극적인 답변가능성이 열려 있는 문제라고 할 수 있다.

크레머는 언어적 폭력의 문제를 해당 대화에 참여한 당사자들 간의 문제로 환원시킨다. 그래서 그녀는 화자가 자신의 발화행위를 통해 청자를 모욕할 의도를 가지고 있고 그러한 행위에서 쾌감을 느낄 뿐만 아니라, 동시에 청자가 그러한 말을 모욕으로 받아들이고(해석하고) 그로 인해 모욕감을 느끼며 심리적 상처를 입을 경우에만 언어적 폭력이 성립된다고 주장한다. 즉 화자의 발화의도(모욕을 즐기려는 감정적 의도까지 포함하여)와 청자에게 일어난 발화효과(화자의 의도에 대한 청자의 해석 및 청자가 느낀 감정)가 함께 작동해야만 언어적 폭력이 성립된다는 것이다.[5] 그러나 화자가 설령 상대방을 모욕할 의도가 없다고 할

5 S. Krämer, 같은 글, 38-39쪽 참조.

지라도 언어적 폭력은 성립할 수 있다. 왜냐하면 이때 폭력은 화자의 자동화된 사고 안에 확고하게 자리를 잡아 그가 미처 깨닫지 못한 이념적 배타성에서 비롯된 것이기 때문이다. 사실 엄밀히 말하면 언어 역시 오스틴이나 설이 내세운 화행론의 틀 내에서만 파악할 수는 없다. 실제로 우리는 어떤 특별한 의도를 가지고 이야기하기보다 언어가 사건으로서 우리에게 일어난다는 것을 알고 있기 때문이다. 일상생활에서 우리가 무슨 말을 하려는지 다 의도하고 말하는 경우는 거의 없을 것이다. 이러한 맥락에서 우리가 화행론 및 이와 결부된 화자의 의지를 어느 정도까지 존중하느냐의 문제가 생겨나겠지만, 설령 부분적으로 그러한 언어행위의 가능성을 인정한다 해도 상당수의 언어들은 그러한 의도적 행위보다는 비의도적인 사건으로 일어난다는 사실을 인정해야 할 것이다. 그렇다면 가령 화자가 명확히 성차별적인 의도를 가지고 있지도 않았고 말한 내용의 문제성도 인식하지 못한 상황에서 한 말이 언어적 사건으로 발생했을 때, 이는 그런 모욕의 의도가 없었기 때문에 윤리적 책임에서 벗어날 수 있는가? 아니면 그러한 성차별적인 선입견을 무의식적으로 그리고 무비판적으로 재생산해 온 그러한 화자를 윤리적으로 비판할 수 있는 것인가? 만일 후자의 판단이 보다 타당하다고 한다면, 언어적 폭력이 가능하기 위해서 반드시 화자의 폭력적인 발화의도가 전제될 필요는 없을 것이다. 정동적 폭력이 폭력 주체의 의도 없이도 그 이전의 윤리적 맥락에 의해 폭력이 될 수 있는 것처럼 말이다. 마찬가지로 청자 역시 자신의 인식능력의 부재로 인해 구체적인 대화 상황에서 화자가 의도하거나 또는 의도하지 않은 모욕적 내용이 담긴 말을 전혀 모욕으로 받아들이지 않는다고 해서 언어적 폭력이 성립되지 않는 것은 아니다. 왜냐하면 가령 그러한 대화를 우연히 들은 제3자가 그러한 말에 분노하며 그것을 문제 삼고 폭력으로 간주할 수 있기 때문이다. 특히 오늘날과 같이 방송매체나 휴대폰 동영상 등을 통해 언어적인 대화상황이 녹화(녹음)되고 무한히 재생될 수 있게 된 매체환경에서, 현장에서 대화 참여자들 사이에서는 아무런 무리 없이 진행되었던 대화들도 이후에 그 녹화된 영상을 본 사람들에 의해 거기서 행해진 말의 부적절함 내지 폭력성이 지적되는 경우도 적지 않다. 따라서 언어적 폭력의 문제는 구체적인 맥락의 차원에 한정시켜서 판단하기보다는 이를 넘어서 보다 보편화된 탈맥락적 차원에서 판단해야 한다. 물론 이러한 가치판단의 역설은 결국 그렇게 내려진 모든 판단은 특정한 맥락성을 지니며 그로 인해 보편타당성을 지닐 수 없다는 것이지만 말이다. 이로써 언어적 폭력의 문제 역시 궁극적으로는 끝없이 펼쳐질 수밖에 없는 개방적인 담론에 맡겨진다.

언어적 폭력이란 심리적 폭력이다. 왜냐하면 그것은 언어를 수단으로 해서 마음에 상처를 가하는 폭력이기 때문이다. 물론 이러한 심리적 폭력이 완전히 마음, 즉 감정의 문제인 것만은 아니다. 왜냐하면 언어적 폭력에서 생겨나는 마음의 상처는 많은 경우 상대방의 약점을 공격하거나 인종적 · 성적 차별 등 사회적 편견을 담고 있는 발화내용에서 비롯된 것이기 때문이다. 따라서 이러한 언어적 폭력은 윤리적 담론의 문제와 긴밀히 연결되어 논의되곤 한다. 다른 한편 언어적 소통이 단순히 의미의 전달이나 보다 높은 차원의 이성적인 담론에 그치지 않고 동시에 정서적인 소통의 차원까지 내포하고 있다면, 언어적 폭력은 발화내용뿐만 아니라 발화방식을 통해서도 생겨날 수 있을 것이다. 즉 감정을 표현하는 말투나 미세한 감탄사 같은 요소들이 상대방을 모욕하는 의도나 결과를 가져올 수 있는 것이다. 물론 그러한 어조나 말투가 상대방에게 불쾌한 감정을 불러일으켰다고 주장될 때, 그것이 정말 사실인지를 둘러싸고 이성적인 담론이 벌어질 수도 있을 것이다. 이처럼 언어적 폭력은 분명 심리적 폭력의 문제와 연결되지만, 이러한 심리적 폭력은 마음의 차원뿐만 아니라 이성적인 정신의 차원과도 연결되어 있다. 이 때문에 심리적 폭력을 정신적 폭력이라고 부를 수도 있을 것이다. 원래 인간의 이성과 감정이 명확히 분리되지 않고 함께 작동한다는 주장이 제기되고 있는 만큼, 심리적 폭력과 정신적 폭력 역시 경우에 따라서는 동일한 현상을 지칭하는 개념으로 함께 언급될 수 있을 것이다.

2) 폭력의 주체와 대상

(1) 폭력의 주체

폭력이 성립하기 위해서는 폭력을 행하는 주체와 폭력을 당하는 대상이 필요하다. 그렇다면 폭력주체의 범위는 어디까지일까? 일단 폭력의 주체에 인간이 포함된다는 데 이의를 제기할 사람은 아무도 없을 것이다. 그렇다면 사물이나 동물도 폭력의 주체가 될 수 있을까? 가령 사람이 길을 가다 벼락을 맞아 죽을 경우, 우리는 이를 폭력이라고 부르지 않을 것이다. 홍수나 지진 같은 자연재해로 인한 파괴적 작용 역시 폭력이라고 부를 수 없을 것이다. 왜냐하면 그러한 자연현상들은 행위자 및 행위의도가 결여되어 있을 뿐만 아니라 무엇보다 그러한 파괴적 작용에 윤리적 맥락이 결여되어 있기 때문이다. 우리는 자연재해에 대해 윤리적 가치판단을 내릴 수 없다. 물론 신화에서처럼 이러한 자연현상을 신의 행위로 간주한다면, 이는 신을 폭력주체로 삼는 폭력행위로 간주될 수 있을 것이다. 오늘날도 여전히 자연재해뿐만 아니라 개인적인 시련도 신이 내린 처벌이나 시험으로 간주하는 사람들이 있는데, 이러한 사람들에게는 여전히 신이 폭력의 주체로 간주될 것이다. 하지만 현대에는 일반적으로 자연현상을 형이상학적 맥락과 분리시켜 고찰하고 있기 때문에 윤리적 맥락이 결여된 이러한 현상을 폭력으로 지칭하지는 않는다.

그렇다면 동물의 경우는 어떠한가? 과학전문잡지의 저널리스트이자 자유기고가인 버지니아 모렐은 동물에 대한 우리의 관점이 스토아학파와 데카르트가 취한 관점의 영향을 받아 왔다고 말한다. 스토아학파의 철학자들은 "어떤 동물에게든 생각이나 감정, 감각이 있을 수 있다는 가능성을 배제했고 따라서 동물에게까지 도덕적 배려를 확대할 이유가 없다고 주장했다."[6] 또한 데카르트 역시 "동물을 복잡한 로봇이라고 생각했다. 태엽을 감아 움직이는 기계처럼 보고 듣고 만질 수는 있지만 의식은 없는 것이다."[7] 이러한 관점은 오늘날까지 이어져 동물은 주어진 자극에 반사적으로 반응하는 본능만을 지니며, 그 때문에 학습을 통해 새로운 것을 배울 수 있을 뿐만 아니라 자유의지로 선택하고 결정할 수 있는 인간과 본질적으로 구분되는 존재로 여겨진다. 그러나 모렐은 자신이 만난 다양한 과학자들과의 대화와 그들의 연구에 대한 관찰을 통해 인간 외의 다른 동물들도 생각하고 학습할 뿐만 아니라 슬픔과 기쁨, 공감능력 같은 감정을 지니고 있

6 버지니아 모렐, 『동물을 깨닫는다』, 곽성혜 옮김, 추수밭, 2015, 20쪽.
7 같은 곳.

음을 보여 준다. 가령 개미는 유전적으로 결정된 존재가 아니라 경험을 통해 학습할 수 있는 존재이다. 또한 까치나 침팬지는 도구를 사용할 뿐만 아니라 거울 속의 자신의 모습을 알아보며 자기의식을 지니기도 한다. 코끼리와 돌고래 그리고 유인원은 자신들의 동료의 고통에 공감하며 슬픔을 같이할 수 있는 능력을 지니고 있다.[8] 이러한 점을 고려할 때 동물이 윤리적 존재인지, 그들이 가하는 신체적 위해가 폭력으로 간주될 수 있는지 좀 더 신중하게 생각할 필요가 있다.

현대의 가장 유명한 영장류학자 가운데 한 사람인 네덜란드의 프란스 드 발은 인간의 도덕이 신으로부터 주어진 것도 인간의 이성에 의해 발명된 것도 아니라며, 도덕을 진화론적 관점에서 접근한다. 즉 도덕은 위에서 아래로 주어진 것이 아니라, 인간을 비롯한 동물들이 사회적 동물로서 무리생활을 해 나가면서 필요에 의해 발전시켜 나간, 즉 아래에서 위로 발전되어 온 산물이라는 것이다. "도덕법칙은 하늘에서부터 또는 탁월한 이성적 원칙으로부터 부여된 것이 아니다. 고대부터 몸에 뿌리 깊게 밴 가치들로부터 솟아났다. 그것의 근본에는 집단생활에서의 생존이라는 가치가 있다. 어딘가에 속하고, 함께 생활하고, 사랑하고 사랑받고 싶은 우리의 욕구는 우리가 의지하는 사람들과 좋은 관계를 유지할 것을 촉구한다. 다른 사회적 영장류들도 이 가치를 우리와 공유하며, 우리처럼 감정과 행동 사이에 여과장치를 가지고 있다."[9] 드 발은 동물들이 자연 상태에서 무절제한 본

---

8 동물의 도구사용능력, 사고 및 감정능력에 대한 자세한 예들은 모렐의 책 전체에 걸쳐 상세히 소개되어 있다. 같은 책 참조.

9 드 발, 『착한 인류』, 329-330쪽.

능에 내맡겨지며 자신의 생존과 이익을 위해서만 행동하고 난폭하며 폭력성을 띤다는 생각에 반대하며, 특히 사회적 포유류[10]의 경우에는 사회적 생활을 영위하기 위해 도덕성을 발전시켜 왔음을 강조한다.

물론 사자 같은 맹수뿐만 아니라 침팬지 같은 유인원도 다른 동물을 잡아먹기도 한다. 그러나 이러한 포식성과 공격성을 혼동해서는 안 된다고 드 발은 말한다. 다른 종의 동물을 잡아먹는 포식성과 같은 종의 동물 사이에 나타나는 공격성은 근본적으로 다르다는 것이다. 그래서 초식동물인 말들끼리도 서로 공격하며 싸움을 하곤 하는 것이다. 따라서 포식성이 생존을 위한 본능적 행위와 연관된다면, 공격성[11]은 사회적인 생활에서 나타나는 갈등의 표현이자 관계조정의 한 방식과 관련된다.[12]

드 발에 따르면, "도덕성은 두 개의 H와 관련된 규칙 체계다. '타인을 돕는 것 Helping'과 적어도 동료 인간에게 '해를 끼치지 않는 것 not Hurting'이다. 이 체계는 타인의 행복과 집단을 개인보다 앞세우라고 요구한다. 물론 개인의 이익이 부정되지는 않지만 협력 사회를 만들기 위해 개인의 이익 추구를 억제한다."[13] 따라서 도덕이란 인간이

---

10 그러나 드 발은 개미나 벌 같은 곤충 역시 사회적 생활을 하기는 하지만, 이들이 포유류와 유사한 신경회로를 갖고 있지는 않다며 곤충의 도덕성을 논하기는 어렵다고 주장한다. 같은 책, 341-342쪽 참조.

11 이처럼 동물이나 인간의 폭력에 있어서 공격성이 중요한 역할을 하는 것은 사실이지만, 공격성과 폭력을 동일시하는 것은 명백한 오류이다. 왜냐하면 가령 최첨단무기를 이용한 원격폭격에서 나타나듯이 폭력은 감정적인 성격을 띠는 공격성 없이 행해질 수도 있기 때문이다. 또한 체계적으로 조직된 관료체계나 기술에 의한 폭력 역시 공격성 없이 이루어질 수 있다. T. K. Beck & K. Schlichte, 같은 책, 42-43쪽 참조.

12 드 발, 같은 책, 103쪽 및 122쪽 참조.

13 같은 책, 232쪽.

나 인간처럼 감정을 느끼는 동물이 타자의 아픔을 느끼며 서로에게 공감할 뿐만 아니라, 사회적 · 집단적 생활을 영위하기 위해 타자를 배려하거나 금기나 행동규칙을 만들어 내면서 발생한 것이다. 다만 드 발은 인간 외의 포유동물이 일차적으로 자신이 다른 동물에게 직접적으로 미치는 영향이나 다른 동물이 자신에게 직접 미치는 영향이라는 구체적이고 특정한 상황에서 도덕성에 준하는 직관 내지 감정에 따라 행동하는 반면, 인간은 자신이 처한 구체적인 상황의 맥락을 넘어서 보다 광범위한 공동체와 보편성의 맥락에서 자신이나 타인이 행한 행동의 정당성 여부를 판단할 수 있다며 양자의 차이점을 강조한다. 그 때문에 그는 인간 외의 포유동물을 도덕적 존재라고 부르는 데 주저하는 것이다. "그러나 나는 침팬지를 '도덕적 존재'라고 부르는 데에 망설여진다. 감정만으로는 부족하기 때문이다. 우리는 사형 제도가 생명 존엄성의 원칙과 모순되지 않는지 […] 논리적으로 일관된 체계를 열심히 찾으며 논쟁한다. 이런 토론 행위는 인간의 특징이다. 동물들은 자기에게 직접 영향을 주지 않는 행동에 대해서는 정당성을 따지지 않는다. […] 도덕 감정은 훨씬 추상적이고 객관적인 차원에서의 선악과 관련이 있다. 이 점에서 인간의 도덕성은 구별된다."[14] 따라서 인간의 도덕성은 단순히 감정에만 뿌리내리고 있지 않으며 도덕규범을 이성을 바탕으로 보다 보편적으로 적용시키려는 성향을 가지고 있다. 이러한 이성적인 도덕 개념에 따라 폭력을 도덕적으로 부당한 (또는 정당한) 신체적 위해로 간주한다면, 유인원을 비롯한 포유동물은

---

14 같은 책, 35-36쪽.

폭력의 주체에서 배제될 것이다. 왜냐하면 이들은 보편적인 관점에서 자신의 행위의 옳고 그름을 판단하지 못하며, 따라서 그들이 가하는 위해 역시 도덕적인 맥락에서 정당하다거나 부당한 것으로 평가받기 힘들 것이기 때문이다. 반면 도덕을 이성적 도덕을 넘어 도덕적 본능 내지 도덕적 감정까지 포괄하는 보다 넓은 개념으로 이해하면, 동물 역시 폭력의 주체가 될 수 있을 것이다.

이처럼 드 발은 인간의 도덕성과 다른 포유류 동물 간의 도덕성의 차이점을 간과하지 않지만, 사실은 이러한 차이점보다는 오히려 양자의 유사성을 더 강조한다. 그리고 실제로 침팬지나 보노보 같은 유인원의 위계적인 사회적 질서에는 그들의 행동을 규제하는 일종의 규범(가령 먹이나 성관계에 있어 서열을 중시하고 이를 준수할 것을 요구하는 금기)이 존재하고 그것을 위반하였을 때 처벌이 가해진다든지 또는 곤경에 처한 동료에게 공감을 표하며 그를 구하려는 동정심이 존재한다고 할 때, 이러한 금기나 공감은 인간의 도덕성과 상당히 유사한 면모를 띠고 있다. 특히 그들이 사회적 금기를 만들고 이를 내면화하고 준수할 때, 여기에는 일대일 도덕성을 넘어서는 공동체적 도덕의 특성마저 부분적으로 발견되기도 한다. 더욱이 추상적이고 보편적인 사고보다 구체적인 상황맥락에 따라 판단하던 인류 초기의 원시인들의 도덕성이 유인원을 비롯한 동물들의 도덕성과 큰 차이가 없다는 점을 고려한다면[15] 그리고 우리가 초기 인류가 서로에게 끼치는 신체적 위해를 폭력으로 부를 수 있다고 한다면, 초기 단계의 도덕성을 발전시

15 그래서 보통 채집과 수렵으로 살아가던 원시 씨족사회 또는 부족사회는 도덕을 알지 못하는 사회로 간주되곤 한다.

킨 동물 사이에도 폭력이 존재한다고 말할 수 있을 것이다. 이들이 서로에게 가하는 위해는 결코 단순히 유전적인 프로그래밍에 따라 일어난 본능의 표출이 아니다. 오히려 그것은 사회적인 관계 내에서 사회적 질서와 규칙을 위반하거나 그러한 위반을 처벌하는 의도적 행위이다. 만일 도덕적 맥락을 배제한 채 폭력을 '의도적인 신체적 위해'로 정의한다면, 인간의 행위뿐만 아니라 동물의 행위 역시 폭력으로 분류할 수 있을 것이다. 물론 좁은 의미에서의 도덕, 즉 보편적으로 적용 가능한 도덕규범의 기준에서 보면, 동물은 물론 원시인의 부당한 위해까지 비도덕적인 폭력으로 부르기 힘들겠지만, 이러한 보편적 도덕 자체가 불가능하다는 인식하에 행위의 상대적인 부당성 내지 타당성만을 허용하는 윤리적 관점에서 본다면, 폭력행위의 주체는 인간을 넘어 유인원 같은 포유동물까지 포함할 수 있을 것이다.

심지어 폭력의 주체와 대상의 관계는 인간들 사이의 관계나 인간 외의 다른 동물들 사이의 관계, 즉 종 내적인 관계뿐만 아니라 종을 초월한 관계에서도 생겨날 수 있다. 인간의 감정을 동물에게 투사한 의인화된 일화처럼 들릴 수도 있겠지만, 드 발은 로디라는 보노보가 자신을 돌보던 수의사의 손가락을 깨물어 잘라낸 후 엄청나게 후회하고 괴로워하던 사건이나 오스트리아의 동물학자 콘라트 로렌츠가 자신이 키우던 개가 다른 개와 싸우는 것을 말리다 자신이 키우던 개에게 물린 후 그 개가 괴로워하는 모습은[16] 인간과의 긴밀한 관계를 맺던 동물들이 인간에게 가한 자신의 행동을 윤리적 관점에서 바라보

16 같은 책, 234쪽과 272쪽 참조. 드 발은 여기서 특히 개가 주인을 문 것을 자신보다 서열이 높은 존재에게 위해를 가해서는 안 된다는 금기를 위반한 것으로 해석한다.

며 일종의 양심의 가책을 느끼고 있음을 보여 준다. 이러한 윤리적 관점에서 그 동물들은 인간에게 폭력을 가한 것이다.

앞에서 인간을 포함해 특정한 종류의 동물까지 폭력의 주체가 될 수 있음을 살펴보았다. 반면 사물은 일차적으로 폭력의 주체가 되기 힘들다고 말하였다. 그러나 인간과 독립적으로 존재하는 사물, 이를테면 단순한 물건이나 자연적 현상이 폭력의 주체가 되지 못한다고 모든 사물이 폭력의 주체가 될 수 없는 것일까? 인간에 의해 만들어져 인간과 긴밀한 연관을 맺고 있으면서도 사물로서 어느 정도 독립성을 지닌 어떤 제도나 구조는 폭력의 주체가 될 수 없는 것일까?

경제적 · 정치적 시스템은 비록 인간이 만든 것이지만 동시에 사물의 속성도 지니며 그것을 만든 인간으로부터 어느 정도 독립되어 나와 자율성을 지니기도 한다. 또한 그러한 시스템은 시스템을 잘 유지하는 것을 목표로 하며, 그러한 목적에 맞게 잘 작동하는 기능성을 합리적인 것으로 간주한다. 그런데 이러한 시스템의 유지를 위한 그것의 합리적인 운영과 작동은 그 안에 살아가는 구성원들에게는 오히려 억압이 되거나 고통을 야기할 수 있다. 즉 시스템이 폭력의 주체가 되어 그 안에 살고 있는 사회구성원들에게 폭력을 행사할 수 있다는 말이다. 물론 시스템은 엄밀한 의미에서 행위이론에서 말하는 인간 같은 주체로서의 행위자는 아니지만, 라투르의 '행위자-연결망 이론 Actor-Network-Theory'(약자로 ANT)에서처럼 '행위성 Agency' 개념을 능동적인 행위에 국한시키지 않고 보다 광범위하게 이해하면, 시스템의 행위성뿐만 아니라 이와 더불어 그것의 폭력성 역시 언급할 수 있을 것이다. 가령 한병철이 말한 후기 자본주의 사회의 자기착취적인 인간이 시스템의 영향을 받아 스스로를 파괴하며 고통을 겪는다면, 여기서 시스템의 폭력을 이야기할 수 있을 것이다.

라투르는 자신의 '행위자-연결망 이론'에서 인간과 비-인간, 사회(문화)와 자연을 이분법적으로 구분하는 것에 반대하며, 집합체라는 개념을 통해 인간과 비-인간 존재 간의 긴밀한 연관관계를 지시한다.[17] 근대주의자들은 인간과 대상, 사회와 자연을 명확히 구분했지만, 사실은 인간의 사회적 삶은 비-인간인 대상들 없이는 유지될 수 없으며, 자연 역시 순수하게 대상들로만 이루어지지는 않으며 인간에 의해 만들어지고 구성되지 않을 수 없다는 것이다. 그래서 그는 미셸 세르가 사용한 준대상, 준주체라는 개념을 자신의 이론에 수용한다.[18] 이러한 관점에서 보면, 사회의 정치적 · 경제적 시스템 역시 단순히 인간상호 간의 관계만 다루거나 혹은 정반대로 사물들로만 조직된 것이 아니라 양자의 집합체로 구성되어 있다. 그것은 분명 인간이 만든 것이고 인간이 바꿀 수 있는 사회적 제도나 시스템이지만, 동시에 인간의 의지를 넘어서 나름의 자율성을 가지고 작동하기도 하는 사물의 성격을 지니기도 한다. 그 때문에 이러한 시스템의 폭력 내지 구조적 폭력은 지젝이 부른 것처럼 단순히 '객관적'인 폭력인 것만은 아니며 그렇다고 한병철이 말한 것처럼 지배계층과 피지배계층의 관계를 그대로 반영하는 주관적 폭력으로도 환원될 수 없는, 다시 말해 준주체와 준대상이 결합된 하이브리드적인 특성을 띠고 있다. 따라서 ANT의 관점을 폭력의 문제에 적용시켜 본다면, 사회적인 관계에서 발생

17 브뤼노 라투르, 『우리는 결코 근대인이었던 적이 없다』, 홍철기 옮김, 갈무리, 2009, 26쪽 참조.

18 같은 책, 141쪽 참조.

하는 폭력의 주체를 단순히 인간으로 국한시키는 행위이론적 관점은 문제가 있다. 윤리적 차원에서 논의될 수 있는 폭력을 발생시킬 수 있는 것은 인간만이 아니라 인간과 비-인간이 혼합된 집합체로서의 사회적 제도나 조직일 수도 있기 때문이다. 앞으로 미래에는 인간과 기계 같은 비-인간의 혼합형태를 띤 새로운 준주체들이 등장할 수도 있기 때문에[19] 폭력주체의 범위는 더욱 넓어질 수 있을 것이다.

ANT이론가들은 의도적인 행위를 하는 인간으로만 행위자를 국한시키지 않고 마찬가지로 어떤 사태나 대상에 영향을 미치고 변화시키며 차이를 만들어 낼 수 있는 능력을 지닌 사물이나 동물에게도 행위능력을 부여해야 한다고 주장한다.[20] 그러나 사실은 많은 동물들이

19 네그리와 하트는 "주체성의 생산이 이전부터 항상 혼종화의 과정, 경계를 넘나드는 과정 속에 있었으며, 이러한 혼종적 주체성이 오늘날 점점 기계와 인간의 교차점에서 생산되고 있다."(Antonio Negri & Michal Hardt, *Die Arbeit des Dionysos. Materialistische Staatskritik in der Postmoderne* , Berlin, 1997, 19쪽)라고 말한다.

20 김환석, 「'사회적인 것'에 대한 과학기술학의 도전. 비인간 행위성의 문제를 중심으로」, 『생명정치의 사회과학』, 김환석 엮음, 알렙, 2014, 147-148쪽: "왜냐하면 기존의 사회학에서 행위성이란 자신의 의도에 따라 어떤 선택을 할 수 있고 그 선택을 세계에 부과할 수 있는 능력으로서, 이런 능력은 자유의지와 이성적 사고 그리고 언어적 능력이 있는 능동적 주체인 인간만이 소유한 것이라고 생각되어 왔기 때문이다. 즉 자연물이나 기계와 같은 비인간은 결정론적 인과관계의 법칙에 따라 움직이는 수동적 객체이기 때문에 행위성이 없는 존재로 간주되어 왔던 것이다. 그러나 ANT학자들은 이러한 전제야말로 사회학이 그 기초를 '자연적인 것'과 '사회적인 것'의 이분법에 두었던 잘못된 가정이었다고 지적한다. […] 비인간도 결정론적 인과관계에 따라서만 움직이는 존재는 아니며 인간을 묘사하는 특징으로 행위성을 규정하는 것은 억지라는 것이다. 과학적 실천에 대한 그들의 관찰에 근거할 때, 세계에 차이와 변화를 가져올 수 있는 능력은 모두 행위성으로 보는 것이 옳다고 ANT학자들은 본다. […] 인간과 비인간의 행위를 대칭적으로 묘사 및 분석하자는 주장은 인간과 비인간의 행위성이 동일하다는 의미가 결코 아니다. 인간과 비인간들 사이에는 […] 차이점이 있지만, 그들은 과학과 기술이 만들어지는 연결망에 동등하게 참여하는 능동적 존재로서 보는 것이 옳다는 말이다."

인간과 마찬가지로 의도를 가지고 행동할 수 있다는 점에서 ANT이론가들이 인간만을 의도적 행위자로 간주한 것은 잘못이다. 다른 한편 ANT이론가들로부터 배울 수 있는 교훈은 행위성이 단순히 의도적인 행위에 국한되어서는 안 된다는 사실이다. 심지어 인간의 '정동적 폭력'처럼 의도적 행위가 아님에도 불구하고 대상에 영향을 미치고 변화를 가져올 수 있는 행위성이 존재한다.

'행위성' 개념을 단순히 주체가 어떤 의도를 가지고 목적한 바를 달성하려는 것이 아니라 앞의 각주에서 언급한 것처럼 "세계에 차이와 변화를 가져올 수 있는 능력"으로 보다 폭넓게 정의할 수 있다면, 인간의 행위 역시 보다 다양한 형태로 구분하여 이해해야 할 것이다. 행위라는 개념은 보통 그러한 행위를 하는 주체의 의도와 의지를 전제로 하지만, 때로는 행위가 그러한 의도나 의지 없이 일어나기도 한다. 예를 들면 '내'가 잠을 자거나 생각할 때, 그러한 잠을 자는 행위나 생각하는 행위가 반드시 행위주체의 주도하에서 일어나는 것은 아니다. 쉽게 말해 '나'는 '나'의 의지와 상관없이 잠이 들 수도 있고 '내'가 전혀 말하려고 의도하지 않았던 생각을 이야기가 전개되는 가운데 펼쳐 나갈 수도 있다. 이러한 의미에서 보면 언어적 행위 역시 어쩌면 주체가 언어라는 수단을 가지고 행위를 하는 것으로만 보기 힘들지도 모른다. 왜냐하면 많은 경우 '내'가 주체로서 언어라는 수단을 이용하며 말하기보다, 나의 의지에 선행하여 말이 하나의 자동적 과정처럼 펼쳐지는 경우가 더 빈번하기 때문이다. 이처럼 잠을 자거나 특별히 의도되지 않은, 즉 준비되지 않은 말을 하는 것은 보다 포괄적인 행위성의 관점에서 보면 적극적이고 능동적인 행위가 아니라 수동적이고 소극적인 행위가 될 것이다. '내'가 실수로 행인을 차로

치는 교통사고 역시 이러한 예에 속한다. 이러한 과실치사는 법적으로 처벌받을 수 있지만, 도덕적으로 비난받을 수는 없다. 그런데 이러한 소극적 · 수동적 행위 개념을 폭력에 적용시킬 때, 예기치 않게 우연히 일어나는 우발적 살인 같은 행위는 과연 어떻게 볼 수 있을지 문제가 제기될 수 있다. 물론 순간적으로 발생하는 감정이나 충동을 의식적으로 억누를 수 있는 자유의지를 전제로 한다면, 여전히 그러한 행위는 윤리적 담론의 차원에서 다루어지며 폭력으로 정의될 수 있겠지만, 그러한 행위가 전적으로 행위주체의 의지에 반해 일어난 결과로 간주된다면, 즉 '나'도 모르게 일어난 행위로 간주된다면 폭력이 되지 않을 것이다. 소위 우발적 살인이라고 불리는 행위들 사이에는 엄청나게 다양한 중간단계들이 존재할 수 있으며, 그러한 행위들은 주체가 소극적으로 사건에 참여한 행위에서부터 주체의 의지와 상관없이 완전히 수동적으로 일어난 행위에 이르기까지 다양한 모습으로 나타난다. 만일 한 사람이 극도의 광기에 사로잡혀 타인을 살해한 후 나중에서야 제정신으로 돌아온 경우라면, 그러한 살인행위는 폭력으로 분류될 수 없을 것이다. 그러나 소극적 내지 수동적인 행위들의 경우, 일반적으로 그것이 폭력인지 아닌지의 여부는 객관적으로 판단하기는 힘들고 각각의 경우마다 복잡하고 다양한 해석을 낳을 수 있을 것이다.

많은 폭력이론가들은 인간적 폭력(보통 물리적 폭력으로 불리지만)과 구조적 폭력을 대립적인 관계에서만 살펴보았다. 심지어 이 상이한 폭력양상을 보다 광범위한 폭력 개념에 포함시키고자 한 이론가들조차 이 폭력현상들의 연결가능성에 대해서는 전혀 생각하지 못하였다. 그러나 라투르의 '행위자-연결망 이론'이라는 개념을 빌려 행위성 개념을 인간을 넘어 사물에게까지 부여할 수 있다면, 인간적 폭력과 구조적 폭력 간의 연결고리를 발견할 수 있음은 물론, 인간적 폭력 내부에서 보다 섬세한 구분을 하는 것도 가능해진다. 물리적 폭력이라는 개념은 폭력의 수단에 따라 구분된 폭력유형이며, 폭력주체에 따라 구분한다면 갈퉁이 사용한 바 있는 '인간적 폭력'이라는 개념이 더 적합할 것이다. 반면 구조적 폭력이란 폭력의 주체를 구조로 간주하는 것이지만, 엄밀히 말해 구조는 (행위의) 주체가 될 수 없으므로 폭력주체에 따라 이렇게 분류하는 것은 모순이 될 수도 있다. 하지만 라투르처럼 준주체나 준대상이라는 개념을 사용하고 이러한 준주체 내지 준대상에게 행위능력을 부여한다면, 구조가 폭력을 행사할 수 있으며 구조적 폭력은 행위성 개념을 통해 '인간적 폭력'과 같은 차원에서 논의될 수 있을 것이다. 또한 '인간적 폭력' 역시 사실은 인간이 능동적인 행위주체로만 등장해 행사되는 것은 아니며, 정동적 폭력이나 드물지 않게 언어폭력의 경우에서처럼 수동적이거나 소극적인 행위의 결과로 행사되기도 한다. 이 경우 인간 역시 반드시 자신의 의지와 의도에 따라 폭력을 행사하지는 않으며, 때로는 수동적으로 때로는 심지어 자신의 의지와 상관없이 (그래서 엄밀한 의미에서 폭력으로 간주되지 말아야 할) 폭력을 행사한다는 것을 알 수 있다.

(2) 폭력의 대상

이번에는 폭력 대상의 범위에 대해 생각해 보자. 만일 화가 난 사람이 텔레비전을 던져 부순다고 해도 이를 폭력이라고 말하지는 않을 것이다. 생명이 없는 사물인 텔레비전이 파괴되기는 하겠지만 고통을 느끼지는 못하며, 여기서는 도덕적인 문제 역시 생겨나지 않기 때문에 텔레비전을 폭력의 대상으로 부를 수는 없을 것이다. 동물의 경우는 어떠한가? 이 경우에는 문제가 좀 더 복잡해진다. 얼마 전까지만 해도 인간은 동물이 본능에 따라 움직일 뿐, 사고능력이나 (의도적인) 행위능력을 갖고 있지 못한 것으로 생각했다. 또한 동물은 단순한 감각만이 있을 뿐, 고통이나 슬픔 같은 감정이나 타인의 고통에 대한 공감능력이 결여된 것으로 인식되어 왔다. 그러나 동물행동학이나 진화심리학의 최근 연구 성과들은 동물에게 이러한 사고와 감정의 능력이 있음을 보여 주었으며, 심지어 이들에게 기초적인 도덕성까지 있는 것으로 간주하고 있다. 이에 따라 동물을 단순히 인간의 먹잇감이나 인간을 위한 실험대상 정도로 여기는 인간중심적인 시선에 대해 많은 문제가 제기되고 있다.

동물들의 포식성은 도덕성과 연관된 공격성과는 다른 문제로 간주되며, 이를 처리하는 뇌의 신경회로도 후자와 다른 것으로 밝혀졌다.[21] 따라서 가령 사자가 영양을 잡아먹거나 침팬지가 원숭이를 잡아먹는다고 해서 이를 도덕적으로 비난하거나 그것을 폭력으로 볼 수는 없다. 다만 인간의 경우는 좀 더 사태가 복잡해진다. 물론 초기 인류는 채집과 사냥을 통해 식량을 확보하고 생명을 보존해 왔기 때문에, 인간의 육식 역시 진화론적인 맥락에서 보면 도덕적인 문제에서 벗어나 있다. 다만 인간이 진화하면서 그의 도덕성 역시 진화해 왔기 때문에 이제는 자신의 도덕성을 단순히 자신의 관점이 아닌 보편적 관점, 심지어는 인간의 관점을 넘어서 종을 초월한 동물의 관점에까지 적용시킬 수 있게 되었다. 또한 인간은 생존을 위해 반드시 육식을 해

---

21 드 발, 같은 책, 103쪽 참조.

야 할 필요는 없게 되었으며, 동물성 단백질을 식물성 단백질로 대체할 수도 있기 때문에 육식이 생존에 필수적인 조건이 되지 않는다. 이러한 상황에서 공감능력이 있고 심지어 동정심까지 지니며 이타적인 행위를 할 수 있는 동물들을 식용으로 사용하는 것이 도덕적으로 정당한지, 그것이 일종의 폭력은 아닌지 하는 문제가 제기될 수 있을 것이다. 특히 인간에 의해 오랜 기간 사육되어 오면서 인간적 특성을 갖게 된 개의 경우 오늘날 반려동물로 간주되고 있다. 헝가리의 동물행동학 교수 차이니는 "개와 인간 사이의 관계가 사회적 애착 관계"[22]임을 밝혀내었다. 그는 "개의 마음이 인간에 의해 형성되었으므로 그 창조자 또는 발명가인 인간의 마음을 닮았"[23]으며, 그래서 개가 인간의 지시와 규칙을 따르고 인간과 협력하며 같이 일하기를 좋아한다고 말한다. 반려동물이란 단순히 인간과 같이 사는 동물을 의미하는 것이 아니라 인간과 감정을 교류하며 서로 협력하고 의지하는 관계를 맺고 있음을 의미한다. 이처럼 종의 경계를 넘어서 인간과 사회적인 관계를 맺고 있는 동물을 살해하여 식용으로 삼는 것은 명백한 폭력이 될 것이다. 또한 거슬러 올라가면 인간과 그 조상을 같이하는 침팬지나 보노보 같은 유인원 역시 아프리카에서 식용고기로 사용될 뿐만 아니라 인류를 위한 과학적 연구라는 명목하에 비윤리적인 실험대상으로 전락하고 실험이 끝난 후 버려지기도 한다. 따라서 인간과 마찬가지로 마음을 지닌 동물들의 경우 당연히 폭력의 대상이 될 수 있으며, 이들에 대한 인간의 보다 윤리적인 태도가 절실히 요청되고 있다.

---

22 모렐, 같은 책, 398쪽.
23 같은 책, 391쪽.

또한 앞에서 언급한 ANT의 관점에서 보면, 인간이 근대화 과정에서 무분별하게 자연을 계발하는 과정에서 생겨나는 생태계의 훼손 역시 자연계의 많은 생명체에게 해를 끼치는 일종의 폭력이 될 수 있다. 왜냐하면 그러한 자연의 무분별한 계발과 훼손은 그 안에 사는 인간은 물론 다른 동식물의 삶의 터전을 위협하고 그들을 심지어 멸종위기까지 내몰 수 있기 때문이다. 따라서 인간은 인간중심적인 사고에서 벗어나 지구라는 환경을 같이 공유하며 사용하는 비-인간 존재들, 즉 다른 동식물들에 대한 책임의식을 갖고 행동해야 할 것이다. 물론 현재의 과학적 인식에 따르면 포유동물을 제외한 동물이나 식물의 경우는 공감능력이나 동정심 같은 고차원적 감정이 결여되어 있으며 그 때문에 이들에게 미치는 파괴적 작용을 윤리적 관점에서 폭력이라고 볼 수는 없을 것이다. 그러나 어떤 종류의 생명체들이 윤리적 맥락에서 살펴볼 수 있는 폭력의 대상이 될 수 있는지의 문제는 이에 대한 연구가 좀 더 진행되어야 구체적으로 알 수 있을 것이다.

앞에서 언어를 통한 폭력, 즉 언어적 폭력에 대해 살펴본 바 있다. 그런데 이러한 언어를 통한 폭력보다 더 근원적인 폭력, 즉 언어 자체에 내재한 폭력에 대해서도 니체에서 데리다에 이르는 많은 철학자들이 이야기한 바 있다. 가령 언어는 개별적인 것을 보편적인 개념을 통해 표현함으로써 개별적인 것의 특이성을 희생시키고 그것을 보편적인 것에 종속시킨다는 것이다.[24] 데리다는 이를 "선험적이고 전

24 Jacques Derrida, "Gewalt und Metaphysik. Essay über das Denken Emmanuel Levinas'", *Die Schrift und die Differenz*, Frankfurt a.M., 1992, 226쪽.

윤리적인 폭력"[25]이라고 부른다. 지젝 역시 상징적 폭력이라는 개념으로 전윤리적인 언어 자체의 폭력성을 언급한다. "헤겔이 이미 잘 알고 있던 바와 같이 어떤 사물을 상징화한다는 것은 그 사물을 억압하는 것과 마찬가진데, 이렇게 상징화하는 과정 자체에 폭력적인 면이 있다. 그리고 이 폭력은 다양한 차원에서 동시에 작동한다. 일단 언어는 그것이 가리키는 사물을 단순화하고, 사물을 단일한 하나의 속성으로 환원해 버린다. 언어는 사물을 부분 부분으로 절단하고, 그 유기적 통합을 파괴하며, 각 부분과 속성을 자율적인 것으로 취급한다. 언어는 사물을 의미의 영역으로 밀어 넣는데, 이 의미 영역은 결국 그 사물에게는 외부적인 것이다. 금을 '금'이라 이름붙임으로써, 우리는 한 금속을 그 자연 조직으로부터 폭력적으로 적출해 내고, 그 금속에 부, 권력, 영적인 순수함 등 우리의 꿈을 부여한다. 사실 그런 꿈들은 실제 금과 아무 관련이 없는데 말이다."[26]

그러나 앞에서 텔레비전을 부수는 것이 텔레비전에 대한 폭력이 아니었듯이, 상징적 언어가 사물의 근본적 속성을 왜곡하는 것이 폭력일 수는 없다. 데리다가 말한 '전윤리적' 폭력이란 말은 그 자체로 모순인데, 왜냐하면 폭력이란 바로 윤리적 차원에서 생겨나는 것이기 때문이다. 데리다가 말하는 선험적 · 전윤리적 폭력 또는 지젝이 말하는 상징적 폭력은 보다 정확히 말하자면, 도덕담론이 아닌 인식담론의 영역과 관련되며, 옳고 그름의 문제, 즉 정당성의 문제보다는

---

25 Burkhard Liebsch, *Subtile Gewalt. Spielräume sprachlicher Verletzbarkeit*, Weilerswist, 2007, 262쪽(S. Krämer, 같은 글, 30쪽 재인용).

26 지젝, 같은 책, 100-101쪽.

맞고 틀림의 문제, 즉 진리의 문제에 해당한다. 상징적 언어로 대상 자체를 지시할 수 없다면, 이는 언어의 매개를 거쳐서 사물에 접근할 수밖에 없는 언어의 인식적 한계를 드러낼 뿐이며, 도덕적인 문제와는 무관하다. '언어를 통한 폭력'은 가능하지만, '언어의 폭력'은 불가능하다. 인간이 궁극적으로 언어의 발명자라기보다는 언어라는 상징적 체계 속에 내던져져 있는 존재라고 한다면, 언어가 대상을 지시하면서 생겨나는 폭력의 주체와 대상은 각기 언어와 그것이 가리키는 사물이 될 것이다. 그러나 언어와 사물이 맺고 있는 관계는 결코 도덕적 차원에서가 아니라 단지 인식적 차원에서만 논의될 수 있을 것이다.

물론 인간이 상징적인 언어를 사용하며 대상을 지시할 때 이러한 구체적 발화가 도덕적인 문제를 야기할 수 있으며 폭력이 될 수도 있다. 다만 이러한 폭력은 상징적 언어 자체에서 생겨나는 것이 아니라 언어적 지시가 인식적 차원에서 도덕적 차원으로 넘어갈 때만 생겨난다. 이에 대한 쉬운 예를 하나 들어 보자. 우리는 인간을 피부색에 따라 흑인, 황인, 백인으로 구분한다. 물론 우리는 피부가 정말 완전히 검은 사람이나 노란 사람 또는 하얀 사람이 없다는 사실을 알고 있다. 하지만 보편적인 개념인 언어는 개별적인 대상을 왜곡하며 개념 속에 억지로 밀어 넣는다. 이러한 언어와 그것이 지시하는 대상 간의 불일치 자체는 아직까지 폭력이 아니다. 그러나 이러한 흑인, 황인, 백인의 구분은 곧 인종차별의 발판이 되며 도덕적인 문제로 넘어갈 수 있다. 특히 이러한 인종적 구분을 고집하며 이로부터 인종적 담론을 발전시킨다면, 이는 명백히 도덕적 문제와 연결되며 차별을 받는 인종에게 심리적 상처를 입힐 수 있는 폭력이 될 것이다. 언어를 통한 인종적 구분 자체가 이미 폭력인지 아니면 그러한 구분을 사실로 주장하며 고집하는 것에서 폭력이 시작되는지는 보는 관점에 따라 다르게 답변될 수 있을 것이다.[27] 하지만 한 가지 확실한 사실은 인식의 문제가 결코 인식의 문제로 머무르지 않으며 도덕의 문제로 이행할 수 있다는 것이다.

이번에는 하나의 대상을 지칭하는 명사 대신 술어를 지니는 문장을 예로 들어 보자. 갈릴레이가 "그래도 지구는 돈다."라고 이야기했을 때 이는 분명 인식적 차원에서 주장된 것이며, 따라서 진리 담론의 차원에서 그것이 진리인지 아닌지를 가리면 될 문제이다. 그러나 종교적인 세계관이 지배하는 시대에 이러한 주장은 도덕적 문제와 연관이 되며 그러한 주장을 한 사람은 종교재판에 회부될 위험이 있었다. 심지어 우주와 세계의 무한성을 주장한 조르다노 부르노는 화형에 처해지기까지 하였다. 이러한 예는 언어를 통한 폭력이 대화참여자들의 상호적 관계와 연관된 상대방에 대한 인정의 (부분적) 박탈(이를테면 모욕이나 멸시)에서만 생겨나는 것이 아니라, 명제내용에 해당하는 부분을 통해서도 생겨날 수 있음을 보여 준다. 쉽게 말해 인식적 차원과 관련되는 사실의 주장은 결코 인식의 문제로만 머무는 것이 아니며, 화자와 청자 간의 상호적 관계와 연관된 도덕의 문제로까지 옮겨 갈 수 있는 것이다.

인식의 문제가 도덕의 문제와 연관성을 맺는 것과 관련해 푸코의

---

27 인간이 언어를 통한 개념적인 구분 없이는 세상을 인지할 수도 없고 살아갈 수도 없다는 점을 생각한다면, 이러한 개념 구분 자체보다는 그것에 대한 확고한 경계설정과 경계넘어서기의 금지가 폭력이라고 보는 편이 더 적합할 것이다.

담론 개념을 살펴볼 필요가 있다. 일반적으로 담론은 "한 개의 문장보다 큰 일련의 문장들. 의미적으로 완결된 구조를 가진 언어 단위"나 "어떤 주제에 대한 체계적인 말이나 글"로 정의된다.[28] 그러나 푸코에 따르면 담론을 이처럼 언어적인 기호들로 이루어진 총체로만 보는 관점에서는 담론에 담겨 있는 욕망과 권력이라는 요소가 간과된다.[29] 푸코는 담론을 단순히 언어적 기호가 연결되어 생겨난 의미 구조로만 보지 않고 그것이 하나의 실천으로서 그것이 말하는 대상으로서의 현실을 생산해 내는 구성적이고 수행적인 기능을 갖고 있음을 강조한다. 이러한 관점에서 볼 때 담론은 그것이 진리에 대한 주장을 하고 있을 경우에도 결코 가치중립적이지 않으며, 특정한 욕망과 권력에 대한 의지를 드러내고 있다. 이로써 인식적 담론이 도덕적인 차원과 연결될 수 있는 가능성이 열린다. 가령 인종차별적인 담론이 학문적 객관성을 가장하며 이에 의해 차별을 당한 사람들에게 심리적 고통을 안겨 주는 비도덕적인 폭력이라면, 이러한 인종차별적 담론의 객관성을 허구로 폭로하며 해체하는 비판적 담론은 도덕적으로 정당한 폭력이라고 할 수 있을 것이다. 나는 이분법적인 사고에 기초해 타인을 억압하는 비도덕적 담론을 공격하고 해체하는 비물리적 폭력을 '이념적 폭력'이라는 이름으로 부르고자 한다. 여기서 이념이란 들뢰즈가 말한 의미에서 궁극적으로 포착될 수 없는 차이 자체인 다양체를 가리키는데, 이에 따라 이념적 폭력은 이분법

---

28 다음 국어사전(http://dic.daum.net/word/view.do?wordid=kkw000059741&supid=kku000075394, 2017. 1. 8.).

29 Michel Foucault, *Die Ordnung des Diskurses*, Frankfurt a.M., 2003, 17쪽 참조.

적인 사고에 기초한 폭력에 맞서 그러한 사고를 해체하는 폭력을 의미한다.

앞에서 말한 담론의 폭력은 화행이론적인 관점에서 보면 언어 주체가 그러한 담론을 수단으로 해서 상대방에게 가하는 폭력이다. 즉 여기서는 말을 하는 화자나 글을 쓰는 저자가 각각 그것을 듣는 청자나 읽는 독자에게 담론이라는 언어적 수단을 이용해 폭력을 가하는 것처럼 보인다. 그러나 설령 포스트구조주의적인 이론이 아니라 주체이론과 행위이론의 틀 내에서 생각한다고 해도, 저자가 아니라 담론 자체가 폭력의 주체가 될 수 있는 가능성은 존재한다. 실제로 중세까지 (문학)텍스트에는 저자가 없는 경우가 많았고, 근대 이후에도 기계사용설명서나 계약서 또는 법전처럼 저자가 별 중요한 역할을 하지 못하는 경우가 많이 있다. 이러한 상황을 텍스트 전체의 차원으로 적용시켜 보면, 텍스트가 단일한 목소리의 지배를 받는 것이 아니라 다양한 목소리들을 담고 있다고 추정할 수 있을 것이다. 우리는 어떤 생각이나 담론을 자신이 만들어 낸 것처럼 행동하지만, 사실은 이미 존재하는 담론의 그물망에서 그것을 끊임없이 인용하고 있는 것이다. 이 때문에 주체가 과연 담론의 원천이자 주인으로서 그것을 단순히 수단으로 사용하고 있는 것인지에 대한 근본적인 의문제기가 가능하며 반대로 다양한 담론들이 주체를 구성하고 있다고 생각해 볼 수도 있을 것이다.

이로부터 한 걸음 더 나아가 포스트구조주의적인 입장에서 '저자의 죽음'에서 출발하면, 담론적 폭력의 주체가 저자가 아닌 우연적 사건으로서의 담론 자체가 된다. 푸코는 글을 쓰는 개인이 존재한다는 점은 인정하지만, 그러한 개인이 쓴 텍스트를 질서정연한 단일한 담론으로 환원시키려는 저자[30]의 기능에 대해 비판적 시각을 가질 것을 요구하며, 그러한 주체가 "다수의 가능한 입장과 기능"[31]으로 이루어져 있음을 강조한다. 저자는 자신의 생각을 의도한 대로 글로 옮기는 것이 아니며, 오히려 글을 쓰는 과정에서 우연히 새로운 생각과 인식이 생겨난다.[32] 물론 텍스트의 구성과 관련해 큰 방향은 있을 수 있겠지만, 텍스트를 구성하는 다양한 이질적인 담론들을 시종일관 하나로 묶어 내는 총체적인 완결성은 존재하지 않는다. 따라서 텍스트는 여러 가지 유희적 가능성, 즉 잠재적인 텍스트들 가운데 하나가 실현된 우연적 사건일 뿐만 아니라, 텍스트 내재적으로도 다수의 다양한, 이질적인 담론들로 이루어진 불연속적인 복합체로 간주되어야 한다. 또한 텍스트는 결코 소위 말하는 저자 한 사람에게 비롯된 것으로 생각될 수 없으며, 오히려 기존의 다양한 담론의 인용과 새로운 연결을 통

30 "나는 담론의 간결화라는 또 다른 원칙이 있다고 생각한다. […] 여기서 문제가 되는 것은 저자이다. 이때 저자는 텍스트를 발화하거나 쓴, 말하는 개인으로서의 저자를 의미하는 것이 아니라, 담론들을 한데 모으는 원칙이자 담론이 지닌 의미들의 통일과 근원 그리고 담론을 결속시키는 중심으로서의 저자를 의미한다. 이러한 원칙은 도처에서 같은 방식으로 작용하지는 않는다. 오히려 우리 주변에는 담론의 의미와 효력이 한 저자에게 귀속되지 않은 채 유통되는 많은 담론들이 존재한다." 같은 책, 20쪽.

31 같은 책, 37쪽.

32 롤랑 바르트는 이러한 의미에서 다음과 같이 말했다. "말하는 것은 언어이지 저자가 아니다. 쓴다는 것은 선행적인 몰개성을 통하여 '자아'가 아닌, 오직 언어만이 작업하고 '수행하는' 바로 그 지점에 도달하고자 하는 것이다." 롤랑 바르트, 「저자의 죽음」, 『텍스트의 즐거움』, 김희영 옮김, 동문선, 2002, 29쪽. 또는 "우리가 저자의 존재를 믿는 한 저자는 항상 그의 책의 과거로 간주되어 왔다. 책과 저자는 '전'과 '후'로 배열된 채 동일선상에 위치한다. […] 이와 반대로 현대적인 필사자는 자신의 텍스트와 동시에 태어난다. 그는 자신의 글쓰기를 선행하거나 초과하는 존재를 어떤 방식으로든 갖고 있지 아니하며, 자신의 책이 술어가 되는 그런 책의 주어가 아니다. 거기에는 단지 언술행위의 시간만이 존재하며, 모든 텍스트는 영원히 지금 여기서 씌어진다." 같은 책, 31쪽.

해 생성되는 바꿔 쓰기의 결과로 생각되어야 할 것이다.[33] 그 때문에 독자는 저자의 원래 의도를 재구성하고 원본 텍스트를 반복하며 해석하는 것이 아니라, 텍스트의 근본적인 개방성을 인식하며 자신의 관점에서 그것을 매번 새롭게 다시 쓰도록 요구된다.

포스트구조주의적인 관점에 따르면, 텍스트는 이미 존재하는 현실을 차후에 재현하는 것이 아니다. 반대로 텍스트 속 담론에 담겨 있는 욕망과 권력이 글쓰기와 더불어 현실을 만들어 내면서 윤리적 문제를 야기하기도 하는데, 그것은 독자가 그것을 어떻게 읽어 내느냐에 따라 다르게 감지된다. 가령 소설 속의 다양한 담론 중 하나로 등장하는 인종차별적 담론이나 동성애 차별 담론은 독자가 그것을 그러한 담론으로 인식할 때 비로소 그 폭력성이 지각된다. 그리고 독자가 그러한 담론을 공격하는 글을 쓴다면[34], 이때 폭력의 대상은 일차적으로 비판과 해체의 대상인 담론 자체가 될 것이다. 물론 그러한 글은 인종차별적 담론이나 동성애 차별 담론을 인용하며 재생산하는, 즉 그것을 자신의 정체성의 한 부분으로 받아들이는 사람에게 자신에

---

33 "우리는 이제 텍스트가 하나의 유일한 의미, 즉 '신학적인'(저자-신의 '메시지'인) 의미를 드러내는 단어들의 행으로 이루어진 것이 아니라 그중 어느 것도 근원적이지 않은 여러 다양한 글쓰기들이 서로 결합하며 반박하는 다차원적인 공간이라는 것을 알게 되었다. 텍스트는 수많은 문화의 온상에서 온 인용들의 짜임이다. […] 작가는 결코 근원적인 몸짓이 아닌 다만 이전의 몸짓을 모방할 뿐이다. 그의 유일한 권한은 글쓰기를 뒤섞거나 대립하게 하여, 그중 어느 하나에도 의존하지 않게 하는 데에 있다." 같은 책, 32쪽.

34 바르트는 완결된 의미체계인 작품을 읽는 독자가 일종의 소비자로서 책을 읽는 역할에 만족하는 반면, 끊임없이 이동하는 유동적인 텍스트의 독자는 스스로 텍스트를 다시 써나가는 실천을 통해 즐거움을 누릴 수 있다고 말한다. 즉 후자의 경우에는 읽기와 쓰기의 경계가 유동적이 된다는 것이다. 바르트, 「작품에서 텍스트로」, 『텍스트의 즐거움』, 44-47쪽 참조.

대한 공격으로 느껴지며 폭력으로 인식될 것이다. 이 경우에 이처럼 공격받는 담론은 단순한 언어적 의미가 아니라 인간과 긴밀히 연결된 언어-인간 집합체의 성격을 지니고 있기 때문에, 폭력의 대상은 해당 담론 및 그것과 '직접적'으로 결부되어 있는 사람이 될 것이다.

라투르의 관점을 응용해 보면 담론이 상징적인 언어와 인간의 집합체라고 한다면, 사회적인 시스템이나 구조는 사물과 인간의 집합체라고 할 수 있다. 앞에서는 담론이 폭력의 주체이자 대상이 될 수 있다고 말하였다. 마찬가지로 인간과 관련되어 있으면서도 사물의 고유한 속성을 지니고 있는 사회적 구조나 시스템 역시 윤리적 문제를 야기할 수 있기 때문에 폭력의 주체이자 동시에 폭력의 대상이 될 수 있다. 즉 인간이 특정한 사회 구조나 시스템의 억압성을 인식하고 그것에 저항하며 더 나아가 그것을 전복시킬 때, 이러한 구조나 시스템은 폭력의 대상이 된다.

(3) 폭력주체와 폭력대상의 동일성 가능 여부

우리는 일반적으로 폭력에 대해 말할 때, 자아와 타자의 적대적 관계를 상정하는 데 익숙해 있다. 그러나 폭력은 나와 타자 사이에서만 발생하는 문제가 아니다. 아래에서는 폭력의 주체가 동시에 폭력의 대상이 될 수는 없는지 자세히 살펴볼 것이다.

우선 신체적인 측면에서 보면 크게 자해와 자살의 경우를 생각할 수 있을 것이다. 자해는 말 그대로 자신의 신체에 상처를 입히는 행위다. 옐리네크의 소설 『피아니스트 *Die Klavierspielerin*』(1983)에는 성적인 욕망을 억압하는 가정에서 자란 여주인공이 성적인 흥분을 가라앉히기 위해서 또는 자신의 공격욕구를 타인에게 표출하지 못하여 스스로에게 해를 가하는 자해행위가 등장한다. 그녀는 면도칼이나 빨래집게를 이용해 자신에게 상처를 입히지만, 특이한 점은 이러한 자해행위가 생명을 위협하지 않도록 철저히 계산되어 있으며 일상으로의 복귀를 도와준다는 것이다. 이러한 점에서 자해가 갖는 자기치료적인 측면을 강조하는 심리학적 연구도 있다.[35] 특히 소설 여주인공인 에리카가 클레머라는 젊은 남자에게 성폭행을 당한 후 그를 살해하거나 자살하는 것이 아니라 자해를 통해 일상으로 돌아갈 때, 과연 자해가 여기서 폭력의 의미를 지니고 있는지 물어볼 수 있을 것이다. 자해에서 흘러나오는 따뜻한 피는 흥분을 가라앉히고 일상생활로의 복귀를 가능하게 만드는 기능을 갖는다. 그리고 극단적인 파괴가 아니라 철저히 계산된 행위로서의 자해는 자기 자신과의 합의하에 수행된 지극히 이성적인 행동이다. 즉 가해자로서의 자신은 피해자로서의 자신과의 합의하에 그러한 행동을 하는 것이며, 이는 자살이나 살인을 막기 위한, 즉 극단적 행위를 막기 위한 예방적 행동이기도 하다. 이처럼 철저히 계산된 행동으로서의 자해는 자신에게 해가 되기보다는 오히려 유익한 행동이며, 어떻게 보면 도덕적 차원보다는 실존적 차원에서 내려진 결단이다. 그것은 자신의 신체에 가해지는 피해와 그러한 행위를 통해 얻는 이득을 저울질하여 행한다는 점에서 담배를 피우는 행위와 비슷하다. 그리고 담배를 피우는 행위가 도덕과 무관한 것처럼 자해 역시 그렇다고 할 수 있다.

35 Hannes Fricke, "Selbstverletzendes Verhalten. Über die Ausweglosigkeit, Kontrollversuche, Sprache und das Scheitern der Erika Kohut in Elfriede Jelineks *Die Klavierspielerin*", *Lili* H. 119(2000), 62쪽 참조.

그러나 보는 관점에 따라서는 담배를 피우는 것과 자해하는 것을 구분할 필요성이 제기될 수도 있다. 왜냐하면 이러한 자해가 행해지는 상황맥락을 고려하면, 자해란 단순히 쾌락을 위해서 행해지기보다는 일반적으로 견딜 수 없는 상황 때문에 혹은 그러한 참을 수 없는 상황을 견디기 위해 스스로에게 위해를 가하는 행위이기 때문이다. 이로써 자해는 자기 파괴적인 행위 이면에 숨겨진 원인으로서 타인의 부당한 행위나 비가시적인 구조 또는 시스템의 부당한 폭력을 폭로하며 도덕적 차원을 드러낸다. 그러한 자해는 궁극적인 원인을 없애지 못하며 문제를 해결할 수 없기 때문에 결국은 자기 파괴라는 동일한 상황을 반복할 뿐이다. 이처럼 자해당사자인 행위자의 관점이 아니라 제3자인 관찰자의 관점에서 본다면, 위에서 언급한 자해는 개인적 결단의 문제인 실존적 차원을 넘어 옳고 그름의 문제인 도덕적 차원으로까지 연결되며 그 때문에 부정적 폭력으로 간주된다. 따라서 이 경우 자해가 이루어지는 자신과의 합의라는 틀은 가상에 지나지 않는 것으로 폭로된다.

물론 자해하는 사람의 의지가 어떤 시스템이나 구조 또는 타인의 억압에 의해 완전히 규정될 수 없으며 따라서 그의 행위가 자신과의 합의하에서 이루어진 것으로 보아야 한다는 입장도 있을 수 있다. 그러나 이러한 사실을 인정하면서도 인간의 신체를 손상시키는 행위 자체를 자살과 마찬가지로 부정적으로 보는 사람에게는 자해가 비도덕적인 폭력이 된다. 이는 마치 쌍방 간의 약속하에 치러지는 복싱경기가 당사자들이나 그것을 보는 관중에게는 폭력이 아니지만 그러한 행위 자체를 야만적인 것으로 간주하는 외부의 관찰자에게는 폭력으로 나타날 수 있는 것과 마찬가지이다.

그렇다면 자살은 어떠한가? 자살을 바라보는 사회적 시선은 역사적으로 상이하다. 푸코는 『성의 역사 1. 지식에 대한 의지 *L'Histoire de la sexualité: la volonté de savoir*』(1976)에서 오랫동안 군주가 생살여탈권, 즉 죽음에 대한 권력을 가지고 있었다고 지적한다. "예전에는 이승의 지배자이건 저승의 지배자이건 군주만이 행사할 수 있는 죽음의 권리를 침해하는 방식이기에 범죄였던 자살이 19세기에는 사회학적 분석의 영역으로 들어간 최초의 행위들 가운데 하나였다는 점에 놀랄 이유가 없는데, 생명에 대해 행사되는 권력의 경계와 틈새에서 개인적이고 사적인 죽을 권리가 출현한 것은 자살 덕분이다."[36]

군주만이 죽일 권력을 지닌 사회에서 개인이 스스로 목숨을 끊는다는 것은 군주의 권리를 침해한 것이기 때문에 범죄이다. 하지만 푸코는 인간의 죽음에 대한 권력을 행사하던 군주권력이 18세기부터 인간의 생명을 관리하고 돌보는 생명권력으로 넘어갔으며, 이러한 틈바구니에서 개인이 사적으로 죽을 수 있는 권리가 대두되었음을 언급한다. 이제 적어도 군주의 권리를 침해하거나 군주의 권력에 도전하지 않고서 죽을 수 있는 사적인 권리가 대두된 것이다. 그럼에도 불구하고 이러한 자살에 대한 평가는 여전히 부정적인 것으로 남아 있다. 비단 인간이 자신의 생사를 스스로 결정할 수 없다고 여기는 기독교적인 관념이 아니더라도, 자살은 일반적으로 사회통념상 패배주의적인 행위로 간주된다. 심지어 그러한 자살을 자신에게 부당하게 가하는 폭력으로 도덕적으로 비판하는 경우도 있다. 그러나 동시에 이

36 미셸 푸코, 『성의 역사 1. 지식의 의지』, 이규현 옮김, 나남, 2014, 149쪽.

러한 자살에 선행하는 다양한 사회적 원인들이 존재할 수 있기 때문에, 그러한 자살을 야기한 사회가 개인의 목숨을 앗아 간 원인으로 간주되며 폭력의 가해자로 간주되기도 한다. 이러한 의미에서 한병철은 푸코를 비판하며 자살을 폭력으로 간주한다. "푸코에게는 폭력에 대한 감각기관이 명백히 결여되어 있는 듯하다. [...] 그는 자살의 근저에 놓인 폭력 역시 간과한다. 그는 "단지 군주에게만 [...] 속해 있었던 생살여탈권을 빼앗는 것이기에 이전에는 범죄였던" 자살이, 정치적 권력이 삶의 관리를 떠맡게 된 사회에서 사회학적 분석의 영역으로 들어온 사실을 언급한다. 이때 그는 자살을 "너무 규칙적이고 지속적으로" 나타나는 것이어서 특별한 관심을 기울일 필요가 없는 자연적인 사건으로 이해한다. 그래서 그는 소위 규율사회에서 급격히 증가하는, 자기 자신에게 향하는 이러한 폭력을 제대로 다루지 않는다. 이러한 폭력의 증가는 푸코에게 숨겨져 있는, 규율사회에 내재해 있는 폭력의 구조를 지시한다."[37] 한병철이 여기서 폭력을 비판할 때는 분명 도덕적 맥락을 염두에 두고 있으며, 그 때문에 여기서 비판된 폭력은 부정적 폭력이다.

그러나 자살은 다양한 원인을 내포하고 있기 때문에 결코 단순히 부정적 폭력과 동일한 것으로 간주될 수는 없다. 제목이 기억나지는 않지만 어떤 영화에서 자신이 사랑하는 여인과 사랑을 나눈 후 최고로 행복한 순간에 강물에 뛰어든 어느 이발사의 이야기가 기억난다. 여기서 자살은 인생을 최고로 행복한 순간으로 끝맺음하려는 선택이

37 B. C. Han, *Topologie der Gewalt*, 113쪽 이하.

며, 이는 일반사람들과 비교해 삶에 대한 가치관의 차이를 드러낼 뿐, 도덕적인 정당성과는 무관한 행동이다. 즉 그것은 실존적 결단에서 이루어진 주체적 행위인 것이다. 또한 장 아메리는 자살 대신 '자유죽음 Freitod'이라는 개념을 사용하며 자살을 자신에 대한 폭력이 아닌 자유로운 행동으로 간주한다.[38] 물론 이러한 자유죽음은 빈번히 그러한 선택을 강요한 상황을 전제로 하는 경우가 많기 때문에 부정적 폭력이 될 수도 있다. 더 나아가 건강을 최우선 가치로 삼으며 푸코가 말한 생명정치를 극단적으로 수행하는 미래의 가상사회를 서술한 『범죄의 체소. 어떤 소송』이라는 작품에서 작가 율리 체는 모리츠라는 인물을 통해 자살을 사회에 대한 일종의 저항으로 묘사하기도 한다. 국가가 개인의 건강을 체크하고 건강에 해로운 일체의 행동을 금지하고 감시할 때 생명정치는 전체주의로 변질되며, 이러한 사회에서 병이 날 권리, 심지어 자살마저 생명을 총체적으로 관리, 감독하는 사회에 대한 저항의 의미를 갖게 된다. 이러한 자살은 사회의 부당성을 고

---

38 아메리는 일반적인 통념과 달리 자유와 자살을 연결시킬 수 있는 것으로 간주한다. "아메리는 자살이라는 행위가 전적으로 나의 자발적인, 나의 자유로운 선택에서 비롯된 행동이라는 점에서도 자유죽음이라는 개념의 사용을 지지했다. […] 아메리는 궁지에 몰린 상황과 같은 외부적인 요인이 자살을 선택하는 데 영향을 미친다는 점은 인정했지만, 근본적으로 나의 죽음을 선택하는 것은 전적으로 주체인 나에게 달렸다는 점을 강조한다." 박윤혜, 「장 아메리의 작품에 나타난 죽음담론의 변화 연구. 『죄와 속죄의 저편』, 『르뫼 혹은 붕괴』, 『자유죽음』을 중심으로」, 서울대학교 문학석사 학위논문, 2014, 135쪽.
자유죽음은 자유롭지 못한 과거와 현재의 상황을 끝내기 위해 자신의 삶을 파괴하지만, 이러한 파괴는 동시에 그러한 부자유로부터의 해방을 의미하기에 자유와 연결될 수 있다. "자발적인 나의 존재 부정을 통한 부조리로부터의 벗어남이야말로 그는(필자주, 아메리는) 자유죽음의 결심을 통해 주체가 도달할 수 있는 가장 큰 자유라고 생각한다." 같은 글, 137쪽.

발하고 자신의 신체에 대한 고유한 권리를 주장한다는 점에서 도덕적인 측면과 실존적인 측면에 모두 걸쳐 있는 폭력이다.

마지막으로 자아가 스스로에게 강제하는 심리적이고 정신적인 폭력에 대해 생각해 볼 수 있을 것이다. 한병철은 후기 현대사회에 들어서면서 폭력의 패러다임이 바뀌었다고 주장한다. 이전까지의 사회에서 폭력이 타자로부터 비롯되며 자아와 타자의 대립관계가 폭력의 원천으로 생각되었다면, 후기 현대사회에서는 자아 스스로가 자신에게 폭력을 가하는 것으로 간주된다. 이전 사회가 규율과 금지가 지배하는 부정성의 사회였다면, 후기현대는 스스로가 자유롭게 결정하고 행동할 수 있는 긍정성의 사회이다. 한병철에 따르면, 후기현대의 자아는 더 이상 억압받고 복종하는 의무의 주체가 아니라 자신의 자유에 따라 행동할 수 있는 자유로운 자아이다. 그런데 성과사회에서 이 자유로운 자아는 긍정성의 과잉에 시달리며 스스로를 더 많은 성과를 내도록 끊임없이 독촉하고 강요한다. "후기현대의 성과주체는 누구에게도 종속되어 있지 않다. […] 그것은 스스로를 긍정하며, 해방시켜 프로젝트가 된다. 그러나 주체에서 프로젝트로의 변화가 폭력을 사라지게 하지는 않는다. 타자의 강압 대신 스스로를 자유롭다고 내세우는 자아의 강압이 들어선다. 이러한 발전은 자본주의적인 생산관계와 긴밀히 연관된다. 특정한 생산수준부터 자기착취는 타자의 착취보다 더 효과적이고 훨씬 더 많은 성과를 내는데, 왜냐하면 그것은 자유롭다는 감정을 수반하기 때문이다. 성과사회는 자기착취의 사회이다. 성과주체는 자신이 완전히 소진될 때까지 스스로를 착취한다. 그는 이때 자기공격성을 발전시키는데, 이는 드물지 않게 자기 살해의 폭력으로까지 심화된다."[39] 한병철은 규율사회에서 외적인 강압에 의해 일어난 자살을 타자의 폭력으로 간주하는 반면, 성과주체의 자기착취로 생겨나는 죽음은 자아의 폭력으로 간주하며 '자기살해'라는 개념을 사용한다. 이는 자기 자신을 착취하고 죽음으로 내모는 자아의 행동이 지닌 도덕적 부당성을 강조하는 것으로 볼 수 있다. 또한 이 경우 성과주체의 자기착취적 폭력은 심리적 폭력을 넘어 신체적인 폭력의 차원까지 획득하게 된다.

그런데 여기서 흥미로운 것은 한병철이 이러한 "현대의 폭력이 의견불일치의 적대성으로부터가 아니라 합의라는 순응성에서 유래하며, 그래서 하버마스에 반해 합의의 폭력이라고 말할 수 있을 것이다."[40]라고 주장한다는 점이다. 이러한 합의는 스스로에 대한 폭력을 도덕적 문제로 보기 어렵게 만드는 것처럼 보인다. 왜냐하면 자유로운 자아가 보다 많은 성과를 내기 위해 자신을 독촉하는 것은 도덕적인 문제라기보다는 실존적 문제이기 때문이다. 도덕이 옳고 그름에 관한 규범적 문제라면, 실존적 문제는 자신의 삶을 어떻게 사는 것이 좋을지 주관적으로 판단해야 하는 행복의 문제, 즉 주관적 가치의 문제이다. 가령 살인은 도덕의 문제이기 때문에 타인에게 살인하지 말도록 요구할 수 있지만, 삶의 가치는 모든 개인마다 다르기 때문에 상대방에게 그것을 강요하거나 요구할 수 없다. 적어도 그러한 가치의 추구가 타인에게 부정적인 영향을 미치지 않는 한 윤리적 문제는 발생하지 않는다. 이러한 관점에서 볼 때, 한 개인이 성과주의를 최고의 가치로 내세우며 스스로를 소진시키는 것은 도덕적 관점보다는 실존

39 B. C. Han, 같은 책, 17쪽.
40 같은 책, 83쪽.

적 가치의 관점에서 비판할 수 있는 문제인 것처럼 보인다. 즉 '너'에게 그것을 하지 말라고 명령할 수는 없지만, '내가 보기에' 그렇게 사는 것은 행복한 삶이 아니라고 말이다.

그러나 이러한 자기파괴적이고 자기착취적인 성과주체의 행동이 한병철의 주장처럼 그러한 행동을 낳는 시스템의 폭력에 의해 직접적으로 유발되었다고 한다면, 그의 행동은 표면적으로는 자신과의 합의 및 자신의 자유의지에 따른 행위라고 할지라도 폭력적이라고 말할 수 있다.[41] 왜냐하면 이러한 주체의 자기착취를 가능하게 하는 사회시스템의 문제성에 대한 윤리적 담론이 펼쳐질 수 있기 때문이다. 즉 자아의 폭력 뒤에 숨어 있는 시스템의 폭력에 대한 윤리적 비판이 가능한 것이다. 물론 신자유주의적인 사회경제시스템이 자기착취와 자기파괴의 형태를 띤 자아의 폭력을 낳는다는 견해에 동조하지 않으며, 모든 인간은 자율적으로 행동할 수 있기 때문에 스스로를 소진시키는 일중독은 단순한 개인적 선택의 문제인 것으로 간주하는 사람도 있을 수 있다. 따라서 자해나 자살 또는 성과사회에서의 자아의 폭력은 객관적으로 인식될 수 있는 폭력현상이라기보다는 그러한 현상을 바라보는 사람의 관점에 따라 평가가 달라지는, 즉 담론에 의해 폭력 여부가 결정되는 현상이라고 할 수 있다.

---

41 흡연행위는 이 점에서 차이가 난다. 물론 간접흡연으로 다른 사람에게 피해를 끼치는 경우에는 규범적 문제가 발생할 수 있겠지만, 혼자 흡연을 하는 경우에는 개인이 흡연을 통해 설령 자신의 건강을 해치더라도 더 큰 행복을 얻을 수 있다고 믿는다면 이에 대해 도덕적 문제를 제기하기는 힘들다. 건강 자체가 규범의 지위를 갖지 않는 한, 자발적 흡연은 가치관의 차이를 둘러싼 논쟁을 낳을 수는 있어도 규범적인 정당성을 둘러싼 논쟁을 낳지는 않는다.

앞의 내용을 요약하면, 자해나 자살 같은 신체적 폭력은 물론, 성과사회의 주체가 스스로에게 행하는 긍정성의 폭력 같은 심리적(때로는 신체적) 폭력까지 원칙적으로 모두 폭력의 범주에 포함시킬 수 있다. 따라서 폭력의 주체와 대상이 동일한 경우는 신체적 차원과 심리적 차원 모두에서 가능함을 알 수 있다.

3) 폭력의 직접성

상대방에게 심리적 고통을 가하며 윤리적인 문제를 야기하는 행동이나 과정은 모두 폭력인가? 가령 누군가가 나를 속여 내가 가진 전 재산을 가지고 달아나 버렸다면, 나는 그로 인해 엄청난 정신적 고통을 겪을 것이며 나를 속인 그러한 행위는 분명 비도덕적인 행위일 것이다. 그렇다면 그것은 폭력인가? 우리는 이러한 행동을 폭력이 아닌 사기라는 이름으로 부를 것이다. 또한 누군가가 내게 거짓말을 해서 나중에 그 사실이 드러나 내게 상처를 주었다면, 이 역시 분명 비도덕적인 행위이다. 그러나 우리는 이를 폭력이 아닌 거짓말로 부를 것이다. 다시 말해 심리적 고통을 주는 행위가 비도덕적이라는 사실만으로는 폭력이 되지 못한다는 것을 알 수 있다.

그렇다면 사기나 거짓말 같은 행위가 폭력이 될 수 없는 이유는 무엇일까? 이는 위에서 언급한 행위의 주체들이 대상을 '직접적으로' 공격하며 해를 끼치는 것이 아니라, 어떤 매개를 통한 효과에 의해 물질적 피해와 심리적 상처를 준다는 데 있다. 사기나 거짓말로 인해 발생한 심리적 상처는 대상에게 직접 가해진 것이 아니라, 재화의 손실이나 신뢰의 상실 같은 우회로를 거쳐 생겨난다. 또한 가해자는 결코 자신이 사기를 치거나 거짓말을 한다는 것을 드러내서는 안 되고 마치 솔직하게 소통하는 듯 가장해야 하며, 피해자 역시 그러한 변장을 사전에 꿰뚫어보고 피할 수 있는 선택의 공간을 갖는다. 이러한 매개성, 간접성은 폭력의 직접성과 대비된다. 물론 폭력도 의사소통적인 맥락과의 연관 속에서 일어나기도 하고 의사소통적인 대화에서 언어적 폭력이 발생하기도 하지만, 그러한 의사소통적인 대화의 틀 '내'에서 행사되는 폭력 자체는 소통적[42] 성격을 지니지 않는다. 즉 폭력은 항상 직접적이고 적나라하다. 한병철도 이 점을 지적한다. 그는 공간성의 유무로 권력과 폭력을 구분하며, 권력이 전략적 측면 외에 매개적인 공간을 창출하는 의사소통적 측면을 지니고 있는 반면, 폭력에는 그러한 의사소통적인 매개적 힘이 결여되어 있음을 강조한다. "적나라하고 순수한 폭력만으로는 공간을 형성하거나 장소를 만들어 낼 수 없다. 폭력에는 공간형성적인 매개의 힘이 결여되어 있다. 그래서 그것은 어떤 법적 공간을 생산할 수 없다. 공간형성을 할 수 있는 것은 폭력이 아니라 오직 권력뿐이다."[43] 물론 이러한 정의에서 한병철은 폭력과 권력을 근본적으로 구분하며, 권력이 폭력과 동일한 것이 될 가능성을 배제하는 오류를 저지르지만, 적어도 그가 폭력의 근본 특성으로 '직접성' 내지 '소통(또는 매개)의 결여'를 든 것은 타당하다.

공간의 결여는 소통의 결여이기도 하다. 소통을 위해서는 의사소

42 여기서 소통이란 단순히 화자가 정보를 전달하고 청자가 말의 의미를 이해하는 것을 뜻하는 것이 아니라, 화자가 말과 함께 제기한 진리, 진실성, 정당성 같은 타당성에 대한 요구를 청자가 합리적인 판단하에 이해하며 받아들이거나 아니면 화자가 말과 함께 전달하는 감정을 청자가 공감하며 받아들이는 것을 의미한다.

43 같은 책, 76쪽 이하.

통을 하는 당사자 간의 거리가 전제되어야 한다. 그런데 폭력에는 그러한 거리가 존재하지 않는다. 사기나 거짓말은 겉으로는 상대방과 소통을 하는 척하면서 속으로는 속임수를 통해 자신의 이익을 추구하며 상대방에게 해를 끼치는 행위이다. 하버마스의 개념으로 표현하자면, 그것은 '은폐된 전략적 행위 latentes strategisches Handeln'이다. 은폐된 전략적 행위란 전략적 목적을 달성하기 위해 성공적인 의사소통을 위한 조건들을 지키지 않고 있음을 은폐하는 행위이다. 쉽게 말해 겉으로는 의사소통적으로 행동하는 척하면서 속으로는 자신의 전략적 목적을 추구하는 행위가 은폐된 전략적 행위이다.[44] 사기나 거짓말 모두 이에 해당하며, 따라서 그것들은 폭력이 아니다. 이러한 소통적인 제스처 내지 매개적인 태도가 유지될 때, 즉 적나라한 민낯을 드러내는 대신 가면을 쓰고 있을 때 폭력은 발생하지 않는다.

따라서 폭력은 폭력 주체의 관점에서 볼 때 매개나 소통을 거치지 않고 직접적인 방식으로 이루어지며 설령 '언어적' 매개나 소통의 맥락에서 이루어지더라도 그 안에서 발생하는 언어적 폭력 자체는 (합리적 담론과 정서적 교류라는 의미에서) 소통을 추구하지 않는다. 또한 폭력 대상의 관점에서도 폭력은 어떤 매개를 거친 간접적 효과로서가 아니라 직접적인 피해로서 생겨난다.

---

44 J. Habermas, *Theorie des kommunikativen Handelns* Bd. 1, Frankfurt a.M., 1995, 396쪽 참조.

2. 폭력의 외적 구성요소: 윤리적 맥락

앞에서 폭력을 구성하는 다섯 가지 구성요소, 즉 폭력의 주체와 대상, 수단과 내용(장소) 그리고 폭력의 직접성에 대해 살펴보았다. 이것은 모두 폭력행위 내지 폭력과정을 직접적으로 구성하는 폭력의 내부적 요소들이다. 그러나 이러한 요소들이 다 갖추어져 있어도 폭력이 성립되지 않을 수 있다. 자동차를 몰고 가던 운전자가 실수로 행인을 치어 그에게 신체적 손상을 입혔을 때, 여기에는 폭력의 주체(운전자)와 대상(행인), 수단(자동차)과 내용(신체), 그리고 직접성(충돌)의 요소가 모두 포함되어 있지만, 그럼에도 불구하고 이러한 사고는 폭력으로 간주되지 않는다. 왜 그러한가? 바로 윤리적 맥락이 빠져 있기 때문이다. 많은 사회학자들은 윤리적 맥락이라는 말을 쓰기를 주저하고 대신 의도성이라는 개념을 사용했지만, 이러한 개념은 정동적 폭력같이 의도를 갖기 이전에 발생하는 폭력들을 설명하기에 부적절하다.

많은 이론가들이 폭력의 외부에 있지만 폭력을 구성하는 중요한 요소인 윤리적 맥락을 폭력의 정의에서 배제하는 이유는 그것이 폭력을 도덕적으로 나쁜 폭력으로 규정하는 오류를 범하게 만든다고 믿기 때문이다. 그러나 여기서 말하는 폭력의 필수적인 구성요건으로서의 윤리적 맥락은 폭력 자체에 대한 도덕적 내지 규범적 판단과는 아무런 관련이 없다. 그것은 행해진 폭력에 대한 사후적 평가 내지 판단을 의미하는 것이 아니라, 폭력 행위에 선행하는 행위 동기나 폭력의 과정에 선행하는 사회 구조와 시스템 또는 수행되어야 할 특정한 행위의 방기가 포괄적인 의미에서 윤리적 차원에 연루되어 있음을 의미한다. 즉 가령 상대방에게 신체적 · 심리적 위해를 가한 사람의 행위

동기가 정당한지 아닌지에 대한 윤리적 담론이 펼쳐질 수 있으면 그러한 행위는 폭력으로 간주될 수 있다. 물론 그러한 폭력은 소위 나쁜 폭력뿐만 아니라 좋은 폭력도 포함한다. 물론 이때 좋고 나쁨의 가치 평가는 결코 현상적으로 구분가능한 객관적인 것이 아니고, 실제 당사자인 참여자들의 감정이나 판단에만 의존하는 주관적인 것도 아니다. 오히려 그것은 그러한 폭력사건에 잠재적으로 참여할 수 있는 모든 사람들의 관점과 이들의 윤리적 담론에 의해 결정되어야 한다.

그렇다면 폭력 행위나 폭력의 과정에 선행하는 윤리적 맥락이 왜 폭력 정의의 필수적 요건인가? 윤리적 맥락이 개입되지 않는 유사폭력적인 상황들은 무엇인가? 이미 앞에서 실수로 일어난 자동차 사고가 외관상 폭력과 매우 흡사하지만, 폭력으로 규정될 수 없다는 점을 강조한 바 있다. 그러나 이는 비의도적인 위해 행위이기 때문에, 이와 달리 의도적인 위해행위 가운데 폭력이 아닌 경우가 있는지 살펴볼 필요가 있다. 이러한 유형의 가장 대표적인 경우가 바로 게임 상황이다.

게임이 폭력과 결부되는 형태는 두 가지이다. 게임 자체가 폭력적 행위를 내용으로 하는 경우와 게임의 벌칙으로 폭력적 행위가 일어나는 경우이다. 여기서 폭력'적' 행위라는 개념을 사용한 것은 그것이 폭력은 아니기 때문이다.

먼저 간단한 경우인 두 번째 경우부터 살펴보자. 우리는 게임에 흥미를 더하기 위해 많은 경우 게임에서 진 사람에게 벌칙을 부과한다. 그중 흔한 형태로 손가락으로 손목을 때리거나 이마를 때리는 경우를 들 수 있을 것이다. 물론 이러한 행위가 건강을 심각하게 위협할 정도로 위험한 경우는 드물지만, 상대방의 감정을 상하게 할 정도의 강도인 경우는 빈번히 발생한다. 그렇다면 이러한 경우 상대방의 신체에 의도적으로 가한 위해인 벌칙수행은 폭력으로 볼 수 있을까? 개인적으로는 이를 폭력으로 볼 수 없다고 생각한다. 물론 앞에서 한병철이 말한 성과사회에서의 자기착취적인 긍정성의 폭력이나 자살이나 자해도 스스로와의 합의에 의해 발생하지만, 이러한 경우에는 빈번히 윤리적 차원이 개입된다. 이에 반해 게임에서의 벌칙수행은 게임 참여자들의 합의를 전제로 하며, 벌칙 자체에 대해서는 어떤 윤리적 판단이 내려지지 않는다. 이러한 벌칙이 폭력이 되는 경우는 벌칙수행이 너무 심각한 상처를 유발하여 윤리적 담론을 발생시킬 때뿐이다. 물론 이러한 경우가 발생한다면, 후속조치로 그러한 벌칙의 폐지 여부가 논의될 것이다. 이처럼 게임에서의 벌칙은 학교에서의 훈육조치로서의 처벌과 명백히 다른 차원에 놓여 있다. 물론 외관상으로는 양자가 매우 유사하지만, 적어도 게임을 문제없이 즐기고 있는 동안에는 게임벌칙에 대해서는 어떠한 도덕적 판단도 내려지지 않으며 따라서 그것은 어떠한 윤리적인 담론도 유발하지 않는다.

다음으로 첫 번째 유형인 폭력적 행위를 게임의 내용으로 삼는 경우를 살펴보자. 물론 여기서는 가상적인 캐릭터들의 신체적 손상을 야기하는 컴퓨터 게임을 이야기하는 것이 아니다. 그보다는 권투나 마조히즘 같은, 현실에서 벌어지는 게임(스포츠) 내지 유사게임에서 일어나는 폭력적 상황을 다루려고 한다.

권투경기에서 한 선수가 상대 선수를 공격하여 쓰러뜨릴 때, 넘어진 선수는 폭행을 당한 것인가? 물론 그렇지 않다. 왜냐하면 상대방을 공격하며 그의 신체에 고통을 가한 사람은 게임규칙에 따라 그렇게 한 것이기 때문이다. 양 선수는 게임 전에 상대방을 때려도 좋다는 조건에 합의했기 때문에 그들이 가하는 신체행위는 도덕적 맥락에서 벗어난다. 그 때문에 심지어 권투경기에서 상대방을 때려 사망하게 한 경우에도 그는 법적인 처벌을 받지 않는다. 적어도 권투경기 자체를 스포츠로 인정하고 경기규칙에 찬성하는 사람은 선수들이 상대방을 때리는 행위에 대해 어떤 도덕적 가치평가도 하지 않는다. 그러한 상황에서 행해지는 폭력적 행위는 폭력이 아니다. 다만 그러한 투기종목 자체를 비인간적인 게임으로 간주하고 도덕적으로 문제시하는 사람에게는 그러한 행위들이 폭력으로 간주될 수 있다. 이로부터 게임에 따른 위해행위도 맥락에 따라서는 폭력이 될 수 있으며, 어떤 현상이 폭력인지 아닌지를 결정하는 것은 항상 담론적으로 결정되지 결코 현상 자체로 규정될 수 있는 것은 아니라는 사실을 다시 한 번 강조할 필요가 있다.

마조히즘도 게임과 유사성을 지닌다. 마조히즘은 박해받는 사람이 가해자를 설득해 계약을 맺고 자신을 폭행하도록 하는 합의에 바탕을 둔다. 따라서 이러한 폭행은 도덕적 문제를 야기하지 않는다. 더 나아가 마조히즘의 경우 박해받는 사람은 폭행을 당하면서도 오히려 쾌감을 느낀다. 즉 그것은 신체적 고통에도 불구하고 정신적 쾌감을 유발하는 특수한 경우이다. 마조히즘 역시 유사게임규칙에 원칙적으로 동의한 참여자의 관점에서 보느냐 아니면 거기에 비판적인 거리를 둔 관찰자의 관점에서 보느냐에 따라 그것을 폭력으로 볼 수 있을지 아닐지가 결정된다.

물론 권투나 마조히즘처럼 자발적으로 게임에 참여하거나 계약에 합의한 경우보다 좀 더 복잡한 경우도 있다. 원시시대의 성인식이 그 예이다. 클라스트르는 남아메리카에서 이루어지는 성인식에 대해

서술한다. 이에 따르면 성인식이란 부족의 한 구성원이 자신이 지금까지 속해 있었던 아이의 세계에서 상징적으로 죽고 그 대신 성적인 권리를 누릴 수 있는 진정한 공동체의 일원으로 다시 태어나기 위해 치르는 상징적 의례이다. 이러한 의례는 고문에 가까운 끔찍한 육체적 시험들로 구성되어 있다.[45] 성인식을 치르는 젊은이들은 통과의례에서 겪는 고통을 신음소리조차 내지 않고 참아 내야 한다. 비록 이러한 고통은 육체적 실신으로 이어지기까지 하지만, 이들은 자신의 신체에 가해지는 고통을 폭력으로 받아들이지 않는다. 그것은 사회적인 합의에 기반을 둔 의식 儀式으로, 정당성이나 가치평가의 문제를 제기하지 않는다. 그런데 현대문명사회의 인간이 이러한 행위를 바라보며 자신의 문화의 잣대로 평가한다면, 이러한 의식은 야만적인 폭력으로 비칠 수 있다. 설령 원시사회의 청년이 그러한 관습을 비도덕적인 것으로 평가하지 않고 폭력으로 받아들이지 않는다고 하더라도, 외부의 제3자인 서양인은 그것을 도덕적이지 못한 폭력으로 간주할 수 있다. 이 경우 그는 원시사회의 젊은이들에게 인식능력이 결여되어 있어 그러한 의례의 폭력성을 인식하지 못하는 것으로 생각한다. 또한 그는 성인식을 치르는 젊은이들에게 그러한 관습을 피할 수 있는 선택권이 없는 상황을 지적할 수도 있을 것이다. 이러한 상황은 앞에서 지젝이 이야기한 객관적인 구조적 폭력과 연결시켜 생각할 수도 있을 것이다. 지젝은 자본주의 사회의 구조적 폭력이 피지배계층에게 보이지 않는 폭력을 행사하지만, 그러한 폭력으로 인해 고통받는 사람들

45 삐에르 끌라스트르, 『폭력의 고고학』, 변지현 · 이종영 옮김, 울력, 2009, 109쪽 참조.

은 그것의 폭력성을 인식하지 못할 수도 있다고 말한다. 폭력을 당하는 당사자가 폭력주체의 폭력을 인지하지 못하지만, 그럼에도 불구하고 비판적 거리를 둔 제3자의 시각에서 그것을 폭력으로 지칭하는 것이 과연 타당한가? 간단히 말하자면 '그렇다'. 폭력은 폭력의 피해자가 느끼는 주관적 감정과 판단에 의해서가 아니라 그러한 사건에 잠재적으로 참여할 수 있는 모든 사람들, 즉 제3자인 관찰자의 감정과 해석에 기반을 둔 판단에 의해 결정되어야 할 문제이다. 같은 논리로 지젝이 말하는 구조적 폭력의 경우에 대해서도 여러 가지 다른 관점들이 존재할 수 있으며, 그 때문에 자본주의 시스템을 구조적 폭력으로 간주하지 않을 수도 있다. 마찬가지로 남아메리카 사회의 성인식의 의례를 폭력으로 간주하는 해석을 서양의 자민족중심주의적인 민족말살[46]로 비판하는 관점도 있을 수 있다. 이는 결국 폭력이 결코 객관적인 현상이 아니라 윤리적 판단을 수반하는 해석의 문제임을 보여준다.

46 클라스트르는 인종말살과 민족말살을 구분하며 다음과 같이 정의한다. "민족말살과 인종말살은 타자에 대한 동일한 관점을 갖고 있다. 즉 타자란 차이인데, 특히 나쁜 차이라는 것이다. […] 인종말살적 정신 […] 이란 차이를 완전히 그리고 단순히 부정하려는 것이다. 타자들은 절대적으로 나쁜 자들이기 때문에 멸절시킨다는 것이다. 반대로 민족말살은 차이 속에서 악의 상대성을 인정한다. 타자들은 나쁘기는 한데, 우리가 제안하고 부과하는 모델에 가능하다면 동화될 수 있도록 그들을 변화시키면서 개선시킬 수가 있다는 것이다. 타자에 대한 민족말살적 부정이란 자기에 대한 동화로 이끄는 것이다." 같은 책, 70쪽.

3. 폭력의 정의

지금까지 폭력을 구성하고 있는 다양한 요소들을 살펴봄으로써 폭력을 정의하려고 시도하였다. 이제 앞에서 논의된 사항들을 다시 한 번 간략히 요약하면서 폭력에 대한 정의를 제시해 보도록 하겠다.

(1) 폭력은 폭력의 주체와 대상, 수단과 내용, 그리고 직접성(매개 결여)이라는 다섯 가지 내부적 구성요소와 윤리적 맥락이라는 외부적 구성요소를 지니고 있다. 단 구조(시스템)적 폭력이나 책임의 방기에 의한 폭력은 폭력의 수단을 필요로 하지 않는다.

(2) 폭력의 주체에는 인간, 특정한 동물, 구조와 시스템, 담론이 포함된다. 그러나 이러한 폭력 주체의 목록은 역사적 발전과 인간의 인식변화에 따라 가변적이 될 수 있으며 근본적으로 열려 있다. 폭력의 대상으로는 인간, 특정한 동물, 구조와 시스템, 담론이 포함되며, 이러한 목록 역시 근본적으로는 열려 있다.

(3) 폭력의 수단으로는 신체나 무기 같은 물리적 수단과 언어, 제스처, 시선 같은 비물질적 수단이 사용된다. 폭력의 내용으로는 폭력이 어디에 가해지며 어떤 성격을 띠느냐에 따라 신체적 폭력과 심리적 폭력 그리고 정신적 폭력으로 나뉜다. 다만 심리적 폭력과 정신적 폭력은 때로 경계가 모호할 수 있다.

(4) 폭력은 그 자체로는 소통적 성격이 없고 매개적이지 않다. 즉 폭력은 직접적이고 적나라하다. 다만 폭력이 행사될 때 그 바깥에 의사소통적 맥락이 존재하고 폭력의 강도나 방식에 영향을 미칠 수 있으며, 폭력이 행사된 후에도 반드시 소통의 단절이 오는 것은 아니

다. 반대로 언어적 폭력의 경우처럼 의사소통 내부에서도 폭력이 행사될 수 있다. 이때 이러한 폭력은 전체적인 소통과정에서의 부분적인 이탈, 즉 부분적인 소통 기능의 파괴라는 형태로 나타난다.

(5) 폭력은 그 자체로 도덕적으로 비난받아야 할 나쁜 행위로 규정되어서는 안 된다. 그렇다고 폭력이 윤리적인 가치평가와 무관하며 현상적으로만 판단 가능한 가치중립적 현상인 것은 아니다. 왜냐하면 폭력이 수행되거나 발생하기 전에 윤리적인 가치평가를 유발하는 윤리적 맥락이 발생하기 때문이다. 또한 어떤 행동이나 사회구조가 폭력이냐 아니냐의 문제는 객관적으로 인식될 수 있는 문제가 아니며, 그렇다고 폭력의 주체와 대상 같은 참여자의 주관적 판단에 의해서만 결정될 수 있는 문제도 아니다. 오히려 그것은 그러한 사건에 잠재적으로 참여가능한 모든 사람들이 담론을 통해 판단해야 할 문제이다. 또한 폭력은 그것을 바라보는 관점에 따라 상이하게 평가될 수 있으며, 이에 따라 '나쁜' 폭력뿐만 아니라 '좋은' 폭력도 존재할 수 있다. 다만 이러한 가치평가는 결코 보편타당성을 요구할 수는 없으며, 상대적인 타당성을 주장하는 윤리적 담론의 층위에서 내려질 수 있다.

이 모든 내용을 요약하여 폭력을 다음과 같이 정의할 수 있을 것이다. 폭력이란 행위능력이 있는 주체(인간이나 특정한 동물 등), 사회적 시스템이나 구조 또는 담론이 때로는 특정한 수단을 사용하기도 하지만 때로는 그러한 수단 없이 고차원적인 정신과 감정이 있는 대상(인간이나 동물 등)이나 그것과 밀접히 연결된 대상(담론, 구조나 시스템)에게 직접적으로 가하는 포괄적인 의미에서의 위해행위이다. 폭력이 성립되기 위해서는 폭력의 수행이나 폭력의 과정 전에 윤리적 맥락이 개입되어 있어야 한다. 그러나 이와 같이 정의된 폭력은 우리가 일반적으로 사용하는 폭력 개념과 일치하지 않으며 그래서 그것이 폭력으로 인지되지 못하는 경우도 빈번히 발생한다.

제3장

폭력기계

1. 테러리즘 개념에 대한 역사적 고찰

'안중근은 테러리스트다.' 한국인이 이 말을 듣는다면, 대부분 분노하며 안중근은 독립운동가이지 결코 테러리스트가 아니라고 반박할 것이다. 이러한 반응에는 폭력의 일종인 테러리즘이 비도덕적 행위라는 부정적인 평가가 전제되어 있다.[1] 즉 테러리즘은 무고한 사람의 생명을 앗아 가는 결코 정당화될 수 없는 비도덕적 행위라는 판단이 깔려 있는 것이다.

1 네그리와 하트는 테러리즘을 "첫째, 합법적인 정부에 대한 반란이나 봉기. 둘째, […] 인권을 침해하면서 정부가 정치적 폭력을 행사하는 것. 셋째, 민간인에 대한 공격을 포함하여 교전규칙들을 위반하면서 이루어지는 전투행위"(안토니오 네그리 · 마이클 하트, 『다중』, 조정환 · 정남현 · 서창현 옮김, 세종서적, 2008, 44쪽)로 정의한다. 이 경우 이들은 테러리즘을 명백히 도덕적인 관점에서 바라보며 도덕적으로 잘못된 행위로 규정하고 있다.

그런데 테러리즘의 역사를 계보학적으로 살펴보면, 최초로 사용된 테러리즘이라는 용어는 오늘날의 의미와 상당한 차이가 있음을 알 수 있다. "원래 이 단어는 프랑스 혁명이 일어났을 때, 일정한 시기의 자코뱅 체제를 의미했다. 그러니까 이 말은 국가의 체제를 가리키는 단어였다. 1798년 「아카데미 프랑세즈 사전」에 처음으로 테러리즘이라는 단어를 정의했다고 하는데, 여기서 테러리즘은 "공포의 시스템, 체제"로 나와 있다."[2] 즉 테러리즘은 소수의 테러리스트들이 국가를 공격하는 것이 아니라 정반대로 국가에 의해 수행되는 공포정치를 가리키는 말이었으며 그 자체로 부정적 의미를 지녔던 것은 아니다.[3] 그런데 자코뱅파의 지도자였던 로베스피에르가 처형되고 공포정치가 종결되던 시점인 테르미도르의 반동 때부터 테러리즘이라는 단어는 범죄를 뜻하는 욕설로 의미가 바뀌게 된다.[4] 그 후 테러리즘은 무정부주의자나 생디칼리스트에 의해 행해진 테러리즘에서 시작해, 팔레스타인이나 1970년대 유로 테러리즘처럼 미디어를 영토화하며 일종의 정치적 스펙터클로서 테러를 사용하는 현대의 테러리즘으로까지 발전하였다.[5] 여기서 테러리즘은 자코뱅파의 공포정치 때의 의미

---

2 사카이 다카시, 『폭력의 철학. 지배와 저항의 논리』, 김은주 옮김, 산눈, 2007, 141쪽.

3 오늘날에도 프랑스 혁명기의 국가테러로서 공포정치를 정당화하는 주장들을 발견할 수 있다. 예를 들면 사회학자 배링턴은 공포정치를 포함하는 프랑스 혁명시기에 많은 사람들이 죽음에 내몰린 것은 사실이지만, 이를 통해 더 많은 사람들이 고통과 착취에서 벗어날 수 있었기 때문에 이를 부정적으로만 볼 수 없다는 입장을 피력한다. 조너선 바커, 『테러리즘. 폭력인가 저항인가?』, 이광수 옮김, 이후, 2008, 156쪽 참조.

4 사카이, 같은 책, 141-142쪽.

5 사카이는 테러리즘의 역사적 발전단계를 무정부주의적인 제1기 테러리즘과 향토방어적인 성격을 지니는 파르티잔의 제2기 테러리즘 그리고 미디어를 영토화하며 방어가 아닌 공격으로 전환하는 제3기 테러리즘으로 구분한다. 같은 책, 170-173쪽 참조. 하지만 파르티잔은 원칙적으로 민간인이 아닌 군인을 공격 대상으로 삼고 있고, 영토

와 달리 국가의 폭력이 아니라 국가에 대한 폭력으로 의미가 바뀐다. 물론 국가의 관점에서 보면 그것은 국민의 생명과 사회질서를 파괴하는 비도덕적 폭력이지만, 테러리스트의 관점에서 보면 그것은 선행하는 폭력에 맞선 일종의 자구책 내지 정당방위로서 정당화된다. "테러리즘은 폭력의 원인, 동인 그리고 상징이기에 앞서, 과거에 있었던 폭력, 예를 들어 정치적 또는 식민지 압제, 경제적 착취, 사회적 억압 등이 야기한 결과로 이해되고 알려진다. 언제나 선행한 폭력이 다음에 오는 폭력을 초래한 것이고, 따라서 후자는 전자에 의해 정당화되는 듯하다."[6] 물론 가령 이슬람이나 팔레스타인의 테러리즘을 둘러싼 다양한 평가가 존재할 수 있겠지만, 테러리즘의 계보학을 통해 알 수 있는 것은 결코 테러리즘이 처음부터 도덕적으로 부정적인 함의를 지니지 않았으며 그것의 의미나 주체, 대상, 가치평가가 끊임없이 변해 왔다는 사실이다.

보드리야르는 『테러리즘의 정신 *L'esprit du terrorisme*』(2002)에서 미국을 위시한 세계화가 이슬람으로 대변되곤 하는 테러리즘을 말살하려는 시도와 관련해[7], 선과 악의 관계에 대해 성찰한다. 그러면서 그

방어를 목적으로 하며 전쟁의 연속선상에 있기 때문에 테러리즘과는 구분된다. 테러리즘의 특성을 자세히 분석한 책으로는 다음을 참조하시오. 로제 다둔, 『폭력』, 최윤주 옮김, 동문선, 2006, 37-45쪽.

6 같은 책, 39쪽.

7 그러나 보드리야르는 현재의 테러리즘을 단순히 미국과 이슬람의 현실적인 적대구조로 보기보다 더 근본적인 적대감에서 연유하는 것으로 본다. "이러한 적대감은 (세계화의 진앙지이긴 하지만 세계화의 화신이 아닌) 미국이라는 유령을 통해, (역시 테러리즘의 화신이 아닌) 이슬람이라는 유령을 통해 드러나는 자신의 덫에 걸린 승승장구하던 세계화가 그 원인이다." 장 보드리야르, 『테러리즘의 정신』, 배영달 옮김, 동문선, 현대신서, 2003, 13쪽.

는 선과 악의 이원론을 비판하면서, 선과 악은 뒤섞여 있으며 결코 한 쪽이 다른 쪽을 완전히 제거할 수 없음을 지적한다. "결국 선은 자신이 선이기를 포기하는 경우에만 악을 무너뜨릴 수 있을 것이다. 왜냐하면 선이 세계적인 힘을 독점할 경우 그에 비례하여 폭력을 야기하기 때문이다."[8] 모든 것을 세계화의 질서 속에 흡수시키며 완벽한 총체적 시스템을 만들어 나가려는 사람들은 바이러스처럼 그 안으로 들어와 그것의 질서를 교란시키는 모든 것을 악으로 간주하며 말살시키려 한다. 그런데 스스로를 자유주의 체제로 내세우는 사회는 역설적으로 그 사회 도처에 존재하는 잠재적인 테러리스트의 위험에 직면하여, 총체적인 감시와 검열을 수행하면서 전체주의 사회로 변질될 위험에 처한다. 즉 그들 스스로 비판하는 악과 닮아 가는 것이다. 보드리야르에 따르면, 이러한 위험을 피할 수 없는 이유는 평소에는 그 사회의 지극히 평범한 일원이었던 사람, 가령 평범한 대학생이 일순간 테러리스트가 되어 보편적 세계화에 자살테러로 저항할 수 있기 때문이며, 더욱이 많은 사람들이 의식적, 무의식적으로 그러한 테러리즘에 동조하며 자신의 힘을 무한히 증강시켜 나가는 세계화의 시스템에 대한 적대감을 공유하고 있기 때문이다.[9] "테러리즘은 바이러스처럼 도처에 존재한다. 테러리즘은 마치 혈관 안으로 지속 주입되듯이 전 세계적으로 퍼져 나간다. […] 테러리즘은 그것과 싸우는 우리 문화

8 같은 책, 15쪽.

9 "이는 세계적으로 지배하는 힘에 대한 가난하고 착취당하는 사람들, 세계 질서의 반대편에 서 있는 사람들의 증오를 훨씬 넘어서는 것이다. 이러한 사악한 욕망은 세계 질서 속에서 이익을 나누는 사람들의 마음에도 존재한다. 확고한 모든 질서와 막강한 모든 힘에 대한 알레르기 현상은 다행스럽게도 보편적인 것이다." 같은 책, 8쪽.

의 한가운데에 있다. 세계적 차원에서 착취당하는 사람들과 저개발국 사람들을 서방 세계와 대립시키는 (증오와) 가시적인 균열은 지배적인 시스템 내부의 균열과 은밀하게 만나게 된다. 지배적인 시스템은 모든 가시적인 적대감에 대항할 수 있다. 그러나 바이러스 구조를 지닌 적대감에 대해 […] 자신의 힘을 거의 자동적으로 역전시키는 형태에 대해, 시스템은 아무것도 할 수가 없다. 테러리즘은 바로 이 은밀한 역전의 충격파일 뿐이다."[10] 이처럼 현대의 테러리즘이 단순히 이슬람 무장단체의 테러리즘이라는 의미를 넘어서 세계화의 물결 속에 모든 것을 동질화시키고 동일성의 요구에 종속시키려는 시스템의 요구에 맞선 시스템 내부적 파열과 저항을 의미할 때, 더 이상 테러리즘을 단순한 선악의 구도 내에서 정의하는 것은 점점 더 힘들어지게 된다.[11]

물론 보드리야르가 현대의 테러리즘을 세계화라는 현상과만 관련시키며 테러리즘과 종교의 상관관계를 전혀 고려하지 않는 것은 문제가 있다. 종교적으로 신성한 자들과 철저히 타락한 자들을 구분하는 알카에다의 이념적 뿌리가 되는 책 『이정표들』의 저자인 이슬람 이론가 사이이드 쿠트브는 원래 "이슬람 이전의 야만스런 시대, 영적 무지의 시대를 가리키는 말"인 자힐리야 jahiliyyah를 "현대 세계의 병

10 같은 책, 11-12쪽.

11 "테러리즘에 대한 도덕적 규탄과 신성한 단결은 세계 초강대국을 파괴하는 모습, 더 낫게는 세계 초강대국이 스스로 파괴되어 자살하는 아름다운 모습을 보는 큰 기쁨에 상응한다. 왜냐하면 초강대국이 자신도 주체할 수 없는 엄청난 힘으로 세계에 미만해 있는 모든 폭력을 조장하였고, 우리도 모르는 사이에 우리 모두를 사로잡는 테러리즘의 상상력을 유발했기 때문이다." 같은 책, 6-7쪽.

폐를 가리키는 용어로 확대시켰"는데, 자힐리야는 "단지 무지의 문제가 아니라, 세상을 다스리는 신의 주권에 대한 도전이라는 좀 더 적극적인 상태를 가리킨다."[12] 따라서 이슬람 근본주의[13]의 적극적인 실천들, 특히 테러리즘은 미국으로 대변되는 자힐리야에 대한 능동적 대처라는 종교적 의미를 갖고 있음을 강조해야 할 것이다. 이슬람 근본주의자들의 테러리즘에는 이처럼 마니교적인 이분법, 즉 선악의 명백한 구도가 전제되어 있으며, 이것이 테러리스트들에게 도덕적 명분을 제공하는 것이다. 그러나 스스로를 절대선으로 내세우는 테러리스트들의 이분법적인 도덕은 독선적인 성격을 띠고 있다. 더욱이 테러리스트들이 내세우는 도덕적 명분은 종교의 이름하에 무고한 사람들의 목숨을 빼앗는 데 일조함으로써 그 정당성을 잃으며, 그들이 타파하겠다고 한 바로 그 악을 스스로 실현하고 마는 역설에 처한다.

설령 이 책에서 테러리즘을 절대적인 악으로 평가하는 입장에 대한 비판적 성찰을 요구한다고 하더라도, 이것이 결코 국가테러리즘이

---

12 브루스 링컨, 『거룩한 테러. 9.11 이후 종교와 폭력에 관한 성찰』, 김윤성 옮김, 돌베개, 2005, 26쪽.

13 브루스 링컨은 '근본주의'라는 개념 대신 '최대주의'라는 말을 사용한다. "나는 '근본주의적'이라는 용어를 쓰지 않았는데, 왜냐하면 이 용어가 혐오감을 함의하고 있어서 정말로 핵심적인 것을 포착하지 못하기 때문이다. 그 핵심이란 곧 종교가 사회적인 것뿐만 아니라, 사실상 인간 존재의 모든 측면으로 스며들어야 한다는 확신이다. 이와 대조적으로, 다른 한 가지 유형은 최소주의적이다. 이는 계몽주의의 정점에서 칸트가 취했던 입장으로, 종교를 일련의 중요한 (주로 형이상학적인) 관심들에 국한하고, 국가의 개입에 맞서 그 특권을 보호하면서도 동시에 그 활동과 영향을 특화된 영역에 한정한다." 같은 책, 28-29쪽.
이 책에서는 이러한 링컨의 관점을 받아들여 근본주의를 최대주의라는 의미에서 이해하지만, '이슬람 근본주의'가 일반적으로 통용되는 개념어임을 감안하여 이 개념을 그대로 사용하고자 한다.

나 국가에 대한 테러리즘을 도덕적으로 정당화하려는 것은 아니다. 국가테러리즘은 국가의 독점적인 폭력을 이용하여 국민을 통제하고 공포를 조성하는 억압적인 폭력이다. 국가에 대한 테러리즘 역시 많은 경우 무고한 사람들을 희생시키는데,[14] 이는 세상을 결코 더 나은 방향으로 개선시키지 못할 것이며 오히려 국가권력에게 더 가혹한 통제의 빌미만을 제공할 것이다. 따라서 이 책에서는 국가테러리즘이나 국가에 대한 테러리즘을 도덕적으로 긍정하려는 것이 아니라, 양자가 서로를 악마로 표상하며 스스로를 선으로 제시할 때 이러한 선악의 이분법이 과연 타당한가를 의심하려는 것이다.

알카에다나 IS 같은 극단적인 이슬람 테러조직을 비판하고 공격해 온 미국이 사실은 이런 조직을 지원했거나 이런 조직의 탄생에 기여했다[15]는 역설은 미국을 비롯한 서방국가들이 국제사회에서 도덕적 선의 담지자인 듯 행동할 때 희화화하는 작용을 한다. 9 · 11 테러 직후에 있었던 연설에서 부시 대통령은 알카에다를 비롯한 이슬람 근본주의자들을 테러리스트로 지칭하며 비난하였지만, 정작 자신들이 지원한 테러리스트 단체들에 대해서는 테러리스트라는 말을 사용하기를 꺼려함은 물론 심지어 이들을 '자유의 투사'라고 부르기까지 했

14 종교적인 목적에 기초한 테러리즘 역시 결코 도덕성을 확보하지는 못한다. "종교는 도덕의 신성하고 확고한 토대가 아니다. 오히려 종교는 스스로를 신성하고 확고한 것으로 구성해 내는 인간적 담론에서 시작되며, 이를 통해 (그것이 어떤 행위든) 행위들이 도덕으로 규정될 수 있다." 같은 책, 48쪽.

15 잘 알려져 있다시피, 미국은 아프가니스탄에서 소련의 세력이 커지는 것을 막기 위해 탈레반을 지원하여 알카에다 조직의 탄생을 도왔으며, 사담 후세인이 핵무기를 보유하고 있다는 핑계로 이라크와 전쟁하여 친미성향의 시아파 정부를 수립하였는데, 이는 극단적인 수니파 세력의 저항을 낳고 IS가 탄생하는 원인이 되었다.

다.[16] 기록영화제작자이자 저널리스트인 안드레 블첵은 "제2차 세계대전이 끝난 이래 지구상에서 5,000-5,500만 명이 서구의 식민주의와 신식민주의로 인해 목숨을 잃었습니다. 비교적 짧은 이 기간 동안 우리는 인류역사상 가장 많은 학살을 목격했어요. 그리고 그 대부분은 자유와 민주주의 같은 고매한 슬로건 아래 자행되었습니다."[17]라고 말하며 서방세계가 내세우는 도덕적 우월성이 허구에 지나지 않음을 폭로한다. 그들 스스로 기나긴 폭력의 역사의 선봉에 서 있던 국가들이 테러리스트를 말살하여 폭력의 역사에 종지부를 찍겠다는 발상은 자기모순에 지나지 않는다.

도덕의 문제는 테러리즘의 예에서 살펴보았듯이 결코 절대적 선과 절대적 악의 이분법으로 간단히 해소되지 않으며, 오로지 이러한 이분법적 도식에 따라 판단하고 행동하는 측만을 부당한 것으로 간주하게 한다. 이처럼 테러리즘을 둘러싼 담론의 역사적 변화와 그것의 복잡한 담론양상은 테러리즘을 포함하는 보다 포괄적 개념으로서 폭력의 문제를 도덕적인 정의를 넘어서 새롭게 살펴볼 것을 요구한다.

---

16 같은 책, 58쪽: "예를 들어 니카라과의 반혁명군, 모잠비크 민족저항운동, 앙골라 완전독립 민족동맹, 소련의 지배를 받던 시절 아프가니스탄의 무자헤딘 같은 단체들은 위에서 말한 테러리스트의 정의를 충족시킬 만한 요건들을 갖추고 있었다. 하지만 이들은 미국 중앙정보부(CIA)가 미국을 화나게 하는 정권들에게 타격을 입힐 대리자로 삼으려고 만든 단체들로, 공적인 담화에서는 결코 '테러리스트'라고 불릴 수 없었다. 오히려 '우리의' 테러리스트들을 인정할 수밖에 없는 경우가 되면, 그들은 흔히 '자유의 투사들'로 불리고는 했다."

17 노엄 L. 촘스키 · 안드레 블첵, 『촘스키, 은밀한 그러나 잔혹한. 서양이 저지른 기나긴 테러의 역사』, 권기대 옮김, 베가북스, 2014, 25쪽.

2. 폭력의 계보학 1: 사드, 니체, 클라스트르

사드는 폭력을 도덕적인 관점과 무관하게 바라볼 것을 요구한 최초의 근대사상가 중 한 명이다. 그의 책 『규방철학 *La philosophie dans le boudoir*』(1795)에서 사드의 대변인처럼 등장하는 돌망세라는 인물이 평등의 궁 앞에서 산 『프랑스 인이여, 공화국의 시민이 되기 위해 조금만 더 노력을』이라는 소책자에는 도덕의 보편타당성을 의문시하고 자연적인 폭력을 긍정하는 내용이 등장한다. 이 책에서 인간중심주의적인 생각은 비판되며 자연 앞에서 인간의 죽음은 다른 동물의 죽음과 별반 차이가 없는 것으로 간주된다. 더 나아가 자연에서 존재의 영원한 존속은 불가능할 뿐만 아니라 자연에 이롭지도 않으며, 자연의 생성과 창조를 위해서는 파괴가 필연적이라는 사실이 강조된다. 그리고 존재의 파괴로서 살인 역시 자연적인 충동에 따라 행해질 때 자연의 권유에 따르는 것으로 긍정된다. 따라서 사드는 가장 큰 비도덕적 행위로 간주되는 살인마저 승인하며, 공화국의 시민은 좀 더 잔혹해질 필요가 있다고 주장한다. 그러면서 과거에 자연에 근접해 있던 야만인은 처벌받지 않고 살인할 수 있었다며, 가장 자유로운 사람은 살인을 두려워하지 않고 받아들일 수 있어야 한다고 말한다.[18]

반면 이 책에서는 사형제도의 폐지가 요구된다. "법이 자연과 똑같은 권리를 얻을 수는 없기 때문이다. 왜냐하면 법이란 그 자체로 정리 情理에 치우치지 않기 때문에 살인이라는 잔인한 행위를 우리에게

18 도나티앙 알퐁소 프랑소아 드 사드, 『규방철학』, 이충훈 옮김, 도서출판b, 2008, 246-251쪽 참조.

합법화해 주는 정념들을 받아들일 수 없기 때문이다. 인간은 자연에게서 이러한 행위를 용서해야 한다는 마음의 작용을 받았던 것이나, 이와는 반대로 법은 항상 자연과 대립하게 되며 자연을 수용하지 않으려 들기에 동일한 탈선을 허락할 수가 없는 것이다."[19] 다시 말해 법이란 인위적으로 만들어진 제도이기 때문에 법에 의해 수행되는 사형집행은 자연의 본성에 어긋나는 행위라는 것이다. 사드는 여기서 자연의 폭력과 반대되는 부정적 의미에서 법의 잔혹성과 부당함을 이야기한다.

이로부터 폭력에 대한 사드의 입장을 추론할 수 있다. 사드는 결코 폭력 자체를 도덕적 관점에서 바라보지 않으며, 도덕 자체를 의문시한다. 그는 오히려 폭력을 좋은 폭력과 나쁜 폭력으로 나누는데, 그 기준은 그러한 폭력의 특성, 즉 그것이 자연적이냐 아니면 인위적이냐 하는 것이다. 자연적 본성에 따라 행해지는 폭력은 자연스러운 것이며 도덕적인 잣대에 의해 재단되어서는 안 되는 것으로 받아들여지는 반면, 인간에 의해 인위적으로 가해지는 폭력은 억제되어야 할 것으로 간주된다. 이로부터 사드는 법 자체를 폭력으로 간주하며, 공화국이 법을 최소화해야 할 필요가 있음을 강조한다.

사드가 인간의 자연적 본성에 따라 행해지는 폭력을 긍정하면서 인류 초창기의 역사로 거슬러 올라간다면, 폭력의 계보학을 통해 폭력에 대한 부정적 관념을 전도시키려는 본격적 시도는 니체에게서 행해진다. 니체는 "도덕적인 현상이란 없으며, 이러한 현상에 대한 도덕적인 해석만이 있을 뿐이다. 이러한 해석 자체는 도덕 외적인 것에서 비

19 같은 책, 216쪽.

롯된 것이다."[20]라고 말하면서 시대를 초월한 보편타당한 도덕규범을 문제시한다. 그는 『도덕의 계보학 *Zur Genealogie der Moral*』(1887)에서 어떤 행위의 배후에 그러한 행위를 의도하고 지배하는 주체로서의 행위자가 있음을 부정하며, 오직 행위 그 자체만이 일어날 뿐이며 행위자란 그러한 행위에 상상으로 덧붙여진 것에 불과하다는 입장을 피력한다.[21] 이로써 어떤 행위에 대한 도덕적 책임을 짊어질 주체를 상정하기 어렵게 된다.

물론 보편적인 도덕이 존재하지 않는다는 주장에 반감을 느끼며 이의를 제기할 수도 있을 것이다. 가령 살인이나 근친상간은 시대를 초월한 비도덕적 행위라고 주장할 수 있을지도 모른다. 그러나 첫눈에 보기에 이러한 행위들이 비도덕적으로 보일지라도 문제가 그렇게 간단하지 않다는 것이 드러난다. 가령 우리는 가축을 잡아먹지만, 이에 대해 도덕적 책임을 느끼지 않는다. 그러나 개는 물론 소 같은 동물도 인간과 마찬가지로 고통을 느끼는 감정을 지닌 생명체들이다. 우리가 인간을 살인하는 것은 도덕적으로 부당하지만, 동물을 죽이는 것은 그렇지 않다는 것을 합리적으로 설명할 근거는 존재하지 않는다. 만일 인간이 다른 동물과 달리 자아에 대한 의식을 지닌 존재이거나 지능이 높은 존재라는 것을 근거로 댄다면, 이 역시 충분한 근거가 되지 못한다. 왜냐하면 아프리카인들이 먹는 보노보 역시 자아에 대한 인식을 지닌 동물이며, 지능이 살인허용여부를 결정하는 척도가 된다면 지적장애인을 비롯해 동물보다 못한 지능을 지닌 인간은 살해

20 Friedrich Nietzsche, *Die nachgelassenen Fragmente*, Stuttgart, 1996, 188쪽.

21 프리드리히 니체, 『도덕의 계보학』, 홍성광 옮김, 연암서가, 2011, 54쪽 참조.

해도 된다는 논리가 성립되기 때문이다.[22] 따라서 인간이 동물을 죽이고 잡아먹는 것은 인간중심적인 사고에서 비롯되었으며 오랫동안 유지되어 온 관습이라는 설명 외에 다른 설명은 불가능하다.

근친상간 금지는 인류의 초창기 때부터 유지되어 온 오랜 관습이며 인간사회의 근간을 이루는 윤리적 규범이지만, 엄밀히 말해 이 역시 그것의 비도덕성을 논리적으로 설명하기는 어렵다. 왜냐하면 가령 오빠와 여동생이 서로 사랑하고 성관계를 맺는 것은 두 사람 모두에게 어떤 정신적 · 신체적 고통도 야기하지 않으며 오히려 행복의 감정만을 제공하기 때문이다. 따라서 그것이 비도덕적인 것으로 간주되어 온 것은 사회질서를 유지하기 위해 정해진 관습 때문이지 결코 도덕적인 이유가 있어서가 아니다.

이처럼 도덕은 결코 시대를 초월한 보편적 규범이 아니라, 특정한 시대와 상황에 맞게 생겨난 것이라고 할 수 있다. 수렵채집사회에서는 재산의 개인적인 소유 자체가 도덕적으로 잘못된 것이었지만,

---

22 헤겔은 『법철학(*Philosophie des Rechts*)』에서 인간은 동물과 달리 단순히 본능에 따라 행동하는 것이 아니라 의지를 지닌 특별한 존재라며 인간에게 특별한 지위를 부여한다(G.W.F. 헤겔, 『법철학』, 임석진 옮김, 한길사, 2014, 88쪽과 140쪽). 그는 동물을 포함한 생명체까지 사물로 간주하며, 인간은 이런 사물을 소유할 수 있을 뿐만 아니라 또한 개조하거나 파기할 수 있다며 동물의 생명권을 인간에게 귀속시킨다(같은 책, 136쪽). 헤겔에 따르면, 동물과 구분되는, 인간의 보다 근본적인 특징은 사유할 수 있는 능력인데, 왜냐하면 "의지란 사유가 스스로 현존하는 세계로 옮겨 가는 방식이며, 스스로가 현실로 존재하고자 하는 충동으로서의 사유"(같은 책, 71쪽)이기 때문이다. 따라서 사유는 인간을 동물과 구분 짓는 본질적 특징이며 그것은 인간을 사물처럼 대우할 수 없게 만드는 이유이다. 그런데 만일 인간 중 동물보다 사유능력이 떨어지는 존재들이 있다면, 이들은 동물과 마찬가지로 사물의 지위로 떨어지게 되며 동물처럼 자신의 생명에 대한 권리를 상실하게 된다는 결론이 생겨난다. 즉 그러한 인간들은 가치 없는 생명으로 말살될 수 있다는 뜻인데, 이러한 생각은 히틀러가 표방한 죽음의 정치로서의 생명정치적 사고와 크게 다르지 않다.

농경사회에서는 오히려 개인적 소유의 인정이 그 사회의 근간을 이루었다. 야생동물과 이웃부족의 공격에 항상 노출되어 있었던 원시사회에서는 폭력이 필연적이었으며 그래서 도덕적인 긍정성을 띠었던 반면, 생명의 존엄성을 강조하기 시작한 근대 이후부터는 폭력이 명백히 도덕적으로 잘못된 행위로 간주되고 있다. 따라서 시대를 초월한 불변의 도덕법칙을 상정한다는 것은 불가능하다.

또한 자신의 지각 및 인식능력과 이익 및 관심에서 완전히 벗어나 객관적인 관찰자의 시점에서 옳고 그름의 도덕적 판단을 내릴 수 있다는 생각은 착각에 지나지 않는다. 그러한 판단을 내리는 사람은 자신이 서 있는 특수한 개인적 · 사회적 · 시대적 맥락의 영향을 받지 않을 수 없으며, 그렇게 내려진 도덕적 판단은 결코 보편적일 수 없는 것이다. 하나의 행위를 절대적인 선악으로 분류하는 것은 사태가 담고 있는 복잡성을 간과하기 쉽다. 만일 다중시점적인 시각에서 그 행위를 낳은 과거의 다양한 원인과 맥락을(신념의 도덕) 모두 — 물론 그것을 완전히 고려한다는 것은 현실적으로 불가능하겠지만 — 참조하고 또한 그 행위가 가져온 결과까지(책임의 도덕)[23] 고려하여 도덕적 판

23 우리는 흔히 어떤 행위를 그것이 일어나게 된 동기와 관련해서만 도덕적 판단을 내리기 쉽다. 이것이 흔히 말하는 신념의 도덕이다. 그러나 설령 올바른 신념에 따라 행동하더라도 그것이 파국적 결과를 가져올 수도 있다. 가령 압제에 맞서 싸우도록 시위를 주동했는데 시위대 모두가 몰살당하는 결과를 가져온 경우, 그 목적의 정당성에도 불구하고 그 행동의 결과로 인해 과연 그 시점에 그러한 봉기를 일으켜야 했는지에 대한 비판이 생겨날 수 있다. 이럴 경우 책임의 문제가 제기되며, 과연 그것이 도덕적으로 올바른 행동이었는지 질문을 던질 수 있다. 반대의 예는 독일의 소설가 베른하르트 슐링크의 소설 『귀향』에서 발견할 수 있다. 그는 이 소설에서 프로이센의 프리드리히 대왕이 기존의 재판결과를 뒤엎고 부당하게 백작에게 불리하고 물방앗간 주인에게 유리한 판결을 내렸지만, 결과적으로 그것이 프로이센에서 만인이 법 앞에서 평등한 대우를 받는 법치국가를 만드는 긍정적 결과를 가져왔다며 때로는 악이 선에

단을 내린다면, 그러한 행위는 선악이 뒤섞인 매우 복합적인 현상으로 나타나게 될 것이다. 이때 선악의 혼합비율은 각각의 케이스마다 다 다를 것이다. 물론 절대적인 선악이 존재하지 않는다고 해서 윤리적 담론의 대상이 되는 행위가 모두 똑같은 의미를 지니며 따라서 어떤 행위에 대한 도덕적 평가가 무의미한 것은 결코 아니다. 심지어 경우에 따라서는 한 사회의 대다수 구성원이 어떤 행위를 비도덕적으로 평가하는 경계상황도 발생할 수 있다. 다만 여기서 말하고 싶은 것은 진정으로 공정한 도덕적 평가를 내리기 위해서는 사태를 단순화시켜 선악의 이분법으로 평가해서는 안 되며, 가능한 한 최대로 다양한 시각에서 사태를 바라보아야 한다는 것이다.

이에 따라 나는 하버마스의 담론의 윤리학과 니체의 도덕적 상대주의의 입장 모두에 거리를 둔다. 하버마스는 도덕의 문제를 담론을 통해 해결하려 하는데, 이러한 담론은 궁극적으로 선악의 판단 문제에 있어서 이상적인 합의상태를 전제로 하고 있다. 하버마스가 윤리적 담론을 통해 도덕의 문제에 접근하는 데는 동의하지만, 그가 이를 통해 선악의 문제를 '해결'하고 어떤 최종적 합의를 도출하려는 태도는 문제가 있다. 우리가 도덕적 담론을 통해 이성적인 논거를 제시하며 어떤 행동이 어떤 점에서 도덕적으로 정당하고 어떤 점에서 부당한지 이야기하는 것은 결코 무의미하지 않다. 하지만 앞에서 말한 것처럼 우리는 하나의 행위를 결코 분명하게 선이나 악으로 분류할 수 없으며, 그 때문에 그것을 선과 악이 관점에 따라 변화 가능한 비율로

기여할 수 있음을 보여 준다. 이 사건에 대한 보다 자세한 설명은 다음을 참조하시오. Bernhard Schlink, *Die Heimkehr*, Zürich, 2008, 23-24쪽 참조.

섞여 있는 현상으로 바라보아야 할 것이다. 반대로 니체가 선악을 절대적으로 구분하는 것을 비판하고 도덕의 계보학을 통해 악으로 간주된 것을 가치전도를 통해 구제해 내려고 할 때, 도덕적 담론을 지나치게 부정적으로 평가하는 경향이 있다. 물론 니체가, 스스로를 절대적인 선악의 도덕적 심판관으로 내세우며 이분법적 평가를 내리는 사람만이 도덕적으로 잘못된 행동을 하는 사람이라고 말한 것은 타당성이 있다. 여기서 니체는 도덕의 보편타당성을 부정하면서도 역설적으로 단 하나의 보편타당한 도덕적 잘못을 올바르게 지적하고 있다. 실제로 가령 살인이라는 행위 자체가 보편타당한 도덕적 잘못은 아니다. 하지만 그러한 살인에 선행하는 도덕적 독선, 이를테면 인간을 가치 있는 인간과 무가치하고 해로운, 그래서 말살할 수 있는 인간으로 분류하며 선악의 이분법을 수행하는 나치의 이데올로기 자체는 보편적인 도덕적 잘못으로 평가할 수 있다. 그러나 니체가 그러한 도덕적 심판관의 독선을 올바르게 비판하면서도, 어떤 행위에 대한 다중시점적인 시각에서의 윤리적 담론 자체에는 무관심하며 도덕적 상대주의의 입장을 취할 때 이러한 태도는 문제가 있다. 왜냐하면 그러한 태도는 윤리적 담론의 대상이 되는 모든 행위를 등가적으로 만들며 그것들 간의 차이에 무관심하기 때문이다. 이와 관련해 정의에 대한 데리다의 관점을 참조할 필요가 있다. 데리다는 정의 자체가 계산 불가능하고 현전하지 않지만, 그렇다고 이를 도덕적 · 정치적 문제를 회피하기 위한 구실로 삼아서는 안 된다고 강조한다. 왜냐하면 이 경우 그것이 도착적인 계산에 전유되어 악에 가까워질 수 있기 때문이다.[24] 그래서 "계산 불가능한 정의는 계산할 것을 명령"하고 우리는 "계산 가능한 것과 계산 불가능한 것의 관계를 계산하고 협상해야" 한다.[25] 다시 말해 정의 자체는 현전하지 않지만, 우리는 계산될 수 없는 정의와의 관계 속에서 "이전에 계산되거나 한정되었던 정치의 토대 자체를 재고찰하고, 따라서 재해석"[26]함으로써 문제적인 상황을 비판하고 정치적 해방을 달성할 수 있을 것이다. 비록 그것이 절대적인 정의를 가져오지는 못한다고 할지라도 말이다.

물론 니체가 도덕의 문제에 대해 시점주의적 태도를 취할 것을 요구하고 있고 또한 가치를 둘러싼 싸움이 필요함을 역설하는 것은 사실이다. 그러나 그가 도덕의 계보학적인 고찰을 통해 과거의 악을 재평가하고 구제하려 할 때, 그것에 대해 적절한 비판적 거리를 취하지 못하며 도덕적 상대주의에 빠지는 것을 간과해서는 안 된다. 가령 원시사회에서 야수와 다른 부족의 공격에 대한 위험 때문에 폭력의 필요성이 제기되는 것이 사실이지만, 그러한 폭력은 자아와 타자의 대립과 적대적 관계에 기초하고 있기 때문에 오늘날의 관점에서 보면 문제가 있으며 비판적 거리를 취할 필요가 있다. 그 때문에 각 시대는 저마다의 고유한 도덕법칙이 있으며 그래서 그것들을 모두 등가적으로 취급해야 한다는 논리는 성립이 되지 않는다. 또한 현대의 폭력양상이 다양하고 그 때문에 그것들에 대해 각각 상이한 도덕적 평가를 내릴 수 있는 것처럼, 과거의 폭력에 대해서도 현대와의 비교를 통해 상대주의의 관점에서 그 시대 폭력 일반에 정당성을 부여하기보다는 오히려 과거의 폭력양상들 간의 차이점에 주목하고 시대적 맥락을

---

24 데리다, 『법의 힘』, 59쪽 참조.

25 같은 책, 60쪽.

26 같은 책, 61쪽.

고려하면서도 차별화된 도덕적 평가를 내릴 수 있는 섬세함이 요구된다. 물론 그러한 평가를 내리는 현대적 시점의 한계를 인정하고 그것의 변화가능성을 열어 두어야 하겠지만 말이다.

니체는 『도덕의 계보학』에서 도덕을 계보학적으로 살펴보며 그것의 보편타당성을 부정한다. 그는 '죄 Schuld'라는 개념이 사실은 도덕과 무관한 '부채 Schulden'에서 유래되었음을 강조한다. 인류 초기에 죄를 지은 자가 벌을 받은 것은 도덕적 과오에 대한 책임 때문이 아니라, 손해를 끼친 것에 대한 보상 때문이다. 채권자는 자신이 입은 손해를 금전이나 토지 등 소유물로 배상받는 대신에 채무자에게 고문을 가하고 그로부터 쾌감을 느끼면서 보상받을 수 있었던 것이다. 따라서 죄나 양심 같은 도덕적 개념의 근원은 피와 고문으로 얼룩진 채권법으로 거슬러 올라간다.[27] 니체는 다른 사람에게 고통을 가하는 것이 인간에게 엄청난 쾌감을 주었으며 인류의 축제에 잔인함이 동반되어 왔음을 강조한다. 그러면서 인간이 유약해지고 도덕적으로 되어 가면서 자신의 잔인한 본성을 부끄러워하며 죄악시하게 되었음을 비판한다. 여기서 역설적으로 양심의 가책이 자신에게 가해지는 일종의 잔인한 폭력으로 비판되는 반면, 사드에게서와 마찬가지로 인간의 자연적 본성에 따르는 폭력은 긍정된다. 또한 사드와 마찬가지로 니체에게서도 법은 인위적인 산물로 비판된다. 니체는 어떤 침해행위가 있은 다음에 법률이 존재하는 것이 아니라, "법률이 제정되고 나서야 '옳음(법)'과 '옳지 않음(불법)'이 있게 된다"[28]고 말한다. 그는 삶이 본질적으로

27 니체, 『도덕의 계보학』, 83-84쪽 참조.

28 같은 책, 99쪽.

"침해적이고 폭력적이며, 착취적이고 파괴적인 것이며, 이러한 성격 없이는 전혀 생각할 수 없는 것이므로, 침해도 폭력도 착취도 파괴도 그 자체로서는 당연히 '불법적인 것'이 될 수 없다"[29]고 주장한다. 반면 법적 상태란 삶의 이러한 본래적 의지를 제약하는 삶에 적대적인 원리라며 비판한다. "'법'이란 오랫동안 하나의 금지였고, 하나의 불법행위였으며 하나의 혁신이었다. 그것은 폭력으로 나타났고, 사람들은 그것에 복종하는 것을 자기 자신에 대한 치욕으로 느꼈을 뿐이다."[30]

인간에게 폭력적 성향이 있으며 그로부터 쾌감을 느낀다는 니체의 주장은 분명 타당성이 있다. 하지만 이는 인간을 구성하는 한 측면일 뿐이다. 사드와 니체는 인간의 폭력적 성향을 지나치게 강조함으로써, 이와 반대되는 또 다른 측면, 즉 이타적인 행위에서 '쾌감'을 느끼는 인간의 도덕적 성향을 간과한다. 프란스 드 발이 이야기한 것처럼, 인간의 도덕적 능력은 무리생활을 하는 인간의 사회적 필요성에서 생겨났으며, 이로부터 인간은 타인에게 공감하고 그들을 동정하는 도덕적 능력을 발전시켰다.[31] 따라서 이타주의와 동정심 그리고 도덕

---

29 같은 책, 100쪽.

30 같은 책, 159쪽.

31 드 발은 이타주의가 단순히 자신의 욕망을 억누르고 남을 위하는 행위가 아니며, 이타주의 자체에 이미 쾌락적 요소가 담겨 있음을 강조한다. "이타주의는 자신의 희생을 통해서만 이뤄진다는 이상한 생각이 조지 프라이스로 하여금 스스로 극단의 길로 몰고 갔다. 그는 고통 없이는 위대한 이타주의자가 될 수 없다고 생각했고, 그래서 자신의 모든 소유를 포기하며 비참한 지경에 이르기까지 자신을 돌보지 않았다." 드 발, 『착한 인류』, 82쪽. "반면 우리의 뇌는 타인과 연결되도록, 그리고 타인의 고통과 즐거움을 같이 경험하도록 만들어졌다. 이타주의는 순수하며 동시에 우리에게 만족을 준다. 프라이스는 자신을 한쪽으로만 밀어붙여 잘 알지도 모르는 부랑자들을 위해 재산과 건강을 포기했다. 우리는 그가 느낀 궁극적인 절망을 이해할 수 있다. 그는 이타주의의 쾌락적 측면을 평가절하했고, 낯선 이에게 친절을 베푸는 능력은 과대평가했

은 진화의 산물이며 결코 인간의 본성과 대립되지 않는다. 그러나 니체는 이러한 인간의 도덕적 특성을 인간의 자연적 본성과 대립되는 것으로 간주하며 그것의 억압성만을 강조한다. "동정은 생명감의 에너지를 증대시키는 강장적인 격정과는 반대의 것이다. 그것은 의기소침하게 만든다. 동정을 느낄 때, 사람들은 힘을 상실한다. 고통 자체가 이미 삶에 끼치는 힘의 손실은 동정으로 인해 더욱 커지고 몇 배로 불어난다. 고통 자체가 동정에 의해 감염되며, 경우에 따라서는 동정에 의해 삶과 생명력의 총체적 손실이 이루어질 수도 있다. [...] 일반적으로 동정은 도태의 법칙인 진화의 법칙과 충돌한다. 그것은 몰락에 이르러 있는 것을 보존하고, 삶의 상속권을 박탈당한 것과 삶에서 유죄판결이 내려진 것을 위해 싸우며, 그것이 살려 둔 아주 많은 종류의 실패자들에 의해 삶 자체에 음산하고도 의문스러운 측면을 부여한다."[32] 니체는 이타주의를 자신의 본성을 숨기는 가면에 지나지 않

다." 같은 책, 84-85쪽.

그러나 이타주의가 쾌락적 요소를 내포하고 있다면, 이는 도덕이 효용성과 결합하고 있음을 의미하기도 한다. 즉 이타주의적 도덕이 개인과 사회에 유용했기 때문에 진화론적으로 발전할 수 있었다는 것이다. 그런데 이로부터 자신의 이익을 희생하면서 타인을 도와주어야 하는 상황이 발생한다면, 위험에 빠진 사람을 도와주어야 한다는 도덕적 계율마저 절대적으로 옳다고 할 수 없는 역설적 상황이 생겨난다. 우리는 죽음의 위험에 처한 사람을 도와주는 것이 당연히 도덕적 행동이며 심지어 도덕적 의무라고 믿는다. 그런데 오늘날 엄청나게 많은 난민들이 죽음의 위험 속에서 다른 국가들에 수용되기를 희망하지만, 이러한 희망은 난민수용이 가져올 정치적 · 경제적 혼란을 두려워하는 다른 국민의 이기심과 충돌하게 된다. 이 경우 자신의 정치사회적 위험(가령 테러)과 경제적 손해를 감수하고서라도 난민을 수용하는 것이 과연 옳은지 또한 그러한 수용은 어느 선까지 이루어져야 하는지는 결코 자명한 문제가 아니다. 따라서 '죽음의 위험에 처한 사람을 무조건 도와주어야 한다'는 명제마저 결코 자명한 것은 아니며, 구체적인 맥락을 고려하는 윤리적인 담론의 대상이 될 수 있다.

32 니체, 「안티크리스트. 그리스도교에 대한 저주」, 『바그너의 경우 · 우상의 황혼 · 안티크리스트 · 이 사람을 보라 · 디오니소스 송가 · 니체 대 바그너』(니체 전집 15), 백승영

는 것으로 간주하고 동정심을 타인의 고통을 보며 은밀히 쾌감을 느끼는 비열한 우월감의 표현으로 멸시하지만, 실제로는 고통받는 타인에게 공감하고 그를 도와주거나 그에게 해를 끼치지 않으려는 인간의 성향은 이를테면 원시사회에서 낯선 부족이나 부족 내에서 금기를 어긴 사람에게 부족구성원들이 가하는 가혹한 폭력 못지않게 인간의 본성을 형성한다. 따라서 니체처럼 인간의 폭력을 단순히 억압적인 사회질서로부터의 해방이라는 측면에서 긍정하기보다는, 폭력이 폭력의 무분별한 분출을 막으려는 도덕적 본성과 어떻게 복잡하게 연결되어 있는지 살펴볼 필요가 있다.

이러한 관점에서 니체가 말한 도덕의 계보학은 폭력의 계보학에 대해 성찰하게 만든다. 니체는 과거에 고문이 지닌 쾌락생성적이고 자연적인 성격에 대해 언급함으로써 폭력에 대한 보편적 부정을 계보학적 측면에서 재고하며 폭력에 대한 새로운 시점을 가질 것을 요구하였다. 이러한 관점에서 폭력의 일종인 전쟁에 대해 계보학적으로 사유한 클라스트르의 원시사회 연구를 살펴볼 필요가 있다. 원시사회의 전쟁이 외부집단에 대한 폭력을 통해 내부집단의 평등과 평화를 유지하는 기능을 지녔다는 점을 고려할 때, 여기서 폭력은 결코 정의와 사회적 평등의 문제에 무관심하지 않고 오히려 그것과 긴밀히 연결되어 있음을 알 수 있다. 즉 이러한 폭력에는 어떤 의미에서 도덕적 기능이 숨겨져 있는 것이다.

클라스트르의 폭력의 고고학을 살펴보기에 앞서, 우선 폭력의 근원

옮김, 책세상, 2012, 219-220쪽.

을 밝히는 또 하나의 흥미로운 책인 야마기와 주이치의 『폭력은 어디서 왔나』를 간략히 살펴보고자 한다. 이 책에서 야마기와는 태고의 수렵채집 사회의 인간은 포식자의 위험에서 벗어나기 위해 숲을 버리고 광활한 스텝지역으로 나와 살게 되었는데, 광활한 초지를 이동하며 살아갈 때 자신보다 강한 동물들로부터 스스로를 지키기 위해 집단적인 공동생활을 할 필요가 생겨났고, 이러한 이유에서 내부적 분열을 피하고 결속을 다지기 위해 서로가 먹이를 공유하거나 근친상간 금지를 통해 성적 다툼을 방지하는 평화로운 삶을 살았다고 주장한다. 비록 오늘날 현대인들은 동물을 사냥하는 수렵시대의 인간을 야만적이고 폭력적인 인간으로 상상하지만, 수렵과 폭력 사이에는 어떤 연관성도 존재하지 않는다는 것이다. 그런데 1만 년 전에 농경사회가 시작되면서 인간은 자기 소유의 토지를 갖게 되고 거기서 재배된 농작물을 개인 소유물로 인식하며 담장을 쌓고 울타리를 치는 경계 긋기의 삶을 시작한다. 이로써 경계 밖의 인간과 사회에 대한 본격적인 적대심과 이에 바탕을 둔 전쟁이 시작된다는 것이다. 이러한 농경사회는 점이 연결되는 네트워크적인 수렵채집사회와 달리, 면이 연결되어 더 큰 영토를 형성하는 중앙집권적 사회를 형성하는데, 이로써 계급사회가 구축되기도 한다. 야마기와는 이러한 생각을 바탕으로 오늘날의 전쟁이나 집단적 폭력 역시 경계가 사라지는 시대에 허구적으로 경계를 만드는 생각들, 즉 종교적 근본주의나 인종차별적 생각들 때문에 발생하고 있다며, 이러한 경계를 허무는 삶과 사고야말로 폭력을 막을 수 있을 것이라고 진단한다.[33]

33 야마기와, 『폭력은 어디서 왔나』, 297-307쪽 참조.

초기 인류의 삶을 연구한 야마기와는 수렵채집 시대 인간의 삶을 평화로운 것으로 묘사한다. 그에 따르면 무기를 사용한 전쟁의 흔적은 1만 년 전 농경시대에 이르러서야 발견된다는 것이다.[34] 물론 수백에서 1,000킬로미터에 이르는 활동영역을 갖는 원시부족이 그 영토를 배타적으로 점유하기는 힘들었을 것이며 이에 따라 영토를 둘러싼 전쟁도 생겨나지 않았을 것이다. 그러나 다른 한편 야마기와는 자신의 책에서 앞의 주장과 다소 모순되게 들릴 수도 있지만 "농경민의 집단 간 폭력 때문에 일어나는 사망발생률은 수렵채집민의 3배에 이른다는 지적도 있다"[35]면서 수렵채집민의 폭력에 대해 언급하기도 한다. 여기서 수렵채집민은 아마도 아프리카에 살던 초기 인류로서의 수렵채집민이라기보다는 그 이후에 존재해 온 수렵채집민을 가리키는 것으로 보인다. 실제로 아프리카뿐만 아니라 남아메리카를 비롯한 다른 지역에서도 수렵채집민들이 농경사회가 시작된 이후에도 살아남아 농경민과 병존하기도 하였다.

야마기와는 인류의 폭력이 어디에서 발생했는지 명쾌하게 설명해 주지만, 그의 서술은 현실과는 괴리가 있다. 서론에서 다루었듯이 핑커는 야마기와처럼 어떤 이론과 추정에서 출발하기보다는 구체적인 통계자료에 입각해 원시 수렵채집사회가 우리가 생각하는 것과 달리 평화로운 사회가 아니라 폭력적인 사회였음을 보여 주었다. 함께 사냥하고 함께 먹을 것을 나누는 경제적으로 평등한 사회에서 폭력이 존재하지 않을 것이라는 생각은 이론적인 허구에 불과하다. 그러한

34 같은 책, 264쪽 참조.

35 같은 책, 299쪽.

사회에서 살아가는 원시인들은 한편으로 서로의 도움에 의존하며 부족 내에서 공감 같은 도덕적 감정을 발전시키지만, 다른 한편으로 희귀한 자원이나 여성을 놓고 다른 부족과 싸우기도 하고 부족 내에서도 자기감정을 제대로 조절하지 못하며 서로 다투기도 한다.

야마기와는 이 책에서 초기 인류의 평화로운 수렵채집사회와 적대적이고 파괴적인 폭력이 시작된 농경사회를 대비시키며 폭력의 부정성을 부각시키지만, 이는 두 가지 점에서 문제가 있다. 첫 번째로 원시적인 수렵채집사회는 결코 평화로운 사회가 아니었으며, 오히려 폭력적인 사회였다고 할 수 있다. 두 번째로 이 사회에서 일어난 부족 간의 전쟁, 즉 폭력이 단순히 부정적인 의미만을 갖지는 않는다. 야마기와 자신의 다음과 같은 언급에서 수렵채집사회가 폭력에서 완전히 자유로운 사회가 아니라는 것을 알 수 있다. "현대의 수렵채집민들도 대체로 150명 정도의 거주 집단을 만든다. 이 수를 유지했더라면 대규모 전쟁이 일어나지 않았을지도 모른다. 공동체의 확대는 그 내부의 호혜적 관계의 필요성을 증대시키게 된다. 그와 동시에 구성원 수의 증가는 호혜성을 유지시키기 위한 사회적 비용도 증대시킨다. 싸움의 규모나 빈도가 늘어난 것은 인간이 공동체의 규모를 키우려고 했기 때문이다. [⋯] 가치가 다른 공동체들 간에 교환을 통해 이익을 얻거나, 폭력을 동원해 착취하고 약탈할 수 있게 됐기 때문이다."[36] 여기서 야마기와는 수렵채집민이 공동체의 규모를 키우기 위해 전쟁을 한다고 주장하는데, 이때 그는 전쟁을 통해 영토를 확장하고 공동체 규

36 같은 곳.

모를 키우는 농경사회의 전쟁을 떠올리는 오류를 저지르고 있다. 그러나 수렵채집민들의 전쟁은 실제로는 영토를 늘리거나 공동체의 규모를 키우기보다는 오히려 전쟁을 통해 공동체의 규모를 적절한 수준으로 유지하는 기능을 갖고 있다고 보는 편이 더 타당하다. 부족 간의 전쟁은 다른 부족과 구분되는 자기부족의 집단적 정체성을 강화하고, 공동체의 인원을 특정한 수준 이하로 유지하여 그 부족 내의 평등과 평화를 보존하는 긍정적 기능을 지닌 폭력이다. 즉 전쟁이라는 외부 집단에 대한 폭력을 통해 내부집단의 적절한 인구 수를 유지함으로써[37] 위계적인 사회질서의 탄생을 막고 집단 내부의 폭력을 억제하며 평화를 유지할 수 있는 것이다. 물론 수렵채집사회가 그러한 의도에서 전쟁을 치렀다는 주장에 문제를 제기할 수도 있겠지만,[38] 적어도 전쟁이 평등한 사회구조의 형성에 결과적으로 기여했다는 것은 분명하다. 야마기와는 평화와 폭력의 관계를 지나치게 선과 악의 대립적인 관점에서 바라봄으로써 원시부족사회에서 폭력이 지닌 의미를 올바로 파악하지 못하고 있다. 이러한 시각을 보완하기 위해 클라스트르의 폭력의 고고학을 살펴볼 필요가 있다.

클라스트르에 따르면, 원시사회는 이중적 측면에서 폭력적인 사회이며 폭력을 긍정하는 사회이다. 원시사회는 계급 없는 사회를 유지하기 위해 다른 부족공동체와의 전쟁을 필수적인 것으로 간주할 뿐만 아

---

37 야마기와는 평등한 사회구조가 유지되기 위해 공동체의 인원수가 150명을 넘지 않아야 한다고 말한다. 같은 책, 298쪽 참조.

38 엘리아스 카네티는 초기 인류가 사냥을 하거나 적과 전투할 때 무리의 숫자가 많으면 유리했기 때문에 무리의 증식을 중요하게 생각했다고 주장한다. 엘리아스 카네티, 『군중과 권력』, 강두식 · 박병덕 옮김, 바다출판사, 2012, 144쪽 참조.

니라, 내부적인 전통과 관습의 유지를 위해 고문을 긍정하기도 한다.

클라스트르는 우선 원시사회를 다음과 같이 정의한다. "원시사회는 모두 동일한 원심적 논리에 의해 지배받는 비분화된 공동체들의 다수성이다."[39] 사회학적으로 비분화된 공동체란 계급 없는 사회를 의미한다. 클라스트르는 원시사회의 지도자인 우두머리가 오늘날의 의미에서 권력을 지니고 있지 않다며, 원시사회의 특성으로 모든 구성원의 평등을 든다. 우두머리는 각각 탁월한 말재주와 전쟁기술로 법 없이도 사회 내의 갈등을 조정하고 전쟁을 지휘할 수 있는 지위를 갖지만, 이러한 지위는 결코 명령을 내릴 수 있는 권력을 소유하고 있다는 의미가 아니라 사회가 인정해 준 위신을 지니고 있음을 의미할 뿐이다. 따라서 우두머리는 결코 다른 사람들에게 물리적 강제력을 행사할 수도 없고 계급적으로도 구분되는 위치에 있지 않다. 우두머리는 원시사회에서 전통과 관습을 전수하고 사회에 봉사하며 사회적 명망과 위신을 얻게 되지만, 결코 강압적인 정치적 권력을 지니지는 못한다. 또는 부족구성원들이 자신에게 부여한 권력을 행사하더라도 그것이 억압적 성격을 띠지는 않는다. 만일 그가 공동체의 요구에 반해 전쟁을 강요하거나 억압적 권력을 행사하려고 하면, 자신의 지위에서 축출당하고 심지어 살해될 수도 있다. 따라서 원시사회의 권력은 오로지 부족공동체의 구성원 전체로부터 나오며 그것이 우두머리의 행동을 견제할 수 있다. 이러한 평등한 부족공동체는 많은 인구수를 지닌 사회에서는 불가능하며[40], 그러한 공동체는 각기 자율적이고 독

---

39 끌라스트르, 『폭력의 고고학』, 295쪽.

40 같은 책, 294쪽: "원시 공동체들은 결코 사회 인구학적 거대 규모에 도달할 수 없다는

립적인 성격을 지녀야 한다. 따라서 앞에서 내린 원시사회에 대한 정의에서처럼, 그러한 사회는 강력한 구심점을 지니기보다는 독립적 · 자율적이 되려는 원심력을 지니며 다수의 부족공동체로 병존하게 된다. 클라스트르는 구심력을 지니며 정치적 권력에 따라 나누어진 계급사회로서의 국가를 가진 사회와 그렇지 않은 원시사회를 구분한다.[41]

그런데 내부적으로 계급적인 구분이 존재하지 않고 적대적 관계가 형성되지 않은 원시사회가 절대적으로 평화로운 사회는 아니다. 오히려 반대로 원시사회는 항구적으로 전쟁을 수행하는 전쟁사회로 간주된다. "전쟁은 원시사회의 토대이고 그 존재의 삶 자체이며 목적이다. 즉 원시사회는 전쟁을 위한 사회이고, 본질적으로 전쟁적이다."[42] 이러한 전쟁은 내부적인 계급투쟁과 구분되는 외부의 적과의 전쟁이다. 왜 이러한 전쟁이 필요한가? 이에 대해 답변하기에 앞서 우선 인간 외의 다른 동물들이 어떤 관계를 맺고 있는지 살펴볼 필요가 있다. "자연의 모든 생물은 내집단과 외집단, 혈연과 비혈연, 친구와 적을 구분한다. 식물조차도 유전적 근친을 인식해, 친족이 아닌 낯선 식물과 함께 심으면 보다 경쟁적으로 뿌리 체계를 발달시킨다."[43] 다시 말해 자연의 모든 생명체들은 자신과 가까운 친족관계에 있는 무

것이다. 원시 사회의 근본적 경향은 집중화가 아니라 분산, 취합이 아니라 원자화이기 때문이다."

41 피에르 클라스트르, 『국가에 대항하는 사회』, 홍성흡 옮김, 이학사, 2013, 247쪽: "왜냐하면 실제로 역사는 상호 절대로 환원될 수 없는 두 가지 유형의 사회를 우리에게 보여 주고 있고, 그 각각이 서로의 차이를 넘어 기본적으로 공통적인 무엇인가에 따라 모여지는 일군의 사회를 결집하는 거시적인 분류의 틀을 형성하기 때문이다. 즉 하나는 원시사회 또는 국가 없는 사회이고 다른 하나는 국가를 가진 사회이다."

42 끌라스트르, 『폭력의 고고학』, 292쪽.

43 드 발, 같은 책, 268쪽.

리에게 더 유대감을 느끼며, 반대로 더 먼 관계에 있는 무리에게는 보다 적대적이고 폭력적인 태도를 보인다는 것이다. 인간 역시 이로부터 예외가 아니며, 따라서 원시사회의 부족 역시 부족 내에서 보다 평화적인 태도를 취한 반면, 외부의 이방인들에게는 보다 적대적인 태도를 보이며 전쟁을 수행하였다.

클라스트르도 원시부족사회에서의 전쟁의 기능을 이러한 부족적 정체성의 형성과 관련시켜 설명한다. 이에 따르면, 전쟁은 부족공동체가 비분화된 우리라는 공동체 의식을 지니고 다른 부족공동체와의 차이를 생성하기 위해서 일어난다. 만일 모든 부족공동체가 동일한 것이 되면 결국 구심적인 국가사회로 흡수되어 버리며, 이로 인해 위계적인 권력과 계급이 발생하게 된다. 따라서 국가의 형성을 가로막고 이러한 사회적 평등과 비분화를 달성하기 위해서는 자신과 구분되는 외부의 적을 설정하며 전쟁을 수행해야 한다. 또는 반대로 어쩌면 클라스트르의 견해와 달리 자신과 구분되는 외부의 적과 전쟁을 수행함으로써 의도치 않게 사회적 평등과 비분화를 달성했는지도 모른다. 그런데 모든 부족과의 전면적 전쟁은 부족의 파멸을 야기할 것이기 때문에 친구도 필요하며 그러한 우호적 관계를 맺는 부족과는 교환이 이루어진다. 반면 자신의 공동체의 정체성을 형성하고 계급사회의 형성을 저지하기 위해서는 전쟁이 필요하다. 이러한 맥락에서 클라스트르는 "전쟁은 국가에 대항한다."[44]라고 말한다.

클라스트르는 홉스가 전쟁과 국가의 배제적 관계를 올바로 파악

44 끌라스트르, 『폭력의 고고학』, 297쪽.

했다며, 국가가 전쟁에 대항한다면, 전쟁은 국가에 대항한다고 말한다. 즉 전쟁이 종식되어야 국가라는 사회가 발생할 수 있고 반대로 그러한 항구적 전쟁은 국가의 발생을 막을 수 있다는 것이다.[45] 결국 클라스트르는 폭력에 대한 계보학적 성찰을 시도하며 폭력의 일종인 전쟁이 국가와 계급사회를 막을 수 있다며 '폭력의 긍정성'을 부각시킨다. 즉 외부집단과의 전쟁이라는 폭력은 집단 내부의 위계적 질서에 따른 폭력의 발생을 막는 긍정적 의미를 지닌다는 것이다.

그러나 이러한 외부 부족과의 전쟁이 무분별하게 그 부족 자체를 위험에 빠뜨릴 정도로 치러지지는 않는다. 오히려 불필요한 전쟁으로 부족이 위험에 처할 때는, 부족은 그러한 위기를 자초한 부족구성원을 추방함으로써 문제를 해결한다. "패각추방이라는 개념은 미움을 산 구성원을 한 사회나 집단에서 추방하는 것을 지칭한다. 치펠리우스에 따르면, 그러한 실천은 수많은 원시사회에서 입증될 수 있다. […] 진화론적인 입장에서는 이러한 현상의 두 가지 측면이 특별히 주목받을 만하다. 그중 하나는 이러한 행동이 인간이 아닌 영장류들에게서도 관찰될 수 있다는 사실이다. 또 다른 하나는 사회화된 개인들이 패각추방으로 자신들의 가장 중요한 관심사, 즉 자기보존을 보장하기 위한 도구를 사용할 수 있게 된다는 점이다. 이에 따라 패각추방은 대개는 자신의 행동이 그가 속한 집단동료들의 삶의 이익을 실제로 또는 보기에 위협하는 상황을 초래하는 사람들에게 선고된다. 뵘이 몬테네그로 사회의 예를 통해 기술한 것처럼, 한 씨족구성원이 낮

45 같은 책, 296쪽 참조.

선 씨족의 구성원에게 상처를 입히거나 심지어 살해할 때 여기에는 항상 그로 인해 자신의 친족들이 유혈복수의 싸움에 말려들 위험이 결부되어 있다."[46] 이처럼 패각추방은 원시부족들이 결코 무분별하게 전쟁을 일삼거나 폭력을 행사하기보다는 오히려 폭력을 자기보존의 목적에서 사용하며 불필요한 폭력은 피하는 경향이 있음을 보여 준다.

원시사회에서 폭력은 주로 외부의 적과 행한 전쟁의 형태로 표출되지만, 사회 내부에서 폭력이 전혀 없었던 것은 아니다. 또한 사법적인 코드가 아니라 우두머리의 개입과 중재에 의해 사회적 갈등을 해결하고 평화를 유지하려는 시도가 항상 성공을 거두었던 것은 아니며, 아직까지 자기통제에 서투르고 법적인 제재를 받지 않았던 개인들 간의 폭력이 이 시기에 빈번히 발생하였던 것이 사실이다. 그러나 이러한 폭력의 의미를 단순히 오늘날의 범죄적 관점에서 해석하는 것은 문제가 있다. 클라스트르는 원시사회를 "위계가 없는 세계, 누구에게도 복종하지 않는 사람들, 부의 소유에 무관심한 사회, 명령하지 않는 우두머리, 죄가 부재하는, 도덕이 없는 문화, 계급 없는 사회, 국가 없는 사회"[47]로 정의한다. 원시사회는 죄가 부재하고 (보편적인) 도덕이 없는 사회이다. 그것은 원시적 건강성을 보여 주지만, 그렇다고 거기에 법 일체가 존재하지 않는다는 것을 의미하지는 않는다. 다만 그러한 법은 성문법이 아닌 불문법, 즉 문자로 쓰이지 않은 관습과 전통의 법이다. 그러한 법은 법전의 형태로 존재하는 것이 아니라, 인간의 신체

46 Peter Meyer, "Grundlagen menschlicher Gewaltbereitschaft. Beiträge evolutionärer Forschung", *Gewalt*, W. Heitmeyer & H. G. Soeffner (Hrsg.), 400쪽.

47 끌라스트르, 같은 책, 273쪽.

에 새겨진다.

우두머리는 자기가 속한 부족사회의 전통과 관습을 이야기하고 노래한다. 그러나 이러한 전통과 관습은 구술적 형태로뿐만 아니라 인간의 신체에 각인되는 또 다른 쓰기의 형태로도 보존된다. 클라스트르는 이를 원시사회에서의 성인식과 관련해 설명한다. 부족마다 차이는 있겠지만, 다양한 축제나 제의에서 폭력적 성향이 분출된다. 원시사회의 성인식 입문의례에서는 엄청난 고문이 가해진다. 칼이나 돌로 몸에 새겨지는 그러한 상처들은 결코 잊히지 않으며, 성인식을 거친 모든 부족구성원들을 하나의 '우리'로 묶으며 공동체 의식을 강화시킨다. "그들이 고통 속에서 알게 된 법은 원시사회의 법이고, 그 법은 너는 그 누구보다 낫지도 않고 못하지도 않다는 것을 각자에게 말해 준다. 몸에 새겨진 법은 사회분화의 위험과 사회 자체로부터 분리된 힘, 즉 사회의 통제를 벗어난 힘의 위험에 대한 원시사회의 거부를 나타낸다. 잔인하게 가르쳐진 원시의 법은 한 사람 한 사람이 잊어서는 안 될 불평등의 금지인 것이다."[48] 따라서 여기서도 폭력은 부족공동체 내부의 결속을 다지고 신체에 가해진 폭력과 그것의 각인을 통해 사회적 평등을 공고히 하는 긍정적 기능을 지닌다. 성인식의 입문자들은 이러한 고문, 즉 폭력의 행사에 동의하며 어떤 문제제기도 하지 않는다. 그것은 국가형태의 사회가 지닌 법이 행사하는 물리적 강제력이나 폭력과 구분되며 긍정적 의미를 획득한다.

원시 수렵채집사회에서도 부족 내의 폭력은 종종 올바르지 못

48 클라스트르, 『국가에 대항하는 사회』, 230-231쪽.

한 것으로 간주되어 그러한 폭력을 행사한 사람을 추방하는 것과 같은 처벌을 낳기도 한다. 그것이 오늘날의 의미에서 도덕적 함의를 지녔다고 보기는 힘들겠지만, 공동체의 유지와 관련해 좋은 행동인지 아닌지를 판단하는 가치평가에서 완전히 벗어나 있지는 않았다. 다른 한편 클라스트르가 탐구한 '폭력의 고고학'은 원시사회에서 폭력, 즉 전쟁이나 성인식에서의 고문이 단순히 도덕적으로 부당한 행위로 단죄될 수 없으며 오히려 평등한 사회구조의 유지와 부족구성원들의 결속과 소속감의 함양이라는 의미에서 긍정적 기능을 지니고 있었음을 보여 준다. 물론 이것이 현대사회에서 전쟁과 고문이 정당화되어야 한다는 의미로 해석되어서는 안 된다. 하지만 전쟁과 고문을 원시사회의 특수한 시대적 맥락에서 떼어 내어 현대적 관점에서 도덕적으로 비난하고 그것을 야만적인 것으로만 간주하는 태도는 문제가 있다. 폭력은 결코 시대와 장소를 초월해서 비난받아야 할 야만적인 행위가 아니라, 그것이 일어난 각각의 특수한 시대적 · 상황적 맥락을 고려하여 평가되고 그 의미가 결정되어야 할 행위인 것이다.

원시사회의 전쟁과 통과의례의 폭력을 그 시대적 특수성에 비추어 평가하고 긍정적 의미를 발견한다는 것이 그것에 대한 비판적 성찰을 멈추게 하는 것을 의미해서는 안 된다. 원시사회에서 부족 간의 전쟁은 부족 내의 평등과 민주적 사회구조를 가져왔을지라도, 각 부족의 집단정체성의 강화로 부족 간의 적대적 관계를 만들어 냈으며 이를 통해 많은 희생을 요구하기도 하였다. 또한 그러한 원시 수렵채집사회의 평등한 사회구조는 수적으로 제한된 협소한 사회구조에서만 가능하였다. 그리고 그러한 구조를 유지하기 위해서는 전쟁이 필수적이었다. 이러한 사회의 문제점은 서로에게 공감하고 배려하는 도덕적 감정이 자신의 부족공동체의 경계를 넘어서지 못한다는 것이다. 자아와 타자의 이분법에 기초한 이러한 경계선을 넘어설 때 비로소 적대적인 관계에 기초한 전쟁과 폭력을 피할 수 있을 것이다. 오늘날에도 여전히 자아와 타자의 구분과 이에 따른 타자의 배척이나 배제가 만연해 있음을 고려할 때, 이러한 탈경계적 사고는 여전히 유의미하다. 그럼에도 불구하고 우리가 원시사회에서 배워야 할 점은, 민주적인 사회구조를 창출하기 위해서 사회가 구심성보다 원심성의 원리에 의해 구조화되어야 한다는 것이다. 이러한 원심성은 강력한 억압적 권력과 위계적 사회구조의 방지에 기여한다. 그러나 원시인들은 자신의 작은 부족공동체에만 머물렀기 때문에 다른 부족공동체와 협력하며 더 큰 공동체 내에서 함께 네트워크를 형성하며 민주적인 정치권력을 창출하는 데 성공을 거두지 못하였다. 이를 통해 얻을 수 있는 교훈은 오늘날 우리가 지향해야 할 정치적 공동체는 강력한 중앙집권적인 국가체제보다는 다수의 작은 공동체들의 연합으로 이루어진 유연한 국가, 어쩌면 국가 없는 사회일 것이다. 이러한 연방 국가 내지 사회는 위계와 착취에 기반을 둔 구조적 폭력을 피하고 보다 평등하고 민주적인 사회구조를 만들어 낼 수 있을 것이다. 비록 가시적인 물리적 폭력은 줄었지만, 여전히 사회적 · 정치적 · 경제적 불평등을 내포하고 있는 현대국가들은 원시 수렵채집사회를 단순히 미개하고 폭력적인 야만적 사회로 폄하하기보다 오히려 그 사회의 장단점을 올바로 파악하여 스스로를 반성하여야 한다. 이를 통해서만 현대국가는 진정한 의미에서 폭력 없는 사회로 발전할 수 있을 것이다.

3. 들뢰즈 · 가타리와 전쟁기계

폭력에 대한 계보학적 성찰은 폭력에 대한 평가가 시대적으로 변해 왔다는 것을 보여 준다. 그 때문에 폭력을 도덕적 맥락에서 살펴보며 그것의 부당함을 초시대적인 것으로 확정지으려는 태도는 문제가 있다. 더 나아가 기존의 폭력 개념을 비판적으로 성찰하며 폭력에 대해 새로운 성찰을 시도할 수 있을 것인데, 여기서는 특히 들뢰즈와 가타리의 철학에 기대어 폭력기계라는 새로운 개념을 도입하여 이러한 시도를 해 보고자 한다.

먼저 폭력기계라는 개념을 살펴보기에 앞서 들뢰즈와 가타리의 철학에 빈번히 등장하는 기계 개념에 대해 살펴볼 필요가 있다. 들뢰즈와 가타리 자신은 기계 개념에 대해 명확히 설명하고 있지 않은데, 아래에서는 이 개념을 알기 쉽게 설명하고 있는 박영욱과 이정우의 책에 기대어 간단히 근대적 기계 개념과 들뢰즈와 가타리의 기계 개념의 차이를 설명하고자 한다. 들뢰즈와 가타리는 우리가 흔히 말하는 기계 외에 법이나 제도, 전쟁 등 눈에 보이지 않는 추상적인 것까지 모두 기계라고 부른다. 이때의 기계 개념은 일반적으로 사용되는 기계 개념과는 다르다. 일반적으로 기계는 "동력을 받아 운동이나 일을 할 수 있도록 여러 기구들이 유기적으로 짜여져 이루어진 장치"[49]로 정의된다. "기계공학자인 프란츠 뢸로는 기계를 "결정된 운동들을 산출하면서 자연적인 역학적 힘들을 작용하게 하는 방식으로 배열된

49 다음국어사전(http://dic.daum.net/word/view.do?wordid=kkw000035439&q=%EA%B8%B0%EA%B3%84, 2015. 11. 11.).

단단한 물체들의 집합"이라고 정의했다."[50] 근대의 기계 개념은 이런 정의에 따르고 있으며, 데카르트는 우연적으로 보이는 세계 역시 그 내부는 시계부품처럼 매우 정밀한 체계로 이루어져 있다고 생각하였다.[51] 이러한 "근대적인 의미에서 기계는 엄격하게 짜놓은 질서로부터 한 치의 일탈도 허용되지 않는다."[52]

그런데 들뢰즈와 가타리가 말하는 기계는 이러한 근대적인 의미에서의 기계와 근본적으로 다르다. 들뢰즈와 가타리에게서 "'machine'은 '체 體=body'가 가리킬 수 있는 모든 것, 좀 더 넓게 사용할 경우 '사물 thing'이 가리킬 수 있는 모든 것을 포괄한다. 철수-기계, 뽀삐-기계, 철수네-가족-기계, 서울-기계, 심지어 자본주의-기계 등등. 그래서 기계들을 '메카닉'들, 즉 일상적 의미에서의 기계들과 혼동해서는 곤란하다."[53]

들뢰즈와 가타리가 기계 개념을 사용했을 때는 사물의 어떤 의미나 특성보다는 그것의 작동이나 사용에 초점을 맞춘다. 자동차 같은 좁은 의미에서의 기계가 그것의 특성이 아니라 용도에 의해 정의되듯이, 들뢰즈와 가타리의 기계 개념도 배치를 통해 생겨난 기계의 사용방식과 연관된다. 각각의 기계는 개별기계로 존재하는 것이 아니라, 다른 기계들과 접속되어 배치를 형성한다.[54] 가령 입-기계는 젖 기계

---

50 박영욱, 『데리다 & 들뢰즈. 의미와 무의미의 경계에서』, 김영사, 2014, 111쪽.

51 같은 책, 112쪽 참조.

52 같은 책, 113-114쪽.

53 이정우, 『천 하나의 고원. 소수자 윤리학을 위하여』, 돌베개, 2013, 18쪽.

54 박영욱은 그 밖에 들뢰즈의 기계 개념의 특징으로 절단과 연결을 든다. 가령 아이의 입이 젖을 빠는 기계라고 할 때, 입은 엄마의 젖꼭지라는 또 다른 기계와 연결된다. 물론 아이의 입은 엄마의 젖에서 성애를 느끼는 성기계가 될 수도 있지만, 젖의 채취

와 접속되어 젖을 빠는 기계가 된다. 또한 입-기계는 다른 입-기계와 접속하여 키스-기계가 될 수도 있다. 입-기계가 다른 입-기계와 접속하되 인공호흡으로 생명을 구하는 기능을 할 때는 구조-기계가 되기도 한다. 따라서 "들뢰즈와 가타리에게 '기계'의 가장 일차적인 의미는 이질적 요소들의 연동을 통해 작동하는 모든 존재들이다."[55]

그런데 입-기계의 예에서 살펴본 것처럼, 이질적인 기계들의 접속을 통해 생겨나고 현실화되는 기계적 배치는 언제든지 변화할 수 있고 무한한 생성의 흐름 속에 들어 있다. 즉 들뢰즈와 가타리가 말한 기계는 전통적인 의미의 기계와 달리 한 가지 방식으로만 작동하고 한 가지 의미로만 사용되는 것이 아니라, 기계적 배치의 변화에 따라 매번 다르게 사용되며 다양한 의미를 산출할 수 있다. 이처럼 스스로 변신할 수 있는 힘을 지닌 생명력 있는 기계, 무한한 잠재성을 지닌 기계를 들뢰즈와 가타리는 '욕망하는 기계'라고 부른다. 여기서 "'욕망'[56]이라는 말은 한 개인의 심리적 속성과는 전혀 다른 무엇을 가리킨다. 그것은 '역능 potentia' 또는 '생명' 또는 '잠재성'을 가리킨다고

에 집중할 때는 그런 기능과 단절되어야 한다. 또한 젖은 엄마의 몸에서 흐르지만 동시에 젖꼭지에서 흘러나오며 끊기기에 연결과 단절을 동시에 내포한다. 이처럼 들뢰즈의 기계 개념에는 연결과 단절의 측면이 항상 내포되어 있다. 들뢰즈는 이러한 절단과 연결이 기관을 형성하는 것으로 간주한다. 박영욱, 같은 책, 114-125쪽 참조.

55 이정우, 같은 책, 110쪽.

56 들뢰즈와 가타리는 욕망에 대해 이렇게 말하고 있다. "배치물은 정념적이며, 욕망의 구성물이다. 욕망은 즉흥적인 결정이나 자연적인 결정과는 무관하다. 단지 배치물을 형성하며 행동하고, 또 배치물로 만들어지며 영향을 받아들이는, 기계적인, 즉 기계로 만들어지는 욕망만이 있을 뿐이다." Gilles Deleuze & Félix Guattari, *Tausend Plateaus*, Berlin 2005, 551쪽. 즉 생성하는 역능을 의미하는 욕망은 기계적인 배치물을 만들어내는 동시에 스스로 기계적인 배치물로 구성된다고 말할 수 있다.

할 수 있다."[57] 들뢰즈와 가타리는 이를 또한 '추상기계'[58]라고 부르기도 한다. '추상'기계라고 함은 앞에서 이야기한 기계의 배치가 무한히 변화할 수 있으며 '잠재적 다양체'의 성격을 지니고 있음을 의미한다. 그러나 다른 한편 이러한 잠재적 다양체는 단순히 유동적으로 부유하는 것이 아니라 현실에서 구체적으로 배치로서 실현되어야 하기 때문에 추상'기계'이기도 하다. 따라서 구체적으로 배치된 기계는 어떤 동일성으로 실현되지만, 그러한 동일성은 궁극적이지 않으며 역동적인 장 속에서 끊임없이 변화에 내맡겨진 열린 동일성으로 나타날 뿐이다. 그리고 그러한 기계적 배치의 이면에는 그러한 배치를 바꿀 잠재력을 지닌 잠재적 다양체가 선행해 있다. 그러한 잠재적 다양체는 각각의 동일성을 지닌 개체들의 다양성을 의미하는 것이 아니라, 통일된 정체성을 거부하며 역동적으로 생성하며 열린 정체성을 지닌 생성적인 존재로서의 다양체를 의미한다.

이처럼 들뢰즈와 가타리는 다양체로서의 존재의 속성을 가리키고 있다. "들뢰즈는 '기계론적'인 것과 '기계적'인 것을 구분한다. 기계론적인 것이 미리 설계된 대로 한 치의 오차도 없이 형성된 체계라면, 기계적인 것은 그러한 엄밀한 체계를 벗어난다. […] 들뢰즈에게 기계적이라는 표현은 서로 이질적인 것들이 섞여 있어 언제나 변형될 수 있는, 잠정적이고 우연적인 배치의 상태와 관련이 있다."[59] 가령 부르주아 사회의 한 백인 남성은 부르주아 기계, 백인 기계, 남성 기

---

57 이정우, 같은 책, 19쪽.

58 추상기계에 대한 자세한 설명은 다음을 참조하시오. 같은 책, 54쪽 및 113쪽.

59 박영욱, 같은 책, 112쪽.

계로 간주된다. 하지만 어느 순간 그 남성은 소위 여성적인 태도를 보이며 여성기계로 돌변할 수도 있고 흑인 음악에 심취하며 흑인적 정체성을 주장하며 흑인기계로 변신할 수도 있다. 또한 이 남성은 자신의 계급적 지위에서 이탈하여 프롤레타리아 계급에 동조하고 연대의식을 느끼며 프롤레타리아 기계가 될 수도 있다. 즉 그의 존재는 결코 고정된 정체성으로 환원될 수 없으며, 이질적인 것으로 구성된 잠재적인 다양체가 끊임없이 생성되고 현실화되는 역동적인 열린 정체성으로 나타난다. 따라서 한 인간은 결코 하나의 단일한 기계가 아니라 다양한 층위를 지닌 기계들인 것이다. 들뢰즈와 가타리에게서 "기계는 체계성을 지니지만 그 체계성은 개별적인 사태들이 동일하게 반복되는 획일적인 체계성이 결코 아니다. 오히려 체계성과 반복은 그 자체가 일탈과 변이 혹은 차이를 지닌다. […] 이 세상에 존재하는 어떠한 것도 하나의 단일한 체계로 규정될 수 없는 '다양체'다."[60] 그래서 그들은 전통적인 기계의 상을 대변하는 항상 같은 속도로 움직이는 근대의 시계와 다른, "아주 다양한 속도들을 제공하는 하나의 시계"[61]를 다양체로서의 새로운 기계의 상으로 생각하는 것이다.

나름의 체계를 지니지만 매번 새롭게 실현되는 다양체로서의 기계라는 개념에서 출발하여, 들뢰즈와 가타리는 전쟁과 전쟁기계라는 개념을 서로 구분하여 사용한다. 들뢰즈와 가타리는 원시사회가 정치경제적으로 미성숙한 후진적 사회라는 일반적 견해에 반대하며, 이 사회를 적극적으로 국가와 계급 사회의 형성에 저항하는 정치적 의

---

60 같은 책, 120-121쪽.

61 G. Deleuze & F. Guattari, 같은 책, 369쪽.

식을 가진 사회로 간주하는 클라스트르의 견해를 받아들인다. 그러나 이들은 클라스트르가 국가 이전의 순수한 원시사회를 설정하면서도, 원시사회가 어떻게 국가로 이행하는지 제대로 설명하지 못하고 있다고 지적한다. 그러면서 "패거리나 씨족이 제국이나 왕국 못지않은 정도로 조직되어 있다."[62]라고 주장하며, 인류가 국가와 완전히 대립되는 자연 상태의 이상적인 씨족사회에서 조직화된 국가로 이행했다는 생각을 비판한다. 오히려 이미 원시사회에 국가에 저항하는 경향과 국가를 추구하는 경향이 공존했으며, 따라서 사실 국가는 인류 역사에 있어서 항상 존재했다는 것이다.[63] 또한 들뢰즈와 가타리는 역사적으로도 이미 오래전부터 '원국가 Urstaat'가 존재해 왔다고 주장하며, 원시사회가 이러한 국가와 동시에 존재하며 그것과 인접해 있었다고 말한다.[64] 요약하면, 원시사회가 아직 존재하지 않는 국가의 출현을 예감하며 국가의 발생을 적극적으로 저지한 것이 아니라, 자신 속의 국가(적 성향이)나 외부의 국가, 즉 제국에 맞서 싸우며 국가에 포획되는 것을 막으려 했다는 것이다.

앞에서 말했듯이, 클라스트르에 따르면 부족공동체는 다른 부족들과의 전쟁을 통해 자신의 공동체가 국가로 발전하는 것을 저지하며, 그 때문에 이러한 전쟁은 국가에 대한 저항이라는 의미를 갖는다. 이때 클라스트르는 원시공동체가 수행하는 전쟁을 전쟁기계라는 용어로 부른다. 들뢰즈와 가타리는 국가에 저항하는 전쟁기계에 대한

62 같은 책, 493쪽.
63 같은 책, 493쪽과 598쪽 참조.
64 같은 책, 493-494쪽과 596쪽 참조.

클라스트르의 생각을 수용하고 발전시킨다.

들뢰즈와 가타리는 유목민의 발명품인 전쟁기계의 일차적인 목표가 전쟁이 아니라 탈영토적인 매끄러운 유목적 공간의 확장이라고 말한다. 그 때문에 그들에게 전쟁이 반드시 필요한 것은 아니며, 단지 유목적 공간을 확장하는 데 걸림돌이 되는 것을 제거하기 위해 국가에 대해 보충적으로 전쟁을 수행한다는 것이다.[65] 따라서 유목민의 전쟁기계는 국가에 의해 조직되고 엄격한 규율에 의해 운영되는 군대가 수행하는 전쟁과 구분된다. 또한 전쟁기계는 국가장치와 대립될 뿐만 아니라 좁은 의미에서 물질적으로 치러지는 전쟁의 의미를 넘어서기도 한다. 그래서 들뢰즈와 가타리는 니체가 "사유를 전쟁기계로 만든다"[66]며 격언 대신 잠언의 형태를 사용하는 것을 전쟁기계로 부르기도 한다. 이처럼 전쟁기계가 된 사유는 주체의 속성이나 전체의 표상에서 벗어난 이중적인 의미에서의 생성을 가리킨다. 즉 그것은 동일성의 주체나 개념화된 사고에서 벗어나 무한히 생성해 내는 사유를 지시한다. 그 때문에 들뢰즈와 가타리는 "예술적, 과학적, '이데올로기적' 운동이 잠재적인 전쟁기계가 될 수 있다"[67]고 말하는 것이다.

들뢰즈와 가타리에 따르면, "전쟁기계는 유목민의 발명품이었다."[68] 여기서 말한 유목민은 본질적으로 한곳에 정주하는 정주민이나 한곳에서 다른 곳으로 이동하여 정착하는 이주민과 달리 절대운동

65 같은 책, 576쪽 참조.
66 같은 책, 518쪽.
67 같은 책, 584쪽.
68 같은 책, 576쪽.

과 절대속도의 특징을 지니고 있으며[69], 그 때문에 영토화하는 정주민과 달리 탈영토화의 특징을 지닌다. 이러한 측면에서 전쟁기계는 유목민적인 탈영토화의 특성과 긴밀히 연결된다. 국가의 소유가 된 전쟁기계는 전쟁을 일차적인 목표로 삼지만, 전쟁기계 자체의 일차적 목표는 전쟁이 아니다. 전쟁기계의 최우선 목표는 매끄러운 공간에 홈통을 파고 모든 것을 중심으로 끌어들이는 위계적이고 조직화된 국가에 맞서는 것이다. 전쟁기계는 "전쟁이 아니라 창조적인 탈주선 만들기, 매끄러운 공간의 형성 그리고 이 공간에서의 인간의 운동을 목표로 한다."[70] 따라서 전쟁기계가 전쟁의 형태를 띤다면, 이는 오직 이러한 창조적 탈주선을 만드는 과정에서 수반되는 이차적 과정으로서일 뿐이다.

원래 고대국가들은 전쟁기계를 소유하지 않았으며 전쟁을 목표로 하지도 않았다. "고대국가들의 지배는 그것과 다른 기관들(당연히 경찰과 감옥을 포함한다)에 기반을 두고 있었던 것이다."[71] 그러나 유목적인 전쟁기계에 의해 고대국가가 파괴되면서 국가는 전쟁기계를 점유하고 조직하고 제도화하기 시작한다. 하지만 "국가 자체는 전쟁기계를 갖고 있지 않다. 국가는 단지 군사제도 형태로만 전쟁기계를 점유

69 "반면 속도는 물체의 환원할 수 없는 부분들(원자들)이 갑자기 어떤 지점에 나타날 가능성을 갖고서 소용돌이가 일듯이 매끄러운 공간을 차지하거나 채울 때 그 물체의 절대적 성격을 가리킨다. (따라서 이와 관련해 실제로 움직이지 않고도 그저 강렬한 체험을 통해서만 그 자리에서 이루어지는 정신적 여행에 대한 이야기가 전해져온 것은 놀라운 일이 아니다. 그러한 여행은 유목의 일부이기 때문이다.) 간단히 말해, 유목민만이 절대적 운동, 즉 속도를 갖고 있다는 데 의견의 일치를 볼 수 있을 것이다. 소용돌이 운동이나 회전운동은 본질적으로 유목민의 전쟁기계에 속하는 것이다."(같은 책, 525쪽)

70 같은 책, 584쪽.

71 같은 책, 577쪽.

하지만, 이 전쟁기계는 끊임없이 국가에 문제를 야기한다."[72] 원래 전쟁기계의 조직인 패거리나 세계적 조직은 국가의 외부에 존재하는 외부성의 형식을 띤다. 반면 "내부성의 형식인 국가-형식은 스스로를 재생산하는 경향이 있다. 그것은 모든 변화에도 불구하고 동일한 것으로 남아 있고 항상 공적인 인정을 받으려 하기 때문에 (변장한 국가란 존재하지 않는다) 자신의 양극의 경계 내부에서 쉽게 알아차릴 수 있다. 그러나 전쟁기계라는 외부성의 형식은 오직 스스로 변신할 때에만 존재한다."[73]

들뢰즈와 가타리는 원시사회에서 국가, 제국으로 이행한다는 클라스트르의 이행모델을 비판하면서, 원시사회와 국가가 공존해 왔음을 강조한다. 즉 전쟁기계와 국가에 의해 점유된 전쟁(기계), 유목민과 정주민, 매끄러운 공간과 홈이 팬 공간이 외부와 내부로 공존해 왔다는 것이다. 따라서 "외부성과 내부성, 끊임없이 변신을 거듭하는 전쟁기계와 자기 동일적인 국가장치, 패거리와 왕국, 거대기계와 제국의 관계를 서로 독립해 있는 것이 아니라 공존하고 경쟁하는 것, 끊임없이 상호작용하는 것으로 생각해야 한다."[74]

원시사회가 이미 국가였다며 국가 이전의 원시사회를 부정하는 들뢰즈와 가타리의 주장은 지나친 감이 없지 않다. 인류 초기 수렵채집사회에 대해 국가라는 개념을 사용한다면, 국가 개념이 지나치게 확장되며 무차별적이 되는 문제점이 생긴다. 그러나 원시사회가 이미

---

72 같은 책, 486쪽 이하.
73 같은 책, 494쪽.
74 같은 책, 494쪽 이하.

국가를 추구하는 성향, 즉 구심적인 성향을 갖고 있었다는 이들의 주장은 전적으로 타당하다. 원시부족사회는 각기 다른 부족사회와 자신을 구분하며 부족적 정체성을 형성하였고 이로써 일종의 경계를 만들어 냈던 것이다. 그러한 상황에서 그들은 자아와 타자의 적대적 관계 속에서 파괴적인 폭력을 행사하였다. 비록 그러한 전쟁이 인구조절 기능을 갖고 이로써 조직화된 국가적 장치의 발전을 가로막는 긍정적 기능을 하였을지라도, 원시사회에 존재하였던 적대적인 경계선과 그것의 파괴적 의미를 결코 간과해서는 안 된다. 이러한 경계선은 그 사회에 공동체적 정체성을 부여하며 그것을 조직하는 흐름(관습과 전통 등)을 만들어 낸다. 그 때문에 원시사회에 대한 섣부른 이상화를 경계하며 그 속에 '국가적 성향'이 내재해 있음을 지적한 들뢰즈와 가타리의 주장에 귀 기울일 필요가 있다.

다른 한편 국가의 점유와 포획에 맞서 그로부터 벗어나는 창조적인 탈주선을 만들 필요성을 강조한 들뢰즈와 가타리의 주장에 여전히 주목할 필요가 있다. 국가에 맞서 그러한 창조적인 탈주선을 만들고 동일성을 파괴하여 다양체를 생산해 내는 것이 바로 전쟁기계인데, 이러한 전쟁기계 개념으로부터 폭력기계 개념을 도출해 내고자 한다.

4. 폭력기계

전쟁기계에 대한 예찬은 결코 제국주의적인 전쟁을 포함한 전쟁 자체에 대한 찬미가 아니다. 오히려 "전쟁기계는 이 기계를 점유함으로써 전쟁을 자신의 업무와 목표로 만드는 국가장치에 대항해 형성되며, 포획장치와 지배장치들의 대규모 결합접속에 맞서 연결접속들을 만들어 낸다."[75] 또한 전쟁기계라는 개념은 단순히 전쟁 자체와 동일시되지 않으며, 다양한 연결접속에 의해 새로운 의미를 만들어 내기도 한다. "전쟁기계가 국가에게 패배하여 더 이상 존재하지 않게 된 순간에 최고도로 자신의 환원불가능성을 입증하며, 승승장구하는 국가에 다시 제동을 걸 수 있는 활력과 혁명적 힘을 지닌 사유기계, 사랑기계, 죽음기계 또는 창조기계 속으로 흩어져 들어가는 것이 과연 가능할까?"[76] 비록 들뢰즈와 가타리는 이 인용문에서 의문문의 형식을 사용하고 있지만, 이에 대한 대답이 긍정적으로 내려질 것임을 쉽게 예측할 수 있다. 다시 말해 전쟁기계가 단순히 전쟁이라는 부정적 의미로 환원되지 않으며, 사유기계, 사랑기계, 죽음기계, 창조기계 등과 연결되어 긍정적이고 해방적 의미를 갖게 된다는 것을 알 수 있다.

이처럼 국가에 의해 포획되어 제도화되고 규율이 부여된 전쟁이 전쟁기계를 통해 오히려 국가에 맞서고 다양한 연결접속을 통해 자신의 긍정적 의미를 이끌어 낸 것에 착안하여, 폭력 문제도 이러한 맥락에서 살펴볼 수 있는지 생각해 보려고 한다. 전쟁 역시 폭력의 일종일 뿐만 아니라, 더 나아가 폭력에 대한 의미 역시 국가의 등장과 함께 근본적으로 달라지기 때문에 양자를 비교하여 살펴보는 것은 의미가 있다.

오늘날 폭력 개념은 물리적 · 신체적 폭력으로 환원되어 사용되

75 같은 책, 585쪽.

76 같은 책, 489쪽.

고 있으며 항상 부정적 의미를 지닌다. 이는 전쟁이 국가 간의 전쟁으로 환원되며 부정적 의미를 갖는 것과 유사하다. 또한 폭력은 특히 근대 국가의 성립 이후 도덕적 · 규범적 맥락에서 이해되기 시작하며 도덕적으로 항상 부정적인 의미를 부여받아 왔다. 근대 국가에서 (개인적인) 폭력은 법으로 금지되었으며, 단지 국가만이 폭력을 독점할 수 있는 자격을 갖게 되었다. 그러나 국가가 독점한 폭력은 권력이라는 이름으로 불리며 폭력적 성격을 은폐하였고, 이로써 법치국가에서 폭력은 근본적으로 항상 도덕적으로 부당한 행위로 간주되었다. 그런데 들뢰즈와 가타리가 유목적인 전쟁기계 개념을 도입함으로써 국가에 의해 점유된 전쟁 개념을 비판하며 전쟁기계의 다의성과 긍정성을 이끌어 내려 했듯이, 마찬가지로 폭력기계라는 개념을 도입함으로써 폭력을 항상 도덕적으로 부당한 행위로 간주하는 근대국가의 선입견에서 벗어날 수 있다.

들뢰즈와 가타리의 전쟁기계 개념이 여기서 다룰 폭력 개념에 미치는 의미는 두 가지이다. 첫 번째로 전쟁기계 개념의 긍정성은 폭력이라는 개념을 처음부터 도덕적인 맥락에서 규정된 부정적 개념으로 한정시키는 것을 막아 준다. 즉 '긍정적 폭력'이라는 개념이 개념적 모순이 되지 않게 해 준다. 두 번째로 전쟁기계 개념을 전쟁이라는 개념과 구분되는 개념으로 사용함으로써 궁극적으로 한 개념이 지닌 역동적이고 생성적인 성격을 강조할 수 있게 된다. 이러한 의미에서 폭력이라는 개념 역시 본질주의적이고 실체적인 의미에서 정의될 필요는 없으며, 나아가 폭력기계라는 개념을 도입함으로써 폭력을 보다 역동적이고 다양한 차원에서 파악할 수 있게 된다.

폭력에 대한 정의의 장에서 폭력을 구성하는 다양한 요소들, 즉 폭력의 주체와 대상, 도구, 내용(장소), 직접성, 윤리적 맥락을 언급한 바 있다. 들뢰즈와 가타리가 모든 기계는 다른 기계들의 배치를 통해 생겨나고 또한 그 기계가 다른 기계들과 배치되어 또 다른 기계를 만들어 낸다고 주장한 것에 착안하여, 앞에서 말한 폭력을 구성하는 각각의 요소들을 기계들로 생각하고 그것들의 배치가 폭력-기계를 만들어 낸다고 생각해 볼 수도 있을 것이다.[77] 반대로 폭력-기계는 다른 기계들과의 구체적인 배치를 통해 매번 새로운 의미, 즉 새로운 기계를 만들어 낼 수 있을 것이다. 이러한 의미에서 들뢰즈와 가타리의 이론은 폭력 개념을 도덕적으로 규정된 물리적 · 신체적 폭력으로 환원하지 않고 그것의 의미 잠재성을 열어 주는 데 기여한다.

폭력은 계보학적으로 살펴보면 태고에는 — 적어도 오늘날 사용되는 의미에서의 — 도덕적 맥락에 놓여 있지 않았다. 지라르에 따르면 원시사회에서는 폭력과 그것에 맞선 대항폭력에 의해 사회에 폭력이 확산되는 것을 막기 위해 희생제물을 바치는 제의적 폭력이 생겨났지만, 한병철은 “폭력의 종교적 실천이 반응적이고 예방적일 뿐만 아니라 능동적이고 생산적이기도 하다.”[78]라고 말한다. 실제로 원시사회 내에서는 내적인 안정을 유지하는 것이 중요하기 때문에 폭력의 확산을 억제할 필요가 있다. 우리는 수렵과 채집 생활을 하는 원시인을 공격성을 지닌 야만인으로 표상하곤 하지만, “수렵채집민들에게는 오히려 동료에 대한 폭력을 강하게 억제하려는 규범이 있고, 그들은 싸움을 피하는 평화로운 삶을 영위하고 있다. 수렵이라는 생업 양

77 이 경우 앞에서 거론한 요소들 외에 위해라는 요소가 추가되어야 할 것이다.

78 B. C. Han, *Topologie der Gewalt*, 22쪽.

식을 발달시킨 것이 같은 인간에 대한 공격 충동을 고양시키진 않았다는 것이다."[79] 반면 사회 외적으로는 다른 부족공동체와 전쟁을 함으로써, '우리'라는 자신들의 집단적 정체성을 보존하고 위계적인 권력구조를 지닌 국가형성을 막는 것이 필요하다. 즉 이러한 외적인 관계에서는 폭력이 특정한 사회구조의 유지를 위해 필수적인 것이 된다. 원시사회에서 폭력은 적으로서의 타인으로부터 자신을 지켜 주는 수단이었으며 그러한 폭력의 행사는 자신의 힘을 강화시켜 주고 힘의 감정을 심어 주었다. 더 많은 적을 죽일수록 그 집단의 힘은 강화된다. 물론 이러한 힘은 위계적인 사회의 권력과 무관한 초자연적이고 비인격적인 것으로, "살해당한 사람에게서 승리자에게로 넘어가는 비밀스러운 힘"[80]인 마나와 같은 것이었다. 마나는 특히 전쟁에서 주도적 역할을 하는 우두머리의 특징이기도 하다. 이러한 잔인하고 무차별적인 태고사회의 폭력은 비인격적 사건이며 보편타당성을 주장하는 모든 도덕적 연관에서 벗어난다. 그것은 선과 악이라는 이분법적인 도덕코드에서 벗어나, 그러한 도덕적 코드의 생성을 가로막거나 파괴하는 폭력기계라고 할 수 있다.

하지만 오늘날에는 폭력이 도덕적인 의미에서 정의되고, 죄가 되어 그에 상응하는 처벌을 낳는다. 이제 국가만이 폭력을 독점하며 법의 테두리 안에서 폭력을 행사한다. 그 외의 모든 개인적 폭력은 불법적인 것으로 간주되고 처벌받는다. 법은 도덕적 담론에 기초해 폭력을 처벌한다. 그러나 국가와 법이 생겨나기 위해 행사되는 법 제정적

---

79 야마기와, 같은 책, 44쪽.
80 B. C. Han, 같은 책, 23쪽.

폭력과 법을 보존하기 위해 행사되는 법 보존적 폭력은 어떻게 도덕적 정당성을 획득할 수 있는가? 또한 하버마스가 지적한 대로 '합법적 legal'일 뿐만 아니라 민주적인 입법절차를 거친 '정당한 legitim' 법조차 반드시 도덕적인 것은 아니다. "법규범이 도덕적인 이유뿐만 아니라 실용적이거나 윤리적 · 정치적인 이유에서도 정당화될 수 있다면 또 경우에 따라서 공정한 타협의 결과물이라면 타당성을 지닌다."[81] 또한 특정한 국가라는 상대적인 맥락에 묶여 있는 실정법은 보편타당성을 요구하는 도덕과 구분된다. 이처럼 하버마스는 법과 도덕의 차이를 인식하면서도, 근본적으로 법을 도덕적 담론과 연결시키며 그것에 도덕적 정당성을 부여하려고 노력해야 한다고 믿지만, 이와 달리 벤야민이나 아감벤 같은 사상가는 법 자체가 결코 억압적인 폭력적 성격에서 벗어날 수 없다고 생각한다.

이미 사드나 니체 같은 사상가들이 국가와 법에 담겨 있는 폭력성에 대해 언급한 바 있다. 더 나아가 이들은 폭력을 계보학적으로 살펴보며 폭력이 도덕과 무관하게 행사되었음을 지적하였다. 도덕적인 관점에서 항상 나쁜 행동으로 간주되어 온 폭력 개념을 탈영토화시키고 폭력기계로 재창조한다는 것은 어떤 의미를 지니는가? 그것은 모든 도덕적 규범에서 벗어나 닥치는 대로 폭행하고 살인해도 좋다는 의미인가?

니체는 『자라투스트라는 이렇게 말했다 *Also sprach Zarathustra*』(1883-1885)에서 보편타당한 도덕의 존재에 대해 회의를 표명하지만, 그렇

---

81 J. Habermas, *Faktizität und Geltung. Beiträge zur Diskurstheorie des Rechts und des demokratischen Rechtsstaats*, Frankfurt a.M., 1994, 193쪽.

다고 모든 행위에 대한 가치평가를 포기하는 것은 아니다. 이 작품에 등장하는 그림자로 불리는 인물은 "모든 것이 허용된다."[82]라고 자신에게 말하며 극단적인 해체의 입장을 취하지만, 자라투스트라는 그의 입장에 동조하지 않는다. 자라투스트라는 〈숭고한 사람들에 대하여 Von den Erhabenen〉에서 결코 가치중립적인 입장을 취하거나 가치에 무관심한 태도를 보이지 않는다. "그리고 너희들은 맛과 맛보기를 둘러싸고 싸울 수 없다고 내게 말하는 것인가? 하지만 모든 삶은 맛과 맛보기를 둘러싼 싸움이다. 맛: 그것은 저울추이자 저울대인 동시에 저울로 측량하는 사람이다. 저울추와 저울대, 저울로 측량하는 사람을 둘러싼 싸움 없이 살고자 했던 모든 살아 있는 것들에 화가 있을지어다."[83] 맛, 곧 취향의 문제는 결코 이것도 좋고 저것도 좋다는 식의 가치에 대한 방관적 태도를 의미하지 않는다. 즉 "모든 것이 다 허용된다"는 극단적인 해체주의적 입장에 니체가 거리를 두고 있음을 알 수 있다. 오히려 니체는 까다롭게 맛을 보듯이, 어떤 대상이나 사태에 대한 가치평가를 내려야 하며 그것을 둘러싼 논쟁도 피해서는 안 된다고 강조한다. 그러나 이것이 어떤 보편타당한 진리나 도덕을 추구하는 것으로 오해되어서는 안 된다. 이러한 맥락에서 보편타당한 도덕을 내세우지 않고서 여전히 상대적인 가치의 문제로서 윤리에 대해 논의할 수 있다. 이때 윤리는 보편타당한 도덕이 사라진 상대적인 가치의 시대에 나타나는 인간들 간의 상호 규범적 관계를 가리키는 말로 사용될 수 있을 것이다.

---

82 F. Nietzsche, *Also sprach Zarathustra*, München, 1999, 340쪽.
83 같은 책, 150쪽 이하.

하버마스는 규범과 가치의 문제를 서로 구분한다. 그는 '도덕적' 문제와 '윤리적', 실존적 문제를 구분하며, 도덕적 규범이 시간과 공간을 초월해 모든 사람에게 보편적으로 적용될 것을 요구한다면, 가치는 상대적인 것이며 개인이 지향하는 바에 따라 상이하게 결정될 수 있다고 말한다.[84] 그렇다고 상대방이 추구하는 가치에 대해 어떤 비판적 태도도 취할 수 없다는 것은 아니다. 가령 나는 물질주의적 사고에 빠져 돈 버는 데 일생을 바친 사람의 가치관을 비판할 수 있다. 그러나 그러한 가치비판은 상대적인 타당성만을 주장할 뿐이며, 비판하는 사람의 가치관을 결코 절대적으로 옳은 것으로 내세울 수 없게 만든다. 니체가 취향을 둘러싼 싸움을 언급할 때, 이는 결코 그가 어떤 절대적 가치를 주장하기 위함이 아니다. 니체도 물론 어떤 대상에 대해 비판하지만, 그러한 자신의 관점마저 절대적이 될 수 없음을 인식하는 시점주의적 태도하에서 그렇게 한다. 그 때문에 『자라투스트라는 이렇게 말했다』에 등장하는 주인공 자라투스트라마저 결코 완벽한 초인으로 등장하지 않고, 자신의 불완전성을 인정하며, 제자들에게 그의 말을 무조건 믿지 말고 스스로 답을 찾아 나가야 한다고 말하는 것이다.[85]

---

84 J. Habermas, *Erläuterungen zur Diskursethik*, 124쪽: "도덕은 내가 누구인가(또는 우리가 누구인가) 그리고 어떤 사람이 되고 싶은가라는 질문의 측면에서 성공적인 삶의 목적을 추구하는 것이 아니라, 우리가 어떤 규범에 따라 함께 생활하고자 하며 행위의 갈등이 어떻게 모든 사람들의 공통된 이익하에 조종될 수 있는지라는 범주적으로 다른 문제를 추구한다. 특수하게 도덕적인 문제제기는 각각의 나의 (또는 우리의) 생활맥락이라는 자기(또는 민족) 중심적인 연관지점에서 벗어나며, 모두가 공동으로 무엇을 원할 수 있을지라는 관점에서 인간 상호 간의 갈등에 대한 판단을 요구한다."

85 F. Nietzsche, *Also sprach Zarathustra*, 101쪽: "진정 내가 너희들에게 충고하노니, 내 곁을 떠나가라. 그리고 자라투스트라에게 저항해라! 아니 차라리 그를 부끄러워해라!

니체는 하버마스가 말한 가치의 문제뿐만 아니라 규범적인 도덕의 문제 역시 상대적 타당성의 관점에서 다룬다는 점에서 하버마스보다 급진적인 태도를 취한다. 니체의 관점에서 보면, 도덕은 보편타당성을 상실하며 가치의 문제와 마찬가지로 단지 상대적인 타당성을 주장할 수 있을 뿐이다. 물론 도덕은 인간들 간의 상호 규범적 관계를 지시한다는 점에서 주관적인 가치의 영역과 구분될 수 있겠지만, 그것 역시 상대적 타당성만을 지니기 때문에 구속력이 약화되어 다시 가치의 영역과 겹쳐지기도 한다.

니체는 가치의 문제를 다루면서 특히 '모든 가치를 전도'시킬 것을 요구한다. 그는 현대사회에서 올바른 것으로 간주되는 것이 과거에는 나쁜 것이었고, 과거에 나쁜 행동이 현재에는 올바른 행동으로 간주되기도 한다며, 특히 도덕의 문제를 계보학적 관점에서 접근해 살펴볼 것을 권한다. 이러한 맥락에서 폭력 역시 새롭게 조명된다.

니체가 '전사 Krieger'를 찬미할 때 그가 현대적 의미에서 군인을 찬미하는 것이 아님에 유의할 필요가 있다. 그는 〈읽기와 쓰기에 대하여 Vom Lesen und Schreiben〉에서 여자로 비유되는 지혜가 항상 전사만을 사랑한다며, 우리가 전사처럼 용감하고 폭력적이 되기를 원한다. 이러한 용감하고 폭력적인 전사는 위계적 의미에서의 권력이 아니라 마나와 같은 힘, 정확히는 위신과 명성을 지닌 전사로서의 원시사회의 우두머리를 가리킨다. 니체의 이러한 생각은 〈전쟁과 전쟁부족에 대하여 Vom Krieg und Kriegsvolke〉에서 잘 드러난다. 여기서 자라투스트

어쩌면 그는 너희들을 속였을지 모른다."

라는 전사들이 이웃사랑보다 더 위대한 일을 했다며, 그들은 동정심을 갖지 않고 용맹을 떨치며 불행에 빠진 사람들을 구해 왔다고 말한다. 또한 그는 적에 대해서도 자부심을 지녀야 하며, 그들을 미워해도 증오해서는 안 된다고 말한다. 특히 눈에 띄는 것은 여기서 그가 전사의 특징으로 복종을 든다는 것이다. “반항, 그것은 노예의 고귀함이다. 너희들의 고귀함은 복종이 되게 하라! 너희들의 명령 자체가 복종이 되게 하라! 훌륭한 전사에게는 ‘너는 -을 해야 한다’가 ‘나는 -을 하고자 한다’보다 더 고귀하게 들린다.”[86] 왜 전사는 명령하는 순간조차 복종하는가? 그는 누구에게 복종하는가? 앞에서 클라스트르가 말한 것처럼 전사로서의 우두머리는 부족집단의 다른 구성원에 대해 권력을 지니며 위계적으로 우위에 있는 것이 아니다. 오히려 우두머리를 비롯한 전사 집단이 무리한 전쟁을 추구하며 부족을 위험에 빠뜨릴 경우 이들은 우두머리를 끌어내리고 심지어 죽일 수도 있다. 우두머리는 부족공동체 일원들의 지지에 의존하며 명성과 위신에 기댈 뿐 결코 강제적인 정치적 권력을 행사하지 못한다. 오히려 부족구성원들이 권력을 가지고 평등한 원시사회를 유지하려 하며 우두머리를 견제한다. 따라서 여기서 등장하는 용맹하지만 부족구성원들에게 복종하는 전사는 클라스트르가 말한 의미에서 원시사회의 전사(우두머리)를 가리킨다.

물론 니체에게서 전사는 원시사회의 맥락을 넘어서는 비유적 의미를 갖기도 한다. 원시사회에서 전쟁이라는 폭력은 위계질서 없는

86 같은 책, 59쪽.

평등한 사회를 유지하고 국가의 발생을 막기 위한 폭력기계로 작용한다. 현대에 다시 부활하는 전사는 원시사회에서와 마찬가지로 도덕적 맥락에서 벗어나 비인격적 맥락에서 폭력기계로 기능한다. 여기서 비인격적 맥락이란 문자 그대로의 의미를 지닌다. 도덕이 인간 상호 간의 규범적 관계에서 발생하며 폭력 역시 항상 이러한 도덕적 맥락에서 비도덕적인 것으로 이해되었다면, 이제 폭력기계는 '인간들 간'의 규범적 관계를 넘어서 인간과 제도, 언어적 담론 같은 비인격적 대상과의 관계에도 적용 가능한 개념이 된다. 이에 따라 폭력기계의 의미는 결코 도덕적으로 정의되었을 때처럼 고정되어 있지 않으며, 어떤 기계들과 배치되느냐에 따라 변신 가능하고 끊임없이 새롭게 창조된다. 쉽게 말해 신체적 · 물리적 폭력을 넘어서 인종차별적인 담론이나 억압적인 제도를 공격하고 파괴하는 행위가 폭력기계의 범주에 포함될 수 있다면, 폭력은 도덕적으로 정당한, 좋은 폭력이 될 수도 있다는 것이다.

니체는 〈옛 서판과 새로운 서판에 대하여 Von alten und neuen Tafeln〉에서 기존의 가치를 파괴하고 가치를 전도하면서 새로운 가치를 창조해 낼 것을 요구한다. 여기서 그는 남자에게는 전사의 임무가, 여자에게는 아이를 잉태할 임무가 있다고 말한다. 이는 이 장의 주제와 관련해 전사의 임무가 기존의 가치를 파괴하는 것이고, 여자의 임무는 새로운 가치를 창조할 아이를 잉태하는 것임을 의미한다. 니체는 전사에게 진리와 비진리, 선과 악 등 이분법적으로 쓰인 옛 서판을 부수고 이러한 이분법적 구분의 피안에 있는 새로운 서판을 작성할 발판을 만들 것을 요구하는 것이다. 이러한 의미에서 전사는 보편적 도덕 같은 기존의 가치를 파괴하는 폭력기계를 의미하며, 폭력을 인간 간의 규범적 관계 저편에 위치시킨다. 특히 니체가 도덕적 판결을 내리는 심판관의 눈에서 형리의 차가운 칼을 발견하며 그러한 심판관만을 유죄로 선언할 때,[87] 도덕규범 자체가 부정적인 의미에서 폭력으로 가치전도되는 현상이 생긴다. 이에 대해 전사라는 폭력기계는 도덕규범을 탈영토화, 탈코드화함으로써 도덕의 폭력에 맞선다.[88]

그렇다고 니체가 강간이나 살인을 권장하며 무법적인 행동을 할 것을 권하지는 않는다. 『자라투스트라는 이렇게 말했다』의 어디에도 그런 소위 비도덕적인 행동에 대한 권유나 요청은 등장하지 않는다. 또한 자라투스트라가 내세운 초인의 이상에 대한 비유가 전사가 아니라 아이라는 점에도 주목할 필요가 있다. 도덕의 피안에 있는 순진무구함의 상징으로서의 아이는 동시에 새로운 가치를 창조해야 할 아이이기도 하다. 즉 그는 단순히 파괴적 폭력에 몰두하는 것이 아니라 새로운 가치를 '창조'하는 미학적 활동을 해야 한다. '모든 것을 미학으로 환원하라'[89]는 요구는 앞에서 말한 대로 결코 모든 가치에 대한 무관심이 아니라 시점주의를 인정하면서도 가치를 둘러싸고 싸울 줄 아는 태도를 의미한다. 이러한 미학적 태도는 한 자아에게 설정된 정체성의 경계를 파괴하고 자신을 끊임없이 변화시키며 다양한 생성을 추구하는 태도이다. 이러한 태도는 자아와 타자의 경계를 허물어뜨리며

---

87 같은 책, 88쪽 참조.

88 같은 책, 149쪽: "가치평가에 익숙한 너희들은 선과 악에 대한 너희들의 가치와 말로써 폭력을 일삼는다. […] 하지만 너희들의 가치들로부터 그보다 더 강력한 폭력이 그리고 새로운 극복이 생겨난다. 그러한 폭력에 달걀과 달걀껍질은 깨어질 것이다."

89 니체는 유고집에서 "도덕을 미학으로 환원하라!!!"고 요구했다. F. Nietzsche, *Die nachgelassenen Fragmente*, 87쪽.

타자를 자신의 일부로 받아들일 수 있게 해 준다. 이를 통해 타자를 경계해야 할 이방인이 아니라 손님으로 여기며, 타자를 억압하거나 그에게 폭력을 행사하는 대신 그를 환대할 수 있게 된다.[90] 또한 이러한 미학적 태도는 도덕의 폭력성을 비판하는 태도이기도 하다. 즉 그것은 스스로를 도덕적 심판관으로 내세우며 선과 악의 절대적 구분에 의거해 타자를 심판하고 폭행하는 사람들의 폭력을 비판한다. 이로써 절대적인 도덕에 대한 (미학적) 부정이 폭력을 유발하는 것이 아니라 오히려 폭력을 막는 데 기여함을 알 수 있다.

5. 폭력의 패러다임 전환 1: 적대적 관계의 폭력에서 자기 연관적 폭력으로

한병철은 후기자본주의사회에서 폭력이 적대적인 면역학적 관계에 있는 부정성의 폭력에서 자기연관적인 긍정성의 폭력으로 이동하였다고 주장한다. 이전의 폭력이 자아와 타자, 나와 적 사이의 적대적 관계에서 생겨나고 한 편이 다른 편 안으로 침투하며 그를 파괴하는 것을 목표로 했다면, 현대의 자유로운 성과사회에서는 자아가 자발적으로 자기 자신에게 과도한 성과를 요구하고 스스로를 착취하는 폭력을 행사한다는 것이다. 여기서 한병철은 자유로운 자아가 스스로와의 합의 하에 자신에게 행사하는 억압으로서의 (긍정성의) 부정적 폭력을

90 환대 개념에 대한 자세한 설명은 다음의 책을 참조하시오. 데리다, 『환대에 대하여』, 남수인 옮김, 동문선, 2004.

언급하고 있다.

이 책에서는 현대사회의 폭력이 적대적인 관계의 폭력에서 자기연관적인 폭력으로 이행한다는, 한병철이 제시한 폭력의 패러다임 변화테제를 받아들이지만, 이는 한병철이 말한 의미와는 다른 맥락에서이다. 즉 그것은 한 개인이 스스로를 착취하며 스스로에게 가하는 부정적 폭력이라는 의미에서가 아니라, 자신이 가지고 있는 고정된 자아상이나 고정된 가치를 파괴하며 자아 정체성을 개방하고 잠재적으로 존재하는 다양한 새로운 가치들을 생성해 내는 긍정적 폭력이라는 의미에서 자기연관성으로의 패러다임 변화를 의미한다.

원시사회에서 현대에 이르기까지 폭력은 모두 자아와 타자, 나와 적, 내부와 외부 사이의 관계에서 비롯된 폭력이다. 그러한 폭력은 일차적으로는 인간들 사이의 폭력이며, 한병철이 말한 의미에서의 면역학적 폭력으로 상대방을 적으로 간주하는 부정성의 폭력이기도 하다. 물론 원시사회에서 전사의 폭력은 코드화와 영토화로서의 국가의 형성을 가로막는 비인격적 의미에서의 폭력기계를 의미하기도 하고, 사회 내부적으로는 긍정적 의미를 갖기도 한다. 하지만 동시에 그러한 폭력은 다른 부족과의 경계를 확고히 하며 자기 부족의 집단적 정체성을 공고히 한다는 점에서는 재영토화를 의미하기도 한다. 따라서 현대에서는 원시사회의 전쟁기계를 넘어서 절대적인 탈영토화를 추구할 필요가 있다. 이러한 탈영토화로서의 폭력기계의 작용은 니체가 모범으로 내세우는 아이의 미학적 창조와 연관된다. 아이는 더 이상 타인과의 규범적 관계에서 그에게 물리적 폭력을 행사하는 인간이 아니라, 도덕이나 진리 같은 모든 코드의 피안에서 가치를 파괴하고 새로운 가치를 창조하는 인간, 아니 인간을 극복하는 초인이다. 그러한 아이는 끊임없이 스스로를 극복하고 가치의 새로운 창조를 통해 자신의 힘을 증대시키는 자기 연관적 폭력을 행사한다.

원시사회가 아직까지 자아와 타자, 나와 적의 이분법적 구분을 고수하며 '우리'라는 집단적 정체성을 유지함으로써 계급과 국가 없는 평등한 사회를 추구하였다면, 미래의 아이의 나라에서 니체는 모든 이분법적 경계를 해체한다. 그러나 정확히 말하면 이러한 경계는 완전히 사라지는 것이 아니라 단지 넘어서는 것일 뿐이다. 니체도 인정했듯이, 인간이 모든 개념적 경계를 무너뜨리고 살 수는 없으며, 따라서 허구적 환영의 세계에서 완전히 벗어나는 것은 불가능하다. 즉 우리는 남자와 여자, 인간과 동물 등 언어를 통한 개념적 구분, 코드화에 의존해서 살아갈 수밖에 없는 것이다. 그러나 이것이 그러한 코드화와 개념적 구분을 고착화시키거나 그것을 진리로 받아들인다는 의미는 아니다.[91] 남자는 자신 속에 들어 있는 여성성을 현실화하고

91 사실 들뢰즈와 가타리가 든 예들이 이해하기가 쉽지 않기 때문에 나는 보다 쉽게 이해할 수 있도록 한 가지 다른 예를 들고자 한다. 그것은 선생의 학생-되기, 또는 학생의 진정한 학생-되기이다. 우리는 선생과 학생을 가르치는 사람과 배우는 사람으로 명확히 구분하고 양자의 차이를 절대화하며 위계적 관계를 수립한다. 그런데 사실 진정한 선생은 수업을 준비할 때 머릿속에 학생들을 떠올리며 그들이 어떤 질문을 던질지 생각하며 그에 대한 답변을 준비해야 한다. 만일 혼자 책을 읽는다면 어려운 부분을 건너뛸 수도 있겠지만, 그것을 궁금해할 학생들을 떠올린다면 끝까지 그에 대한 답을 찾지 않을 수 없다. 제대로 가르치기 위해서 선생은 학생이 되어 모든 가능한 질문들을 끌어내고 그에 대한 답변을 마련해야 한다. 여기서 선생의 학생-되기란 선생이 등록금을 내며 학교에 학생으로 등록한다는 의미가 아니다. 그러한 그램분자 내지 몰적인 의미에서 선생의 정체성에서 학생의 정체성으로 넘어가는 것이 아니라, 선생과 학생의 경계를 허물고 선생으로부터 학생적인 면을 분자적으로 방출시키며 탈영토화를 시도한다는 것이다. 마찬가지로 학생의 진정한 학생-되기란 학생과 선생의 경계를 허물어뜨리는 것을 의미한다. 학생은 단순히 선생이 가르치는 대로 수동적으

여성-되기를 수행하며 얼마든지 변신할 수 있다. 남자와 여자의 구분은 개념적 구분일 뿐, 결코 실체적 진실은 아니기 때문이다. 다양체로서의 남성은 외부의 다른 다양체와 연결접속하면서 이를테면 여성이나 동물 또는 아이로 생성되며 변신할 수 있다. 그것은 탈영토화 뒤에 재영토화가 뒤따르는 상대적 탈영토화가 아니라 모든 성층작용을(층화를) 가로지르는 혼효 면[92] 위에서 전개되는 절대적 탈영토화이다.[93]

로 학습하거나 내용이 이해가 안 되면 그제서야 질문하는 존재가 되어서는 안 된다. 진정한 학생은 자신이 마치 가르치는 선생인 듯 텍스트를 읽고 적극적으로 다양한 질문을 던지며 그에 대한 답변을 찾아보는 능동적 태도를 취해야 한다. 이로부터 들뢰즈와 가타리가 말하는 '되기'의 철학이 갖는 의미를 이해할 수 있다. 즉 되기란 하나의 정체성에서 다른 정체성으로 이행하는 것이 아니라, 오히려 그러한 정체성의 경계를 허물고 하나의 정체성이 사실은 다양체임을 인식하며 그것에 억눌려 있던 내재적인 잠재성을 현실화시켜 사건으로 일어나게 하는 것을 의미한다.

92 들뢰즈와 가타리는 형식들을 전개하고 주체들을 형성하는 초월적인 조직 면과 대립되는 개념으로, "어떤 것도 주체화되지 않고, 힘과 정동의 합성에 따라 '이것임'들이 형성되는"(G. Deleuze & F. Guattari, *Tausend Plateaus*, 362쪽) 혼효 면(고른판)을 제시한다. 가령 개는 일반적으로, 즉 조직 면에서는 고양이나 기타 다른 동물들과 구분되는 것으로 이해되지만, 혼효 면에서는 한 아이가 개처럼 짖으며 개-되기를 실현한다. 즉 그 아이는 "짖어대는 그램분자적 개가 되는 것이 아니라, 충분한 감정과 필연성과 조합의 능력을 가지고 짖는다면 짖으면서 분자적인 개를 방출하는 것이다."(같은 책, 374쪽) 이처럼 아이의 개-되기는 아이라는 실체와는 전혀 상이한 개체화의 양태, 즉 '이것임'으로 생성된다. 다시 말해 아이는 혼효 면에서 어떤 확정된 주체나 실체의 성격에서 해방되어 동물이나 사물 등으로 자유롭게 변신 —실제로 동물이나 사물로 변한다거나 그것들을 모방한다는 의미가 아니라 그것들과 관계가 있는 어떤 속성을 그것들의 이미지와 합성하며 방출한다는 의미에서 — 할 수 있다.

93 상대적 탈영토화와 절대적 탈영토화 개념의 구분 및 정의에 대해서는 다음을 참조하시오. 같은 책, 80-82쪽.
예를 들면 한 남성이 자신을 여성으로 느끼며 트랜스젠더가 되어 성전환을 할 때, 이는 한편으로 생물학적인 성 구분을 폐기한다는 점에서 탈영토화이지만, 여전히 남녀의 이분법적 구분과 성정체성에 집착한다는 점에서 재영토화이기도 하다. 이에 반해 (성인) 남성이라고 부르는 것이 사실은 하나의 동일한 정체성을 지니지 않으며 여성-되기, 동물-되기, 아이-되기 등 다양한 모습으로 매 순간 변신할 수 있는 변화무쌍한 다양체임을 인정한다면, 이러한 변신은 절대적 탈영토화라고 말할 수 있을 것이다. 그것은 물질이 계속 나누어져 분자나 작은 입자가 되어 성층작용이 일어나지 않는 평

그러나 들뢰즈와 가타리에 따르면, 역으로 남성-되기란 없다. 그 이유는 "모든 생성은 소수자-되기이기 때문이다. 우리가 이해하는 다수성이란 상대적으로 더 큰 양이 아니라, 그것과 관련해 가장 작은 양뿐만 아니라 가장 큰 양도 소수라고 부를 수 있는 상태나 표준의 규정을 의미한다. 예를 들면 백인-인간, 성인-남성 등이 이에 속한다."[94] 즉 다수성은 지배 상태를 의미하며, 이러한 지배 상태가 이항대립 속에서 공고히 하려는 차별을 파괴할 때, 소수자-되기로서의 생성이 이루어진다. 이러한 지배 상태를 해체하는 폭력은 스스로를 진리나 도덕적 정의로 간주하는 억압적 폭력을 전복시킨다는 점에서 윤리적 의미를 획득한다. 다양체로서의 사물의 의미를 단일한 한 가지 의미로 환원시키며 동일성을 추구하는 언어가 코드화 내지 영토화의 폭력을 행사한다면, 그러한 개념적 언어의 비판과 그 안에 내포된 새로운 의미의 창조는 탈영토화의 폭력기계가 되는 것이다.

한병철은 들뢰즈와 가타리의 리좀적 폭력을 부정적인 것으로 간주하며 비판한다. 들뢰즈와 가타리가 코드화 자체를 억압적인 폭력으로 보며 탈코드화 내지 탈영토화를 통해 그것의 한계를 지적하는 반면, 한병철은 "코드화 자체는 폭력이 아니다."[95]라고 말한다. 한병철은 헤겔이 타자를 부정하며 과잉코드화와 과잉영토화를 낳는 반면, 들뢰즈와 가타리는 탈코드화와 탈영토화라는 긍정성 과잉의 폭력을 낳고 있다며 이를 리좀적 폭력으로 지칭한다. "총체적인 과잉코드화만이

탄한 혼효 면(고른판)으로 무한히 전개되고 탈주하는 과정으로 볼 수 있을 것이다.

94 같은 책, 396쪽.

95 B. C. Han, *Topologie der Gewalt*, 146쪽.

폭력이다. 의심할 나위 없이 특정한 탈코드화는 억압적인 과잉코드화에 맞서 싸우면서 세계를 강압과 경직에서 해방시킬 수 있다. 그러나 그러한 탈코드화가 악마적으로 심화되면, 그것 자체가 파괴적으로 작용한다. 들뢰즈는 무제한적인 탈코드화를 비변증법적으로 해방으로 칭송하며 그것의 악마성을 배제한다. 모든 기관을 뒤덮으며 생겨나고 이를 통해 기관들의 차이를 없애 버리는 바로 이러한 악성종양의 무성함이 탈코드화와 탈영토화의 악마적 형식이다."[96] 한병철은 리좀적 폭력이 나무체계를 파괴하고 존재의 뿌리를 뒤흔들며 극단적 해체로 나아가는 것을 비판한다. 이러한 탈영토화는 모든 차이와 경계를 없애며 모든 것을 뒤죽박죽으로 만들어 놓는다는 것이다. 그래서 그는 도덕 코드를 통해 폭력을 부정적 맥락에 위치시키면서 폭력의 의미를 고정시켜 버린다.

그러나 한병철의 비판과 달리, 들뢰즈와 가타리는 도덕적 차원에서 이루어지는 폭력에 대한 개념적 사유 자체의 폭력성을 비판할 뿐만 아니라, 탈코드화 내지 탈영토화 내에 존재하는 차이에도 주목한다. 이미 들뢰즈와 가타리에 앞서 니체가 취향의 문제가 결코 가치에 무관심하지 않으며 오히려 가치를 둘러싼 치열한 싸움임을 선언한 바 있다. 니체는 가령 『도덕의 계보학』에서 반유대주의에 대해 비판적인 입장을 보인다. "나는 또한 이상주의를 신봉하는 최신의 투기꾼인 반유대주의자를 좋아하지 않는다. 이들은 오늘날 기독교적이고 아리아적이며 속물적으로 자신의 눈을 부릅뜨며, 더없이 값싼 선동 수단인

96 같은 곳.

도덕적 태도를 더 이상 참을 수 없을 만치 남용함으로써 민중의 온갖 멍청이 같은 요소를 흥분시키려고 한다."[97] 반유대주의자들은 아리아인과 유대인을 이분법적으로 구분한 후, 전자를 선, 후자를 악으로 규정하는 도덕적 태도를 취한다. 이러한 도덕적 태도에 입각한 반유대주의자들의 선동을 니체는 "독일 정신의 황폐화"[98]로 부르면서 신랄하게 비판한다. 만일 니체가 나치의 유대인학살을 직접 보았다면 당연히 이를 강하게 비판했을 것이다. 왜냐하면 그러한 폭력은 결코 다양한 가치를 창조해 내는 생산적이고 창조적인 폭력이 아니라 인종적 선입견에 입각해 정체성을 만들어 내고, 똑같은 선입견을 끊임없이 재현하고 반복하는 억압적 폭력이기 때문이다.

사드나 니체는 원시사회에서의 자연적 폭력을 긍정하며 오늘날의 제도화된 폭력과 대비시켰지만, 오늘날 우리가 '자연적' 폭력이라고 부르는 것이 사회 · 문화적으로 코드화되어 있지 않은 경우는 찾기 어려울 것이다. 어떤 자연적 감정에 따른 폭력의 이면에는 사회적 관계가 작용하고 있고, 사회 · 문화적 편견이나 고정관념이 원인으로 자리 잡고 있다. 엘리아스는 중세인의 폭력성이 단순히 자연적인 감정의 표출이 아니라 사회적인 관계에 의해 조형된 것임을 강조한다. "이 당시 사람들의 통합과 의존방식은 자신들의 육체적 기능을 서로 자제하게 하거나 자신들의 공격욕을 다음 시대만큼 억누르도록 강요하지 않았다. 이는 모든 사람들에게 해당된다. 물론 농부들에게 허용된 공격욕의 활동반경은 기사들의 것보다 좁았다. 즉 그들의 공격욕

97 니체, 『도덕의 계보학』, 224쪽.
98 같은 곳.

은 단지 다른 농부들을 상대로 해소될 수 있었던 것이다. 이와는 반대로 기사들의 공격욕 표출은 다른 계층에 대해서는 덜 제한받은 반면, 같은 계층을 대상으로 할 경우에는 기사도의 규제로 인해 보다 더 조심스러웠다. […] 중세인들의 감정표현은 전체적으로 후대의 사람들보다 더 즉흥적이고 자유분방하다. 그러나 그것이 절대적인 의미에서 자유롭다거나 또는 사회적으로 조형되지 않았음을 뜻하지는 않는다. 이 측면에 있어서 절대적인 영점은 없다. 아무런 제한 없는 인간은 하나의 환영에 불과하다."[99] 따라서 과연 현대사회에서 순수한 '자연적' 폭력이 가능한지 생각해 볼 필요가 있으며, 그것의 섣부른 정당화를 경계해야 할 것이다. 인간은 단순히 본능에 따라 다른 인간을 살해하지 않는다. 인간이 그러한 폭력을 행사할 때는 그러한 폭력에 앞선 어떤 사회적 · 경제적 · 정치적 · 문화적 원인이 작용하고 있는 것이다.

넓은 의미에서 니체의 '힘에 대한 의지'는 적극적 생성과 반응적 생성을 모두 포함한다. 반응적 생성은 새로운 것을 창조하지 못하고 항상 같은 것만을 반복하는 개념의 동일한 반복이다. 반면 적극적 생성은 개념 속에 억압되어 있던 다양체가 잠재성의 차원에서 현실의 차원으로 빠져나와 실현될 수 있도록 돕는 창조적 반복이다.[100] 마치

99 엘리아스, 『문명화과정 I』, 402-403쪽.

100 정항균, 『시시포스와 그의 형제들. 현대문학과 철학에 나타난 '반복' 모티브』, 을유문화사, 2009, 114쪽. "영원회귀는 생성의 존재이다. 그런데 이러한 생성은 이중적 성격을 띤다. 한편으로 그것은 반응적 힘을 파괴하는 적극적 생성이지만, 다른 한편 적극적 힘들을 분해 내지 해체하는 반응적 생성이기도 하다. 그러나 반응적 생성은 무의 의지로 향하며, 근본적으로 보존을 지향하는 것이므로 생성, 즉 되어 가는 것과 모순된다. 이에 반해 적극적 생성은 차이를 만들어 내고 끝까지 생성을 추구할 뿐만 아니라, 반응적 힘들을 파괴하여 그것마저 적극적 힘으로 전환되도록 만든다. 그 때문에 그것은 규정되어 있는 개념적 질서와 재현의 질서를 파괴하고 끊임없이 새로운 상을

마나를 지닌 전사로서의 우두머리가 적을 살해하며 자신의 힘의 감정을 강화하듯이, 초인은 끊임없이 스스로 변신하고 다양하게 생성해 나가면서 힘에 대한 의지를 강화시킨다. 그러나 전사가 지닌 힘의 감정이 위계적인 계급사회에서 타인을 지배하는 권력과 아무런 상관이 없듯이, 진정한 의미에서의 힘에 대한 의지 역시 억압적인 정치적 권력과는 무관하다.

니체는 "도덕적 현상이란 없으며 단지 이에 대한 도덕적 해석만이 있을 뿐이다."[101]라고 말함으로써 우리가 섣불리 선악에 관한 도덕적 판결을 내리는 것을 경계한다. 오히려 그는 하나의 행위를 유발한 다양한 이유들을 시점주의적으로 자세히 살펴볼 것을 요구한다. 우발적인 범죄나 폭력이 그 자체로 불법적인 행위로 간주될 수 있겠지만, 이에 대한 도덕적 평가는 평가자가 지닌 특정한 관점이나 관심과 무관하게 내려지지 않는다. 따라서 어떤 폭력행위를 단순히 비도덕적인 행위로 판결하기보다는, 그것을 야기한 다양한 상황과 맥락, 원인과 동기를 고려해 다각적으로 평가하는 태도가 필요하다. 하지만 만일 어떤 행위가 나치의 반유대주의처럼 특정한 진리나 도덕의 관점에서 이루어지는 폭력의 양상을 띠게 될 때, 이는 니체의 관점에서 철저히 비판된다. 왜냐하면 그러한 행위의 기저에는 자신의 정당성을 주장하지만, 사실은 부당한 억압적 현실만을 낳을 뿐인 어떤 특정한 담론이 전제되어 있기 때문이다. 담론은 선행하는 현실을 재현하는 말이 아

창조할 수 있는 힘을 내포하고 있다. 따라서 니체에게 있어서 진정한 생성은 적극적인 생성이라고 할 수 있다."

101 F. Nietzsche, *Die nachgelassenen Fragmente*, 188쪽.

니라, 그러한 수행적인 언어행위를 통해 현실을 만들어 내는 말이다. 남성과 여성, 흑인과 백인, 이성애자와 동성애자의 구분 역시 사실은 담론 자체에 선행하는 어떤 실체적 현실이 아니라, 그것을 현실로 만들어 내는 담론이다. 이러한 담론은 결과적으로 남녀차별, 인종차별, 성적 소수자 차별 같은 억압적이고 폭력적인 현실을 초래하며 폭력성을 띠게 된다. 들뢰즈와 가타리는 이러한 이분법적 담론에 의해 생겨나는 억압된 소수자들의 편을 들되, 이러한 이분법적 구분 자체를 지지하지는 않는다. 가령 프롤레타리아에 대한 부르주아의 착취나 여성에 대한 남성의 차별을 비판하지만, 궁극적으로는 부르주아와 프롤레타리아나 여성과 남성의 이분법적 구분을 견지하지는 않는다.[102] 인간은 개념적 경계구분이라는 영토화에서 완전히 벗어날 수 없다. 왜냐하면 그렇지 않다면 모든 것이 뒤죽박죽이 되고 완전한 카오스 상태에 빠져 버릴 것이기 때문이다. 그러나 그렇게 그어진 경계는 뛰어넘을 수 있으며, 탈영토화함으로써 그러한 경계의 억압적이고 폭력적인 성격을 드러낼 수 있다. 이러한 탈영토화는 억압으로부터의 해방을 가져다줄 수 있을 것이다.

하지만 탈영토화가 모두 긍정적인 의미를 지니는 것은 아니다. 들뢰즈와 가타리 역시 모든 형식의 전쟁기계를 다 긍정하지는 않는다. 가령 위계화된 권력구조를 지닌 국가에 저항하는 전쟁기계의 형

---

102 G. Deleuze & F. Guattari, 같은 책, 375쪽 이하: "물론 여성들은 그램분자적 정치를 추구하면서 자신의 고유한 유기체, 역사, 주체성을 쟁취해야만 한다. 그렇게 되면 '여성으로서의 우리가…' 진술주체로 등장하게 된다. 하지만 이러한 주체에 만족하는 것은 위험하다. 왜냐하면 그것은 원천을 고갈시키거나 흐름을 멈추게 하지 않고서는 기능하지 않기 때문이다."

태로 패거리적인 소수자집단과 세계적인 조직을 들 수 있다. 양자는 모두 분명한 경계를 지니고 코드화되고 영토화된 국가의 문턱을 넘어선다는 의미에서 전쟁기계적 속성을 지니지만 동일한 가치를 갖지는 않는다. 또한 양자는 국가와 무관한 것이 아니라 국가와 상호작용하는 공존의 장 안에서 존재한다. 가령 국가의 경계를 초월하는 자본주의적인 세계시장은 오늘날 탈영토화를 주도하지만, 그것이 국가의 폐지를 가져오지는 않는다. 오히려 국가의 경계 구분하에서 이러한 세계시장이 생겨난다. 그런데 세계시장은 자본주의 국가뿐만 아니라 사회주의 국가마저 에워싸며 하나의 동일한 시장을 만들어 낸다. 그리고 중심국가들 사이에는 동형성이 있다. 물론 그것은 관료주의적 사회주의의 경제체제와 같이 이형적이거나 제3세계 국가들과 같은 다형성을 허용한다. 그러나 관료주의적 사회주의 경제체제는 중심적인 자본주의 경제체제에 기생하고, 제3세계 국가는 중심국가에 종속되어 있다.[103] 이런 관계 속에서 세계화라는 전쟁기계는 결코 긍정적 의미를 지니지 못한다. 반면 무게중심에 의해 흡수되지 않고 탈주하는 소수자[104]는 세계화된 자본주의 시장에 끊임없이 저항하며 혁명적이 된다. "따라서 소수자에게 중요한 것은 자본주의를 폐지하고 사회주의를 새롭게 정의하며, 전 세계적인 전쟁기계에 맞서 다른 수단으로 자신을 방어할 수 있는 전쟁기계를 만들어 내는 것이다."[105] 이러한 맥

---

103 같은 책, 605쪽 참조.

104 여기서 소수자라는 개념은 양적인 개념이 아니며, 오히려 불가산 집합으로서의 특성을 지닌다. 즉 그것은 어디에 속하지 않고 끊임없이 탈주선을 형성하며 나아가는 퍼지 집합을 의미한다. 같은 책, 651쪽 참조.

105 같은 책, 654쪽.

락에서 이정우는 전쟁기계 자체가 중요한 것이 아니라 어떤 전쟁기계인지가 중요하다고 역설한다.[106]

유사한 맥락에서 이정우는 '공허한 기관 없는 신체'와 '탈기관체'를 구분할 뿐만 아니라[107] 탈기관체 자체를 다시 세분한다. "그래서 혼효 면을 지향하는 탈기관체와 무방향적인 탈층화가 만들어 내는 공허한 탈기관체는 구분되어야 한다. 그러나 이 구분보다 더 중요한 구분, 즉 제3의 탈기관체가 있다. 그것은 암적인 탈기관체이다. 유기체에서 암은 기존의 유기화를 탈층화하면서 탈기관체를 만들어 내지만, 그것은 창조적인 탈기관체, 즉 충만한 탈기관체가 아니라 파괴적인 탈기관체만을 낳으며 유기체를 죽음으로 이끌어 간다. 이와 마찬가지로 기표화의 차원에서 독재자의 등장과 파시즘의 출령임은 창조적인 탈기표적 운동이 아니라 암적인 기표화를 낳는다. 주체화의 경우에도 역시 기존의 주체화를 벗어나는 듯 보이지만 결국 기존의 주체화가 보존하는 안일함조차도 누리지 못하게 하는 폭력적인 탈주체화들이 곳곳에서 난무할 수 있다. 더 나아가 화폐의 암적인 탈기관체(인플레이션)를 비롯해 무수한 형태의 암적인 탈기관체들이 형성될 수 있다. 충만한 탈기관체로 가지 못하고 공허한 탈기관체로 갈 때, 남는 것은 자

106 이정우, 같은 책, 142쪽 참조.

107 같은 책, 38쪽 참조.
들뢰즈와 가타리는 기능과 기관에 따라 구분되고 유기적으로 조직된 인간의 신체를 보다 작은 입자, 분자로 재구성하여 비유기적이고 추상적인 탈기관체, 즉 추상적인 기계로 전환시킬 것을 요구한다. 각 부분이 특정한 목적 아래 조직되어 전체를 이루는 유기체와 달리, 탈기관체는 끊임없이 운동 중이고 생성 중인 그래서 조직되어 있지 않은 자유로운 몸체이다. 탈기관체는 그것이 지닌 잠재성에 의해 끊임없이 기관의 경계를 해체하면서 동시에 창조적으로 재구성해 나간다.

기 파괴뿐이다. 나아가 창조적인 탈기관체와 암적인 탈기관체를 혼동하는 것은 더욱 위험하며 자기만이 아니라 타인까지 파괴한다. 탈기관체로 가는 것이 중요한 것이 아니다. 충만한 탈기관체로 가는 것이 중요하다."[108]

전쟁과 전쟁기계의 관계는 폭력과 폭력기계의 관계로 전이시켜 생각할 수 있다. 폭력기계 역시 도덕적으로 정의된 폭력(기계)과 이러한 코드화된 폭력에 맞서 싸우며 탈코드화하는 폭력기계로 구분될 수 있다. 그러나 아무런 양심의 가책 없이 마구 살인을 저지르는 살인마와 힘에 대한 의지에 따라 행동하며 선악의 저편에 서 있는 초인이 동일한 폭력기계의 차원에 서 있지는 않다. 설령 둘 다 도덕적 코드에서 탈주하며 도덕규범을 전복시키는 기능을 하더라도, 후자와 달리 전자는 파괴적으로 작용할 뿐 어떤 창조적인 생성으로 이어지지 못한다.

원시사회에서 전사의 폭력 역시 계급과 국가의 발생을 막으며 사회의 코드화를 막는다는 점에서는 분명 탈영토화 작용을 한다. 또한 이 폭력은 도덕적인 규범의 틀 밖에 있다는 점에서도 그러하다. 그러나 그러한 폭력은 집단으로서의 자아와 타자, 나와 적을 이분법적으로 구분하며 부족공동체의 정체성을 형성한다는 점에서 재영토화 역시 수행한다. 물론 원시사회의 우두머리가 적을 살해함으로써 그 힘이 자신에게로 옮겨져 더욱 강화된 힘으로서 마나를 지닐 때, 이러한 과정은 자아 속에 타자를 수용하며 그 명확한 경계를 불분명하게 만들기도 한다. 그러나 이에 앞서 부족들 간에 적대적 대립관계가 존재

108 같은 책, 45쪽.

하며, 다른 부족과 구분되는 부족적인 집단정체성이 존재한다는 점은 부정할 수 없을 것이다.

현대사회에서 연쇄살인범의 살인 역시 도덕규범을 무시하고 그것을 위반한다는 점에서는 탈영토적일 수 있겠지만, 그것이 타인을 적으로 간주하며 자아와 타자를 이분법적으로 구분하는 전제하에서 이루어진다는 점에서는 재영토화를 수행한다. 2015년 TV에 방영된 〈냄새를 보는 소녀〉라는 드라마에 등장한 한 연쇄살인범은 살해되기 직전의 희생자들에게 삶의 전기를 쓰게 하며, 그들의 죽음과 더불어 그들의 전기가 자신의 삶으로 넘어간다고 믿는다. 그는 마치 현대판 마나를 재현하는 것처럼 행동하는 것이다. 즉 죽어 가는 사람의 숫자만큼 연쇄살인범의 삶도 충만해지고 그의 힘도 더욱 강력해진다고 생각한 것이다. 여기서 연쇄살인범은 마치 자아와 타자의 경계를 넘나드는 듯이 행동한다. 하지만 이 드라마에서 밝혀지듯이, 희생자들을 죽임으로써 그들의 삶이 살인범의 삶의 일부가 된다는 생각은 착각일 뿐이며, 이는 현대에 원시사회의 마나 개념을 그대로 수용하는 것이 얼마나 시대착오적이며 돈키호테적이 될 수 있는지 보여 준다. 더 나아가 이 연쇄살인범의 살인은 원시사회 전사의 살인처럼 계급 없는 평등한 사회를 유지하기 위한 탈영토화로서 정치적 의미를 결코 갖고 있지 않으며 그저 무의미한 파괴적 행위에 불과할 뿐이다. 그리고 그러한 연쇄살인은 순수한 자연적인 본능으로서의 폭력의 발산과 거리가 멀며, 그 뒤에는 사회적 원인들이 숨어 있다.

니체의 초인은 앞의 연쇄살인범처럼 자아와 타자의 적대적 대립관계에 따라 행동하기보다는 오히려 그러한 대립관계를 해체하는 것에서 출발한다. 따라서 니체의 선악의 피안에 대한 요구가 결코 무분별한 폭력의 행사를 의미하지 않는다. 오히려 그것은 적대적 관계에 기인한 폭력을 해체하는 폭력기계의 작용을 의미한다. 니체(더 나아가 들뢰즈와 가타리)가 초인으로서의 아이에게 요구하는 것은 안과 밖, 자아와 타자, 나와 적의 이분법에 근거하여 타자를 공격하고 말살하는 적대적 관계의 폭력이 아니라, 내 자신이 그어 놓은 자아정체성의 경계를 파괴함으로써 타자를 자신 안에 수용하고 자아를 풍성하게 만드는 창조적인 자기 연관적 폭력이다. 그것은 내가 내 자신에게 가하는 폭력이라는 점에서 자기 연관적 폭력이지만, 동시에 그러한 자기연관성은 자아 속에 타자를 끌어들이며 외부와 내부의 경계를 허문다는 점에서 특별하다.

6. 윤리적 폭력 비판과 폭력의 윤리성

니체는 자아와 타자를 엄격히 구분하지 않는다. 그는 자아의 죽음을 선고하며 자아 속에 들어 있는 타자를 인정한다. 이러한 정신의 연장선상에서 레비나스의 타자의 윤리학과 라플랑슈의 타자의 심리학, 그리고 이에 바탕을 두고 있는 버틀러의 윤리적 폭력 비판을 살펴볼 필요가 있다.

레비나스의 타자의 윤리학에서는 자아와 타자가 비대칭적인 관계를 형성한다. 우선 레비나스는 어떤 변화 속에서도 스스로의 동일성을 유지하는 자아의 존재를 인정한다. 그런데 이러한 자아는 사물뿐만 아니라 타인도 자신의 생각에 전유함으로써 지배하며 모든 것을 자신의 동일성으로 환원하는 동일성의 폭력을 행사한다. 이러한 동일성의 폭력은 자아가 이해할 수 없고 표상할 수 없는, 그의 점유에서 완전히 벗어나 있는 무한하고 초월적인 타자의 존재를 설정함으로써 파괴된다. 이러한 절대적 타자는 결코 자아와 동등한 지위를 지니며 그와 적대적 관계에 서 있는 사르트르적인 의미에서의 타자가 아니다. 오히려 이러한 타자는 자아의 인식 범위 밖에 있으면서 그에게 끊임없이 윤리적 요청을 하는 비대칭적 관계에 있는 존재이다. 그래서 자아의 동일성의 폭력을 파괴하는 절대적 타자의 폭력은 궁극적으로는 평화를 위한 것이다. 절대적 타자는 이기적인 나에 맞서 나에게 윤리적 의무를 수행할 것을 요구한다. 자아는 타인의 얼굴을 감각적으로 지각하며 그에게 폭력을 행사할 수도 있지만, 어떤 보호도 받지 못하고 노출된 가장 연약한 부분으로서의 타인의 얼굴에서 계시되는 보다 높은 차원의 절대적 타자의 시선을 확인하며 윤리적 책임을 느끼기도 한다. 절대적 타자는 자아가 파악할 수 없는 존재로, 스승과 같은 높은 위치에서 그를 호출하며 '살인해서는 안 된다'는 윤리적 명령을 내리지만, 또한 구체적으로 이방인, 사회적 약자 등의 모습으로 나타나 자아의 도움을 요청하기도 한다. 이로써 자아는 타자와 윤리적 관계를 맺으며 평화를 지향하게 된다.[109]

사르트르와 달리 레비나스는 자아가 자신의 행위에 의해 스스로를 형성하는 것이 아니라 오히려 자신의 존재 밖에 위치한 타자가 그의 속으로 침입함으로써 형성된다고 말한다. 비록 레비나스가 내면성을 지니며 분리된 존재자로서의 자아를 인정하더라도, 그러한 자아는

109 레비나스의 '타자의 윤리학'에 대한 보다 자세한 설명은 이 책의 '타자와 폭력' 부분을 참조하기 바란다.

오로지 타자와의 관계에서만 생겨난다. 자아는 자아의 의지와 관계없이 타자와의 관계에 연루되고 그것의 영향을 받으며 그것을 통해 형성된다. 타자와 필연적으로 맺게 되는 전존재론적인 수동적 관계에서 출발하여 레비나스는 타인에 대한 자아의 윤리적 책임을 요구하는 이론을 발전시킨다. 그는 분명 자아의 형성에 미치는 타자의 영향에 대해 강조하고 있다. 하지만 이 경우 자아 속에 존재하는 타자성, 다양체로서의 자아에 대해 충분히 언급하지는 못하는 한계도 지닌다.[110]

공시적인 차원에서 타자와의 관계에 의해 자아의 형성을 설명했던 레비나스와 달리, 라플랑슈는 통시적 차원에서 유아기의 일차적 억압과 관련해 자아의 욕망 형성에 영향을 끼친 타자의 욕망을 언급한다. 라플랑슈는 아이가 유아기에 자신과 관계를 맺는 타자로서의 어른의 영향을 받아 자신의 욕동을 형성한다며, 아이의 자아 형성에 선행하여 그에게 지속적으로 영향을 미치는 타자의 작용을 언급한다. 라플랑슈는 여기서 자아의 욕망의 전제조건으로 작용하는 타자의 욕망을 언급하며, 나를 '너와 나의 관계'로 규정한다. ""나"가 욕망할 때 누가 욕망하는가? 나의 욕망 속에서 다른 사람이 움직이고 있는 것 같고, 이런 이질성이 나 자신을 경계가 정해진 분리된 존재로 의미화하려는 모든 노력을 분쇄한다. 나는 나 자신에 대한 이야기를 들려주려고 하겠지만, 또 다른 이야기가 이미 내 안에서 작용하고 있다. 이런 유아적 조건에서 출현했던 "나"와 처음부터 나의 욕망에 거주하고

---

110 쇤헤르만은 레비나스 철학의 중심 개념인 타자가 지닌 "비밀의 신비적인 통일성"에 대해 이야기한다. Hans-Martin Schönherr-Mann, "Ein Anfang der Gerechtigkeit. Postmoderne Theorie des Politischen", *Zeitschrift für Philosophische Forschung* Bd. 49, 1995, 43쪽.

나의 욕망을 탈취한 "너" — "너희들"의 집합 — 를 구분할 방법은 없다."[111]

자아 속에 들어 있는 낯선 타자, 자아와 타자의 경계의 모호함은 탈영토화의 관점에서 윤리적 문제에 접근하게 한다. 레비나스나 라플랑슈의 주장처럼, 자아가 처음부터 타자와의 관계에서만 형성되고 일차적으로 수동적으로 타자의 영향을 받는 취약함에 노출되어 있다면, 우리는 나르시시즘적인 관점에서 벗어나 타자와의 윤리적 관계에 관심을 가져야 한다. 왜냐하면 타자는 나와 명확히 구분되는 적대적 관계에 있지 않으며, 나의 한 부분을 형성하는 또 다른 나이기도 하기 때문이다. 타자에 대한 이러한 관심과 자아와 타자의 관계에서 자아를 이해하려는 생각은 내부와 외부를 구분하는 적대적인 관계에서 비롯되는 부정성의 폭력을 가로막을 것이다. 자아와 타자의 경계를 넘어서며 각자의 영토를 탈영토화하는 시도는 타자에 대한 윤리적 태도를 요구할 것이며 부정적 의미에서의 폭력을 저지할 것이다.

버틀러는 자기 동일성을 주장하고 타자에게도 그것을 요구하는 것을 윤리적 폭력으로 부르며, 이러한 자기 동일성과 완벽한 일관성에 대한 요구를 중지시키는 것이 그러한 폭력에 맞서는 것이라고 말한다.[112] 이러한 버틀러의 주장은 타당하며 레비나스의 타자의 윤리학을 계승하고 있다. 버틀러는 니체가 도덕의 계보학에 의거해 인간의 폭력을 자연적인 것으로 간주하며 그것을 윤리적 관점에서 바라보

111 버틀러, 『윤리적 폭력 비판』, 131쪽.

112 같은 책, 75쪽 참조.

지 못하는 오류를 범하고 있다고 주장하는데[113], 이러한 주장은 타당성이 있다. 하지만 버틀러의 비판을 넘어 니체가 예찬하는 소위 자연적 폭력성이 어떻게 그 당시 사회의 도덕적 작동과 연결될 수 있는지 살펴볼 필요가 있다. 니체는 원시적인 전사를 찬양하고 그의 잔인한 폭력을 긍정한다. 그러나 이러한 폭력은 그 자체로 도덕적 피안에서 행해졌다 하더라도 계급 있는 사회로서의 국가의 발생, 즉 구조적 폭력을 막기 위한 윤리적 측면을 획득하게 됨을 간과해서는 안 된다. 또한 원시사회에서 있었던 희생제의 역시 상호폭력에 의거한 폭력의 확산을 막기 위한 기능이 있었다.[114] 그러한 폭력을 시대적 맥락에서 끄집어내어 오늘날의 관점에서 비도덕적이라고 부르는 것은 문제가 있다. 또한 니체를 옹호하자면, 그가 원시사회 전사의 행동을 현대에 다

---

113 같은 책, 28-29쪽: "니체의 관점에서 문제는 그가 반대하는 도덕 및 사법적 질서가 우선권을 갖는 것뿐만 아니라, '인간'을 삶 자체에 적대적이게끔 강제적으로 제작하는 것이다. 그러나 니체의 인생관은 관대함보다 공격이 더 일차적이고, 정의에 대한 관심은 복수 윤리에서 출현한다고 가정한다. 니체는 자신이 했었던 것에 대해 질문을 받게 되는 대화적 장면, 즉 무엇을 어떤 이유에서 했는지 알고 싶어서 기다리는 사람에게 솔직해지려고 하는 상황을 고려하지 못한다. […] 또한 니체가 보기에 외적으로 다른 사람을 공격하면서 상해나 파괴를 야기시키는 경우가 있는 것은 분명하지만, 그런 고통겪기에는 그것이 삶의 일부분이고 삶 자체의 "유혹"과 "생명력"의 일부를 구성할 정도로 뭔가 "정당화될 만한" 것이 있다. 이런 설명에 대적해야 할 이유는 너무 많다. 앞으로의 논의를 통해 나는 니체와 내가 다르다는 것을 분명히 할 것이다. […] 니체는 우리가 우리 자신을 설명해 달라는 부탁을 받게 되는 다른 대화적 조건들을 이해하지 못했음이 분명하고, 그는 대신에 근원적인 공격성을 모든 인간 존재의 일부이자 삶 자체와 동연적인 것으로 간주하고 강조했다. 처벌 체계하에 공격성을 기소하는 것은 니체의 관점에서는 삶과 관련된 이런 진실을 뿌리째 뽑는 것이다."

114 르네 지라르, 『폭력과 성스러움』, 김진식 · 박무호 옮김, 민음사, 2003, 19쪽: "희생제의는 공동체 전체를 그들의 폭력으로부터 보호하는 것이며, 폭력의 방향을 공동체 전체로부터 돌려서 외부의 희생물에게로 향하게 한다는 말이다. 희생제의는 도처에 퍼져 있는 분쟁의 씨앗들을 희생물에게로 집중시키고, 분쟁의 씨앗에다 부분적인 만족감을 주어서 방향을 딴 데로 돌려 버린다."

시 '재현'할 것을 요구하지 않는다는 것이다. 그는 '새로운' 귀족을 요구하며, 초인으로 제시되는 비유 역시 전사가 아니라 아이이다. 물론 아이가 도덕의 피안에 있다는 점에서 전사와 연결되지만, 더 이상 외부의 적에게 물리적 폭력을 행사하는 것이 아니라, 기존의 가치를 전도시키고 새로운 가치를 창조하는 평화로운 놀이를 하고 있다는 점에서는 전사와 분명히 구분된다. 아이가 행하는 폭력은 더 이상 외부의 영토에 있는 적에 대한 공격이 아니라 자신의 내면에 존재하는 코드화된 개념에 대한 공격이다. 그것은 새로운 것을 끊임없이 창조해 내는 폭력기계이며, 결코 물리적 폭력을 일차적 목표로 갖지 않는다. 이러한 아이는 '자아'에게 사망선고를 내리고 타자를 자신의 내부에 수용한다. 타자와 자아 사이에 세워진 장벽을 허물고 그 국경을 자유롭게 왕래할 수 있게 된 후의 아이에게 더 이상 전쟁과 폭력은 필요 없다. 다만 장벽을 허물고 국경을 넘어서는 그 자체가 긍정적 의미에서의 폭력이 될 것이다. 그리고 그러한 폭력은 자신이나 다른 사람에게 동일성을 강요하는 사람에게만 행해질 것이며 그런 의미에서 윤리적 의미를 획득할 것이다.

7. 폭력의 패러다임 전환 2: 물리적 폭력에서 비물리적 폭력으로

앞에서 폭력의 패러다임 변화를 다루면서, 폭력이 적대적인 관계의 폭력에서 자기 연관적인 폭력으로 변화하였음을 보여 주었다. 다시 말해 오늘날 중심적인 새로운 폭력형태는 일차적으로 타자에게 향한다기보다는 자기 자신에게 향한다는 것이다. 그러나 이미 여기서도 자기 자신에게 향하는 자기 연관적 폭력이 특별한 양상을 띠며 다시 타자와 관계를 맺는 특수한 자기 연관성임을 강조한 바 있다. 즉 자신의 주체성을 끊임없이 새롭게 생산하는 과정으로서의 이념적 폭력은 단순히 자기 자신에게만 머무르지 않으며 타자를 끊임없이 자신 속에 끌어들이고 타자에게 영향을 미친다. 이로부터 폭력이 사적인 개인의 범위를 넘어서 정치적인 영역으로까지 확장될 수 있는 기틀이 마련된다.

사드, 마르크스, 니체, 소렐, 벤야민, 들뢰즈, 지젝 등 수많은 사상가들이 폭력을 단순히 부정적인 현상으로만 간주하지 않고 그것의 긍정성을 끌어내려고 하였다. 그러나 이 경우 폭력은 대부분 물리적·신체적 폭력과 동일시되었다. 니체의 경우 주체성의 파괴와 새로운 창조로서의 정신적 폭력의 가능성을 암시하고는 있지만, 폭력의 문제 자체에 대해 본격적으로 다루지는 않고 있다. 들뢰즈 역시 전쟁기계라는 개념으로 이념적 폭력을 암시하기는 하지만, 역시 이를 폭력의 맥락에서 제대로 다루지는 않는다. 현대에도 폭력은 특히 정치적인 차원에서 혁명과 연결되어 그것의 정당성 문제를 놓고 많은 논란을 야기하고 있다. 어떤 이들은 위계적이고 억압적인 권력의 폭압에 맞선 대항폭력을 정당한 폭력으로 간주하고 혁명에서의 폭력 사용을 긍정하는가 하면, 또 다른 이들은 그러한 폭력으로 인해 죽은 죄 없는 생명에 대한 윤리적 책임 문제를 거론하거나 그것이 또 다른 폭력을 불러오며 무한한 폭력의 연쇄를 야기할 것이라는 점에서 폭력의 사용을 비판하기도 한다. 물론 이러한 혁명에 대한 논의에서 거론되는 폭력은 물리적 폭력이다.

그런데 과연 현대에도 여전히 물리적 폭력이 가장 주도적인 폭력으로 존재하는가? 혹시 이와 관련된 폭력의 패러다임 변화는 일어나고 있지 않는가? 핑커가 방대한 자료를 통해 입증했듯이 역사적으로 볼 때 인류의 물리적 폭력은 점점 감소하는 추세에 있으며, 20세기 후반에서 21세기 초반은 인류역사상 그 어느 때보다 더 평화로운 시기였다. 물론 핵무기와 테러의 위협이 여전히 존재하지만, 그럼에도 물리적 폭력의 의미는 폭력의 역사에서 점점 줄어들고 있음을 알 수 있다. 반면 폭력에 대한 우리의 감수성은 점점 바뀌어 이전에 폭력으로 인지되지 않던 현상들이 폭력으로 인지되기 시작하고 있다. 많은 사상가들이 구조적 폭력에 대해 이야기하고 있으며, 일상에서도 언어적 폭력 같은 비물리적 위해행위가 폭력으로 인식되고 있다. 이는 현대사회에서 비물리적인 폭력의 의미가 점점 커지고 있음을 의미한다. 또 앞에서 말한 것처럼, 주체가 자신의 협소한 정체성과 인식의 틀을 깨고 이념적 폭력을 행사하는 경우도 이러한 비물리적 폭력으로의 패러다임 전환과 연결시켜 생각할 수 있다.

비물리적 폭력으로의 패러다임 변화는 특히 네그리와 하트가 말한 생산패러다임의 변화와 연관해 이해될 수 있다. 네그리와 하트는 공산품을 만들어 내던 산업생산에서 지식, 정동, 이미지, 정보, 사회적 관계 등을 생산해 내는 생명정치적 생산으로 생산의 패러다임 변화가 일어나고 있음을 강조한다. 이제 생산은 물건의 생산만을 의미하는 것이 아니라, 인간 자신의 생산을 의미하는 것이 되어 버렸다. 물론 물질적 생산이 여전히 존재하기는 하지만, 현대의 주도적인 생산은 명백히 비물질적 생산으로 넘어가 버렸다는 것이다. 이처럼 오늘날 지식과 정보, 정동, 사회적 관계 같은 비물질적 생산이 주도적인 역할을 하는 사회에서 폭력 역시 그에 상응하는 형태를 띠게 된다. 즉 폭력 역시 인간의 신체 대신 마음과 정신을 겨냥하고 공격하며 그것에 상처를 입히거나 그것을 변화시키려는 목적에서 행해진다. 특히 이념적 폭력의 경우 개인의 협소한 정체성과 편협한 사상을 파괴하고 자신을 새롭게 생산하고 창조함으로써 생명정치적 생산과 긴밀한 연관을 맺는다.

그런데 여기서 말한 생명정치적 생산은 개인의 고립된 분업적 생산이 아니라 다른 특이성들과 소통하고 협력하며 공통의 것을 만들어 가는 과정을 의미한다. 이러한 과정에서 네그리와 하트는 다중이라는 명확히 규정될 수 없는 이질적인 사람들의 집단이 네트워크적으로 관계를 맺게 됨을 지적한다. 이러한 생명정치적 생산은 더 이상 자본에 의해 조직되지 않고 점점 자율적이 되는 경향이 있다. 즉 명령을 내리고 훈육을 통해 노동을 조직하려는 자본은 더 이상 생명정치적 생산에 기여하지 못하며 오히려 장애가 되고 있다는 것이다. 이러한 면에서 생명정치적 생산을 해 나가는 다중은 자유로운 협력과 소통의 평등한 네트워크적 노동을 경제적인 영역에서 정치적인 제도의 조직으로까지 확장해 나가게 된다.[115]

그러나 이러한 생명정치적 생산에 장애가 되고 생명정치적 생산

115 네그리와 하트는 다중이 "잠재적으로는 사회적 생산을 하는 온갖 다양한 주체들로 구성되어 있다"(네그리 · 하트, 『다중』, 19-20쪽)고 말하면서, 다중의 경제적 측면과 정치적 측면을 언급한다. 경제적 측면이란, 다양한 주체들로 구성된 다중이 서로 소통하고 협력하며 공통된 것을 기반으로 공통적인 것을 생산하는 것을 의미한다. 그리고 정치적 측면이란, 중앙집권적이고 명령에 기반을 둔 권력체제에 저항하며 네트워크적이고 민주적인 정치적 조직을 창조하는 다중의 특성을 의미한다. 같은 책, 20-21쪽 참조.

이 정치적인 제도화로 확장되는 것을 막으려는 정치경제적 위계와 억압의 장치들을 파괴하고 새로운 정치경제적 체제를 세우기 위해 네그리와 하트는 혁명이 필요하다고 말한다. 그렇다면 이러한 혁명은 어떤 폭력의 형식에 기반을 두어야 할까?

네그리와 하트는 『다중. 제국이 지배하는 시대의 전쟁과 민주주의 *Multitude. War and Democracy in the Age of Empire*』(2004)에서 폭력의 민주적 활용의 중요성을 강조한다.[116] 폭력을 민주적으로 사용하기 위해서는 첫 번째로 폭력이 그 자체로 목적이 되거나 정치적 행위의 기초가 되어서는 안 되며, 오로지 정치적 목적을 달성하기 위한 수단으로서만 사용되어야 한다. 그러나 이러한 수단으로서의 폭력은 두 번째로 오직 방어적인 경우에만 사용이 허용되어야 한다. 즉 그것은 방어적 상황이 아닌 경우에 단순히 정치적 목표를 달성하기 위한 수단으로 사용되어서는 안 된다. 네그리와 하트는 "민주적 폭력은 오로지 사회를 방어할 수 있을 뿐, 창조하지는 못한다"며 그것은 "오직 마지막에만, 정치적 · 사회적 변형이 이미 일어났을 때, 그것을 완성하기 위해서만 나타난다"고 말한다.[117] 이로써 혁명에서 폭력은 적극적인 전략적 수단이 아니라 일종의 저항적 성격을 띠게 된다. 마지막으로 네그리와 하트는 "폭력의 사용 역시 민주적으로 조직되어야 한다"[118]고 주장한다. 왜냐하면 실제로는 많은 국가나 집단이 방어적 폭력을 내세우면서 비민주적인 의사결정에 의해 침략전쟁을 수행하거나 테러를 저지

116 폭력의 민주적 사용 가능성과 관련된 세 가지 조건에 대해서는 같은 책, 407-410쪽을 참조하시오.

117 같은 책, 409쪽.

118 같은 책, 410쪽.

르고 있기 때문이다. 그 때문에 폭력은 벤야민이 말한 것처럼 한 개인의 내면적 감정(정의감)에 의거해서나 한 국가나 정치집단의 단순한 도덕적 주장에 의해 정당성을 획득할 수는 없으며, 오히려 다중의 민주적인 결정과정에 의해 승인되어야 한다.

폭력의 민주적 활용에 대한 네그리와 하트의 주장은 폭력을 부정하지 않으면서도 그것의 잘못된 사용을 경고하고 있다는 점에서 의미가 있다. 다만 여기서 이들은 자신들이 말하는 폭력이 물리적 폭력에 제한되는 것인지 아니면 이를 넘어서는 것인지 분명히 하고 있지 않다. 물론 네그리와 하트는 폭력의 민주적 사용과 관련해 여러 가지 사용가능한 무기를 언급하며 수동적 저항이나 사보타주를 예로 들기 때문에 때로는 비물리적 폭력까지 폭력에 포함시키는 것으로 보인다. 그러나 이들이 폭력의 방어적 사용을 주장할 때는 다시 폭력을 좁은 의미에서의 물리적 폭력에 국한시키는 경향이 있다. 이처럼 네그리와 하트는 폭력 개념을 명확히 규정하지 않고 있기 때문에 때때로 폭력의 민주적 사용에 대한 이들의 주장은 모순적이고 혼란을 야기한다. 또한 이들은 이념적 폭력을 자신들의 폭력 개념에 포함시키지 않기 때문에 방어적 폭력을 넘어선 보다 능동적이고 적극적인 폭력 개념을 제시하지 못하는 한계를 갖고 있다.

네그리와 하트는 혁명에 폭력이 필요하다는 점에 동의하면서 원칙적으로 그것이 물리적 폭력을 배제하지 않는다고 말한다. 이 점에서 그는 앞에서 언급한 폭력을 긍정하는 사상가들과 크게 다르지 않다. 그러나 그는 여기서 한 걸음 더 나아가 그러한 폭력이 반드시 유혈폭력일 필요는 없으며, 어떤 폭력의 형태를 사용할 것인가가 중요하다고 말한다. 즉 그는 유혈폭력을 혁명의 수단으로 배제하지는 않지만, 과연 그것이 오늘날에도 여전히 가장 주도적인 혁명의 수단이 될 수 있을지에 대해 성찰을 요구하는 것이다.

비록 이러한 혁명의 방식과 관련해 네그리와 하트가 근거로 끌어들이지는 않지만 앞에서 제시한 그들의 생명정치의 이념과 관련해, 폭력 역시 이러한 생산 패러다임의 변화에 상응하는 패러다임의 변화가 필요한 것은 아닐지 생각해 볼 필요가 있다. 재미있는 것은 네그리와 하트가 현대의 혁명적 수단으로서의 폭력형식을 윤리적 관점이 아니라 유용성 내지 효율성의 관점에서 생각하고 있다는 점이다. "첫 번째 기준, 그리고 가장 분명한 기준은 어떤 무기와 전략이 가장 효과적이며 투쟁을 승리로 이끌 수 있느냐 하는 것이다. 가장 센 화력을 보유한 쪽이 늘 이기는 것은 아니라는 사실을 명심하라. 사실 우리가 생각하기에 오늘날에는 점점 더 무장부대보다는 '비무장 다중'이 효과적이고, 정면공격보다는 엑서더스가 더욱 강력하다. 이 맥락에서 엑서더스는 종종 사보타주, 비협조, 대항문화적 실천, 일반화된 불복종 등의 형태를 취한다. 이러한 실천들이 효과를 발휘하는 것은 생명권력이 언제나 자신이 지배하는 주체성들에 '종속'되어 있기 때문이다. 주체성들이 어떤 지형을 비우면 진공이 창출되며, 생명권력은 그 진공을 견디지 못한다."[119] 지식이나 정보 같은 비물질적인 생산이 주도적인 되는 시대에 생산주체이자 생산물이 되는 특이성으로서의 인간들이 탈주하는 것 자체가 생산과정에 장애를 일으키며 그러한 신체들에 종속되어 있는 자본이라는 생명권력에 큰 어려움을 야기한다. 이

119 네그리 · 하트, 『공통체』, 정남영 · 윤영광 옮김, 사월의 책, 2014, 502쪽(이 책에서 '삶권력'은 '생명권력'으로 바꿔서 인용함).

러한 전략적 이유에서 네그리와 하트는 오늘날 물리적 폭력보다 일종의 엑서더스를 통한 공격으로서의 비물리적 저항(비물리적 폭력)을 선호한다.

그러나 네그리와 하트는 자본주의 사회에 대한 비판에만 몰두한 나머지 저항의 형식을 지나치게 생산의 문제와만 결부시키는 한계를 보인다. 하지만 국내의 촛불집회에서 드러났듯이, 생산의 중단과 무관한 시위 형태도 얼마든지 정치적 영향력을 행사하며 실질적인 효과를 발휘할 수 있다는 것이 입증되었다. 따라서 생산력이나 생산관계 같은 마르크스주의적인 범주에서 벗어나 보다 자유롭고 창의적으로 비물리적인 저항이나 폭력의 형식을 계발하고 실험할 필요가 있다.

네그리와 하트가 물리적 폭력보다 비물리적 폭력을 선호하는 또 다른 이유는 윤리적 책임의 문제와 완전히 무관한 것은 아닌 듯 보인다. "두 번째 기준이 훨씬 더 중요하다. 그것은 어떤 무기와 어떤 형태의 폭력이 다중 자신에게 가장 이로운 영향을 미치는가이다. 전쟁의 수행은 언제나 주체성의 생산을 수반한다. 그리고 종종 적에 대해 가장 효과적인 무기가 투쟁을 수행하는 이들 자신에게 가장 해로운 영향을 미치기도 한다."[120] 그러면서 이들은 프랑스 혁명의 대의를 위해 더 많은 민중의 피를 흘릴 수도 있다는 토마스 제퍼슨의 입장에 거리를 둔다.[121] 물리적 폭력의 사용은 혁명에 참여한 이들 자신의 많은 목숨을 앗아 갈 수 있을 뿐만 아니라, 그러한 물리적 폭력의 사용결과로

120 같은 책, 503쪽.
121 같은 곳.

그들에게 정신적인 트라우마를 유발할 수도 있다. 따라서 네그리와 하트가 폭력을 다중의 생명과 주체성 형성에 관한 윤리적 책임과 연계시켜 바라보며, 물리적 폭력에 대해 어느 정도 유보적 태도를 취하고 있음을 알 수 있다.

물론 가령 혁명이나 식민지해방투쟁에서 물리적인 폭력이 행사될 경우에 이를 무조건 도덕적으로 비판할 수만은 없다. 폭력의 원인이란 결코 단선적이지 않고 대단히 복잡하기 때문에 폭력 자체를 도덕적으로 단죄하는 것은 옳지 못하다. 따라서 그러한 폭력이 발생하였을 때는 그것의 원인을 윤리적 담론의 차원에서 고찰하되 다중시점적인 시각에서 바라보는 것이 필요하다. 그렇지만 이것이 특정한 사회에서 물리적 폭력을 정치적인 '행동지침'으로 권하는 것을 정당화하지는 못한다. 왜냐하면 물리적 폭력은 궁극적으로 타자를 말살시킴으로써 타자의 잠재적 변신 가능성을 근원적으로 차단하는 동시에 자아 속에 담긴 타자의 존재 자체를 함께 말살할 수 있기 때문이다. 다만 그 자신의 존재 가능성이 물리적 폭력에 의해 위협받을 경우에는 방어적 차원에서 그러한 폭력을 행동지침으로 삼을 수도 있을 것이다. 그 때문에 다중에 관한 윤리적 책임의 차원에서 물리적 폭력의 사용에 대해 — 완전히는 아니더라도 — 어느 정도 유보적인 태도를 보인 네그리와 하트의 입장을 넘어서, 억압받는 다중 이외의 타자 전체에까지 윤리적 책임을 적용해야 할 것이다. 자본가, 백인, 남성 등 소위 위계적인 권력관계에서 지배적인 위치를 점하는 사람들이라도 언제든지 그러한 위계적 경계의 벽을 허물며 자기변신을 할 수 있다. 물리적 폭력을 통해 불특정 다수로서의 그들의 생명을 앗아 간다면, 이는 그들의 자기변신 내지 새로운 주체성의 생산 가능성 자체를 차단해 버리고 말 것이다. 다만 특정한 지배계급의 폭정이나 한 개인의 폭력이 정당한 방어로서의 폭력을 불가피하게 만들었을 때는 구체적인 폭력의 행사자로서의 타자(들)에 대한 폭력이 허용될 수 있을 것이다. 따라서 방어적 차원이 아니라 혁명적인 공격수단으로서의 물리적 폭력의 행사는 윤리적 책임의 문제에서 완전히 자유로울 수 없을 것이다. 그 때문에 오늘날 비물리적 폭력으로의 패러다임 전환은 단순히 유용성과 효과의 차원에서만 나타나는 것으로 생각되어서는 안 되며, 또한 윤리적 책임의 차원에서도 요청된다는 것을 잊어서는 안 될 것이다.

끝으로 한 가지 덧붙이고 싶은 것은 앞에서 언급했던 폭력의 패러다임 변화가 결코 폭력의 단계이론을 의미하는 것이 아니라는 점이다. 즉 그것은 한병철이 말한 것처럼 현대사회에서 폭력이 부정성의 폭력에서 긍정성의 폭력으로, 적대적 관계의 폭력에서 자기 연관적 폭력으로 변화하며 단계적으로 대체됨을 의미하는 것이 아니다. 3차 산업이 생겨나도 1차 산업과 2차 산업이 여전히 존재하듯이, 긍정성의 폭력이 새로운 폭력의 패러다임으로 등장한다고 해서 결코 부정성의 폭력이 사라지지는 않는다. 다만 3차 산업시대의 농업이 그것이 지배적인 역할을 했던 1차 산업시대의 농업과 질적으로 다른 의미를 갖듯이, 부정성의 폭력 역시 오늘날 그 형태나 의미가 변할 수 있다. 가령 민족국가적인 경계 내에서 행해지던 테러리즘은 오늘날 국가의 경계를 넘어서 전 세계적인 차원에서 행해지며 질적으로 새로운 차원에 접어들고 있다. 또한 테러리즘은 단순히 민간인의 생명을 노리는 물리적 폭력이 아니라 그것이 노리는 적대적 세력에게 공포를 심어 주는 반면 동시에 동조세력을 규합하는 커뮤니케이션적인 특성을 지니고 있다.[122] 그 때문에 오늘날 지식과 정보 및 정서의 생산에 있어 없어서는 안 될 소통과 협력의 기술이 현대의 테러리즘에서도 적극적으로 수용되어 매체를 활용하는 테러리즘의 소통적 측면을 더욱 확대시키고 있는 것이다. 따라서 긍정성의 폭력의 시대에 우리는 부정성의 폭력을 결코 무시해서는 안 되며, 오히려 그것이 어떤 형태로 끊임없이 변화하며 새로운 위협을 초래하는지 예의주시해야 할 것이다. 아울러 긍정성의 폭력이 지니는 윤리적 의미를 강조하며, 부정성의 폭력이 확산되지 않도록 노력해야 할 것이다. 왜냐하면 새로운 폭력 패러다임으로서 긍정성의 폭력의 등장은 지식과 정보가 주도적인 생산물이 되는 정보화 사회의 물질적 토대 위에서 자동적으로 달성되는 것이 아니라 그에 준하는 윤리적 노력과 실천이 수반되어야 하기 때문이다.

8. 폭력기계로서 폭력의 정의에 대하여

도덕적으로 부정적인 현상으로 간주되는 폭력 개념에서 폭력기계 개념으로 이행하는 것은 폭력의 정의와 의미에 어떤 변화를 가져오는가?

어떤 하나의 사물이나 현상을 명확히 개념적으로 규정한다는 것은 불가능하다. 데리다나 라캉의 말처럼 기표는 기의를 포착하지 못하며 기표는 끊임없이 새로운 기표만을 만들어 낼 뿐이다. 우리가 책

122 Herfried Münkler, "Clausewitz und die neuen Kriege. Über Terrorismus, Partisanenkrieg und die Ökonomie der Gewalt", *Gewalt*, W. Heitmeyer & H. G. Soeffner (Hrsg.), 375쪽 참조.

상이라고 부르는 것도 그것이 어떻게 기계적으로 배치되느냐에 따라 그 정신적 의미가 달라진다. 가령 우리가 탁구채와 탁구공을 들고 그 위에서 두 사람이 탁구를 치면 그것은 탁구대가 되는 것이다. 똑같은 사물이 때로는 책상이 되고 때로는 탁구대가 되는 것처럼, 그 사물에 잠재해 있는 다양체로서의 가능성을 열어 줄 때 우리가 일반적으로 그것을 책상으로 부르며 그것에 부여하는 단일한 정체성은 깨지게 된다. 폭력이라는 사건 역시 마찬가지이다. 폭력의 정신적 의미 역시 그것이 어떻게 배치되느냐에 따라 달라지며, 경우에 따라 그것과 반대되는 현상, 즉 비폭력의 의미를 지닐 수도 있게 된다.

개념적으로 폭력을 정의한다는 것은 엄밀한 의미에서 불가능하다. 그러나 적어도 우리가 지금까지 폭력에 부여한 통일된 정체성을 파괴하고 폭력 개념에 대한 폭력을 행사한다는 의미에서 그러한 시도는 무의미하지 않을 것이다. 그것은 단일한 정체성을 지닌 폭력 개념 대신 다양체로서의 폭력기계 개념으로 이행하는 것을 의미하기도 한다.

절대적인 선악 구도가 무너지고 보편타당한 도덕의 문제가 상대적인 가치의 문제로 바뀌게 되면, 폭력 역시 더 이상 그 자체로 비도덕적이 되지 않는다. 따라서 비도덕적인 위해행위만을 폭력으로 부를 수는 없다. 그러나 그렇다고 이것이 폭력의 문제가 윤리적 지평을 완전히 떠나게 된다는 것을 의미하지는 않는다. 단순히 장난감이 떨어져 부서진다고 해서 그것을 폭력으로 부르지는 않는다. 벤야민에 따르면, 폭력은 "그 원인이 윤리적 상황에 개입할 때에야 비로소 가능"[123]

123 발터 벤야민, 「폭력비판을 위하여」, 『역사의 개념에 대하여. 폭력비판을 위하여. 초현실주의 외』, 최성만 옮김, 도서출판 길, 2009, 80쪽.

하다. 즉 폭력이라는 사건은 옳고 그름이라는 정당성의 문제, 윤리적 문제를 야기한다. 그렇다고 이것이 폭력이 도덕적으로 명백히 부당한 행위라는 의미는 결코 아니다. 일반적으로 도덕적인 관점에서 정의되는 폭력은 이제 그 자체로 비도덕적인 것으로 평가되기보다는 그것이 생겨나는 윤리적 맥락에 대한 논의를 통해 그것에 대한 가치평가가 달라질 수 있는 현상이 된다. 그리고 폭력이 도덕 일반과 마찬가지로 절대적인 선악의 구도, 즉 도덕적 평가의 피안에 위치하더라도, 그러한 윤리적 담론 자체가 결코 무의미한 것은 아니다. 니체가 취향과 가치를 둘러싼 싸움의 중요성을 강조한 것처럼, 폭력 역시 그것이 비도덕적인 것으로 규정되지 않더라도 윤리적 영역과 여전히 관련을 맺으며 담론의 대상이 된다. 이 말은 폭력이 객관적 현상이 아니며 해석의 문제와 밀접하게 연결되어 있음을 보여 준다.

그러나 폭력이 윤리적 영역과 관련을 맺는다고 해서 일차적으로 규범적인 세계에서만 그러한 폭력이 발생할 수 있다는 것을 의미하지는 않는다. 인식과 도덕 그리고 예술의 영역을 서로 구분하는 것이 무의미하지는 않을지라도, 생활세계를 구성하는 이 영역들은 칸트나 하버마스의 이론에서처럼 그렇게 명확하게 구분되지는 않는다. 이 영역들 간의 경계는 결코 고정되어 있지 않으며, 그 경계를 뛰어넘거나 가로지르는 것이 얼마든지 가능하다. 그래서 가령 '지구는 둥글다'라는 주장은 인식의 영역에 속하지만, 동시에 그것은 단순히 참과 거짓의 문제만은 아니며, 갈릴레이의 예에서 알 수 있듯이 도덕적 · 규범적 영역과 연결될 수도 있다. 이를 토대로 폭력이란 윤리적 상황과 연관을 맺는 현상이지만, 그것이 반드시 '일차적으로' 규범적 영역 내에서만 발생하는 현상은 아님을 알 수 있다. 또 다른 예로 누군가가 버틀러처럼 "인간의 성은 생물학적으로가 아니라 문화적으로 결정되는 것이다."라고 주장한다면, 이러한 주장은 분명 참과 거짓을 다루는 인식의 영역에 속하지만, 기존의 보수적인 성담론 지지자를 공격하는 윤리적 맥락으로 들어와 그들의 담론을 파괴하는 일종의 폭력이 될 수도 있다. 그러한 주장은 결코 단순히 명제를 내세우는 객관적인 진리의 주장이 아니라 청자와 특정한 관계를 맺으며 문제제기를 수행하는 윤리적 행위이기도 하다. 이러한 맥락에서 직접적인 물리적 폭력으로서의 인간의 행위에서만 폭력이 발생하는 것이 아니며, 정신적 차원에서 또는 언어적 차원에서 어떤 제도나 이념을 공격하거나 주장할 때도 마찬가지로 폭력이 발생할 수 있음을 알 수 있다. 따라서 폭력은 행위이론의 틀을 넘어서 사유되어야 한다. 이러한 폭력은 더 이상 전통적인 폭력 개념으로는 이해할 수 없으며, 단지 잠재적인 다양체로서 다양한 의미를 생성해 낼 수 있는 폭력기계의 개념을 도입함으로써만 이해가 가능하다.

이처럼 도덕적인 관점에서 항상 부정적인 현상으로 간주되어 온 폭력 개념에서 폭력기계 개념으로의 이행은 먼저 폭력의 주체와 객체의 범위에 변화를 가져온다. 도덕적 관점에서 폭력의 주체와 대상이 일반적으로 (경우에 따라 폭력의 대상으로 동물이 포함됨) 인간에 국한되었다면, 폭력기계에서는 그러한 폭력의 주체와 대상이 훨씬 확장된다. 예를 들어 내가 인종적 편견이나 성소수자에 대한 편견을 비판할 때, 이것 역시 폭력이 될 수 있다. 이 경우 내가 공격하고 파괴하는 것은 일차적으로는 그러한 이데올로기적 담론 자체이다. 즉 폭력의 대상은 인간이 아니라 특정한 담론이다. 그런데 이러한 담론들은 준대상 내지 준주체로서 동시에 특정한 타자들의 정체성을 구성하는 요소들이기 때문에, 이 담론들에 대한 비판은 그들에게 심리적 · 정신적 타격을 가져다준다. 그렇기 때문에 하나의 담론은 단순히 객관적인 주장이 아니라 윤리적 맥락에 들어서는 행위이기도 하다. 또한 엄밀히 말하면 폭력의 주체 역시 신체적인 자아 외에 나의 담론, 경우에 따라서는 내가 습득한 타자의 담론으로 구성되어 있다. 따라서 이러한 담론 비판에서 폭력의 주체와 대상은 각각 좁은 의미에서의 행위자인 인간이 아니라 그러한 인간을 구성하는 담론이 된다.

마찬가지로 사회적 · 경제적 시스템 자체가 폭력의 주체가 될 수도 있다. 물론 한병철의 말처럼 폭력과 권력은 구분할 필요가 있다.[124] 그렇지 않으면 모든 것이 다 폭력이 될 수 있기 때문이다. 독일어에서 Macht가 힘과 권력의 의미 둘 다 지니는 것처럼, Gewalt라는 말 역시 권력과 폭력의 의미 모두 지닌다. 힘이 타인에게 압력을 행사하며 자신의 의사를 관철시키려는 힘이 될 때 권력으로 바뀌는 것처럼, 권력 역시 타인에게 최소한의 선택권마저 빼앗아 가는 강제력이 될 때 폭력으로 바뀐다. 권력이 대체로 — 모든 권력이 다 그런 것은 아니지만 — 일종의 압력으로서 그 대상과의 거리를 유지한다면, 폭력은 파괴로서 그 대상과 접촉하며 대상과의 거리를 없앤다. 이렇게 볼 때 만일 자본주의나 사회주의 체제가 그 사회의 특정 구성원에게 더 이상 어떤 선택도 허용하지 않는 억압적인 체제로 기능하며 윤리적 문제를 야기한다면, 이를 시스템적인 폭력이라고 부를 수 있을 것이다. 물론 그러한 시스템이 폭력이냐 아니냐는 때로는 객관적인 현상의 문제라

124 그러나 이 말이 폭력과 권력이 항상 구분된다는 의미는 아니다. 가령 물리적인 공권력 행사의 경우처럼 권력과 폭력이 일치하는 경우도 존재한다.

기보다는 해석의 문제가 되기도 한다.

이처럼 담론이나 시스템이 폭력의 주체가 될 수 있다면, 행위이론에 입각한 폭력 개념에서 폭력의 필수적인 구성요소였던 수단은 자동적으로 사라진다. 왜냐하면 담론이나 시스템은 그 자체 외의 다른 수단을 사용해 폭력을 행사하는 것이 아니기 때문이다. 물론 담론이나 시스템에 '주체'라는 개념을 사용하는 것은 다시 행위이론으로 돌아가는 느낌을 줄 수 있다. 따라서 여기서 주체라고 할 때는 그것의 일반적 의미에서가 아니라 폭력이 생겨나는 발생지 정도의 의미로 해석하면 좋을 것이다. 이처럼 폭력의 주체와 대상의 범위가 확장된다는 것은 궁극적으로는 폭력 개념 자체의 확장을 가져온다. 폭력은 더 이상 단순히 물리적·신체적 폭력을 의미하지 않으며, 훨씬 더 다양한 의미를 지닐 수 있는 것이다.

이와 같이 폭력의 주체와 대상은 결코 인간으로 한정되지 않으며 폭력기계가 다른 기계들과 어떤 배치관계를 맺고 있는지에 따라 달라진다. 동시에 이러한 기계적 배치에 따라 폭력기계의 의미 역시 달라진다. 일반적으로 우리가 의미하는 폭력, 즉 물리적 폭력의 차원에서 폭력기계는 좁은 의미의 폭력이라는 의미만 지닌다. 그러나 앞에서처럼 인간이 아니라 어떤 담론을 폭력대상으로 삼을 때, 그러한 폭력은 이데올로기 비판(보다 정확히 말하자면 담론 비판)[125]의 의미를 지니게 될 것이다. 또한 자아가 자신의 동일성 압력에서 벗어나 자신을 매번 새로운 자아(의 사건으)로 일어나게 할 때, 이러한 동일성 파괴의

125 왜냐하면 절대적인 진리의 존재를 부정한다면, 허위의식으로서의 이데올로기란 존재할 수 없으며 그 때문에 구성적인 성격을 띤 담론만을 비판할 수 있기 때문이다.

폭력[126]은 변신의 의미를 획득한다. 동시에 이것은 자아가 자아에게 행사하는 자기 연관적 폭력이면서도, 자아가 타자를 자신 속에 수용하며 타자가 되기 때문에 내부와 외부의 경계를 허무는 특수한 자기 연관적 폭력이기도 하다. 왜냐하면 자신의 역능을 확장시켜 나가는 주체성의 새로운 생산은 타자와의 협력 및 소통을 통해서만 가능하기 때문이다. 타자의 담론과의 대결, 그로부터의 영향이 자아의 정체성을 혁신하고 새롭게 창조하는 원동력이 되는 것이다. 또한 정부의 정책을 공격하며 평화적 시위의 형태로 나타나는 폭력기계는 비폭력저항의 의미를 갖게 될 것이다. 이러한 비폭력 시위가 폭력인 이유는 정부가 내세우는 허위이데올로기를 공격하고 파괴하기 때문이다. 따라서 이러한 비폭력저항으로서의 폭력기계에서는 더 이상 폭력과 비폭력의 전통적인 이분법적 구분이 유효하지 않게 되며, 양자는 서로 명확히 구분할 수 없는 비식별지역에 들어서게 된다.

들뢰즈와 가타리는 남성과 여성의 거시적인 이분법적 구분에 맞서 남성의 미시적인 여성-되기를 언급한다. 어떤 남자라도 한순간 여성적인 특성을 보여 주며 실체적으로가 아니라 기氣적인 의미에서 여성이 될 수 있으며, 따라서 여성과 남성의 경계는 확고하지 않고 언제든지 양자의 비식별영역으로 들어가 창조적인 탈주선 내지 도주선을 형성할 수 있다. 이것은 동시에 여성 역시 우리가 개념적으로 이해하

126 네그리와 하트도 "가장 무시무시한 폭력은 혁명적인 정체성 정치에서 찾아볼 수 있는 괴물스러운 자기변형"이라며 "정체성을 폐지하는 것, 현재의 자신을 뒤에 남겨 두고 떠나는 것, 인종 · 젠더 · 계급 · 섹슈얼리티를 비롯한 그 어떤 정체성도 없는 새로운 세계를 건설하는 것은 엄청나게 폭력적인 과정이다."라고 말한다. 네그리 · 하트, 『공통체』, 506쪽.

는 것과 달리 항상 다른 근접해 있는 것으로 넘어갈 수 있는 생성적인 존재, 즉 여성-되기로 존재함을 의미한다. 남성의 여성-되기가 가능하려면, 여성이 우선 여성-되기가 되어야 한다. 즉 남성이나 여성 모두 다양체로서의 생성의 존재가 되어야 한다. 들뢰즈와 가타리는 모든 것이 형식과 주체를 이루지 않는 미시적인 입자로서의 생성의 상태에 있음을 강조한다.

이러한 관점에서 보면, 폭력 역시 개념적 구분에서와 달리 비폭력과의 경계가 확정되어 있지 않으며 근접 영역으로 넘어갈 수 있다. 한마디로 폭력의 의미는 들뢰즈와 가타리의 용어로 그것이 어떤 기계적 배치에 놓이는가에 따라 끊임없이 변화한다. 가령 백인과 흑인의 이분법적 구분을 인정하지 않으며 그러한 구분 자체를 파괴하는 폭력기계는 이데올로기비판의 차원에서 일어나며, 이로부터 흑인에 대한 차별과 폭력을 비판하고 저지하려는 비폭력저항이 된다. 백인의 압제에 맞서 저항하는 사람들은 백인을 공격하고 살해하는 물리적 폭력이 아니라, 그러한 이분법적 구분과 차별의 사고를 공격하고 파괴하는 비폭력적 저항(가령 지속적인 비판이나 평화적 시위), 즉 이념적 폭력을 행사해야 한다. 여기에서 폭력과 비폭력은 비식별지역에 들어서며 서로 연결된다. 또한 하나의 정체성이 아니라 다양한 특이성들로 이루어진 주체는 비폭력저항으로서 이념적 폭력을 행사하면서 타자의 억압적 권력에 저항하면서도 그를 부정하거나 말살하지 않을 수 있다. 오히려 그는 타자를 구성하는 담론의 족쇄를 파괴함으로써 다양체로서 타자가 지닌 잠재성을 펼칠 수 있는 기회를 그에게 제공한다. 물론 그러한 변화는 궁극적으로는 타자가 스스로의 협소한 자아의 경계를 부수고 다른 사람들의 담론을 적극적으로 받아들이며, 백인의 흑인-되기, 어른의 아이-되기, 남성의 여성-되기 등을 실현함으로써 만 가능하다. 즉 그가 힘에 대한 의지를 가지고 놀이하는 아이, 초인이 될 경우에만 가능하다. 자아는 자신 속에 타자를 내포하고 있으며 근본적으로 모든 사람이 될 수 있기 때문에 타자를 단순히 적대시하며 그를 말살시키는 것은 곧 자기 자신의 말살을 의미할 수 있다. 그 때문에 중요한 것은 타자의 말살이 아니라, 모든 것을 동일자의 원칙하에 종속시키고 이분법적 구분에 의한 폭력을 행사하는 타자에게 저항하며 그 타자 속에 내재된 다양체로서의 가능성을 열어 주는 것이다. 이처럼 폭력이 더 이상 구체적으로 행사되는 물리적 폭력을 의미하지 않고 추상적인 폭력-되기, 추상적인 폭력기계로 변화함으로써, 그것은 근본적으로 무한한 생성을 하며 새로운 의미를 창출할 수 있게 된다.

9. 폭력의 계보학 2

우리는 흔히 하나의 단어가 하나의 대상을 지시하거나 하나의 의미만을 갖는다고 생각하기 쉽다. 그러나 한 단어에는 엄청난 역사가 숨어 있으며, 그것의 의미나 그것에 대한 가치평가는 시대적으로 끊임없이 변해 왔고 또 앞으로도 변할 것이다. 지금까지 내가 저술한 책에서 주로 한 작업은 기억, 반복, 문자, 시선 등의 개념에 숨겨진 다양한 문화적 의미를 시대적 변화와 함께 살펴보는 것이었다. 이를 통해 공통적으로 확인할 수 있었던 것은 근대를 중심축으로 두고 전근대와 포스트모더니즘이 가치평가나 그 양상에 있어 공통점 내지 유사성을 보인다는 점이다. 예를 들면 반복은 근대에는 무언가를 기억하지 못하고 오류를 반복하는 부정적 현상을 가리키는 개념으로 사용되었던 반면, 전근대에서는 매번 신과 새롭게 만나는 특별하고 신성한 체험으로서 긍정적 반복으로 여겨졌으며, 포스트모던 시대에도 그 자체로 끊임없이 변화하며 생성 중인 규정할 수 없는 차이 자체가 매번 새롭게 반복되는 창조적 반복으로서 긍정적 의미를 획득한다. 그렇다고 전근대와 포스트모던의 시대가 동일하다는 의미는 아니다. 포스트모더니즘에서의 반복은 종교적이고 초월적인 형이상학적 의미를 상실하고 단일한 모습보다는 다원적인 모습으로 나타난다는 점에서 전근대적인 반복과 구분된다.

특정한 개념에 대한 이러한 계보학적인 연구는 과거 그 개념의 사용양상을 살펴봄으로써 현재 제한된 의미로만 사용되는 그 개념의 경계를 부수고 그 속에 잠재된 미래의 다양한 의미를 펼쳐 보인다는 점에서 의미가 있다. 니체가 도덕을 계보학적으로 연구한 것 역시 원시사회의 잔혹성을 자연적인 것으로 찬미하려는 목적보다는 이를 통해 폭력의 긍정성을 인식하고 그것을 미래의 사회에서 어떻게 재해석하며 찾아낼 것인지 성찰하기 위함이었다.

폭력을 계보학적으로 연구하면, 원시사회에서 폭력이 긍정적 의미를 갖고 있었음을 알 수 있다. 원시사회에서 폭력은 외부의 적에 대한 폭력으로서의 전쟁이든 성인식 같은 내부적 의식儀式에서 사용되는 폭력으로서의 고문이든 긍정적 의미를 갖고 있었다. 그것은 앞에서 살펴본 것처럼, 무엇보다 부족 내에서 위계적인 질서와 억압적인 권력이 등장하는 것을 막고, 모든 사회구성원이 평등한 지위를 지니며, 집단적 소속감과 정체성을 지닐 수 있도록 돕는 작용을 한다.

이러한 폭력에 대한 평가는 특히 근대사회에 들어서면서 완전히 뒤바뀌며, 폭력 자체는 도덕적인 담론의 맥락에서 부정적인 것으로 간주되기 시작한다. 근대에 전쟁은 평화를 위협하는 파괴적인 폭력일 뿐이며, 고문 역시 합리적인 법체계에 의해 비인간적인 잔혹행위로 비판된다. 이러한 입장에서 폭력은 항상 부정적인 현상으로 나타나며, 어떤 이유에서도 정당화될 수 없는 비도덕적 행위로 간주된다. 폭력은 오직 그러한 폭력의 확산을 막기 위해 국가만이 독점하며 사용할 수 있는 것이 된다.

그러나 이처럼 폭력을 배제하고 인간이성을 주장하는 근대의 국가체제가 가져온 여러 가지 사회적 문제들은 많은 사상가들로 하여금 그것들을 해결하기 위한 수단으로 또다시 폭력의 사용 가능성을 타진하게 만든다. 마르크스에서 소렐과 벤야민을 거쳐 지젝과 네그리와 하트에 이르는 사상가들은 폭력을 좋은 폭력과 나쁜 폭력으로 구분하며 폭력의 긍정성을 구해 내고자 한다.

하지만 포스트모던 시대의 폭력은 이들이 주장하는 외적이고 물리적인 차원에서의 긍정적인 폭력과는 구분된다. 전근대사회, 특히 원시사회의 폭력은 인간의 자연적 본성의 표출로 긍정되곤 하였다. 즉 폭력은 인간본성의 자연적인 표출이며 따라서 이러한 자연적 폭력이 문제가 아니라 그것을 억압하는 문명 자체가 오히려 문제이며 (부정적 의미에서) 폭력적이라는 것이다. 그러나 과연 전근대사회에서 등장하는 폭력이 얼마나 자연적이었으며 본능 자체의 발산이었는지는 엄밀히 검토할 필요가 있다. 물론 그러한 폭력에는 자연적 본능의 측면도 들어 있겠지만 동시에 사회적 · 문화적 요소도 내재해 있다. 이미 인간이 사회를 형성하고 사는 순간 사회적 · 문화적 존재가 되는 것이라면, 그러한 존재로서 원시부족의 폭력에도 사회적 · 문화적 의미가 들어 있으며 따라서 그것을 순수하게 자연적인 폭력이라고 보기는 어려울 것이다. 예를 들면 원시부족사회에서 행해지는 성인식에서의 고문은 단순한 폭력의 발산이 아니며, 집단정체성을 강화하고 관습을 전수하는 사회문화적 기능을 지닌다. 또한 절대군주제에서 행해진, 축제의 성격을 띤 잔혹한 공개처형과 이에 대한 백성의 참여와 향유 역시 단순히 본능적인 폭력욕구의 분출을 보여 주는 것이 아니라, 군주의 권력에 도전한 사람에 대한 응징과 그것에 대한 백성의 공감과 인정이라는 사회문화적 의미를 보여 준다.[127] 인간은 결코 아무런 이유 없이 본능에 따라 다른 사람을 살해하지 않는다. 뒤렌마트의 소설『판사와 형리 *Der Richter und sein Henker*』(1952)에는 세상이 아무런 의미가 없음을 입증하기 위해 특별한 범행동기 없이 살인을 저지르는 가스트만이라는 인물이 등장하는데, 그의 살인 역시 사실은 역설적으로 그러한 철학적 테제를 입증하려는 동기를 지니고 있다. 따라서 사드부터 니체에 이르는 사상가들이 원시사회의 자연적 폭력을 이상화할 때, 거기에는 이상적이고 순수한 사회에 대한 환상만큼이나 판타지적인 측면이 있다. 더욱이 현대사회에 나타나는 다양한 범죄를 인간의 자연적 본성으로서의 폭력에 의해 정당화하려 한다면, 이는 많은 윤리적 위험을 내포한다. 사드의 주장과 달리 사디즘적인 성폭력은 결코 인간을 구속하는 제도를 파괴하고 인간을 그러한 예속에서 해방시키려는 자연적 욕구의 순수한 발현으로 나타나지 않으며(아니면 설

---

127 M. Foucault, *Überwachen und Strafen. Die Geburt des Gefängnisses*, Frankfurt a.M., 1994, 64-65쪽과 73-77쪽 참조.

령 그렇다 하더라도 그러한 제도를 파괴하려는 의도 자체가 이미 그러한 폭력이 자연적이 아님을 입증한다), 그러한 행위에는 타인에 대한 지배욕구, 여성 비하적 사고 등 다양한 문화적 편견들이 숨어 있다. 인간의 성행위 자체가 결코 순수하게 본능적인 자연적 행위가 아니라 항상 문화적 행위로 수행된다면, 그러한 성폭력이 자연적 폭력의 발현이라는 주장은 착각일 뿐이다. 이로써 사드의 주장과 달리 사디즘의 폭력은 해방적 폭력이 아니라 억압적 폭력이 된다. 아니 사드의 주장대로 해방적 폭력이라 해도 자연적 폭력은 아니며, 이를 사드의 논리에 다시 적용시키면 그래서 해방적 폭력이 될 수 없다. 물리적 · 신체적 폭력을 자연적인 감정의 표출로 보거나 그것의 해방적 기능을 강조하는 사람들은 그러한 잔혹성의 바탕에 깔린 다양한 사회문화적 의미를 간과하고 있다. 포스트모던 시대의 자기 연관적인 긍정성의 폭력은 이러한 전근대의 순수한 자연적 폭력의 신화와 작별을 고한다. 더 나아가 그것은 자연성, 순수성, 본질 같은 범주들을 파괴하며, 신체에 대한 폭력에서 벗어나 이념적 폭력을 행사하는 동시에 이로부터 시뮬라크르로서의 다양체의 가능성을 열어 준다.

원시사회에서 무자비한 폭력의 발산은 마나로서 힘의 강화를 의미하였다. 적들의 목을 많이 베어 창끝에 매달아 놓는 숫자가 증가할수록 마나는 더 강해진다. 그러나 근대사회에 이르면서 이러한 폭력은 한편으로 개인적 차원에서 부당하고 잔혹한 행위로 비난받으면서도, 다른 한편 국가적 차원에서 권력과 연결되어 부당한 권력의 극단적 양상으로 나타나기도 한다. 특히 전체주의 국가의 국가폭력이 그 예가 될 것이다. 여기서 폭력은 권력과 밀접하게 연결된다. 하지만 포스트모더니즘 사회에 이르러, 이념적인 폭력은 다시 권력과의 연결고리에서 벗어나 니체가 말한 '힘에 대한 의지'가 된다. 즉 그러한 폭력은 고정된 정체성과 의미를 파괴하고 다양한 잠재적 가능성을 드러내며, 창조적이고 생성적인 힘을 위한 토대를 마련한다. 포스트모던 시대의 이념적 폭력은 더 이상 원시시대처럼 무수히 많은 적들의 목을 베어 창끝에 꽂음으로써 힘을 강화하는 마나의 형태가 아니라, 자아와 타자의 경계를 부수고 타자와 끊임없이 접속하고 소통함으로써 타자들(의 담론)을 자아 속으로 끌어들이며 스스로의 힘을 무한히 확장해 나가는 '힘에 대한 의지'의 형태로 나타난다. 이는 외면적으로 원시부족사회에서 전사가 폭력을 통해 축적하는 힘의 강화로서의 마나와 연결되지만, 이전과 달리 형이상학적 성격을 버린다는 점에서 그것과 구분되기도 한다. 이처럼 포스트모던 시대의 폭력은 이념적이고 탈형이상학적인 폭력으로 등장한다.

한병철이 말한, 적대적 관계의 폭력에서 자기 연관적인 폭력으로의 폭력 패러다임 변화는 실제로 포스트모더니즘 시대 폭력의 본질을 건드린다. 폭력은 전근대사회에서 근대사회에 이르기까지 자아와 타자, 나와 적, 외부와 내부 사이의 면역학적 관계에서 행해졌으며, 이는 적을 부정하고 말살하려는 부정성의 폭력 양상을 띠었다. 그러나 한병철은 새로운 폭력의 패러다임 변화를 자아의 내부에서 일어나는 내적 폭력으로 올바르게 파악하면서도, 이를 여전히 자기착취라는 부정성의 폭력으로 이해하는 오류를 범한다. 진정한 긍정성의 폭력은 소진증후군 같은 정신질환을 낳는 심리적 폭력이 아니라, 자신의 협소한 정체성을 부수고 자신을 세계에 열어 놓는 긍정적 의미의 정신적 폭력이다.

그런데 포스트모던 시대를 대변하는 폭력의 내부성은 특수한 내부성이다. 즉 그것은 내 자신의 내면 안에 갇힌 채 그 내부에서만 폭력이 일어난다는 의미에서의 내부성이 아니다. 나는 여행을 하거나 타인과 소통하면서 또는 타인이 쓴 책을 읽으면서 자아 속으로 끊임없이 타자를 끌어들이며 나를 혼종적인 존재로 만든다. 이질적인 타자는 더 이상 면역학적 관점에서 박멸해야 할 부정적 대상이 아니라 오히려 자아 속에 들어와 그의 일부를 이루며 그것의 힘을 더욱 강화시켜 줄 존재로 간주된다. 즉 자아와 타자는 더 이상 서로를 파괴하고 없애려고 하기보다는 서로에게 자신을 열어 놓으며 뒤섞이려고 하고 있는 것이다. 이처럼 내가 내 자신의 자기동일성을 파괴하는 폭력적 행위는 곧 나를 타인에게 열어 놓는 행위이며, 동시에 타인 역시 나의 영향을 받아 스스로의 정체성을 변화시키도록 만들기도 한다. 내적 폭력은 자아와 타자가 서로 네트워크적으로 연결되고 그 경계를 허물며 혼종적이 되어 가는 특수한 형태의 내부성, 즉 안과 밖의 경계가 허물어지는 그래서 외적으로 변해 가는 내부성의 형태를 띤다. 그러한 특수한 내부성은 특히 오늘날 네트워크적인 매체환경에서 더욱 강화된다. 따라서 자기 연관적인 내적 폭력이란 내가 자신에게 가하는 내적 폭력이지만, 그러한 폭력은 자아와 타자의 경계를 넘어서며 타자를 안으로 끌어들임으로써 다시 밖과 연결되기 때문에 외적인 것으로 변하기도 한다. 이러한 내부성의 외부성으로의 전환은 이러한 폭력이 개인적 차원에서 정치적 차원으로 넘어갈 수 있는 이유를 설명해 준다. 왜냐하면 내가 내 자신의 힘을 확대시켜 고정된 자아정체성과 이분법적 경계를 지닌 편협한 의미체제를 파괴하는 것은, 타자의 영향으로 인한 것인 동시에 타자에게 영향을 미치기도 하며, 그 때문에 윤리적이고 정치적인 의미를 획득하기 때문이다. 이는 위계적인 제도나 억압적인 이념을 파괴하고 새로운 정치제도를 조직하고 창조하는 외적인 창조적 행위로 확대될 수 있다.

자아의 정체성이 어떤 실체가 아니라 다양한 '담론'들과 특이성들로 '구성'된다고 한다면, 그러한 담론과 특이성의 집합체인 자아는 자기동일성을 주장하는 협소한 자아 개념을 파괴하는 폭력을 행사함으로써 생산적이고 창조적이 된다. 자아는 다양한 타자의 담론들과 대결하거나 그것들을 습득하면서 자신 속의 특정담론을 공격하고 파괴하는 이념적 폭력을 행사할 수 있다. 이러한 자기 연관적인 내적 폭력은 자아 속의 고정된 기계적 배치를 바꿈으로써 다양체로서 자신이 지닌 잠재력을 실험하고 현실화시킬 수 있다. 그러한 폭력은 더 이상 단순한 파괴에 머무르지 않으며 새로운 가능성들을 창조할 수 있는 긍정성을 획득한다. 또한 그러한 폭력은 원시부족사회에서처럼 적과의 전쟁을 통한 집단적 정체성의 유지 내지 강화를 낳기보다는 오히려 자아와 타자 사이의 경계를 허물고 자아 속에 보다 많은 타자(의 담론)를 유입함으로써 열린 정체성을 낳는다.

폭력기계에 의해 가능해진 긍정적 폭력을 통해 자아와 타자는 경계를 허물며 서로의 속으로 들어간다. 들뢰즈 · 가타리적인 의미에서 욕망하는 기계로서 자신의 힘을 점점 더 확장해 나가는 그러한 자아는, 협소한 자아 정체성을 파괴하는 동시에 고정된 의미와 억압적 구조를 만들어 내는 사회적 담론과 제도를 비판하면서 이념적 폭력을 행사한다. 그것은 개인이 보다 자유롭게 스스로의 잠재력을 펼쳐 나갈 수 있는 사회적 환경을 만들기 위한 윤리적이고 정치적인 요청을 담고 있다.

제2부

폭력의 유형들

제1장

법과 폭력

1. 폭력의 저지수단으로서 법

1) 근대법치국가의 절대 권력과 폭력성: 홉스의 『리바이어던』

우리는 일반적으로 법이 개인의 생명과 안전을 보장하고 사회질서를 유지하는 기능을 갖는 것으로 이해한다. 이를 법과 폭력의 관계와 연관시켜 살펴보면, 법은 폭력을 막기 위한 수단의 의미를 지닌다. 이러한 관점은 우리에게 『리바이어던 혹은 교회 및 시민 국가의 질료와 형상 및 권력 *Leviathan or The Matter, Forme and Power of a Common Wealth Ecclesiasticall and Civill*』(이하 『리바이어던』)(1651)의 저자인 영국의 정치사상가 토머스 홉스에게서 잘 나타난다.

주지하다시피 홉스는 국가가 존재하기 이전의 시대를 자연 상태, 즉 만인에 대한 만인의 투쟁 상태로 간주하였다. 인간은 원래 자신의 정념에 따라 행동하는 존재로서 자신의 이익과 목적을 달성하기 위해 자신과 경쟁관계에 있는 다른 사람들과 충돌하는데, 이러한 투쟁관계에서 자신의 생명을 지키기 위해 "만물에 대한 권리를 가지며, 심지어는 서로의 몸에 대해서까지도 권리를 갖는다."[1] 쉽게 말해 모든 사람은 자신의 이익을 추구하거나 명예가 훼손되었을 때 또는 자기방어를 위해 상대방을 공격하고 그의 신체에 위해를 가할 수 있다는 것이다. 그러나 이러한 만인에 대한 만인의 투쟁은 자신의 생명을 보존하려는 개인의 기본적인 욕구를 위협하기 때문에, 동일한 위험을 느끼는 개인들은 이러한 위험을 막기 위해 이성적인 합의를 통해 일종의 사회계약을 맺어 국가를 수립하게 된다. 그 때문에 국가의 가장 기본적인 임무는 바로 그 구성원인 국민들의 안전을 보장하고 사회질서를 유지하는 데 있다.

홉스가 이처럼 사회질서와 국민의 안전을 강조한 이유는 무엇보다 "30년 전쟁(1618-1648)과 청교도혁명(1642-53)이 야기한 사회적 혼란"[2] 때문이었다. 비록 종교 자체를 거부한 것은 아닐지라도, 홉스는 종교가 사회전반에 영향력을 행사하는 것에 반대하며 근대국가의 이론적인 초석을 다졌다. "홉스에 따르면 '자연'은 결코 처분할 수 없는 어떤 것이 아니라, 얼마든지 수정을 가할 수 있고, 어느 정도는 인위적으로 만들어 낼 수 있는 어떤 것을 뜻한다. 그에게 사회적 세계는 마치 시계와 같아서 수선공이 미리 치밀한 생각을 거쳐 부품들을 떼어내어 수리하고, 다시 끼워 맞추어 제대로 작동하게 만들 수 있는 대상이다. 이 점에서 홉스는 그 어느 누구보다도 더 분명하게 국가를 천

---

1 토머스 홉스, 『리바이어던』, 최공웅 · 최진원 옮김, 동서문화사, 2014, 135-136쪽.
2 링컨, 『거룩한 테러』, 137쪽.

상에서 지상으로 끌어내려, 종교와 같은 상부구조가 아니라, 토대 자체에 직접적으로 연결시킨 최초의 사상가이다."[3] 이성적인 능력을 지닌 주체들이 잠재적인 내전의 위협을 피하기 위해 계약을 맺어 국가를 수립한다는 생각은 전적으로 합리적인 근대적 사고를 반영하고 있다. "따라서 리바이어던은 합리적인 구성물이다. 막스 베버와 더불어 말하자면, 홉스의 국가이론은 순수하게 목적 합리적으로 논증되는 점에서 근대적이다. 홉스의 인간은 순수하게 유용성을 지향하는 경제적 주체처럼 행동하며, 그의 국가는 순수하게 유용성에 따라 생각된 합리적인 구성물이다."[4]

중세 종교전쟁의 파국적 역사를 생각하면, 유럽에서 생긴 근대의 중앙집권적 국가가 그 이전에 존재했던 무수한 봉건영지를 통합함으로써 만인에 대한 만인의 투쟁이라는 무정부상태를 끝내고 폭력을 억제하는 기능을 수행했다고 볼 수 있다. 이 시기에 "중앙 집권 군주들은 힘을 길렀고, 다투는 기사들을 통제했고, 왕국 너머로까지 촉수를 뻗었다. 군사 역사학자 퀸시 라이트에 따르면, 15세기 유럽에는 독립적 정치 단위가 5,000개 있었다(주로 남작령이나 공국). 17세기 초 30년 전쟁 시기에는 그것이 500개로 줄었고, 19세기 초 나폴레옹 시대에는 200개가 되었고, 1953년에는 30개 미만이 되었다."[5] 이러한 근대국가의 성립과 함께 유럽에서 폭력으로 인한 사망자 수가 현저히 줄어드는데, 이는 홉스의 말처럼 리바이어던이 무정부상태의 폭력을 줄이

---

3 윤재왕, 「개인주의적 절대주의. 토마스 홉스의 국가철학과 법철학에 관하여」, 『원광법학』 제28권, 2012, 21쪽.

4 T. K. Beck & K. Schlichte, 같은 책, 57쪽.

5 핑커, 『우리 본성의 선한 천사』, 151쪽.

는 데 효과가 있었음을 보여 준다. "법은 가해자와 피해자의 자기 위주 편향 없이 공정하게 피해를 저울질할 수 있다. 어떻게 결정하든 한쪽은 동의하지 않을 테지만, 정부가 폭력을 독점하기 때문에 패배자는 어떤 행동도 취할 수 없다. 그리고 굳이 행동을 취하고 싶은 이유도 적어지는데, 왜냐하면 상대에게 자신의 취약함을 인정하는 것이 아니니까 명예를 회복하려고 끝까지 싸울 이유가 적기 때문이다."[6] 이전 사회에서 명예 때문에 벌어지던 전쟁이나 살인이 국가의 법을 통해 현저히 줄어들게 되었다는 말이다. 아울러 근대국가의 법은 국민들로 하여금 복수에 대한 충동을 억누르게 할 뿐만 아니라 법규범을 내면화하며 자기통제를 수행하게 하여 폭력을 줄이는 심리적 효과도 거둘 수 있다. 그러나 이러한 국가의 법이 도덕적 정당성을 얻지 못한 채 국민을 법의 강제력으로 짓누르려고만 한다면, 이는 개인의 폭력을 국가의 폭력으로 대체하는 것에 불과하며 또 다른 위험을 낳을 수 있다. 특히 국가가 전제적인 방식으로 통치될 때 그러한 위험은 더욱 커질 것이다. 따라서 근대국가의 법을 무비판적으로 이상화해서는 안 된다.

한 국가 내의 법뿐만 아니라 국가 간의 관계를 규정하는 근대의 국제법 역시 폭력의 억제에 기여하였다. 중세 기독교 사회에서 종교전쟁은 다양한 민족과 제후들이 참여하는 비국가적인 집단들의 전쟁이었다. 또한 전쟁당사자들은 자신의 적을 일종의 범죄자로 규정하며 그들을 약탈하고 말살하려고까지 하였다. 그러한 전쟁은 '정의로

6　같은 책, 912쪽.

운 전쟁'이라는 도덕적 이상을 갖고 있었으며 그 때문에 상대방에 대한 무자비한 폭력을 허용하였다. 그런데 16세기와 17세기에 들어서 근대국가가 형성되면서 전쟁에 대한 생각이 서서히 변하기 시작한다. 이 시기의 법학자들은 근대의 전쟁을 국가 간의 전쟁으로 정의하는데, 이로써 전쟁당사자로서의 적은 더 이상 범죄자가 아니라 상대방과 동등한 지위를 갖는 '정당한 적'으로 간주된다. 그 때문에 특정한 목적을 달성하기 위해 전쟁을 할 수는 있지만, 그러한 목적이 달성되거나 분쟁이 해결되면 평화협정을 맺게 되고, 전쟁 중에도 민간인 살해나 포로에 대한 비인간적 처우는 비난받는다. "본성상 섬멸전의 성격을 띠고 있으며 적들이 서로를 범죄자나 해적으로 멸시하는 종교전쟁이나 당파적 전쟁의 잔혹성과 비교해, 또한 '야만적인' 민족들에 맞서 치러지는 식민지 전쟁과 비교해, 이것은 강력한 영향력을 지닌 합리화와 인도주의를 의미한다. 전쟁을 수행하는 양쪽에 동일한 권리를 지닌 동일한 국가적 성격이 부여된다. 양측 모두 서로를 국가로 인정한다. 이를 통해 적을 범죄자와 구분하는 것이 가능해진다. 적이라는 개념은 법적인 개념을 형성할 수 있게 된다. 적은 "섬멸되어야만 하는" 어떤 것이기를 그친다. […] 이를 통해 패배한 적과의 평화조약도 가능해진다. 그리하여 유럽국제법은 국가개념의 도움으로 전쟁의 억제에 성공하였던 것이다."[7] 특히 전쟁에 대한 변화된 인식은 18세기와 19세기에는 현실로 실현되며 유럽 대륙의 정치적 균형과 안정을 가져온다. 국가 간의 관계를 규정하는 국제법은 유럽의 정치적 균형

7 Carl Schmitt, *Der Nomos der Erde. Im Völkerrecht des Jus Publicum Europaeum*, Berlin, 2011, 114쪽.

을 위협하는 전쟁을 억제하려고 하였으며, 그러한 시도는 19세기 말까지 어느 정도 성공을 거두었다. 이처럼 근대의 국제법은 전쟁을 동등한 위치에 있는 국가 간의 전쟁으로 규정하고 전쟁의 확산을 제어하며 폭력의 감소에 기여하였다.

물론 다음과 같은 의문이 생길 수 있다. 홉스에 따르면, 국가는 기본적으로 고유한 법을 가지고 있고 자신의 영토에서 그러한 법을 강제할 수 있지만, 국가들 사이의 분쟁이 발생했을 때는 그러한 국가들에게 무언가를 강제할 수 있는 상위의 심급이 존재하지 않는다. 다시 말해 국가들 간의 관계는 자연 상태와 마찬가지라는 것이다. 그렇지만 18-19세기 유럽 국가들은 전쟁을 하면서도 공멸하지 않고 전체적으로는 질서와 균형을 유지하였다. 어떻게 이것이 가능했는가? 카를 슈미트는 유럽 국가들로 하여금 국제법적인 질서를 따르며 전쟁을 억제하도록 만드는 결속력을 제공하는 것이 "이 모든 주권국가들을 포괄하는 유럽중심적인 공간질서"[8]라고 본다. "중요한 구분이 곧 바로 이것과 연결된다. 인정받은 유럽 국가들과 그 국가에 속하는 영토들의 땅은 특별한 국제법적인 땅의 지위를 갖는다. 그것은 '자유로운', 즉 유럽 국가들이 언제든지 획득할 수 있는, 비유럽 제후와 민족의 땅과 구분된다."[9] 바로 이러한 구분은 '유럽중심적인' 근대 국제법의 어두운 이면을 보여 준다. 정치적 안정과 균형을 강조하며 전쟁과 폭력을 제어하려는 유럽인들의 노력은 오직 유럽대륙에만 해당되었다. 유럽 국가들은 유럽 내의 국제적 질서와 균형을 유지하려고 노력

8 같은 책, 120쪽.
9 같은 곳.

하였지만, 유럽 밖에서는 국제법에 전혀 구속되지 않은 채 마음껏 신대륙을 정복하고 착취할 수 있었다. 왜냐하면 야만인들의 땅은 법이 존재하지 않는 자연 상태에 있는 것으로 간주되었기 때문이다.[10] 유럽에서 "이론의 보편적인 개념과 외교관들의 어휘를 규정했던 것은 인류, 문명, 진보 같은 세계를 포괄하는 보편주의적인 표상들이었지만, 바로 이것을 통해 전체적인 상은 우선은 전적으로 유럽중심적인 것으로 남아 있었다."[11] 이처럼 유럽을 세계와 동일시하고 유럽인을 인류로 간주하는 사고는 동시에 비유럽을 법의 보호를 받지 못하는 지역으로 만들고 비유럽인을 비인간으로 만드는 이데올로기를 정립한다. 이로써 유럽열강들은 비유럽지역을 국제법의 보호를 받지 못하는 예외지역으로 설정하고 그곳에서 노골적으로 자신의 정치적 · 경제적 이익을 추구하며 폭력을 행사할 수 있었다. 역설적이게도 비유럽지역에서 행해진 바로 이러한 폭력과 이에 따른 정치적 · 경제적 이득이 유럽 열강들이 유럽 내에서 비폭력적인 태도를 취하며 전쟁을 억제할 수 있게 만든 기반이 되었다. 다시 말해 근대 유럽 국가에서 나타나는 폭력의 감소는 비유럽지역에서 무차별적으로 행사된 폭력과 분리해서 생각할 수 없다. 유럽의 국제법은 유럽대륙 내에서는 폭력의 감소를 가져왔지만, 비유럽지역을 이러한 폭력 억제의 공간에서 배제함

---

10 만인에 대한 만인의 투쟁 상태, 즉 자연 상태라는 홉스의 개념은 단순히 유럽의 종교전쟁에서만 비롯된 것이 아니라 또한 신대륙의 영향을 받아 생긴 것이기도 하다. 그는 『리바이어던』에서 아메리카 대륙에 사는 사람들이 이러한 자연 상태에 놓여 있다며, 신대륙을 법이 통용되지 않는 자연 상태의 공간으로 간주한다. 같은 곳, 64-65쪽 참조.

11 같은 책, 201쪽.

으로써 결과적으로 폭력의 증가를 가져오기도 했다. 이러한 양면성을 다 고려할 때 비로소 근대 유럽의 (국제)법과 폭력의 관계를 올바로 인식할 수 있을 것이다.

지금까지 근대의 법이 지닌 양면적 성격을 살펴보았다. 그런데 그러한 법은 국가와 긴밀한 연관성을 띠고 있다. 그렇다면 홉스가 생각하는 근대국가는 어떤 모습일까? 홉스에 따르면, 국민의 안전을 보장하기 위해서는 강력한 국가가 필요하며 그러한 국가는 또다시 그것의 인격을 위임받아 통치하는 주권자를 필요로 한다. ""그것은(국가, 필자 주) 많은 사람들이 서로 신약을 맺어 세운 하나의 인격으로서, 그들 각자가 그 인격이 한 행위의 당사자가 됨으로써 그들의 평화와 공동방위를 위해 가장 적합하다고 판단되는 바에 따라 모든 사람의 힘과 수단을 그 인격이 사용할 수 있도록 한 것"이다. 그리고 이 인격을 맡는 사람을 주권자라 하며 '주권적 권력'을 지니고 있다고 말한다. 그 밖의 사람은 모두 그의 국민이다."[12] 홉스는 국민이 자신의 생명과 안전을 보장받기 위해 자신들의 권리를 제약받는 데 합의했으며 그것을 보장해 줄 국가의 대변자로 주권자에게 모든 권력을 위임했음을 강조한다.[13] 여기서 주권자는 귀족정이나 민주정에서처럼 다수의 사람들로 구성된 합의체일 수도 있고 군주정에서처럼 한 사람의 군주일

12 홉스, 같은 책, 177-178쪽.

13 홉스는 개인들이 계약을 맺어 생겨난 결합 상태는 개인들의 의지에 종속되어 있어 안정성을 지니지 못하며 그래서 자연 상태의 연장이라고 볼 수 있다고 주장한다. 그래서 개인들을 초월하는 보편적 권력을 수립하기 위해서는 계약당사자인 개인들의 모든 권력을 주권자에게 이양하는 것이 필요하다. 따라서 국가의 수립을 위해서는 자연적 권리를 포기하는 개인들의 계약 외에도 그러한 권리를 주권자에게 양도하는 과정이 필요하다. 윤재왕, 같은 글, 16-17쪽 참조.

수도 있다. 홉스 자신은 군주정을 보다 이상적인 국가형태로 간주한다. 국가의 대변자인 주권자는 행정, 군사, 입법, 사법 등 모든 사회적 영역에서 강력하고 절대적인 권력을 행사한다. 이러한 주권자는 스스로 법을 만들 뿐만 아니라 동시에 재판의 판결권도 지니고 있으며, 모든 국민에게 법을 지킬 것을 명령하지만 그 스스로는 법을 지켜야 할 의무를 지니지 않는다.[14] 다시 말해 그는 법 바깥에 위치한 일종의 자연 상태에 있으며, 그러한 자연 상태에 유일하게 남은 사람으로서 자연 상태에서의 폭력을 행사할 수 있는 유일한 인물이다.[15] 그러나 다른 한편 주권자의 폭력은 국민 개개인이 오직 법을 위반했을 때만 행사될 수 있다는 점에서 법의 영역에서 완전히 벗어나 있지는 않다. 즉 그것은 자연과 법 사이에 위치해 있다. 그런데 주권자가 제정하고 그것에 따라 판결하는 법에 따른 형벌은 국민에 대한 주권자의 폭력을 의미하지만, 반대로 그러한 법의 울타리 안에 자발적으로 예속된 국

---

14 "입법자란 곧 법을 만드는 사람이고, 코먼웰스만이 우리가 법이라 부르는 여러 규칙을 정하고 그 준수를 명령하기 때문이다. 따라서 코먼웰스는 입법자이다. 그러나 코먼웰스는 인격이 아니며, 대표자를 통하지 않고서는 아무것도 할 수 없다. 그리고 대표자가 바로 주권자이므로 주권자야말로 유일한 입법자이다. 마찬가지로 주권자 이외에는 어느 누구도 제정된 법을 폐지할 수 없다. […] 코먼웰스의 주권자는 합의체이건 개인이건 시민법을 따를 의무가 없다. 주권자에게는 입법권과 폐지권이 있으므로 자신을 곤란하게 만드는 법이 있으면 언제든지 이를 폐지하고 새로운 법을 제정할 수 있다. 그렇다면 그는 처음부터 그 법의 구속을 받지 않는다. 왜냐하면 원하지 않는 법으로부터 언제든지 벗어날 수 있기 때문이다." 홉스, 같은 책, 264쪽.

15 "즉 국민들은 주권자에게 그러한 권리를 부여한 것이 아니라 단지 그들 자신의 권리를 포기함으로써, 주권자가 그들 전체의 보존을 위해 적당하다고 판단하는 바에 따라 자신의 권리를 행사할 수 있도록 강화시켜 준 것이다. 따라서 형벌권은 주권자에게 부여된 것이 아니라 주권자에게만 남겨진 것으로, (자연법이 정한 한계를 제외하면) 완전한 자연상태, 즉 만인에 대한 만인의 투쟁 상태처럼 완전한 형태로 남겨진 것이다." 같은 책, 303-304쪽.

민들은 그러한 법에 맞서 더 이상 자연적 폭력을 행사하는 것이 금지되어 있다. 이러한 비대칭적인 힘의 구도는 주권자와 국민이 국가 안에서 맺고 있는 권력관계를 나타낸다.

홉스는 국가의 가장 일차적인 임무가 국민의 생명보존과 안전유지에 있다고 강조하며, 그러한 목적을 위해 때때로 국민들의 권리가 상당히 제약되는 것을 용인한다. 더 나아가 설령 주권자의 통치가 억압적이고 이성적인 자연법의 요구를 따르지 않을지라도 그것이 부당한 것일 수는 없다며, 국민의 합의에 기반을 둔 국가와 그를 대변하는 주권자의 행위는 언제나 정의로울 수밖에 없음을 강조한다. "법은 주권자가 만들며, 주권자가 하는 모든 행위는 국민 각자가 승인한 일이며, 또한 각자가 그 행위의 당사자이다. 따라서 이러한 행위에 대해 불의라고 말할 수 있는 사람은 아무도 없다."[16] 그 때문에 국가의 질서를 뒤흔들고 전복하려는 시도는 아무리 통치자의 폭정을 그 근거로 들더라도 옳지 못하며, 새로운 자연 상태를 초래할 수 있는 무질서는 그 어떤 억압적인 국가질서보다도 나쁘다는 것이다.

법은 국민에게 선악이 무엇인지 가르쳐 줄 뿐이며, 홉스는 그러한 법 자체의 정당성에 대한 담론을 허용하지 않는다. "그러므로 법률 자체가 곧 모든 정의의 근원이며, 그 자체로 이미 불의가 될 수 없다."[17] 물론 홉스는 자신의 책에서 때때로 주권자가 실정법의 지배를 받지 않더라도 하느님이 정한 자연법의 지배는 따라야 한다든지 아니면 국민의 복종은 국가가 국민의 생명과 안전을 보장할 때만 요구할

16 같은 책, 336쪽.
17 윤재왕, 같은 글, 24쪽.

수 있음을 강조한다. 하지만 그는 "자연법이 실정법에 법률적 구속력을 발휘"[18]하도록 허용하지 않기 때문에 위의 말은 아무런 효력을 지니지 않는다. 또한 홉스는 안전보장이라는 명목하에 저질러지는 여러 가지 잘못 때문에 국민이 주권자의 권력에 도전하는 것을 결코 용납하지 않는다. 그는 이처럼 주권자에게 성경의 욥기에 등장하는 괴물 리바이어던의 강력한 힘을 부여하는데, 주권자가 자연법에 따라 행동하지 않고 악법을 만들거나 실정법을 자의적으로 중지할 때 홉스의 의도와 달리 국가폭력의 형태로 등장하는 진짜 괴물이 될 수 있다.

홉스가 리바이어던으로 지칭하는 근대국가는 중세 봉건국가와 달리 어떤 사적인 폭력행사도 허용하지 않고 폭력을 독점하며 강력한 힘을 갖는다. 막스 베버는 이러한 폭력의 독점을 근대국가의 중요한 구성요소로 간주한다. "국가란 특정한 영역 내에서 정당한 물리적 폭력의 독점을 스스로를 위해 (성공적으로) 요구하는 인간 공동체이다."[19] 그런데 흥미로운 것은 위의 인용문에서 막스 베버가 국가가 독점한 물리적 폭력을 '소유'가 아니라 '과정'의 관점에서 바라보고 있다는 사실이다. 즉 국가는 물리적 폭력을 영원히 독점하는 것이 아니라 있을 수 있는 저항에 맞서 그것을 끊임없이 성공적으로 스스로를 위해서만 요구해야 하는데, 이는 국가의 폭력독점이 정당성을 필요로 할 뿐만 아니라 끊임없이 조직되기도 해야 하기 때문이다.[20] 홉스 역시 국가의 폭력 독점이 사회적인 이유에서 언제든지 공격받고 흔들릴

---

18 같은 글, 32쪽.

19 Max Weber, *Gesammelte Politische Schriften*, Tübingen, 1988, 506쪽.

20 T. K. Beck & K. Schlichte, 같은 책, 113-114쪽 참조.

수 있다는 사실을 인식하고 있다. 그 때문에 그는 국가의 폭력 독점을 정당화하며 이를 뒤흔들 수 있는 폭력적 저항을 죄악시하는 국가이데올로기를 만들어 낸 것이다.

홉스에게서 주권자와 국민의 관계는 명령과 복종의 관계이다. 물론 주권자는 국민의 안전과 행복을 위해 노력할 의무가 있지만, 안전이라는 명목하에 오히려 국민을 감시하고 그들의 권리를 침해하며 심지어 폭력을 행사할 수도 있다. 또한 그는 "주권자의 권력 앞에서는 국민의 권력과 명예도 사라진다."[21]라고 주장하며, 국민을 주권자의 권력에 완전히 예속시킨다. 그는 국가권력을 국민의 시선이 아니라 주권자, 즉 통치자의 시선에서만 바라보기 때문에 국가의 통치체제를 개선하려는 모든 국민의 노력을 부정적으로만 평가한다. 그래서 "인간에겐 어떤 경우도 불편이 전혀 없을 수는 없다"며, 하지만 "통치형태를 불문하고 일반 민중에게 생길 가능성이 있는 가장 큰 불편도 […] 지배자 없이 살아가는 사람들의 분열 상태에 따르는 비참함과 두려움에 비하면 아무것도 아니다."라고 말하면서 지배자에 대한 절대적인 복종을 요구한다.[22] 주권자가 제정한 법은 무조건 준수해야 하며 개인의 양심에 따라 법을 판단해서는 안 된다는 홉스의 주장은 나치 같은 전체주의 사회에서 그 위험성이 잘 드러난다. 특히 한 국가 내에서 인종차별에 따라 시민권을 박탈당한 사람들은 더 이상 국가의 보호대상이 되지 않을 뿐만 아니라 심지어는 자신을 보호해야 할 바로 그 국가가 자행하는 폭력의 대상이 되기도 한다. 이와 달리 다행히도

---

21 홉스, 같은 책, 187쪽.

22 같은 책, 188쪽.

(?) 그 국가의 국민으로 간주된 사람들은 이러한 국가폭력에 맞선 어떤 저항도 하지 않으며 자신을 보호한다고 여겨지는 (실정)법을 준수하기만 하면 되는 것일까? 또한 그러한 국민은 이제 시민의 자격을 박탈당하고 적으로 간주된 사람들에게 폭력을 행사하거나 그러한 폭력을 행사하는 국가의 태도를 용인해도 되는 것일까? 한나 아렌트는 『예루살렘의 아이히만 *Eichmann in Jerusalem*』(1963)에서 나치의 비인간적이고 야만적인 통치체제에서 국민이 실정법을 따를 의무는 더 이상 존재하지 않는다며, 오히려 유대인 학살에 대한 자신의 참여를 당시의 실정법에 따라 정당화하는 아이히만에게 유죄선고를 내린다. 아이히만은 자신이 당시의 법에 따라 행동했고 더 나아가 총통의 지시를 수행했을 뿐이라며 자신의 행위를 정당화한다. 그는 홉스가 요구하는 것처럼 주권자인 히틀러에게 절대적으로 복종하며 그에게 경외심을 갖고 존경을 표한다. 그에게 주권자인 히틀러는 정의 자체인 것이다. 그러나 국가와 주권자 그리고 그가 제정한 법에 대한 맹목적 추종이 국가폭력을 야기했고 그것의 확대를 초래했음을 우리는 역사를 통해 생생히 기억하고 있다.

2) 법의 비폭력성과 대항폭력의 인정 문제

(1) 로크의 『통치론』

홉스가 자연 상태를 곧 만인에 대한 만인의 전쟁 상태로 규정한 것과 달리, 로크는 자연 상태와 전쟁 상태를 명확히 구분한다. 로크는 인간이 자연 상태에서 타인의 의지에 구애받지 않고 스스로와 자신의 소유물을 자유롭게 처분할 수 있기 때문에 완전히 자유로울 뿐만 아니라 권력이나 재산에 있어 모두 같은 조건을 갖고 있기 때문에 평등하다고 주장한다. 그렇다고 자연 상태가 방종을 의미하는 것은 아닌데, 왜냐하면 인간은 자연법, 곧 이성에 따라 자신을 보존해야 하고 타인의 신체를 해치거나 그의 자유와 자산을 침해해서는 안 되기 때문이다. 물론 이러한 자연 상태에서 인간은 어떤 분쟁이 생겨났을 때 이를 해결해 줄 보다 우월한 지상의 재판관을 갖고 있지 않기 때문에 자연 상태는 시민사회와 명백히 구분된다. 로크는 자연 상태를 전쟁 상태와 혼동한 홉스를 비판하며 양자를 다음과 같이 구분한다. "사람들이 그들 간의 분쟁에 대해서 재판할 공통된 우월자를 지상에 가지지 못한 채 이성에 따라 사는 것은 당연히 자연 상태이다. 그러나 구제를 호소할 공통된 우월자를 지상에 가지지 못한 상태에서 다른 사람의 인신을 해치고자 힘을 사용하거나 그 의사를 표명하는 것은 전쟁 상태이다."[23] 따라서 전쟁 상태는 인간이 자연 상태에서 자연법을 지키지 않고 서로에게 폭력을 행사하는 상태를 의미한다.

전쟁 상태와 자연 상태를 구분하고 인간에게 자연법을 따를 수 있는 도덕적 힘을 부여한다는 점에서 로크는 홉스와 다르며 자연법[24]

---

23 존 로크, 『통치론. 시민정부의 참된 기원, 범위 및 그 목적에 관한 시론』, 강정인 · 문지영 옮김, 까치, 2015, 25쪽.

24 "일반적으로 자연법(pysis)은 '자연의 법칙' 또는 '자연스러운 법도'를 뜻하고, 그러한 것으로서 실정법처럼 인위적으로 제정된 법(인간법, nomos)과 구분된다. 즉 자연법은 인간의 의지에 따른 입법에 앞서 (최소한 잠재적으로라도) 이미 주어져 있는 규범이다. 더 나아가 인간법이 시대에 따라 변천하는 일시성과 역사 제한성 그리고 각 문화 공동체마다 그 내용이 다른 문화적 상대성을 갖는 반면에, 자연법은 모든 존재에게 언제나 보편타당한 유효성을 지니고 있고 영원 불변하는 법이다. […] 그러나 여기서 말하는 '자연(Natur)'이 무엇이고 그것이 지닌 '법(Recht)'이 무엇인가에 대한 구체적인 규정에 이르러서는 자연법 진영 내부에서도 극히 다양하고 논쟁적인 견해들이 존재한다." 김준수, 「헤겔의 『법철학』에서 법과 인륜성」, 『범한철학』 제65집, 2012,

의 이론을 따른다고 할 수 있다. 그런데 고전적인 자연법이론은 인간이 자신에게 주어진 이성에 따라 신이 창조한 조화로운 세계에서 자연법에 따라 행동할 것이며 국가가 그러한 인간 본성을 펼쳐 나가는 데 기여할 것이라고 본다.[25] 하지만 "로크는 자연법이 인간에게 새겨져 있다는 이론을 단호히 거부한다."[26] 즉 그는 인간의 이성이 신의 이성인 자연법을 알 수 있다고 전제하지 않는다. 비록 로크와 홉스의 사상적 차이가 분명히 나타나더라도, 레오 스트라우스가 강조하는 것처럼 로크의 이론에 나타나는 홉스적인 면모를 간과해서는 안 된다. 스트라우스는 자기보존과 행복을 추구하는 자연법적 권리와 충동이 자연법적인 의무보다 더 근본적이라는 홉스의 사상을 로크가 따르고 있다고 주장한다.[27]

홉스와 달리 로크는 자연 상태를 인간이 완전한 자유와 평등을 누리는 상태로 설명했지만, 그렇다고 그가 이러한 상태를 이상적인 상태로 미화하는 것은 아니다. 오히려 로크는 자연 상태에서 인간이 타인에게 자신의 소유물을 박탈당하거나 신체적인 공격을 받을 위험에 대해 지속적으로 걱정해야 하고 어떤 분쟁이 발생했을 때 이를 해결해 줄 상위 기관이 없기 때문에 자칫 폭력과 이로부터 발생하는 보복의 굴레에 빠져들 위험이 있다고 강조한다. 바로 이러한 위험에서

96-97쪽.

25 Walter Euchner, "Locke zwischen Hobbes und Hooker. Zu neuen Interpretationen der politischen Philosophie John Lockes", *Archives européenes de sociologie* 7, 1966, 131쪽 참조.

26 같은 쪽.

27 같은 글, 141-142쪽 참조.

벗어나기 위해 인간은 서로의 합의하에 "각자 모두 자연법의 집행권을 포기하여 그것을 공공체에게 양도"하는데, 여기서 바로 "정치사회 또는 시민사회가 존재하게 된다."[28] 이처럼 로크는 홉스처럼 인간의 이기적인 본성을 강조하고 있으며 그로 인한 폭력사태를 막기 위해 사회계약을 통해 국가가 생겨났다고 본다. 그러나 로크에게서 나타나는 이러한 홉스적 측면을 지나치게 강조하며 로크의 사회계약설을 오직 이러한 맥락에서만 살펴본다면, 그의 이론이 지닌 도덕적이고 자연법적인 맥락을 간과하게 된다. 따라서 로크의 근대적인 자연법이론은 "모든 고전적인 자연법이론의 전제조건인, 신이 창조한 조화로운 세계라는 관념을, 봉건적인 사회구조의 몰락과 자본주의 경제방식의 생성과 나란히 생겨난 개인주의적인 인간상과 통합시키려고 한다."[29] 라고 볼 수 있을 것이다.

로크는 자연 상태란 존재하지 않았다고 주장하는 사람들이나 홉스처럼 자연 상태를 시민사회 이전에만 존재했던 상태로 간주하는 사람들을 비판하며, 자연 상태는 언제든지 존재할 수 있을 뿐만 아니라 현재에도 존재하고 있다고 말한다. 예를 들면, 독립된 각각의 정부들이 분쟁을 일으킬 때 이를 법률적으로 해결하거나 판결을 내릴 수 있는 소위 '세계정부' 같은 조직은 존재하지 않는다는 것이다.[30] 이러한 상황에서 각각의 국가는 상대 국가를 무력으로 침범하며 약탈해서는 안 된다는 이성의 자연법에 따라 행동해야 하는 자연 상태에 놓인다.

---

28 로크, 같은 책, 85쪽.

29 W. Euchner, 같은 글, 144쪽.

30 로크, 같은 책, 20쪽 참조.

물론 이러한 자연 상태를 규제할 지상의 제도는 존재하지 않기 때문에 현실에서 이러한 자연 상태가 국가 간의 '전쟁 상태'로 바뀌게 될 가능성은 얼마든지 존재한다.

다른 한편 로크는 인간이 계약을 통해 자연 상태에서 시민사회로 넘어갔다는 주장을 비판하는 사람들에게 역사적 사례를 제시하며 사회계약설의 타당성을 주장할 뿐만 아니라, 현대에도 "모든 인간은 이미 존재하는 정부하에서 태어나고, 그 정부에 복종하며, 따라서 새로운 정부를 창설할 만큼 자유롭지"[31] 못하다는 주장도 반박한다. 특히 로크는 모든 시민이 자신의 자유를 속박하고 소유권을 침해하며 생존을 위협하는 국가와의 계약을 파기하고 합의에 의해 새로운 국가를 직접 수립하거나 다른 국가의 시민이 되기로 합의할 수 있는 자유가 있다고 주장하고 있는데, 이러한 주장은 현대적인 시각에서 보면 지나치게 이상주의적인 면이 없지 않다. 왜냐하면 오늘날 지구상에 존재하는 영토 중 개별국가가 소유하고 있지 않은 영토는 극히 일부에 불과할 뿐이며, 다른 국가의 영주권이나 시민권을 획득하는 것 역시 쉽지 않기 때문이다. 자신이 원래 속해 있던 국가를 떠나 다른 국가의 시민이 되기 위해서는 특정한 자격조건을 갖추어야 한다. 또한 여행을 제한하며 국민의 자유를 극도로 통제하는 국가에서는 그러한 계약의 파기와 새로운 협약 가능성 자체가 존재하지 않는다. 오늘날 큰 이슈가 되고 있는 난민 문제는 로크가 사태를 너무 낙관적으로 본 것은 아닌지 생각하게 한다.

---

31 같은 책, 96쪽.

로크는 인간이 사회적 계약을 통해 국가라는 정치적 사회를 형성한 이유가 "생명, 자유, 자산[…]의 상호보존을 위해서"[32]라고 말하고 있지만, 홉스와 달리 개인의 안전과 사회적 질서의 보장보다는 재산보존을 정치적 공동체 결성의 가장 큰 목적으로 간주하고 있는 듯한 인상을 주기도 한다. 하승우는 로크가 구상한 국가가 보편적인 국가가 아니라 유산계급인 부르주아지 국가를 모델로 하고 있다고 주장한다. "언뜻 보면 홉스보다 로크가 훨씬 더 민주적인 것 같지만, 사실 그렇게 보기는 어렵다. 로크는 민주주의와 정치의 초점을 경제로 전환시켰기 때문이다. […] 로크에게 정부 구성의 목적은 홉스와 다르게 생명의 보존이 아니라 소유, 그중에서도 특히 재산의 보존이었다. […] 목숨만큼 소중한 소유권이라는 관념이 로크를 통해 전파된다. 로크는 절대 권력을 거부하고 시민에게 정치적 인격을 부여했지만, 정치의 구실을 소유의 보존으로 제한했다."[33]

로크는 "인간이 공동체를 결성하고 스스로를 정부의 지배하에 두고자 하는 가장 크고 주된 목적은 그들의 재산을 보존하기 위함이다."[34]라고 말한다. 하지만 이 인용문에서 로크가 말한 재산은 좁은 의미의 자산을 넘어 자신에게 속한 신체까지 포함하는 광의로 이해되어야 한다. 로크는 인간의 "생명, 자유, 자산 estate"을 "재산 property"으로 부른다.[35] "타고난 재산과 획득된 '재산', 로크는 이 둘을 실제로 '재산 property'이라는 상위개념으로 통합하고 있는데, 이것이 몇몇 해석자

32 같은 책, 119쪽.
33 하승우, 『풀뿌리민주주의와 아나키즘』, 이매진, 2014, 26-27쪽.
34 로크, 같은 책, 120쪽.
35 같은 책, 119쪽.

들에게 오해를 낳기도 했다."[36] 브로커는 "로크가 국민 다수를 배제하는, 자신의 시대의 제한 선거권을 옹호한다든지 그가 급진적인 민주주의자라는 사실이 그의 텍스트에서 분명하게 드러나지는 않는다."[37]라고 말하면서도 로크가 주장한 바를 전반적으로 살펴보면 보편적인 선거권에 반대할 가능성은 낮다고 주장한다.[38]

로크의 자유주의 이론이 과연 계급의 구분과 부르주아 계급국가를 만드는 데 의식적이든 무의식적이든 기여를 했는지 안했는지에 대해서는 연구자들 사이에서 의견이 분분하다. 특히 맥퍼슨은 로크가 인민 전체를 강조하는 듯이 보이지만 실제로는 인민이란 말로 유산자 계급만을 지칭했으며 무산자 계급을 정치적으로 배제하고 있다고 비판하였다.[39] 하지만 무산계급이 판결권이나 합리성과 관련해 불평등을 겪고 있다는 맥퍼슨의 주장은 여러 학자에 의해 비판되었다.[40] 다른 한편 로크는 인간이 재산을 무제한 축적하는 것을 승인하면서도 무산자 계급에 대한 관심은 전혀 보이지 않음으로써 유산계급과 무산계급의 경제적 불평등을 자연적인 현상처럼 나타나게 한다. 김은희는 "로크의 자유주의가 무산자의 정치적 배제를 내적 논리로 안고 있다는 점은 입증되지 않지만, 무산자의 정치적 배제를 막을 논리도 그 안

---

36 Manfred Brocker, "John Locke, Zwei Abhandlungen über die Regierung (1690)", *Geschichte des politischen Denkens*, M. Brocker (Hrsg.), Frankfurt a.M., 2006, 265쪽.

37 같은 글, 268쪽.

38 같은 쪽 참조.

39 C. B. 맥퍼슨, 『홉스와 로크의 사회철학』, 황경식 · 강유원 옮김, 박영사, 2010 참조.

40 가령 베를린이나 코헨 같은 학자가 맥퍼슨의 주장을 강력히 비판하였다. 이에 관한 자세한 내용은 다음을 참조하시오. Josuha Cohen, "Structure, Choice, and Legitimacy. Locke's Theory of the State", *Philosophy & Public Affairs* Vol. 15, No. 4, 1986, 301-324쪽과 W. Euchner, 같은 글, 156쪽 참조.

에 없다"[41]며, "로크 식의 자유주의가 민주주의적 배경하에서는 민주주의와 손잡고 갈 수도 있지만, 계급주의 정치 배경하에서는 계급정치와 손잡고 갈 가능성을 가진다."[42]라고 말한다. 실제로 로크의 자유주의가 당시 기득권 세력인 절대왕정에 맞서 대규모 재산 증식을 꾀하거나 자신의 재산을 지키려는 유산계급의 정치적 · 경제적 이해관계를 정당화하는 데 사용되었음을 간과할 수 없을 것이다.

적어도 표면적으로 로크가 적대시하는 대상은 왕족과 귀족계층이다. 특히 그는 법치주의를 강조하고 전제정치를 비판하며 이에 맞선 폭력수단의 사용을 정당화한다. 로크에 따르면, 사회계약에 의해 수립된 국가에서 가장 중요한 기관은 입법부이다. 로크는 법률의 제정과 준수를 가장 중요하게 여기는데, 그 이유는 사람들이 자연 상태에서 벗어나 계약을 통해 시민사회로 넘어가게 된 이유가 바로 법적 보호를 통해 자신의 재산과 생명을 보호하기 위해서이기 때문이다. 바로 그 때문에 로크는 법률을 파괴하거나 그것을 자의적으로 행사하는 것을 가장 큰 범죄로 간주한다. 그에 따르면, 법률은 원칙적으로 전쟁 상태에 맞서기 위해 만들어진 것이기 때문에 폭력과 대척점에 있다. 그런데 위정자이든 국민이든 상관없이 누군가가 법률을 위반하고 파괴하려 한다면, 그에게 폭력을 행사하는 것은 정당한 것으로 간주된다. 이 점에서 로크는 홉스와 명백히 다르다.

홉스는 국민이 계약을 통해 주권자에게 통치 권력을 위임했고, 주권자가 입법권을 비롯한 모든 권력을 쥐고 있으며 법 바깥에 존재

41 김은희, 「로크의 자유주의와 무산자 배제」, 『철학연구』 제114집, 2016, 407-408쪽.
42 같은 글, 429쪽.

하기 때문에, 그에 대한 어떤 처벌도 불가능하다고 생각하였다. 이에 반해 로크는 모든 사람이 법률의 지배 아래에 있다고 생각하였다. 심지어 행정부의 수반이나 입법권을 지닌 사람조차 예외는 아니다. 또한 그는 "입법권이 항상 동일한 하나의 영구적인 의회나 절대군주제에서와 같이 한 인물에게 속해 있는 정부하에서는 […] 그들 스스로 공동체의 일반구성원과 구분되는 독자적인 이해관계를 가지고 있다고 생각하고 인민들로부터 그들 자신이 적절하다고 생각하는 바를 취함으로써 그들 자신의 부와 권력을 증대시키기 쉬운 위험이"[43] 있다고 믿었다. 그래서 로크는 입법권을 집단적인 기구에 맡기는 것을 바람직하게 생각했으며 입법 자체가 많은 시간이 소요되지 않기 때문에 입법권을 지닌 사람들이 한시적으로 업무를 보거나 특정기간만 활동함으로써 법률을 사적인 이익이 아닌 정당한 목적에서 제정할 수 있도록 규칙으로 정해야 한다고 주장하였다. 로크는 "법률을 위반하여 다른 사람에게 해를 가하면, 법률이 끝나는 곳에서 전제정이 시작된다. 권위를 가진 자가 누구이든 법률에 의해서 그에게 부여된 권력을 초과하고 그가 가지고 있는 무력을 사용하여 신민들에게 법이 허용하지 않는 것을 강요하는 자는, 그 점에서 위정자로서의 자격을 상실하게 되는 것이다. 권위 없이 행동하는 자에 대해서는 다른 사람의 권리를 무력으로 침해한 자에 대해서와 마찬가지로 대항해도 무방하다."[44] 라고 주장한다. 즉 법률을 위반하고 무력을 행사한 자는 설령 그가 국왕이라 할지라도 처벌을 피할 수 없으며, 이러한 전제군주에게 폭력

43 로크, 같은 책, 134쪽.

44 같은 책, 192쪽.

을 행사하며 대항하는 것은 용인될 수 있다는 것이다.

로크가 이 책을 쓴 이유는 당시 영국의 정치상황과 연결시켜 설명될 수 있다. 급진적인 휘그당에 속했던 로크는 왕정주의자들로 구성된 토리당에 맞서고 그들이 추대하는 요크 공작(훗날 제임스 2세)의 왕위계승을 막기 위한 혁명적 의도에서 『통치론』을 썼다.[45] 이 책에서 그가 절대주의적인 지배자의 전제정치에 맞선 무장 혁명을 옹호할 때, 이는 현실 정치와 직접적으로 연관된 것이었다. 그러나 그의 책은 단순히 정파적인 이해관계에 국한되지는 않으며 보다 일반적이고 학문적인 측면을 지니기도 한다. 그는 인간이 태어날 때부터 불평등과 예속된 상태에 있다고 주장하는 가부장주의와 절대군주제 체제에 반대하며, 인간의 자유와 평등을 강조함으로써 민주주의로 갈 수 있는 길을 열어 준다.

로크는 전제정치에 대한 국민의 저항이 무질서와 혼란을 야기할 수 있다는 염려에 대해, 사람들이 합의를 통해 국가를 형성하는 것은 전쟁 상태에서 벗어나기 위함인데, 위정자가 자신의 권력을 이용해 법률을 위반하며 국민과 전쟁 상태에 빠진다면 그보다 더 나쁜 상황이 무엇이 있겠냐고 묻는다.[46] 더욱이 원래 자연 상태에서 발생하는 전쟁 상태가 동등한 조건에 있는 개개인 간의 전쟁 상태라면, 이와 달리 전제국가에서 발생하는 전쟁 상태는 권력을 기반으로 힘의 절대적인 우위에 있는 위정자와 약자인 국민의 전쟁 상태이다. 이러한 점을 고려하면, 후자가 훨씬 더 위험한 전쟁 상태라는 것은 자명하다. 따라

45 M. Brocker, 같은 글, 258-259쪽 참조.

46 로크, 같은 책, 132쪽 참조.

서 로크는 이러한 전쟁 상태를 피하고 법률이 지배하는 새로운 사회를 형성하기 위해 폭력의 사용이 정당화될 수 있다고 강조한다.

이처럼 로크는 법률을 근본적으로 전쟁 상태에서의 폭력과 대비시키지만, 법률을 위반하며 무력을 행사한 자에게는 법률을 수호하기 위해 폭력을 행사할 수 있다는 입장을 피력한다. 그는 합리적인 과정을 통해 선출된 입법자들이 국민을 대신해 그들을 위한 법을 제정하고 이러한 법이 정당하게 집행된다면 행복한 사회가 실현될 수 있다고 믿었다. 그렇다고 그가 실정법을 맹신한 것은 결코 아니다. 그는 실정법이 "자연법에 기초한 한도에서만 올바르며, 마땅히 자연법에 따라 규제되고 해석되어야 한다."[47]라고 주장함으로써 법률 만능주의에 빠지지 않고 도덕을 통해 법률의 불합리함이나 부당성을 교정할 여지를 남겨 두었다. 하지만 그는 도덕과 법의 관계에 대해 깊이 있게 성찰하지는 않는다. 또한 그는 법 자체가 지니고 있는 폭력적 성격을 간과하며 법을 폭력 바깥에 위치시킴으로써 근대국가에서 폭력이 갖는 구성적 특성을 간과하고 있다.

로크의 사회계약설과 통치론이 지닌 또 다른 문제점은 그것이 오직 유럽대륙에만 해당된다는 것이다. 로크는 신대륙을 자연 상태에 있는 것으로 간주했으며, 그 때문에 자유롭고 평등한 인간의 이념과 법치주의를 유럽 국가에만 적용하였다. 이러한 태도는 근대 계몽주의의 자유에 대한 이념과 야만적인 식민지통치가 어떻게 양립할 수 있었는지를 설명해 준다. 로크는 노예제에 반대했지만, 이는 유럽대륙

---

47 같은 책, 18쪽.

내에서의 폭압에 반대한다는 의미를 지닐 뿐이었다. 그는 왕립아프리카회사의 주주로서 노예무역과도 무관하지 않았는데, 이는 그가 신대륙에 존재한 노예제도를 법적 · 정치적 문제가 아니라 국가가 개입해서는 안 될 개인적인 문제로 바라보았다는 것을 보여 준다.[48] "로크는 후견인 샤프츠베리 백작을 통해 식민지 정책 개발에 관여했다. 그는 식민지 사업의 강력한 옹호자였다. 1673년부터 1675년까지 그는 캐롤라이나의 무역농장위원회 서기로 재직하면서 캐롤라이나 기본헌법을 작성했다. 캐롤라이나 헌법에는 다음과 같은 진술이 있었다. "캐롤라이나의 모든 자유민은 자신의 흑인 노예에 대한 절대적 권력과 권위를 지닌다."(Davis, *The Problem of Slavery in Western Culture*, 118쪽)."[49] 그에게 신대륙의 노예는 자유롭고 평등한 인간인 백인 시민계층의 사유재산에 지나지 않았으며 결코 법적인 보호 대상이 되지 못했다. 물론 그는 자연 상태에서도 이성의 자연법에 따라 행동할 것을 주장했지만, 실제로 현실은 그러한 주장과 전혀 달랐으며 신대륙에서 식민지지배자들이 행한 수탈과 폭력은 그곳이 전쟁 상태였다는 것을 보여 준다.

(2) 루소의 『사회계약론』

홉스가 주권자를 지칭할 때 가장 염두에 둔 존재는 절대 권력을 지닌 군주이다. 이러한 군주는 곧 법을 대변하며, 그가 제정하고 실행하는 법에 모든 국민은 복종해야 한다. 그러나 루소는 홉스가 말한 사

48 Jeanette Ehrmann, "'Jenseits der Linie'. Ausnahmezustand, Sklaverei und Thanatopolitik zwischen Aufklärung und (Post-)Kolonialismus", *Der Nomos der Moderne*, Daniel Loick (Hrsg.), Baden-Baden, 2011, 131쪽 참조.

49 수전 벅모스, 『헤겔, 아이티, 보편사』, 김성호 옮김, 문학동네, 2012, 49쪽.

회계약과 법 그리고 주권자 개념을 전혀 달리 이해한다. 루소 역시 모든 사람은 자신의 생명을 보존하고 자신의 이익이 침해되는 것을 막기 위해 똑같은 의지를 지닌 다른 사람들과 정치적으로 결합하여 국가를 수립한다고 말한다. 그런데 이러한 보편적 의지에 입각한 사회계약은 홉스가 말한 것처럼 국가구성원 간의 계약이 아니라, 국가구성원인 각자가 자신이 속한 집단으로서의 국가 공동체와 맺는 계약이다. 개인은 자신의 생명과 재산을 보호해 줄 집단인 국가에 자신을 양도하며 "자신이 속한 전체에 대해 의무를"[50] 진다. 또한 홉스가 국가의 구성원들이 계약을 맺고 자신들의 힘과 의지를 국가의 대행자에게 양도한다고 믿으며 이 대행자를 주권자로 간주하는 데 반해, 루소는 주권자 개념을 홉스와 전혀 다르게 이해한다. 루소는 "개인들 간의 이익의 상충"에도 불구하고 그들에게는 "공통된 이익"이 존재하며 이것이 "사회수립을 필요하게 했다"고 말한다.[51] 이러한 공통의 이익이 바로 보편적 의지이며, "주권은 보편적 의지의 행사일 뿐이기에 결코 양도될 수 없으며 집합적인 존재인 주권자는 집합적인 존재 자체에 의해서만 대표될 수 있다."[52] 따라서 주권자는 결코 인민으로부터 권력을 양도받은 군주 같은 권력자가 아니라, 보편적 의지를 행사하는 집합적 존재로서의 인민 자신인 것이다. 그래서 모든 인민은 국가의 구성원으로서의 개인인 동시에 집합적 존재로서의 주권자이며, 사적인 인격인 개인과 공적인 인격인 주권자가 사회계약을 맺어 국가를 수립

---

50 장 자크 루소, 『사회계약론』, 김중현 옮김, 펭귄클래식코리아, 2014, 49쪽.

51 같은 책, 57쪽.

52 같은 곳.

하는 것이다.[53]

홉스의 리바이어던적인 국가의 전제정치, 즉 국가폭력을 비판할 때, 루소는 무엇보다 국가의 구성원인 개인이 모든 힘과 재산을 국가에 양도하지 않는다는 점을 강조한다. "각자는 사회계약에 의해 자신의 힘과 재산과 자유를 전부가 아닌, 그중 공동체에 중요하게 사용되는 일부만을 양도한다"[54]는 것이다. 따라서 그 나머지 힘과 재산과 자유를 빼앗고 박탈하려는 전제군주의 횡포와 법의 악용에 대해 인민은 결코 따를 의무를 지니지 않는다. 루소는 비록 입법은 주권자인 인민의 권리이지만, 그러한 법의 집행은 인민이 할 수 없기 때문에 관료들에게 양도되어야 하며 그 때문에 정부가 수립되어야 한다고 말한다. "그러나 집행권의 수탁자는 인민의 주인이 아니라 관료이며, 인민이 그들을 임명할 수 있고 원하면 면직시킬 수"[55] 있다며, 전제적인 통치에 복종할 의무가 없음을 강조한다. 개인이 사회계약을 통해 국가를 수립하는 이유는 그들 각자의 안녕과 이익을 위한 것인데, 그것 자체가 억압받고 위협에 처할 때 그러한 국가가 존재할 이유는 더 이상 없을 것이다.[56] 따라서 국가폭력이 자행되는 곳에서 주권자인 인민은 불

---

53 루소는 국가와 주권자, 인민, 시민, 신민 개념을 다음과 같이 구분한다. "이처럼 모든 개인들의 결합으로 이루어지는 이 공적인 인격은 예전에는 도시국가라고 불렸는데, 지금은 공화국 혹은 통치체로 불린다. 그것은 또 수동적일 때에는 구성원들에 의해 국가라고 불리며, 능동적일 때는 주권자라고 불린다. 또한 그와 유사한 것들과 비교될 때에는 권력이라고 불린다. 그 구성원들은 집합적으로 인민이라는 이름을 가지며, 개인적으로는 주권 참여자로서 시민이라 불리며, 국가의 법에 복종하는 자로서 신민이라 불린다." 같은 책, 48쪽.

54 같은 책, 63쪽.

55 같은 책, 141쪽.

56 ""전제군주는 자기 신민들에게 사회적 안녕을 약속한다"라고 누군가 말할 수도 있을 것이다. 그렇다 치자. 하지만 만일 그의 야심이 일으키는 전쟁과 그의 채워지지 않은

의문을 제기할 수 있을 것이다. 개인적인 이해관계를 버리고 보편적인 의지에 도달하기 위해 개인은 자신의 내면의 목소리에 귀 기울여야 하는데, 이때 "시민은 소통적 세계관련성 대신 데카르트의 자기의심과 같은 자기심문을 미덕으로 지닌다."[63] 루소는 공론의 장에서 서로 다른 의견을 교환하며 논쟁하는 것을 인민의 통합을 해치는 것으로 혐오하였는데, 이처럼 개인의 내면에서 보편적 의지를 찾는 과정이 공적인 토론의 과정을 대신할 때 윤리적 심리학이 정치학을 대체한다. 자신의 내면에서 보편적 의지를 찾게 되면 타인과의 토론이나 논쟁은 불필요한 것으로 간주되며, 이로써 보편성이라는 이름 아래 다양한 특수성들, 즉 차이들이 배제된다. 박혁은 루소에 대한 아렌트의 비판에 기대어 루소의 보편적 의지의 문제점을 이렇게 요약한다. "의지의 존재는 반의지의 제압 혹은 극복을 의미한다. 그래서 의지의 정치는 결국 다원성의 파괴로 끝이 난다. 루소의 일반의지의 원리에도 모든 의견의 차이를 제거하려는 구상이 내재되어 있다."[64] 이로써 전제정치의 전횡과 폭력에 맞서 보편적 의지를 따르는 민주주의를 구상한 루소의 정치이론이 다원성을 억압하는 전제주의의 폭력으로 변질될 수 있는 역설에 처한다. 또한 보편적 의지라는 이름 아래 모든 인민 간의 친밀성을 요구하고 모든 사적인 것을 공적인 것으로 만들려는 투명성의 정치는 개인적인 삶을 억압하는 투명성의 폭력을 낳을 위험이 있다.

보편적 의지와 함께 루소 정치사상의 중요한 축을 이루는 개념은

---

63 같은 글, 176쪽.
64 같은 글, 181쪽.

인민주권원리이다. 홉스와 달리 루소는 주권을 보편적 의지의 담지자인 인민에게 부여함으로써 공화주의 사상을 표방한다. 또한 그는 보편적 의지로서의 주권이 절대 누군가에 의해 대변될 수 없다며, 주권을 대표자에게 양도하는 것에 반대한다. "인민이 직접 승인하지 않은 법은 어떤 법이든 무효다. 그러므로 그것은 법이 아니다."[65]라며, 루소는 인민에게 입법권을 부여하는데, 이는 직접 민주주의의 이상을 보여 준다. 그런데 루소가 내세우는 인민주권개념은 홉스가 내세운 "주권의 무제약성과 무제한성"[66]의 특징을 공유한다. 그러나 국민의 선거에 의해 선출된 통치자가 독재자일 수도 있는 데서 알 수 있듯이, 인민주권원리가 반드시 정당성을 보장하지는 않는다. 인민주권이 절대적인 원칙으로 상정될 때 그것이 다수의 독재로 변질된 위험을 배제할 수 없다. 그 때문에 인민주권을 보편적 의지로 설정하기보다는 윤리적 담론을 통해 견제할 수 있어야 한다.

루소는 고대 공화국의 직접민주주의를 이상으로 삼는다.[67] 하지만 크고 복잡한 현대국가에서 모든 국민이 입법과정에 매번 참여할 수 있을지 의구심이 들며, 그것이 현대국가가 대의제의 형식을 취하는 이유이기도 하다. 그런데 현대의 정당제도에서는 선거에 나서는 후보의 공천권을 정당이 독점한다. "그러한 후보공천권의 독점 때

65 루소, 같은 책, 135쪽.

66 박혁, 같은 글, 168쪽.

67 그러나 루소 자신도 고대 직접민주주의의 정치형식을 현대국가에 그대로 적용하는 것이 현실적으로 어렵고 많은 문제를 야기할 수 있음을 인식하고 있었다. "그는 고대의 아름다운 총체성으로의 귀환(헤겔)을 자연으로의 회귀와 마찬가지로 불가능하다고 여겼다." K. Herb, 같은 글, 311쪽.

문에 대의제는 소수가 다수를 지배하는 일종의 과두제로 변해 버린다."[68] 또한 입법과정에서도 정치가들이 민의를 적극적으로 수용할 수 있는 논의의 장이 제대로 마련되지 못한다. 엘리트 정치가들이 모든 정치적 결정권을 독점하고 국민이 결정(준비)과정에서 완전히 배제된다면, 대의제는 정치가들의 개인적 이해관계만을 반영하게 될 것이다. 언어가 대상이 가진 여러 가지 속성 중 한 가지만을 추출하여 대상을 그러한 속성으로 환원하면서 대상의 보편성을 개념적으로 '재현representation'한다고 믿는 것이나 리얼리즘 문학이 개별적인 인간들 중 전형적인 인물을 골라 그가 속한 계층의 보편성을 '재현'할 수 있다고 믿는 것이 모두 환상에 불과하듯이, 개별적인 국민 중에서 선출된 국회의원들이 국민의 보편적 의지를 '대변 representation'하는 전형적인 국민이라는 믿음 역시 환상에 지나지 않는다. 국민은 자신이 지지하는 정당이 자신의 의지를 대변한다고 믿으며 정당 간의 투쟁에 참여하지만, 때로는 경계선이 대립되는 정당들 간에 그어져 있는 것이 아니라 국민을 대변한다고 주장하는 국회의원과 일반국민 사이에 그어져 있기도 하다. 왜냐하면 국회의원들은 국민의 이익이 아닌 자신들의 이익을 대변할 수 있기 때문이다. 따라서 그들이 제정하는 법이 "이익과 정의의 놀라운 일치"[69]를 보여 주기는 쉽지 않다.

법이 특수한 계층이나 계급의 이익을 대변하는 제도로 전락하지 않기 위해서는 의회민주주의를 보완할 수 있는 직접민주주의의 요소를 끌어들이는 것이 필요하다. 또한 설령 국회의원들이 개인적인 관

68 박혁, 같은 글, 165쪽.

69 루소, 같은 책, 65쪽.

심과 이익에 따라 행동하지 않더라도, 현장에서 일어나는 문제들을 올바로 파악하지 못해 잘못된 입법행위를 할 위험도 존재한다. 지식과 정보의 생산이 중요한 현대사회에서 일반국민 가운데에도 입법의 대상이 되는 분야의 전문적 지식과 풍부한 경험을 지니고 있는 사람들이 많이 있기 때문에 이들의 목소리를 적극적으로 듣고 수용하여 대의적인 시스템의 빈틈을 보완하려는 노력이 필요하다. 또한 매체기술의 발달로 정보의 민주적 공유가 가능해진 현대사회에서 원칙적으로 모든 국민이 입법준비과정에서 자신의 의견을 개진하고 토론에 참여할 수 있는 환경이 조성되어야 한다. 이러한 직접 민주주의적 요소들이 보완 내지 교정 작용을 할 수 있을 때만, 대의민주주의가 소수의 직업정치가들의 지배로 전락하지 않을 수 있을 것이다. 비록 루소의 직접민주주의 이상과 인민주권원칙을 현대사회에 그대로 적용할 수는 없을지라도, 대의제의 한계를 지적하며 국민의 정치적 참여를 주장한 그의 정치이론은 현대에도 여전히 중요성을 지닌다.

3) 보편적 이성과 인륜의 구현으로서의 국가와 법: 헤겔의 『법철학』

헤겔은 홉스나 루소와 달리 국가를 일종의 사회계약으로 보지 않는다. "마치 국가를 창건하는 일이 만인의 자의에 따른 것인 양 이야기하는 것은 잘못되었다. 그보다도 오히려 누구나 국가에 속해 있어야만 한다는 것은 절대적인 필연이다. 근대국가가 이룩한 위대한 진보는 국가란 그 자체로 완전무결한 절대적인 목적으로, 그 누구도 중세에서처럼 국가와의 관계를 자신의 사적인 약정에 따르듯 처신해서는 안 된다는 데 있다."[70] 헤겔은 국가를 단순히 개인의 생명과 재산을 보호하기 위해 개인들이 맺거나 사적인 인격인 개인과 공적인 인격인 주권자가 맺는 계약의 산물로 보지 않으며, 국가에 보다 신성한, 인륜적 의미를 부여한다.[71] 이때 인륜은 양심이라는 개인의 내면적 세계와 주관적 판단에만 의지하는 도덕보다 더 숭고한 것으로 여겨지며[72], 보편적 이성이 구체적으로 현실화되어 나타난 것으로 간주된다. 왜냐하면 도덕이란 단순히 주관적인 내면성이며 현실적인 실체가 없는 것인데 반해, "참다운 이념은 이성이 현실화되어 있는 것으로서, 이 현실적인 이성이야말로 국가로 현존하는 것에 다름 아니라는 것이다."[73] 그리고 이러한 참다운 이념으로서의 국가는 내면적인 도덕이 아니라 객관적인 "법률로서 존재한다."[74]

---

70 헤겔, 『법철학』, 182쪽.

71 같은 책, 475-476쪽: "즉 국가의 사명은 타인의 생명과 재산과 자의를 침해하지 않는 한에서 각자의 생명과 재산과 자의를 보호하고 보전하는 데 있으며, 따라서 국가는 하나의 강제기관으로 간주되는 데 지나지 않는다는 것이다. 그렇다면 고도의 정신성이 담겨 있는 절대적 진리의 기반이 되는 것은 주관적 종교성 또는 이론적 학문이라는 것이 되고 어디까지나 국가의 피안에 있는 것이 되는데, 이럴 경우 국가는 본래 비종교적이고 비학문적인 범속한 것으로서 다만 주어지는 대로의 것을 존중하기만 하면 충분하므로 본래의 인륜적인 것은 국가에서는 완전히 배제되어 버리는 셈이다."
같은 책, 210쪽: "그렇지만 국가란 도대체가 계약에 의한 것이 아니며 또한 개개인의 생명과 재산을 보호하고 보전하는 것도 결코 국가의 무조건적이고 실체적인 본질은 아니다. 오히려 국가는 개인의 생명과 재산마저도 국가 그 자체의 권리로서 청구하고 또 그것을 희생하도록 개인에게 요구할 수도 있는 한층 고차적인 것이다."

72 헤겔은 이러한 관점에서 칸트의 도덕 개념을 신랄하게 비판한다. "보통 도덕은 인륜과 거의 동일한 의미로 받아들여지지만 이 책에서는 본질적으로 상이한 의미로 해석되어 있다 […] 칸트 철학의 실천적인 원리는 전적으로 이 도덕 개념에만 국한된 채 심지어 인륜적인 입장마저 불가능하게 만듦으로써 그야말로 인륜이라는 것을 철저히 무효화하여 분노를 자아낼 정도이다."(같은 책, 115쪽)

73 같은 책, 476쪽.

74 같은 쪽.

주지하다시피 헤겔은 시민사회와 국가를 구분하며, 개인의 특수한 이해관계 때문에 개인의 이익과 공동의 이익을 함께 추구하기는 하지만 궁극적으로 양자가 대립관계에 있는 시민사회와 달리, 국가에서는 양자가 본질적으로 통일되어 있는 것으로 간주한다. 왜냐하면 국민은 국가의 구체적 존재양상이자 공동의 의지인 법을 단순히 그것의 금지와 강제에 못 이겨 따르는 것이 아니라 그것의 도덕적 타당성을 인정하며 자신의 자유의지로 받아들여 준수하기 때문이다. 그 때문에 그는 자유를 단순한 자의가 아니라 추상적인 법의 강제성과 도덕의 의무, 즉 자유와 의무를 결합한 보다 고차원적인 형태의 의지로 이해한다. 법적인 제약을 자신의 의지로 받아들이며 보편적인 윤리로 고양시킬 때, 그러한 의지는 보편적인 절대적 의지가 되며 그러한 제약은 진정한 자유로 변한다. 반대로 그러한 자유로운 의지는 추상적인 것이 아니라 국가의 법이라는 구체적이고 현실적인 제도로 나타난다.

그러나 국가와 법에 대한 헤겔의 맹목적인 숭상[75]은 문제가 있다. 헤겔은 국가를 절대목적이자 이성의 발현으로 보았으며, 설령 전제국가가 나타날지라도 이는 국가의 본질과는 무관한 문제라며 국가의 필연성에 절대적 신뢰를 보인다. 단지 개별민족국가는 세계사라는 최고법정 아래에서만 그 유한성을 드러내며, 자신의 한계가 드러나면 해체될 수 있는 것으로 간주된다. 그런데 그가 생각한 국가형태는 민주공화국이 아니라 홉스가 지지한 위계적인 입헌군주국이다. 물론 그

75 같은 책, 490쪽: "국가를 지상의 신처럼 숭상해야 한다."

는 군주마저 법의 지배를 받고 법에 따라 통치할 것을 요구하고 있지만, 그러한 군주는 선출되지 않으며 출생과 상속에 의해 결정된다. 또한 그는 국가와 법을 인륜이 발현되는 최고의 기관이자 제도로 간주하며, 주관적인 도덕의 이름으로 국가를 뒤흔들거나 법을 위반해서는 안 된다고 강조한다. 그러나 헤겔이 인륜적인 제도의 근거로 내세우는 것은 그 자신의 말처럼 긴 세월 동안 많은 사람들에 의해 지속되어 온 '권위'일 뿐인데도, 그는 그것에 보편성을 부여하며 한갓 개인의 도덕이 그러한 보편적 법칙에 저항해서는 안 된다고 말한다.[76]

물론 헤겔이 『법철학』에서 제시하는 인륜성은 전통적인 실체론적 인륜성과 구분된다. 초기 헤겔은 고대 희랍의 실체론적인 인륜성을 모범으로 삼았는데, 이러한 "실체론적 인륜성에서는 개인의 자립적 권리와 주체성이 부차적이고 종속적인 계기로 격하되어 있다."[77] 그러나 근대에 들어오면서 개인의 자유가 부각되고 전통적인 관습을 무비판적으로 따르는 것은 문제가 있는 것으로 여겨졌고, 『법철학』을 썼을 당시의 헤겔 역시 이러한 문제성을 인식하고 있었다. 그 때문에 그는 "비록 개인에 대한 공동체의 우위라는 실천철학의 대전제를 그대로 유지하기는 하지만, 개인의 권리에 대한 적극적인 인정을 통해

76 같은 책, 288쪽: "절대적으로 타당한 법칙은 신의 권위와 국가의 권위를 자기편으로 삼고 있으며 또한 이 법칙이 기반이 되어 인간과 그의 모든 행위와 운명이 그 속에 결집되어 지금껏 존속되어 온 수천 년래의 권위, 즉 무수히 많은 개인의 신념을 포함한 온갖 권위를 지니고 있다. 그런데 내가 여기에 대해서 나 개인의 신념을 대치시키고는 이를 내 주관적인 신념으로 내세우면서 이 신념의 타당성만이 권위가 있다고 하는 것이다. 그러나 애초에는 그토록 엄청나게 부풀어 오른 자만도 결국은 주관적 신념을 규준으로 삼으려는 그의 원리 때문에 깨끗이 쓸려 나가 버리고야 만다."

77 윤삼석, 「헤겔 『법철학』에서 법을 통한 근대적 인륜성의 재구성」, 『헤겔연구』 40권, 2016, 197쪽.

공동체와 개인을 유기적으로 통일하려는 근대적 인륜성을 재구성하고자 한다."[78]

근대 시민사회에서 시민들이 개인적인 이익을 둘러싸고 만인에 대한 만인의 전쟁 상태로 빠져들 때 생겨나는 사회의 분열을 막고 깨어진 총체성을 회복하기 위해 헤겔은 인륜에 기반을 둔 국가를 이상으로 내세운다. 하지만 이것이 전제주의를 허용하는 국가주의로 오해되어서는 안 된다. 왜냐하면 국가는 국민의 권리를 안정적으로 보장해야 하며 그들의 자발적인 인정에 의지하는 것으로 묘사되기 때문이다. 헤겔의 인륜 개념은 "상호주관적·긍정적 자유가 보편적 사회제도로 체제화되고 또 이것이 개인의 성숙한 의식 속에서 자신의 진정한 자유로 자각된 것을 의미한다."[79] 이러한 의미에서 헤겔이 구상한 국가는 현실적인 국가보다 이상적인 국가의 성격을 지닌다. 따라서 양자 간의 간극에서 생겨나는 부정적 측면은 비판될 수 있고 국가 구성원들의 상호주관적 자유에 의해 개선될 수 있다. 하지만 이러한 상호주관성이라는 범주는 하버마스가 올바로 인식했듯이 제한될 수밖에 없다. 왜냐하면 "헤겔은, 다른 주관과의 상호주관적인 관계를 통해 민주적 합의를 추구하여 자기주장의 현실성까지도 확보하고 들어가는 의사소통적인 종류의 이성보다도, 선험적 주관의 독백적인 반성을 무한하게 전개시켜 자기완결적인 타당성을 획득하는 데 안주한 이념지향적 이성에 의존함으로써 '현실 그 자체와의 교류통로를 스스로

78 같은 글, 202쪽.
79 김준수, 같은 글, 113쪽.

단절'"[80]하였기 때문이다. 헤겔은 이미 선험적으로 국가를 인륜성이 실현되는 정치공동체로 설정하고 있기 때문에, 국가에 대한 상호주관적 담론은 그것을 인정하는 틀 내에서 수행될 수밖에 없다. 비록 헤겔이 자유로운 개인들의 상호주관성이 인륜을 형성하는 과정에 기여하는 것처럼 묘사할지라도, 그러한 담론은 인륜이 궁극적으로 실현되는 국가를 부정하거나 또는 시민사회를 국가의 우위에 두거나 그것과 동등한 지위를 갖는 것으로 설정할 수 없다. 즉 이념으로서의 국가에 대한 비판적 담론은 허용되지 않는 것이다.

국가가 오랜 시간 동안 존속되어 왔고 많은 사람들이 국가의 필연성에 찬성한다고 해서 국가의 존재 자체가 이성적인 것은 아니며 그것의 존립 자체가 긍정되는 것도 아니다. 헤겔은 성문법이 존재하지 않는 국가 이전의 사회를 야만적인 사회로 간주했지만, 그러한 국가 없는 사회는 클라스트르의 연구에서도 드러나듯이 오히려 평등하고 민주적인 사회였다. 헤겔은 국가를 모든 국민이 자유의지로 복종해야 할 보편적이고 절대적인 이성으로 간주하지만, 이에 반해 국가를 특정 계층이나 계급의 이해를 반영하는 것으로 보는 견해들도 존재한다. 또한 군주를 꼭짓점으로 한 피라미드 구조의 국가나 국민의 이익을 제대로 대변하지 못하는 의회민주주의 국가는 여러 가지 문제점을 노출하고 있다. 오늘날처럼 점점 네트워크화되어 가는 세계화 시대에 민족국가가 유일하게 타당한 정치공동체의 형식인지 성찰하며, 그것에 대한 보완 내지 대안을 생각해 볼 필요가 있다.

---

80 홍윤기, 「비판이론에 의한 헤겔사회철학의 현대적 수용과 거부」, 『철학논구』 23집, 1995, 92쪽.

독일의 사회학자 울리히 벡은 『세계위험사회 *Weltrisikogesellschaft*』(2007)에서 오늘날 기후변화, 금융위기, 테러리즘 같이 한 국가 내에서 해결될 수 없는 세계적인 위기가 점점 확산되는 상황에서 근대 민족국가 개념이 낡은 것이 되어 버렸다면서 초국가적인 거버넌스의 필요성을 역설한다. "초국가적인 정부는 주권적인 국가들 간의 어느 정도 형식화된 협약으로 환원될 수 없다. 오히려 그것은 국가행위자들과 비국가적인 행위자들 간의 수평적 내지 수직적인 제도적 연결을 전제로 한다. [⋯] 개인적인 행위자들과 전문가들의 감정을 세계적인 거버넌스의 시스템에 편입시키는 것은 또한 조종수단의 다양성도 생겨나게 한다. 여기서 중심적인 지렛대 역할을 하는 것은 권력에 의해 보증된, 실정법의 실행이 아니라, 법적으로 구속력이 없는 권유, 규칙 그리고 표준에 기초해 있는 '소프트한 법'의 다원화된 도구들이다."[81] 물론 벡이 국가나 법의 폐지를 요구하는 것은 아니지만, 세계적인 거버넌스의 필요성을 주장하면서 민족국가와 그 국가의 법이 지닌 의미와 역할을 제한한다. 즉 민족국가와 법은 비정부기구(NGO)나 전문가 집단 같은 다양한 비국가행위자들 및 법적 구속력이 없는 규정들과 나란히 위치하며, 위험을 방지하고 문제를 해결하기 위한 다양한 조종수단 중 하나에 불과한 것으로 간주된다.

또한 민족국가를 여전히 긍정하는 현대국가의 시스템 내에서도 통치형식의 변화를 감지할 수 있다. 전통적인 통치론에서는 강력한 국가가 구심점이 되어 모든 중요한 제도적 조정을 수행한다. 이때 국

---

81 U. Beck, 같은 책, 331쪽.

가는 "다수결 민주주의의 절차, 행정부와 법원의 권위적 결정 그리고 관청의 집행조치"[82]를 통해 다양한 갈등을 조정한다. 이처럼 계율이나 금지, 처벌 같은 권위적이고 위계적인 명령에 의거하여 문제를 해결하고 갈등을 조정하려는 시도는 자율적으로 문제를 해결하고 갈등을 조정하려는 시민들의 저항에 부딪힌다. 또한 국가가 경제와 사회 전반에 과도하게 개입하고 간섭하는 경향은 그것의 관료주의적이고 비효율적인 특성 때문에 비판받는다. 이러한 문제를 해결하기 위해 보다 적은 정부를 요구하고 경제적인 효율성에 의해 문제를 해결하려는 '신공공관리 New Public Management'가 대안으로 제시되기도 하였다. 신자유주의적인 경향을 띠는 신공공관리는 국가행정조직이 시민사회와 민간부분에 과도하게 개입하는 것을 비판할 뿐만 아니라, 심지어 공공분야에 있어서도 민간적 경영과 관리의 요소를 적용하여 효율성을 추구하였다. 그러나 신공공관리는 효율적인 운영과 문제해결에만 역점을 둘 뿐, 사회적인 행위자들을 갈등 조정과 문제 해결과정에 참여시키지 못하였다.

국가의 위계적인 명령이나 시장의 효율성 추구와 구분되는 현대의 새로운 통치양식 내지 사회적 행위조정형식으로서 '거버넌스' 개념이 제시된다. 거버넌스는 적은 국가의 이념을 고수하고 문제해결의 효율성을 추구한다는 점에서는 신공공관리의 이념을 이어받고 있지만, 문제해결의 과정에 다양한 사회적 행위자들을 끌어들여 협상

82 Arthur Benz & Nicolai Dose, "Governance. Modebegriff oder nützliches sozialwissenschaftliches Konzept?", *Governance. Regieren in komplexen Regelsystemen*, A. Benz & N. Dose (Hrsg.), Wiebaden, 2010, 26쪽.

을 통한 자율적이고 상호협력적인 조정을 추구한다는 점에서는 그것과 구분된다. "이 경우에 전체적으로 경제적인 정책의 준비와 실행을 위한 공공행정의 중심적 지위는 문제시되어야 한다. 사회적 문제는 더 이상 국가만의 문제는 아니며, 오히려 시민사회의 문제라고 할 수 있다. [...] 끝으로 국가가 공공과제를 수행하기 위한 보증을 떠맡을 수는 있지만, 국가가 이 과제를 강요하며 스스로 이행해야 한다는 관점에서 더 이상 출발해서는 안 된다. 물론 여전히 행정행위를 더 효율적으로 만드는 것이 중요하지만, 이것이 유일한 목표는 아니다. 오히려 문제의 당사자들을 사회적 문제의 해결을 위해 끌어들여야 한다. '사회의 자기조절잠재력을 장려하는 것이' 중요하다는 것이다."[83] 이처럼 현대국가의 새로운 통치형식인 거버넌스는 국가가 사회보다 우위에 있고 사회적 문제에 개입하고 그것을 조정해야 한다기보다는 오히려 국가를 다양한 사회시스템 중 하나로 간주하며 국가의 개입 없이도 조정되고 실행될 수 있는 다양한 문제와 규칙들이 존재함을 인정하는 데서 출발한다. 새로운 거버넌스 개념에서 "제도적인 조정은 헌법과 법에 의해서만 정의되는 것이 아니며, 무엇보다 공적인 행위자와 사회적 행위자 간의 협상의 결과이다."[84] 이러한 인식은 시민사회에 대한 국가의 우위를 강조하는 헤겔의 국가철학에 대한 교정을 의미한다.

거버넌스가 현대국가의 새로운 통치이념으로 떠올랐다는 사실은 중앙집권적인 강력한 국가, 즉 리바이어던적인 국가의 이념에 대한

---

83 같은 글, 23쪽.

84 Werner Jann & Kai Wegrich, "Governance und Verwaltunsgpolitik. Leitbilder und Reformkonzepte", *Governance. Regieren in komplexen Regelsystemen*, A. Benz & N. Dose (Hrsg.), Wiesbaden, 2010, 193쪽.

회의를 보여 준다. 물론 국가가 해결해야 하는 문제 영역들이 있고 거버넌스적 통치가 모든 문제를 이상적으로 해결하는 것도 아니다. 가령 거버넌스는 갈등을 일으키는 이익집단의 대표들을 문제해결이나 결정과정에 끌어들여 결정의 정당성을 확보하려 하지만, 이러한 대표들과 이익집단 구성원 간의 이견이 존재할 수 있다. 마치 대의제시스템에서 국회의원이 국민의 의견을 대표하지 못하고 자신의 이익을 대변하는 것처럼, 이익집단의 대표 역시 이익집단 구성원들의 의견과 동떨어진 자신의 관점과 이익을 추구하는 문제가 발생할 수 있다. 또한 이러한 문제 해결 내지 갈등조정 과정은 때로는 투명하게 진행되지 않는 문제를 낳기도 하며 그 때문에 민주적인 절차와 동떨어질 수도 있다. 이처럼 사회적 행위자들이 거버넌스에 참여한다고 해도 이것이 직접적인 참여민주주의의 이상에 반드시 부합하지는 않는 한계가 있음을 인식할 필요가 있다.

헤겔의 국가철학이 오늘날 현대국가체제에서 점점 도전을 받으며 문제가 있는 것으로 나타나듯이, 그의 법철학사상 역시 문제가 있다. 그 때문에 헤겔에 맞서 법과 도덕의 관계에 대해서 성찰해 볼 필요가 있다. 헤겔이 내세운 것처럼 현실적 제도로서의 법이 정말 이성적일까? 과연 모든 국민이 자유의지로 법을 받아들이고 있는 것일까? 또한 자유의지로 받아들인 인륜적인 법이 도덕보다 우월할까?

헤겔은 『법철학』에서 법을 통상적으로 사용되는 좁은 의미에서의 법을 넘어서 인륜까지 포함하는 광의의 의미로 사용하였다.[85] 그

85 김준수, 같은 글, 102쪽.

이유는 단순히 금지를 의미할 뿐인 추상법은 현실적으로 많은 문제가 있을 수 있고 개인의 의지와 충돌하며 개인의 자유와 권리를 침해할 수 있기 때문이다. 그 때문에 헤겔은 법적인 것과 도덕적인 것을 조화시키는 근본적 토대로서 인륜을 설정하는 것이다. 하지만 이러한 인륜은 국가라는 공동체와 법 속에서만 현실화된다. "물론 여기에서의 법은 '추상법' 장에서 고찰했던 법이 아니라 이것이 인륜적 실체 속에 객관적으로 정립된 '제정법' 혹은 '실정적 법률'이다. 그렇기 때문에 우리는 가족에서 시민사회를 거쳐 국가에 이르는 합리화의 과정을 객관적인 법을 통한 합리화의 과정으로 해석하며, 따라서 근대적 인륜성의 실제적인 객관적 구성 원리를 '법과 법적 제도'로서 이해한다."[86] 이로써 현실의 법 자체는 문제가 있을 수 있지만, 이념으로서의 법 자체는 선험적으로 인륜에 토대를 둔 정의로운 법으로 설정된다. 또한 그러한 법은 가족과 시민사회, 국가에 이르는 모든 영역을 이성적으로 지배하는 수단으로 옹호된다. 하지만 과연 소위 '인륜적인' 법이 정의를 담보할 수 있을지, 헤겔이 그 안에서 추상적인 법과 도덕을 억지로 화해시킨 것은 아닌지 의문을 제기할 수 있을 것이다.[87]

헤겔과 달리 하버마스는 법과 도덕을 인륜적인 법으로 통일시키기보다는 양자의 근본적인 차이점에 주목하며 각각의 장단점을 비교한다. 법은 모든 것을 '합법성'의 기준에 따라 판단하지만, 그러한 합법성이 도덕적인 타당성을 보장하지는 않는다. 법은 현실적이기 때문에 현실의 구체적인 삶에 적용하기에 편리하지만, 그러한 법의 '타당

86 윤삼석, 같은 글, 222-223쪽.

87 법과 정의의 관계에 대한 문제는 데리다에 관한 절에서 보다 깊이 있게 다룰 것이다.

성'은 끊임없이 되물어져야 하며 도덕적 담론의 대상이 되어야 한다. 그렇지 못한 법과 그러한 법에 기초한 국가는 그 자체로 억압과 폭력을 행사할 것이기 때문이다. 헤겔은 칸트의 도덕철학을 비판하면서 도덕이 양심이라는 개인의 주관적 내면에 머물러 있기 때문에 개인의 도덕적 관점이 결코 오래 지속되어 오고 많은 사람들이 긍정한 제도나 법을 능가할 수 없다고 말하지만, 하버마스처럼 도덕을 개인의 고독한 내면의 문제가 아니라 상호주관적인 담론의 문제로 확장하면, 윤리적 담론이 실정적인 인륜성의 문제를 비판적으로 다루면서도 동시에 보편성을 띨 수 있게 된다.[88] 하지만 하버마스가 도덕이 법보다 우월하다고 주장하는 것은 아니다. 왜냐하면 도덕적 담론은 본질적으로 끊임없이 지속되며 결코 종결될 수 없어서 현실에 적용하는 데는 한계가 있기 때문이다. 도덕에는 법이 지닌 힘, 즉 강제력이 결여되어 있다. 그 때문에 하버마스는 법과 도덕의 차이점을 인식하고, 이들의 상호보완성을 내세우며, 법의 폭력을 막으면서도 동시에 법 체제를 유지할 수 있기를 희망한다.[89] 물론 하버마스도 헤겔처럼 법이 정의롭기를 바라며 그 때문에 법을 도덕적 담론의 규제를 받도록 하지만, 그러한 이상적인 법은 추구해야 할 대상일 뿐이며 법 자체가 이상적인 것으로 나타나지는 않는다. 이와 달리 헤겔에게서는 이념으로서의 인

88 칸트의 도덕철학에 대한 헤겔의 비판을 담론의 윤리학적 관점에서 재비판하는 하버마스의 입장은 다음의 글을 참조하시오. J. Habermas, *Erläuterungen zur Diskursethik*, 9-30쪽.

89 J. Habermas, *Faktizität und Geltung*, 137쪽: "그러나 이러한 도덕적 연관이 우리로 하여금 규범의 위계라는 의미에서 도덕을 법보다 우위에 있는 것으로 생각하도록 오도해서는 안 된다. […] 오히려 자율적인 도덕과 확립되어 있는 실정법은 보완관계에 있다."

륜적 법이 객관적으로 현실화된 보편성으로 간주된다.

오늘날 통치의 문제처럼 입법이나 재판 과정에서도 국가 행위자 외의 사회적 행위자, 즉 시민들을 끌어들이려는 시도가 점점 늘어나고 있다. 앞에서 언급한 거버넌스에서 해당이익집단들은 문제해결이나 갈등조정뿐만 아니라 때로는 이와 관련된 입법준비과정에도 함께 참여하도록 유도된다. 마찬가지로 오늘날 재판과정에서도 더 이상 법은 전문가들에 의해서만 해석되고 적용되지 않는다. 대의적인 민주주의 시스템의 한계를 극복하기 위해 사법 재판에서도 국민참여재판의 형식으로 시민들이 직접 재판에 참여하며 판결에 영향을 미칠 수 있도록 유도하고 있다.[90] 이러한 변화들은 입법과 사법의 영역에서도 국가의 역할이 제한되고 시민들의 참여를 유도하는 방향으로 나아가고 있음을 보여 준다. 이는 국가와 법에 대한 근본적인 인식의 변화를 보여 준다. 즉 중앙집권적인 국가와 대의민주주의 시스템의 한계를 인정하고, 시민이 함께 문제를 해결하고 갈등을 조정할 뿐만 아니라 법의 제정과 적용에 같이 참여하는 참여민주주의의 필요성을 부각시킨다.

물론 참여민주주의가 모든 문제를 해결하는 만능열쇠는 아니며 경우에 따라서는 부정적으로 작용할 수도 있다. 따라서 참여민주주의가 효력을 발휘하려면, 국민의 정치적 · 도덕적 의식이 성숙해 있어야 하는 등 여러 가지 조건이 갖추어져야 한다. 그럼에도 불구하고 참여민주주의는 대의민주주의 제도 내에서 권력의 남용이나 악용을 견제

90 헤겔도 시민이 권리의 주체로서 재판 과정에 참여할 수 있도록 하는, 배심제도와 공개재판제도를 긍정한다. 윤삼석, 같은 글, 218쪽 참조.

하고 잘못된 정책을 교정할 수 있는 역할을 할 수 있으며, 그 때문에 그것 자체의 의미가 격하되어서는 안 된다.

2. 법의 폭력성

1) 국가와 법의 폭력성 비판: 아나키즘

(1) 아나코 코뮌주의

헤겔은 보편적 이성과 인륜이 구현된 국가가 법의 형태로 나타난다고 말하면서, 국가와 법을 사회계약을 넘어서는 숭고한 것의 지위에까지 올려놓았다. 이에 반해 시민적 사상가인 로크는 국가폭력의 가능성을 인정하고 이에 대한 시민의 폭력적 저항을 허용하면서도, 근본적으로 법에 의한 통치를 이성적인 것으로 보고 법과 폭력을 대비되는 것으로 간주하였다. 또한 로크는 국가의 통치가 억압적으로 행해질 가능성을 인정하면서도 국가 자체의 폐지를 주장하지는 않는다. 통치가 문제될 수는 있어도 국가가 부정되지는 않는 것이다. 이러한 생각은 오늘날까지도 이어져 와서 근대의 민족국가 개념은 여전히 확고하게 자리 잡고 있으며 자명한 현실로 받아들여지고 있다. 또한 법과 폭력은 상호대립적인 관계에 놓여 있는 것으로 간주되며, 법은 시민들을 폭력에서 지켜 주기 위한 수단일 뿐 그 자체는 어떤 폭력성도 띠지 않는 것으로 여겨진다.

그러나 국가와 법을 결코 자명한 것으로 간주하지 않으며 시민을 억압하는 악으로 바라보는 관점들도 존재해 왔다. 가장 대표적인 예가 바로 아나키즘일 것이다. 물론 아나키즘 내에도 굉장히 다양한 입장들이 존재하기 때문에 일반화시켜 말하기 어려운 점이 있지만[91], 이들 모두 개인의 자유를 억압하는 중앙집권적인 국가를 비판한다는 점에서 공통점을 지닌다. 그러나 아나키즘이 개인 위에 군림하며 억압적인 권력을 행사하는 국가를 비판한다고 해서 사회질서 자체를 부정하는 것은 아니다. 특히 크로포트킨이 대변하는 아나코 코뮌주의는 기본적으로 자유로운 개인이 사회 속에서만 가능하다는 입장에서 출발하여 권력이 아닌 사회적 권위에 기반을 둔 공동체의 형성을 지지하였다. 왜냐하면 인류는 근대 국가가 수립되기 이전에도 사회를 유지하며 살아왔고 이러한 사회는 결코 홉스가 생각한 것처럼 만인에 대한 만인의 투쟁만이 지배하는 자연 상태가 아니었기 때문이다. 크로포트킨은 (근대)국가란 16세기에 들어와서야 수립된 정치적 조직이며, 그 이전에는 이와 다른 형태의 사회적 · 정치적 공동체가 존재해 왔음을 강조한다. 그는 12세기에서 15세기에 발전했던 도시의 수공업조합인 길드나 농촌공동체가 자발적으로 연합한 연방을 모범으로 삼아, 중앙집권적인 국가 형태 대신 자율적이고 자치적인 비국가연방을 미래의 이상적인 공동체로 제시하였다.[92] 이처럼 민중의 자치공동체들의 연합으로서의 연방은 홉스가 말하는 강력한 국가

91 19세기의 고전적인 아나키즘에서부터 1960년대의 아나키즘을 거쳐 사회주의 국가가 무너지고 자본주의적인 세계화가 시작되던 1990년대에 발생한 새로운 아나키즘에 이르기까지 아나키즘의 역사적 발전을 체계적이고 일목요연하게 정리한 글로는 다음을 참조하시오. 안상헌, 「아나키즘 르네상스」, 표트르 크로포트킨, 『아나키즘』, 백용식 옮김, 충북대학교출판부, 2014, 273-319쪽.

92 이에 대한 자세한 설명은 다음을 참조하시오. 크로포트킨, 『아나키즘』, 73-140쪽, 특히 114-115쪽 참조.

로서의 리바이어던과 대립된다. 크로포트킨은 경제적으로 생산수단의 사적 소유의 폐지나 임금제도의 철폐를 주장하면서 사회주의에 동조하고 자본주의를 강력히 비판하지만, 사회주의가 중앙집권적인 국가의 형태로 나타날 경우에는 이에 격렬히 반대한다. 그에게 위계적으로 조직되고 중앙 집권적인 모든 정치조직은 억압적인 것으로 여겨진다. 그렇다고 그가 어떤 사회조직도 인정하지 않으며 극단적인 개인 해방을 추구하는 것은 아니다. 그는 개인의 자유란 이기적인 개인주의가 아니라 오직 상호부조적인 사회적인 조직의 형태로만 보장되고 극대화될 수 있다고 믿으며, 수평적이고 네트워크적인 비국가연방을 개인의 자유를 실현할 수 있는 이상적인 사회로 제시한다.[93]

하승우는 크로포트킨이 구상한 연방체제를 오늘날의 풀뿌리민주주의와 연결시켜 (재)해석하며, 민중이 정치에 함께 참여하고 결정하는 자율적이고 자치적인 지방들의 연합으로서의 연방국가를 인정한다. "국가를 부정한 크로포트킨은 권력이 분산된 연방 공화국을 지지하고 지방자치가 실시되는 '비국가 연방'을 구상했다. 그러니 크로포트킨의 반국가주의가 국가나 권력 자체를 전면 거부하는 것을 뜻하는 대신 하향식으로 부과된 국가, 아래에서 위로 올라오는 민중의 의

93 1990년대 이후의 신세대 아나키스트들은 크로포트킨으로 대변되는 좌파 아나키즘의 이상적인 연방체제를 공허한 환상으로 간주하며, 그것이 또 다른 억압을 가져올 뿐이라고 비판한다. 반면 촘스키나 북친 같은 구세대 아나키스트들은 신세대 아나키스트들이 사회적 · 정치적 조직화에 무관심한 채 직접행동 같은 산발적 행동만을 수행하는 것을 비판한다. 구세대 아나키스트와 신세대 아나키스트들 간의 논쟁과 공방에 대한 자세한 내용은 다음을 참조하시오. 안상헌, 같은 글, 296-298쪽.

지를 거부하는 국가를 반대하는 것으로 해석될 수도 있다."[94] 이러한 해석은 국가라는 틀을 인정하면서도 각 지방과 그 주민들의 자율성과 자치를 보존하는 해결책을 모색한다는 점에서 크로포트킨의 입장과 차이가 있지만 보다 현실적인 대안이 될 수 있을 것이다.

또 한 가지 언급해야 할 것은 크로포트킨처럼 사회주의적인 이상적 공동체를 꿈꾸는 아나키스트들의 꿈을 공상에 불과한 것으로 보는 견해도 있다는 것이다. 협력을 하면 모두에게 이익이 되지만, 단 그들이 모두 똑같은 정도로 노력한다는 조건하에서만 그렇다. 만일 무임승차해 이득만 챙기려는 사람이 늘어나면, 그러한 협력 체제는 흔들리거나 깨지게 된다. "좋았던 시절에 농업코뮌을 세웠던 아나키즘의 몽상가들은 공동체를 결속시키기 위해 자발적인 호의만으로 충분하다는 견해를 퍼뜨리는 팸플릿을 작성했다. 하지만 현실은 전혀 달랐다. 그들은 끊임없이 이기주의자들과 부당이득을 챙기는 자들에 대해 불평했다. […] 이념은 인간을 현실에서 소외시킬 수 있다. 그것이 늘 성공적인 협력을 위한 보증인은 아니다."[95] 바로 이것이 사회주의적인 이상적 공동체의 문제점이다.

하지만 무한경쟁을 추구하며 사회적 약자에 대한 배려를 상실한 자본주의 사회 역시 적지 않은 문제점을 안고 있다. 이러한 상황에서 보다 현실적인 대안은 개인의 정치경제적 자유를 보장하면서도 사회적인 배려와 복지를 고려하는 사회시스템을 만들어 내는 것이다. 그 중 한 가지 가능성으로 기본소득제를 들 수 있다. 물론 기본소득제는

94 하승우, 『풀뿌리민주주의와 아나키즘』, 153쪽.

95 J. Verplaetse, 같은 책, 206쪽 이하.

각 국가의 현실적인 상황에 따라 실현 시기나 규모가 달라질 수밖에 없다. 그러나 장기적인 관점에서 볼 때 기본소득제는 비단 지나친 부의 편중을 막기 위해서뿐만 아니라, 다가오는 제4차 산업시대, 즉 인공지능 기술의 시대에 불가피한 실업률 증가에 대한 대처의 의미도 지닌다. 미래에 기계가 인간의 노동 부담을 덜어 주고 전통적인 노동이 더 이상 미덕이 아닌 사회가 실현된다면, 기본소득제는 인간이 보다 창의적인 일에 몰두하며 사회에 기여할 수 있는 경제적 기반을 마련해 줄 것이다.

국가에 대한 비판은 근대법치국가의 기반이 되는 법에 대한 비판으로 이어진다. 크로포트킨은 법이 소수 착취자들의 지배를 정당화하고, 정의를 구현하기보다는 오히려 해치고 있다고 주장한다. "국가 없음이 정의 없음이나 평등 없음을 뜻하지도 않는다. 오히려 국가가 없는 상태에서 정의는 더 잘 실현될 수 있다. 이 정의는 중앙의 법률이 지배하는 사회가 아니라 자연법이나 지역의 풍속과 특성에 맞는 생활상의 협력으로 실현된다. 그런 의미에서 아나키스트들은 법률보다 관습의 가치를 더 중요하게 여긴다."[96]

헉슬리는 인간을 포함한 모든 생명체가 자연에서 생존경쟁을 펼치고 투쟁한다며 자연의 비도덕성을 주장한다. 그 때문에 인간의 윤리성은 자연이 아닌 초자연적인 신으로부터 유래한다는 것이다.[97] 이

96 하승우, 같은 책, 168쪽.

97 크로포트킨은 다윈주의자인 헉슬리가 다윈이 주장한 생존경쟁에 필수적인 사회성의 문제를 간과한 이유를 다음과 같이 말하고 있다. "그런데 다윈주의자들 대부분은 바로 이런 자연의 법칙을 간과하였습니다. 아마 다윈 자신이 첫 번째 저서인 『종의 기원』에서 이 문제를 충분히 다루지 않았고, 두 번째 저서인 『인간의 유래』에서만 언급

에 반해 크로포트킨은 다윈의 주장에 따라 헉슬리를 비판하며, 인간을 비롯한 동물의 도덕성은 자연에서 더 잘 생존하기 위해 사회적 협력을 필요로 하는 상황에서 발전되어 나왔다며 도덕을 형이상학적 관점이 아닌 진화론적 관점에서 설명한다. 더 나아가 그는 인간의 도덕이 사회성의 본능을 넘어 평등에 기초한 정의와 생명으로 충만한 에너지를 타인에게 나눠 주며 돕는 적극적인 헌신으로 완성된다며, 인간의 타고난 도덕성을 더 발전시켜 나갈 것을 요구한다. 홉스의 국가이론이나 법사상이 인간이 기본적으로 이기적이기 때문에 인간 상호간의 이해관계의 충돌을 막기 위해 규제나 통제 같은 강제력이 필요하다고 본다면, 크로포트킨은 선한 인간에 대한 믿음에서 출발하며 이로부터 인간의 도덕적 능력을 발전시켜 나가는 방식으로 문제를 해결하려 한다. 인류가 본성상 타인에 대한 공감능력과 윤리적 행위능력을 가지고 있다면, 사유재산과 국가의 억압이 없는 사회에서 인간은 금지하고 통제하는 법률 대신 인간의 윤리적 능력을 고양시키는 관습을 통해 사회적 관계를 조정하고 유지해 나갈 수 있다는 것이다. 물론 그런 사회에서 사회적 문제가 생겼을 때 어떤 조정이나 판결이 없지는 않겠지만, 그러한 조정심급은 국가나 국가가 판결을 위임한 법정이 아닌 시민이 참여하여 직접 결정하는 민회 같은 조직이 될 것이다.

아나키즘은 인간의 자율성과 자치를 긍정하는 평화로운 사회질서를 구축하기 위한 수단으로 폭력적 방법을 승인하였다. 우리에게

했기 때문일 것입니다." 크로포트킨, 같은 책, 165쪽.

일반적으로 알려져 있는 아나키즘의 모습은 국가와 법질서를 파괴하는 이러한 폭력성에 의해 각인되어 있다. 하지만 이러한 파괴적 폭력은 새로운 사회구조의 수립을 위한 창조적 성격을 지닌다. 다만 그러한 파괴적 폭력이 지니는 책임윤리에 대한 충분한 성찰이 결여되어 있다는 점에서 아나키즘적 폭력의 문제성이 드러난다.

법 없는 이상적인 사회를 꿈꾸는 크로포트킨은 인간의 감정이입과 공감 능력, 도덕적 행위능력을 너무 과대평가한 나머지 인간의 또 다른 측면, 즉 폭력적인 본성과 그것의 다양한 실행가능성을 과소평가하였다. 핑커는 법이 존재하기 이전의 사회, 심지어 사회경제적 평등이 존재하던 원시사회마저 폭력이 난무했었다는 사실을 지적하며, 근대국가의 법이 지닌 폭력 억제와 사회적 갈등조정의 역할에 큰 의미를 부여하고 있다. 물론 법에 의한 금지와 처벌, 강압적 법규범의 내면화로 모든 문제를 해결할 수 있는 것은 결코 아니다. 또한 법이 인간의 모든 생활영역에 지나치게 개입하며 처벌로 위협해서도 안 될 것이다. 따라서 법에 의한 형벌, 특히 신체형은 최소한의 영역으로 제한되어야 하며, 형벌제도 역시 도덕적인 응징의 차원보다 교화와 사회적 적응을 돕는 방식으로 변화되어야 할 것이다.

이에 대한 한 가지 사례로 덴마크의 열린 감옥제도를 들 수 있다. 덴마크의 일부 국립교도소들에서 재소자들은 직업교육을 받고 자신이 노동한 대가로 음식을 사서 직접 요리해 먹을 수 있다. 그들은 닫힌 감옥에서처럼 하루 24시간 중 한 시간만 교도소의 마당에서 자유롭게 활보할 수 있는 것이 아니라, 취침시간 등 일부 제약을 제외하면 대부분의 시간을 자율적으로 자신의 의지에 따라 사용할 수 있다. 또한 이들은 자신이 선택한 직업에 따라 심지어 교도소 경계 밖으로 나갈 수 있고 학교교육도 받을 수 있다. 그리고 이들은 다른 수감자와 같이 방을 사용하는 것이 아니라 각자 독방에서 생활하며, 심지어 이성 친구를 사귀는 것도 가능하다. 물론 덴마크의 모든 죄수가 열린 감옥에서 생활할 수 있는 것은 아니며 죄의 경중, 죄수의 생활태도, 남은 형기 등을 고려하여 그 자격이 결정된다. 이러한 열린 감옥은 일반적인 닫힌 감옥보다 범죄의 재발 비율이 낮고 감시 인원이나 장비가 훨씬 적게 들기 때문에 감옥운영비용도 일반감옥보다 절감되는 현실적인 장점이 있다. 또한 열린 감옥의 재소자들은 닫힌 감옥에서처럼 감시와 통제에 의해 수동적으로 행동하기보다 모든 것을 스스로 계획하고 실행하며 자율적으로 행동하는 법을 배운다. 탈옥에 대한 유혹 역시 특별한 감시가 없어도 스스로 자기통제를 함으로써 극복하며 자발적으로 규칙을 준수하는 법을 배워 나간다. 이처럼 감시와 통제, 응징과 훈육이 아니라 자발적인 깨달음과 사회 재적응 능력의 향상을 목표로 함으로써 강압적인 법규범과 형벌제도의 단점을 보완하고 인간의 자율성과 도덕의식을 발전시킬 수 있다는 것이 열린 감옥의 또 다른 장점이다. 따라서 형벌제도에 있어서도 국가권력에 의한 개인적 자유의 제한과 통제는 최소화하되, 재소자의 자율적 의지와 실천적 노력을 최대화하여 윤리적 성찰을 유도하고 사회에 재통합할 수 있는 방안을 마련해야 할 것이다. 재소자의 교화와 사회적 적응은 위로부터, 즉 국가권력에 의해 일방적으로 지시되거나 강제되는 것이 아니라, 국가의 협력하에 아래로부터, 즉 재소자의 의지와 노력에 의해 함께 달성되어야 한다. 감옥개혁 같은 형벌제도의 개선은 범죄뿐만이 아니라 법의 폭력성도 함께 줄여 나가는 데 기여할 수 있을 것이다.

(2) 아나코 생디칼리즘

아나키즘의 또 다른 부류인 아나코 생디칼리즘에 사상적으로 지대한 영향을 미친 조르주 소렐은 국가를 폐지하는 폭력의 윤리성에 대해 이야기한다. 소렐은 폭력의 문제를 파업과 연결시켜 성찰한다. 벤야민에 따르면 법은 스스로를 수호하기 위해 노동자들에게 파업권을 보장하는데, 그렇지 않으면 초기 노동운동에서 드러나듯이 공장의 방화 같이 법질서를 위협하는 더 큰 폭력이 유발될 수 있기 때문이다. 따라서 파업권은 법적으로 보장된 권리이다. 그것은 작업중단이지 능동적 행위가 아니기 때문에 폭력이 아닌 것으로 간주된다. 그러나 벤야민은 그러한 행위중지가 협박의 성격을 띠고 있기 때문에 파업이 폭력이 될 수 있다고 말한다.

소렐은 노동자들의 총파업을 정치적 총파업과 프롤레타리아 총파업으로 구분한다. 정치적 총파업은 혁명적이면서 의회주의적인 사회주의자들의 주도하에 정권교체 같은 정치적 목적을 달성하기 위해 노동자계급의 투쟁을 도구로 사용하는 파업이다. 이러한 정치적 총파업은 계급투쟁과 무관하며 국가 자체를 부정하지는 않는다. 이 파업에서 중요한 것은 정권교체 같은 정치적 목적의 달성일 뿐, 국가라는 시스템 자체의 폐지는 아니다. 따라서 프롤레타리아 세력이 부르주아적인 의회주의 국가를 붕괴시키며 사회주의 혁명으로 나아가지 않도록 이들은 정치적 지침을 받는 노동조합에 편입되어 있어야만 한다. 폭력에 대한 의회사회주의자들의 태도는 이중적인 것으로 묘사된다. 의회사회주의자들은 "폭력에 대한 증오라는 한 가지 열정만을 갖고 있으며, [...] 기꺼이 프롤레타리아의 폭력에 맞선, 부르주아지의 보호자라고 자처한다. 그리고 그들은 박애주의자로서의 자신들의 위엄을 고양할 요량으로 아나키스트들과의 관계를 단절하는 데 조금도 주저하지 않는다."[98] 이처럼 의회사회주의자들은 원칙적으로 사회개혁주의자의 모습을 보여 주며 폭력에 반대하는 것처럼 보인다. 그러나 다른 한편 이들이 완전히 폭력으로부터 등을 돌린 것은 아니다. "인민이 아주 잠잠하게 지낸다면 그들에게는 별로 득이 되지 않을 것이며, 차라리 어떤 선동이라도 벌어지는 것이 그들에게는 이로울 것이다. 하지만 선동은 정해진 한계 안에 머물러야만 하며 정치인들에 의해 통제되어야만 한다."[99] 이처럼 의회사회주의자들은 정치적 총파업 등에서 일어날 수 있는 프롤레타리아의 폭력행사를 자신의 정치적 목적을 위해 이용하되 자신들의 통제하에 둘 수 있기를 희망하는 것이다.

반면 아나키즘적인 생디칼리스트의 총파업에서 프롤레타리아는 계급투쟁 자체를 최우선시하며 임금인상 같은 어떤 특정한 목적을 위해 투쟁하지 않는다. 따라서 프롤레타리아 총파업은 임금인상을 통한 사회의 개선보다는 계급투쟁의 성격을 지니며, 자본주의적인 경제체제를 지닌 부르주아적인 국가 자체를 폐지하려고 한다. 소렐은 소수의 부르주아지가 통치하기 위해 사용하는 무력과 구분하여, 부르주아지와 국가에 맞선 계급 투쟁적 폭동행위를 폭력으로 부른다.[100] 그는 자신의 시대에 사회주의 혁명의 성공이 선거나 사회개혁안을 통해서가 아니라 오직 프롤레타리아 총파업 같은 폭력에 의해서만 달성될 수 있음을 강조하며 폭력의 윤리성을 내세운다.

---

98 조르주 소렐, 『폭력에 대한 성찰』, 이용재 옮김, 나남, 2010, 147쪽.
99 같은 책, 114쪽.
100 같은 책, 242쪽 참조.

벤야민 역시 정치적 총파업과 프롤레타리아 총파업을 구분하는 소렐의 구분법을 받아들인다. 그는 정치적 총파업이 기존의 정부를 무너뜨리고 새로운 법과 정부를 세우려는 성격을 지니며 이런 측면에서 법 제정적 측면이 있는 반면, 프롤레타리아 총파업은 그러한 법 제정적 목적 없이 정의를 추구하며 법을 파괴하는 프롤레타리아의 분노가 순수하게 발현되는 것으로 간주한다. 하지만 정치적 총파업과 프롤레타리아 총파업의 엄격한 구분이 과연 가능한지 또한 프롤레타리아 총파업의 순수한 폭력은 과연 정의로운 것인지 하는 문제가 제기될 수 있다. 벤야민은 소렐이 구분한 두 가지 대립되는 파업(또는 폭력) 양상을 그것들의 법에 대한 입장과 연관시켜 살펴보며 자신만의 독특한 폭력이론을 전개하는데, 다음 절에서는 특히 신화적 폭력과 신적 폭력 개념을 중심으로 이 문제를 자세히 살펴보며 이에 대한 비판적 성찰을 시도할 것이다.

2) 신화적 폭력과 신적 폭력: 벤야민의 「폭력 비판을 위하여」

폭력연구의 고전이라고 할 수 있는 벤야민의 「폭력 비판을 위하여 Zur Kritik der Gewalt」(1921)는 폭력이라는 문제에 대해 보다 엄밀하게 사유하며 법에 숨겨진 폭력적 성격을 밝혀 주었다는 점에서 폭력연구사에서 매우 중요한 위치를 차지한다. 이 글은 제목에서 드러나듯이 일차적으로 폭력에 대해 비판적으로 성찰하는 글이지만, 또한 폭력을 좋은 폭력과 나쁜 폭력으로 가치평가하며 유형학적 구분을 하는 글이기도 하다. Kritik은 어원적으로 '분류하다 krinein'라는 의미를 갖고 있다. 칸트가 삼비판서에서 인간의 생활세계를 객관적 세계(학문, 기술), 규범적 세계(도덕, 법), 주관적 세계(예술)로 구분하듯이, 벤야민 역시 폭력을 법 제정적이고 법 보존적인 신화적 폭력과 신적 폭력으로 구분한다.[101] 이 경우 전자는 나쁜 폭력으로, 후자는 좋은 폭력으로 간주될 수 있을 것이다.

일반적으로 법은 폭력과 반대되는 것으로 간주된다. 법은 사회를 폭력으로부터 지켜 주고 질서를 유지하기 위한 제도라는 것이다. 벤야민의 글이 갖는 특별한 점은 바로 이러한 법 자체가 사실은 폭력과 내재적인 관계를 맺고 있음을 강조한다는 것이다. 벤야민에 따르면, 폭력은 이중으로 법과 연결되어 있다. 먼저 법은 그것에 선행하는 폭력을 바탕으로 제정된다. 벤야민은 법 제정적 폭력의 대표적 예로 파업과 전쟁을 든다. 둘 다 일차적으로 폭력의 형태로 나타나지만, 그 이후에는 목표했던 새로운 상태가 실현되고 또 지속되도록 법의 승인을 필요로 하며 그러한 이유에서 새로운 법이 제정된다는 것이다. 또한 일단 국가가 수립되고 법이 제정되고 나면, 외부에서 법질서를 위협하는 요소들을 추방하거나 제거하기 위해 물리적 강제력이 요구되는데, 벤야민은 이를 법 보존적 폭력이라고 부른다. 그 대표적인 예로 경찰의 폭력을 들 수 있을 것이다. 벤야민은 이러한 법제정적 폭력과 법 보존적 폭력을 법의 토대가 되는 물리적 폭력과 구분한다.[102]

---

101 사카이 다카시 역시 비슷한 맥락에서 다음과 같이 언급한다. "발터 벤야민의 「폭력 비판론」에서 시도되고 있는 비판은 폭력을 비폭력주의의 관점에서 단죄하는 것이 아닌 이른바 칸트적인 비판이었다. 그러니까 여기서의 '비판'은 폭력에 대한 무조건적인 거부가 아니다. 독일어의 Kritik은 어원적으로 krinein, 즉 분리하는 것을 의미하는 단어에서 유래한다. 폭력을 비판한다는 말은 — 폭력의 근절이라는 이념에 입각하면서도 — 폭력 자체의 내부에 어떤 구분 선을 긋는 것이다. 사카이, 『폭력의 철학』, 11쪽.

102 Andreas Fischer-Lescano, "Postmoderne Rechtstheorie als kritische Theorie", *Deutsche*

벤야민은 이러한 법 제정적 폭력과 법 보존적 폭력을 신화적 폭력이라는 이름으로 부르며 신적 폭력과 대비시키기도 한다. 신화적 폭력과 신적 폭력의 관계는 단순화시켜 말하면 법과 정의, 나쁜 폭력과 좋은 폭력의 대립적 관계이기도 하다.

그렇다면 벤야민은 왜 법과 연관된 폭력은 신화적 폭력, 정의와 연관된 폭력은 신적 폭력이라고 불렀을까? 이미 그 명칭(정의) 자체에 그것에 대한 가치평가가 담겨 있다.

먼저 신화적 폭력에 대해 살펴보자. 벤야민은 신화적 폭력과 관련하여 니오베의 신화를 예로 든다. 니오베는 신을 무시하고 자신의 다복함을 자랑하며 오만한 태도를 취하다가 결국 신의 벌을 받고 자신이 가진 모든 것을 한순간에 잃어 버린다. 이때 신화 속의 신은 자신의 발현을 통해 인간이 신을 능가한다는 오만을 지녀서는 안 된다는 금기를 만들어 낸다. 즉 여기서 신화적 폭력은 금기를 정립한다. 이것은 법 제정에 앞서 나타나는 폭력의 특성과 연결된다. 또한 금기를 통해 신화 속 신의 힘이 드러난다면, 법 제정의 경우에는 세속화된 권력이 수립되고 드러난다. 신화 속 신은 금기를 통해 신의 영역과 인간의 영역을 구분하며 경계를 설정한다. 이러한 경계선은 결코 넘을 수 없으며 그것을 넘어서려는 오만한 시도를 하는 자는 처벌받게 된다. 마찬가지로 권력을 통해 제정되고 보존되는 법은 국가권력과 피지배자 사이의 경계선을 나타내며, 그것을 넘어서려는 시도, 즉 법을 위협하거나 파괴하려는 모든 행동을 처벌한다.

Zeitschrift für Philosophie 61, 2013, 187쪽.

법 제정적 폭력과 법 보존적 폭력의 관계도 신화와 연관이 있다. 데리다가 말한 것처럼 모든 법은 제정되자마자 그 안에 그것이 미래에 반복되며 집행될 것을 요구하며 법 보존적 성격을 동시에 지니게 된다.[103] 또한 비상사태를 선포하여 기존 법의 효력을 중지시키고 명령권을 통해 새로운 법규를 제정하며 기존의 법을 보존하려고 할 때, 법 제정적인 폭력과 법 보존적 폭력의 구분이 모호해지기도 한다. 이 경우 법 제정적 폭력은 파괴적인 동시에 보존적이며, 따라서 법은 자신과 완전히 단절하지 않고 순환적으로 자신을 강화시켜 나간다. 심지어 혁명 같은 단절적인 상황이 생겨도 새로운 국가권력이 다시 법을 제정하고 보존해 나갈 때, 법적인 주체는 바뀌었지만 법 자체는 순환적 운동을 계속하며 존재한다. "모든 법 보존적 폭력은 그것이 지속되면서 그것 속에 대표되는 법 제정적 폭력을 적대적 대항폭력들을 억압함으로써 간접적으로 스스로 약화시킨다는 점에 바탕을 둔다. [...] 이러한 현상은 새로운 폭력들이 승리하거나 예전에 억압되어 온 폭력들이 지금까지 법 제정적이던 폭력에 승리하여 그로써 새로이 몰락할 새로운 법의 근거를 세울 때까지 지속된다."[104] 벤야민은 이러한 법형식들의 순환을 신화적 순환에 비교하며, 이러한 순환고리를 파괴하고 새로운 역사의 시대를 열어 나갈 것을 요구한다.

법 보존적 폭력이 법을 수호하기 위해 위협적인 수단을 사용할 뿐만 아니라, 법 자체가 신화처럼 운명적 성격을 지니며 위협적인 모

---

103 데리다, 『법의 힘』, 88-90쪽 참조.

104 벤야민, 같은 글, 115쪽(역서에 나오는 '법정립적 폭력'과 '법보존적 폭력'은 각각 '법 제정적 폭력'과 '법 보존적 폭력'으로 바꿔 번역하였다).

습으로 등장하기도 한다. 신화에서 니오베가 신을 도발하며 싸움을 걸 때, 이는 운명에 도전하며 그것을 불러내는 것을 의미한다. 그러나 일단 운명을 불러내고 나면, 인간은 거기서 벗어날 수 없으며 죄를 부여받고 속죄해야 한다. 벤야민에 따르면, "실정법은 (인류의, 필자주) 이해관계를 어떤 운명적 질서를 재현하고 보존하는 데서 본다."[105] 「운명과 성격 Schicksal und Charakter」(1919)에서도 운명과 법의 연관성이 강조된다. 벤야민은 고대의 운명 개념에는 행복이 포함되지 않았으며 단지 불행과 죄만이 그 개념을 구성하고 있었다며, "불행과 죄만 통용되는 또 다른 영역"[106]인 법과의 연관성을 지적한다. 이러한 연관성은 특히 "법조문들이 사람들의 관계들만이 아니라 신과 사람의 관계도 규정했던 그러한 실존단계의 한 잔재에 불과하다."[107]라는 말에서 뚜렷이 나타난다.

사람들은 법률의 손아귀에서 벗어날 수 있다는 희망을 갖지만, "그럴수록 그 법률은 운명처럼 위협적인 모습으로 드러나는데, 범죄자가 걸려들지의 여부는 운명에 달려 있기 때문이다."[108] 물론 우리는 인간이 도덕적으로 행동하면 법을 무서워할 필요가 없으며, 따라서 법에 걸려드는 것, 즉 법의 위반은 도덕의 문제이지 운명의 문제가 아니라고 생각할 수도 있다. 그러나 벤야민은 우리가 모르고서 법을 위반할 수 있지만, 이 경우에도 법을 알고 있을 때와 마찬가지로 처벌받

105 같은 글, 93쪽.

106 벤야민, 「운명과 성격」, 『역사의 개념에 대하여. 폭력비판을 위하여. 초현실주의 외』, 70쪽.

107 같은 곳.

108 벤야민, 「폭력비판을 위하여」, 93쪽.

는다는 점을 지적한다.[109] 마치 오이디푸스가 위반사실을 모르고서 아버지를 죽이고 어머니와 결혼하는 것이 피할 수 없는 운명의 작용인 것처럼 말이다.

벤야민은 운명뿐만이 아니라 법에서도 근본적으로 도덕적인 죄가 문제되는 것이 아니라 어쩔 수 없이 그것에 얽혀 들어가는 '불행'이 문제가 된다고 본다. 그 때문에 "법은 형벌을 받도록 심판하는 것이 아니라 죄를 짓도록 심판한다."[110] 다시 말해 법이 죄에 대해 처벌하는 것이 아니라, 오히려 법적 판결과 더불어 비로소 죄가 발생한다는 것이다. 특히 벤야민이 자신의 시대에 점차 다가오고 있는 것으로 의식한 경찰국가 내지 파시즘국가 체제에서 법의 위반문제는 도덕적 행동의 문제가 아니라 운명의 문제가 되며, 그러한 운명에서 법으로 구현되는 국가권력은 법적 판결과 더불어 죄를 발생시키며 인간에게 문자 그대로 신화적 폭력을 행사한다.

이상에서 벤야민이 왜 법 제정적 폭력이나 법 보존적 폭력을 신화적 폭력으로 지칭하는지 그 이유를 살펴보았다. 다음으로 그가 신화적 폭력과 대립시킨 신적 폭력에 대해 살펴보자. 그는 양자를 대립시키면서 각각의 폭력에 다음과 같은 특성을 부여하고 있다.

> 모든 영역에서 신화에 대해 신이 맞서듯이, 신화적 폭력에도 신적인 폭력이 맞선다. 그것도 후자의 폭력은 모든 면에서 전자에 대한 반대상을 가리킨다. 신화적 폭력이 법 제정적이라면, 신적 폭력은 법 파괴적이고,

---

109 같은 글, 110쪽 참조.
110 벤야민, 「운명과 성격」, 71쪽.

신화적 폭력이 경계를 설정한다면 신적 폭력은 경계가 없으며, 신화적 폭력이 죄를 부과하면서 동시에 속죄를 시킨다면 신적 폭력은 죄를 면해 주고, 신화적 폭력이 위협적이라면 신적 폭력은 내리치는 폭력이고, 신화적 폭력이 피를 흘리게 한다면 신적 폭력은 피를 흘리지 않은 채 죽음을 가져온다.[111]

우선 위의 인용문에서 열거된 신적 폭력의 특성을 하나하나 상세히 살펴보기에 앞서 신적 폭력이라는 개념에서 신이 결코 단순한 비유가 아님을 강조할 필요가 있다. 유대신학은 역사적 유물론과 함께 벤야민의 사상의 중요한 한 축을 이루며 정치적 성격을 띤다. 이러한 맥락에서 볼 때, 여기서 내리치는 폭력을 행사하는 신은 과연 누구인가? 그것은 바로 「역사의 개념에 대하여 Über den Begriff der Geschichte」(1940)에 등장하는 '역사의 천사'일 것이다. 진보의 폭풍 속에 잔해더미가 하늘로 쌓여 가는 현실에서 진보의 이면에 억압의 영원한 회귀라는 신화적 순환이 숨어 있다. 그것은 국가에 의한 법적 폭력의 순환이기도 하다. 이러한 폭력에 내맡겨진 피지배계층은 마찬가지로 역사의 희생자인 죽은 자를 불러내고 산산이 부서진 잔해를 모아 결합해야 한다. 즉 그들은 역사의 천사로서 선형적 시간의 흐름을 중단시키고 지금이라는 순간에 억압된 지나간 것을 새롭게 불러내 구원해야 한다. 이것이 바로 정치적 신학의 임무이자 역사의 천사가 지닌 메시아적 임무이다.[112] 벤야민에게서 메시아적인 구원의 시간은 마르크스

111 벤야민, 「폭력비판을 위하여」, 111쪽.

112 그러나 이러한 정치신학과 메시아의 의미를 현실과 동떨어진 형이상학적 의미로 환

가 말한 계급 없는 사회와 동일하지만, 그러한 사회로서의 지금 시간은 결코 역사적 목적이나 종착점을 의미하지 않고 진보를 중단시킨다는 점에서만 해방의 순간을 의미한다.[113] 벤야민은 위의 글에서 이러한 "역사적 인식의 주체"를 "투쟁하는, 억압받는 계급 자신"으로 규정한다.[114] 이러한 억압받는 계급은 사회민주주의가 내세우는 것처럼 결코 지배계급과 타협해서는 안 되며, 오히려 이에 맞서 싸워야 한다. 이 경우 이러한 폭력은 '신적 폭력'으로 용인된다.[115]

이러한 인식하에 다시 위의 인용문에 열거된 신적 폭력의 특성을 살펴보자. 신화적 폭력이 경계를 설정한다면, 신적 폭력에는 이러

원시켜 강조해서는 안 될 것이다. 장제형은 벤야민의 정치신학을 현실의 역사와 유리된 신정론적 관점에서 해석하는 것의 위험성을 지적한다. 신화적 폭력이 먼저 존재하고 신적 폭력이 뒤따라오며, 후자가 전자를 대체한다는 구원사적 관점에서 「폭력비판을 위하여」를 이해해서는 안 된다는 것이다. 그렇게 이해할 경우 벤야민은 "일종의 메시아적 정치신학의 대변자"(장제형, 「신적 폭력과 신화적 폭력의 단절과 착종. 발터 벤야민의 「폭력비판을 위하여」를 중심으로」, 『독일어문학』 제68집, 2015, 321쪽)로 여겨지게 된다. 다른 한편 벤야민의 사유에 나타나는 신학적, 형이상학적인 측면을 간과해서도 안 된다. 따라서 벤야민의 사유에는 "이러한 세속과 천상, 역사와 구원, 인간과 메시아 중 그 어떤 하나의 극으로 일방적으로 환원될 수 없는 양자 간의 긴장관계"(같은 글, 322쪽)가 존재한다는 것이다.

113 최문규, 『파편과 형세』, 서강대학교 출판부, 2012, 543쪽 참조.

114 벤야민, 「역사의 개념에 대하여」, 『역사의 개념에 대하여. 폭력비판을 위하여. 초현실주의 외』, 343쪽.
이와 유사하게 최문규는 벤야민의 '역사의 천사'를 단순히 초월적인 존재가 아니라 역사적인 유물론자로 해석하고 있다. "천사는 종교적인 의미에서 천국에서 내려온 천사가 아니며 또한 천국으로 다시 돌아가려는 그런 천사도 아니다. 더욱이 천사는 자기 앞에서 불어오는 폭풍우를 피하지 않고 오히려 정반대로 맞서 있다. 다시 말하면, 천사는 진보라는 폭풍우에 의해 휩쓸려 살아가는 일반적인 우리가 아니라 그런 폭풍우에 맞서는 자, 즉 폭풍우 속에서도 역으로 거슬러 올라가려는 자와도 같다. 이러한 천사의 모습은 다름 아닌 역사적 유물론자의 모습과 정확히 일치"(최문규, 같은 책, 497쪽)한다.

115 물론 신적 폭력은 의도적이고 계획된 폭력이 아니라 순수하게 분출되는 폭력이라는 단서를 달아야 한다.

한 경계가 없다. 아니 엄밀히 말하면, 이러한 경계가 파괴된다. 왜냐하면 이러한 경계란 바로 지배층과 피지배층, 억압하는 계급과 억압받는 계급의 경계이며, 이는 국가권력에 의해 수립된 법의 형식(경계)으로 나타나기 때문이다. 그 때문에 이러한 경계의 소멸 내지 파괴는 억압받는 계층의 구원을 위한 출발점이 될 것이다.

또한 신화적 폭력은 죄를 부과하면서 동시에 속죄시킨다. 즉 구술시대에 불문법을 위반하면 속죄해야 하듯이, 문자시대에도 성문법을 — 알든 모르든 — 어기면 마찬가지로 처벌받는다. 반면 신적 폭력은 '죄를 면하게 해 준다 entsühnen'. 여기서 이 단어는 이중적 의미를 지닌다. 그것은 자신을 억압하는 계층에 대한 분노를 폭력으로 표출하는 사람의 죄를 사하여 준다는 의미에서, 즉 그의 폭력에 정당성을 부여한다는 의미에서 면죄를 뜻할 수도 있고, 아니면 폭력을 당하는 사람을 단순한 생명에서 벗어나 보다 높은 차원으로 영혼을 고양시켜 준다는 의미에서 '죄를 면하게 해 주는' 것일 수도 있다.[116] 이와 관련해 벤야민은 이렇게 말한다.

> 신적 폭력이 갖는, 피를 흘리지 않는 성격과 면죄해 주는 성격 사이에 깊은 연관이 있다는 것은 의심의 여지없이 명백하다. 왜냐하면 피는 단순한 생명의 상징이기 때문이다. […] 신화적 폭력은 그 폭력 자체를 위

116 데리다는 '면죄하다'라는 벤야민의 개념을 '속죄하게 만든다'라는 개념으로 번역하며, 신적 폭력의 대상이 되는 사람에 초점을 맞춰 벤야민의 텍스트를 해석한다. 이러한 해석에 따르면, "신화적인 폭력은 생명체를 희생시킴으로써 자족하는 반면, 신성한 폭력(신적 폭력, 필자 주)은 생명체를 위해, 생명체를 구원하기 위해 생명을 희생시킨다." 데리다, 『법의 힘』, 116쪽.

해 단순한 생명[117]에 가해지는 피의 폭력이고, 신적 폭력은 생명체[118]를 위해 모든 생명 위에 가해지는 순수한 폭력이다. 전자는 희생을 요구하고 후자는 그 희생을 받아들인다.[119]

아감벤적인 의미에서 정치적 삶에서 배제됨으로써만 정치에 포섭되는 단순한 생명(즉 벌거벗은 생명)으로서의 피지배층에게 가해지며 피를 요구하는 폭력은 전제적인 신화적 폭력으로 간주된다. 그것은 단순히 생명을 빼앗는 유혈적인 폭력에 지나지 않는다. 이에 반해 신적 폭력은 그러한 단순한(벌거벗은) 생명들에게 가해지는 폭력이 아니라, 오히려 "생명체를 위해" "모든" 생명에 가해지는 "순수한" 폭력이다. 이러한 신적 폭력은 더 이상 어떤 목적을 달성하기 위한 도구가 아니기에 순수하다.[120] 벤야민은 순수성 개념을 실체적인 것이 아니라 관계적인 것으로 정의한다. "순수한 폭력과 신화적 · 법적 폭력 사이의 차이는 폭력 자체가 아니라 외부와의 관계에서 유래하는 것이다. 벤야민은 이 외부의 조건이 무엇인지 글의 첫머리에서 확실하게 적고 있다. "폭력 비판의 과제는 폭력이 법 및 정의와 맺고 있는 관계를 서술하는 것으로 요약할 수 있다." 따라서 폭력의 '순수성'의 기준 또한

117 번역문에는 '삶'으로 번역되어 있지만, 여기서는 '생명'으로 바꾸어 인용하였다.

118 역서에는 '살아 있는 자'로 번역되어 있지만, 여기서는 '생명체'로 바꾸어 인용하였다.

119 벤야민, 「폭력비판을 위하여」, 111-112쪽.

120 그러나 한병철은 신이 고라의 일족을 파멸시키는 폭력을 행사한 것은 모세의 지배를 인정해 주기 위함이라고 말하면서, 신화적 폭력과 마찬가지로 신적 폭력 역시 지배를 정당화하려는 목적에서 벗어나 있지 못하다고 지적한다. 즉 신적 폭력 역시 순수하지 못하다는 것이다. B. C. Han, *Topologie der Gewalt*, 74-75쪽 참조.

법과의 관계에서 비롯된다고 할 수 있다."[121] "순수한 폭력은 법과 폭력의 연결망을 폭로하고 절단하며, 그리하여 궁극적으로 통치하거나 집행하는 폭력이 아니라 순수하게 작동하고 현현하는 폭력으로 나타날 수 있다."[122] 즉 폭력이 "하나의 목적을 향한 수단이라는 관계가 아니라 자기 자신의 수단성과의 관계 속에서야 비로소 순수한 것이 된다."[123] 또한 그것은 단순한 생명에게 가해지는 폭력이 아니라 생명체를 위해 모든 생명에게 가해지는 폭력이다. 이러한 폭력은 단순한 파괴가 아니라, 오히려 파괴를 통해 살려 내는(즉 영혼을 고양시키는), '생명체'를 위한 것이다. 왜냐하면 "그 폭력은 단지 상대적으로, 즉 재화, 법, 생명과 같은 것과 관련해서 파괴적인 것이지, 결코 생명체의 영혼과 관련해서 절대적으로 파괴적인 것은 아니"[124]기 때문이다. 즉 그러한 신적 폭력이 행해질 때 법이 파괴되고 재산도 약탈될 수 있으며 심지어 사람들이 죽을 수도 있지만, 그 희생자는 단순한 생명을 내어 주는 대신 영혼은 구원받을 수 있다. 신적 폭력은 폭력을 행사하는 사람뿐만 아니라 폭력을 당하는 사람마저 구원해 주는 것이다. 그러한 두 번째의 구원은 신체적인 파괴를 통한 영혼의 구원이라는 형식을 지닌다. 즉 신적 폭력의 희생자는 그 (신체적) 희생을 받아들이고 감수해야 하며, 그것을 통해 면죄될 수 있다.

또한 신화적 폭력이 위협적인 폭력이라면, 신적 폭력은 내리치는 폭력이다. 법은 알게 모르게 우리를 끊임없이 위협하며 우리의 주

---

121 조르조 아감벤, 『예외상태』, 김항 옮김, 새물결, 2009, 119쪽.
122 같은 책, 121쪽.
123 같은 책, 120쪽.
124 벤야민, 「폭력비판을 위하여」, 112쪽.

변을 운명처럼 맴돈다. 그것은 지속적으로 존재하며 반복해서 회귀한다. 반면 신적 폭력은 일순간 '내리치는' 폭력이다. 벤야민은 「역사의 개념에 대하여」에서 과거의 이미지는 결코 영구적으로 존재하는 것이 아니라 휙 지나가며 그 때문에 지금 이 순간 인식되지 않으면 영영 볼 수 없는 섬광 같다고 말한다.[125] 위험에 빠졌을 때 일순간 과거 속으로 뛰어들어 시간의 연속성을 멈추고 과거를 미래의 메시아적 관점에서 구원해 내듯이, 신적 폭력 역시 신화적 폭력의 지속적인 위협을 한순간 정지시키고 단번에 내리치며 신화적 순환의 고리를 파괴한다.[126] 여기서 순간적 인식과 순간적 행동, 즉 이론적 인식과 실천적 행동 간의 연관성이 생겨난다.

벤야민은 신적 폭력을 행사하는 사람은 예외적 상황에 있으며 그 책임을 오롯이 스스로 짊어져야 한다고 말한다. 그는 살인해서는 안 된다는 일반적 계명에 반하는 예외적 폭력행사와 관련해 이렇게 말한다. "계명은 판단의 척도로서 있는 것이 아니라 행동하는 인격체 또는 공동체에 대해 행동의 지침으로서 있는 것이다. 행동하는 인격체나 공동체는 홀로 있으면서 그 계명과 대결해야 하며 엄청난 경우에 처할 때 그 계명을 도외시하는 책임을 스스로 떠맡아야 한다."[127] 벤야민은 위의 인용문에서 일반적인 계명을 어겼다고 해서 그것이 곧바로 도덕적으로 잘못된 행동으로 판단되어서는 안 된다고 말한다. 나

---

125 벤야민, 「역사의 개념에 대하여」, 333쪽 참조.

126 한병철은 '내리치는(schlagend)'이라는 단어의 의미를, 신적 폭력이 법과 폭력의 연결고리를 '부수어(zerschlagen)' 법질서에서 벗어나며, 죄의 맥락 자체를 내리쳐 부숴 '면죄시켜(entsühnen)' 준다는 의미로 해석한다. B. C. Han, 같은 책, 73쪽 참조.

127 벤야민, 「폭력비판을 위하여」, 113쪽.

아가 일반적 계명을 어기는 예외적 폭력에 대한 책임은 그러한 행위를 한 개인이나 공동체 자신이 짊어져야 한다고 강조한다. 이로부터 신적 폭력의 행위를 정당화시켜 주는 것은 오로지 개인(혹은 공동체)의 주관적인 참여의 감정이라는 해석이 생겨날 수 있다. 이와 관련해 지젝은 실제로 차별과 억압에 맞선 폭동에서 나타나는 순간적인 분노의 표출로서 폭력과 약탈을 승인하는데[128], 이처럼 신적 폭력을 폭력행사자의 주관적인 감정에 의해 규정짓게 한 것[129]은 대단히 위험한 생각이다. 데리다는 정반대의 입장에서 나치의 '궁극적 해결책 Endlösung'을 신적 폭력으로 해석(오해)할 수 있는 위험성을 지적하기도 한다.[130] 아무런 피를 흘리지 않고 가해자뿐만 아니라 희생자(홀로코스트의 제물이 되어 속죄하는)까지 면죄시켜 주는 나치의 폭력이 그러한 폭력에 참여한 사람들의 주관적 감정에 의해 정당화될 수 있다는 것이다. 그들은 유대인을 비롯한 벌거벗은 생명들, 즉 잠재적으로 생명정치적 관점에서 볼 때 병약한 자로 분리될 수 있는 모든 사람들의 신체를 파괴함으

128 지젝, 『폭력이란 무엇인가』, 277-278쪽: "구조화된 사회적 공간 바깥에 있는 자들이 '맹목적으로' 폭력을 휘두르면서 즉각적인 정의/복수를 요구하고 실행에 옮기는 것, 바로 이것이 신적 폭력이다. 십수 년 전 브라질의 리우데자네이루에서 일어난 사태를 상기해 보자. 빈민가의 군중들이 도심의 부유층 거리로 가서 슈퍼마켓을 마구 약탈하고 방화하기 시작했다. 이런 것이 바로 신적 폭력이다."

129 지젝은 벤야민의 입장을 지지하며 참여적 진리를 진정한 진리로 내세운다. "우리는 어떻게 하면 '몫 없는 자들'이라는 사회적 소수자의 목소리가 단지 특수한 불만이 아니라 실제로 보편적 진리라는 것을 확신할 수 있을까? […] 그것은 우리가 말하는 진리라는 것이 '객관적' 진리가 아니라 자기가 가진 주관적 입장을 의미하는 자기-관계적 진리라는 점이다. 그런 면에서 이와 같은 진리는 참여적 진리이다. 그래서 이 진리는 그것이 가지고 있는 사실의 정확성에 의해 평가되는 것이 아니라 그 진리를 말하는 자가 가진 주관적 입장에 미친 영향에 따라 평가된다." 같은 책, 312쪽.

130 데리다, 같은 책, 134-136쪽 참조.

로써[131] 그들의 영혼을 구원하고 고양시켜 주었다고 주장하며 자신들을 면죄시킬 것이기 때문이다.

장제형은 벤야민의 신적 폭력 개념을 개인의 주관적 참여의 감정과만 연관시켜 해석한 데리다와 지젝을 비판하며, 벤야민에게는 이러한 주관적 감정을 규제하는 보편적인 장치가 존재한다고 말한다. 비록 그것이 명확히 규정되지는 않지만 벤야민의 언어, 역사 철학에는 '형이상학적 근원성'이 전제되며, 이러한 근원적이고 보편적인 상과의 관계 속에서 개별적인 행위의 자의성이 제한될 수 있다는 것이다.[132] 그러나 개인의 내면에서 일어나는 칸트의 '독백적인' 도덕적 판단과 마찬가지로, 절대적이고 근원적인 객관성에 대한 요구에도 불구하고 벤야민이 말한 신적 폭력에 대한 결심 역시 궁극적으로 개인의 주관적인 내면적 판단에서 벗어나기 힘들다. 왜냐하면 그러한 구체적인 실천행위의 보편성, 즉 폭력의 정당성을 확인(또는 확신)하는 사람은 다름 아닌 행위주체 자신으로 간주되고 있기 때문이다. 벤야민 역시 신화적 폭력과 달리 신적인 폭력은 객관적으로 인식될 수 없다는 것을 알고 있다. "[…] 신적인 폭력이 아니라 오로지 신화적 폭력만이 그 자체로 확실하게 인식될 수 있기 때문이다. 그 이유는 폭력이 인간에게 주는 면죄하는 힘은 명백하게 드러나지 않기

131 아감벤은 히틀러가 불치의 정신병자들을 죽이는 안락사 프로그램이 별로 인기가 없고 심지어 성직자의 반대가 있었음에도 불구하고 실행한 이유가 생명정치적 지평에서 벌거벗은 생명에 대한 결정을 주권의 일환으로 보았기 때문이라고 주장한다. 나치체제에서는 생명의 가치 내지 무가치를 결정하는 자가 주권자라는 것이다. 아감벤, 『호모 사케르』, 박진우 옮김, 새물결, 2008, 270-274쪽 참조.

132 장제형, 같은 글, 330쪽.

때문이다."[133] 그렇다면 벤야민이 말하는 신적 폭력을 행사하는 또는 행사한다고 믿는 사람들은 그러한 면죄하는 힘을 오롯이 자신의 내면적 확신에서 끌어내야 한다. 물론 벤야민은 소위 신적 폭력을 행사하는 또는 행사한다고 믿는 사람들의 '책임'을 거론하며, 이러한 주관 확신이 잘못될 수 있음을 암시한다. 그러나 그러한 책임을 면죄시켜 줄 힘이 어디서 생겨나는지 과연 그러한 객관적인 정당성이 가능한지에 대해서 벤야민은 충분히 설명하지 않는다. 오히려 그는 이에 대한 충분한 설명 대신 그러한 행위자 자신의 신념과 책임을 강조함으로써 개별성과 보편성 사이의 벌어진 틈을 메우지 못하는 아포리아에 빠지게 된다. 결국 신적 폭력의 정당성을 객관적으로 인식할 수 없을 때, 그 행위주체는 오로지 자신의 고독한 주관적인 내면에서 그러한 행위의 객관성을 검토하고 확신을 끌어내야 한다. 그러나 이러한 불확실한 확신, 입증될 수 없는 객관성의 한계 내에서 벤야민처럼 신적 폭력으로서의 '혁명적 폭력'을 요구하는 것은 항상 위험을 내포한다.

물론 신적 폭력을 근본적으로 용인한 벤야민의 폭력비평을 이해하기 위해서는 이러한 텍스트가 생겨난 시대적 배경을 이해해야 한다. 비상조치법이 수시로 선포되고 예외상태가 일상화되는 상황에서 벤야민이 의회민주주의의 긍정적 가능성을 신뢰할 수 없었던 상황에 대한 이해가 전제되어야 그의 폭력비평을 온전히 이해할 수 있다. 또한 그의 폭력비평이 조르주 소렐의 이론을 수용하고 카를 슈미트의

133 벤야민, 「역사의 개념에 대하여」, 116쪽.

이론과 비판적으로 대결하며 생성되었다는 점도 역시 고려해야 할 것이다.

이러한 시대적 · 사상적 배경을 고려해야만 비로소 벤야민의 폭력비평에 나타난 법에 대한 급진적 비판과 예외적 폭력에 대한 인정을 이해할 수 있을 것이다. 법이 폭력과 무질서로부터 우리를 지켜 주는 기능을 갖는다는 관점에 맞서, 폭력과 법이 맺고 있는 밀접한 관계에 주목하게 만든 점은 분명 벤야민의 폭력비평이 갖는 독특한 점이며 이로써 그는 후대의 폭력이론의 형성에 일정한 기여를 하고 있다. 그러나 이러한 관점은 법을 폭력과 동일시하며 권력과 폭력의 차이점을 간과하고 있기 때문에 이에 대한 비판적 거리를 취할 필요가 있다. 또한 벤야민이 슈미트의 이론에 기대어 폭력과 예외상태의 관계에 대해 성찰하거나 예외의 일상화를 언급한 것은 아감벤의 이론에서 확인할 수 있듯이 여전히 유효하며 시의성을 지닌다. 다만 시대적 정황에 대한 벤야민의 올바른 판단에도 불구하고 그가 대안으로 내세운 신적 폭력이라는 해결책이 얼마나 정당성을 얻을 수 있을지는 비판적 성찰을 요구한다. 물론 소위 신적 폭력이라는 것이 특정한 상황에서 필요할 수도 있기 때문에 그것을 무조건 도덕적으로 단죄하는 것은 옳지 않다. 그러나 신적 폭력을 행사하는 주체 자신의 내면적 신념과 책임 하에서 그의 폭력이 정당화될 수 있다는 논리는 이론적으로는 물론 실천적으로도 설득력이 없다. 이론적으로 볼 때 그러한 보편성에 대한 주관적인 판단은 그러한 행동에 대한 다른 다양한 해석과 관점을 무시하며 스스로를 정당화함으로써 전제적인 태도가 될 위험이 있다. 이러한 태도에 맞서 네그리와 하트가 이야기한 "폭력의 사용 역시 민주적으로 조직되어야 한다"[134]는 말을 되새길 필요가 있다. 정치적 폭력은 단순히 감정의 독재나 내면적 판단에 의존해서는 안 되며 다양한 주체들의 민주적인 결정과정을 거쳐 수행되어야 한다. 또한 실천적인 관점에서 볼 때도 현대사회에서 민중의 무력봉기가 부패한 정부를 무너뜨리는 데 반드시 효과적이라고 말할 수도 없다. 오히려 힘(무력)의 비대칭성으로 인해 민중의 무모한 폭력은 자칫 많은 희생을 가져올 수 있으며 책임의 문제를 수반하게 된다. 따라서 이를 단순히 신적 폭력으로 신성화하기보다 각 시대에 맞는 효과적인 비폭력 직접행동[135]의 다양한 형태들을 창조하고 실험하는 것이 필요하다. 이를 통해 폭력시위보다 더 많은 공감과 참여를 이끌어 낼 수 있을 것이다. 네그리와 하트는 폭력의 민주적 활용만을 정당화하며, 그 가운데 한 조건으로 폭력을 오직 방어로만 사용해야 한다고 주장한다. 물론 이들은 정치적 폭압에 맞선 저항으로서 폭력의 사용 가능성을 열어 두기는 하지만, 이는 원칙적으로 방어적인 관점에서만 허용된다.[136] 벤야민은 '신적 폭력'이라는 개념을 통해 폭력의 보다 적극적인 사용을

---

134 네그리 · 하트, 『다중』, 410쪽.

135 사카이는 간디와 킹 목사의 예에 입각하여 비폭력 행동이 반드시 무력한 것은 아니며, 직접적 행동이 될 수 있음을 강조한다. 사카이, 『폭력의 철학』, 206쪽 참조.
또한 무카이 코가 『폭력론 노트』에서 비폭력과 비폭력상태 개념을 구분한 것을 통해 비폭력 직접행동의 의미에 주목할 수 있을 것이다. "비폭력은 불가시하며 추상적, 정신적, 지속적, 수동적, 소극적, 일상적인, 즉 아무 일도 없는 상태이다. 그러나 이 비폭력 상태는 직접행동과 결부됨으로써 비로소 가시화되고, 힘으로서 우리의 눈앞에 등장한다. 단순히 폭력이 없는 상태가 아니라 '자치관리 사회로서 비폭력 상황을 스스로 구현하는 것'이야말로 비폭력 사회라고 부를 수 있다. 왜냐하면 단순히 폭력이 없다고 하는 상태는, 그가 말하는 '유사비폭력 상태'라는 국가에 의한 폭력과 지배의 독점상태(우리의 무력을 담보로 이루어지는)와 공존하고 있기 때문이다. 무카이는 직접행동을 다음과 같이 정의한다. "직접행동이란 다른 것을 통하지 않고 자신의 힘으로 자신이 필요로 하는 것을 구하는 행동이다."" 같은 책, 207쪽.

136 네그리 · 하트, 같은 책, 407-408쪽 참조.

허용하며 폭력의 신성함을 강조하였다. 하지만 그러한 폭력의 정당성과 책임 그리고 효율성에 대한 의문은 여전히 남아 있다. 폭력가담자의 신성한(정의로운) 감정과 판단에 기반을 둔 물리적 폭력의 사용이 오늘날 과연 사회를 변화시킬 정당하면서도 효과적인 수단이 될 수 있을지에 대해 보다 비판적인 성찰이 필요하다.

3) 비상조치법을 둘러싼 예외상태와 폭력의 관계: 슈미트, 벤야민, 아감벤

키르케고르는 『반복 *Gjentagelsen*』(1843)이라는 책에서 일반성(규칙)과 예외에 관해 성찰한다. 그가 이 책에서 예로 드는 성서의 〈욥기〉에서 욥은 하느님을 성실히 믿고 모범적으로 생활해 왔음에도 불구하고 욕창에 시달리고, 아무런 이유 없이 재산을 다 잃으며, 자식들마저 죽고 만다. 그의 친구들은 모두 하느님을 신실하게 믿으면 축복을 받는다는 일반적 논리에 따라 그가 어떤 잘못을 저질렀기 때문에 하느님이 벌을 내리신 거라고 말하지만, 욥은 이를 인정하지 않으며 자신에게 닥친 부당한 운명에 대해 하느님께 답변을 요구한다. 그러나 하느님은 이에 대해 답변하기보다 자신의 전능함만을 이야기할 뿐인데, 이는 하느님이 인과적 논리를 벗어나 행동하는 전능한 존재임을 암시한다. 즉 욥은 자신의 잘못 때문에 벌받는 것이 아니며, 그의 처벌은 인과론적으로 설명할 수 없는 하느님의 뜻 안에서 비롯된 것이다. 결국 욥은 이러한 하느님의 뜻을 이해하고 더 신실한 신앙인으로 거듭태어나며 곱절로 보상받는다. 이처럼 엄청난 시련에 시달리며 신앙의 위기를 겪는 갈등상황을 체험하는 예외적 순간에, 욥은 역설적으로 하느님이라는 보편적 존재를 더 강렬히 체험한다. 이는 규칙이나 보편성(하느님을 신실히 믿으면 축복을 받는다)이 예외성(하느님을 신실하게 믿었음에도 불구하고 불행을 겪는다)의 체험을 통해 부정되는 것이 아니라 오히려 더 잘 설명될 수 있음을 의미한다(즉 예외상황을 통해 하느님의 존재와 신앙에 대해 다시 한 번 생각하게 되며 이로부터 강화된 믿음으로 하느님의 축복을 곱절로 받는다).[137]

벤야민의 「폭력비판을 위하여」에서도 이러한 예외상태가 중요한 테마 중 하나이다. 벤야민과 동시대인인 카를 슈미트 역시 『정치신학 *Politische Theologie*』(1922)에서 주권적 결정의 예외성을 다루었다. 아감벤은 벤야민과 슈미트가 명시적으로 자신들의 저서나 편지에서 서로를 언급하며 서로의 영향을 암시할 뿐만 아니라, 상대방의 글에 반응하며 자신의 고유한 생각을 발전시켜 나갔음을 구체적인 예를 들어 보여 준다.[138] 아래에서는 예외상태라는 개념을 둘러싼 이 두 사상가의 치열한 사유를 그들 간의 공통점과 차이점에 주목하여 살펴보고자 한다.

슈미트에 따르면, 법의 본질은 주권적 결정이라는 예외적 상황에서 드러난다. 그는 "주권자란 예외상태를 결정하는 자"[139]라며, 국가와 법을 수호하기 위해 법의 효력을 일시적으로 정지시킬 수 있는 권한을 지닌 사람을 주권자로 정의한다. 그러면서 켈젠 같은 동시대 법학자들이 법실증주의에 입각하여 법을 군주의 인격적 법이 아니라 국민의 위임을 받은 비인격적 제도로 간주하며, 법에 어떤 인격적 결정

---

137 키르케고르의 『반복』에 대한 자세한 분석은 다음 책을 참조하시오. 정항균, 『시시포스와 그의 형제들』, 91-109쪽.

138 아감벤, 『예외상태』, 103-117쪽 참조.

139 칼 슈미트, 『정치신학. 주권론에 관한 네 개의 장』, 김항 옮김, 그린비, 2010, 16쪽.

도 존재하지 않는다고 주장하는 것을 비판한다. 슈미트에 따르면, "켈젠이 내세우는 객관성이란 일체의 인격성을 회피하고 비인격적 규범의 비인격적 효력으로 법질서를 환원하는 일에 지나지 않는 것이다."[140] 슈미트는 법적 판결의 기준이 일반원리로 주어져 있더라도 구체적인 개별사례에서는 항상 인격적 결정이 개입할 수밖에 없음을 지적한다. "모든 구체적인 법적 결정은 법의 내용과 무관한 계기를 포함하는데, 현실의 세세한 부분까지 하나의 전제로부터 추론하는 법률적 연역이란 불가능하기 때문이며, 어떤 결정을 요구하는 상황 그 자체가 결정적 계기로 남기 때문이다."[141] 더 나아가 그는 법질서 자체가 위기에 봉착한 예외적 순간에 주권자가 개입하여 법의 효력을 중지시킴으로써 역설적으로 법을 수호할 수 있음을 강조한다. 따라서 슈미트에게 인격적 결정은 외부의 위협으로부터 법을 지켜야 할 경우나 법 내부의 판결과정 모두에서 필수불가결한 요소로 등장한다.

슈미트는 의회민주주의가 토론만 하며 결정을 미루거나 결정의 책임을 회피하는 분위기를 비판하기도 한다. 이는 벤야민이 의회민주주의자의 타협에 감추어진 위선을 폭로하는 것과 매우 유사하다. 그러나 벤야민과 달리 슈미트는 법 일반을 폭력과의 연관성 속에서 부정하기보다는, 국가를 해체하고 법질서를 파괴하려는 아나키즘에 반대하며, 보수적이고 반혁명적인 법철학자들의 사상을 수용하면서 비상시에 법의 효력을 중지시키고 법을 수호하기 위해 주권자가 결정을

140 같은 책, 45쪽.
141 같은 책, 46-47쪽.

내릴 수 있는 예외적 상황을 받아들여야 한다고 주장한다.[142]

또한 벤야민이 정치신학을 내세우듯이, 슈미트의 책 제목이 '정치신학'인 것에도 주목할 필요가 있다. 여기서 신학이라는 개념은 반혁명적인 법철학자의 입장과 아나키스트의 입장을 대립시켜 선과 악의 대립구도로 옮겨 놓은 것과 유사하다. 또한 신만이 주권적이라고 할 때, 신의 대리자도 주권적이 되어 법의 효력을 중지시키고 주권적 결정을 내릴 수 있음을 암시한다. "슈미트는 모든 경우에 있어서 주권은 사회 위에 군림하는 초월적인 것이며 따라서 정치가 언제나 신학에 기초하고 있다고 주장한다."[143] 동시에 슈미트는 단순히 법을 형식적인 비인격적 기능체계로만 간주하는 관점에 반대하고, 자본주의 시대의 경제적 · 기술적 사고에 반해 도덕적 책임과 결정의 중요성을 강조하며 정치의 필요성을 내세운다. 이처럼 정치신학이라는 개념은 비록 보수적으로 기획되었으며 반혁명적이지만, 정치적 요구와 신학적 요구를 결합시킨다는 점에서 벤야민의 정치신학과 대단히 흡사하다.

벤야민은 「역사의 개념에 대하여」의 여덟 번째 테제에서 예외상태가 갖는 이중적 의미에 대해 알려 주는데, 이를 통해 슈미트와의 차이점이 분명히 드러난다.

억압받는 자들의 전통은 우리가 그 속에서 살고 있는 '비상사태'(예외

---

142 비슷한 맥락에서 한병철은 이렇게 말한다. "카를 슈미트가 법질서의 내재성을 떠나지 않는 반면, 벤야민은 법의 피안을 염두에 두고 있다. 법질서에 대한 그의 근본적 의심은 법이 폭력과 계보학적이고 발생적으로 서로 연결되어 있다는 사실로 거슬러 올라간다." B. C. Han, 같은 책, 70쪽.

143 네그리 · 하트, 같은 책, 394쪽.

상태)가 상례임을 가르쳐 준다. 우리는 이에 상응하는 역사의 개념에 도달하지 않으면 안 된다. 그렇게 되면 진정한 비상사태를 도래시키는 것이 우리의 과제로 떠오를 것이다. 그리고 그로써 파시즘에 대항한 우리의 입지가 개선될 것이다.[144]

슈미트는 "정상상황의 헌법을 가능케 하는 한 예외의 우위가 아무런 유보 없이 승인된다"고 생각했으며, "예외상태가 전면적으로 상례와 혼동되는" 것을 절대로 받아들일 수 없었다.[145] "슈미트의 관점에서 법질서의 기능은 궁극적으로 하나의 장치 — 즉 예외상태 — 에 의존하고 있는데, 그것의 목적은 규범의 효력을 일시적으로 정지시킴으로써 규범을 적용 가능하게 하는 것이다. 하지만 예외가 상례가 되면 이 기계는 더 이상 작동할 수 없다. 이런 의미에서 저 여덟 번째 테제에서 정식화된 규범과 예외 사이의 결정불가능성은 슈미트 이론을 외통수로 모는 것이었다."[146] 벤야민은 위의 인용문에서 예외와 규칙의 관계를 전도시킨다. 예외란 개념 그 자체로 볼 때, 일반적인 규칙에서 벗어나기에 양적으로 적을 뿐만 아니라 시간적으로도 짧게 나타날 수밖에 없다. 그것은 키르케고르의 책에서 서술되듯이 어떤 일회성의 체험인 것이다. 그런데 벤야민은 자신의 시대에 살고 있는 억압받는 자들에게는 그들이 '벌거벗은 생명', 즉 호모 사케르로서 노출되어 있는 상태가 상례라고 말한다. 이는 예외가 규칙과 일상이 되어 버

144 벤야민, 「역사의 개념에 대하여」, 336-337쪽.
145 아감벤, 『예외상태』, 113쪽.
146 같은 곳.

린 역설적 상황을 의미한다.

이러한 생각은 이탈리아 정치사상가인 아감벤의 생각에 지대한 영향을 미친다. 아감벤은 호모 사케르를 누구든지 언제나 처벌받지 않고 죽일 수 있으면서도, 희생제물이 될 수 없는 존재로 규정하는데[147], 이 호모 사케르라는 개념은 벤야민이 말한 '단순한(또는 벌거벗은) 생명'과 일치한다. 아감벤은 예외란 규칙에서 벗어나지만 그러한 배제를 통해 역설적으로 그것을 다시 포함하는 것으로, 추방령과 구조가 같다고 말한다. 추방령 역시 죄인을 법의 바깥으로 내몰며 해방시켜 주는 것처럼 보이지만, 그를 발견하는 사람은 누구든지 처벌받지 않고 그를 죽일 수 있는 권한을 주면서 그를 다시 법과 연결시킨다. 추방된 존재인 벌거벗은 생명들, 즉 호모 사케르는 정치에서 배제되어 단순한 신체 내지 생명에 머물지만, 동시에 이를 통해 정치적 권력의 대상으로 포섭되는 생명정치의 지배를 받는다. 아감벤에 따르면, 이러한 생명정치는 단순히 나치즘 같은 전체주의 사회에서 강제수용소라는 극단적 형태로만 나타나지 않으며, 오늘날 이러한 수용소의 구조가 일반화되면서 일상으로 침투해 들어오고 있다.

벤야민이 「폭력 비판을 위하여」를 쓰던 1920년대의 독일에서는 실제로 비상사태가 일상이었다. 수시로 비상조치법이 선포되고 그러한 임시법령이 수년 이상 지속되기도 하였다. 그리하여 나치시대에 이르면, 예외적인 비상조치법이 2차 대전 말까지 지속되며 규칙과 일

147 아감벤은 "호모 사케르의 생명이 인간의 법과 신의 법 양자 모두의 외부에, 그리고 죽여도 좋지만 희생물로 바치는 것은 금지하는 가능성의 교차점에 위치한다"고 말한다. 아감벤, 『호모 사케르』, 160쪽.

상이 되어 버린 것이다.[148] 이러한 시대적 배경에서 벤야민은 예외상태를 비판하지만, 그렇다고 안정되고 예측 가능한 질서로서의 법을 유지하거나 보존할 것을 주장하지는 않는다. 예외 없이 법을 일반적으로, 즉 기계적으로 적용하는 것은 벤야민에게 제도적 폭력을 의미할 뿐, 결코 해방의 가능성을 열어 주지 못한다.

슈미트에게서와 마찬가지로 벤야민에게도 법의 예외 없는 안정적 적용과 수호가 모든 문제를 해결하지는 못한다. 이때 슈미트는 법의 본질을 주권적 결정으로 간주하며, 예외적으로 비상조치법을 선포하여 법을 위협하는 문제들을 해소하고 궁극적으로 법을 지킬 수 있기를 희망한다. 이에 반해 벤야민은 오히려 자신의 시대의 법이 사실은 효력이 중지된 법으로서 비상사태(비상조치법)의 연속임을 인식하며, 이를 해소하기 위해 또 다른 '진정한' 비상사태를 도입할 것을 요구한다. 그것은 일상화된 법적 폭력에 맞서는 신적 폭력을 의미한다.[149] 벤야민은 신적 폭력을 규칙과 예외의 관계에 의해 설명하기도

---

148 "1919-1924년 사이에 바이마르 정부는 수차례 비상사태를 선포했으며, 어떤 때에는 5개월씩(예컨대 1923년 9월부터 1924년 2월까지) 연장하기도 했다. 이런 면에서 보자면 나치가 권력을 장악한 후 1933년 2월 28일에 […] 헌법 조항들을 무제한으로 유보시킨 것 역시 그저 이전의 정부들이 확립해 놓은 관행을 따른 것에 불과했던 셈이다. […] 하지만 거기에는 대단히 중요한 새로움이 있었다. 법리상의 관점에서 본다면 이 명령의 조문이 당시 여전히 유효하던 헌법 제48조에 암묵적으로 근거하며, 또한 이 명령이 비상사태의 선포와 다를 바 없다는 점은 의문의 여지가 없음에도 불구하고 […] 이 명령의 조문 속에 비상사태라는 표현은 단 한 번도 등장하지 않는다. 하지만 이 명령은 사실상 제3제국이 붕괴할 때까지 유효했고, 이런 의미에서 제3제국은 "12년 동안 지속된 성 바르톨로메오의 (대학살의) 밤"으로 적절하게 정의되기도 했다(드로비쉬 · 비란트, 『체계』, 26쪽). 이처럼 비상사태(예외상태)는 더 이상 외부적이고 잠정적인 실제적 위협상태를 가리키지 않으며, 법적 규칙 자체와 뒤섞이게 되었다." 같은 책, 318쪽.

149 아감벤은 벤야민과 슈미트의 글에 나타나는 예외상태와 폭력의 관계를 비교하며 다음과 같이 설명하고 있다. "「폭력 비판론」에서 벤야민의 전략이 순수하고 아노미적

한다. 그는 만일 억압받는 사람이 정의감을 갖고 살인했을 때, 이러한 신적 폭력을 예외로 설정한다. 물론 그는 일상생활에서는 '살인하지 말라'는 계율에 따라 행동할 것을 요구받지만, 만일 그러한 계율을 깨고 행동했을 때는 그것과 다른 척도에 따라 평가받는다. 즉 신적 폭력으로서의 예외적 살인은 '살인하지 말라'는 일반적 규칙을 부정하지 않으며, 일반적 규칙을 깼다고 해서 정의롭지 못한 행위로 비판받는 것도 아니다. 오히려 이러한 예외적 살인을 통해 '가치 있는 생명'과 '가치 없는 생명'을 마음대로 나누며 살인을 자행하는 나치의 생명정치(또는 죽음의 정치)와 그에 따른 살인을 단죄하며 일반적 계율을 더 긍정하는 것이다.

슈미트가 주권적 결정을 대통령 같은 지배자(주권자)에게 맡긴다면, 벤야민은 신적 폭력을 행사하는 피지배층인 인민에게 주권적 결정을 맡긴다. 그러한 주권적 결정을 통해 법을 탈정립시키고 파괴하

인 폭력의 존재를 확실히 하는 것을 목표로 삼은 반면 슈미트는 반대로 그런 폭력을 법적 맥락 속으로 되돌려 놓으려 한다. 슈미트에게 예외상태란 순수한 폭력이라는 벤야민의 생각을 포획할 수 있게 해 주는 공간이자, 아노미를 저 노모스의 총체 속에 기입하려 할 때 설정하는 공간이다. 슈미트에 따르면 순수한 폭력, 즉 완전히 법 바깥에 있는 폭력 같은 것은 있을 수 없다. 왜냐하면 예외상태 속에서 그런 폭력은 바로 배제를 통해 법 안에 포섭되기 때문이다." 아감벤, 『예외상태』, 106-107쪽.

유사한 설명을 다른 곳에서도 찾을 수 있다. "이제 예외상태를 둘러싸고 벤야민과 슈미트 사이에 벌어진 논쟁에서 결정적 논점이 무엇이었는지를 훨씬 더 잘 이해할 수 있을 것이다. 이 논쟁은 한쪽에게는 어떤 대가를 치루더라도 법과의 관계를 유지하고 있어야 하고, 다른 한쪽에게는 마찬가지로 무슨 일이 있어도 그러한 관계를 끊고 벗어나야 하는 동일한 아노미 지대에서 벌어지고 있다. 다시 말해 이 지대에서 문제가 되는 것은 폭력과 법 사이의 관계이며 최종적으로는 인간 행동의 암호로서의 폭력이 갖는 지위이다. 기회 있을 때마다 폭력을 다시 법적 맥락 속에 기입하려는 슈미트의 시도에 벤야민은 폭력이 — 순수한 폭력으로서 — 항상 법 바깥에 존재한다는 것을 확실히 논증하는 식으로 응수하고 있는 셈이다." 같은 책, 115-116쪽.

며 진정한 예외상태를 만들 수 있다는 것이다. 그러나 벤야민이 이상화한 '진정한' 예외상태는 그러한 폭력을 행사하는 사람에 의해 '정당화'될 수 있지만, 결코 객관적인 '정당성'을 획득하지는 못한다. 그러한 행위의 정당성을 보증해 줄 인식적 판단의 준거가 존재하지 않기 때문이다. 예외상태가 규칙이 되었고 그래서 그러한 규칙이 된 예외상태를 극복하기 위해서는 또 다른 예외가 필요하다는 벤야민의 주장은, 법을 통해 규칙이 된 폭력을 극복하기 위해서 법을 파괴하는 폭력이 필요하다는 주장에 상응한다. 그러나 규칙과 예외에 관한 이러한 변증법적 생각은 그것의 비범성만큼이나 문제점도 많다. 더욱이 소위 벤야민이 말하는 비상사태가 아닌 상황에서도 법 파괴적인 폭력이 신적 폭력으로 인정될 수 있으며, 그러한 신적 폭력의 결정여부가 폭력을 행사하는 당사자의 판단에만 의존한다면 이러한 예외의 위험성이 더욱 커지게 될 것이다.

아감벤은 근대 이후 국가권력이 벌거벗은 생명을 정치에서 배제함으로써 다시 자신의 지배하에 두는 예외상태를 항구화하고 있다면서, 근대의 국가권력, 즉 법에 의한 생살여탈권의 행사를 비판한다. 그는 근대 민족국가가 출생과 더불어 개인에게 국민의 권리를 부여하고 국민과 인간을 동등한 지위에 놓는 것처럼 보이지만 사실은 그렇지 않으며, 이것의 허구성은 오늘날 난민이나 불법이민자 문제에서 여실히 드러나고 있다고 말한다. 즉 국민의 지위를 획득하지 못한 난민이나 불법이민자는 아무런 법적 보호를 받지 못하고 호모 사케르의 지위에 놓인다는 것이다. 이로 볼 때 민족국가의 법은 결코 보편적 의지의 반영이 아니며 끊임없는 배제와 차별을 낳는다. 여기서 인권과 시민권의 차이가 명백히 드러난다. 왜냐하면 국가에 귀속되지 않는 난민이나 불법이주자의 인권은 법적으로 보장될 수 없기 때문이다. 그 때문에 법은 정의와 무관하며 비인간적인 면모를 드러낸다.

아감벤은 어떤 계급이나 국민 같은 특정한 정체성에 반대하며 개인의 잠재성을 아무런 구속도 받지 않고 자유롭게 펼칠 수 있는 '임의적 특이성'[150]을 옹호한다. 그 때문에 그가 꿈꾸는 새로운 정치는 국민이나 그가 속해 있는 국가의 종언을 목표로 한다. "도래하는 정치가 새로운 이유는 그것이 더 이상 국가의 정복이나 통제를 쟁취하는 투쟁이 아니라 국가와 비국가(인류) 사이의 투쟁이며 임의적 특이성과 국가 조직 사이의 극복될 수 없는 괴리가 될 것이기 때문이다."[151] 또한 그의 비판은 국가와 긴밀한 내적 연관성을 지닌 법에도 향해 있다. 아감벤은 벌거벗은 생명에 대한 생살여탈권을 쥔 주권자에게서 폭력과 법이 더 이상 구분되지 않는 비식별영역에 들어선다며 벤야민의 입장을 계승한다. 이때 그의 관심사는 수용소의 법적 · 정치적 구조를 인식하는 것이다. 이러한 인식에 따르면, "법(언어활동)은 살아 있는 것으로부터 **물러섬으로써**, 살아 있는 것을 자신에게 고유한 폭력과 비-관계 속에 **추방**[유기]함으로써 살아 있는 것과의 관계를 유지한다. 성스러운 삶, 즉 예외상태 속에서 법에 의해 전제되고 추방되는 삶은 주권의 무언의 담지자, 진정한 **주권적 주체**이다."[152] 즉 법에 의거한 주

---

150 아감벤은 임의적 특이성을 다음과 같이 정의한다. "임의적인 것은 순수한 특이성의 형상이다. 임의적 특이성은 어떤 정체성을 지닌 것도 아니며 개념적으로도 규정되지 않는다. 그렇다고 해서 임의적 특이성이 단순히 무규정 상태라는 것도 아니다. 오히려 그것은 오로지 자기 자신이 어떤 **이념**, 즉 자신의 가능성들의 총체와 맺는 관계를 통해서만 규정된다." 아감벤, 『도래하는 공동체』, 이경진 옮김, 꾸리에, 2014, 95쪽.

151 같은 책, 118쪽.

152 아감벤, 『목적없는 수단』, 김상운 · 양창렬 옮김, 난장, 2016, 123쪽.

권권력은 벌거벗은 생명을 법 바깥에 위치시키지만 이로써 누구나 처벌받지 않고 죽일 수 있는, 비상조치법에 상응하는 예외상태 속에 추방함으로써 죽음의 폭력을 행사하는 것이다. 따라서 벌거벗은 생명을 이러한 폭력에서 구제하기 위해서는 법과 폭력의 연결을 파괴하고 법 자체를 폐기해야 한다. "만일 오늘날 사회적 역량이라는 것이 존재한다면, 그 역량은 자신의 무능력의 끝까지 가 봐야 한다. 그리고 법을 상정하고 유지하려는 모든 의지에서 이탈함으로써 주권을 구성하는 폭력과 법의 연결, 살아 있는 것과 언어활동의 연결을 도처에서 분쇄해야 한다."[153]

그렇다면 아감벤은 국가와 법이 파괴된 이후의 상황을 어떻게 상상하고 있을까? 그는 민족국가의 붕괴와 함께 생겨날 수 있는 새로운 정치공동체의 모델로 현재의 예루살렘 문제를 해결하기 위해 제시되었던 한 방안을 참조한다. 즉 예루살렘을 영토를 나누지 않고 두 국가의 수도로 삼는 것처럼, 유럽 역시 그러한 영토적 구분을 지양하고 비영토 속에 유럽인들이 일종의 난민처럼 특정한 국가에 귀속되지 않는 상태에서 살 수 있도록 하는 것이다. 국가 종말 이후의 정치공동체에 대한 구상과 비교하면, 법의 종말 이후의 규범체계에 대한 구상은 훨씬 더 막연하다. 아감벤은 "단순히 옛 법을 내용만 다를 뿐 결국 구조는 예전과 똑같은 계율과 금지를 포함하는 새로운 법으로 대체하는 것은 중요하지 않다"[154]며, 세속적인 "메시아주의가 근대 정치에 부과한 과제, 즉 (오로지) 법의 형태만을 갖는 것은 아닌

153 같은 책, 124쪽.
154 같은 책, 145쪽.

인간공동체를 사유하기는 여전히 그 과제를 떠맡을 정신을 기다리고 있다"[155]고 말한다. 비록 아감벤은 이러한 새로운 인간공동체가 인간이 자신의 잠재력을 마음껏 펼치며 행복을 추구할 수 있도록 해야 한다고 말하면서도, 그러한 사회가 사회구성원들이 지닌 욕망의 충돌로 발생하는 구체적인 갈등상황에서 법적인 해결책 없이 어떻게 문제를 해결할 수 있을지에 대한 구체적인 해법을 제시하지 않는다. 또한 설령 그러한 해법을 제시한다고 해도, 즉 기존의 법과 완전히 다른 법(?)을 제시한다 해도, 과연 그것이 임의적 특이성들이 자신의 고유한 잠재성을 완전히 발현할 수 있는 조건이 될지, 즉 정의를 실현할 수 있을지는 의문이다.

"'수용소'라는 범주가 완전히 텅 빈 채 형식주의적으로 파악될 때, 이질적인 현상들이 그 안에 포섭된다. [...] 아감벤이 자신의 패러다임을 본질적으로 나치의 강제수용소를 토대로 발전시킨 후 다시 그것을 완전히 이러한 맥락에서 떼어 낼 때, 그의 극단적인 형식주의는 궁극적으로는 있을 수 있는 모든 수용소 형식들과 집단학살수용소의 중요한 차이마저 사라지는 결과를 가져온다."[156] '배제를 통한 포함'이라는 형식적 구조의 동일성이 수용소 구조의 구체적 내용의 변별성을 사상하는 문제점은 아감벤 정치철학의 근본적 문제점이기도 하다. 그는 코마환자, 자본주의의 경제적 불평등, 강제수용소 같은 전혀 이질적인 상황들을 생명정치라는 개념으로 묶으면서 그 차이점을 등한시하는 문제점을 드러낸다. 또한 그가 의회민주주의국가

155 같은 책, 146쪽.

156 Oliver Marchart, *Die politische Differenz*, Berlin, 2010, 228쪽.

와 스탈린이나 히틀러가 지배했던 전체주의 국가의 차이점을 간과하지는 않지만, 생명정치가 지배하는 수용소의 구조를 모든 사회에 무차별적으로 적용시킴으로써 그러한 사회들은 폐기되어야 대상으로 전락한다.

아감벤이 현대사회를 수용소의 구조가 총체화된 사회로 선언하고 그 속에 사는 모든 시민이 호모 사케르로 등장할 수 있다고 이야기할 때, 더 이상 푸코가 말한 것처럼 권력관계 내부에서 부당한 권력에 저항하며 권력의 게임을 전도시킬 가능성은 존재하지 않는다. 오히려 아감벤은 그러한 권력 일반의 절대적 타자를 찾고 있다. 그는 현대 자본주의사회를 일종의 수용소 구조로 간주하는 비관적인 역사철학적 전망 속에서 그것으로부터 완전히 벗어나 있는 유사초월적인 사회, 즉 법의 피안에 있는 비국가사회의 이상을 제시한다. 물론 자본주의사회와 근대민족국가의 형식은 많은 문제점을 내포하고 있으며, 그러한 사회의 역사성을 인식하고 그것과 다른 대안사회를 구상하는 것 자체가 문제는 아니다. 그러나 그가 그러한 사회의 '순수성'을 강조하며 그것을 총체적인 부정성으로 규정된 현대사회의 피안에 있는 어떤 이상적 사회로 제시할 때, 그가 내세운 세속적 메시아주의는 초월적 성격을 띤다.

아감벤이 수용소라는 패러다임을 통해 그 안에 포섭된 것들의 개별적 차이를 사상시키며 '차이'를 간과한 것처럼, 반대로 수용소와 대립되는 사회나 그러한 사회에 도달하는 수단의 '순수성'에 대한 그의 요구 역시 지나친 단순화의 오류를 범하고 있다. 가령 아감벤은 벤야민의 영향을 받아 어떤 목적성을 지닌 정치적 실천에 반대하며 목적 없는 순수한 수단을 정치의 영역으로 간주한다. 이러한 목적성의 배제는 정치적 전략을 사라지게 하는데, 하지만 "정치가 '매끄러운 공간'이 아니라 필연적으로 항상 권력관계와 종속관계 때문에 변형된 울퉁불퉁한 지형에서 수행된다는 전제에서 출발하자마자, 전략은 필연적이 된다. 이것은 다시 장애의 극복, 정치적 목표의 설정, 자신의 행동의 특정한 목적성을 내포한다. 따라서 모든 수단에는 필연적으로 목적이 덧씌워진다."[157] 또한 순수한 법이나 비국가사회에 대한 그의 꿈 역시 현실성을 결여하고 있다. 비국가사회를 꿈꾸는 것 자체가 이상주의적인 것이 아니라, 그러한 사회를 모든 정치적 억압이 사라진 사회로 꿈꾸는 것이 이상주의적이다. 또한 데리다의 말처럼 법 자체는 정의를 담보할 수 없으며 폭력을 내포하고 있는 것이 사실이지만, 그러한 한계에도 불구하고 계산 불가능한 정의와의 관계 속에서 끊임없이 법을 계산하는 것이 무의미하지는 않다. 그러나 아감벤은 이러한 해결책 대신 법 자체를 폐기할 것을 요구한다. 그러나 그가 내세우는 대안이 무엇이든 그것이 또 다른 규범'체계'의 형식을 띤다면, 결과적으로 그가 피하려 한 재현에 귀속되지 않을 수 없을 것이다. "그러므로 정치란 매끄럽거나 궁극적인 해결책들, 즉 개별적인 것과 보편적인 것의 일치와 모든 재현관계의 중지가 배제되어 있는, 개별성과 보편성 사이의 중단될 수 없는 유희인 것이다."[158]

그러나 이러한 비판에도 불구하고 '비상사태의 상례화'를 주장하며 예외와 정상성의 관계를 성찰한 벤야민과 아감벤의 사유가 오늘날 결코 시의성이 없는 것은 아니다. 한병철은 벤야민이나 슈미트

157 같은 책, 237쪽.
158 같은 책, 235쪽.

가 살던 시대와 달리 "현대 사회의 위기는 아감벤의 주장처럼 예외상태가 정상상태가 되었고, 이를 통해 법과 폭력의 차이가 더 이상 존재하지 않게 되는 주권성의 영역이 엄청나게 확장되는 데 있는 것이 아니라"[159], 오히려 예외상태가 더 이상 가능하지 않게 된 정상성이 총체화된 사회로 변한 데 있다고 주장한다. 즉 더 이상 타인에 의한 강압이 아니라 성과사회에서 스스로를 자유롭다고 느끼는 자아가 스스로에게 가하는 압박이 소위 정상적인 현대사회의 폭력이라는 것이다. 하지만 한병철의 주장과 달리, 현대사회에서도 비상사태의 일상화는 얼마든지 찾을 수 있다. 특히 9 · 11 테러 이후 현재까지 여러 나라에서 테러와의 전쟁을 선포하며 테러'용의자'들에게 현행법의 적용을 중단한 것은 물론, 심지어 일반시민의 자유와 권리를 제한하고 그들의 사생활에 대한 감시와 도청까지 행하는 경우도 발생하고 있다. 테러와의 '전쟁'은 전시처럼 비상사태를 선포하며 시민들의 일상에 개입하며 정상적인 권리를 제한하고 있는 것이다. 이러한 논리에 따르면, 테러로부터 시민들의 안전을 보장하기 위해서는 수백 년간의 투쟁을 통해 얻은 권리와 자유를 다시 포기해야 하며, CCTV를 통한 감시의 편재화와 국가의 개인정보 수집 및 관리, 심지어 경우에 따라서는 도청이나 사찰까지 허용해야 한다. 이러한 조치들은 자칫 조지 오웰의 소설 『1984』에서 빅 브라더의 감시로 대변되는 전체주의 사회의 모습과 유사해질 위험성을 내포하고 있다.[160] 이러한 상황에서 벤야

---

159 B. C. Han, 같은 책, 83쪽 이하.

160 오늘날 서구 민주주의 사회가 감시와 통제로 점철된 전체주의 사회로 변질되고 있음을 풍부하고 구체적인 예시를 통해 비판한 책으로는 다음을 참조하시오. Ilija Trojanow & Juli Zeh, *Angriff auf die Freiheit. Sicherheitswahn, Überwachungsstaat und der*

민과 아감벤의 사상은 예외적 폭력의 해결책이 지닌 문제점이나 법의 피안에 있는 비국가공동체라는 이상의 허구성에도 불구하고 여전히 시의성을 지닌다.

4) 법과 욕망/힘 그리고 폭력: 라캉과 데리다

(1) 라캉의 「사드와 함께 칸트를」

라캉은 「사드와 함께 칸트를 Kant avec Sade」(1963)이라는 글에서 칸트와 사드가 얼핏 보기에 서로 대립되는 입장을 취하고 있는 것 같으면서도 사실은 대단히 유사한 면을 보이고 있음에 주목한다. 사드에 따르면, 칸트의 도덕적인 정언명령은 인간의 욕망과 도덕적 법칙을 대립시키며 쾌락에 대한 인간의 욕망을 억압한다. 도덕적 법칙뿐만 아니라 실정법 역시 '-을 해서는 안 된다'는 금지의 명령으로 나타나며, 욕망과 대립되는 것으로 간주된다. 사드는 이러한 억압적인 법으로부터 인간의 욕망을 해방시킬 것을 요구하며 칸트와 대척점에 선다. 하지만 이는 외면상으로만 그렇다.

욕망과 법의 관계에 대해서는 세 가지로 생각할 수 있다. 첫째 욕망이 선행하며 그러한 선행하는 욕망을 억누르기 위해 법이 생겨난다. 둘째 앞에서와 반대로 금지가 욕망에 선행한다고 생각할 수도 있다. 즉 금지가 '-하고 싶은' 욕망을 만들어 낸다는 것이다. 셋째 욕망과 법은 대립되지 않는다. 왜냐하면 욕망 자체가 법이기 때문이다.

Abbau bürgerlicher Rechte, München, 2014.

라캉은 사드의 예와 관련해 이 세 번째 관계를 언급한다. "법이 실제로 거기에 존재한다면, 욕망은 저항하지 않는다. 법과 억압된 욕망이 동일하다는 단순한 이유 때문에 그렇다."[161] 법은 욕망을 억압할 뿐만 아니라, 억압된 욕망, 아니 욕망 그 자체이기도 하다. 카프카의 소설 『소송』에서 법원 판사가 저속한 그림을 법전 속에 숨겨 볼 때, 이는 단순히 법원의 도덕적 타락을 보여 주는 것을 넘어 보다 근본적으로 법과 욕망이 서로 얽혀 있으며 법이 곧 욕망의 장소임을 보여 준다.

사드는 칸트가 요구한 보편적 도덕률, 양심의 법칙이 개인의 내면에 폭력을 행사함을 지적하며, 이러한 양심의 법칙을 따르는 대신 더 깊은 자연의 소리인 자신의 욕망을 따를 것을 요구한다. 이처럼 자신의 욕망을 따르는 것은 곧 법에 대한 폭력행사를 의미한다. 그것은 도덕법칙이든 실정법이든 쾌락에 대한 인간의 욕망을 제한하는 어떤 법칙이라도 불구덩이에 내던지며 파괴하는 폭력이다. 사드의 『규방철학』에 등장하는 인물들이 다른 인물들을 강간하며 행사하는 폭력은 거침없는 자연적 욕망의 분출이다.

그런데 이러한 자연적 욕망의 솔직한 분출은 흥미롭게도 칸트의 방식으로 제시된다. 라캉은 이에 대해 다음과 같이 말한다. "이렇게 말해도 좋다면, 이 논박문의 핵심은 향유에 자신의 규칙을 제시하는 격률의 형태로 나타난다. 이는 대단히 특이한데, 왜냐하면 그러한 입법이 칸트의 방식으로, 즉 보편적 법칙으로 고양되는 형식으

---

161 Jacques Lacan, "Kant mit Sade", *Schriften II*, Norbert Haas (Hrsg.), Weinheim & Berlin, 1991, 154쪽.

로 나타나기 때문이다. 이러한 격률은 다음과 같다. "모든 사람이 내게 내가 너의 육체를 향유할 수 있는 권리를 가지고 있다고 말할 수 있다. 나는 이 권리를 누릴 것이다. 이때 어떤 장애물도 내가 마음대로 이러한 쾌락의 관세를 강탈하는 것을 막을 수 없을 것이다."[162] 마치 칸트가 보편적인 도덕률을 제시하듯, 사드 역시 위의 인용문에서 쾌락의 향유를 일종의 보편적 격률로 제시하고 있다. 그러한 향유에 대한 '요구', 그것을 보편적 법칙으로까지 끌어올리는 행위는 강간을 통한 쾌락의 추구에서 드러나듯이 타인의 욕망을 자신의 욕망에 예속시키는 행위이기도 하다. 즉 타인이 무엇을 욕망하는지 아랑곳하지 않고 그 대신 자신의 욕망을 보편적 욕망으로 간주하며 그것에만 진리의 특성을 부여하는 것은 강간만큼이나 폭력성을 띠고 있다. 나아가 사드가 여기서 이야기하는 '자연적 욕망'이 무엇인지 물어볼 필요가 있다. 왜냐하면 라캉이 말하듯이, "욕망은 타자의 욕망이기"[163] 때문이다. 즉 발화하는 사람이 자신의 욕망이라고 주장하는 것이 사실은 타자의 욕망에 불과하며, 그러므로 순수한 욕망이라고 생각한 것은 환영 幻影에 지나지 않는다. "욕망의 대상이 적나라하게 자신을 제시하는 곳에서, 그것은 사실 환영의 찌꺼기에 지나지 않는다. 거기서 주체는 자신의 실신상태에서 빠져나와 다시 제정신으로 돌아오지 못한다."[164] 순수하고 자연적인 욕망은 우리에게 실체로 나타나지 않는다. 오히려 욕망이란 그것이 욕망하는 대상에 도달할 수

162 같은 글, 138쪽 이하.
163 같은 글, 151쪽.
164 같은 글, 152쪽.

없는 데서, 즉 그 대상과의 간극에서 생겨나는 것이며, 그 때문에 우리가 욕망이 실현되었다고 믿는 장소에서 사실은 그 대상의 부재만이 발견될 뿐이다. 사드가 순수한 욕망의 이행을 보편적 법칙으로까지 끌어올리며 그러한 순수한 욕망의 실현을 발견할 때, 이는 환상에 지나지 않는다. 보편적인 인간의 욕망으로 제시된 것은 사실은 남성중심적인 가부장사회에서 남성들의 성적인 판타지를 반영하는 타자의 욕망에 지나지 않는 것으로 밝혀진다. 사드의 예에서 알 수 있는 것은 욕망과 법의 착종이며, 욕망이 다름 아닌 법으로 등장한다는 것이다.

칸트와 사드의 예와 이에 대한 라캉의 분석에서 우리는 보다 좁은 의미에서의 법, 즉 실정법의 본질을 추론해 낼 수 있다. 우리는 실정법이 자연법에 기반을 두고 있으며 따라서 합리적이고 이성적이라고 생각한다. 즉 그것은 우리의 개인적인 욕망을 투영한 것이 아니라 보편적인 도덕과 이성의 검토를 통해 수립된 규칙체계라는 것이다. 과연 그럴까? 법은 보편적이며, 따라서 특수한 맥락에 종속되지 않는 것일까? 만일 그렇다면 모든 국가마다 상이한 법을 지니는 것이 설명될 수 없을 것이다. 따라서 법은 각 국가의 특수한 사회적 · 문화적 맥락에서 생겨나며 그 때문에 그러한 맥락에서 결코 자유로울 수 없다. 심지어 법은 특정 계급이나 계층의 이익이나 욕망을 투영한 것일 수도 있다. 이러한 법의 제약성은 입법과정뿐만 아니라 법을 해석하고 적용하는 판결과정에서도 나타난다. 보편적인 도덕과 정의가 없듯이 마찬가지로 보편적인 법이란 존재할 수 없다. 또한 판사가 이성과 양심에 따라 법에 의거해 판결한다고 해도, 구체적인 판결은 항상 그가 지닌 이해의 지평에서 자유로울 수 없다. 즉 선이해로서 그가 가지고 있는 다양한 지식, 심지어 자신의 감정 상태까지 판결에 영향을 미친다. 이는 입법과 마찬가지로 사법적 판결에도 욕망이 침투한다는 것을 의미한다.

그래서 "라캉은 법의 사실을 이성이 아니라 욕망에 위치시키고, 다른 한편으로 사드처럼 (또한 레비나스처럼) 이 사실을 최고 폭력에 위치지운다."[165] 레비나스는 이를 다음과 같이 설명한다. "토라의 선물 — 하나의 법 — 을 받는 것은 의식적으로 그것을 받아들이기 전에 완성하는 것이다. … 수락은 검토를 선행하며, 실천은 법의 준수를 선행한다."[166] 따라서 "법의 선물은 이미 법을 완성하는 것이다. 법의 기적은 이해되지 않아도 받아들여진다는 점에 있다. 자유와 의지를 넘어서는 곳에 있는 행위에 법의 사실이 있다."[167] 우리는 결코 법 전체를 이해할 수 없지만, 그것은 사실로서 우리에게 주어져 있다. 법의 본질이 욕망이고 법의 빈자리가 욕망으로 채워져 있을 때, 법의 심연에 우리는 영원히 도달할 수 없다. 마치 카프카의 소설 『소송』의 주인공 요제프 카나 문지기 우화 속 시골남자가 법의 문 속으로 들어가지 못하듯이 말이다.

따라서 법을 완성된 닫힌 규칙체계로 이해해서는 안 된다. 오히려 법을 욕망의 장소로 이해하며 그것의 폐쇄성을 파괴하는 노력이 필요하다. 법의 진정한 완성이란 법을 완결된 이성과 도덕의 체계로

---

165 스티븐 밀러, 「법 이론의 한계에 선 라캉. 법, 욕망, 최고 폭력」, 에띠엔느 발리바르 · 알랭 바디우 · 슬라보예 지젝 외, 『법은 아무 것도 모른다』, 강수영 옮김, 인간사랑, 2008, 172쪽.

166 Emmanuel Lévinas, *Nine Talmudic Readings*, Bloomington, 1990, 40쪽.(밀러, 같은 글, 168쪽 재인용)

167 같은 곳.

이해하며 긍정하는 것이 아니라, 그것을 끊임없이 자리를 바꾸는 욕망의 장소로 이해하며 법의 한계를 인식하고 그것의 변화가능성을 열어 두는 것이다.

(2) 데리다의 『법의 힘』

데리다는 『법의 힘 *Force de loi*』(1994)에서 법과 정의의 관계를 해체주의적인 관점에서 다룬다. 법은 흔히 강제적으로 적용될 수 있는 허가된 힘으로 간주된다. "힘이 없이는 법도 없다"[168]는 말은 힘이 법을 구성하는 본질적 요소임을 보여 준다. 그런데 법은 또한 일반적으로 정의와 연결되곤 하기 때문에, 법적인 힘은 부당한 폭력과는 다른 것으로 여겨진다. 데리다는 이것이 정말로 그런지에 대해 의문을 제기한다.

데리다는 독일어의 Gewalt라는 단어가 일반적으로 폭력이라는 의미로 사용되지만, '입법권 gesetzgebende Gewalt' 같은 단어에서처럼 정당성을 지닌 적법한 권력을 의미하기도 한다고 말한다. Gewalt라는 단어가 지닌 이러한 이중적 의미에서 적법한 권력과 부당한 폭력 사이에 긴밀한 연관이 있음을 추측할 수 있다. 데리다는 이와 연관해 다음과 같은 질문을 던진다. "어떤 적법한 권력이 지닌 힘과, 분명 이러한 권위를 설립했을 것으로 추정되고, 선행하는 어떤 적법성에 의해 권위를 부여받을 수 없었기 때문에 이 최초의 설립의 순간에는 합법적이지도 비합법적이지도 않고 […] 정당하지도 부당하지도 않았을 것으로 추정되는 기원적 폭력을 어떻게 구분할 것인가?"[169] 정당화된

168 데리다, 『법의 힘』, 15쪽.
169 같은 책, 17-18쪽.

힘을 지닌 현재의 법의 기원이자 토대가 되는 법이 제정되는 순간에 수행적인 어떤 힘이 발동되는데, 그러한 힘은 그것에 선행하는 어떤 법이나 정의에 의해 정당성을 보증받지 못한다. 즉 법이 정초되는 순간에 그러한 법의 정당성을 보증해 줄 어떤 토대적 진리가 존재하지 않는다. "우리는, 법들이 정당하기 때문이 아니라 권위를 갖고 있기 때문에 그것들에 복종한다. […] 그것들의 유일한 토대는 사람들이 믿고 있다는 사실에 있다. 이러한 믿음의 행위는 존재론적이거나 합리적인 토대가 아니다."[170] 다시 말해 학문과 마찬가지로 "우리의 법 역시 […] 이 허구들 위에서 자신의 정의의 진리를 정초한다."[171]

이처럼 데리다는 법과 폭력, 권력과 폭력의 이분법적 구분을 해체하며, 그 경계가 어떻게 사라질 수 있는지 보여 준다. 하지만 그는 아나키스트처럼 법과 폭력을 동일시하며 법을 부정하는 것이 아니라, 법을 정의와 연결시켜 살펴봄으로써 그 의미와 한계를 밝히려고 한다.

데리다는 '법의 힘'이라는 말로 두 가지를 의미한다. 첫 번째는 법이 행사하는 강제력으로서의 힘이다. 그런데 이러한 '법의 힘'은 일상적으로 그것의 토대가 되는 정의에 의해 보증되는 것으로 여겨진다. 그러나 법은 실제로는 정의와 무관한 신비한 토대에 의해 정초된다. 여기서 '법의 힘'의 두 번째 의미가 생겨난다. 이것은 법이 행사하는 강제력이 아니라, 법에 내재한, 법을 만들어 내는 힘을 의미한다. 설령 법이 어떤 선행하는 관습이나 조건을 전제로 해서 생겨나서 성공적으로 정초되었다고 하더라도, 이러한 관습이나 조건 자체의 근거

170 같은 책, 29쪽.
171 같은 책, 30쪽.

가 보편적으로 정당한지 되물을 수 있다. 결국 이렇게 계속 묻게 되면, 법을 정초하는 토대란 단순한 믿음일 뿐 어떤 실체적 토대를 지니지 않음을 알 수 있다. 이처럼 어떤 보편적 정당성도 갖지 못하면서도 마치 그러한 정당성을 가진 듯 적용되는 법은 그것이 성립되는 과정 자체가 폭력적이다. 즉 그러한 법을 만들어 내는 힘 자체가 실체적 토대를 결여한 채 강제로(허구적으로) 그것(법)과의 관계를 만들어 내는 "해석적인 폭력"[172]인 것이다. 그래서 데리다도 이를 "권위의 기원이나 법의 기초, 토대 또는 정립은 정의상 궁극적으로 자기 자신들에게만 의지할 수 있기 때문에, 토대를 지니고 있지 않은 폭력들이다."[173]라고 말하고 있는 것이다.

그렇기 때문에 이러한 허구적 토대들에 기초하고 있는 법의 구조는 근본적으로 해체 가능하다. "이는 이 구조가 해석 가능하고 변혁 가능한 텍스트의 층들 위에 정초되어, 곧 구성되어 있기 때문일 수도 있고(그리고 이것이 바로 법의 역사다. 곧 가능하고 필연적인 법의 변혁. 그리고 이따금씩 이루어지는 개선이다.), 이 구조의 궁극적 토대가 정의상 정초되어 있지 않기 때문일 수도 있다. 법이 해체 가능하다는 것은 불운이 아니다. 우리는 심지어 여기서 모든 역사적 진보의 정치적 기회를 발견할 수도 있다."[174] 그 때문에 데리다는 "해체는 정의다."[175]라고 말하는 것이다.[176]

172 같은 책, 31쪽.
173 같은 책, 32-33쪽.
174 같은 책, 33쪽.
175 같은 곳.
176 쇤헤르만도 해체주의가 윤리나 정치의 문제에 무관심한 유희적인 이론이 아니라 오히려 그것을 가장 중심적인 주제로 설정하는 윤리적이고 정치적인 이론이라고 강조한다. H.-M. Schönherr-Mann, "Ein Anfang der Gerechtigkeit", 44쪽.

그런데 이러한 해체는 단순히 법을 파괴하는 것이 아니라 새로운 법적 · 정치적 변혁의 공간을 만들어 낸다. 해체는 기존의 법적인 규정을 넘어서면서 새로운 것, 즉 차이를 만들어 내는 자신의 힘과 운동을 발견해 낸다.[177] 그것은 바로 "차이 差移[178]로서의 힘 또는 차이 差移의 힘"[179]이다. 데리다는 이러한 차이 差移의 운동을 작동시키는 정의 자체가 법 바깥에 있는 것처럼 이야기하지만, 동시에 '그러한 정의 자체가 실존한다면'이라는 단서를 단다.[180] 이 말은 정의 자체는 법 바깥에 실존하지 않고, 다만 법과의 관계 속에서 존재할 뿐임을 암시한다. 정의는 법과 관계를 맺으며 법의 신비적 토대를 폭로함으로써 자신의 존재를 (흔적 내지 유령으로) 드러내지만, 법의 바깥에서 궁극적인 실체로 포착될 수 없다는 점에서 실존하지 않는다.

"해체는 이러한 정의에, 정의에 대한 이러한 욕망에 미쳐 있다. 법이 아닌 이러한 정의는, 학문 제도 안에서 또는 우리 시대의 문화 안에서 사람들이 '해체주의'라 부르는 담론으로 제시되기 이전에, 법 안에서, 법의 역사 안에서, 정치적 역사와 역사 일반 안에서 작동 중

김혁기는 1989년 '해체와 정의의 가능성'이라는 주제로 열린 심포지엄에서 데리다가 법과 정의의 문제를 전면적으로 다룬 배경 중 하나로 다음의 사건을 들고 있다. "1987년에, 폴 드만이 2차 대전 동안 저널리스트로서 나치에 부역한 전력이 밝혀졌다. 이로 인해 해체가 본질적으로 보수적이라는 견해가 유력해졌고, 데리다는 해체와 정의의 관계에 대해 해명할 필요성을 더욱 느끼게 되었을 것이다." 김혁기, 「포스트모던 법이론 연구. 데리다의 해체론을 중심으로」, 서울대학교 법학석사학위논문, 2000, 71쪽.

177 이러한 맥락에서 베첼도 해체를 파괴와 혼동해서는 안 된다며, 차이를 긍정하는 해체주의의 특성을 강조한다. Michael Wetzel, *Derrida*, Stuttgart, 2010, 119쪽 참조.

178 국내에서 '차연'으로 번역되곤 하는 'différance' 개념을 차이(差移)로 번역한 근거로는 다음을 참조하시오. 진태원, 용어해설, 『법의 힘』, 199-202쪽 참조.

179 같은 책, 19쪽.

180 같은 책, 33쪽 참조.

인 해체의 운동 자체다."[181] 여기서 주목할 것은 정의가 법 '안'에서 작동하며 해체의 운동을 펼친다는 것이다. 즉 정의는 한편으로 해석적 폭력에 의해 법 안에 강제로 심어지며 왜곡되지만, 다른 한편 법 안에서 해체적인 작업을 하며 법과 정의의 차이를 만들어 내는 힘을 갖기도 한다. 즉 법 안에는 그것의 타자로서 영원히 도달할 수 없는 정의의 힘[182]이 작동한다. '정의에 대한 욕망에 미쳐 있는' 해체의 힘은 폐쇄적인 체계로서의 법의 사실들의 구조를 뒤흔들고 그 구조를 재해석하고 새롭게 구성하며 법의 개선 내지 변혁을 가져온다. 그것은 법 안에서 작동하지만 법을 초과하고 넘어서며 새로운 법을 위한 공간을 만들어 내는 해체로서의 '정의의 힘'이기도 하다. 특정한 행위를 금지하는 물리적 힘으로서 법의 힘이 욕망을 억압하는 부정적 성격을 지닌다면, 반대로 기존의 법의 토대를 흔들고 그것과 정의의 차이를 만들어 내며 법적 변혁의 공간을 열어 주는 정의의 힘은 긍정적 성격을 지닌다. 법 안에서 작동하는 법의 타자로서 정의의 힘은 석화石化된 법의 구조를 뒤흔들며 변화를 가져오는 능동적이고 생성적인, 들뢰즈와 가타리식으로 말하자면 '욕망하는' 힘, '차이差移의 힘'을 가리킨다.

데리다는 법 구조의 해체를 정당한 것과 부당한 것 사이의 경계

---

181 같은 책, 54쪽.

182 김혁기는 해체와 정의의 관계를 이렇게 설명한다. "해체는 정의로 하여금 법을 해체하도록 한다. 반면 정의의 해체불가능성은 법의 해체가능성과 결합하여 해체를 작동하게 만든다. 따라서 해체는 정의의 조건이 되고 정의는 해체의 조건이 된다."(김혁기, 같은 글, 76쪽) 이를 좀 더 쉽게 풀어 설명하면, 해체는 정의에 대한 욕망으로 작동하기 때문에 정의를 필요로 하고, 반대로 정의는 법과 같은, 다른 제도 속에서만 작동할 수 있으며 해체의 형식으로만 나타나기 때문에 해체를 필요로 한다. 그 때문에 차이(差移)의 운동으로서의 해체뿐만 아니라 해체를 작동시켜 변화를 야기하는 정의 역시 '힘'을 지닌다고 말할 수 있을 것이다.

를 허물며 모든 것을 등가적으로 만드는 허무주의와 연관시키지 않는다. 오히려 그는 특정한 맥락에서 해석된 것을 보편적인 규칙이나 규범으로 끌어올려 모든 것에 적용하려는 법의 폭력성을 드러내고 그것을 재해석하려고 한다. 가령 근대 서양의 법에서 권리를 지닌 법적 주체는 인간뿐이며 동물은 단순한 생명에 지나지 않는다. 이에 따라 동물을 잡아먹거나 실험도구로 사용하는 행위는 사회문화적으로 용인된다. 뿐만 아니라 이러한 동물의 희생은 근대의 법을 정초하는 데 있어서도 본질적인 요소이다. 그러나 이처럼 동물의 희생을 용인하는 법은 결코 정의롭지 않으며 기껏해야 인간중심적인 생각에 의해 정당화될 수 있을 뿐이다. 이러한 법적 토대에 대한 의문제기는 동물보호법의 제정을 가져올 수 있을 것이다. 따라서 법적 토대에 대해 끊임없이 질문을 던지고 그것의 정의에 관해 의심하는 것은 법을 맹목적으로 믿지 않고 그것을 재해석하고 변혁하는 윤리적 · 정치적 힘을 갖는다. 법은 보편성을 주장하지만 실제로는 특정한 맥락에서 발생하며 특정한 수신자들에게로만 향하는 한계를 가지고 있다. 따라서 법의 규칙체계에 포섭되지 않는 "독특성에 대한 배려로서의 정의는 타인에 대한 무한한 책임으로 표현된다."[183] "정의를 둘러싼 이론적이거나 규범적인 우리의 개념 장치의 기원과 토대들 및 한계들에 대해 계속적으로 질문을 해 나가는 것은 엄밀한 해체의 관점에서 볼 때는 정의에 대한 관심을 중립화하는 것이 아니고, 불의에 둔감한 것도 아니다. 반대로 이는 정의의 요구의 극단적 강화이며, 정의의 요구 속에 초과와

183 같은 글, 79쪽.

불일치를 기입시켜야 하는 일종의 본질적 불균형(법과 정의, 또는 보편성과 독특성 사이에 존재하는)에 대한 감수성이다."[184] "어떤 공리에 대한 신용이 해체에 의해 정지되는 순간"[185], "이러한 고뇌에 찬 정지의 순간은 또한 법적-정치적 변혁들, 심지어는 혁명들이 발생하는 공간 내기의 간격을 열어 놓는 것이기도 하다."[186]

"정의와 법은 대립을 이루는 것이 아니라 서로 섞여 짜이는 것이다. 만일 법이 정의롭지 않다면 그것은 기형적인 것이 될 것이고 정의가 법의 힘을 요구하지 않는다면 그것은 무기력하게 될 것이다."[187] 그런데 정의는 법 안에서 불가능한 경험으로 나타나며 아포리아를 만들어 낸다. 데리다는 법과 정의의 관계와 관련해 세 가지 아포리아를 제시한다.

첫 번째는 '규칙에 대한 판단 중지'의 아포리아이다. 이는 법적인 판결을 내릴 때 정의를 생각하고 책임감 있는 태도를 취하려면 역설적으로 법의 규칙을 따르지 않고 그것을 중지해야 하며 법을 재정립하듯 해석해야 한다는 것이다. 만일 판사가 기존의 법을 기계적으로 적용한다면, 이는 정의롭다고 할 수 없다. 그러나 판결을 내리는 순간마다 그 법의 정당성에 대해 성찰하고 법에 준거하지 않은 채 법 바깥에서 행동한다면, 어떤 법적 판결을 내리는 것도 불가능할 것이다. 바로 여기에 아포리아가 놓여 있다.

두 번째는 '결정 불가능한 것의 유령'으로서의 아포리아이다. 우

184 데리다, 같은 책, 44쪽.
185 같은 곳.
186 같은 책, 45쪽.
187 김혁기, 같은 글, 79쪽.

리가 법적인 결정을 내릴 때 두 가지 형식이 가능하다. 하나는 법적인 질서의 계산 가능한 규칙을 따라 결정하는 것이다. 즉 독특한 개별사례를 법의 보편적 규칙에 맞춰 판결하는 것이다. 그러나 우리가 판결의 기준으로 삼는 법이 보편적 규칙인지에 대한 결정은 내려질 수 없다. 왜냐하면 이러한 계산 가능한 법을 따르기로 하는 원천적 결정은 법질서 바깥에서 내려지며 보편적인 정의를 담보할 수 없기 때문이다. 따라서 법적인 결정이 적법성을 넘어 정당성을 얻기 위해서는 궁극적으로 법 바깥으로 나와 '결정 불가능성'의 시험을 거쳐야 한다는 모순이 생긴다. 법적인 결정을 내리는 또 다른 형식은 법이나 규칙을 따르지 않고 내리는 우연적 사건으로서의 결정이다. 실제로 판사가 판결을 내릴 때 재판기계처럼 보편적 법을 개별케이스의 사건에 다 적용할 수는 없기 때문에, 자신의 지식과 경험 그리고 그 당시의 감정에 따라 독자적인 판결을 내린다. 그런데 이처럼 법 바깥에서 내려지는 우연적 결정의 정당성을 보증해 줄 어떤 규칙이나 근거가 없기 때문에 이것 역시 정당하다고 말할 수 없으며, 따라서 이 역시 궁극적으로 그러한 결정이 정당한지를 결정하는 시험, 즉 결정불가능성의 시험을 통과하지 못한다. "결정 불가능한 것은 적어도 하나의 유령, 하지만 본질적인 유령으로서, 모든 결정, 모든 결정의 사건에 포함되어 있고 깃들여 있다. 이것의 유령성은 결정의 정당성, 사실은 결정의 사건 자체를 우리에게 보증하는 모든 확실성, 모든 현전의 안전성 또는 모든 공언된 척도 체계를 내부로부터 해체한다."[188]

188 데리다, 같은 책, 53쪽.

데리다는 세 번째 아포리아로 '지식의 지평을 차단하는 긴급성'을 든다. 우리는 어떤 결정을 내릴 때 신속히 판단하고 결정해야 한다. 그런데 정의의 무한한 요구를 충족시키기 위해서는 그에 상응하는 무한한 시간과 지식이 필요하다. 이러한 촉박함 때문에 올바른 결정을 내리는 것이 불가능하다. 그러나 설령 충분한 시간과 지식이 주어진다 해도, 정당한 결정을 내리는 순간은 항상 긴급하고 촉박하다. 이러한 판단의 긴급성은 비단 법적인 판결이 아니더라도 일상생활에서도 빈번히 경험된다. 예를 들면 슈퍼마켓에서 물건을 사거나 음식점에서 음식을 주문할 때 우리는 충분한 시간을 갖고 물건이나 음식의 장단점을 비교하고 평가할 수 있지만, 결국에는 그러한 숙고의 결과로서 합리적인 판결을 내리기보다는 결정의 순간 숙고를 중단하고 촉박함에 쫓겨 자신도 알 수 없는 무의식적 결정을 내리곤 한다. 데리다는 "항상 결정은 그에 선행하는, 그리고 그에 선행해야 하는 법적이거나 윤리적인 또는 정치적이고 인식적인 숙고의 중단을 표시하기 때문에, 이는 이러한 이론적이거나 역사적인 지식, 이러한 반성이나 토의의 결과, 효과여서는 안 된다. 결정의 순간은 키르케고르가 말하듯 하나의 광기다."[189]라고 말한다. 그래서 "우리는 이러한 촉박한 긴급성의 환원 불가능성, 이러한 무반성과 무의식 — 아무리 지성적일지라도 —의 환원 불가능성을 '언어행위들'에, 그리고 정의나 법적 행위들 같은 행위 일반의 수행적 구조에 귀속시켜야 한다."[190] 따라서 모든 법적 결정과 정의에 대한 요구는 필연적으로 폭력성을 지닐 수밖에 없다.

---

189 같은 책, 56쪽.
190 같은 책, 57쪽.

그러나 데리다는 정의가 계산 가능하지 않고 법적으로 규정될 수도 없다는 사실이 곧 법적 · 정치적 투쟁을 회피하는 구실이 되어서는 안 된다고 주장한다. 왜냐하면 그러한 정의의 문제에 대한 방치는 정의가 "도착적인 계산에 의해 재전유될 수"[191] 있게 만들 위험이 있기 때문이다. 또한 계산 불가능한 정의는 끊임없이 법의 영역에서 다시 계산하게끔 만들며, 우리에게 계산 불가능한 것과 계산 가능한 것, 즉 정의와 법의 관계에 대해 계산하고 협상하게 만든다. 이로써 우리는 이전에 계산되고 결정되었던 법에 대해 성찰하고 그것을 재해석하도록 요구된다. 이러한 맥락에서 베첼은 데리다가 법의 피안에서 유토피아를 찾는 이상주의를 추구하는 것이 아니라, 보편성을 내세우는 재현의 법과 그러한 재현의 법에서 벗어나 독특성을 고려하는 또 다른 법 사이에서 협상을 추구하고 있다고 주장한다.[192]

이처럼 우리로 하여금 법과 정의의 관계에 대해 끊임없이 묻게 할 뿐만 아니라 법을 해체하고 법적 변혁의 공간을 열어 주는 '힘'은, 차이 差移로서의 힘 내지 차이 差移가 지닌 힘이다. 그것은 해체를 작동시키며 해체와 동일한 의미를 갖는 정의의 힘이기도 하다. 사실로서 강제력을 갖는 법은 자신이 지닌 권위의 신비적 토대에 대해 침묵하고 수행적 폭력을 행사하며 스스로를 관철시킨다. 즉 그것은 폭력이라는 힘에 의해 정초되며 사실이 된다. 하지만 그렇게 제정된 법은 정의와의 확고한 관계를 맺지 못하며 끊임없이 정의와의 관계를 새롭게 협상해야 한다. 법을 초과하고 법 바깥에 있는 동시에 법 안에서 작동

191 같은 책, 59쪽.

192 M. Wetzel, 같은 책, 119쪽 참조.

하는 정의는 법의 사실성을 뒤흔들고 그것을 파열시키는 폭력을 행사한다. 하지만 그러한 해체는 단순한 파괴가 아니라 차이를 만들어 내는 생성적인 힘을 갖고 있다. 그것은 법의 혁신을 가져올 수 있는 창조적인 폭력이다.

법 안에서 작동하며 법을 초과하는 정의의 힘은 데리다 철학의 핵심개념인 '차이 差移'의 힘이라고도 할 수 있다. 그것은 끊임없이 새로운 차이들을 생성해 내지만 그 차이들은 결코 궁극적인 현전의 특성을 지니지 못하며 궁극적인 것의 현전을 끊임없이 지연시킨다. 이는 데리다가 생각하는 법과 정의의 관계에도 적용된다. 법 안에서 작동하는 정의의 힘은 법을 자신과의 관계 속에서 끊임없이 새롭게 해석하고 변혁하지만, 그럼에도 불구하고 궁극적인 정의가 법에 현전할 수는 없다. 이러한 한계 속에서 법과 정의의 관계를 성찰하며 정의를 통해 법에 자기 생성적인 욕망을 불어넣는 것이 바로 데리다의 목적이다. 여기서 법은 폭력을 저지하거나 개인의 욕망을 억압하는 부정적 의미에서의 강제력이 아니라, 정의에 대한 욕망 때문에 끊임없이 파괴되고 다시 생성되는, 정의의 힘이 낳은 결과로 이해된다. 정의의 힘이 기존의 법을 해체하고 새로운 법을 생성하는 순간 정의는 사라지지만, 데리다가 역사적 진보에 대해 이야기하거나[193] 정의를 계산 가능한 법과의 관계 속에서 협상할 것을 요구할 때, 이렇게 생성된 법이 늘 부정적인 것은 아니다. 또한 이러한 법에도 소위 '법의 힘'이 들어 있기 때문에, 법의 힘을 무차별적으로 부정적인 것으로만 평가해

193 "법이 해체 가능하다는 것은 불운이 아니다. 우리는 심지어 여기서 모든 역사적 진보의 정치적 기회를 발견할 수도 있다." 데리다, 같은 책, 33쪽.

서도 안 된다. 왜냐하면 해체를 통해 재해석되어 생겨난 법에 내재된 '법의 힘'이 정의는 아니며 여전히 허구적인 요소를 지니지만, 그것은 법의 사실성을 곧 보편타당성으로 주장하는 폐쇄적인 법에 내재된 '법의 힘'보다 정의와 더 많은 관련성을 지니고 있기 때문이다.

법과 욕망의 관계는 복잡하다. 법은 개인적 · 집단적 욕망을 억압하지만, 법이 정초될 때는 그러한 욕망이 법에 개입하기도 하다. 그러나 데리다는 이러한 개인적 · 집단적 욕망을 넘어서 해체를 통한 창조적 생성이라는 의미에서의 욕망과 법의 관계를 생각한다. 이러한 욕망은 차이 差移로서의 정의에 대한 욕망이다. 따라서 욕망은 한편으로 개인적 · 집단적 욕망으로서 허구적으로 법을 정초하는 부정적 폭력이기도 하지만, 다른 한편 차이 差移의 운동과 힘으로서 법과 정의의 관계에 대해 성찰하고 허구적으로 정초된 법을 해체하며 새롭게 창조하는 긍정적 폭력이기도 하다. 전자의 욕망은 서로 대응 내지 일치관계에 있지 않는, 법과 정의를 강제적으로 결합하는데, 특히 이러한 결합이 고정적이 될 때 부정적 폭력이 된다. 반면 후자의 욕망처럼 법이 사실로서 고착되는 대신 끊임없는 재해석을 통해 유동적이 되고 열려 있을 때, 이러한 법 내부적 파열을 야기하는 욕망은 무한한 창조적 생성을 위한 긍정적 폭력이 된다.

데리다의 해체주의적 관점에서 볼 때, 법의 해체는 또 다른 법의 생성으로 이어진다. 이러한 법의 해체와 생성은 근대 국가라는 정치공동체 내에서 법의 해체와 생성 운동을 의미할 수도 있고[194], 그러한

194 크리스토프 멩케는 국가라는 공동체의 틀 내에서 포스트모던적인 법이론을 구상하는데, 이에 대해 피셔레스카노는 문제를 제기한다. 왜냐하면 국가는 평등한 시민공동체

근대 국가의 틀을 벗어난, 완전히 다른 법의 생성을 의미할 수도 있다.[195] 그러나 데리다의 관점에서 보면, 그 어느 것도 법 안에서 정의를 실현할 수는 없을 것이다. 즉 차이 差移의 운동으로서 정의는 법 안에서 자신의 실현을 끊임없이 유예하며 자신과의 차이를 만들어 낼 뿐이다.

아나키스트들은 법 없는 이상적인 사회를 꿈꾸었지만, 현실적으로 고도로 복잡해진 현대사회가 도덕적인 능력의 발전과 이에 기초한 관습에 의해서만 유지되기는 힘든 것이 사실이다. 물론 금지와 처벌에 의해 작동하는 법이 인간의 자율성을 훼손하고 때로는 개인의 삶에 지나치게 개입하며 억압적으로 작용하는 등 여러 가지 문제점을 낳는 것을 부인할 수 없지만, 다른 한편 물리적 폭력의 억제와 사회질서의 유지에 일정부분 기여하고 있는 것은 인정해야 할 것이다. 따라서 벤야민처럼 단순히 법의 폭력성만을 인식하고 폭력을 억제하는 법의 기능을 간과한다면, 이는 법에 대한 올바른 평가가 아닐 것이다. 법에 내재한 근본적 문제점에도 불구하고, 법의 피안에서 해결책을 찾으려는 시도는 지나치게 이상주의적이며 현실성이 결여되어 있다.[196] 물론 데리다가 올바로 지적한 것처럼 법은 결코 정의와 일치

가 아니라 불평등한 권력관계를 내포하는 이질적인 정체성들의 정치공동체이기 때문이다. 또한 그는 초국가적인 세계화의 시대에 민족국가적으로 구상된 법이론은 적합하지 않다고 주장한다. A. Fischer-Lescano, "Postmoderne Rechtstheorie als kritische Theorie", 181-185쪽 참조.

195 국가의 해체와 완전히 새로운 법을 주장한 이론가로 벤야민과 네그리 · 하트를 들 수 있을 것이다.

196 그러나 벤야민이 법 자체를 부정하기보다는 특수한 종류의 법을 부정하며, 그것과 다른 새로운 법의 가능성을 꿈꾸고 있다는 해석도 가능하다. "카프카에 관한 논문에서 "더 이상 실행되지 않고 연구만 되는 법"을 "정의의 문"으로 지칭할 때, 벤야민은 비

하지 않으며 항상 불완전한 모습을 보일 수밖에 없는 것도 사실이다. 그 때문에 법을 제정하거나 법적인 판결을 내릴 때, 욕망이 법에 내재해 있음을 인식해야 하며, 이에 따라 법을 사실로서 단순히 받아들이는 것을 넘어서 해체주의적인 '정의의 힘'에 의해 법을 끊임없이 재해석하고 새롭게 생성해 내는 노력이 필요하다. 이처럼 법은 항상 도덕담론을 비롯한 주변담론의 검증을 받으며 스스로를 보완해 나가야 한다. 또한 입법(과정)과 사법에 국회의원과 판사뿐만 아니라 일반시민도 참여시킴으로써 법이 특정 계급이나 집단의 이익에 사용되지 않도록 제도적 보완을 해야 하고, 형벌의 수행도 강압적이고 훈육적인 방식 대신 재소자들의 자발적인 재사회화와 자기성찰을 유도하는 방향으로 나아가야 한다. 이처럼 법의 불완전성을 인식하고 그것이 수행할 수 있는 역할의 한계를 인정할 때 그리고 법을 그 안에서 작동하면서도 그것을 초과하는 정의와의 관계 속에서 바라볼 때, 법은 자신의 폭력성을 줄여 나가는 동시에 사회를 위한 긍정적 기능을 수행할 수 있을 것이다.

폭력적 법의 가능성을 지시한다. 그러한 비폭력적 법이 지닌, 법의 힘은 법의 폭력적 연관의 저편에 있다. 법이 "스스로를 저지하고 취소할 때" 비로소 법의 폭력은 법의 힘으로 변형될 수 있다." 같은 글, 191쪽.
하지만 벤야민이 꿈꾸는 순수한 비폭력적 법이 과연 실현 가능할지는 의문이다.

3. 문학과 법: 카프카

1) 카프카의 「유형지에서」

(1) 원시사회의 법, 폭력, 글쓰기

카프카의 「유형지에서」는 언뜻 보면 비인간적이고 야만적인 방식으로 인간을 고문하고 처형하는 전근대적인 법에 대한 일종의 고발 같은 인상을 준다. 유럽에서 온 한 답사여행자는 프랑스령의 한 식민지에서 어떤 장교가 죄인을 고문 기계이자 처형 장치인 독특한 기계로 처형하는 현장을 참관한다. 죄수는 자신의 임무를 소홀히 했으면서도 상관인 대위에게 반항했다는 이유로 유죄판결을 받는다. 재판관인 장교는 그의 유죄를 확신하며, 재판과정도 없이 더욱이 죄수에게 아무런 변론 기회도 주지 않은 채 사형집행을 명령한다. 죄수가 벌거벗은 몸으로 처형기계의 침상에 누우면 제도기의 구상에 따라 써레의 날카로운 날이 그의 신체를 파고들어 글씨를 새기는데, 이를 통해서 죄수는 자신의 죄를 인식한다. 심리와 재판절차의 부재, 12시간에 걸친 야만적인 고문을 통한 사형 등 소송이나 형 집행과 관련된 모든 사법적 절차는 유럽에서 온 인도주의적 사고를 지닌 답사여행자에게는 비인간적이고 개선되어야 할 것처럼 보인다.

그런데 이 유형지에서 야만적인 처형에 찬성하는 사람은 극히 소수다. 공식적으로 이러한 과거의 사형집행방식에 찬성하는 사람은 오직 재판관이자 사형집행자인 장교뿐이다. 장교는 전임 사령관이 행하던 방식을 고수하려 하지만, 신임 사령관은 과거의 법과 제도를 없애고 개선하기 위해 노력한다. 이러한 상황에서 이미 여러 지역을 여행하며 많은 문화적 경험을 쌓은 답사여행자는, 신임 사령관이 자신의 개혁의지를 관철시키기 위한 목적으로 이곳에 초대한 것으로 보이지만, 전임 사령관의 법을 유지하려는 장교 역시 자신의 목적을 위해 그를 설득하려고 노력한다.

그런데 장교의 설득은 자신이 추구하는 정의에 대한 도덕적 설교가 아니라, 처형기계의 작동방식과 사형집행과정에 대한 구체적인 묘사를 통해 이루어진다. 그러한 묘사를 들으며 여행자는 스스로 옛 법의 정당성을 깨닫고 그것을 옹호해야 하는 것이다. 그렇다면 여행자를 설득해야 할, 죄수의 신체에 글씨를 새겨 넣는 처형기계는 무엇을 의미하는 것일까? 이 글쓰기 기계를 다양한 관점에서 해석할 수 있겠지만, 여기서는 특히 폭력 및 법과의 관계에 주목해 살펴보고자 한다.

이 처형기계의 한 부분인 제도기는 전임 사령관이 간직했던 설계도 내지 판결문에 의해 작동되며, 이것이 죄수의 신체에 글씨를 새길 써레의 움직임을 결정한다. 또한 현재의 처형에는 장교와 여행자, 죄수와 사형집행을 도울 사병만이 참여하지만, 과거에는 골짜기 전체가 사람들로 가득 차 있었으며 이들은 12시간에 걸친 처형광경을 보며 정의를 몸소 체험했다고 전해진다.[197] 이는 언뜻 보기에 푸코가 『감시와 처벌』에서 말한 절대군주제에서의 사형집행과 매우 유사하다. 절

197 전임 사령관과 그가 집행한 처형을 단순히 비인간적인 유럽기술문명의 맥락에 한정시켜 해석할 필요는 없다. 공시적인 차원에서 보면 전임 사령관은 신임 사령관과 함께 유럽사회의 두 얼굴을 보여 주며 유럽의 식민지였던 비유럽사회와 대비를 이루지만, 통시적인 차원에서는 신임 사령관과 대조되며 법과 글쓰기문화의 변천을 보여 주기도 한다. 따라서 전임 사령관은 문자 그대로 전임 사령관이기도 하지만, 비유적인 의미에서 원시사회의 전사우두머리를 지시할 수도 있다. 이러한 의미의 다원성은 카프카의 소설이 지닌 전형적인 특징이다.

대군주제 체제에서 집행되는 공개처형은 마을 사람 모두가 참여하는 일종의 축제의 성격을 띤다. 그러한 처형은 군주의 법을 어긴 사람에 대한 처벌로, 군주의 권력은 죄수의 신체에 가해진 폭력을 통해 가시적으로 드러난다. 이 처형광경을 목격한 사람들은 죄수의 신체에 새겨진 폭력의 흔적을 통해 그의 죄뿐만 아니라 군주의 권력을 읽어 낼 수 있다.[198] 다시 말해 신체는 군주의 권력이 공개적이면서도 구체적으로 드러나는 장소인 셈이다. 또한 사형집행을 구경하는 백성은 죄수에게 가해진 잔혹한 폭력을 함께 즐기면서 군주와 함께 그를 응징하고 그러한 국가의 폭력에서 정의가 실현되었음을 확인한다.[199]

그런데 카프카의 「유형지에서」에 나오는 소송절차나 처형장면이 절대군주제 국가에서의 그것과 완전히 일치한다고 보기는 어렵다. 우선 절대군주제에서는 재판과정이 비공개일지라도 그러한 과정 자체가 없다고 보기는 어려운 반면, 이 소설 속 배경인 유형지에서는 그러한 재판과정 자체가 없으며 죄수의 유죄는 너무나 자명한 것으로 간주된다. 또한 장교가 제복의 가슴주머니에 넣고 다니는, 죽은 전임 사령관의 판결문은 법치국가였던 절대군주제국가의 성문법처럼 모두가 명확히 읽고 이해할 수 있는 것이 아니다.

> "앉으세요. 제가 당신에게 이 정도 거리에서 보여드리지요. 그러면 모든 게 잘 보이실 겁니다." 그는 첫 번째 장을 보여 주었다. 여행자는 기꺼이 칭찬하고 싶었지만, 거기서 단지 미로같이 복잡하며, 여러 차례

---

198 M, Foucault, *Überwachen und Strafen*, 65쪽 참조.
199 같은 책, 75-77쪽 참조.

서로 교차하는 선들만을 볼 수 있을 뿐이었다. 그러한 선들이 종이를 빽빽이 메우고 있어서, 힘겹게 하얀 여백을 찾을 수 있었다. "한 번 읽어 보세요." 하고 장교가 말했다. "읽을 수가 없네요."라고 여행자가 대답했다. "이렇게 분명한데도요."라고 장교가 말했다. "정말 예술적이기는 하네요."라고 살짝 말을 돌려 여행자가 대답했다. "하지만 정말 해독할 수는 없네요."[200]

장교가 보여 준 전임 사령관의 판결문은 인도주의적이고 문명화된 세계에서 온 여행자가 해독할 수 없는 복잡한 문양으로 되어 있다. 그것은 글을 읽을 줄 아는 사람이면 누구나 해석 가능한 법전 속 글씨와는 전혀 다른 것이다.

장교가 재현하고 싶은 옛 법이 절대군주제의 법이 아니라면, 중세의 관습법을 의미하는 것일까? 기사의 약탈과 혈수, 종교재판소의 온갖 잔혹한 고문과 마녀사냥의 일환인 화형 같은 중세의 잔인한 폭력이 과연 전임 사령관이 구현하는 법일까? 장교는 만일 여행자가 신임사령관 앞에서 자신의 나라에는 중세에만 고문이 있었다고 말한다면 옳은 말이겠지만, 그로 인해 자신이 수행하는 고문과 처형 집행의 정당성이 공격받아서는 안 된다고 주장한다. 이것은 장교가 수행하는 고문과 살인이 중세의 그것과는 근본적으로 다른 의미를 지닌다는 것을 암시한다.

이 소설에서 장교의 격정적인 말이나 제스처 또는 지나치게 이상

200 Franz Kafka, "In de Strafkolonie," *Drucke zu Lebzeiten*, Wolf Kittler, Hans-Gerd Koch, & Gerhard Neumann (Hrsg.), Frankfurt a.M., 2002, 217쪽.

주의적인 신념이 여행자의 시선을 통해 희화되고 그 의미가 상대화될 수 있지만, 반대로 여행자의 시선이 이 소설 전체를 지배하는 것이 아니며 소설의 상당부분이 장교의 말에 의해 진행되기 때문에, 두 인물 중 어느 한 인물의 관점을 작가의 관점과 동일시하기는 어렵다.[201] 더욱이 장교는 전임 사령관이 아니고 그 시대의 법을 구현하는 데도 실패하기 때문에, 그의 한계가 곧 전임 사령관의 한계라고 보기는 어렵다.

전임 사령관은 이미 죽어 무덤에 묻혀 있으며, 따라서 더 이상 현실에 존재하지 않는다. 또한 성직자들이 그를 공동묘지에 묻는 것을 거부했기 때문에, 그를 기독교적 맥락에서 신이나 예수와 직접 비교하는 것도 문제는 있다. 어쩌면 전임 사령관과 그가 대변하는 법은 시기적으로 훨씬 더 이전으로 거슬러 올라가야 할지도 모른다. 그가 "군인이자 재판관, 건축가이자 화학자이며 도안가"[202]였는지 묻는 여행자의 질문에 장교는 그렇다고 대답한다. 이것은 시스템이 분화되고 엄격한 직업구별이 있는 근대 이후의 사회에는 흔치 않은 상황이다. 더욱이 이 소설에 등장하는 '전임' 사령관이 군인이라는 점 역시 주목할 만하다. 현대의 직업군인과 달리 아주 오랜 옛날에는 전사가 존재했는데, 이들은 사냥도 하고 그림도 그리고 집도 짓고 관습법에 따라 판결도 내리는 그야말로 "자신 속에 모든 것을 통합시킨"[203] 사람들이었기 때문이다. 성문법과 국가가 존재하기 이전의 원시부족사회

201 Susanne Kaul, *Einführung in das Werk Franz Kafkas*, Darmstadt, 2010, 118-119쪽 참조.
202 F. Kafka, 같은 글, 210쪽.
203 같은 곳.

에서는 관습법이 지배하였다. 이러한 사회는 타 부족과의 전쟁이 빈번하게 일어나는 폭력적인 사회였지만, 그로 인해 인구가 적절히 조절됨으로써 위계적인 사회구조가 생겨나지 않는다는 점에서 평등하고 민주적인 사회이기도 했다. 이러한 수렵채집사회에서는 모두가 공동으로 생산하고 소유하기 때문에 평등하며, 비록 전쟁에 대한 기술이나 전통에 대한 지식이 탁월한 사람의 권위가 인정되기는 하지만 그가 다른 사람들을 지배하는 강제적 권력을 행사하지는 못한다. 그러한 사회에 우두머리가 없는 것은 아니며 그 사회가 권력이 없는 사회인 것도 아니다. "오히려 부족은 권력이 사회로부터 분리되는 것을 거부함으로써, 우두머리에 대해 채무관계를 부과한다. 왜냐하면 권력을 가지고 있는 것은 부족이고, 부족은 그 권력을 우두머리에 대해 행사하기 때문이다. 권력관계는 명백히 존재한다. 권력관계는 우두머리가 영원히 갚아야 하는 빚의 형태를 취한다. 우두머리가 영원히 빚을 지고 있다는 사실은 우두머리가 권력에 외재적이라는 것, 우두머리가 분리된 기관이 되지 않으리라는 것을 사회에 대해 보장해 준다."[204] 「유형지에서」의 전임 사령관도 분명 우두머리지만, 장교는 그를 다른 사람들 위에 군림하는 존재라기보다는 그의 행위가 정의라는 것을 모든 사람이 확신하고 동조할 수 있는 인물로 묘사한다. 따라서 그는 원시 부족사회의 우두머리와 대단히 닮아 있다. 그는 권력이 있지만, 그러한 권력은 남에게 명령하고 강제하는 권력이 아니라 위계와 착취가 없는 사회를 보존하는 데 봉사하는 권력이다.

---

204 끌라스트르, 『폭력의 고고학』, 197쪽.

이러한 사회에서 현대인의 시선에는 야만적인 고문이나 폭력으로 보이는 것들이 전혀 다른 의미를 지닐 수 있다. 원시부족사회의 법을 이해하기 위해서는 그 사회에서 행해진 성인식 같은 입문의례를 아는 것이 도움이 된다. 성인식은 한 부족의 구성원이 아이에서 어른으로 성장했고 사회의 완전한 구성원이 되었음을 인정하고 확인하는 절차이다. "성인이 된다는 것은 아동의 세계 속에서는 죽고 사회생활 속에서 다시 태어나는 것이다. [⋯] 공동체는 의례를 통해 성인이 되기 위해서는 아동기의 근심 없고 행복한 세계의 상실, 즉 돌이킬 수 없는 상실을 대가로 지불해야 한다는 점을 보여 주려 한다. 남아메리카의 수많은 사회에서 통과의례가 매우 끔찍한 육체적 시련들과 잊을 수 없는 잔혹하고 고통스러운 차원들을 포함하는 것은 그런 이유에서이다. **문신 새기기**(필자 강조), 난절亂切, 채찍질, 벌이나 개미에게 쏘이기 등이 그러한 것들이다. 성인식을 치르는 젊은이들은 그러한 것들을 소리 없이 참아야 하며 실신을 하더라도 신음을 내지 말아야 한다. 이러한 죽음과 같은 상태(의례의 주관자가 고의로 촉발하는 실신) 속에서 출생과 통과에 대한 원주민의 사고가 갖는 구조적 성격이 분명하게 나타난다. 즉 통과는 부활이며 **상징적인 죽음**(필자 강조)이 선행되어야 하는 첫 번째 출생의 반복이라는 것이다."[205] 성인식 같은 관습법의 토대는 그 사회 이전에 존재했으며 그러한 사회 창건의 토대가 된 조상들의 신화이다. 즉 성인식은 조상들의 신화에 대한 숭배이자, 그들이 물려준 규범을 잘 보존하고 있음을 확인하는 반복적 절차이다.

---

205 같은 책, 109-110쪽.

일견 고문에 가까운 성인식을 통해 "젊은이는 의례의 지휘자가 대표하고 있는 사회로부터 사회 자체이자 사회를 구성하는 지식, 즉 사회적 규칙과 규범의 우주, 법의 윤리-정치적인 우주를 받아들이게 된다."[206] 여기서 주목할 점은 신체가 사회적 지식을 습득하는 공간 내지 매체의 기능을 한다는 점이다. 성인식이 끝나면 신체에 고문의 흔적들이 상처로 남는다. 그러한 상처를 간직한 사람들은 모두 동일한 사회의 일원으로 인정되며, 상처는 그들에게 끊임없이 사회에 대한 그들의 소속감을 기억시킬 것이다. "바꿔 말하면 사회는 구성원들에게 사회의 법을 받아쓰게 하고 사회는 신체의 표면에 법의 텍스트를 새겨 넣는다."[207] "그들이 고통 속에서 알게 된 법은 원시사회의 법이고, 그 법은 너는 그 누구보다 낫지도 않고 못하지도 않다는 것을 각자에게 말해 준다. 몸에 새겨진 법은 사회분화의 위험과 사회 자체로부터 분리된 힘, 즉 사회의 통제를 벗어난 힘의 위험에 대한 원시사회의 거부를 나타낸다. 잔인하게 가르쳐진 원시의 법은 한 사람 한 사람이 잊어서는 안 될 불평등의 금지인 것이다."[208] 원시부족사회의 구성원들은 죽음의 고통을 이겨 내고 용감하게 시험에 합격함으로써 모두가 사회의 평등한 구성원이 된다. 이로써 얼핏 야만적인 고문으로 비치는 폭력이 실제로는 사회적 화합을 다지고 평등을 보장하는 역할을 수행함을 알 수 있다.

과거 유형지에서 집행된 처형은 죄수의 신체에 글자를 새기며 상

206 같은 책, 110쪽.
207 클라스트르, 『국가에 대항하는 사회』, 230쪽.
208 같은 책, 230-231쪽.

징적인 질서와 관계를 맺는다는 점에서 원시부족사회의 성인식에서 일어난 '상징적 죽음'과 연결될 수 있다. 다시 말해 유형지에서 이루어지는 처형기계에 의한 살인은 실제 살인뿐만 아니라 신체에 글자를 새기는 고통스러운 경험을 통한 (가령 아이로서 죽고 성인으로 다시 태어나는) 상징적 죽음을 의미하기도 한다. 또한 답사여행자가 죄수의 신체에 새겨질 전임 사령관의 판결문을 읽을 수 없듯이, 신체에 새겨지는 글자는 시각적으로 인지될 수 있는 메시지를 전달하는 문자가 아니라 촉각적으로 경험되는 사건으로서의 문자이다.[209] 이로써 의미를 전달하는 기호로서의 문자기능이 의문시되고, 그 대신 신체에 일어나는 사건으로서의 문자의 물질성과 그것의 촉각적 지각이 강조된다. 이는 근대의 시각중심주의에 대한 간접적인 비판으로 읽을 수 있다. 또한 「유형지에서」에서 장교가 처형기계의 작동준비를 완료하자 "이제 놀이가 시작된다."[210]라고 이야기되는 것도 원시사회적인 입문의례의 유희적 · 축제적 성격을 암시한다. 전임 사령관이 지배하며 그의 법이 널리 통용되던 시대에는 모든 사람이 신체에 사회적 법을 각인시키는 입문의례를 일종의 축제로 즐겼다. 그날은 팡파르가 울려 퍼지고 모두가 즐거운 마음으로 그 광경을 구경했다. 그리고 고문을 당하며 상징적 죽음과 재탄생을 경험하는 '죄수'는 처음 6시간 동안은 쌀죽도

---

209 겐츠는 처형기계가 죄수의 신체에 각인하는 문자가 물질성만을 지니며 메시지, 즉 기의를 결여하고 있음을 강조한다. 또한 그녀는 그러한 문자가 눈으로 지각되기보다 고통스러운 상처로서 촉각적으로 경험된다는 점도 언급한다. Julia Genz, "Schreib-Schmerzen. Die Materialität des Schreibens bei Prudentius und Kafka", *Arcadia* 40. H. 2, 2005, 386-387쪽 참조.

210 F. Kafka, 같은 글, 215쪽.

먹으며 일상적인 행동을 하지만 나머지 6시간 동안은 자기 몸에 쓰인 암호 같은 문자, 다양한 장식과 더불어 쓰인 문자들을 해독하는 데 몰두한다. 즉 이러한 유희적 축제는 사회공동체를 결속하는 동시에, 개인에게 극심한 고통을 이겨 내고 사회의 관습법을 배우며 지식을 넓혀 가는, 즉 평범한 일상의 시간에서 벗어나 특별한 인식의 체험을 열어 주는 시간이다.

「유형지에서」의 결말부에서 여행자는 장교가 처형기계에 의해 비참하게 죽고 나서 마을에 있는 찻집을 찾아간다. 거기에는 전임 사령관의 무덤이 있는데, 그 비석에는 "사령관이 일정 햇수의 기간이 지나면 부활해, 이 집에서 자신의 추종자를 규합해 유형지를 탈환할 것이라는 예언이 돌고 있다. 믿고 기다려라!"[211]라고 씌어 있다. 이 비석의 문구는 인도주의적이고 평등해 보이는 현대의 민주주의 사회가 사실은 억압과 착취로 만연한 위계적인 사회임에 대한 비판과 함께 그러한 억압적인 사회를 탈피한 새로운 사회에 대한 이상주의적인 기대를 담고 있는 것처럼 보인다. 마치 신화적인 과거가 고문에 의한 상징적인 죽음과 새로운 탄생을 기본구조로 삼는 원시부족사회의 입문의례를 통해 반복되며 부활했듯이, 이 소설은 신화 속 인물이 되어 버린 듯한 전임 사령관의 부활을 꿈꾸는 것처럼 보인다. 하지만 다른 한편 죽은 전임 사령관은 더 이상 존재하지 않고 그에 관한 신화는 장교의 이야기를 통해 전해질 뿐이다. 그리고 장교가 완전히 신뢰할 수 없는 인물로 등장할 때, 전임 사령관이 지배했던 과거의 이상적인 사회에

211 같은 글, 247쪽.

대한 신화 역시 그 진실성이 보장되지 않는다.

(2) 현대사회의 법, 폭력, 글쓰기

작품 마지막에서 전임 사령관의 법을 유지하려는 장교는 여행자에게 자신을 지지해 달라고 부탁하지만, 여행자는 이를 거부하며 신임 사령관의 개혁의지에 지지를 표명한다. 그러자 장교는 원래 계획했던 죄수의 사형을 집행하는 대신 스스로 기계 위에 누워 사형당하기로 결심한다. 이 부분에서 눈에 띄는 것은 기계가 이전과 달리 작동하기 시작하더니 마침내 고장나 벌거벗은 장교의 신체에 글씨를 새기는 대신 뾰족한 바늘로 상처만 내며 그를 죽음으로 몰아넣는다는 것이다. 그의 죽음은 원래 전임 사령관이 집행했던 처형, 즉 상징적 죽음의 집행 및 그에 뒤따르는 재탄생의 과정과는 다른 비극적 죽음이 되고 만다.

사실 장교의 처형은 자발적인 것이라기보다는 낯선 여행자가 명령한 것으로 볼 수도 있다. 왜냐하면 여행자의 유형지 방문, 특히 장교의 제안에 대한 그의 거부가 장교가 죽은 결정적 원인이 되었기 때문이다. 심지어 자신 대신 죽는 장교의 처형장면을 목도하는 죄수는 이를 "아마도 낯선 여행자가 명령한 것이었다. 그러니까 그것은 보복이었다."[212]라고 생각하기까지 한다. 이는 야만적인 폭력에 반대하며 정의의 구현을 주장하는 여행자가 역설적으로 폭력을 행사했음을 의미한다.

212 같은 글, 241쪽.

이와 관련해 장교의 죽음이 어떤 방식으로 이루어지는지 자세히 살펴볼 필요가 있다. 처형기계는 장교의 신체에 글씨를 새겨 넣지 못하고 그저 날카로운 바늘로 그의 신체에 구멍을 낼 뿐이다. "그것은 장교가 원한 고문이 아니었으며, 그저 직접적인 살인에 불과했다."[213] 그의 얼굴에는 아무런 구원의 신호도 발견되지 않는다. 현대적인 사형집행은 짧은 순간에 이루어진다. 우리에게는 야만적으로 보일, 프랑스 혁명기의 단두대 처형도 순식간에 이루어지며 죄수의 고통을 덜어 준다는 점에서는 이전의 야만적인 고문보다는 훨씬 인도적이었다. 그러나 장교를 처형하는 처형기계는 그의 몸에 더 이상 법을 새겨 넣지 않는다는 점에서 상징적인 성격을 상실하며, 문자 그대로 살인기계가 된다. 이제 기계는 말 그대로 산업사회의 기계라는 물질적 의미에서 이해되어야 하며, 인류가 현대사회로 접어들면서 기계를 사용해 (대량)살상을 가능하게 했음을 암시하기도 한다. 그러한 현대적으로 고안된 처형기계는 단두대에서 시작되어 카프카의 이 소설보다 훨씬 뒤에 나타난 나치의 홀로코스트의 대량학살로까지 이어진다. 물론 이 작품에서 그러한 대량살상이 묘사되지 않기 때문에 이러한 해석이 지나친 확대해석일 수도 있다.[214] 그러나 현대법치국가에서 사형이 기계적으로 집행될 때, 이를 집행하는 처형기계는 적어도 금지와 처벌의 냉혹한 도식에 입각하는 법과 관료주의적인 국가의 비인간적인 면을 폭로한다고 할 수 있다.[215]

---

213 같은 글, 244-245쪽.

214 Oliver Jahraus, *Kafka.Leben,Schreiben,Machtapparate*, Stuttgart, 2006, 323쪽 참조.

215 '관료기구(bürokratischer Apparat)'라는 말에 등장하는 '기구(Apparat)'라는 단어는 기계장치를 의미하기도 한다. 이렇게 볼 때 비인격적인 관료기구는 개인의 고유한 삶을

장교를 학살하는 처형기계는 더 이상 전임 사령관의 법이 지배하던 시절의 상징적인 폭력기계가 아니다. 오히려 그것은 이성과 법이 지배하는 근대 산업사회의 산물이다. 물론 근대는 인도주의적인 계몽주의의 이상과 법에 입각해 중세의 야만적이고 잔인한 폭력을 막았지만, 이성이 야만으로 돌변하면서 비인간적이고 기계적인 살인을 낳기도 했다. 연구자라는 직업을 통해 이성적인 지식인의 면모를 드러내는 여행자가 장교가 원치 않은 죽음을 당하는 것을 보고 그를 돌보려 하거나 기계의 오작동에 의한 살인을 멈추려 한다는 점에서 악의적인 의도를 가졌다고 볼 수는 없지만, 어쨌든 그가 무슨 일이 일어날지 알면서도 장교의 자살을 막지 않았다는 점에서는 그러한 죽음을 방조했다는 책임을 면하기 어려울 것이다. 그러면서 그는 원했든 원하지 않았든 현대의 살인기계가 탄생하는 데 기여한 것이다. 여기서 근대의 폭력성을 막지 못한 계몽주의적 인도주의의 무력함이 잘 드러난다.

또한 산업사회는 인간을 과도한 소외된 노동으로 내몬다. 신임 사령관은 일종의 놀이자 축제인 처형에는 아무런 관심이 없고 오직 항구건설에만 매달린다.[216] 상의를 걸치지 않은 채 찢어진 내의만 입고 있는 가난하고 무시당하는 부두노동자들의 모습에서 삶의 즐거움을 상실한 채 기계적으로 노동만 하는 산업사회 노동자들의 자화상을

존중하지 않으며 그의 사소한 일탈도 처벌하는 억압적이고 파괴적인 기계에 비유될 수 있다. 권혁준, 「테크노포비아와 테크노필리아 사이에서. 현대 '기술매체'와 카프카의 서사텍스트」, 『카프카 연구』 28집, 2012, 157쪽 참조.

216 장교는 여행자에게 내일 열리게 될 회의에서 신임 사령관이 안건으로 항구건설을 다루게 될 거라며 그가 항상 항구건설에 대해서만 이야기한다고 비꼰다. 여기서 항구건설로 상징되는 노동을 둘러싼 신임 사령관과 장교의 입장 차이가 명확히 드러난다.

발견할 수 있다. 산업사회를 상징하는 공장의 기계들은 그 앞에서 일하는 노동자들의 신체를 마모시키고 파괴하는데, 이는 축제와 놀이의 기능이나 상징적 소통의 기능을 상실한 채 그저 신체를 파괴할 뿐인 처형기계와 연결된다. 야만적으로 변한 처형기계는 금욕적인 노동이 지배하는 현대의 산업사회를 상징한다. 그러한 사회는 신임 사령관이 내세우는 인도주의적 이상과 모순되며 폭력성을 보여 준다.

폭력과 관련하여 또 한 가지 흥미로운 사실은 이 사건이 일어나는 장소가 식민지에 있는 유형지라는 사실이다. 여행자는 식민지 지배자인 유럽인으로서 피지배자들의 땅인 식민지를 방문한다. 이런 계몽된 이성적 인간인 유럽인의 식민지 통치는 식민지의 악습을 몰아내고 새로운 법과 질서를 관철시키는 결정적 계기가 되지만, 여기에서 유럽중심적인 사고의 모순성이 잘 드러나기도 한다. 이성적이고 인도적으로 사고하는 유럽인들이 식민지를 건설하고 이성의 타자를 야만인으로 여기며 지배한다는 사실은 근대 이성의 어두운 이면, 즉 이성의 폭력성을 폭로한다. 그런 점에서 작품 마지막에 죽은 사령관이 언젠가는 다시 부활하여 자신의 추종자와 함께 이 식민지를 '탈환'하겠다는 예언은 유럽의 식민지 통치와 근대의 이성에 대한 비판을 담고 있다.

무력한 인도주의적인 답사여행자와 잔혹한 식민지 지배국가의 장교는 단순히 서로 대립되는 인물이 아니다. 오히려 이들은 유럽에서 중세의 야만적 폭력을 비판한 계몽적 인도주의와 비유럽대륙에서 비인간적인 폭력을 행사한 식민주의라는 이율배반적인 근대의 두 얼굴을 보여 준다. 이 소설에서 장교가 토착민으로 추정되는 죄수를 처형하려 할 때, 이는 근대 유럽인이 타자로서의 비유럽인에게 가하는 야만적 폭력성을 드러낸다.[217] 나아가 작품 마지막에 장교가 스스로를 처형한 것은 근대의 야만적 폭력이 1차 세계대전에서 드러나듯이 이제 비유럽인이라는 타자에서 유럽인 자신에게 향하게 되었음을 의미한다.

이 작품에서 전임 사령관의 법에 대해서는 처형기계를 통해 꽤 자세히 묘사되어 있지만, 신임 사령관이 지배하는 사회질서와 법이 어떤 것인지는 구체적으로 묘사되어 있지 않다. 물론 야만적인 악습을 비판하는 여행자가 신임 사령관의 사회적 · 사법적 개혁을 지지한다는 점에서 그로 대변되는 사회가 법치국가임을 알 수 있다. 이러한 사회의 구체적인 모습은 서술되지 않지만, 장교의 말에서 그러한 사회의 "다른 법정들은 수가 많으며 자신보다 더 높은 상급법정들을 갖고 있다"[218]는 사실을 알 수 있다. 이는 현대국가의 법체계와 상응하기도 하지만 동시에 카프카의 다른 소설들에서 등장하는 복잡하고 미로 같은 구조를 지닌 법을 연상시키기도 한다. 특히 현대의 법과 사회질서를 대변하는 인물인 신임 사령관의 모습이 한 번도 직접적으로 나타나지 않는다는 사실은 이 소설과 카프카의 다른 소설들과의 연관성을 보여 준다. 『성 *Das Schloss*』(1926)의 주인공 카가 성의 고위관리 클

217 "죄수는 인간의 정신이나 이성이 결여된 우둔함에다 외양까지 일종의 동물적인 상이성으로 소위 '인간다움'과는 거리가 먼 인상으로 그려지고 있다. 이런 부가어들은 주로 백인이 아프리카 흑인에 대해 갖는 이미지와 상통하고 있다. 이 죄수는 쇠사슬에 묶여 있고, 그 옆에는 쇠사슬을 쥐고 있는 사병이 서 있다. 이러한 첫 장면에 이미 장교와 탐험가라는 유럽인과 아프리카 흑인이라고 추정되는 죄수(비유럽인) 사이의 비대칭적인 관계, 즉 지배와 피지배의 관계가 선명하게 상정되어 있다." 김연수, 「카프카의 '유형지에서' 만난 유럽인과 비유럽인」, 『카프카 연구』 제16집, 2006, 42쪽.

218 F. Kafka, 같은 글, 212쪽.

람을 직접 만나 그의 얼굴을 볼 수 없다거나 『소송』의 요제프 카가 법원의 고위관리들을 만나지 못하는 것처럼, 여행자는 새로운 법과 사회질서의 대변자인 사령관을 직접 만나지 못한다. 그는 사령관과 직접 대면하고 이야기한 후 유형지를 떠나기로 계획하지만, 작품 마지막에 황급히 보트를 타고 그곳을 떠날 뿐이다. 아마도 이 신임 사령관은 절대군주제 국가에서처럼 법을 직접적으로 구현하는 절대군주 같은 위계질서의 정점에 있는 인물은 아닐 것이다. 물론 유형지는 사령관이 있다는 점에서 위계적인 사회구조를 지니고 있지만, 동시에 군대와 민간의 삶이 혼재되어 있으며 최고 권력자를 만날 수 없다는 점에서[219] 복잡한 미로 같은 사회이기도 하다. 또한 그러한 사령관이 지배하는 사회는 일반적인 법이 아니라 군법의 지배를 받는 사회이다. 이것은 법이 일상의 모든 영역에 침투하며 법과 일상의 경계를 허물어뜨릴 수 있음을 의미한다. 그러한 사회는 아감벤적인 의미에서 예외가 상례가 된 사회로, 죄 없는 일반시민, 특히 식민지 피지배자를 호모 사케르로 만들 수 있다. 그러한 사회로 변해 가는 과정에서 처형기계가 상징적인 기계에서 단순하고 기계적인 '살인기계'로 바뀌었

219 "이러한 스펙터클의 창시자인 옛 사령관은 죽었고, 새로운 사령관은 그가 증오하는 고문을 완전히 폐지할 수 있을 정도로 강력한 권력을 지니지는 못한 것처럼 보인다. 관여한 사람들 모두 제각기 다른 사람들에게 의존하는 것처럼 보인다. 기계는 장교에 의해 작동되어야 하고, 장교는 여행자의 동의를 필요로 하는 듯하다. 또한 여행자는 이방인으로서 토착민의 호의에 의존해 있다고 느낀다. 푸코의 말을 빌리자면, 권력이 소유가 아니라 전개로서 생각되는 '권력의 미시물리학'이 나타나고 있다." J. Genz, 같은 글, 384쪽.
다시 말해 이 소설에 등장하는 사회는 군주가 절대적인 권력을 소유하고 있는 사회가 아니라 사람들이 서로 맺고 있는 관계에 의해 권력구조가 생겨나고 또 변하는 현대사회다.

다는 것은 의미하는 바가 많다. 그것은 신임 사령관이 지배하는 사회가 인도주의적으로 통치되지 않고 새로운 야만적 폭력을 낳을 수 있는 위험을 갖고 있음을 의미한다. 여행자가 보트를 타고 황급히 그곳을 떠나는 것이나, 죄수와 군인이 그를 뒤쫓아 그곳을 탈출하려는 것은 신임 사령관의 법이 지배하게 될 사회가 결코 이상적인 사회가 아님을 암시한다.[220]

(3) 억압적 권력에 맞선 차이差移의 글쓰기와 정의의 힘

카프카는 「유형지에서」에서 법, 폭력, 글쓰기의 의미와 관계에 대해 깊이 있게 성찰한다. 원시부족사회의 입문의례에서 신체에 새겨진 문자는 그 자체로는 아무런 기의도 전달하지 않는 물질적인 사건으로 발생한다. 왜냐하면 그것은 읽고 해독할 수 없기 때문이다. 신체에 가해지는 폭력으로서의 글쓰기는 시각적으로 읽고 해독되는 것이 아니라 피부를 통해 촉각적으로 경험되며 동일한 사건을 경험한 사회구성원의 공동체적인 결속을 발생시킨다. 그 때문에 그것은 그 사회의 불문법이 된다. 이와 달리 현대사회의 성문법은 인간의 신체에 공동체의 법을 새기는 대신 문자의 물질성을 감추며 의미를 전달한다. 그것은 피부 대신 종이에 기록되며 그 의미가 파악될 수 있다. 그 때문에 단순히 신체를 파괴할 뿐인 처형기계는 더 이상 사회적 관습을 전달하고 공동체적인 소속감을 확인하는 기능을 갖지 못하며, 인간을 사

220 엠리히도 새로운 법이 지배할 세계를 결코 긍정적인 세계로 묘사하지 않는다. "그러나 새로운 인간성을 통해 해방된 사람들도 공포에 사로잡힌다. 죄수와 군인은 여행자와 함께 도망치려고 한다. 그러나 여행자는 그들을 위협해서 섬에 남겨 두고 그곳을 떠난다." 빌헬름 엠리히, 『카프카를 읽다 1』, 편영수 옮김, 유로, 2005, 347쪽.

물화하고 인격을 말살하는 고문기계로 전락하고 만다. 이러한 사회에서 신체적 폭력은 야만적인 것으로 여겨진다. 하지만 카프카는 소설 마지막에서 현대사회의 법이 과연 정의를 보장할 수 있는지에 의구심을 표명한다. 나아가 어떤 의미도 전달하지 않고 신체를 손상시키는 처형기계는 의미의 재현기능을 상실한 문자의 물질성을 보여 준다.[221] 원시부족사회의 법을 상징하는 과거의 처형기계가 아직까지 사회적 정의와 공동체적 정체성에 대한 확신을 갖고 있었고 그러한 의미를 촉각적인 경험을 통해 전달했다면, 오늘날 그러한 믿음은 비웃음을 살 뿐이며 과거의 전설로만 여겨질 뿐이다. 현대사회에 구원을 보장하는 하나의 중심적인 법은 더 이상 존재하지 않는다.

"인간의 법은 언어의 법이기 때문에, 어느 누구도 정말 법을 모르고 살지는 않는다"[222]고 라캉은 말한다. 라캉에 따르면, 아이가 아버지의 법을 알게 되는 것은 상상계에서 벗어나 언어라는 상징계에 접어들면서부터다. 이러한 법과 언어의 긴밀한 연관성은 카프카에게도 나타난다. 카프카는 「유형지에서」에서 결코 법에 대해서만 이야기하고 있지 않다. 이 소설은 법과 폭력에 대한 이야기이자 상징계의 영역

---

221 박은주는 피부에 새기는 카프카의 글쓰기 자체가 의미의 구성과 의미의 해체의 양면성을 갖고 있다고 말한다. "동일한 맥락에서 카프카는 고통을 육체적인 징후인 동시에 심리적인 것으로 파악하면서 자신의 병과 고통과 상처를 하나의 '상징'으로, 즉 문화적인 의미로 '번역'하고자 한다. […] 하지만 육체적 고통과 그 흔적은 해석과 의미 구성을 통해 이성적인 언어, 즉 문화적인 기억으로 완전히, 남김없이 '번역'되지 않는다. 따라서 피부는 고통과 기억 사이에서 구성과 삭제, 드러내기와 감추기 사이의 끊임없는 협상과 투쟁이 벌어지는 경계지점이 된다." 박은주, 「'피부': 문화적 기호와 육체성이 교차하는 경계면. 카프카의 「변신」과 「유형지에서」 분석」, 『뷔히너와 현대문학』 제38호, 2012, 41쪽.

222 J. Lacan, *Schriften I*, N. Haas (Hrsg.), Olten, 1973, 112쪽.

으로서의 글쓰기에 관한 이야기이기도 하다. 이 소설에 등장하는 장교는 처형기계를 이용해 글을 쓰는 작가로도 볼 수 있다. 하지만 그는 죽은 사령관이 쓴 판결문을 근거로 글을 쓰기 때문에, 엄밀히 말하면 그의 글쓰기는 근대의 독창적인 저자의 글쓰기가 아니라 이전의 글을 베껴 쓰는 필사자의 글쓰기다. 다만 그것이 양피지나 종이가 아닌 신체에 새겨지며 시각적으로가 아니라 촉각적으로 인지된다는 점에서 중세의 필사본과는 다른 차원에서 사회관습과 문화전수의 의미를 갖는다.

근대의 독자인 답사여행자는 죽은 사령관이 쓴 판결문을 해독하는 데 실패한다. 이는 텍스트[223]의 의미를 재현하려는 해석학적 시도가 실패했음을 의미한다. 작품 마지막에서 장교는 다시 한 번 글쓰기를 시도한다. 그러나 이번에는 자신의 신체가 글을 쓰는 표면이 된다. 물론 장교는 여전히 전임 사령관의 판결문에 따라 기계를 조작하지만, 처형기계는 그의 의도와 달리 작동하며 원래 판결문을 재현하지도 못한다. 즉 글쓰기는 저자의 의도와 달리 진행되며 단순히 이전의 텍스트를 반복하며 필사하는 것도 아니다. 따라서 이러한 텍스트를 읽는 독자의 과제도 더 이상 작가의 의도를 재구성하며 재현하는 데 있지 않다. 또한 처형기계에 의한 장교의 살해가 현실에서의 죽음이 아닌 '상징적인 죽음'으로 간주될 수 있다면, 이를 완결된 의미체계, 즉 작품의 근원지인 저자의 죽음으로 해석할 수도 있을 것이다.

---

223 롤랑 바르트는 작품과 텍스트를 구분한다. "작품은 하나의 기의로 닫혀진다. [⋯] 이와 반대로 **텍스트**는 기의의 무한한 후퇴를 실천한다. **텍스트**는 지연시킨다. 그것의 영역은 기표이다. [⋯] 그것은 언어처럼 구조화되어 있으나 탈중심적인 것이며, 닫힌 것이 아니다." 바르트, 「작품에서 텍스트로」, 41쪽.

처형기계는 저자를 살해하며 의미를 파괴한다. 하지만 이것은 독자에게 저자의 의도를 재현하는 대신 스스로 끊임없이 새로운 의미의 텍스트를 써 나갈 수 있는 기회를 열어 준다.[224] 이를 통해 카프카의 소설은 완성된 의미체계로 이루어진 작품에서 고정된 의미를 파괴하고 끊임없이 새로운 의미를 만들어 내는 텍스트로 옮겨 갈 수 있다. 이러한 글쓰기의 문제는 비단 문학텍스트의 해석에만 관련된 문제가 아니다. 저자의 권력에 맞서 끊임없이 새로운 텍스트를 만들어 내는 해체주의적인 독서와 글쓰기는 데리다가 말한 정의의 힘 내지 차이 差移의 힘이라는 의미에서 억압적인 권력과 법을 해체하고 새로운 법을 생성해 내는 차이 差移의 운동과 궤를 같이한다.

카프카는 「유형지에서」에서 법, 폭력, 글쓰기를 계보학적으로 살펴보면서 각각의 역사적 의미변천과 이들의 긴밀한 연관성을 인상 깊게 보여 준다. 이처럼 방대하고 복잡한 작업을 이 짧은 소설에서 성공적으로 해낼 수 있었던 것은 처형기계의 예가 보여 주듯이 다원적인 해석을 가능하게 하는 그의 독특한 글쓰기 때문이다. 그것은 작품 전체를 하나의 완결된 의미체계로 구성하는 저자의 죽음을 야기하는 처형기계의 글쓰기다. 그러한 글쓰기는 다음 절에서 다룰 카프카의 소설 제목에 담겨진 숨은 의미인 '과정 Der Prozeß'의 글쓰기이기도 하다. 카프카의 독자는 작가가 의도한 작품의 의미를 재현하는 대신, 최종적인 기의를 유예하며 끊임없이 새로운 의미를 만들어 내는 텍스트를 쓰도록 요구된다. 이를 통해 독자는 저자를 처형하는 기계가 가져

224 롤랑 바르트는 「저자의 죽음」에서 이렇게 말했다. "독자의 탄생은 저자의 죽음이라는 대가를 치러야 한다." 바르트, 「저자의 죽음」, 35쪽.

다주는 즐거움을 맛볼 수 있을 것이다.[225] 또한 이를 통해 법과 폭력의 다의성을 인식하고 그것을 법 기계와 폭력 기계로 바라볼 수 있을 것이다.

2) 카프카의 『소송』

(1) 예외상태와 법

카프카의 소설은 그림으로 비유하자면 세잔이나 피카소의 그림에 해당한다. 세잔의 정물화나 피카소의 〈아비뇽의 여인들〉이 어느 하나의 시선이 아니라 다양한 시선에서 볼 때 비로소 파악될 수 있듯이, 카프카의 소설 역시 하나의 시점에서만 해석해서는 이해되지 않으며 서로 모순되는 부분이 많이 등장한다. 특히 『소송』에서 묘사되는 법을 이해하기 위해서는 다양한 시점에서 그것에 접근하는 태도가 필요하다.[226]

카프카의 『소송』에서 주인공 요제프 카가 법에 대해 느끼는 감정은 양면적이다. 그는 한편으로 법이 자신을 부당하게 체포하고 자신

225 바르트는 텍스트의 유희적 생성과 관련된 즐거움을 언급한다. 바르트, 「작품에서 텍스트로」, 46-47쪽 참조.

226 오순희도 『소송』에 나타나는 법의 의미를 하나로 제한하는 대신 독자의 시각에 따라 다양하게 해석될 수 있는 가능성을 열어 두어야 한다고 강조한다. "결국 요제프 카를 유죄로 만드는 법이 무엇인지에 대해 최종판결을 내리는 것은 독자의 몫이고, 그 판결은 독자들의 삶이라는 '과정 Prozess'을 통해 내려지게 될 것이다. 이런 의미에서 볼 때 카프카의 '법'은 정태적인 개념으로서가 아니라 '과정적 prozessual'으로 작용하고 있다. 카프카의 '법'은 변한다. 그것은 독자의 삶의 과정에 따라 매번 다르게 나타날 수 있는 것이기 때문이다." 오순희, 「카프카의 법. 소설 『소송』을 중심으로」, 『카프카 연구』 제30집, 2013, 26쪽.

의 일상에 개입한다고 생각하지만, 다른 한편으로 스스로 법을 불러내며 법 안으로 들어가려는 욕망을 품기도 한다. 법에 대한 요제프 카의 이러한 모순적 태도를 이해하기 위해서 우선 이 소설에서 법이 무엇을 의미하며 어떤 특성을 지니고 있는지 살펴볼 필요가 있다.

요제프 카는 어느 날 느닷없이 자신의 침실에서 법원에서 보낸 사람들에게 체포된다. 물론 카 스스로 항변하듯이, 자신은 법을 위반하지 않았기 때문에 이 체포는 착오거나 아니면 부당한 조치다. 따라서 카의 관심사는 무죄판결을 얻어 내 자신의 삶을 속박하는 법의 굴레에서 벗어나는 것이다.

그런데 이러한 법은 단순히 좁은 의미에서 법의 영역에만 한정되어 있는 것처럼 보이지 않는다. 먼저 공간적인 측면에서 볼 때, 법원은 일상적 삶의 공간과 긴밀히 얽혀 있어 잘 구분되지 않는다. 법원정리의 부인인 세탁부 여성의 방은 심리가 있는 날이면 법정으로 바뀐다. 화가 티토렐리의 아틀리에도 사실은 법원사무처의 일부다. 훌트 변호사는 자신의 침실에서 피고를 맞이하며 업무를 본다. 이처럼 사적인 영역과 공적인 영역, 일상적 삶과 법은 서로 경계가 분명히 그어져 있지 않으며, 상호 침투 가능한 것처럼 보인다.[227] 더욱이 종교를 대변하는 교도소 신부나 예술을 대변하는 티토렐리 같은 화가가 모두 법정에 소속되어 있을 때, 법원은 삶 전체를 포괄하는 것으로 등장한다.

그런데 이처럼 법이 삶 전체에 개입하고 간섭할 수 있다는 것

227 박은주, 「『소송』에 나타난 권력과 법정세계」, 『카프카 연구』 6집, 1998, 320-324쪽 참조.

은 무슨 의미일까? 이러한 맥락에서 카가 법원에서 파견한 관리들뿐만 아니라 이웃집 노인들로부터도 지속적으로 감시당한다는 사실에 주목할 필요가 있다. 빌렘과 프란츠라는 감시인은 하루 10시간씩 카를 감시하는 대가로 보수를 받는다. 또한 작품 초반에 카의 집 맞은편에 사는 노파나 작품 마지막에 처형장소인 채석장에 인접한 건물에서도 누군가가 불을 켜고 카를 지켜보고 있다. 이는 카의 삶이 계속해서 누군가에 의해 감시당하고 있음을 의미한다. 이것을 푸코 식으로 해석하면, 감시당하는 사람의 눈에 보이지 않지만 누군가가 지속적으로 감시하며 그의 삶을 통제하는 파놉티콘적 사회구조를 보여 준다.[228] 파놉티콘의 감시체제를 지닌 사회는 근본적으로 규율권력의 지배를 받는다. 그런데 비가시적인 규율권력이란 감시를 통해 생산성의 향상을 꾀하는 의도를 지닌 권력을 의미하는데, 이 작품에서 요제프 카에게 향하는 감시가 이러한 훈육적 성격을 지닌다고 보기는 힘들다. 왜냐하면 그러한 감시는 카를 감시하고 통제해 그의 노동생산성을 높이는 데 기여하기보다는 오히려 그가 은행업무에 집중하지 못하게 방해하며 일상과 직업의 공간에서 떨어져 나오도록 만들기 때문이다. 따라서 요제프 카의 삶이 법에 의해 감시받고 통제되고 있으며 그 뒤에 어떤 권력이 숨어 있는 것은 사실이지만, 이것을 단순히 규율권력으로 지칭할 수는 없을 것이다. 규율권력이 정상적인 사회의 권력메커니즘이라면, 『소송』에 등장하는 법과 권력메커니즘은 그것과 본질적으로 다른 것임을 짐작할 수 있다.

228 푸코의 파놉티콘 이론을 중심으로 카프카의 『소송』을 분석한 논문으로 다음을 참조하시오. 같은 글, 314-320쪽.

그렇다면 일상적 삶과 법의 경계를 허물면서 지속적으로 개인의 삶에 개입하고 감시하는 법은 무엇을 의미하는가? 법을 위반하지도 않았는데 체포할 수 있는 법이란 과연 어떤 것인가? 이러한 법을 현대적 의미에서 해석하면 어떻게 해석될 수 있을까? 이러한 물음에 답하기 위해 벤야민과 아감벤이 이야기한 '예외상태의 상례화'에 대해 살펴볼 필요가 있다. 법적으로 예외상태란 슈미트가 이야기한 것처럼 국가와 법이 위기에 처한 긴급한 상황에서 법을 수호하기 위해 헌법상의 자유와 권리를 정지시키고 비상조치를 발동한 상태를 의미한다. 이러한 예외상태는 국가위기 같은 특별한 시기에 해당하며 일시적인 상태여야 할 것이다. 그런데 벤야민이나 아감벤은 이러한 예외상태가 바이마르 공화국 시기나 나치 정권 때 일시적인 예외상태로 머무는 것이 아니라 지속되면서 일상화되었음을 강조한다. 더 나아가 아감벤은 예외의 일상화가 현대사회에도 여전히 나타나고 있다고 주장한다.

『소송』의 주인공 카는 (성문)법을 어긴 적이 없음에도 불구하고 아무런 이유 없이 체포된다. 그 누구도 체포된 이유를 설명하지 않으며, 피고가 무죄판결을 받을 수 없다는 사실만이 이야기된다. 변호사는 실질적으로 피고를 변호하기 위해 아무런 역할도 할 수 없으며 판결에 직접적인 영향을 미칠 수 없다. 티토렐리는 카에게 "법전에는 물론 죄가 없는 사람이 무죄판결을 받는다고 씌어 있지만, 판사가 외부의 영향을 받을 수 있다는 사실은 씌어 있지 않습니다."[229]라고 말한다. 다시 말해 법전에 씌어 있는 내용은 사실상 중요하지 않으며, 현

229 F. Kafka, *Der Proceß*, Frankfurt a.M., 2002, 206쪽 이하.

실에서 소송은 전혀 다른 방식으로 진행되는데, 이는 법과 삶의 영역이 비상사태에서처럼 식별 불가능한 지점에 도달했음을 의미한다. 물론 티토렐리는 법과 삶의 구분이 애매해진 점을 역으로 이용해 판사들에게 영향력을 행사해 가상적인 무죄판결을 얻거나 판결을 지연시킬 수 있다고 말한다. 훌트 변호사 역시 이런 방식으로 카의 소송에 영향을 미치려고 시도한다. 그러나 이러한 시도는 결코 무죄판결을 얻는 데 성공을 거둘 수 없다. 또한 그것은 법원의 타락과 연결된다. 실제로 예심판사가 법전 대신에 저속한 잡지를 보고 있다든지 법원 정리의 부인과 관계를 맺고 있는 데서 알 수 있듯이, 법원은 정의를 구현하기보다는 오히려 부패하고 타락한 장소로 폭로된다. 이러한 부패한 법은 카를 이유 없이 체포하고 소송을 통해 카의 일상적 삶을 침해하며 궁극적으로는 그를 처형한다.

아감벤은 법이 정의와 무관하며 의미가 없으면서도 효력을 지닌다고 생각한다. 그러면서 법 자체의 이런 특성이 예외상태와 갖는 연관성을 지적한다. "의미 없지만 유효한 법에 복종하는 삶이란 가장 무고한 몸짓 또는 최소한의 망각조차도 극히 끔찍한 결과를 유발할 수 있는 예외상태의 삶과 다를 바 없기 때문이다. 카프카가 그려 낸 것은 바로 그러한 유형의 삶으로, 거기서 법은 내용이 없을수록 더욱 집요하며, 건성으로 문을 한번 두드리는 것만으로 통제 불능의 소송이 진행될 수 있다. […] 카프카가 그려 낸 마을에서도 법의 잠재성[역량]은 그것이 삶과 구분되지 않을수록 더 타당하다. 요제프 카의 존재 그리고 그의 육체 자체가 결국에는 소송과 일치하게 된다. […] 법은 내용을 상실하면 법이기를 그치며 따라서 삶과 구분되지 않는다."[230] 그러한 법은 벤야민이 말한 것처럼 운명처럼 우리에게 닥쳐와 우리의 삶을 송두리째 파괴할 수 있는 것이다.

이처럼 현실의 삶에 부당하게 개입하며 한 인간의 삶을 송두리째 파괴하는 법으로 대변되는 권력과 사회는 타락했으며 폭력적이다. 특히 카의 음식을 가로채고 내의를 훔친 벌로 태형리가 감시인 빌렘과 프란츠를 채찍질하는 상황은, 이러한 법에서 고문이 제도화되고 합법화되어 있음을 보여 준다. 이처럼 법이 자의적인 권력에 의해 행사되고 야만성을 드러내며 부패하고 타락한 것으로 나타날 때 더 이상 정의를 구현할 수 없다. 카가 티토렐리의 방에서 발견한 초상화 속 정의의 여신은 사냥의 여신을 닮았다. 그 속에서 법은 인간의 삶에 침입하며 인간의 생명을 사냥하는 폭력을 구현하는 것이다. 카 역시 작품 마지막에 이러한 폭력에 의해 처형된다. 이처럼 개인의 삶에 갑작스럽게 침입해 들어오는 자의적이고 폭력적인 권력으로서의 법[231]과 제도화된 야만적인 고문은 일반적인 법을 중단시키는 예외상태, 즉 비상조치법과 유사하다. 이처럼 상례가 된 예외상태에서 아무런 죄 없이 갑작스럽게 유죄선고를 받고 처형된 카는 아감벤이 말한 의미에서 '호모 사케르'가 된다.[232]

아감벤은 예외상태의 일상화에서 가치 없는 생명으로 간주된 인

---

230 아감벤, 『호모 사케르』, 126쪽.

231 S. Kaul, 같은 책, 102쪽: "태형리는 자명한 듯 냉정하게 말한다. "처벌은 공정하며 불가피해요." 하지만 이렇게 말하면서도 그는 이 사건에 대해 아는 바가 없다. 정의는 아마도 정의(定義)상 공정하게 행동하는 법정으로부터 나온다. 마찬가지로 사태에 대한 어떤 점검에 의해서도 방해될 수 없는 처벌의 불가피성 역시 이 법정으로부터 비롯된다. 여기서 권력에 기반을 두고 있으며 정의 대신 권력을 내세우는 폭정이 엿보인다."

232 아감벤은 『소송』에 등장하는 요제프 카와 『성』에 등장하는 성 아래 마을사람들을 삶과 뒤섞인 법의 지배를 받는 호모 사케르로 간주한다. 아감벤, 같은 책, 130쪽 참조.

간이 죽음의 정치에 내맡겨짐을 강조한다. 그는 인간의 생명을 돌보고 관리하는 생명정치가 가치 있는 생명과 가치 없는 생명을 구분하며 후자를 살해하는 죽음의 정치로 변질되었음을 언급하며, 법의 보호에서 벗어나 죽여도 처벌받지 않는 인간을 호모 사케르로 부른다. 그런데 카프카의 소설 역시 이러한 죽음의 정치로 변질된 생명정치의 관점에서 살펴볼 수 있다. 가령 앞에서 분석한 「유형지에서」에서는 식민지의 피지배자들이 제대로 된 법적 절차 없이 처형되는 호모 사케르의 지위에 처한다. 또한 카프카의 「변신 Die Verwandlung」(1915)에서 주인공이 벌레로 변한 후 죽음을 맞이하는 것 역시 생명권력의 관점에서 바라볼 수 있다. 왜냐하면 "이는 당대 유대인 퇴화론의 동물적 변형으로 볼 수"[233] 있고 "기생동물로서의 갑충이 갖는 의미는 유럽 사회가 유대인 사회에 대해 갖는 집단 이미지이면서도 동시에 서부 유대인이 동부 유대인에 대해 갖는 차별적 이미지를 연상"[234]시키기 때문이다.

그러나 카프카의 소설에 등장하는 호모 사케르는 아감벤의 이론에서처럼 사회적으로나 법적으로 차별을 경험하는 현실의 호모 사케르로만 국한되지는 않는다. 가령 소설주인공이 무의식적으로 동물적인 욕망을 품은 대가로 벌레로 변하거나 체포될 때, 이는 현실의 법보다는 내면적인 초자아의 법에 의한 처벌로 볼 수 있다. 이 경우 국가나 사회가 아니라 개인 스스로가 무가치하게 여겨진 자신의 또 다른 자아를 죽음으로 몰아넣는 생명권력을 행사한 셈이다. 물론 그러한

---

233 최윤영, 『카프카, 유대인, 몸』, 민음사, 2012, 162쪽.
234 같은 책, 163쪽.

행위의 기저에 깔린 의식은 사회적 · 문화적으로 매개된 것이지만 말이다. 따라서 카프카의 소설에서 다루어지는 파괴적인 생명권력은 아감벤이 말한 예외상태의 정치적 차원을 넘어 개인의 자아정체성의 차원에서도 나타나고 있음을 알 수 있다.

(2) 욕망과 법

앞에서 『소송』에서 묘사된 법을 일상적 삶과 법의 경계가 모호해진 예외상태와 연결시켜 살펴보았다. 그런데 이처럼 법을 외적인 법으로만 해석할 경우 이러한 해석과 상충되는 여러 가지 문제점이 발생한다. 따라서 카프카가 묘사하는 법을 제대로 이해하기 위해서는 그것을 여러 각도에서 살펴보는 것이 필요하다.[235] 그 가운데 하나가 법을 주인공 요제프 카의 내면세계와 연결시켜 설명하는 것이다.[236] 외적인 법의 논리로 설명하기 힘든 한 가지 예로 카가 체포된 후에도 여전히 일상적인 생활을 영위하는 것을 들 수 있다. 그는 아무런 증거 없이 혐의만으로 체포되고 고문당하는 테러용의자와 달리 직접적으로 자유를 제약받거나 폭력에 시달리지 않는다. 이러한 카의 상황은 카를

---

235 가령 알 수 없는 법에 의해 체포되었지만 일상생활을 계속해 나갈 수 있는 요제프 카의 상황을 카프카의 전기적 상황과 관련시켜 설명할 수 있다. 카프카는 이 소설을 쓰기 직전에 펠리체 바우어와 파혼하였다. 그는 그녀와의 약혼을 체포상태로 간주했고, 파혼 전 그녀의 언니 에르나와 그녀의 친구 그레테 블로흐가 동석한 가운데 호텔에서 그녀와 나누었던 결별의 대화를 일종의 재판처럼 느꼈다. 소설주인공 카가 체포된 후에도 계속 직장에 나가는 것처럼, 카프카도 바우어와 약혼한(즉 체포된) 후에도 계속 직장을 다녔다. 또한 카가 기꺼이 사형을 받아들이듯이, 카프카도 호텔에서 자신에게 쏟아지는 모든 비난(판결)을 기꺼이 감수하였다. S. Kaul, 같은 책, 93쪽 참조.

236 물론 카프카의 소설에서 내면세계와 외부세계는 명확히 분리되지 않고 뫼비우스의 띠처럼 연결되어 있음을 지적할 필요가 있다.

체포한 법이 일반적인 법, 아니 예외상태의 비상조치법과도 다른 무언가를 가리킴을 암시한다. 카는 체포된 후에도 일상적인 생활을 영위할 수 있지만, 그럼에도 불구하고 끊임없이 법에 몰두하며 법의 그늘에서 벗어나지 못한다. 그 이유는 아마도 그 스스로 법을 불러내기 때문일 것이다. 카를 체포한 것은 다른 관점에서 보면 그 자신이기도 하다. 그가 대성당에서 만난 교도소 신부의 말 역시 이러한 맥락에서 이해할 수 있다.

> 법원은 당신에게서 아무것도 바라는 게 없습니다. 그저 당신이 오면 받아들이고, 가면 가게 내버려 둘 뿐입니다.[237]

다시 말해 카가 자신의 평범한 일상에서 빠져나와 체포되고 소송에 휘말린 것은 카 스스로 원해서라는 것이다. 물론 의식적인 차원에서 카는 체포의 부당성을 지적하고 무죄판결을 얻기 위해 전력을 다한다. 그가 법 안으로 들어가려는 것은 자신의 무죄를 얻어 내기 위해서다. 하지만 무의식적인 차원에서는 자신의 욕망에 빠져 일상에서 이탈하지만, 또다시 이를 금지하는 초자아의 법을 불러내기도 한다. 그러면서도 동시에 법 안으로 들어가 자신의 구원을 추구한다. 이 경우 법은 카에게 유죄선고를 내리며 심판하는, 카의 내적 욕망을 억압하고 금지하는 초자아뿐만 아니라, 이와 반대로 카의 욕망을 실현시켜 줄 구원의 장소로도 나타난다.

237 F. Kafka, *Der Proceß*, 304쪽.

카는 은행에서 꽤 높은 지위를 차지하고 있으며 그러한 안정된 삶에 안주하려는 듯이 보인다. 하지만 그가 은행이라는 일상적인 직업의 공간에서 벗어나, 자신의 침실에서 이제 막 깨어나 아직 꿈인지 현실인지 헷갈리는 상태에 있을 때에는 평소에 느끼지 못했던 욕망이 그를 엄습한다. 카프카의 「변신」에서 그레고르 잠자가 벌레, 즉 자신 속에 숨어 있는 낯선 타자의 모습으로 변하는 장소도 바로 침대다. 그러한 변신은 한편으로 일상에서의 추방을 의미하지만, 다른 한편으로 일상에서 억누른 욕망의 발현을 의미하기도 한다.

요제프 카에게도 일상적 자아와 구분되는 또 다른 측면이 있음은 특히 이탈리아 고객의 안내 장면에서 잘 나타난다. 카는 은행고객인 한 이탈리아 남성에게 대성당을 구경시켜 주라는 임무를 맡는다. 그러나 막상 이탈리아 고객은 대성당에 나타나지 않으며, 카는 그 대신 한 교도소 신부를 만난다.[238] 카는 신부에게 이탈리아 고객에게 성당을 구경시켜 주기 위해 왔다고 말하지만, 신부는 쓸데없는 말 하지 말라며 그의 말을 일축한다. 이후 이탈리아 고객은 소설에서 더 이상 언급되지 않으며, 독자는 그가 정말 안 온 것인지 아니면 약속이 엇갈린 것인지, 그가 나타나지 않은 것이 그 이후 어떤 결과를 가져오는지에 대해 아무것도 알 수 없다.

그런데 흥미로운 것은 이 이탈리아 고객을 실존하는 인물로 볼 수도 있지만, 또 다른 관점에서 요제프 카의 숨겨진 자아로 볼 수도

238 K는 성당에 11시에 도착했는데, 자신이 원래 이탈리아 고객과 10시에 약속했다는 사실을 모르고 있다. 그런데 그가 11시에 교도소 신부를 만나게 되며 신부가 그를 이 시간에 기다리고 있었다는 것은 그가 제때 왔으며 그가 만날 사람이 바로 교도소 신부라는 것을 의미한다. Klaus-Detlef Müller, *Franz Kafka*, Berlin, 2007, 95쪽 참조.

있다는 점이다. 카는 쓸 만한 이탈리아어 실력을 지니고 있고, 예술사에 대해서도 어느 정도 지식이 있다. 이것이 카가 이탈리아 고객의 관광안내를 하는 이유다. 「선고 Das Urteil」(1913)에 등장하는 러시아 친구가 주인공 게오르크 벤데만의 또 다른 자아이듯이, 이탈리아인 역시 카의 또 다른 자아로 간주될 수 있다. 예술애호가인 이탈리아인은 은행 업무에 시달려 평상시에 예술에 크게 몰두할 수 없었던 카의 억압된 자아를 상징한다. 따라서 이탈리아인과의 만남은 사실은 카가 자신 속에 잠재된 낯선 자아와 만나는 것을 의미한다. 그것은 자신의 무의식적 욕망의 실현을 위한 시도로 간주될 수 있을 것이다. 그런데 이러한 이탈리아인과의 만남은 법의 영역으로 들어서는 것을 의미할 수도 있는데, 이는 「선고」에서 러시아 친구와 법을 대변하는 아버지가 서로 결탁해 있는 것과 마찬가지다. 따라서 카가 이탈리아 고객과 만나지 못한 것은 결국 그가 법 안으로 들어갈 수 없음을 우회적으로 표현한 것이라고 할 수 있다. 카는 이탈리아어를 할 줄 알지만 이탈리아 고객의 방언을 이해할 정도로 잘하지는 못하며, 그래서 소통에 문제가 있을까봐 걱정한다. 또한 그의 예술사적 지식 역시 성당 내부의 건축물이나 무덤을 다 파악할 정도로 충분하지는 못하다. 이로써 이미 카와 그의 타자인 이탈리아 고객 사이의 소통에 장애가 있을 것이 암시되는데, 이는 이들의 만남이 엇갈리는 것을 통해 비유적으로도 표현된다.[239] 카는 일순간 현실에서 이탈하여 내면의 또 다른 자아인 이탈리아인을 불러내지만, 자신을 무의식적 욕망에 완전히 내맡기지 못

---

239 같은 책, 92쪽 참조.

한 채 또다시 검열하는 초자아로서의 법을 불러낸다. 카가 법원 소속 교도소 신부를 만나는 것은 그의 무의식적 욕망이 여전히 아버지의 법으로 대변되는 상징적 질서의 지배를 받고 있으며, 그래서 그것의 충족이 끊임없이 지연되며 궁극적으로 실현될 수 없음을 의미한다. 이는 교도소 신부가 이야기해 준 '법 앞에서'라는 설화에서 시골남자가 자신을 구원해 줄 법 안으로 들어가지 못하는 것에 상응한다.

'법 앞에서'라는 비유설화는 시골에서 온 한 남자가 법 안으로 들어가려고 애쓰지만, 그 앞을 지키는 문지기 때문에[240] 평생을 그 앞에서 보내다가 결국 죽고 만다는 이야기다. 시골에서 온 남자는 카프카의 소설 「시골의사 Ein Landarzt」(1918)의 동명주인공을 떠올리게 한다. 이 단편소설은 어느 날 갑자기 잘못 울린 종소리에 이끌려 병든 낯선 소년의 집을 찾아간 시골의사가, 젊은 환자의 병을 고치지 못한 채 도망치듯 그 집을 빠져나오지만 다시는 자신의 집으로 돌아가지 못하고 영원히 배회하는 이야기를 다루고 있다. 마찬가지로 '시골'[241]에서 온

240 그러나 보다 엄밀히 말하면 시골남자가 법 안으로 들어가지 못하는 것이 힘센 문지기 때문만은 아니다. 왜냐하면 문지기는 법의 문 안으로 들어갈 수 있는 가능성을 완전히 배제하지는 않기 때문이다. 또한 시골남자 스스로 적극적으로 문 안에 들어가려고 시도하지 않음으로써 그 자신에게도 어느 정도 책임이 전가될 수 있다. 더 나아가 시골남자와 문지기를 동일한 인간의 분열된 자아로 간주한다면, 법의 문 안에 들어가려는 욕망과 그것을 금지하는 초자아가 한 사람에게 공존한다고 말할 수 있을 것이다.

241 『소송』에서 도시와 시골은 각각 외부세계와 내면세계를 상징하며 서로 대조된다. "카프카는 법 안으로 들어가기를 갈망하는 '시골남자를' 소송에서 빠져나오려 하는 도시남자인 카와 대비시킨다. 즉 그는 기다리는 자와 행동하는 자, (출입) 금지와 (자기 방어의) 계율, 수동적인 문지기와 능동적인 체포 및 사형집행 관리를 서로 대립시킨다." Hans H. Hiebel, ""Später!" - Poststrukturalistische Lektüre der "Legende" *Vor dem Gesetz*," *Neue Literaturtheorien in der Praxis. Textanalysen von Kafkas "Vor dem Gesetz"*, Klaus Michael Bogdal (Hrsg.), Göttingen, 2005, 32쪽.

남자가 이미 법의 문 앞에 서 있다는 것은 이중의 의미에서 일상의 영역에서 빠져나와 있다는 것, 쉽게 말해 벌레로 변신한 상태임을 의미한다. 한편으로 시골 같은 소도시 출신의 요제프 카는 대도시로 와서 관료주의가 지배하는 은행에서 일한다. 그가 시골에서 온 남자에게서 자신의 억압된 자아를 발견한다면, 그의 또 다른 자아는 관료기구인 법에 예속되어 묵묵히 자기 일을 하는 도시적인 문지기다.[242] 다른 한편 법 앞에 있다는 것은 이미 무의식적 욕망 때문에 일상에서 이탈하여 금지의 심급인 초자아가 작동했음을 의미한다. 즉 시골남자가 법 앞에 서 있는 것은 침대에서 막 깨어난 요제프 카처럼 현실에서 추방되어 체포된 상태를 의미하며, 그런 한 법의 문 안으로 들어가려는 시골남자의 시도는 마찬가지로 법원으로 들어가 무죄판결을 얻어 내려는 요제프 카의 시도와 닮아 있다.

문지기와 시골남자가 도플갱어 관계에 있다는 또 다른 증거는 문지기가 입고 있는 모피외투와 외투 깃에 붙어 있는 벼룩에서 찾을 수 있다. 모피외투 모티브는 카프카의 다른 단편소설에서도 발견된다. 「변신」에서 그레고르 잠자는 모피제품만 걸친 여성 그림이 들어 있는 액자에 뜨거워진 몸을 갖다 대고 열을 식히는데, 이는 여동생의 모습이 투영된 그 여성에게 자신의 성적 욕망을 분출하는 것으로 해석될

242 "그, 즉 카는 공동체들 사이에서 길을 잃고 그 안으로의 입장을 억지로 얻어낼 수 없는 시골에서 온 남자다. 카프카는 시골에서 온 남자에게 놀라며 그에게서 자신의 모습을 발견하는 요제프 카이기도 하다. 하지만 카프카는 마찬가지로 문지기, 행정조직의 일원, 공무원, 관료주의자이기도 하다. 그러한 모습은 시골에서 온 남자의 모습 못지않게 직업적인 일상에서 그 자신이기도 했던 것이다." Klaus Hermsdorf, "Land und Stadt, Soziotopographische Aspekte in Franz Kafkas 'Vor dem Gesetz'", *Neue Literaturtheorien in der Praxis*, 92쪽.

수 있다. 「시골의사」에서도 의사가 환자의 집에 도착하자마자 다시 그곳을 떠나려고 생각하고 있을 때, 그가 더워서 정신이 없다고 믿은 환자의 누이가 그의 모피외투를 벗긴다. 이때 환자가 의사의 도플갱어로 간주될 수 있다면, 이 장면은 「변신」에서처럼 누이동생과의 근친상간적인 관계를 연상시킨다. 나중에 의사의 옷이 벗겨지고 의사가 환자의 침대에 눕혀질 때, 의사와 환자의 도플갱어적 관계가 더욱 뚜렷이 드러난다.

그렇다면 여기서 모피외투는 무엇을 의미하는가? 마조히즘이라는 단어를 탄생시킨 자허마조흐의 소설 『모피를 입은 비너스 *Venus im Pelz*』(1870)에는 남성에게 매질하며 모계적인 법을 구현하는 모피외투를 입은 여성이 등장한다. 북구의 추위 속에서 비너스는 감기에 걸리지 않도록 모피외투를 입는다. 여기서 모피외투는 차가움, 즉 냉정함 속에서 감각적인 감성을 보존하도록 돕는 기능을 한다. 차가운 겨울에 눈보라로부터 자신을 지키기 위해 모피외투를 입고 있는, 카프카의 소설 주인공 시골의사 역시 일상적으로 무감각한 삶을 살아가는 인물이다. 하지만 그의 '모피'외투 안에는 동물적인 욕망이 숨겨져 있다. 즉 냉정함 속에 감각적 감성이 자신도 모르게 보존되어 있는 것이다.[243]

243 그러나 자허마조흐는 여기서 차가운 감성이라는 새로운 섹슈얼리티를 제시함으로써 육감적 요소를 배제한다는 점에서 카프카와 차이를 보인다. "마조히즘의 이상에서 발견되는 냉정함은 이와는 다른 의미를 가지고 있다. 그것은 감정의 부정이 아니라 육감성의 부인이며, 이 경우에 있어서 감성은 비개인적 요소라는 우월한 역할을 맡고 있는 반면, 육감성은 우리를 이차적인 자연의 특이성과 불완전성에 얽매어 놓고 있는 듯하다. 마조히즘적 이상의 기능은 냉정함에 의해 얼음처럼 차가운 감성의 승리를 확보하는 것이며, 여기서 냉정함은 이교적인 육감성을 억제하고 사디즘적인 육감성을 저지하기 위해 이용된다." 질 들뢰즈, 『매저키즘』, 이강훈 옮김, 인간사랑, 2007, 61-62쪽(인용문에서 매저키즘은 마조히즘으로 바꿔 인용하였음).

마조히즘에서는 마조히스트인 남성이 박해자인 여성을 설득해 자신을 매질하도록 하는 특이한 조건의 계약을 맺는다. 그런데 박해자인 모피외투를 입은 비너스가 매질하며 고통을 주는 것은 마조히스트인 남성 자신보다는 그것이 대리하는 아버지의 이미지이다. 즉 그러한 채찍질은 부계적인 법질서에 대한 공격이자 그것의 전복을 의미한다. 그래서 모피외투를 입은 냉정한 여성은 아버지의 법을 구현하는 억압적인 초자아가 아니라, 오히려 초자아의 법을 붕괴시키는 존재인 것이다. 모피외투를 입은 여성의 폭력은 피해자 남성에게 당장은 고통을 주지만 또한 미래에 쾌감의 실현을 약속하기도 한다.[244] 이로써 아들 속에 들어 있는 아버지의 모습은 거세되고 매를 맞은 아들은 재탄생하여 어머니와 근친상간적 관계를 맺을 수 있게 된다. 여기서 아버지의 법은 붕괴되고 어머니의 법으로 넘어가며[245], 이로써 쾌락과 공존할 수 있는 새로운 구원의 법이 생겨난다.[246]

---

244 "마조히스트는 법을 처벌과정으로 간주하며, 그러므로 스스로에게 처벌을 요구한다. 그러나 처벌이 끝나면 지금까지 법이 금지해 왔던 쾌락을 경험할 자격이 주어진 것처럼 느낀다. [⋯] 고통 그 자체는 쾌감의 원인이 아니라 쾌감을 얻기 위한 필수적인 전제조건일 뿐이다." 같은 책, 106쪽.

245 "마조히즘에서 계약은 아버지를 배제하고 그 대신 어머니에게 아버지의 법을 실행하고 적용시키는 역할을 부여한다. [⋯] 일반적으로 거세는 근친상간을 방지하기 위한 위협이나 그것을 통제하는 처벌로서 작용한다. 즉 근친상간을 막기 위한 장애물이나 그에 대한 응징인 것이다. 그러나 어머니의 이미지와 연관될 경우, 아들의 거세는 바로 근친상간을 성공시키는 조건이 되며, 이러한 전이에 의해 근친상간은 아버지의 역할이 배제된 제2의 탄생을 가능케 해 준다." 같은 책, 112쪽.

246 들뢰즈는 가장 유명한 정신분석가들조차 법과 상징적 질서를 아버지와만 연결시킨 점을 비판하며, 마조히즘에서 나타나는 모계적인 법의 양상에 대해 이렇게 설명한다. "이것은 단지 어머니를 자연으로, 아버지를 문화와 법의 유일한 원리와 대표자로 보는 비분석적인 개념에 집착하는 것일 뿐이다. 마조히스트는 상징적 질서를 상호 모계적 질서로 경험하며, 여기에서 어머니는 특정한 전제조건하에서 법을 대표한다." 같은 책, 76쪽.

카프카도 「변신」이나 「시골의사」에서 모피외투 속에 감추어진 무의식적인 욕망을 암시하고 있지만, 그러한 욕망을 실현시켜 줄 '구원의 법'은 마조흐에게서와 달리 나타나지 않는다. 왜냐하면 「시골의사」의 마지막 부분에서 자신의 구원을 생각하며 집으로 돌아가려는 시골의사의 외투가 그의 손이 미치지 못하는 현세의 마차 뒤에 매달려 있을 때, 이는 결국 그가 구원을 받지 못한 채 알몸으로 추위에 떨며 세상을 배회할 것임을 암시하기 때문이다. 『소송』에 나오는 '법 앞에서'라는 비유설화에서도 문지기가 모피외투를 입고 있다. 그런데 차가운 관료세계의 대변자인 문지기가 입고 있는 모피외투에는 벼룩으로 상징되는 욕망이 숨겨져 있다. 벼룩은 「변신」의 갑충이나 「시골의사」의 환자의 상처 속에 들어 있는 벌레처럼 무의식적 욕망을 상징한다. 따라서 모피외투를 입은 문지기의 또 다른 자아는 벼룩으로 상징되는 무의식적 욕망의 존재인 시골남자라고 할 수 있다. 그러나 시골남자는 한편으로 이러한 무의식적 욕망 때문에 일상에서 빠져나와 있으면서도, 다른 한편으로는 여전히 자신의 욕망을 명확히 의식하지 못하며 일상적 사고에 젖어 있다. 그는 다년간의 연구로 문지기의 외투 깃에 있는 벼룩을 알아보고 그에게 문지기의 마음을 돌려 법의 문으로 들어가는 것을 도와달라고 하지만, 이러한 시도는 실패로 돌아간다. 왜냐하면 시골남자가 죽기 전에 문지기에 한 마지막 질문, 즉 왜 자신 외에 아무도 이곳을 찾지 않았느냐는 질문은 그가 타자의 욕망을 자신의 욕망으로 받아들이고 있으며[247], 그래서 진정으로 자신

247 김태환, 『미로의 구조. 카프카 소설에서의 자아와 타자』, 알음, 2008, 91-92쪽 참조.

의 무의식적 욕망과 법의 관계에 대해 성찰하지 못하고 있음을 보여주기 때문이다. 즉 그는 오랜 기간의 연구로 벼룩을 알아보았다고 주장하지만, 실제로는 자신의 무의식적 욕망을 제대로 이해하지 못했던 것이다. 결국 법의 문이 처음부터 열려 있었고 오직 그만을 위한 것이었다면, 그가 그 안으로 들어가지 못한 이유는 타인의 욕망에 의거해 끊임없이 문지기를 불러내며 법 안으로 자신이 들어가는 것을 차단한, 즉 자신의 욕망을 좌절시킨 그 자신에게 있다고 말할 수 있을 것이다.

'시골남자'의 설화에서 묘사되는 법은 추상적 개념으로 설명되지 않고 마치 건축물처럼 공간적으로 묘사된다. 그것은 안으로 들어갈수록 더 힘 센 문지기가 지키고 있는 위계적인 구조를 지닌다. 또한 요제프 카가 마주하는 법의 구조 역시 하급 변호사에서 상급 변호사를 거쳐, 다시 하급판사에서 상급판사까지 올라가는 위계적 구조를 지닌다. 그러나 그 위계의 정점에 있는 (군주 같은) 권력자는 결코 만날 수 없다. 카도 시골남자도 모두 하급 예심판사나 첫 번째 문지기를 만날 수 있을 뿐이다. 『성』에서도 카는 최고 권력자는 물론이거니와 고위관료인 클람조차 만날 수 없고 다만 그에 대한 무수한 소문만 접할 뿐이다. 이처럼 횡적으로 삶의 여러 영역과 뒤섞인 채 퍼져 있는 법의 영역은 위계적인 구조에서도 그 끝을 알 수 없는 복잡한 권력구조를 갖고 있다.

현대사회의 복잡한 권력구조를 상징하는 법의 최종적인 문 안으로 들어간다는 것은 사실상 불가능하다. 카는 그 안으로 들어가 무죄 판결을 받고 싶어 한다. 그것은 자신이 억눌러 온 무의식적 욕망 — 그것이 성적 욕망이든 예술적 욕망이든 — 을 사회 안에서 처벌받지 않고 인정받고 실현하고 싶은 욕망이기도 하다. 그러한 욕망과 상충되지 않는 권력이 현대사회에서 과연 가능할까? 카프카의 생각을 미루어 짐작하건대 그것은 불가능할 것이다. 티토렐리가 카에게 말한 것처럼, 피고의 무죄판결은 아주 이전에 있었다고 하지만 확인 불가능하며 오늘날 설화로 전해져 올 뿐이기 때문이다.

교도소 신부의 이야기에 등장하는 시골남자 역시 법의 문 안에 무엇이 들어 있는지 전혀 모른다. 그가 왜 그 안으로 들어가려는지, 무엇을 기대하는지도 알 수 없다. 왜 자신 외에 법 안으로 들어가려고 하는 사람이 없는지 물음으로써 그는 타인의 욕망을 자신의 욕망으로 삼고 있음을 보여 줄 뿐이다. 시골남자와 카 모두 권력의 가장 하부구조와 관계를 맺고 있을 뿐이며, 법의 궁극적 실체에는 도달하지 못한다. 라캉이나 데리다식으로 해석하면, 설령 시골남자가 첫 번째 문을 통과해도 그곳에 법의 실체는 존재하지 않으며, 두 번째 문이나 세 번째 문 역시 그러한 실체를 보증해 주지 않는다. 즉 기표는 기의를 품고 있지 않으며 기의로 간주된 것은 또 다른 기표를 의미할 뿐이다. 다시 말해 법의 문들은 사실은 무한한 기표의 연쇄를 의미할 뿐이며 궁극적인 실체로서의 기의는 포착 불가능한 것으로 나타난다. 따라서 시골남자와 카의 욕망은 이러한 도달할 수 없는 것에 대한 실현 불가능한 욕망이며, 반대로 법은 그 자체로 텅 비어 있는 '무-장소'이며 욕망이 표상하는 가상으로 채워질 뿐이다.[248] 현실에서 접하는 법은

248 H. H. Hiebel, 같은 글, 34쪽: "들뢰즈와 가타리는 그 안(법, 필자주)에서 단순한 환영 내지 절대적인 텅 빈 자리와의 유희를 본다. 이에 반해 데리다는 접근 불가능한 하나의 '법'에 대한 말을 아주 진지하게 받아들이며 그것을 '법 중의 법', 파악할 수 없고 접근 불가능하지만 존재하는 중심으로 이해한다. 하지만 그러한 중심은 항상 그것의

인간의 욕망을 실현시켜 주는 '법 중의 법'이 아니라 그것을 억압하고 그것의 궁극적 실현을 무한히 지연시키는 다수의 법들일 뿐이다. 또는 반대로 말하면 법은 정의와 내적인 연관을 맺지 못하며 권력에 대한 욕망을 투영한다. 카가 방문한 법원이 욕망의 공간으로 묘사되는 것도 이런 이유에서다. 따라서 법은 (금지를 통해 개인의) 욕망을 억압하면서도 역설적으로 (권력에 대한) 욕망으로 이루어져 있다.

카와 시골에서 온 남자는 '법 중의 법' 안으로 들어가지 못하며, '다수의 법들' 속에서 살고 있다. 왜냐하면 그들은 욕망의 충족을 가로막고 끊임없이 지연시키는 법과 지시하는 대상의 현전을 끊임없이 지연시키는 '근원적인 법'으로서의 상징적 질서, 즉 언어 속에서 살고 있기 때문이다.[249] 따라서 욕망과 법을 완전히 화해시키려는 시도는 시시포스의 작업과 같은 것이며 궁극적으로는 성공을 거두지 못한다.

개인의 욕망과 사회적 권력이 상충하지 않고 서로 공존할 수 있는 법, 개인의 욕망을 억압하는 권력의 폭력이 존재하지 않는 법은 카프카가 묘사한 현대사회에는 더 이상 존재하지 않는다. 그것은 권력 대신 권위가 내세워지고 모든 구성원의 욕망이 집단의 불문법과 상충하지 않았던 까마득한 옛날에 존재했으며, 현재는 이에 대한 전설만이 전해질 뿐이다. 그러나 그러한 사회가 어떤 사회인지 우리는 상상할 수 있다. 앞에서 티토렐리의 초상화에서 정의의 여신이 파괴적인

법적 대변자들의 매개를 거쳐서만 나타날 수 있다. 그는 그 안에서 칸트의 정언명령이 나타남을 본다. 그것은 추상적이고, 비경험적이며, 선험적인 규정으로서 물론 파악될 수 없고 존재할 수도 없다. 그는 그 안에서 (아마도 토라를 암시하며) 유대인의 법도 인식한다."

249 같은 글, 37쪽 참조.

사냥의 여신으로 바뀌었음을 언급한 바 있다. 그러나 카프카는 「사냥꾼 그라쿠스 Der Jäger Gracchus」(1917)에서 한때 사냥꾼이 자연과 조화를 이루며 행복하게 사냥하고 죽음을 두려워하지 않고 살았던 시절이 있었음을 이야기한다. 그 시절은 인류가 수렵채집으로 살아가고 과도한 노동이나 위계적인 계급구조로 인해 고통받지 않던 원시부족사회의 시기였다. 물론 원시부족사회에도 사회적 폭력은 존재했지만, 그러한 폭력은 사회구성원의 욕망과 충돌하며 고통으로 여겨지는 폭력이 아니라 그들로부터 자발적으로 받아들여지고 불문법으로 몸에 새겨진 폭력이었다.[250] 그러한 폭력은 사회구성원을 사회에서 배제하거나 추방하는 것이 아니라, 오히려 원시부족사회의 입문의례에서처럼 그들에게 공동체에 대한 소속감과 평등의식을 심어 준다. 그것은 불평등한 현대사회의 폭력적인 권력에 결여된 구원의 계기를 내포하고 있다. 비록 카프카가 자신의 소설에서 옛 법이 구원의 계기를 내포하고 있다고 암시할지라도, 그러한 법이 실체로서 언급되기보다는 설화로 전해져 올 뿐이라는 점에서 '법 중의 법으로서' 법의 자리는 비어 있다고 보는 편이 더 정확할 것이다. 왜냐하면 그것은 실체가 아니라 언어라는 상징적인 질서의 매개를 통해서만 존재하며 따라서 사실은 부재하기 때문이다.

『소송』에도 구원에 대한 암시가 나오기는 한다. '법 앞에' 서 있는 시골남자는 시력이 다하기 전에, 즉 죽음을 앞두고 법의 문에서 새어나오는 불빛을 바라본다. 하지만 이것을 반드시 죽음이 구원을 가

250 이에 대해서는 앞의 「유형지에서」에 대한 분석에서 상세히 언급했다.

져온다는 의미로 해석할 수는 없다. "왜냐하면 이 텍스트 전체의 마지막에 나오는 "이제 가서 문을 닫아야겠네."라는 말은 전적으로 이중적 의미를 지니기 때문이다. 한편으로 그것은 "자네가 죽으면서 자네만을 위한 출입문 안으로 들어갔기 때문에 이제 문을 닫아야겠네."라는 의미를 지닐 수 있다. 하지만 다른 한편 그것은 "자네는 곧 죽을 거야. 이로써 법으로 들어가는 출입문은 자네에게 완전히 차단된 거야."라는 의미도 지닐 수 있다. 이에 따라 이 설화에서 죽음이 삶을 본래적으로 충족시키는 계기인지 아니면 그것의 부조리한 종말인지에 대한 답변은 열려 있게 된다."[251] 더 나아가 구원의 불빛이 시골남자가 살아 있을 때가 아니라 죽음에 이르러서야 등장한다는 것은 현실에서 인간의 구원이 불가능함을 암시한다.

하지만 궁극적인 구원이 없다는 것이 곧 절망을 의미하지는 않는다. 카프카는 『소송』에서 자신을 정의로 내세우는 법에 숨겨진 욕망을 폭로하며 법을 스스로를 끊임없이 생성해 내는 열린 체계로 이해한다. 이러한 무한한 생성을 위해서는 진리나 정의에 대한 폐쇄적인 태도를 극복하는 것이 필요하다. 또한 그러한 걸음을 내딛기 위해서는 통일된 자아상을 버리는 것도 필요하다. 이러한 관점에서 시골에서 온 남자와 요제프 카의 죽음을 다시 한 번 살펴볼 필요가 있다. 시골에서 온 남자는 비유설화 안에서 죽음을 체험할 뿐이며, 그 때문에 그의 죽음 역시 이야기 속의 죽음으로서 상징적인 성격을 띤다고 볼

251 Bernd Witte, "Das Gericht, das Gesetz, die Schrift. Über die Grenzen der Hermeneutik am Beispiel von Kafkas Türhüter-Legende", *Neue Literaturtheorien in der Praxis*, 97쪽.

수 있다. 또한 요제프 카를 형장으로 끌고 가는 형리들이 벌인 제의적인 행위 때문에 그의 죽음 역시 상징적 죽음의 성격을 띤다.[252] 그리고 만일 카의 침실에서 시작된 이 소설의 이야기 전체가 일종의 꿈이라면, 그의 죽음 역시 현실적인 죽음이 아니라 꿈에서 일어난 상징적인 죽음으로 해석할 수 있다. 단일한 자아의 상징적 죽음은 억압된 자아정체성의 좁은 틀을 부수고 새로운 열린 정체성을 펼쳐 나가기 위한 전제조건이다.[253] 카프카는 『소송』에서 요제프 카의 많은 도플갱어들, 즉 카의 감시인 프란츠, 상인 블로크, 시골에서 온 남자, 문지기, 이탈리아 고객 같은 인물을 만들어 냈다. 이로써 카라는 인물은 어느 하나의 정체성에 고착되지 않고 끊임없이 자리를 바꿔 가며 정체성을 변주한다. 이처럼 카프카는 작가로서 궁극적인 기의를 지향하지 않고 창조적인 생성을 추구하면서 언어라는 법 속에서 자신의 욕망을 실현한다.

카프카의 소설에서는 인물의 다원적인 정체성뿐만 아니라 개념

---

252 요제프 카의 죽음에 대해서는 양면적인 평가가 가능하다. "그러나 처형인 중 한 명이 요제프 카의 "심장 속으로 칼을 찔러 넣어 두 번 돌렸다"고 하는 구절은 요제프 카의 죽음에 중의적 기능이 있음을 암시한다. 한편으로 그것은 「유형지에서」의 장교가 섬뜩하게 죽어 갔던 써레처럼 잔인하고도 확실하게 요제프 카를 처형하는 도구에 불과할 수 있다. 그러나 다른 한편으로 심장 깊숙이 들어가 돌아가는 칼은 그의 가장 내밀한 곳에 있는 본질의 문을 열어 주고 있었던 열쇠였을 수도 있기 때문이다. 이런 의미에서 보자면 '죽어서도 수치가 남을 것 같았다'는 카의 생각은 이제 죽음과 더불어 비로소 그의 의식이 본질적인 방향을 잡아나가고 있음을 말해 주는 것이기도 하다." 오순희, 같은 글, 24-25쪽.

253 카프카의 소설에서 실제 죽음이 부정성과 긍정성의 양가적 의미를 갖듯이, 상징적 죽음 역시 두 가지 측면을 모두 지닌다. 상징적 죽음이 부정적인 의미를 갖는 예로 앞에서 언급한 생명권력에 의해 요제프 카가 개처럼 죽거나 그레고르 잠자가 벌레로 죽는 것을 들 수 있을 것이다.

의 다의성도 나타난다. 가령 카프카의 『소송』에서 법은 관료사회, 파놉티콘의 감시사회, 예외상태의 폭력, 금지의 심급으로서의 초자아, 욕망의 장소, 법률, 상징적 질서로서의 언어 등 다양한 대상을 지시한다. 바꿔 말하면 법이라는 기표는 이 가운데 어느 하나의 기의로 고정되지 않으며, 끊임없이 그 최종적 의미를 유예시키고 새로운 의미를 만들어 낸다. 카프카는 기존의 법 개념에서 벗어나 들뢰즈 · 가타르적인 의미에서 '법 기계'를 작동시키며 그것에 내재한 다양한 의미잠재력을 보여 준다. 이러한 그의 법 담론은 완결된 최종기의를 추구하는 해석학적 시도를 좌절시키는 문학 담론과 연결된다. 이로써 법과 문학은 언어라는 상징적 질서의 차원에서 만난다. 카프카의 소설은 다중시점적인 독특한 서술기법을 통해 끊임없이 스스로를 생성해 내는 법 기계의 작동원리를 보여 주며, 문학적 관점에서 법에 대한 새로운 시선을 열어 줄 뿐만 아니라 법에 대한 담론을 통해 문학적 텍스트의 작동원리를 보여 주기도 한다. 법을 주제로 다룬 카프카의 『소송』은 바로 이 점에서 기존의 법 담론과 구분된다.

제2장

타자와 폭력

1. 개인적 정체성

1) 동일성의 폭력과 타자의 윤리학[1]

(1) 레비나스와 타자의 윤리학

◆ 얼굴과 타자의 윤리학

레비나스는 동일자인 자아가 타자를 소유하거나 자신의 것으로 점유하는 것을 폭력으로 간주한다. 그의 철학은 주체철학적인 자아중심적 사고에서 벗어나 자아와 타자의 사회적 · 윤리적 관계에서 출발한다. 그렇다고 레비나스가 자아 개념을 부정하는 것은 아니다. 그는 분리된 존재자인 자아에서 출발하며 그것의 내면성을 인정하지만, 이러한

1 이 부분은 「폭력과 타자의 윤리학. 브링크만의 『고지라』와 슐링크의 『책 읽어 주는 남자』를 중심으로」(실린 곳: 『독일어문화권연구』 24집, 2015)를 편집 수정한 것이다.

분리된 존재자와 떨어진 절대적으로 다른 존재로서 외재성, 초월성으로 간주되는 타자도 인정한다. 더 나아가 그는 타자가 자아 속으로 침투하고 윤리적 요청을 하며 자아에게 영향을 미치는 측면에 주목한다. 이러한 타자는 사르트르가 말한, '나'와 똑같은 자유를 지니며 '내게' 적으로 맞서는 타자가 아니다. 레비나스는 '내'가 일상에서 만날 수 있는 '타인 autrui'과 '나'와 절대적으로 다른 '타자 l'autre'를 구분한다. 레비나스에게 타자는 동일자인 자아에 의해 개념적으로 파악될 수 없고 자아가 소유할 수 없는 초월적이고 무한한 존재이다. 그 때문에 자아가 절대적 타자와 맺는 관계는 전체성으로 포괄될 수 없는, 초월적인 형이상학적 관계이다. 그러나 타자는 동시에 타인의 얼굴이라는 감각적 표현 속에서 자신의 모습을 드러낸다는 점에서 내재성의 영역과 완전히 무관한 초월성의 영역에 있지 않다.[2]

레비나스에 따르면, 자아는 타자와 관계를 맺을 때 세계 밖에 서 있는 것이 아니다. 오히려 그는 자기 집에서 문을 열어 타자를 환대하며, 이런 가운데 자신의 소유 자체를 문제시한다. 보이지 않고 붙잡을 수도 없는 타자는 얼굴을 통해 계시되며 자아에게 말을 건다. 이러한 언어적 관계에서 자아는 얼굴의 질문에 답변하거나 스스로 질문을 던지며 자기중심적 세계에서 벗어나 공동의 세계를 만든다. 여기서 타

2 이러한 레비나스의 철학을 이해하는 데 고대 그리스의 환대사상이 도움이 된다. 호메로스의 『오디세이아』에 등장하는 나그네와 거지(변신한 오디세우스)는 신들이 보낸 자이며, 그 때문에 이러한 손님에 대한 조건 없는 환대가 요구된다. 비록 이 손님들이 신과 동일한 존재가 아닐지라도 이들을 업신여겨서는 안 되는데, 왜냐하면 그들의 모습에서 신들이 현시되고 있기 때문이다. 서동욱, 「그리스인의 환대. 손님으로서 오뒷세우스」, 『철학논집』 제32집, 2013, 54-55쪽 참조.

자는 더 이상 소유나 정복의 대상이 아니며, 따라서 자아와 타자의 관계 역시 적대적 관계가 아닌 평화적 관계이다.

분리된 자아는 이기적인 향유와 자기동일성의 행복에 빠져 타인에게 무관심하다. 그러나 타자의 현존에서 비롯되는 욕망은 이기적인 자아로 하여금 스스로를 능가하도록 만든다. 이러한 타자는 동일자인 자아에게 자신을 욕망하도록 만들지만, 그러한 욕망은 충족될 수 없다. 레비나스에 따르면 '욕망 Begehren'은 욕망의 대상에서 촉발되고 또 충족될 수 없는 무한성을 지닌다는 점에서, 주체로부터 출발하며 그의 어떤 결핍에서 생겨나고 충족되는 '욕구 Bedürfnis'와 구분된다. 또한 "욕망은 자비와 마찬가지이다. 그것은 욕망의 대상에 의해 충족되지 않고 더 심화된다."[3] 이처럼 전적으로 다른 절대적 타자에 대한 형이상학적 욕망은 완전히 충족될 수 없는 무한성을 지닌다는 점에서 초월성이기도 하다.

레비나스의 철학에서 자아와 타자가 맺는 관계는 언어적 관계이다. 타자는 인식적 차원에 존재하는 '나'의 이해대상이 아니라 대화상대자이다. 여기서 언어는 좁은 의미에서 우리가 사용하는 말만을 가리키는 것이 아니다. 또한 언어는 내면의 의식에서 출발해 생각을 매개하고 전달하는 수단이 아니라, 의식이 포착할 수 없는 초월적인 타자로부터 오는 것으로 간주된다. 레비나스에게 언어의 본질은 생각의 전달이 아니라 타자와의 관계이다. 표현하는 것인 동시에 표현되는 것이기도 한 얼굴은 스스로를 표현하며 자아에게 말을 걸고 그를

3 E. Lévinas, *Totalität und Unendlichkeit*, Freiburg & München, 2008, 36쪽.

호출한다. 얼굴이 스스로를 표현(계시)하는 것은 객관적으로 인식하거나 어떤 범주의 지배하에 둘 수 없는 타자라는 존재의 현전을 의미하는데[4], 이처럼 내게 말을 거는 타자의 우위를 인정하고 그를 이웃으로 받아들이는 것이 바로 정의 正義의 본질이다.

"얼굴의 초월성은 동시에 그것이 들어선 이 세계로부터 그것의 부재, 즉 존재자의 고향상실, 이방인, 벌거벗은 자, 프롤레타리아로서의 그의 지위이다. 자유를 의미하는 이방성은 또한 불행으로서의 이방성이기도 하다."[5] 자신의 거처에 있는 동일자는 이제 청원하면서도 요구하는 타자의 시선이 얼굴로 현현할 때, 배타적 소유로서의 자신의 향유를 포기하고 타자를 인정하며, 자신의 거처를 떠나 언어 속에서 공동체를 건립한다. 자아가 언어를 통해 사물을 지칭하며 그것을 주제화하는 것은 결국 타자에게 세계를 제공하기 위함이며, 그 때문에 언어는 사물을 자아의 소유에서 벗어나게 하며 타자와의 언어적 공동체를 형성한다.

레비나스에 따르면, 표상이나 노동을 통한 타자의 부정이 이해나 점유를 실현한다면, 살인은 더 나아가 단순한 지배가 아닌 말살이며 이해의 완전한 포기이다. 자아는 감각적인 얼굴을 지닌 타인을 보

---

4 강영안, 「레비나스의 철학」, 엠마누엘 레비나스, 『시간과 타자』, 강영안 옮김, 문예출판사, 2012, 135쪽: "레비나스에 따르면 타인은 우리에게 얼굴로 나타난다. […] 얼굴은 사물과 근본적으로 구별되는 특징이 있다. 사물은 전체의 한 부분으로, 또는 전체 속의 한 기능으로 의미가 있지만 얼굴은 이렇게 규정될 수 있는 것이 아니다. […] 책상은 바라보지도 않고 호소하지도 않고 스스로 표현하지 않는다. 하지만 얼굴은 바라보고 호소하며 스스로를 표현한다. 얼굴과의 만남은 사물과는 전혀 다른 차원을 우리에게 열어 준다."

5 E. Lévinas, 같은 책, 102쪽.

며 자신의 권력의 지배에서 벗어나려는 이 독립적인 존재자에 대한 살해욕구를 지니지만, 그 얼굴에서는 그러한 감각적인 것을 넘어서 어떤 저항도 하지 않으면서 무한히 이루어지는 저항, 즉 '너는 살인을 하지 못할 것이다.'라고 표현하는 윤리적 저항이 일어난다. 이를 통해 폭력적일 수 있는 자아의 능력은 무력화된다. '나'에게 정의를 요구하며 바라보는 타자의 시선은 '나'와 친밀한 관계를 이루는 폐쇄적인 둘만의 공동체 안에 있는 '너 du'의 시선이 아니라, 제3자, 즉 인류 전체의 시선이다. '나'는 '나'를 바라보며 도움을 요청하는 낯선 얼굴에 대해 무한한 책임을 느끼며, 그래서 모든 인간은 '나'의 형제가 된다.

타인의 얼굴에서 드러나는 불행은 '나'에게 도움을 청한다. 이 경우 타자는 구체적으로 고아, 이방인, 가난한 사람 등 약자로서 자아의 도움을 필요로 하는 자, 즉 제자의 모습으로 등장한다. 그러나 그러한 불행한 얼굴이 단순히 나의 선의에 기대며 동정심을 구걸하는 것은 아니다. 오히려 타자는 높은 위치에서 자아에게 말을 걸며 지시(명령)를 내리는 스승 같은 존재로 등장한다. 타인의 무력한 얼굴은 '나'에게 단순히 동정을 구하는 것이 아니라, 그를 도울 것을, 즉 정의를 행할 것을 명령한다. 여기서 자아와 타자는 비대칭적인 구조를 이루는데, 그 때문에 대화상대자인 타자는 '너'가 아니라 '당신'이다. 그러한 우월한 위치로 인해 타자는 '내'가 인식할 수 없는 존재가 된다. 따라서 타자가 스스로를 표현하는 얼굴의 언어적 의미는 주제화될 수 있는 지식에 있는 것이 아니라, 자아를 호출하며 그와 맺게 되는 사회적 · 윤리적 관계에 있다. 존재자로서의 타자의 얼굴은 감각적으로 지각되는 얼굴의 의미를 넘어 윤리적 명령, 즉 '살인을 해서는 안 된다'는 윤리적 요구를 명하는 언어로서 스스로를 표현한다. 그것은 '나'의

이기심에 대해 판결을 내리며 '나'의 윤리적 의무를 이행할 것을 촉구한다. 따라서 자아가 타자와 맺는 관계는 곧 윤리적 관계이다.

지금까지 얼굴을 통해 계시되는 타자의 윤리적 요청과 이를 바탕으로 생겨나는 레비나스의 타자의 윤리학을 대략적으로 살펴보았다. 타자는 자아의 자유를 아무것에도 얽매이지 않는 단순한 자의성으로 놔두지 않으며, 비자아를 부정하거나 소유하는 자아에게 그러한 행동의 부당함과 폭력성을 깨닫고 부끄러워하도록 만든다. 무신론적인 자아는 자신에 대한 이러한 판결을 통해 정의로 초대받으며 도덕적인 존재로 '창조'된다. 타자는 자아에게 자아의 정당화와 타자에 대한 책임을 요구한다. 이로써 타자는 자아의 자유를 제한하기보다는 오히려 자아의 자발적인 자비를 요청하며 책임과 자유를 연결시킨다. 타자의 이러한 무한한 요구 속에서 자아는 윤리적 책임을 느끼고 타자와 윤리적 관계를 맺는 것이다.

◆ 동일성의 폭력과 타자와의 평화적 관계

레비나스는 하이데거와 달리 존재자 없는 존재를 가능한 것으로 간주한다. 여기서 그가 말하는 "존재는 명사로 표현할 수 없는, 그 자체가 동사인 존재 작업 자체"[6], 그것을 인식하는 주체 없이 존재하는 익명적이고 비인칭적인 힘의 장으로서의 존재이다. 그런데 이처럼 아직까지 주체에 의해 파악되고 의미가 부여되지 않은 익명적인 존재는 존재자가 그것을 지배하고 존재의 주인이 됨으로써 실체화된다. 또한

6 레비나스, 『시간과 타자』, 41쪽.

이를 통해 독립적인 존재자, 즉 자유로운 자아가 생겨난다. 이러한 자아는 자신을 사물이나 타인과 분리시키고 그것을 자신의 의식 속에 점유한다.

레비나스에게 "자아란 항상 동일한 것으로 남아 있는 존재가 아니라, 그 실존의 본질이 스스로를 동일시하고 모든 사건들을 거쳐도 자신의 동일성을 다시 발견하는 데 있는 그러한 존재자이다."[7] 이처럼 변화하는 가운데에도 자신의 동일성을 유지하는 자아의 보편적 정체성은 이질적인 것을 받아들여 자신의 생각의 지배하에 둔다.[8] 또는 헤겔의 경우처럼 자아는 스스로가 생각한 것을 낯설게 느낄 수 있지만, "이러한 타자성에 직면해서도 동일자이며, 낯선 자신과 융해된다. [...] 동일자는 생각된 대상의 타자성 속에서 그리고 그 자신과의 대립에도 불구하고 스스로를 동일한 것으로 확인한다."[9] 이 경우 자아는 타자와 대립되는 가운데 자신의 정체성을 확인하며, 타자와 더불어 전체를 이룬다.

전통적인 서양철학은 존재론에 입각해 타자를 동일자[10]로 환원

---

7 E. Lévinas, 같은 책, 40쪽.

8 같은 책, 40쪽 참조.

9 같은 책, 40쪽 이하.

10 같은 책, 177쪽: "우리가 그것을 동일자로 부르는 이유는, 자아가 표상 속에서 자신의 대상과의 대립관계를 잃어버리기 때문이다. 대립은 대상의 다양성에도 불구하고 자아의 정체성, 즉 자아의 불변하는 특성을 강조하기 위해 사라진다. 동일자로 남아 있다는 것은 표상한다는 것을 의미한다. '나는 생각한다'는 이성적 사유의 맥박이다. 타자와의 관계에서 불변으로, 변할 수 없는 것으로 있는 동일자의 정체성은 전적으로 표상하는 자아이다."
그러나 레비나스는 세계를 자신의 생각으로 환원하는, 위에서 언급한 동일자의 개념에 머무르지 않는다. 그는 결핍에 시달리는 벌거벗은 신체가 표상을 통해 세계를 구성할 뿐만 아니라 자신에 선행하며 자신을 둘러싸는 환경, 즉 세계 안에서 살아간다

하였다. 타자를 '나'의 생각을 통해 남김없이 이해하고 소유하는 것, 즉 인식은 다른 존재자의 타자성을 빼앗아 간다. 타자 자체와 관계를 맺기보다는 그것을 '나'의 지배하에 두고 소유하려는 시도는 타자를 억압하며 타자와의 평화로운 관계를 해친다. 이렇게 해서 얻은 지식은 타자와의 관계를 제대로 고려하지 않으며 어떤 윤리성도 띠지 않는다. 그 때문에 그것은 타자에 대한 동일자의 폭력이라고 말할 수 있을 것이다.[11] 레비나스는 일종의 행위로서의 생각이라는 개념에 폭력이 내재해 있다고 보는데, 그 이유는 온갖 모험에도 불구하고 결국 고향으로 돌아온 오이디푸스처럼 생각 역시 근본적으로 그 자신 안에 갇혀 있기 때문이다.[12] 이러한 동일성의 폭력에 맞서 그는 또 다른 본질적 폭력을 언급하는데, 이는 "존재를 내포하고 있다고 믿는 생각을 넘어서는 존재의 과잉이며, 무한성의 이념이라는 기적이다."[13] 즉 동일성으로 환원되지 않고 그것에 저항하는 타자의 과도함, 넘쳐흐름이 동일성의 폭력에 맞서는 폭력인 것이다. 그러나 이러한 폭력은 궁극적으로 평화와 윤리적 관계로 향하기 위한 것으로 간주된다.

는 것을 강조한다. 물질적인 욕구를 지닌 인간은 추위에 떨거나 배고픔에 시달리며 세계에 의존하지만 동시에 이러한 위협에서 벗어나기 위해 자신이 아닌 것, 즉 타자를 자기 소유로 만들고 자신 속에 동화시킨다. 즉 단순한 향유나 노동을 통해 타자를 자신에게 종속시키며 스스로를 형성함으로써 동일성으로서의 진정한 주체가 되는 것이다(같은 책, 162-163쪽과 180-182쪽 참조).

11 레비나스는 소크라테스뿐만 아니라 사물을 주체의 분석대상으로 고찰하지 않았던 하이데거의 존재론 역시 비판한다. 왜냐하면 하이데거는 존재자에 대한 존재의 우위를 강조하고 그것을 지식의 관계로 환원하면서 존재자인 누군가와의 윤리적 관계를 고려하지 않기 때문이다. 그리하여 타자와의 관계는 여전히 동일성으로 환원되고 익명적인 존재로 제한되며, 또 다른 폭정을 낳는 것으로 기술된다. 같은 책, 54-57쪽 참조.

12 같은 책, 29쪽 참조.

13 같은 곳.

자아와 타자의 대립적 모델에서 타자는 자아에 의해 소유되고 흡수된다. 타자의 특이성은 남김없이 동일자의 의식 속에서 해체되며 사라져 버린다. 레비나스에 따르면, 이러한 관계는 전쟁 같은 정치적 상황에서도 발견된다. "전체에 복종하지 않는 사람은 무참하게 제거해 버리는 것이 전쟁의 속성이다. 이런 의미에서 전쟁은 전체주의적이다. [...] 레비나스는 전체성의 철학, 또는 전쟁의 철학에 대항해서 어떤 무엇으로도 환원될 수 없는 개인의 인격적 가치와 타자에 대한 책임을 보여 주는 평화의 철학을 구축하고자 한다."[14]

레비나스가 강조하는, 타자와의 새로운 윤리적 관계는 외부로부터 자아에게 강요되는 어떤 폭력도 행사하지 않는다. "그것은 모든 폭력의 피안에서, 자아를 전적으로 문제시하는 폭력으로 자아에게 부과된다."[15] 그러나 이러한 폭력은 앞에서 말한 것처럼 동일성의 폭력에 맞서기 위한 폭력, 즉 평화의 문을 열어 주기 위해 불가피한 폭력이다.

레비나스는 인간이 성스러운 삶에 직접 참여하며 신을 접할 수는 없다고 생각한다. 보이지 않는 신은 인간이 표상할 수 없으며 인간의 얼굴을 통해 계시될 뿐이다. 즉 불행한 얼굴을 통해 자아에게 정의를 요구하고 윤리적인 관계를 맺도록 할 때 신이 계시된다는 것이다. 따라서 얼굴을 대면하는 윤리적 관계는 신에게로 향하는 영적인 문이 열리는 계기이다.[16]

---

14 강영안, 「레비나스의 철학」, 120쪽.

15 E. Lévinas, 같은 책, 58쪽.

16 같은 책, 106-108쪽 참조.

얼굴 없이 등장하는 신화적인 신들은 동일자의 자유를 허용하지 않고 그를 전체성 속에 흡수해 버린다. 익명적이고 비인격적인 자연의 지배하에서 자유로운 자아는 등장할 수 없다. 인간은 신화적 폭력에 내맡겨지는 셈이다. 반대로 자아가 자신의 자유를 자의적으로 행사하며 모든 것을 향유와 노동의 대상으로 삼고 소유하거나 표상을 통해 인식의 대상으로 삼을 때, 이번에는 인간이 폭력의 주체가 된다. 그가 특히 타인을 자기 생각의 지배하에 두고 인식하거나 점유하고 더 나아가 말살하려고 할 때, 이들 간의 폭력적이고 적대적인 관계가 형성된다. 반면 자아가 지상의 또 다른 존재자인 타인의 얼굴을 통해 계시되는 무한하고 초월적인 타자와 맺는 비대칭적 관계는 비폭력적이고 평화로운 관계이다. 여기서 "비폭력으로서 얼굴의 현시는 동일자와 타자의 다원성을 보존한다. 그것은 평화인 것이다."[17] 비대칭적 관계에서 초월성으로서의 신이 인간의 감각적 얼굴을 통해 현시되고 비폭력적인 윤리적 요청을 한다면, 동일자인 자아는 이러한 부름에 대답하고 자신의 자유를 책임과 결부시키며 스스로를 끊임없이 초월한다. 이와 같이 소크라테스의 산파술적인 대화나 합리성과 구분되고 자의적으로 행사되는 '나'의 자유에 내포된 폭력에 종지부를 찍는, 타자와의 언어적 · 윤리적 관계에서 진정한 이성[18]이 수

17 같은 책, 292쪽.

18 같은 책, 301쪽 이하: "다원성은 이성의 조건일 것이다. 이성은 내 안에 있는 비인격적인 것이 아니라, 사회화 능력이 있는 자아, 즉 분리된 존재자로서 향유 속에서 생겨나지만, 무한성이 […] 존재할 수 있기 위해 그러한 분리가 필요한 자아를 통용시킬 것이다."

립된다.[19]

레비나스는 자아와 타자를 구분하는 데 그치지 않고, 타자가 자아에게 끊임없이 말을 걸고 윤리적 요청을 하며 영향력을 행사한다는 점을 강조한다. 그러나 이 경우 그는 타자를 형이상학적이고 초월적인 존재로 설정하는 문제점을 지닌다. 비록 그러한 초월성이 타인의 얼굴을 통해 현전함으로써 내재성과 다시 관련을 맺기는 하지만, 그렇다고 그것이 갖는 형이상학적 성격이 사라지지는 않는다. 또한 레비나스는 자아와, 타자의 현전을 매개하는 타인이 맺는 언어적 관계를 이야기하면서 둘의 상호연관성을 강조하지만, 그럼에도 불구하고 근본적으로 양자의 분리를 전제로 한다. 이로써 자아 속에 들어 있는 타인들의 타자성 및 이와 연관된 다양체[20]로서의 자아의 특성을 충분히 밝히지 못하는 한계를 지닌다.

(2) 얼굴의 상실과 타자에 대한 폭력: 브링크만의 『고지라』

브링크만의 시집 『고지라』는 1954년에 제작된 혼다 이시로 감독의 영화 〈고지라〉의 영향을 받았다. 원작인 일본영화에서 고지라는 남태평양의 심해에 있는 원자폭탄의 잔해에서 생겨난 괴물로 묘사된다. 인간이 만든 문명의 부작용으로 생겨난 이 자연의 괴물은 파괴를 일삼으며 자연을 파괴한 인간문명에 보복하지만, 결국 문명사회의 기술에

19 같은 책, 292-293쪽 참조.

20 들뢰즈와 가타리적인 의미에서 "다양체는 열려 있다. 즉 늘 운동한다. 다양체는 여럿이자 하나이지만, 그 하나가 어떤 동일성으로 닫혀 있는 하나가 아니라는 점을 이해하는 것이 중요하다. 다양체는 하나의 장을 구성하고 그래서 '체'라고 할 수 있지만 그러나 결코 실체화될 수 없는 역동적인 '체'이다." 이정우, 같은 책, 29-30쪽.

의해 제압된다.[21] 브링크만은 자연을 파괴하는 기술문명의 위험을 경고한 고지라라는 괴물을 자신의 시집에서 남성적인 시적 자아와 연결시키며, 섹슈얼리티의 맥락에서 새롭게 그 의미를 조명한다.

브링크만의 시집 『고지라』를 레비나스의 '타자의 윤리학'과 연결시켜 고찰하기에 앞서, 우선 이 작품에 대한 전반적인 해석을 시도하고자 한다. 브링크만은 이 작품에서 동시대의 섹슈얼리티를 이중적인 측면에서 바라본다.

한편으로 그는 1960년대 후반의 보수적인 독일사회에서 억압된 성적 충동 및 이와 관련된 국가의 폭력적 통제를 비판한다. 현실과 상상이 뒤섞인 「고지라 베이비 Godzilla-Baby」라는 시에서 '우리'로 등장하는 남녀 한 쌍이 벌거벗은 채 텔레비전을 본다. 텔레비전에서 검은 가죽옷 밑에 아무것도 입지 않은 여성이 등장해 애무하자 남자가 신음하는 순간, 경찰이 집을 포위하며 총을 쏜다. 그러자 텔레비전 속의 여자는 사라지고 그 대신 텔레비전 앞에 있던 가정주부가 총을 맞아 쓰러진다. 소위 정상적인 섹슈얼리티로부터의 일탈이 경찰에 의해 폭력적인 방식으로 저지된 것이다. 이 시에서 여성에게 가정주부의 역할이 강요되며, 사회적 규범에서 벗어난 섹슈얼리티가 도덕적으로 비난받음은 물론, 언제든지 폭력적인 방식으로 통제될 수 있음을 알 수 있다. 「시 Gedicht」라는 제목의 또 다른 시에서는 실제 빛처럼 빛나는 오스람전구의 불빛 아래에서 이루어지는 성행위가 언급된다. 그런데 이때 이루어지는 성행위는 '경찰의 허락'을 받지 않은 구강성교로 언

---

21 Sascha Seiler, *>>Das einfache wahre Abschreiben der Welt<<. Pop-Diskurse in der deutschen Literatur nach 1960*, Göttingen, 2006, 152-153쪽 참조.

급된다. 다시 말해 가장 내밀한 영역에서 이루어지는 성행위마저 그것이 사회적으로 인정되는 정상적 형태인지 아닌지 도덕적 담론의 틀에서 다루어져야 하며, 그러한 사회적 통제가 경찰의 허가라는 말로 극단적으로 표현되고 있는 것이다.

다른 한편으로 성행위가 텔레비전이나 영화의 한 장면으로 등장하거나 오스람 전구의 불빛 아래에서 이루어지고 있다는 사실에서, 브링크만이 매체적 가상을 통해 일깨워지거나 상품화된 섹슈얼리티에 대해 비판을 가하고 있음을 알 수 있다. 시적 자아에게서 나타나는 "고지라의 의식은 모든 시에 똑같이 등장하지 않으며, 매체적 표면이 지각을 규정하거나 지각의 차원들이 겹쳐지는 그러한 시들에서만 등장한다."[22] 즉 시적 자아는 일상에서 충족되지 못한 성적 욕구를 광고 사진, 영화, 텔레비전 등 매체의 자극을 받아 만족시키려 하는데, 이때 억압된 성적 욕구는 공격적 성향으로 표출된다. "브링크만은 자유롭게 펼쳐지는 성적 욕망의 억압과 이로부터 생겨나는, 쌓여 있던 성적 에너지의 공격적 발산에 대한 라이히의 테제를 수용하며, 이를 그의 눈에 위선적으로 나타나는 광고산업의 약속에 대한 비판과 연결시킨다."[23] 남녀 간의 성행위가 묘사되는 장면에서는 항상 자본주의의 생산품과 광고나 텔레비전 또는 영화 같은 매체가 등장한다. 가령 「C&A 백화점으로부터 Von C& A」라는 시에서 남녀 간의 성행위에

22 Liesa Pieczyk, "Godzilla meets Miss Maus: Norm versus Phantasma in Rolf Dieter Brinkmanns *Godzilla*", *Rolf Dieter Brinkmann. Neue Perspektiven: Orte – Helden – Körper*, Thomas Bozken, Ina Cappelmann, & Uwe Chwagmeier (Hrsg.), München, 2010, 147쪽.

23 S. Seiler, 같은 책, 150쪽.

대한 추상적 묘사와 함께 C&A에서 여름세일 때 95페니히를 주고 산 망사러닝셔츠가 언급된다. 「셀룰로이드 1967/68 Celluloid 1967/68」에서는 어디서나 똑같은 헐리웃 영화와 코카콜라가 시적 자아를 기다리고 있다. 그가 본 영화내용은 항상 똑같고 진부하다. 그는 영화를 보면서 영화에서 적나라하게 묘사되지 않은 성행위를 상상을 통해 메워 나가며 자위행위를 한다. 매체는 현실에서 충족되지 않은 불만족스러운 성적 욕구를 대신 충족시키거나 적어도 그러한 대리만족을 위한 수단으로 사용된다. 하지만 그러한 매체의 가상현실이 결코 시적 자아에게 현실에서 어떤 성적인 만족이나 행복을 가져다주지는 않는다.

브링크만의 시에서 묘사되는 남녀 간의 성관계에는 어떤 사랑의 감정도 깃들어 있지 않다. 그것은 아무런 감정 없이 기계적으로 이루어지는 섹스이며, 이러한 성관계에서 상대방, 특히 여성은 시적 자아로 대변되는 남성의 성적 대상일 뿐이다. 낭만적인 사랑을 꿈꾸는 여성과 말초적인 감각적 행위로서 성행위만을 생각하는 남성과의 차이가 명확히 드러나며, 이로써 온전한 사랑의 행위로서의 성관계는 이루어지지 않는다. 「로맨스 I Romanze I」에서 여성은 XYZ라는 익명의 알파벳으로 표현되며 개인의 정체성이 부여되지 않는다. 남녀가 함께 춤추러 갔다가 집에 돌아오는데, 그사이에 무슨 일이 있었는지 명확하게 드러나지 않지만, "지금 바지 안의 무언가가 빳빳해지고 치약처럼 굳어진다."[24]라는 표현을 통해 남성의 성기가 발기했음이 암시된다. 그러나 이 남성은 여성의 섹슈얼리티를 전혀 고려하지 않으며 여

24 Rolf Dieter Brinkmann, "Godzilla", *Standphotos. Gedichte 1962-1970*, Reinbek bei Hamburg, 1980, 163쪽.

성을 자신의 성적 욕구를 충족하기 위한 대상으로 환원한다.[25]

닥치는 대로 도시를 파괴하는 고지라의 폭력행위는 이 시에 등장하는 시적 자아의 폭력성에도 반영된다. 초기 브링크만이 보수적인 서독사회의 성 관념을 공격하면서도 여성비하적인 관점을 보여 준다는 해석은, 그가 고지라로 대변되는 남성적인 시적 자아의 폭력성에 비판적인 거리를 둔다는 것을 고려할 때 타당성이 없다.[26] 물론 브링크만이 고지라라는 괴물로 등장하는 남성적 시적 자아의 섹슈얼리티에 대해 직접적으로 부정적인 논평을 하지는 않는다. 그러나 이 시적 자아가 고지라라는 괴물로 등장한다거나 여성을 사물로 바라보고 심지어 여성의 신체를 절단하는 환상에 빠질 때, 그에 대한 작가 브링크만의 비판적 거리를 읽어 낼 수 있다. 또한 브링크만은 작가로서 광고사진 속 여성의 얼굴을 절단하거나 타이포그래피적인 실험을 한다는 점에서 목소리로만 등장하는 시적 자아와 구분되며 작품에서 좀 더 상위심급으로 기능한다.

---

25 L. Pieczyk, 같은 글, 152쪽: "이것은 여성이라는 심급이 그녀의 성적 욕망을 표현하기 이전에 일어난다. 남자의 입장으로부터 제기되는 흥분과 과도한 요구의 요소가 이 상황에 내재해 있는 것이다."

26 이러한 주장은 예를 들면 아래의 논문에서 분명하게 제시된다.
같은 글, 156쪽: "성애화된 미디어와 광고세계의 산물로서 고지라의 의식은 남성 소비자의 욕망을 강화한다. 여성의 입장에 대한 일반적 관계는 우선 의사소통의 결핍과 성관계 내에서 나타나는 비대칭성의 특징을 갖는다. […] 이와 함께 단순한 성적 대상으로서 여성을 낙인찍는 현상이 나타난다. 『고지라』에서는 성행위를 할 준비와 남성의 성적 욕구에 따르는 태도가 여성적 매력의 척도로 기능한다. 이처럼 정형화된 여성상은 1970년대 초반에 시작된 페미니즘 논쟁과 제2의 여성운동의 배경하에서 극히 비판적으로 평가되어야 할 것이다. '성의 혁명'이 남성들의 공적이라는 페미니즘적 견해를 고려할 때, 『고지라』에서의 묘사는 그럴수록 더 문제적인 것으로 나타난다. […] 여성을 이렇게 격하시키는 것은 여성해방운동과 연관시켜 볼 때 반동적인 요소도 드러낸다."

시적 자아의 폭력성에 대한 작가의 비판적 거리는 특히 「고지라는 전화 통화를 매우 좋아해 Godzilla telefoniert so gern」라는 시에서 잘 드러난다.

> 그는
> 손에
> 전화기를 들고
>
> 물었지
> 그녀의 치모
> 색깔이
> 뭐냐고
>
> 그러고는 흥에 겨워
> 말했지
> 죽음이
> 다가왔다고
>
> 그것을
> 지금
> 즉시
> 찾아간다
>
> 몸에서

뜯어 내어

가져간

다음

내버린다[27]

위의 시가 쓰인 바탕화면에는 브래지어만 걸친 여성의 사진이 있다. 비단 이 시뿐만 아니라 『고지라』에 실린 대부분의 시에는 이처럼 여성의 비키니광고사진이 바탕화면으로 사용된다. 특이한 점은 이 시집에 실린 사진에서 얼굴이 잘려 나가 보이지 않는다는 것이다. 여기에서 시적 자아에게 거리를 두는 작가의 비판적 입장이 분명히 드러난다. 작가 브링크만은 이처럼 얼굴이 잘려 나간 사진을 통해 여성의 신체를 가슴이나 성기로 환원하고, 여성을 성적 대상으로 간주하며, 그들에게 어떤 개성도 인정하지 않는 남성적 시선의 폭력성을 폭로하는 것이다.[28]

여성의 얼굴이 사진이미지에 등장하지 않는 것은 여성이 단순히 사물로 전락했다는 것을 넘어 폭력의 대상이 되고 있음을 보여 준다.

---

27 R. D. Brinkmann, "Godzilla", 173쪽.

28 특히 『컷(*Schnitte*)』에 이와 같이 얼굴이 잘려 나간 여성 사진이 많이 등장하는데, 이는 명백히 여성을 사물화하는 남성적 섹슈얼리티의 문제점을 보여 준다. 그 때문에 60년대 후반 브링크만의 작품과 70년대의 그의 작품을 지나치게 이분법적으로 바라보며, 전자는 소비문화와 대중매체에 호의적인 반면 후자는 이와 정반대되는 비판적 입장으로 선회했다고 보는 시각은 문제가 있다.
몰도 1970년대 브링크만의 작품에 자주 등장하는 '섹스, 돈, 죽음'이라는 세 가지 주제가 이미 『고지라』에서도 대중매체비판과 관련해 나타나고 있음을 언급한다. Andreas Moll, *Text und Bild bei Rolf Dieter Brinkmann*, Frankfurt a.M., 2006, 191-193쪽.

여기서 레비나스의 타자의 윤리학과 만나는 지점이 있다. 레비나스는 약자로서의 타인의 얼굴을, 자비를 요청하고 어떤 폭력도 금지하는 윤리적 요청이 계시되는 장소로 간주한다. 물론 레비나스는 남성과 여성의 관계를 우선은 에로스적인 측면에서 살펴보지만, 이러한 맥락을 넘어 그들 간의 관계가 폭력의 측면과 연결되면 타자의 윤리학과의 접점이 생긴다. 브링크만의 위의 시에서 시적 자아는 자신의 환상 속에서 여성을 자신의 소유물로 간주하고 여성의 신체를 점유하며 심지어 폭력을 행사하기까지 한다. 여성의 얼굴에서 나타나는 윤리적 요청을 무시하고 그녀를 성기로 환원하는 그의 태도에서 모든 것을 자아의 소유와 향유에 귀속시키는 동일자로서의 자아의 폭력을 확인할 수 있다.

그러나 브링크만의 작품에 나타나는 얼굴의 상실은 레비나스적인 맥락과 다른 맥락에서 타자의 윤리학을 요청한다고 해석할 수 있다. 핀업걸의 사진에서 잘려 나간 얼굴은 사진 속 여성이 해당여성 외의 다른 여성, 가령 자신의 부인이 될 수도 있음을 의미한다. 이 말은 잘려 나간 여성의 얼굴에서 그와 같은 처지에 있는, 즉 성적인 대상으로 사물화된 제3자로서의 모든 여성의 얼굴을 떠올릴 수 있음을 의미한다. 즉 부재하는 얼굴이 모든 여성의 얼굴을 떠올리게 하는 것이다. 레비나스가 구체적인 존재자로서의 타인의 얼굴에서 그러한 인류 전체의 얼굴을 떠올리며 윤리적 책임을 요구했다면, 브링크만은 부재하는 얼굴을 통해 그렇게 했다는 점에서 레비나스와 차이가 있다.

이러한 자아의 폭력성은 얼굴이 잘린 여성의 사진뿐만 아니라 그 위에 쓰인 시 텍스트에서도 확인된다. 앞에서 인용한 시에 등장하는 남성은 여성의 신체에 죽음을 선언하며, 신체의 일부인 치모를 뜯어 내 버린다. 그것은 사진 속 여성의 머리처럼 뜯겨진다. 또한 이 시에서 고지라로 대변되는 시적 자아는 전화 통화를 즐기지만, 전화로 여성의 치모 색깔을 물어볼 뿐, 여성을 대화상대자로 간주하지 않는다. 그의 말은 일방적이며 대화의 성격을 띠지 않는다. 레비나스는 타자의 윤리학에서 언어의 본질적 특징이 정보의 전달이 아니라 상호 간의 윤리적 관계의 형성에 있다고 말한다. 이러한 맥락에서 타인의 얼굴은 그것을 바라보는 자아에게 말을 걸며 윤리적 태도를 촉구한다. 그런데 앞에서 언급한 브링크만의 시에서 대화는 기술적 도구인 전화를 통해, 즉 얼굴을 서로 마주보지 않고 이루어지며, 치모의 색에 대한 정보를 얻으려 할 뿐 상호 간의 대화로 확장되지 않는다. 이처럼 자아중심적이고 일방적인 특성을 지닌 언어적 관계에 이미 타자에 대한 폭력이 내포되어 있다.

브링크만은 미국 언더그라운드 문학의 영향을 받아 『고지라』에서 외설적인 단어와 비유를 자주 사용한다. 그러한 포르노그래피적인 묘사는 분명 보수적인 독일사회의 윤리적 규범이나 사랑에 대한 낭만적 환상을 파괴하는 데 중요한 역할을 한다. 또한 그것은 섹슈얼리티를 억누르며 금기시하는 동시대 독일 연애시의 위선에 대한 비판이기도 하다.[29] 그러나 이러한 포르노그래피적 묘사 자체는 양가성을 지닌다.[30] 『고지라』에 등장하는, 스냅샷처럼 짧은 외설적인 시구들이 모

29 S. Seiler, 같은 책, 151쪽 참조.

30 슈타이네커도 미국 언더그라운드 시와 브링크만의 시에 공통적으로 등장하는 포르노그래피적 묘사가 동일한 의미를 갖지는 않는다고 말한다. "그러나 동시에 '포르노시'와 '음란한 말'이라는 주제와 관련하여 브링크만의 모범이라고 할 수 있는 미국 시인 톰 클라크나 존 조르노와 비교해 보면, 포르노그래피에 대한 이들의 단순하게

두 쉽게 읽히고 독자의 성적인 쾌락에 봉사하는 것은 아니다. 오히려 물질적인 의미에서 시 텍스트를 문자 그대로 읽기 어려운 경우도 있다. 예를 들면 「앤디 매춘부 앤디 Andy Harlot Andy」나 「시」 같은 시에는 바탕사진과 겹쳐 읽기 어려운 단어가 등장한다. 말초적인 자극을 충족시키는 독서는 텍스트의 가시성이 훼손됨으로써 방해받는다. 또한 「셀룰로이드 1967/68」 같은 시에서 전형적인 시행의 배열에서 벗어나는 타이포그래피적인 실험을 통해 관습적으로 이루어지는 독서가 방해받기도 한다.[31] 그 밖에도 현실과 미디어적 환상이 뒤섞이거나 맥락의 갑작스러운 전환 때문에 여러 번 읽어야만 이해가 되는 텍스트는 외설적 내용의 자동적 수용과 충돌한다. 즉 그것은 독자에게 즉각적인 성적 쾌감을 가져다주지 못한다. 또한 사진 속의 잘려 나간 얼굴 역시 독자의 시선의 한계를 지시한다. 가시성은 주체가 시각적 대상을 소유하고 향유하며 그것을 지배하기 위한 조건인데, 이 작품에서는 사진은 물론 시 텍스트에서도 가시성이 방해받는다. 사진 속 여성모델의 얼굴이 잘려 나감으로써 남성적인 시적 자아와 달리 남성독자는 결코 자위적인 독서 내지 또는 독서 후의 자위행위를 하지 못할 것이다. 이러한 미학적 장치들은 직접적인 외설적 언어나 속옷사진과 달리 독자가 텍스트를 자동적으로 수용하는 것을 방해하며 그에게 성

긍정적인 태도와 '고지라 시'의 차이가 드러난다. […] 클라크나 조르노와 달리 『고지라』에서는 포르노그래피적인 묘사가 혼란과 굴절의 요소를 내포한다. 이 경우 양가성을 위해 분명한 입장이나 주제에 대한 간접적인 비판은 회피된다." Thomas von Steinaecker, *Literarische Foto-Texte. Zur Funktion der Fotografien in den Texten Rolf Dieter Brinkmanns, Alexander Kluges und W.G. Sebalds*, Bielefeld, 2007, 118쪽.

31 이러한 타이포그래피적인 실험은 관습적인 글쓰기와 독서에 대한 저항으로 해석될 수도 있다.

찰을 유도한다. 또한 이미지와 문자텍스트의 상호매체성 역시 이러한 성찰의 강화에 기여한다.

위의 시집에는 「포르노에 대한 명상 Meditation über Pornos」이라는 시가 실려 있다. 이 시에서 여성의 성기는 구멍으로 환원되고 그것을 들여다보는 남성의 시각과 그 속에 사정하는 배설행위가 언급된다. 이 시에는 여성의 성기를 좋다고 표현하는 시행이 반복해서 나오지만, 이는 포르노사진을 보며 자위행위를 하는 시적 자아인 남성의 관점일 뿐, 작가의 관점은 아니다. 매체를 통해 연출되는 여성의 신체나 남녀 간의 관계가 상투화되고 인위적 특성을 띠는 것과 마찬가지로, 위의 시에서 반복되는 시행은 포르노의 반복된 성행위만큼이나 기계적이고 자동화되어 진정 좋은 느낌을 표현하지 못하며 상투적 표현이 되고 만다. 아무런 감정 없이 기계적으로 수행되는 말초적 행위로서의 성행위가 여성을 사물화하고 폭행하는 폭력으로 변하는 길은 그리 멀지 않다. 타자로서의 여성에 대한 인격적 · 윤리적 관계가 형성되지 못하고 타자를 대화상대자로 인정하지 않는 순간, 타자는 자아의 소유물로 전락하고 폭력의 대상이 될 것이다. 브링크만은 포르노그래피적인 사진과 외설적인 텍스트를 통해 관습적인 윤리규범과 제도를 비판하고 폭력의 긍정성을 보여 주면서도, 동시에 이러한 폭력이 타자로서의 여성을 자아의 소유물로 간주하며 남성적 자아의 전횡을 허용하는 부정적 이면을 가지고 있음을 간과하지 않는다.

2) 인정이론과 윤리적 폭력 비판

(1) 버틀러의 윤리적 폭력 비판

우리는 일반적으로 자아와 타자를 구분하면서 자아정체성을 형성한다. '나'는 그 어떤 누구와도 다른 '나' 자신만의 고유한 특성을 지닌 유일무이한 존재로 간주된다. 비록 시간이 지나면서 '나'에게 변화가 생길지라도, 자아는 그러한 변화를 자신의 동일성 속에 재통합시킴으로써 자신의 정체성을 확인하고 타자와의 구분을 유지한다. 또한 '나'는 '나' 자신의 행위를 통해 자아에 대한 의식을 형성하며, '나'와 동등한 타자 역시 똑같은 방식으로 자신만의 자아의식을 갖는 것으로 간주된다. 이러한 사고방식에서는 자아와 타자가 명확히 구분되고 이들 간의 분명한 경계선이 존재한다.

하지만 자아와 타자의 이분법적 구분에 반대하고 자아의 형성이 타자와의 관계에서 비롯되는 것으로 간주하며 이로부터 타자에 대한 자아의 윤리적 책임을 강조하는 사상도 있다. 앞에서 살펴본 레비나스의 타자의 윤리학도 거기에 속한다. 레비나스는 자아가 전존재론적으로 이미 항상 타자와의 관계에 연루될 수밖에 없으며, 그 때문에 자아의 형성은 타자와의 관계에서 비롯된다고 말한다. 버틀러는 자아와 타자의 긴밀한 연관성을 보여 주는 또 다른 예로 라플랑슈와 푸코를 든다.

레비나스가 공시적 차원에서 타자가 자아의 형성에 미치는 영향에 대해 언급한다면, 라플랑슈는 통시적 차원에서 유아기에 타자가 아이의 자아의식에 침투하는 방식에 대해 이야기한다. "나란 존재는 "나"를 획득하기에 앞서, 품에 안기고, 여기저기로 옮겨지고, 먹여지고, 옷을 갈아입혀지고, 잠재워지고, 발화의 주어이자 목적어로 확립되었다. 나의 유아기의 몸은 단지 누군가에게 안기고, 옮겨지고, 정돈되기만 한 것이 아니다. 그런 충돌들은 나의 형성에 등록된 "촉각적 신호들"로 작동했다. […] 이 신호들은 타자의 신호들이지만 결국 "나"를 출현시키게 될 흔적들이기도 하다."[32] 따라서 자아의 욕망 안에는 타자의 욕망이 자신도 모르게 들어 있는 셈이며, 그 때문에 자아와 자아의 욕망 안에 거주하고 있는 타자를 구분할 수 없다. 다시 말해 자아 속에는 항상 자신에게 이질적인 타자가 들어 있는 것이다.

'내'가 스스로를 의식하고 이해하기 위해서는 '내' 자신에 대해 이야기해야 한다. 자서전은 서사를 통해 자신의 정체성을 형성하는 하나의 방식이라고 할 수 있다. 그런데 그러한 '내' 자신의 이야기의 출발점은 무엇인가? 카바레로는 근대의 개인주의적인 독트린과 달리 '나'에 대한 서사의 출발점이 '내' 자신이 아니라 '너는 누구인가'라고 말을 거는 타자로서의 너임을 강조한다. 타자와의 관계에서 자아를 바라보는 타자의 윤리학적인 관점에서 카바레로는 "우리는 필연적으로 우리의 취약성과 단수성 안에서 서로에게 노출된 존재들이고, 우리의 정치적 상황은 부분적으로는 이러한 항구적이고 필연적인 노출을 어떻게 가장 잘 다룰 — 그리고 존중할 — 것인가에 있다고 주장한다. […] 말하자면, 나는 내적 주체, 나 자신에게 갇혀 있는, 유아론적인 주체, 오직 나 자신에게 질문을 제기하는 주체가 아니다. 나는 너를 위해, 그리고 너가 있었기에 어떤 중요한 의미에서 존재한다.

---

32 버틀러, 『윤리적 폭력 비판』, 123쪽.

만약 말걸기의 조건들을 잃어 버리고 말을 걸 "너"가 없다면, 그때 나는 "나 자신"을 잃어 버린 것이다. 그녀의 관점에서라면 우리는 오직 다른 이에게만 자서전을 이야기할 수 있고, 오직 "너"와 연관해서만 "나"를 지시할 수 있다. "너"가 없다면 나 자신의 이야기는 불가능해진다."[33]

카바레로의 인정이론은 너의 인정이 '나'의 서사를 가능하게 하며 자아정체성의 출발점이 된다는 것을 보여 준다. 또한 '내'가 '나'의 이야기를 한다고 해서 그러한 담론의 지배자이자 주인인 것은 아니다. '나'의 기억에는 허구가 침투하며, 이러한 서사에는 '나' 자신만의 독특한 이야기와 경합하는 다른 규범들의 이야기가 개입한다. 이로써 이러한 서사는 근본적으로 허구적이고 열려 있으며 불분명한 서사가 된다.

루소는 『고백론 *Les Confessions*』(1770; 1782년 출판)에서 자신의 내면을 솔직하게 털어놓을 뿐만 아니라 동시대인에게도 자신과 마찬가지로 솔직하게 마음을 공개할 것을 요구한다. 이러한 마음의 투명성에 대한 요구를 한병철은 "루소가 추구한 마음의 독재"[34]라고 부른다. "전면적 투명성의 도덕이 폭정으로 돌변할 수밖에 없다는 사실이 이미 루소에게서 드러난다. 모든 베일을 찢어 버리고, 모든 것을 백일하에 드러내며, 모든 어둠을 추방하려는 영웅적인 투명성의 기획은 폭력으로 귀결된다."[35] 한병철은 디지털매체의 사회에서 이러한 투명성에

33 같은 책, 58쪽.

34 한병철, 『투명사회』, 김태환 옮김, 문학과지성사, 2014, 88쪽.

35 같은 책, 90쪽.

대한 요구가 전체주의적인 감시로 전환되고 있음을 언급한다. 더 나아가 그는 투명성이 진리와 동일한 것이 아니라고 강조한다. 그에 따르면 정보사회에서 획득된 무수한 정보는 오히려 세계를 더 이해하기 어렵게 만든다.[36] 우리가 인터넷 같은 매체나 감시카메라를 통해 알게 된 정보들은 실증주의적 관점에서 증명 가능한 증거로 사용되며 도덕적 판결의 원천이 되고 있지만, 그렇게 획득된 투명성에 숨겨져 있는 암흑의 지점들을 간과해서는 안 될 것이다. 소위 객관적인 정보를 제시하며 어떤 판단을 내릴 때 거기에는 주관적인 해석이 깃들기 마련이며, 내면의 솔직한 고백 역시 의식적이든 무의식적이든 필연적으로 허구적 사실을 내포한다. 따라서 타인이 내게 요구하는 서사적 고백은 결코 절대적 투명성에 대한 요청이어서는 안 되며, 그러한 서사의 불완전성을 인정하는 열린 서사로 간주되어야 한다. 그렇다고 한병철의 주장처럼 그러한 서사적 고백에 대한 요청 자체가 반드시 폭력이 되는 것은 아니다. 오히려 비도덕적인 행위로 비난받는 사람에게 서사적 고백을 요청하는 대신 아무런 질문도 하지 않으며 모든 답변기회를 박탈하는 것이 더 윤리적인 폭력일 것이다.

푸코는 『성의 역사 1. 지식에 대한 의지』에서 고백담론이 어떻게 권력에 의해 행해졌는지를 계보학적으로 추적하며 담론과 권력의 관계를 밝힌다.[37] 이에 따르면, 담론은 현실에 대한 있는 그대로의 이야기가 아니라 일종의 현실의 (왜곡된) 생산이며, 권력과 긴밀한 관련을

36 같은 책, 85-86쪽 참조.

37 푸코, 『성의 역사 1. 지식의 의지』, 78-83쪽 참조.

맺고 있다.[38] 그러나 후기의 푸코는 이러한 부정적 맥락에서만 담론을 살펴보지 않는다. 다른 사람의 요구에 따라 이루어지는 자신의 이야기는 단순히 정보를 전달하고 지식을 전파하는 데 그 목적이 있지 않다. 그것은 동시에 그 이야기가 전달되어야 할 타자와 관계를 맺는 수행적 의미를 갖는다. 누군가에게 자신의 이야기를 한다는 것은 단순히 사실을 전달하고 진리를 주장하는 데 그치는 것이 아니라, 그에게 자신과 다른 사람을 보살피고 배려하도록 설득하고 이와 더불어 스스로도 자신의 삶을 바꾸려 한다는 것을 의미한다.[39]

버틀러는 "우리가 항상 자기-동일성을 표명하고 유지해야만 하며 타자들 역시 그래야 한다고 요구하는"[40] 것을 윤리적 폭력이라고 부른다. 이러한 윤리적 폭력을 행사하는 사람은 타자를 이해하려 하기보다는 그에 대한 도덕적 판단을 내리려 한다. 왜냐하면 그는 타자를 이미 충분히 알고 있고 그래서 타자를 이해하기 위해 계속해서 질문을 던질 필요가 없다고 생각하기 때문이다. 물론 버틀러도 정치, 법, 개인의 삶 등 여러 영역에서 판단이 필요하다는 것은 인정하지만, "모든 윤리적 관계를 판단행위로 환원할 수는"[41] 없다고 말한다. 오히려 "윤리적 판단이 생산적으로 작동하기 위해서는 인정이 유지되어야"[42] 하며, 이러한 인정, 즉 타자의 이해를 위해서는 판단이 중단되어야 한다. 도덕적 판단만을 내리려는 사람은 상대방에 대해 우월의식을 지

38 M. Foucault, *Die Ordnung des Diskurses*, 16-17쪽과 34쪽 참조.

39 버틀러, 같은 책, 225쪽 참조.

40 같은 책, 75쪽.

41 같은 책, 81쪽.

42 같은 책, 88쪽.

니며, 그 때문에 타자를 이해하기 위한 질문, 즉 '너는 누구인가'라는 질문을 더 이상 제기하지 않는다. "말걸기에 어떤 윤리가 존재하고 사법적 판단을 포함한 판단이 말걸기의 한 형식이라면, 판단의 윤리적 가치는 그 판단이 취하는 말걸기의 형식에 의해 결정될 것이다."[43] 윤리적 폭력을 행사하지 않고 진정으로 윤리적인 판단을 내리기 위해서는 "카바레로가 제시하듯이 "너는 누구인가?"를 묻되, 완전한 대답이나 최종적인 대답을 기대하지 않고 그 질문을 계속 제기"[44]해야 한다. 왜냐하면 그러한 대답은 결코 완전할 수 없고 완결될 수도 없을 뿐만 아니라, 그 질문을 한 타자가 그를 완전히 이해했다며 말 걸기를 중단하는 순간 자기동일성의 윤리적 폭력이 시작될 것이기 때문이다. 이와 반대로 타자에 대한 앎의 한계를 인정하는 순간, '나'는 타자에게 겸손하고 관대한 자세를 취할 수 있게 된다.

(2) 판결과 이해 사이에서: 슐링크의 『책 읽어 주는 남자』

슐링크의 『책 읽어 주는 남자』에는 15세 소년 미하엘과 36세 여성 한나의 사랑이야기가 나온다. 글을 읽지 못하는 한나는 전근대적인 행동양태를 보인다. 그녀는 감정에 따라 즉흥적으로 행동하고 감각적이고 관능적인 세계를 대변하며 도덕적인 의식도 갖고 있지 않다. 호메로스의 『일리아스 *Ilias*』에 나오는 영웅들에게 도덕보다 사회적 체면과 위신이 중요한 것처럼[45], 한나 역시 2차 대전 시기에 강제수용소에서

---

43 같은 책, 82-83쪽.

44 같은 책, 77쪽.

45 임철규, 『눈의 역사 눈의 미학』, 한길사, 2006, 217쪽 참조.

일한 과거의 전력에 대한 양심의 가책보다 글자를 모르는 것에 대한 수치심에 더 시달린다. 그녀는 자신이 글자를 모른다는 사실을 감추려고 직장을 바꿀 뿐만 아니라 자신이 저지른 죄 이상의 형벌을 감내하기도 한다.

한나는 연인으로서 미하엘에게 기쁨을 주기도 하지만 현격한 나이 차이와 성적 주도권을 바탕으로 그를 예속하기도 한다. 또한 한나는 나치 수용소에서 행한 자신의 일을 한갓 기능적 업무수행의 관점에서만 바라보며, 아렌트가 말한 의미에서 악의 평범함[46]을 보여 준다. 즉 그녀는 나치에 협력한 사람들이 결코 악마가 아니라 그저 자신의 일을 수행할 뿐이라고 믿었던 평범한 사람들이었음을 보여 주는 사례이다. 이러한 측면에서 한나에게는 분명 간과할 수 없는 부정적인 측면들이 존재한다.

더 나아가 메츠에 따르면, 이 소설에서 한나는 나치를 상징적으로 구현한다. 한나가 가해자세대를 상징하고 미하엘이 피해자세대를 상징한다는 일반적인 해석을 넘어, 메츠는 미하엘이 이 소설에서 가해자세대의 또 다른 측면을 상징한다고 주장한다. 즉 평범한 독일인

46 한나 아렌트는 예루살렘의 법정에서 아이히만을 괴물로 간주하며 그가 유대인 문제에 관해 모든 결정을 내렸다는 하우스너 검사의 주장을 반박하며, 이와 달리 사실은 아이히만이 상관의 명령에 복종하며 자신의 일을 수행했을 뿐이며 그래서 자신은 역사적 범죄에 책임이 없다고 믿었던 평범한 독일인이었다고 말한다. 그러나 아렌트는 나치의 부당한 명령에 저항하지 못하고 대량학살의 범죄에 어떤 식으로든 협력하며 도덕적 책임을 방기하는 자세를 비판하며, 설령 대다수의 평범한 사람들이 그러한 상황에서 동일한 태도를 취하며 잠재적인 범죄자가 될 수 있을지라도, 그것이 결코 그러한 '악의 평범함'을 용인하지는 못한다고 강조한다. 아렌트, 『예루살렘의 아이히만. 악의 평범성에 대한 보고서』, 김선욱 옮김, 한길사, 2014, 73-80쪽 및 378-382쪽 참조.

미하엘이 비합리적이고 폭력적인 한나(나치)에 유혹되어 자신의 이성적 통제능력을 상실하며 한나(나치)와 관계를 맺고 말았다는 것이다. 여기서 가해자세대를 상징하는 미하엘이 나치정권에 유혹된 희생자처럼 묘사된 것 역시 가해자세대에 대한 일종의 변호처럼 작용할 위험이 있다고 메츠는 말한다.[47] 한나에 대한 미하엘의 양가적인 반응, 즉 그녀에 대한 두려움과 욕망은 나치에 대한 독일국민의 태도를 반영하며[48], 그 때문에 나치를 상징적으로 구현하는 한나는 명백한 악이라는 것이다.[49]

슈미츠도 한나에 대한 미하엘의 성적인 예속관계를 어머니로부터 보호와 쾌감을 얻기 위해 예속되는 아이의 유아적인 태도와 결부시키며, 미하엘의 신체적 · 정신적 미숙함을 지적한다. 더 나아가 이러한 정신분석학적 해석을 역사적인 관계에 적용시키면, 한나와 미하엘의 관계는 히틀러와 독일민족의 관계와 비교될 수 있다.[50] 그러나 메츠와 달리 슈미츠는 한나와의 성적인 관계를 미하엘 스스로 '선택'한 것이라고 주장하며 그 책임을 강조함으로써[51], 미하엘로 대변되는 나치세대가 나치정권의 유혹에 넘어간 단순한 희생자가 아니라는 해석을 가능하게 한다.

---

47 Joseph Metz, ""Truth Is a Woman". Post-Holocaust Narrative, Postmodernism, and the Gender of Fascism in Bernhard Schlink's *Der Voleser*", *The German Quarterly* 77 H. 3, 2004, 304-305쪽 참조.

48 같은 글, 312쪽 참조.

49 같은 글, 314쪽 참조.

50 Heltmut Schmitz, "Malen nach Zahlen? Bernhard Schlinks *Der Vorleser* und die Unfähigkeit zu trauern", *German Life und Letters* 55 H. 3, 2002, 303쪽과 305쪽 참조.

51 같은 글, 306쪽.

이 소설에서 한나와 미하엘의 관계를 나치정권과 독일민족의 관계로 치환하여 해석할 수 있는 근거가 존재하기는 하지만, 이러한 단순비교를 어렵게 만드는 요소도 있다. 일반적인 차원에서 한나와 미하엘의 성적인 종속관계와 거기서 드러나는 폭력성을 나치와 독일민족에 적용시키기에는 큰 무리가 없다. 다만 한나를 절대악의 상징으로 간주한다면, 그녀에게 엿보이는 양면성, 특히 긍정적 속성을 그것과 어떻게 연결시킬 것인가 하는 문제가 발생한다. 예를 들면, 한나의 이야기는 황달에 걸려 구토를 하고 있는 미하엘을 그녀가 돕는 장면으로 시작한다. 간단히 말해, 한나는 선인으로 등장한다. 또한 미하엘이 한나와 맺는 관계가 비정상적이고 예속적인 관계로 비춰지지만, 미하엘이 수차례 언급하듯이 그가 거기서 행복을 느끼는 것도 사실이다. 그런데 이러한 행복을 단순히 파시스트 한나에게 유혹된 결과로만 해석할 수는 없다. 미하엘은 가정에서 아무런 행복을 느끼지 못하며, 그의 아버지가 가족인 자신들을 애완동물처럼 생각할 뿐 그의 인생에 포함시키지 않는다고 말한다. 나중에 그가 한나의 문맹상태를 알고 나서 판사에게 이를 말해야 할지 말지를 결정하기 위해 아버지의 조언을 들으러 갈 때도 아버지와의 어떤 감정적 교류도 없었던 결핍의 상태가 서술된다. 어머니와 미하엘의 관계에 대해서는 거의 서술되고 있지 않지만, 미하엘이 한나에게서 어머니의 사랑과 보호를 갈구하고 있다는 것을 알 수 있다. 또한 미하엘이 명백히 나치에 대한 비판적 입장을 견지하고 있는 시점인 아내와의 '이혼 후'에도 계속 한나의 감촉을 잊지 못하고 있다는 사실 역시 의미심장하다. 물론 관능적이고 즉흥적인 특성과 함께 그녀의 문맹적 특성은 윤리적 규범을 '읽고' 내면화하지 못하는 그녀의 한계를 드러낸다. 그러나 그러한 관능적이고 즉흥적인 면모가 아버지와 법의 세계로 대변되는 이성적이고 합리적인 질서를 교정 내지 보완하는 긍정적 기능을 지닌 것처럼, 문맹상태 역시 구술문화를 대변하며 문자문화를 비판적으로 보완하는 기능을 갖기도 한다. 그 때문에 한나가 지닌 전근대적인 관능성과 구술성을 단순히 나치의 비합리적인 야만과 동일시하기는 어렵다. 또한 아도르노의 지적처럼, 나치의 야만성은 결코 비합리적인 전근대의 산물이 아니라 야만으로 변질된 계몽의 산물이다. 따라서 나치는 전근대보다는 합리성이 지배하는 근대의 산물이며, 그 때문에 감각적이고 구술적인 전근대성을 구현하는 인물인 한나가 나치를 상징적으로 구현하는 것은 적절하지 않다. 설령 슐링크가 한나를 악의 평범함을 보여 주는 인물을 넘어 절대악 자체를 상징하는 인물로 묘사하려 했다 할지라도, 이는 한나가 지니는 여러 가지 긍정적 특성 때문에 모순성을 드러낸다.

메츠는 한나가 문맹으로 묘사된 것이 독일인이 나치의 역사적 범죄를 몰랐다는 것에 대한 비유로 해석될 수 있으며, 이에 따라 그녀에 대한 이해와 용서는 나치세대에 대한 변호가 될 수 있다고 주장한다.[52] 그러나 한나는 나치가 유대인에게 행한 범죄 자체를 모르지는 않았으며, 다만 그러한 야만적 사회에서 자신의 임무를 수행하는 것의 문제성을 인식하지 못했을 뿐이다. 따라서 한나의 문맹상태는 그녀의 도덕적 인식능력의 결핍 내지 정신적 미숙함을 나타낸다고 보아야 할 것이며, 그래서 그것이 나치세대의 특성으로 간주된다 해도 결

52 J. Metz, 같은 글, 303-304쪽 참조.

코 변호의 대상이 아니라 비판의 대상이 될 것이다. 다만 이 문맹상태를 다시 한나라는 한 개인의 특수한 상황의 차원으로 옮겨 놓을 때, 이는 그녀의 범죄가담을 용서하지는 않더라도 조금은 이해할 수 있게 해 주는 — 가령 그녀의 직업선택의 제한성이나 문맹으로 인한 비판적 성찰능력의 한계 — 특수성을 보여 준다.

도덕적 의식이 결핍된 한나가 나치에 협력한 것은 사실이지만[53], 다른 피고들과 달리 거짓말로 자신의 죄를 축소하거나 모면하려 하기보다는 오히려 거짓말까지 하며 남의 죄를 뒤집어쓴 것을 간과해서는 안 된다. 이것은 자신의 죄를 축소하거나 은폐하려 했던 일반적인 가해자세대의 태도와는 명백히 다른 것이다. 오히려 그녀는 변호사가 당황할 정도로 자신에게 불리한 사실도 맞다고 생각하면 곧바로 시인하고 반대로 그것이 옳지 않다고 생각하면 반박하는 등 자신의 솔직한 감정에 따라 행동한다. 특히 그녀가 '우리는'이라는 말로 다른 피고인들이 자신들이 회피하려는 죄에 연루되어 있음을 폭로할 때, 그녀는 역사의 진실을 감추기는커녕 오히려 드러내고 있다. 다만 그녀는 문맹이라는 사실을 숨기기 위해 거짓말을 해야 했으며, 그 때문에 진실을 밝히는 데 한계가 있을 수밖에 없었다. 반면 한나의 솔직한 진술로 자신의 죄가 드러날 것을 두려워한 다른 피고들과 그들의 변호인은 작

53 아우슈비츠 수용소로 보낼 수감자를 선별하는 것이나 폭파된 교회의 문을 열어 주는 것과 관련해 재판장이 던진 질문에 대해 한나가 '당신이라면 어떻게 하겠느냐'고 대답 대신 또 다른 질문을 던질 때, 그녀의 도덕적 인식능력의 결핍이 잘 드러난다. 이런 점에서 그녀는 아이히만과 유사성을 지니며 악의 평범함을 보여 준다. 하지만 그녀가 작품 마지막에 자신의 도덕적 과오를 인식하고 그 책임을 스스로 짊어지려 한다는 점에서는 끝까지 자신의 잘못을 깨닫지 못하는 아이히만과 명백히 구분된다.

정하고 모든 죄를 한나에게 덮어씌운다. 이들에게서 모든 도덕적 책임을 회피하고 역사를 은폐하려는 전략적 태도가 명백히 드러난다.

한나가 나치의 역사적 범죄에 어떤 식으로든 참여한 것은 당연히 비판의 대상이 되겠지만, 그녀의 문맹상태가 그녀의 도덕적 인식능력의 결핍이나 그녀의 직업선택에 영향을 준 특별한 사정은 참작되어야 할 것이다. 다시 말해 한나의 경우를 단순히 보편적인 상황에 따라 평가 내지 판결해서는 안 되며, 그녀의 특수한 상황에 대한 이해가 필요하다. 이러한 판결과 이해의 복잡한 관계가 바로 한나라는 인물의 특수한 상황과 맞물려 전개된다. 이로써 해석의 초점은 한나라는 인물을 이해하고 판결해야 하는 자식세대로 옮겨지며 동시에 이와 함께 법정의 역할과 의미가 부각되는 것이다.

어린 시절 한나와 육체적 관계를 맺고 행복한 시간을 보냈던 미하엘은 그녀가 어느 날 갑자기 사라진 후부터 일상적인 질서에 편입된다. 그가 법학을 공부한 것은 곧 어머니의 관능적 세계에서 아버지의 규범적 세계로 이행한 것을 의미한다.[54] 그 이후 그는 오만하고 요지부동의 인간처럼 행동한다. 법대생이 된 그는 어느 날 세미나의 일환으로 나치범죄자들에 대한 재판을 구경하러 법정에 갔다가 피고

---

54 미하엘은 어릴 때 어머니가 자신을 목욕타월로 감싸 주었던 것을 행복하게 기억하고 있으며, 이러한 행복은 가족 속에서 소외되어 있던 그가 자신의 어머니 또래의 한나와 관계를 맺으면서 되살아난다. 더욱이 한나가 미하엘을 알게 된 계기도 구토를 하며 쓰러진 그를 그녀가 도와주면서부터이다. 따라서 미하엘에게 한나는 어린 그를 보호하는 어머니의 표상과 오이디푸스 콤플렉스적 구도에서 욕망의 대상이 되는 어머니의 표상을 모두 구현하고 있다.
이와 유사한 결론을 심리학적 관점에서 내리고 있는 연구로는 다음 논문을 참조하시오. 이홍경, 「트라우마를 남긴 사랑. 베른하르트 슐링크의 『책 읽어 주는 남자』의 정신분석학적 고찰」, 『독일문학』 제93집, 2005, 124-143쪽.

로 서 있는 한나를 만난다. 이때 그가 한나에게 느끼는 감정은 양면적이다. 한편으로 그는 자신이 이런 나치범죄자를 사랑했었다는 사실에 부끄러움을 느끼고 자책한다. 그러나 다른 한편 그는 그녀가 문맹이라는 사실을 숨기려고 모든 죄를 뒤집어쓰고 있다는 사실을 깨닫고 그녀를 이해하기도 한다. 즉 그는 판결과 이해의 양 극단에서 방황하며 입장을 정하지 못한다.

이에 반해 동료 법대생들이나 법원 재판관들은 한결 같이 독선적이고 우월한 입장에서 한나를 도덕적으로 판결하려고만 한다. 동료 법대생들은 부모세대를 수치스러워하며 그들과 단절하려 한다. 하지만 그들은 어쩔 수 없이 부모와 연결되어 있으며, 그 때문에 그들의 죄에 연루된다.[55] 그들의 추상적인 판결은 한 인간에 대한 구체적인 이해를 결여하고 있다. 나중에 미하엘이 감옥에 있는 한나를 찾아가 재판 전에 그러한 재판과정에서 다루어진 사실들에 관해 생각해 본 적이 없었는지 묻자 한나는 이렇게 대답한다.

55 장은수는 이 소설을 "한나로 대표되는 나치전범 1세대와 미하엘이 속한 전후세대, 즉 전쟁 전후 태어나 68학생운동을 주도했던 제2세대"(장은수, 「세대담론으로 읽는 슐링크의 『책 읽어 주는 남자』」, 『브레히트와 현대연극』 제26집, 2012, 133쪽) 간의 문제를 전면적으로 다룬 세대담론으로 읽어 내며, 아버지세대를 비판하면서 자신도 그들의 죄에 연루되어 있음을 인식하지 못하는 자식세대에 속한 작가 자신의 "자성적 세대담론"(같은 글, 142쪽)이 소설에서 펼쳐지고 있다고 해석한다.
더 나아가 박희경은 자식세대가 아버지세대의 죄에 연루된 것을 '감정유산'이라는 관점에서 해석한다. 이에 따르면 자식세대인 미하엘이 부모세대인 한나의 죄에 연루된 것은 무고한 유대인의 희생 자체와 연관되기보다는 전범자 한나를 나르시시즘적으로 동일시하고 사랑함으로써 전범자와 사랑의 대상으로서의 한나를 하나의 통합적인 인간으로 받아들일 수 없다는 데 있다. 즉 이러한 감정적인 연루에서 그의 죄책감이 생겨난다는 것이다. 박희경, 「베른하르트 슐링크의 소설 『책 읽어 주는 남자』에 나타난 죄와 수치의 유산」, 『뷔히너와 현대문학』 제44호, 2015, 177쪽.

"나는 그 누구도 나를 이해하지 못하고, 그 누구도 내가 누구인지 무엇이 나로 하여금 이런 저런 일을 하게 했는지 알지 못한다는 느낌을 항상 받았어. 그리고 넌 알 거야. 너를 이해하지 못한다면, 또한 그 누구도 네게 해명을 요구할 수 없다는 걸 말이야. 그래서 법원조차 내게 해명을 요구할 수 없었어."[56]

법원은 그녀를 심판하려 할 뿐 그녀가 누구인지, 어떤 계기로 그녀가 나치의 범죄에 가담했는지 묻지 않는다. 비록 판사나 배심원이 재판 초반에는 끔찍한 범죄에 대해 들으면서 감정적 동요를 보이기도 하지만, 점차 그들은 경악스러운 범죄사실에 익숙해지고 무감각해지며 심지어 무관심해진다. 마치 한나가 '악의 평범함'을 구현하며 일상 업무처럼 나치의 범죄를 수행하듯이, 법원은 '선의 평범함'을 구현하며 무관심하게 기계적으로 판결을 내리는 것이다.

그 때문에 "재판 중에 이스라엘로 가서 한 여자증인을 심문하는 것이 어떻겠냐는 의견이 나왔을 때, 그들은 여행에 대한 기대감을 감추지 못하였다."[57] 이스라엘에서 진행될 2주간의 조사는 사건을 더 잘 이해하기 위한 과정이 아니라, 기계적으로 진행되는 재판에서 벗어나 휴식을 취하기 위한 관광여행의 성격을 지닌다.

그곳에서의 심문은 며칠이면 끝날 일이었지만, 판사와 검사들은 재판과 관련된 일을 관광과 연결시켜, 예루살렘과 텔아비브, 네게브와 홍해

56 B. Schlink, *Der Vorleser*, Zürich, 1997, 187쪽.
57 같은 책, 98쪽.

를 일주하였다. 그것은 물론 업무나 휴가 또는 경비와 관련해 법적으로 아무런 문제가 없는 것이었지만, 그래도 내게는 왠지 이상하게 여겨졌다.[58]

위의 인용문에서 재판부가 재판과 관련된 모든 자료를 충분히 검토하기도 전에 이미 자신들의 입장을 정하고 판결을 내린 상태임을 추측할 수 있다. 따라서 이스라엘에서의 심문은 일종의 요식행위일 뿐이며, 실질적으로 관광여행에 지나지 않는다. 그 때문에 인용문 마지막 부분에 나오는 "법적으로 아무런 문제가 없는 것이었지만, 그래도 내게는 왠지 이상하게 여겨졌다."라는 말을 한나와 연결시켜 생각하면, 피고 개개인의 특수한 상황에 대한 어떤 이해의 노력도 하지 않은 채 추상적인 일반성의 범주하에서 모든 사건을 파악하고 일괄적으로 처리하며 판결하는 법정의 문제점을 암시하는 것으로 해석할 수 있을 것이다.

물론 한나가 스스로 밝히지 않는 한 판사가 한나의 특수한 상황, 즉 그녀가 문맹이라는 사실을 알기는 힘들다. 따라서 사태를 올바로 파악하지 못한 것에 대한 책임을 전부 판사에게 지우며 그를 비난하는 것은 옳지 않다. 오히려 문제의 핵심은 법이 과연 정의를 실현할 수 있는지에 대한 슐링크의 문제제기이다. "한편으로 판결은 우리 모두가 순진하게 소망하는 것처럼 그렇게 정의의 수립과 일치하지 않는다. 인간의 본성은 너무 복잡하고 너무 다층적이어서 항상 객관적으

58 같은 책, 140쪽.

로든 주관적으로든 한 인간에게 정의를 실현하기란 불가능하다. 그럼에도 불구하고 법에 이를 요구한다면, 이는 틀림없이 지나친 요구가 될 것이다."[59]

죄인에게 어떤 질문도 하지 않고 이해하려는 시도를 완전히 포기한 채 오직 법적인 판결만을 내리려는 곳에서, 슐링크는 버틀러가 말한 의미에서 일종의 윤리적 폭력을 본다. 나치에 협력한 아버지세대와 자신의 세대를 갈라놓고 우월한 입장에서 오만하게 판결만을 내리려는 친구들과 판사들의 태도에는 또 다른 폭력이 숨어 있는 것이다.

이전에 한나와 긴밀한 관계를 가졌고 지금은 그녀의 비밀을 알고 있는 미하엘은 이러한 태도의 문제점을 누구보다 잘 알고 있다. 그 스스로 한나와 마찬가지로 수치심 때문에 그녀와의 관계를 숨기고 다른 친구들 앞에서 그녀를 못 본 척했었기 때문이다. 그렇다고 그가 자신은 위에서 시키는 일을 했을 뿐이며 달리 어떻게 행동했겠냐며 기능적인 관점에서 자신의 일을 정당화하는 한나의 태도를 용인할 수는 없다. 이처럼 그는 도덕적 판결과 개인적 이해 사이에서 갈등한다.

> 나는 한나의 범죄를 이해하려는 동시에 단죄하려고 했다. 그러나 그 범죄는 이해하기에는 너무 끔찍한 것이었다. 내가 그것을 이해하려고 시도했을 때, 원래 단죄되어야 마땅한 범죄를 그렇게 하지 못했다는 감정이 들었다. 내가 그 범죄를 응당 그래야 하듯이 단죄했다면, 이해를 위한 공간은 전혀 남아 있지 않았을 것이다. 하지만 나는 동시에 한나를

59 Beate M. Dreike, "Was wäre denn Gerechtigkeit? Zur Rechtsskepsis in Bernhard Schlinks *Der Vorleser*", *German Life and Letters* 55. H. 1, 2002, 128쪽.

이해하려고 했다. 그녀를 이해하지 않는다는 것은 그녀를 또다시 배반하는 것을 의미했다. 나는 이 문제를 해결하지 못했다. 나는 이 두 가지, 즉 이해와 단죄 모두 하려 했다. 하지만 그 두 가지를 동시에 할 수는 없었다.[60]

그러나 엄밀히 말해 이해와 판결이 대립되는 것은 아니다. 오히려 누군가를 올바로 판결하려면 우선 그 사람을 제대로 이해해야만 한다. 한나를 제대로 이해할 수 없었던 법정이 그녀에 대해 올바른 판결을 내릴 수 없었다는 점을 기억할 필요가 있다. 이해와 판결이라는 대립되는 입장의 간극을 메우기 위해서는 '한나가 누구인지' 질문을 던져야 하며, 이러한 질문은 다시 그녀와의 관계에 깊숙이 연루된 미하엘에게 '나는 누구인가'라는 자아성찰을 야기한다. 한나가 문맹이라는 사실을 다른 사람에게 말할 수 없었듯이, 그 역시 수치심 때문에 그녀와 자신의 관계를 다른 사람에게 말할 수 없었다.[61] 작품 마지막에 그는 폭파된 교회에서 살아남은 유대인 여성에게 한나의 유언을 전달하러 가서야, 한나와의 관계를 묻는 그녀의 질문에 솔직하게 대답한다. 한나와 마찬가지로 그도 마지막 순간에 이르러서야 힘겹게 자신의 수치심을 극복할 수 있었던 것이다. 이처럼 미하엘의 이야기는 결코 한나의 이야기와 병렬적으로 전개되지 않으며, 그의 자

60 B. Schlink, 같은 책, 151쪽 이하.

61 미하엘은 강제수용소 세미나를 주관했던 교수의 장례식에서 옛 친구를 만난다. 그는 미하엘이 매일같이 법정에 출석해 뚫어지게 쳐다보던 한나와 무슨 관계였는지 계속해서 물어보지만, 미하엘은 끝까지 답변하지 않는다. 또한 미하엘은 한나가 죽고 나서 만난 교도소장의 같은 질문에도 솔직히 대답하지 않는다.

아는 한나의 자아와 긴밀히 얽혀 있다. 그는 자신이 그녀를 사랑했고 그녀의 존재가 그의 결혼생활을 포함해 그의 삶에 지속적으로 영향을 미치고 있음을 잘 알고 있다. 따라서 그녀의 삶에 대한 이해와 평가는 곧 그 자신에 대한 이해 및 평가와 무관하지 않으며, 그래서 그는 한나와 자신에 대한 이야기를 글로 쓰기로 결심한 것이다.

미하엘은 학창시절뿐만 아니라 한나가 감옥에 수감된 후에도 계속해서 그녀에게 책을 읽어 준다. 그리고 한나는 미하엘이 보내 준 녹음테이프를 통해 글쓰기를 배운다. 그러나 이러한 학습의 과정은 사실 일방적인 것은 아니다. 왜냐하면 미하엘이 나중에 직접 글을 쓸 때도 이를 녹음해 한나에게 보내는데, 그때 "한나는 다시 한 번 내가 내 모든 힘과 창의력, 내 모든 비판적 상상력을 묶어서 바치는 심판관이 되었다. 그런 다음에야 나는 원고를 출판사에 보낼 수 있었다."[62] 즉 한나는 모든 개별적 사건의 특수성을 무시하고 추상적인 보편성에 끼워 맞춰 법적 판결을 내리는 재판관과 달리, 미하엘의 글이 지닌 섬세함 감각과 창의성, 상상력을 놓치지 않고 평가할 줄 아는 '심판관' 역할을 한다. 미하엘은 그녀가 자신이 보내 준 이전 세대 작가들의 작품을 얼마나 개성 있게 읽어 내며 정곡을 찌르는 평을 하는지, 그것을 어떻게 현대적 지평에서 읽어 내는지에 감탄한다. 문학에 대한 이러한 섬세한 감각과 그녀의 즉흥적이고 감정적인 태도 사이에는 긴밀한 연관성이 존재한다. 그 때문에 지나치게 계획적이고 이성적인 미하엘은[63] 한나를 통해 자신의 부족한 부분을 메우며 자신의 글쓰기를 보완

---

62 같은 책, 176쪽.

63 미하엘이 한나를 찾아가 출옥하는 날 무엇을 할지 생각해 보라고 말하자, 그녀는 "한

해 나간다.

심판관으로서의 한나와 대비되는 또 다른 재판관의 상을 미하엘의 전처였던 게르트루트에게서 발견할 수 있다. 법적인 판결에 대한 미하엘의 회의와 유보적 태도는 그의 결혼생활 실패를 통해 우회적으로 표현된다. 그가 하필이면 법적인 판결을 내리는 판사 아내 게르트루트와 이혼한 것은 상징적 의미를 갖는다. 그것은 우월한 입장에서 상대방에게 판결만을 내리려 한다면 상대방에 대한 이해가 결여될 수밖에 없으며, 이는 관계의 파탄으로 이어짐을 의미한다. 물론 "게르트루트는 영리하고 유능하고 결혼생활에 충실했다."[64] 그러나 미하엘이 아내 게르트루트에게서 한나의 손길이나 감촉 같은 것을 느끼지 못한다고 말할 때, 이는 간접적으로 그녀가 추상적인 사유와 판단에 익숙하지만 관능적 매력이나 따듯한 마음이 부족함을 암시한다.[65]

한나를 단순히 따듯한 마음이 결여된 관능적인 여인으로만 바라보는 것은 옳지 못하다. 자신이 문맹이라는 사실을 감추기 위해 전차 차장 일을 그만두고 8년이나 살던 도시를 떠나가기 전날, 한나는 미하엘이 있던 수영장을 찾아간다. 하지만 그가 그녀를 보고도 친구들 때

번 생각해 볼게. 넌 여전히 엄청 계획을 잘 세우는구나. 그렇지 않니?"(같은 책, 191쪽) 라고 대답한다. 이 말에 미하엘은 화가 나서 이전에 여자 친구들이 그가 너무 머리만 쓰고 자연스럽게 행동하지 못하며 몸을 움직이지 않는다고 말했던 것을 기억한다.

64 같은 책, 164쪽.

65 물론 이 소설에서 구체적으로 나타나는 결혼파탄의 우선적 책임은 미하엘에게 있다. 그는 한나와의 갑작스러운 이별에 따른 고통을 심리적으로 억누르며 자신의 상처를 제대로 치유하지 않는다. 그래서 과거는 심리적으로 억압된 기억으로 무의식에 남아 그의 삶에 지속적으로 부정적인 영향을 미친다. 치유되지 않은 상처로서의 옛 사랑에 대한 의식적 · 무의식적 기억은 아내 게르트루트와의 행복한 결혼생활을 방해하며 그녀와 헤어지는 이유가 된다. 이홍경, 같은 글, 135-136쪽 참조.

문에 못 본 척 행동하자, 그녀는 그에게 부담을 주지 않으려고 아무런 작별인사도 없이 그를 떠나간다. 그녀가 미하엘을 성적인 파트너로만 생각하지 않았다는 사실은 나중에 그녀의 유품에 고등학교 졸업식장에서 상을 받은 미하엘의 사진이 실린 신문이 들어 있다는 데서도 드러난다. 그와 헤어진 지 이미 오랜 시간이 흘렀고 더욱이 그녀가 신문을 읽지 못하는 문맹이라는 사실을 고려한다면, 이러한 사진을 찾아내어 죽을 때까지 간직했다는 것은 그녀가 미하엘을 끝까지 사랑하고 그리워했음을 보여 준다. 이와 달리 미하엘이 아내와의 이별에 대해 "아무런 상처 없이 헤어졌으며 서로를 배려하는 관계로 남았다."[66]라고 말할 때, 이는 이들의 지극히 합리적인 성격을 입증한다. 또한 게르트루트는 미하엘이 판사나 변호사가 되지 않고 법제사를 공부하기로 결심했을 때, 이를 삶의 도전을 회피하는 것으로 간주한다. 그러나 이러한 '판결'에는 미하엘의 과거 삶을 이해하려는 노력이 전적으로 결여되어 있다. 미하엘이 변호사나 판사의 길 대신 법제사 공부를 선택한 이유는 "기소가 변호만큼이나 내게 지독한 단순화로 여겨졌고, 판결은 그중에서도 가장 지독한 단순화였다."[67]라고 생각했기 때문이다. 더 나아가 그가 선택한 법제사 연구는 과거 역사를 연구함으로써 현재와 과거의 관계를 보다 잘 이해할 수 있는 기회를 그에게 열어 준다. 특히 그의 중점연구 분야가 제3제국의 법률이라는 사실은 그에게 법제사 연구가 한나와 자신, 또는 나치세대와 그 자식세대의 문제를 보다 거시적인 역사의 틀에서 바라볼 수 있도록 도와준다.

66 B. Schlink, 같은 책, 165쪽.

67 같은 책, 171쪽.

미하엘이 법제사를 연구하면서 법률의 역사가 직선적으로 진보하는 것이 아니라 늘 새롭게 다시 출발한다는 것을 깨달은 것 역시, 높은 위치에 서서 내려다보며 판결을 내리려는 계몽주의적 오만함에 대한 비판적 거리를 갖게 되었음을 의미한다. 다른 한편 그는 문맹자에 관한 글을 읽고 그들이 일상에서 겪는 여러 가지 어려움을 알게 되면서 한나를 한층 더 잘 이해할 수 있게 된다. 그리하여 그는 한나에게 책을 녹음한 테이프를 보내 그녀가 정신적으로 미숙한 아이에서 성인으로 성장할 수 있도록 도와준다.[68] 이러한 점에서 계몽주의에 대한 미하엘의 입장은 양가적이라고 할 수 있을 것이다.

한나는 미하엘이 감옥으로 보내 준 소설 녹음테이프를 통해 글을 익히며 희생자들이 강제수용소에 관해 쓴 글을 읽는다. 이러한 과정을 거쳐 그녀는 마침내 자신의 죄를 자각하고 도덕적 책임감 때문에 출소하는 바로 그날 목을 매달아 자살한다. 또한 자신의 남은 유산을 방화된 교회에서 살아남은 유대인 여성에게 전달하라는 유언도 남긴다. 한나에 관한 미하엘의 설명을 들은 후, 이 유대인 여성은 전달받은 돈을 유대인 문맹자를 위해 쓰기로 결정한다. 이것은 그녀가 한나의 죄를 완전히 용서하지는 않더라도 그녀를 이해하게 되었음을 의미한다.

사랑하는 가족이나 연인은 '나'의 일부를 이루며, 그들의 죄에

---

68 이러한 측면에서 한나가 문자를 습득하며 도덕적 의식을 갖게 되는 과정은 계몽의 과정이라고 볼 수 있다. 최경은, 「문자 사회에서 문맹자의 운명. 베른하르트 슐링크의 『책 읽어 주는 남자』를 중심으로」, 『독일문학』 제125집, 2013, 268쪽.
따라서 작가는 이 작품에서 한편으로 계몽을 정신적 성숙의 과정으로 간주하면서도, 다른 한편으로 그러한 계몽적 이성이 진리와 정의를 독점하며 전제적이 될 때는 그것의 오만함과 폭력성을 비판하기도 한다.

'나'는 필연적으로 연루된다. 그 때문에 '나'는 거리를 두고 그들을 비판하거나 판결할 수만은 없으며, 동시에 그들을 이해하려고 노력해야 한다. 이처럼 '너는 누구인가'라는 질문을 던지는 타자의 윤리학은 타자에 대한 어떤 이해의 시도도 하지 않는 윤리적 폭력을 막을 수 있다. 또한 이러한 타자에 대한 질문은 필연적으로 그와 관련을 맺고 있으며 그의 일부분을 자신 속에 내포하는 '나' 자신에 대한 질문, 즉 '나는 누구인가'라는 질문으로 이어진다. 그 때문에 소설 결말부에서 미하엘은 한나와 자신의 이야기를 글로 쓰기로 마음먹는다. 그러한 이야기는 머릿속에서 매번 약간씩 다르게 쓰인다.

> 따라서 내가 쓴 판본 외에도 많은 다른 판본들이 존재한다. 내가 글로 완성한 판본이 정본이라는 것은 내가 이 판본은 글로 완성했지만 다른 판본들은 그렇게 하지 않았다는 데서 보증된다. 내가 글로 완성한 판본은 글로 쓰이기를 원했지만, 다른 많은 판본들은 그렇지 않았던 것이다.[69]

이 말은 미하엘이 살고 있는 문자세계가 한나가 살아 왔던 구술세계를 배제할 수 있으며, 그 때문에 작가는 책 속에 담기지 못하고 이해되지 못한 부분들에 대해 열린 이해의 태도를 견지할 수 있는 텍스트의 개방성을 요구하고 있는 것이다. 이것은 '너는 누구인가'라는 질문에 대한 답변이 미하엘의 글에서 결코 완결될 수 없으며, 독자가 타

69 B. Schlink, 같은 책, 205쪽 이하.

자의 윤리학에 기대어 끊임없이 새롭게 질문을 던져야 함을 의미한다.

2. 집단적 정체성

1) 식민주의/포스트식민주의 담론

(1) 근대의 두 얼굴: 유럽적 정체성과 식민주의의 관계

근대라는 개념은 흔히 신중심적인 세계상이 지배하는 전근대와의 구별을 통해 정의되곤 한다. 르네상스 시대부터 시작되어 프랑스 혁명기에 본격적인 궤도에 오른 근대는 인간중심적인 사유를 낳고 자유와 평등을 기치로 내세웠다. 또한 그것은 각자의 고유성을 간직한 자아와 합리적인 이성을 중심범주로 갖는다. 그러나 이러한 근대의 또 다른 얼굴은 푸코가 『감시와 처벌』에서 묘사한 바 있는 규율사회의 훈육된 자아와 이성의 광기이다. 푸코에 따르면, 자아란 자유롭고 평등한 자아가 아니라 사회에 의해 끊임없이 감시되고 더 많은 성과를 내도록 훈육되는 억압된 자아이다.

이러한 근대의 양면성은 조금 다른 관점이기는 하지만, 네그리와 하트에게서도 강조된다. 이들에 따르면, "**근대성 자체는 위기에 의해, 즉 내재적이며 구축적이고 창조적인 세력들과 질서를 재건하려는 초월적 권력 간의 부단한 갈등에서 태어나는 위기에 의해 규정된다.**"[70]

70 네그리 · 하트, 『제국』, 윤수종 옮김, 이학사, 2011, 119쪽.

즉 근대 자체는 인본주의적이고 자유와 평등을 추구하며 혁명적인 성격을 지니지만, 동시에 반동적이고 초월적인 심급을 새롭게 설정해 질서를 구축하며 통일성을 추구하는 억압적인 측면도 지닌다는 것이다. 유럽 국가들은 이러한 근대의 내부적 위기를 막고 전복적 세력을 통제하기 위해 시선을 유럽 외부로 돌린다. 근대가 곧 유럽의 근대를 의미한다고 할 때, 근대적인 유럽은 유럽중심주의를 낳으며 유럽인의 정체성을 구축하기 위해 타자를 필요로 한다. 그러한 타자는 무엇보다 르네상스 시대부터 시작되어 온 식민지 개발을 통해 조달된다.

통일된 개인의 자아상은 집단적 차원에서는 우선은 민족국가의 형태로 등장한다. 봉건적인 질서가 무너지면서 사회의 다양한 구성원들은 동일한 언어나 영토라는 공간적 연속성 등에 기반을 둔, 베네딕트 앤더슨이 말한 상상의 공동체로서의 민족으로 묶여져 집단적 소속감을 갖는다. 더 나아가 유럽 국가들은 무엇보다 근대라는 이름으로 결속되며 근대적 정체성을 형성하는데, 이는 그러한 유럽적 자아와 구분되는 전근대적이고 야만적인 타자를 필요로 한다. 이러한 야만적 타자란 실제로 존재하기보다는 유럽인들이 자신들의 인종적 선입견을 투영해 만들어 낸 상상된 타자이다.

유럽중심주의에 수반되는 인종차별담론이 비단 제국주의적인 유럽 국가의 정치가나 관료에 의해서만 구축된 것은 아니다. "정치적 자유에 대한 옹호자인 영국의 존 스튜어트 밀은 식민 독재를 일종의 '선한 독재'라고 지지하였는데 이를 통해 뒤떨어진 민족을 교육과 계몽의 수준으로 끌어올릴 수 있을 거라고 했다. […] 밀의 프랑스 친구이자 정치학자였던 알렉시스 드 토크빌은 유명한 『미국의 민주주의 *De la démocratie en Amérique*』(1835/1840)의 제2권을 출판한 뒤 프랑스가 알제리를 정복하고 '조용히 잠재우는' 과정에서 채택한 테러의 전략을 열렬히 지지하는 것으로 태도를 바꿨다. […] 토크빌과 마찬가지로 유럽의 여러 자유주의자, 민주주의자들은 국가의 명예와 규율과 충성이 가져다주는 군사적 미덕을 지키고, 유럽인들이 인종적으로나 문화적으로 더 우월하다는 믿음을 정치적으로 표현하는 것을 지지하였다."[71]

마르크스 역시 문명화사업이라는 식민지 지배국가의 관점을 받아들인다. 그는 도덕적 관점에서 식민지에서 일어나는 야만적 폭력을 비판하면서도, 식민주의가 식민지에 자본주의 경제를 발전시키며 근대화로 들어서는 진보의 계기를 내포한다고 생각하였다.[72] 이러한 서양중심적인 사유는 나중에 레닌이 소위 동방의 피지배자들의 관점을 취하며 제국주의에 관한 본격적인 비판을 수행할 때 비로소 극복된다. 이처럼 유럽의 근대는 식민지 개척을 통해 유럽적 정체성을 구축한 식민주의와 떨어뜨려 생각할 수 없으며, 그러한 폭력적인 식민주의적 사고는 밀 같은 자유주의자와 마르크스 같은 사회주의자에 이르기까지 광범위하게 퍼져 있었다.

무엇보다 유럽의 근대성은 자본주의와 떨어뜨려 생각할 수 없다. 유럽이 봉건적인 경제체제에서 자본주의 경제체제로 이행하면서, 유럽자본은 내부적인 사회경제적 문제를 팽창정책을 통해 해결하려고

---

71 바커, 『테러리즘』, 105-106쪽.

72 로버트 J. C. 영, 『포스트식민주의 또는 트리컨티넨탈리즘』, 김택현 옮김, 박종철출판사, 2010, 192쪽 참조.
그러나 식민지들이 제국주의 국가의 정치적 지배를 받으며 경제적으로 발전한 경우도 있지만, 경제적 정체 내지 퇴보를 겪는 경우도 허다하다. 하지만 마르크스는 이러한 문제에 대해 깊이 있게 성찰하지 않는다.

시도한다. 이러한 과정에서 영국이나 프랑스의 이민자들은 17세기 중엽 아메리카 대륙에서 원주민들이 전쟁과 질병으로 죽음으로써 생긴 공백을 아프리카 노예들로 메운다. 이러한 식민지의 약탈경제는 흑인노예무역에 기반을 두고 있었던 셈인데, 이는 유럽 자본주의가 결코 전근대적인 노예노동과 대비되는 지점에 있지 않았으며 오히려 반대로 그러한 노예노동에 기반을 두고 있었음을 보여 준다.[73] 네그리와 하트는 식민주의나 인종주의가 결코 근대성의 왜곡이나 근대성으로부터의 일탈이 아니라, 근대성에 내재하며 근대성을 구성하는 본질적 요소임을 강조한다. 즉 식민주의나 인종주의는 단순한 이데올로기가 아니라 경제적 · 사회적 · 행정적 기구와 제도 전반에서 실행되는 통치적 성격을 띠고 있다는 것이다.[74] 이러한 사실은 유럽의 백인들이 자신들의 절대적 타자로서 아프리카 흑인들에게 부여한 야만적이고 폭력적인 성향이 사실은 그들 자신의 특성이었음을 폭로한다. 근대 유럽 국가를 역사발전의 최종단계로 구상한 헤겔의 철학체계에서 아프리카는 역사 바깥에 있는 미개한 타자로서 지양되어야 할 하나의 지점에 불과한 것으로 간주되었지만, 이러한 자아와 타자의 변증법은 네그리와 하트가 지적했듯이 허구에 불과하다. 네그리와 하트는 유럽의 식민지 통치국과 식민지 사이의 변증법적 관계가 현실적으로 존재한 것이 아님을 강조한다. 왜냐하면 식민지 통치국은 결코 하나의 민족적 정체성에 기반을 둔 통일된 국가가 아니라 그 안에 다양한 입장 차이와 갈등을 내포하고 있는 국가이며, 마찬가지로 식민지에도 인종

73 네그리 · 하트, 『제국』, 172-174쪽.

74 네그리 · 하트, 『공통체』, 130-131쪽 참조.

적으로나 계급적으로 다양한 차원들이 존재하기 때문이다. "식민주의는 차이들을 절대적인 것으로 밀어붙이고 대립을 유럽 문명의 정체성 아래 포섭하는 하나의 최우선적인 대립을 창출함으로써 실제적인 사회적 차이들을 동질화한다. **현실은 변증법적이지 않고, 식민주의가 변증법적이다.** [···] 백인과 흑인, 유럽인과 동양인, 식민자와 식민지인 모두는 서로의 관계 속에서만 기능하며 (외양에도 불구하고) 사실상 자연, 생물학 또는 합리성에 어떠한 현실적인 필수적 기반도 지니고 있지 않은 표상들이다. 식민주의는 타자성과 정체성을 생산하는 추상기계이다."[75]

그런데 비단 유럽의 식민지 통치국만 이분법적이고 변증법적인 태도로 식민지와의 관계를 사유하는 것은 아니다. 심지어 식민지 통치하에 있거나 식민지 지배에 반대하는 지식인 중에도 많은 사람들이 여전히 이러한 사유의 틀을 벗어나지 못한 채 식민지의 독립과 해방운동을 지지한다. 그 대표적인 예로 프란츠 파농과 그의 책 『대지의 저주받은 사람들 *Les damnés de la terre*』(1961)의 서문에 글을 실은 사르트르를 들 수 있다. 사르트르는 유럽인이 "노예와 괴물을 창조함으로써 인간이 될 수 있었다"며, 유럽의 휴머니즘을 "인종주의적 인간주의"로 부른다.[76] 이것은 근대 유럽의 인본주의가 유럽중심주의 및 식민주의와 긴밀하게 착종되어 있었음을 보여 준다. 또한 사르트르는 이 글에서 지배국가의 이주민의 폭력에 맞선 원주민의 대항폭력을 폭력의 부

---

75 네그리 · 하트, 『제국』, 182쪽.

76 장 폴 사르트르, 「1961년판 서문」, 프란츠 파농, 『대지의 저주받은 사람들』, 남경태 옮김, 그린비, 2012, 41쪽.

메랑으로 정당화하고, 파농의 입장에 동조하며, 원주민의 폭력이 결코 "야만적인 본능의 부활"이 아니라 "인간이 자신을 재창조하는 과정"으로 해석한다.[77] "반역의 무기는 그가 인간임을 증명하는 증거다. 반란의 초기에 그는 남을 죽여야 한다. 유럽인을 쏘아 죽이는 것은 일석이조의 행위다. 억압자를 없애는 동시에 피억압자를 없애는 것이기 때문이다. 그러면 결국 죽은 자와 해방된 자가 남게 된다. 생존자는 처음으로 자신의 발아래 **조국** nation의 흙을 느낀다."[78] 여기서 유럽인과 식민지 원주민은 서로 투쟁 중인 적대적인 관계에 있는 것으로 간주되며, 궁극적으로 이러한 관계는 식민지 원주민의 폭력적 투쟁을 통해서만 끝낼 수 있다고 여겨진다. 이러한 주장을 하면서 사르트르가 대지와 조국(민족국가)을 언급하는 것은 흥미로운데, 왜냐하면 이것은 근대적인 집단적 정체성을 나타내는 표식들이기 때문이다. 대지는 자신이 뿌리내리고 있는 장소, 보다 정확히는 다른 국가와의 경계구분을 통해 민족국가를 수립하는 장소를 의미한다. 그런데 이러한 민족국가는 사르트르에 따르면 식민지해방투쟁을 통해서만 가능하다. 그러나 "반인종주의적 인종주의가 인종차별의 폐지에 이르게 될 유일한 길이다."[79]라는 사르트르의 주장은 인종적 구분을 실체로서 인정하며 그러한 구분을 통해 또 다른 인종적 적대와 폭력을 낳을 갈등의 잠재력을 내포하고 있다. 이러한 관점은 식민지에서 민족해방투쟁을 추구하는 많은 반식민지이론가들에게서 다시 나타나는데, 그 때문에

77 같은 글, 36쪽.

78 같은 글, 36-37쪽.

79 Jean-Paul Sartre, "Black Orpheus", *What Is Literature? and Other Essays*, Cambridge & Massachusetts, 1988, 296쪽. 네그리 · 하트, 『제국』, 184쪽 재인용.

이러한 근대적 관점을 고수하는 반식민주의를 극복할 이론과 실천으로 포스트식민주의의 필요성이 대두된다.

(2) 제국과 포스트식민주의

16세기부터 본격화된 식민주의는 19세기 후반 본격적인 제국주의로 발전한다. 로버트 영은 제국주의가 하나의 개념인 반면, 식민주의는 하나의 실천이기 때문에 일반화시키기 어렵다고 하면서도[80], 다음과 같이 두 개념을 대비시킨다. "식민화는 실용주의적인 것이었고 19세기까지 대개 지역별로 무계획적인 방식으로 발전했던 데 반해(예컨대 서인도 제도의 점령처럼), 제국주의는 전형적으로 메트로폴리스 중심부의 이데올로기에 의해 추동되었고 국가 권력의 과시와 팽창에 관심이 있었다(예컨대 프랑스의 알제리 침공처럼). 식민주의는 경제적으로 추동된, 주변부에 대한 어떤 행동이었다. 본토 정부의 관점에서 볼 때 식민주의는 때때로 통제하기 어려웠다. 다른 한편 제국주의는 하나의 국가 정책으로서 중심부에서 작동했고 권력의 거대한 프로젝트들에 의해 추동되었다."[81] 따라서 제국주의는 중심부에서 주변부를 지배하고 통제하는 전형적인 근대적 모델을 따른다. 식민주의가 아직까지 경제적 동기에서 비롯된 팽창의 논리를 따르고 있으며 하나의 통일된 중심점을 갖지 못했다면, 제국주의는 여기에 정치적 통제의 논리를 덧붙이며 중심과 주변부의 관계를 견고히 한다. 물론 제국주의가 일국의 범위를 넘어서 스스로를 팽창시키려는 성향 때문에 국제주의적 특성을

---

80 영, 같은 책, 42쪽 참조.

81 같은 곳.

띠는 것은 사실이지만, "그럼에도 서로 다른 제국 열강들은 저마다 독특한 민족적 정체성과 이데올로기에 입각해서 움직였다."[82] 여기서 제국주의가 본토와 식민지 간의 경계뿐만 아니라 제국열강들 간의 경계도 만들어 내며, 적대적인 대립구도 속에서 움직이고 있음을 확인할 수 있다.

식민지와의 독점무역은 이미 애덤 스미스 같은 자유주의 경제 이론가들에 의해서 비판받았다. 그는 『국부론 *An Inquiry into the Nature and Causes of the Wealth of Nations*』(1776)에서 식민지 자체는 반대하지 않았지만, 식민지에 대한 보호무역 정책은 신랄하게 비판하였는데, 식민지 무역 외의 다른 분야들의 자본이탈을 낳아 그 분야들을 약화시키고 동시에 독점무역으로 인해 산업의 경쟁력을 떨어뜨린다는 것이 그 이유였다.[83] 19세기 중반까지도 제국주의적 독점무역이 자본주의에 적합하지 않으며 경제적으로 비효율적이라는 비판이 많았지만, 민족국가적인 입장에서 경제적 · 정치적 팽창을 시도한 제국주의로서의 식민주의는 2차 대전이 지나고 나서야 사라진다. "착취 식민지와 정착 식민지가 실용적인 필요에 따라 세워졌고 또 일반적으로 기업이나 정착민의 이해관계에 따라 경영되었던 반면, 제국주의는 매우 비효율적인 경제적 착취 형식이었다."[84] 보호무역적 태도와 민족국가의 장벽은 자본의 원활한 흐름을 막는 비경제적인 것으로 간주된다. 그리하여 직접적인 정치적 통치보다 경제적 영향력을 더 앞세우는 미국 주도의

82 같은 책, 68쪽.
83 같은 책, 153-154쪽 참조.
84 같은 책, 61쪽.

새로운 국제적인 지배양식이 등장한다. 로버트 영 같은 학자들은 이를 직접적인 식민통치와 구분하면서도 동시에 그 연속선상에서 이해하며 '신식민주의'라는 개념으로 부르는 반면[85], 네그리와 하트 같은 학자들은 민족국가적인 근대적 경계를 넘어서는 이러한 새로운 지배양식을 '제국'이라는 개념으로 부른다. 내가 보기에는 신식민주의보다는 제국이라는 개념이 더 적합한데, 그 이유는 제국이라는 개념이 근대적인 경계구분의 논리를 따르는 제국주의에서 탈경계적인 유동적 흐름을 따르는 새로운 전 지구적 지배형식으로의 패러다임 변화를 더 잘 포착하기 때문이다.[86]

그러나 네그리와 하트가 말한 제국이 탈경계적 속성을 띤다고 해서 자아와 타자의 적대적 관계를 없앤 것은 아니다. 비록 미국이 새로운 제국의 대표적인 국가라고 해도, 제국은 결코 하나의 중심을 갖지도 민족국가의 형태를 띠지도 않는다. 오늘날은 중국 같은 사회주의 국가마저 자본주의 경제체제를 갖고 있기 때문에, 세계화라는 말처럼

---

85 같은 책, 88쪽: "그래서 미국 제국주의는 직접적인 식민통치보다는 간접적으로 통치하고 영향력을 행사하는 형태를 더 선호했던 것이다. 식민 열강들이 자신들의 식민지에 독립은 부여하되 경제적 영향력이나 통제력은 계속 유지하면서 이 미국식 형태를 따라 자신들을 변모시키기 시작했을 때, 식민주의는 신식민주의라는 새 이름을 갖게 되었다."

86 하지만 네그리와 하트는 자본의 명령체계인 제국과 이에 저항하는 다중을 절대적으로 대립시키고 제국을 억압할 뿐 창조적 생산을 가로막는 장애물로만 해석하는 문제점을 보인다. 이러한 관점은 자본을 창조적인 생명정치를 가로막는 억압적인 생명권력으로만 바라보며 그것에 어떤 긍정적 속성도 부여하지 않음으로써 제국의 저편에 위치한 순수한 정치공동체를 추구하는 경향을 보인다. 그러나 제국과 다중을 절대적 명령과 절대적 자율성의 대립구조로만 바라본다든지 초월적인 순수한 공동체를 추구하는 데서 이들의 정치이론이 지나친 이상주의에 빠져 있음을 알 수 있다. 네그리와 하트의 이론이 지닌 문제점에 대해서는 생명정치를 다루는 장에서 자세히 다루고 있다.

자본주의가 세계 전체를 지배하고 있음을 알 수 있다. 따라서 네그리와 하트에 따르면 자본의 흐름과 함께 도처에서 제국이 등장하며, 그러한 제국이 등장하는 곳에 억압받는 다중이 생겨난다. 제국은 결코 다양한 생성을 낳는 창조적 탈경계가 아니라 자본의 원활한 흐름을 낳는 탈영토화인 동시에 착취자와 피착취자의 경계를 만들어 내는 재영토화이기도 하다. 그 때문에 직접적인 식민 통치가 끝난 상태인 포스트식민이 결코 포스트제국을 의미하는 것은 아니다.[87] 따라서 포스트식민주의는 새로운 제국의 정치적 · 경제적 · 문화적 지배에 맞서 싸우는 적극적이고 능동적인 저항을 가리키는 이론적 · 정치적 입장을 가리키는 개념이다.

포스트식민주의 이론은 제3세계의 민족주의 이론에 그 뿌리를 두고 있지만 포스트모더니즘이나 포스트구조주의의 영향을 받아 그러한 민족주의적 사고를 강하게 비판하면서 그것으로부터 상당히 이탈한 것도 사실이다.[88] 포스트식민주의는 크게 두 가지 특징을 지닌다. 첫 번째로 "역사 전체를 식민주의로 환원시킬 수는 없지만 식민주의가 근대 세계가 형성되는 기본적 과정이었음을 드러내는 것이다."[89] 두 번째는 "역사를 바라보는 특권적인 인식의 위치를 차지한 유럽중심적 근대성을 비판하고 넘어서는 것이다. 이것이 포스트식민주의의

---

87 같은 책, 90-91쪽 참조.

88 박지향, 「식민주의/포스트식민주의 연구의 현황과 과제」, 『서양사연구』 제54집, 2016, 12쪽 참조.

89 김은중, 「포스트식민주의를 거쳐, 모더니티를 넘어, 트랜스모더니티로」, 『이베로아메리카연구』 21집, 2010, 12쪽.

'포스트'가 의미하는 것이다."[90] 산투스는 포스트식민주의가 서양중심적인 사상의 영향으로 차이의 인정만 강조하고 사회적 · 경제적 · 정치적인 조건을 무시하고 있다고 비판한다.[91] 에드워드 사이드의 오리엔탈리즘 이론이나 호미 바바의 문화적 혼종성의 이론 같은 포스트식민주의 이론은 담론분석이나 문화연구에만 치중하고 사회경제적 문제를 등한시함으로써 소위 제3세계의 정치적 현실을 은폐하였다고 비판받기도 한다. 그것은 마르크스주의 이론 같은 거대담론을 비판하면서 담론분석을 사회경제적인 문제나 역사적 현실과 접목시키지 못함으로써 서양중심적인 이론으로 남게 되었다는 것이다.

하지만 다른 한편 이러한 비판은 포스트식민주의 이론을 지나치게 정형화된 상으로 환원하는 문제점이 있다. 호미 바바에 따르면, 포스트식민주의적 관점은 "문화적 · 정치적 정체성이 타자성의 과정을 통해서만 구성된다"[92]고 주장한다. 따라서 포스트식민주의는 국제주의적이고 초민족적이며 혼종적인 성격을 띤다. 포스트식민주의는 지나치게 서양중심적인 이론이고 제3세계의 정치적 · 경제적 조건에 무관심하다고 비판받지만[93], 포스트식민주의에 대한 로버트 영의 정의

90 같은 곳.

91 Boaventura de Sousa Santos, *Una epistemología del sur. La reinvención del concoimiento y la emancipación social*, México, 2009, 352쪽 참조(김은중, 같은 글, 10쪽에서 참조).

92 Homi K. Bhabha, *Die Verortung der Kultur*, Tübingen, 2011, 261쪽.

93 가령 박지향은 "포스트식민주의는 담론 분석을 실제 역사적 현상에 접목시켜야 하는 과제를 안고 있다"(박지향, 같은 글, 29쪽)고 말한다. 또한 김은중은 "유럽의 포스트모더니즘과 비교해서 포스트식민주의는 크게 새로울 것이 없으며"(김은중, 같은 글, 9쪽), "포스트식민주의는 식민주의를 비판하면서도 신식민지 헤게모니와 불균등한 권력관계를 효과적으로 재생산하는 전지구적 자본주의 체제를 인식하지 못했다"(같은 글, 10쪽)고 비판한다.

는 이러한 해석이 잘못되었음을 보여 준다. 영은 포스트식민주의를 다음과 같이 정의한다. "더 근원적으로 **포스트식민주의** — 나는 차라리 **트리컨티넨탈리즘**으로 부르고 싶다 — 는 그 같은 억압적 상황 내부에서의 개입이라는 능동적 개념을 구현하는 이론적 · 정치적 입장을 가리키는 이름이다. 그것은 포스트식민적 계기의 인식론적 문화적 혁신들과 포스트식민성의 조건들에 대한 정치적 비판을 결합시킨다. 그런 의미에서 포스트식민주의의, 혹은 포스트식민적 비판의 '포스트'는 비판적 분석과 실천에 관한 새로운 트리컨티넨탈한 형태와 전략을 이론화하여 도입하게 되는 역사적 계기를 표시한다. '식민주의', '제국주의', '신식민주의'와 같은 단어들은 그 단어들이 서술하는 억압적인 정권이라든가 실천들과의 그저 비판적인 관계만을 가리키는데, 이와는 달리 포스트식민주의는 초민족적인 사회 정의라는 정치적 이상을 위해 경쟁하기도 하고 헌신하기도 한다. 포스트식민주의는 헤게모니를 장악한 경제 제국주의의 현 상태를 공격하고 식민주의와 제국주의의 역사를 공격하지만, 또한 마르크스주의나 페미니즘과 똑같은 방법으로 긍정적인 정치적 입장과 새로운 형태의 정치적 정체성과의 적극적 관계를 표시하기도 한다. […] 마르크스주의에 관해서 보자면, 포스트식민주의는 제국주의와 식민주의의 체제와 역사들, 그것들의 여파와 지속 등을 분석하기 위해 발전해 온 압도적으로 비서양적인 그런 마르크스주의 형태들을 통합하고 있다는 점에서 마르크스주의와 차이가 있다."[94] 이처럼 영은 포스트식민주의 이론을 서양의 이

94 영, 같은 책, 113쪽-114쪽 참조(인용문에서 맑스주의를 마르크스주의로 바꾸어 표기하였다).

론뿐만 아니라 비서양적인 이론까지 포함하고 문화 비판을 넘어 정치적인 비판까지 담고 있는 포괄적인 이론으로 정의한다. 이로써 그는 포스트식민주의 이론이 문화비판적인 서양중심적 이론이라는 혐의에서 벗어날 수 있게 해 준다. 이는 포스트식민주의 이론의 변형 내지 확장 가능성을 보여 준다.

포스트식민주의는 포스트식민성의 정치적 · 경제적 조건에 대해 관심을 가짐으로써 문화이론에 불과하다는 기존의 비판을 극복할 수 있게 되었다. 그러나 라틴 아메리카 국가들이 주장한 제3세계의 종속이론이 문제가 있는 것으로 밝혀졌듯이, 포스트식민주의 이론은 정치경제적 비판을 할 때 (신)식민지에 나타나는 모든 정치적 · 경제적 문제의 책임을 식민지 지배국으로 돌리는 환원주의의 위험을 피해야 할 것이다. 식민주의나 네그리와 하트가 말한 제국의 경제적 착취와 정치적 개입을 부인할 수는 없지만, 그것의 지배가 절대적이라든지 또는 그것의 영향이 (신)식민지에 무조건 부정적 영향만 미친 것으로 단순화하기보다는 이와 관련해 다양하고 복잡한 양상이 나타나고 있음에 주목하며 이를 보다 세심히 분류하고 분석할 필요가 있다.

한 가지 강조해야 할 것은 포스트식민주의 이전에도 식민주의나 제국주의에 맞서는 근대의 반식민적 담론과 실천적 전통이 존재했다는 것이다. 근대 유럽의 문화는 결코 단일하지 않았고 자기비판을 완전히 결여하지도 않았다.[95] 그러한 비판은 자유주의적 전통에서부터 마르크스주의적 전통에 이르기까지, 또는 도덕적 관점에서 경제적 관

95 영, 같은 책, 138-139쪽 참조.

점에 이르기까지 다양한 관점에서 이루어졌다. 포스트식민주의는 이러한 관점들을 이어받고 있으며 새로운 정치경제적 상황에서 그러한 관점들을 번역하여 적용할 책무를 갖고 있다.

이러한 포스트식민주의가 구체적으로 어떤 방향으로 나아가야 하고 어떤 형태를 띠어야 할지는 앞으로도 계속 논의될 수 있을 것이다. 한편으로 고전적인 마르크스주의의 입장을 받아들이되 그것을 포스트구조주의 같은 입장과 연결시킴으로써 새로운 제국의 상황을 분석하려는 네그리나 하트 같은 학자의 입장이 있다. 로버트 영 역시 이러한 입장에 포함시킬 수 있다. 영은 마르크스주의가 식민지의 민족해방투쟁과 연결되면서 고전적인 프롤레타리아 혁명 개념에서 벗어나 농민을 혁명의 전위로 내세우기도 했고 중국의 경우처럼 민족독립을 사회주의혁명과 연결시키기도 했다며, 마르크스주의 자체가 첫 눈에 보기와 달리 결코 폐쇄적인 이론이 아니라 현실적 실천과 뒤섞이며 스스로를 변화시켜 가는 혼성적 성격을 지니고 있음을 강조한다. 또한 그는 마르크스주의에 기반을 둔 포스트식민주의 이론이 서양적이거나 비서양적인 것이 아니라 양자가 섞인 혼성적 산물임을 강조한다.[96] 더 나아가 네그리나 하트는 마르크스주의를 들뢰즈의 포스트구조주의 이론과 연결시키며 마르크스주의의 혼성성을 보여 주기도 한다. 이러한 관점에서 포스트식민주의 이론은 결코 하나의 이론이나 실천으로 환원되지 않으며, 페미니즘, 포스트구조주의, 마르크스주의 등 다양한 이론을 혼성적으로 결합할 수 있는 역동적 이론으로 제시

96 같은 책, 131쪽 참조.

된다. 다른 한편 마르크스주의와 다른 방향에서 서양의 포스트모더니즘 이론을 포스트식민지적 관점과 연결시키며 근대적 담론을 전복시키는 호미 바바 같은 학자의 포스트식민주의 이론도 살펴볼 수 있을 것이다. 물론 바바가 주로 근대적 담론의 전복에 주안점을 두기 때문에 포스트모던한 새로운 제국의 상황에 대한 구체적 대안을 제시하지는 않지만, 그렇다고 그의 이론에 이러한 상황을 비판할 수 있는 잠재력이 결여된 것은 결코 아니다. 왜냐하면 제국의 상황은 그것의 탈경계적 성격에도 불구하고 또다시 경계형성적인 특성을 지니며 억압성을 드러내기 때문이다.

(3) 프란츠 파농: 민족해방과 폭력투쟁

아프리카 흑인문화 정체성 회복운동인 네그리튀드를 초기에 주도했던 세제르는 유럽인들이 "나치즘의 희생자가 되기 전에는 그 공모자였다는 진실에, 나치즘이 비유럽인들에게만 적용되었기 때문에 그들이 직접 겪기 전에는 그것을 지지했고, 수용했고, 묵인했고, 합법화했다는 진실에"[97] 침묵했다고 비판한다. 다시 말해 근대 유럽문명의 대변자들은 나치즘이 발생하기 훨씬 전에 존재했던 인종차별에 기반을 둔 식민지 통치에 대해 침묵했으며, 백인들이 인종차별의 희생자가 되고 나서야 그것이 역사에서 유일무이한 사건인 것처럼 떠들어댔다는 것이다. 영국이 독일의 나치즘을 비판하면서 마치 자신은 야만적 인종차별과 무관한 것처럼 이야기할 때, 영국의 식민지 통치를 받았

97 파농, 『검은 피부, 하얀 가면』, 노서경 옮김, 문학동네, 2014, 89쪽 재인용.

던 아프리카인의 관점에서 그러한 말은 허위와 기만, 자기모순에 지나지 않는다.

파농은 이러한 유럽인의 관점에서 벗어나 세계를 바라볼 때 비로소 유럽중심적인 해석과 전혀 다른 해석이 가능하다는 것을 보여 준다. 정신 분석가이기도 한 파농은 심리적 현상을 오이디푸스 콤플렉스에 기대어 해석한 프로이트의 이론을 비판하며, "프랑스령 앙티유의 가정 가운데 97퍼센트에서는 오이디푸스 신경증이 생겨날 수 없다는 점을 비교적 쉽게 보여 줄 수 있다."[98]라고 주장한다. 오히려 그는 대부분의 앙티유 가정에서 나타나는 신경증은 어려서부터 책과 매체를 통해 백인의 세계관을 주입받은 앙티유인들이 흑인으로서의 신체를 가지고 살면서 갖게 되는 문화적 상황의 산물임을 강조한다. 이처럼 파농은 유럽중심적인 세계관에 거리를 두며 유색인의 관점에서 세계에 대한 기존의 해석을 비판적으로 바라볼 것을 요구한다. 유럽중심적인 관점에 대한 파농의 비판은 특히 유럽의 제국주의 비판과 식민지 해방의 문제와 관련해 잘 나타난다.

유럽 식민지 열강들은 문명화사업이라는 이데올로기를 내세웠지만 실제로는 무력을 앞세워 식민지를 정복하고 지배했다. 그들의 제국주의적 지배는 폭력을 기반으로 이루어진다. 그런데 지배국가의 이주민이 식민지에 정착하고 재산을 소유해도 그들은 여전히 원주민과 자신을 구분하며 타자로서의 지위를 강조한다. "지배계급은 무엇보다도 다른 곳에서 온 사람, 원래의 주민들과는 다른 사람, 즉 '타자'"[99]인

98 같은 책, 150쪽.

99 파농, 『대지의 저주받은 사람들』, 54쪽.

것이다. 이들이 식민지를 지배하기 위해서는 원주민의 토착적 질서를 해체하고 자신의 사회경제적 틀을 강요해야 하는데, 이러한 과정에서도 폭력은 필수적인 요소로 사용된다.

파농은 식민지 지배국가의 폭력적 지배에 맞서는 방식은 폭력밖에 없다고 주장한다. 그는 개량주의적인 민족정당이 비폭력적인 투쟁방식을 내세우며 임금인상이나 완전한 선거권을 요구하는 것에 대해, 이는 결코 식민지 인민 전체의 이익을 담보하는 것이 아니라 소수의 원주민 지식인과 노동자 계층의 이익만을 대변할 뿐이라고 말한다. 식민지 개발에 필요한 직업에 종사하는 노동자들은 이미 잃을 것이 있는 계층으로, 그들의 혁명성은 제약되어 있다. 또한 이들은 무엇보다 민족해방이라는 민족주의적 요구를 간과한다는 것이다.

파농은 개량주의적인 민족주의 정당에서 무시되는 농민에게 민족해방을 위한 중추적 역할을 부여한다. '대지의 저주받은 사람들'이란 바로 이 농민계층을 가리킨다. "식민지 나라에서 유일하게 혁명적인 세력은 농민이다. 그들은 잃을 게 없고 얻을 건 전부이기 때문이다. 굶주리는 농민은 체계의 외부에 있으며, 폭력만이 대가를 얻을 수 있다는 사실을 피착취자들 가운데 처음으로 깨달은 계층이다. 그들에게 타협이란 없고 어떠한 협상도 불가능하다."[100] 파농은 전통적인 마르크스주의 혁명투쟁에서와 달리 식민지해방투쟁에서는 도시 프롤레타리아가 아닌 그 지역의 다수를 이루는 농민 계층이 투쟁의 선봉에 나서야 한다고 주장한다. 그리고 이러한 투쟁은 반드시 폭력적 형태

100 같은 책, 73쪽.

를 띠어야 한다. 파농의 이러한 생각은 그에 앞서 중국의 반식민지투쟁을 이끌고 사회주의 혁명에 성공했던 마오쩌둥의 이론에서 빌려 온 것이다. 마오쩌둥은 산업화된 서양에서의 사회주의 혁명과 달리 아시아를 비롯한 소위 제3세계에서의 민족해방적 성격을 띤 사회주의 혁명은 전투적인 농민의 주도로 이루어져야 한다며, 고전적인 마르크스주의 이론을 수정한다. 파농을 비롯한 트리컨티넨탈 혁명가들은 이러한 이론을 적극적으로 수용하며 실천적 행동지침으로 삼는다.[101]

파농은 온건주의자들이 폭력에 대해 갖고 있는 거부감에 맞서 폭력이 지닌 결집력과 치유력을 강조하며, 식민지 인민이 보여 주는 대항폭력의 긍정성을 적극적으로 내세운다. 파농은 식민지 지배세력이 식민지의 족장체제를 유지하고 그것의 지역적 특성을 보존하며 분리주의를 강화하려 하지만, 식민지 민중이 무장투쟁을 통해 유대감을 느끼고 민족해방을 위해 싸우며 민족의식을 형성할 수 있으리라 믿는다. "그러나 식민지 민중으로서는 폭력만이 유일하게 가능한 일이기 때문에 폭력에 긍정적이고 창조적인 성격을 부여하게 된다. 폭력의 행사는 그들을 한 덩어리로 묶어 주며, 각 개인은 폭력이라는 커다란 사슬의 고리들이 된다. 이 거대한 폭력의 유기체는 이주민이 처음에 행사한 폭력이 클수록 덩치가 커진다. 집단들은 서로를 인정하고, 미래의 통합된 민족이 싹을 드러낸다."[102] 또한 파농은 폭력이 "원주민에게서 열등감과 좌절, 무기력을 없애 주고, 용기와 자존심을 되찾

101 영, 같은 책, 322-323쪽 참조.
102 파농, 같은 책, 104쪽.

게"[103] 해 주는 정화의 힘을 갖고 있다며 개인적 차원에서 폭력에 치유의 기능을 부여한다.

파농의 폭력이론에서 흥미로운 것은 그가 정통 마르크스주의에서 혁명적 계급과 무관하다고 여겨지는 룸펜프롤레타리아에게 해방투쟁을 위한 중추적 역할을 부여한다는 점이다. 농촌에서 대지를 잃고 도시로 쫓겨난 농민들은 룸펜프롤레타리아 계층을 형성한다. 파농은 실업자나 범죄자 등 타락과 부패의 상징으로 간주되는 이들에게 도시에서 일어나는 반란의 선봉대 역할을 부여하며, 어떤 계급에도 속하지 못했던 이들이 투쟁의 과정에서 스스로를 민족의 한 일원, 국민으로 자각하며 새로운 삶에 눈 뜨게 된다고 말한다. 이로써 룸펜프롤레타리아는 농민과 함께 식민지 해방투쟁의 가장 중심적인 세력으로 부상한다.

종합해 보면, 파농은 탈식민화과정에서 폭력, 즉 무장투쟁을 필수적인 것으로 간주한다. 그는 폭력적인 식민주의에 맞선 식민지 민중의 무장투쟁을 정당화할 뿐만 아니라 심리적 해방과 사회적 해방을 동시에 가져오는 폭력의 효과도 강조한다. 유럽의 식민주의가 물질과 정신의 차원 모두에서 이루어지듯이, 탈식민화 역시 두 차원 모두에서 이루어져야 한다는 것이다.[104] 이러한 의미에서 파농은 "탈식민화를 위한 테러리즘"을 "구원을 가져다주는 '절대적 폭력'으로" 규정한다.[105] 그러나 그가 이주민 전체를 단순히 살해대상으로 간주한 것은

103 같은 책, 105쪽.

104 이경원, 「프란츠 파농과 '민족'의 정치학」, 『비평과 이론』 제9권, 2004, 41-42쪽 참조.

105 같은 글, 42쪽.

아니다. 그는 지배국가의 이주민 중에도 제국주의를 비판하고 식민지 민중의 민족투쟁을 지지하는 사람도 있기 때문에 그들을 무조건 죽여서는 안 되며, 혈통이나 인종적 편견을 버릴 것을 강조한다.[106] 이 점에서 그는 유럽인과 식민지 피지배자 간의 절대적 대결구도를 강조하는 사르트르보다 유연한 입장을 표명한다고 말할 수 있을 것이다.

그럼에도 불구하고 근대적인 반식민지투쟁모델이 사용한 자아와 타자의 대립구도는 파농의 사유에서 사라지지 않는다. 우선 파농은 서양 근대성의 핵심인 자아 개념을 고수하며, 이로부터 자아와 타자를 구분한다. 즉 그는 타자인 유럽의 지배국가들이 강요한 야만적이고 미개한 아프리카인의 자아상을 해체하고 새로운 문화적 정체성을 발견하고 아프리카 흑인 고유의 자아정체성을 형성할 것을 주장한다.[107] 그러나 이러한 아프리카 흑인 문화의 고유성이란 아프리카 각 민족의 문화적 정체성이 담보되는 한에서만 가능하다. 유럽인들이 유럽대륙으로 묶이면서도 동시에 각각 독일인, 프랑스인, 영국인이라는

106 "이주민은 단순히 죽여야 할 대상이 아니다. 식민주의자들 중에는 일부 원주민보다도 민족투쟁을 더 지지하는 사람들이 있다. 혈통이나 인종적 편견의 장벽은 양측에서 무너진다. 마찬가지로, 흑인이나 무슬림이라고 해서 자동적으로 순수한 혈통이라는 생각도 사라진다. 따라서 이주민이 나타나도 무조건 총이나 칼을 들이댈 필요는 없다." 파농, 『대지의 저주받은 사람들』, 152쪽.

107 그러나 파농은 유럽문화와 대립되는 아프리카 문화의 본질성을 내세우는, 셍고르가 대변하는 네그리튀드의 모델에 대해서는 비판적 입장을 취한다. 셍고르는 "아프리카 문화는 흑인만의 감성, 직관, 예술적 창조성을 구현하며, 이러한 흑인 고유의 '본질'은 시대적 · 지역적 차이를 가로지르는 보편적 속성이라고 주장"(이경원, 같은 글, 53쪽)한다. 그러나 파농은 민족문화를 네그리튀드 운동처럼 과거의 박제된 전통에서 찾기보다는 민족해방을 추구하면서 민족문화를 만들어 가는 현재의 과정에서 찾으려 한다. 이석구, 「호미 바바의 탈민족주의와 이산적 상상력」, 『비평과 이론』 제9권, 2004, 165쪽 참조.

고유한 민족적 정체성을 지니는 것처럼, 아프리카 흑인 역시 '흑인'이라는 인종적 구분의 개념으로 환원되어서는 안 된다. "세네갈 민족과 기니 민족은 둘 다 프랑스 식민주의의 지배를 받는다는 공동의 운명을 가진다. 그러나 세네갈과 기니의 지배자들이 비슷한 관점에서 자신들의 문제 — 이를테면 해방, 노동조합, 경제적 난국 등 — 를 고찰한다고 해서 두 나라의 민족문화가 비슷해지는 것은 아니다. [⋯] 민중의 리듬과 지배자의 리듬은 같지 않기 때문이다. 두 문화가 완전히 동일한 경우는 있을 수 없다. 흑인 문화라는 것을 창조할 수 있다고 믿는다면, 그것은 검둥이들이 사라지고 있다는 것을 잊은 탓이다. [⋯] 흑인 문화 같은 것은 결코 없을 것이다. 흑인 공화국을 탄생시키는 것을 자신의 사명으로 삼는 정치인은 한 명도 없기 때문이다."[108] 다시 말해 파농은 흑인 문화란 유럽인이 내세운 인종 이데올로기를 뒤집은 것에 불과하며, 따라서 사실은 흑인 국가가 없는 것과 마찬가지로 흑인 문화란 존재하지 않는다며, 유럽과 마찬가지로 아프리카에서도 민족의식을 기반으로 하는 각각의 민족국가가 생겨나야 하고 그렇게 함으로써 각 민족의 독자적인 문화가 발전할 수 있다고 주장한다. 여기서 그는 근대의 집단정체성으로서의 민족국가를 아프리카 식민지의 정치적인 해방모델로 내세운다. 그는 식민지 지역이 다양한 부족들로 분리되고 지역적 색채를 띠는 것에 반대하며, 해방투쟁을 통해 민족의식을 고취시키고 하나의 민족국가를 형성할 것을 주장한다. 이로써 그는 근대적인 민족국가 개념을 고수하며, 식민지를 억압하는 유

108 파농, 같은 책, 238쪽.

럽의 통치국들이라는 타자에 맞서 해방된 식민지 국가의 정체성을 내세운다.

그러나 파농이 아프리카 민족국가의 정치적 독립과 문화적 고유성을 강조한다고 해서 "아프리카 흑인 문화와 아프리카의 문화적 통합"[109]을 부정하는 것은 아니다. 비록 앞에서 인용한 긴 구절에서 파농이 아프리카 흑인문화와 아프리카의 문화적 통합을 부정한 것처럼 보이기는 하지만, 이러한 다소 과격한 언사는 뒤에서 다시 그러한 아프리카의 흑인 문화와 그 문화적 통합이 각 민족의 "자유를 위한 민중의 투쟁"[110]을 아프리카 대륙 전체의 차원에서 지지함으로써 얻어진다고 말함으로써 취소 내지 완화된다. 즉 파농은 유럽과 마찬가지로 아프리카에서도 각 민족의 고유한 정치적 · 문화적 정체성을 주장하면서도 아프리카 대륙 전체의 차원에서 유럽 백인의 식민지 지배에 맞선 아프리카 민중의 투쟁을 지원함으로써 아프리카 흑인의 문화적 정체성과 통합성이 생겨날 수 있음을 강조한다.[111] 이러한 파농의 입장은 근대 유럽인이 내세운 자아와 타자의 모델을 이어받고 있다. 다만 그것이 유럽인이라는 타자에 의해 강요된 것이 아니라 아프리카의 식민지 민족 스스로 정립한 자아상에 기반을 두고 있다는 점에서 유럽인의 입장과 차이가 있다.

---

109 같은 책, 239쪽.

110 같은 곳.

111 같은 책, 250쪽: "아프리카에서의 민족의식의 탄생은 아프리카 의식과 정확히 동시대적으로 연결된다. 민족문화에 관한 아프리카의 책임 역시 아프리카 흑인 문화에 관련된 책임이다. 이러한 공동 책임은 형이상학적인 원칙이 아니라, 식민주의의 침탈을 당하고 있는 아프리카의 모든 독립국은 포위된 국가, 즉 지속적인 위험에 시달리는 약소국이라는 간단한 법칙을 자각하는 데서 비롯된다."

파농은 민족해방을 식민지 지배국가로부터의 해방뿐만 아니라 민족 내에서의 계급해방과도 연결시켜 생각한다.[112] 즉 진정한 민족해방은 외세의 부당한 침략을 물리치는 것을 넘어, 매판자본으로 기능하며 민족국가의 건전한 발전을 가로막는 보수적인 부르주아로부터의 해방을 요구한다. 그 때문에 민중을 기반으로 하는 민족해방운동은 부르주아의 민족주의와도 비판적으로 대결해야 한다.

파농의 탈식민화 전략에서 핵심적인 개념인 민족은 자아와 타자의 명확한 구분이라는 경계적 사고에 기반을 두고 있다. 이러한 배타적인 경계의 사고는 하나의 대상 내의 다양한 차이들을 간과하며 혼종성을 어설픈 모방으로 폄하한다. 물론 민족 이념은 제국주의 시대에 식민지에서 민족해방운동의 정신적 거점을 마련해 주며 저항의 구심점 역할을 하였다. "[…] 국민이 단지 하나의 꿈으로 남아 있을 때, 우리는 국민 개념이 지닌 이러한 모호하고 진보적인 기능들이 일차적으로 실존한다는 것을 강조해야 한다. 국민이 주권국가로서 형성되기 시작하자마자, 국민의 진보적 기능들은 거의 사라진다. 장 주네는 블랙팬더당과 팔레스타인인들의 혁명적 욕망에 매료되었지만, 주권 국민이 되는 것은 그들의 혁명적 특질의 종말일 것이라고 인식했다. […] 민족 '해방' 및 국민국가의 구축과 함께, 근대 주권의 모든 억압적 기능들은 필연적으로 강력하게 꽃핀다."[113] 따라서 현대의 탈경계 시대에 자아와 타자의 이분법과 그것에 기반을 둔 민족해방의 이념이 과연 얼마나 효과적일지는 의심스러우며 그것 자체가 억압적이 될 위험

112 이경원, 같은 글, 48쪽.

113 네그리 · 하트, 『제국』, 158쪽.

을 간과해서는 안 될 것이다. 비록 세계화가 야기한 많은 부정적 영향을 결코 무시해서는 안 될지라도, 그 해결책을 국가들 간의 장벽을 쌓는 민족주의의 회귀에서 찾아서는 안 된다. 오늘날 미국, 영국, 프랑스 같은 서양 강대국들이 세계화에 반대하며 다시 민족주의를 내세우고 있는데, 이러한 민족주의는 인종차별주의를 의미하기도 한다. 그리고 서양중심의 세계화에 반발하며 이에 폭력으로 맞서는 이슬람의 민족주의 역시 동일한 배타성과 인종주의를 보여 주고 있다. 또한 소위 제3세계 국가들 역시 더 이상 민족주의에 기대어 탈식민화 전략을 추구할 필요는 없다. 그들이 제국주의의 직접적인 정치적 지배와 경제적 수탈 대신 간접적으로 경제적 · 사회적 · 문화적 간섭과 영향을 받고 있을 때, 그들에게도 어느 정도 자율적인 활동공간이 존재한다. 그렇지 않다면, 과거 일본의 식민지였던 한국이 정치적 · 경제적 · 문화적으로 빠른 시간 내에 발전한 상황을 설명할 수 없을 것이다. 이는 신식민지 이론이나 종속이론의 한계를 보여 준다.[114] 이것이 강대국의 지배나 네그리와 하트가 말한 제국의 지배가 사라졌다는 의미는 아니다. 그러나 그것을 무차별적으로 적용시켜 한 국가의 모든 정치경제적 문제를 그것으로 환원하는 식의 설명은 곤란하다. 또한 저개발국의 발전은 배타적인 고립이 아니라 자신의 특수한 상황에 맞게 다른 국가의 기술과 제도, 문화를 수용하면서 스스로를 끊임없이 변형시키는 탈민족주의적인 방식을 취해야 한다. 이것은 신자유주의로 대변되

114 로버트 영은 일본의 식민지였던 한국이나 타이완의 급속한 경제발전이 종속이론에 반하는 예를 보여 준다고 말한다. 또한 그는 아일랜드와 가장 빈곤한 국가 중 하나인 시에라리온을 신식민주의의라는 이름으로 함께 묶어 이야기하기 힘들다는 점도 지적한다. 영, 같은 책, 104쪽 참조.

는 세계화의 무비판적 수용을 의미하는 것이 아니라, 민족국가의 경계를 뛰어넘어 세계 사회에 스스로를 개방하는 것을 의미한다.

근대의 민족국가적 관점의 문제점과 더불어 그것의 바탕이 되는 자아와 타자의 명확한 구분과 대립구도 자체가 폭력의 잠재성을 내포하고 있으며 폭력을 낳고 있는 것은 아닌지 생각해 볼 필요가 있다. 파농은 폭력을 '대지의 저주받은 자'들을 해방시켜 주는 구원의 성격을 지닌 것으로 묘사했지만, 실제로 알제리민족해방운동의 전개는 그가 상상한 것과 다르게 전개되었다. 알제리전쟁은 전쟁말기인 1962년 오랑에서의 학살에서 드러나듯이 프랑스 못지않은 알제리민족해방전선의 잔혹한 폭력성을 드러내 주었으며, 로버트 영은 "양 진영 모두가 남자건 여자건 어린이건 가리지 않고 저지른 잔학 행위의 범위와 정도는 구역질이 날 만큼 심했다."[115]라고 묘사하고 있다. 식민지 지배자와 식민지 피지배자의 변증법적 투쟁이라는 생각은 알제리민족해방전선 자체의 타락으로 인해 대항폭력적 투쟁이 비판의 대상이 될 때 문제가 있는 것으로 드러난다. 해방의 목적으로 폭력을 행사한 사람들이 결국 폭력에 예속된 채 거기서 빠져나오지 못할 때, 파농이 내세운 변증법적 투쟁에 기초한 적대적 폭력의 행사가 과연 정당한지 의문을 제기할 수 있을 것이다.[116] 심지어 폭력적 투쟁의 필요성을 주장해 온 파농 자신마저 정신과의사로서는 폭력을 행사했던 프랑스인과 알제리인 모두 정신적 고통에 시달리고 있음을 언급함으로써 폭력이 개인의 정체성에 미친 부정적 영향을 암시하고 있다. 물론 식민지상황

115 같은 책, 485쪽.

116 이와 관련하여 다음의 책을 참조하시오. 같은 책, 523쪽.

에서 불가피한 방어적 폭력을 생각할 수 있겠지만, 그것이 정치적 목적을 달성하기 위한 적극적 행동지침으로 전환될 때 그러한 폭력에는 언제든지 윤리적 문제가 생겨날 위험이 존재함을 간과해서는 안 된다.

시민적 불복종, 비폭력저항운동을 펼쳤던 간디의 사상을 이어받은 인도의 포스트식민주의 학자인 아시스 난디는 폭력과 관련된 윤리적 문제를 넘어서 파농식의 폭력적 해결이 과연 효과적인지 질문한다. 또한 그는 정착민의 폭력에 원주민이 똑같이 폭력으로 대응한다면, 이는 식민주의적 가치를 내면화할 위험이 있다며, 이와 달리 식민당국의 제도화된 권력을 탈구축화시키는 방식을 대안으로 제안한다. 이것은 식민당국이 수행하는 권력게임을 다른 식으로 전개하거나 게임규칙을 바꾸며 그것을 교란하는 방식으로 수행될 수 있다. 마치 간디가 제국주의의 남성성에 맞서 탈남성화하는 젠더정치로서 복장정치를 수행하거나 납세 거부나 영국 상품 불매운동을 주도하며 다양한 방식으로 식민지지배세력의 폭력에 맞선 것처럼, 비폭력저항운동은 식민지지배세력의 폭력적인 권력 게임에 맞서 게임규칙을 바꾸면서 그들의 권력을 교란할 수 있다. 난디는 이처럼 폭력적인 타자의 규칙을 따르지 않고 그와 다른 방식으로 그것에 맞설 때 진정한 해방이 이루어질 수 있다고 주장한다.[117]

(4) 호미 바바: 문화적 혼종성의 전복적 성격

브루스 링컨은 『거룩한 테러 *Holy Terrors*』(2003)에서 민족국가라는 개념

117 같은 책, 602-603쪽 참조.

에서 민족과 국가가 하나인 것처럼 긴밀히 결합되어 있지만, 사실은 양자가 긴장관계에 있으며 서로 분리될 수 있음을 강조한다. 근대국가가 중세의 종교 전쟁으로 인해 생겨난 무질서와 파괴적 폭력을 막기 위해 국가에게 독점적인 폭력을 부여하면서 생겨났다면, 상상의 공동체로서의 근대의 민족은 국내외적인 위험에 대해 프랑스민족을 동원해 낸 자코뱅파나 나폴레옹의 침략에 대한 반응으로 개별공국들을 하나의 민족으로 불러낸 독일 낭만주의자들의 경우처럼 "자신들보다 강력한 이웃 국가들로부터 위협받고 있다고 느낀 사람들이 조직화된 폭력을 행사하는 능력을 신장시키려 하면서 생겨난 것이다."[118]

링컨에 따르면, 민족주의는 유사종교적인 특성을 지니기 때문에 근대국가의 세속적 특성과 대립되며 긴장관계를 형성한다. 또한 폭력을 억제하기 위해 독점적 폭력을 부여받은 국가와 폭력을 조성하고 발휘할 잠재력을 지닌 민족 간에도 갈등이 존재한다.[119] 특히 서양의 영향으로 근대 국가의 통치형식을 갖고 있지만, 이러한 권력이 부패되고 다수 국민의 이익을 고려하지 않는 이슬람 국가의 경우 종교는 불만세력이 서양에 맞서 민족의식을 고취하는 저항수단이자 구심점으로 기능한다. 비록 제국주의라는 직접적인 식민통치가 막을 내렸을지라도, 여전히 정치적 · 경제적으로 미국을 비롯한 서방세계의 직 · 간접적인 영향을 받고 있는 국가들에서 국가와 민족 간의 갈등과 양자의 폭력적 대결구도가 빈번히 등장하곤 한다.

링컨은 포스트식민주의 시대에 민족과 국가 간의 이러한 갈등이

118 링컨, 『거룩한 폭력』, 138쪽. 문단 전체 내용은 같은 책, 137-139쪽 참조.
119 같은 책, 139-140쪽 참조.

두 가지 양상으로 해결된다고 주장한다. 하나는 이란혁명에서 드러나듯이 반체제주의자들이 국가통치권을 쥐게 되면서 새로운 형태의 민족국가로 돌아오는 것이다. 다른 하나는 알카에다나 IS처럼 한 국가에 제한되지 않은 국제적인 종교공동체를 건설하는 것이다.[120] 특히 이러한 조직들은 국가가 해체되었거나 국가질서가 견고하지 못한 곳을 거점으로 자신의 세력을 팽창시켜 나가려고 한다. 이들은 명백히 근대 민족국가의 형태를 넘어서 있으며, 링컨은 여기에 포스트모던적 특성이 존재한다고 주장하기도 한다.[121] 실제로 이러한 사적인 조직들이 국가와 벌이는 비대칭적인 전쟁이나 하나의 중심을 갖는 대신 네트워크적으로 조직된 이 종교공동체가 포스트모던적인 특징을 갖는 것은 사실이지만, 그럼에도 이 종교공동체를 특징짓는 근본적인 사고방식, 즉 나와 타자의 이분법적 구분은 그것이 진정한 포스트모더니즘과는 거리가 멀다는 것을 보여 준다. 이러한 의미에서 포스트식민주의 시대에 탈식민주의적 전략으로서 종교적 근본주의가 취하는 민족국가로의 회귀나 세계적인 종교공동체로의 확장 그리고 그것의 기초가 되는 자아와 타자의 이분법에서 벗어나, 자아와 타자의 경계를 허물며 새로운 대안을 찾는 호미 바바의 문화적 혼종성 개념을 살펴볼 필요가 있다.

120 같은 책, 159-160쪽 참조.

121 같은 책, 160-161쪽: "하지만 또한 거기에는 명백히 포스트모던한 무언가가 있기도 하다. [⋯] 알카에다는 요원들을 모집하고 훈련하거나, 자금을 모으고 유포하거나, 작전 목표를 선별할 때는 물론 목적 달성을 위한 모든 활동을 추진하는 데서 출신 지역, 민족 정체성, 국적 따위를 별로 상관하지 않는다. 그들은 미국과 유럽에만 위협을 가할 뿐만 아니라, 사우디아라비아, 파키스탄, 이집트 같은 나라들에도 위협을 가한다. 하지만 좀 더 넓은 차원에서, 그들은 문화를 재구축하려는 계몽주의에 대해, 그리고 계몽주의가 선호하는 민족-국가 모델, 즉 세속국가와 다원적 민족 그리고 최소주의적 종교를 내포하는 민족-국가에 대해 도전하고 있다."

그것은 민족과 국가의 폭력적 갈등구조를 해결하고 새로운 대안을 모색하기 위한 정치경제적 구조를 찾기 위한 출발점이 될 것이다.

호미 바바는 문화가 하나의 객관적 내지 실체적 현실이 아니라 담론을 통해 형성된 현실이라고 강조한다. 이러한 입장에서 문화는 경험적 실재로서의 현실에 대한 객관적 인식의 문제가 아니며, 발화를 통해 연출된 공간으로서 기호적 성격을 띤다. 다시 말해 한 민족의 문화적 정체성이란 객관적 현실이 아니라 발화의 담론적 조건하에서 생겨난 구성의 산물이라는 것이다. 따라서 한 민족의 문화를 살펴본다는 것은 그것에 관한 담론의 생성조건을 살펴보는 것을 의미한다. 그런데 동일한 문화에 관한 (또는 문화의) 발화는 결코 단일하지 않으며 혼종적이고 때로는 모순적인 성격을 띠기도 한다. 바바 역시 문화적 의미를 만들어 내는 담론적 조건이 생겨나는 공간의 개방적이고 혼종적인 성격을 강조한다. "우리가 모든 문화적 진술과 체계가 이러한 모순적이고 양가적인 발화공간에서 구성된다는 사실을 이해할 때 비로소 우리는 왜 문화의 고유한 근원성이나 '순수성'에 대한 위계적인 요구들이 타당성을 지닐 수 없는지 점차 이해하게 된다. 문화의 혼종성을 입증해 줄 경험적 · 역사적 예들을 끌어들이기도 전에 말이다. [...] 바로 이 제3의 공간이 '자체 내'에서 재현될 수 없을지라도 발화의 담론적 조건들을 형성한다. 이러한 담론의 조건들은 문화의 의미와 상징이 처음부터 단일하거나 규정되어 있는 것이 아니며, 동일한 기호조차도 새롭게 입증되고 번역되고 재역사화되며 읽힐 수 있도록 해 준다."[122] 따

122 H. K. Bhabha, 같은 책, 57쪽.

라서 문화의 혼종성은 문화에 대해 객관적인 해석학적 인식이 아니라 열린 대화와 담론의 접근태도를 요청한다.

바바는 문화에 대한 이러한 이해로부터 식민지담론을 통해 식민지 민족의 정체성이 어떻게 형성되었는지 분석한다. 유럽의 식민지 통치 국가들이 자신의 정체성을 형성하기 위해 타자로서 식민지 세계를 필요로 했듯이, 자아와 타자의 정체성은 담론에 앞서 객관적으로 실재하는 것이 아니라 담론의 과정에서 서로를 끌어들이며 상호적으로 형성된다. 다시 말해 타자란 어떤 낯선 의식으로서 자아와 대립되며 자아와 타자의 구분에 앞서 이미 존재하는 것이 아니라, 그러한 구분을 통해 비로소 어떤 언어적 · 상징적인 실재로서의 문화로 만들어진 것이다.[123] 또한 유럽인들은 식민지 원주민들을 자신의 정형화된 시선에서 바라본다. 이 말은 낯선 것을 자신에게 이미 잘 알려진 프레임에 끼워 맞춰 살펴본다는 것을 의미한다. 바바는 식민지 담론이 이러한 정형화를 통해 데리다가 말한 차이差移의 놀이를 금지하며 담론을 고착화시키고 있음을 강조한다.[124] 이러한 고착화는 구성된 현실을 실체적 현실로 전환하며 재현하고 있다는 믿음, 아니 환상을 심어 주려 한다. 그러나 식민지담론이 이데올로기로 주입하는 민족적 · 인종적 차이란 사실은 위계적으로 조직된 차별이며, 이러한 차별은 정형화된 담론의 고착화를 부수고 그러한 담론을 개방적으로 만들며 문화

123 같은 책, 76쪽 참조.

124 같은 책, 111쪽: "정형화란 그것이 주어진 현실의 잘못된 재현이기 때문에 단순화가 아니다. 오히려 그것은 차이의 놀이를 […] 금지하면서, 주체의 재현을 위한 문제를 심리적 · 사회적 연관이라는 의미화과정 속에서 묘사하는 재현의 체포된, 고착화된 형식이기 때문에 단순화인 것이다."

적 차이를 형성함으로써 극복될 수 있다.

바바는 문화적 다양성과 문화적 차이 개념을 다음과 같이 구분한다. "문화적 다양성이란 인식론적인 대상, 즉 경험적 지식의 대상으로서의 문화이다. 반면 문화적 차이란 문화를 어떤 지식을 형성할 수 있는 것, 저자의 성격을 지닌 것, 문화적 정체성이라는 시스템의 구성에 적합한 것으로서 발화하는 과정이다."[125] 우리가 문화적 다양성에 대해 말할 때는, 이미 주어져 있는 각 민족의 문화적 고유성 내지 정체성을 인정하고, 그러한 개별문화들의 외적 차이를 바탕으로 타 문화를 존중하고 받아들인다. "이러한 문화 다원주의는 일정한 정체성을 변함없이 유지하고 있는 문화적 · 인종적 · 민족적 구분에 기반하고 있다는 점에서 이질적인 문화들이 서로 접촉하는 순간에 발생하는 갈등과 충돌을 협상하고 번역할 수 있는 이론적 기반을 갖추지 못한다. 문화 다원주의는 모든 문화가 근본적으로 동등한 가치를 지니며 서로 교환될 수 있다고 주장함으로써 오히려 모든 문화가 지배 문화로 흡수되는 것이 불가피함을 암시하고 있다. 마찬가지로 문화상대주의도 문화적 차이를 규범이 되는 중심부와의 관계 속에서 파악함으로써 지배 문화의 권위를 강화하는 결과를 낳는다."[126] 우리가 말하는 다문화사회라는 개념에는 중심부 문화가 주변부 문화를 관대하게 봐주고 포용한다는 식의 우월성을 전제로 하는 관용의 입장이 내포되어 있다. 이에 반해 문화적 차이라는 개념은 소위 말하는 동일성으로서의 문화적 정체성이 사실은 담론의 결과일 뿐임을 강조한다. 따라서 이 개념

125 같은 책, 51쪽 이하.

126 최종천, 「탈식민주의 문화이론의 해체론적 접근」, 『범한철학』 61집, 2011, 396쪽.

은 한 민족의 문화가 그 문화에 대한 다양한 담론들을 허용하므로 근본적으로 문화적 혼종성을 띠고 있음을 지시한다. 즉 문화적 차이는 담론을 통해 단일한 문화적 정체성을 부수고 그 문화 내의 다양한 내적 차이들을 생성한다. 따라서 문화적 차이는 문화적 혼종성과 밀접한 관련을 맺고 있는 개념이라고 할 수 있다. 이에 대해 바바는 다음과 같이 말한다. "문화적 차이는 […] 추가적인 문화적 지식의 획득이나 축적이 아니다. 그것은 인식 가능한 문화적 대상의 순간적이지만 아주 의미심장한 소멸을 의미한다. 이러한 현상은 인식 가능한 문화적 대상의 의미화 작용에 의해 만들어진 산물의 혼란, 경험의 바깥 가장자리에서 일어난다."[127] 따라서 문화적 차이의 인식이란 인식의 완성을 위해 무언가가 덧붙여지는 것이 아니라 그와 반대로 그러한 인식의 일반화 내지 총체화를 가로막고 그것에 저항하는 모순이나 대결의 인식을 만들어 내는 것을 의미한다. 이러한 문화적 차이는 동질적인 문화에 대한 인식을 가로막고 그것에 내재한 타자성에 주목하게 한다. 그런 의미에서 그것은 소수자의 담론이 지닌 전복적 성격을 띤다.

또한 바바는 앞에서 말한 정형화하는 담론 자체가 결코 명료하거나 단일한 성격을 지니지 않고 분열되어 있으며 혼합적임을 강조한다. 가령 백인이 바라보는 흑인은 공포를 자아내는 무서운 존재인 동시에 고분고분한 하인이고, 성적으로 거침이 없으면서도 아이처럼 순수하다.[128] 이는 비단 식민지 지배담론의 경우에만 해당되는 것은

127 H. K. Bhabha, 같은 책, 186쪽.
128 같은 책, 122쪽 참조.

아니다. 식민지 지배담론에 저항하는 대표적 이론가인 프란츠 파농의 이론도 자세히 살펴보면, 이러한 내적 분열과 혼종성으로 가득 차 있다. 프랑스에서 교육받은 후 알제리에서 정신과 의사로 활동한 파농은 알제리 해방투쟁을 지지하며 흑인의 정체성을 표명했지만, 그의 글은 헤겔과 마르크스, 사르트르와 라캉의 서양담론으로 가득 채워져 있었다. 그는 자신의 의사와 상관없이 '하얀 흑인'이었던 것이다.[129] 또한 알제리 역시 해방투쟁에서나 이후 1962년 민족국가로서 공화국 체제를 구축했을 때, 프랑스의 문화적 식민정책에 맞선 투쟁 수단의 기능을 지녔던 전통적인 민족문화를 새롭게 번역하지 않을 수 없었다.

파농은 『검은 피부, 하얀 가면』에서 흑인여성이 백인남성과의 결혼을 통해 자신의 피부색을 표백하기를 희망하지만 결국 실패하거나 또는 유럽식으로 교육받은 지적인 흑인남성이 백인여성과 결혼하려고 자신의 피부색을 부정하고 스스로를 백인으로 간주하며 이를 백인으로부터 승인받아야 하기에 소외되고 마는 예를 보여 준다.[130] 이처럼 검은 피부를 지닌 채 하얀 가면을 써야 하는 사람들이 갖는 혼종적 정체성은 파농에게 자기분열과 소외를 낳는 부정적 의미만 지닌다. 파농은 이러한 혼종성을 병적인 상태이자 거짓된 정체성으로 간

129 파농 스스로도 이를 잘 알고 있었다. 그 스스로 "아직 백인이 아니고 이제는 완전한 흑인도 아닌 나는 저주받은 자였다."(파농, 『검은 피부, 하얀 가면』, 137쪽)라고 말하고 있다. 이를 통해 그는 피부색 자체가 고통이 되는 현실을 비판하고 그것에 저항하지만, 그러한 혼종성이 지닌 혁명적 · 전복적 특성이나 그러한 혼종성이 비정상적인 상태가 아니라 보다 보편적인 상태임을 인식하지는 못한다.

130 같은 책, 43-82쪽 참조.

주한다.

이러한 혼종성은 식민지의 피지배자가 식민지의 지배자를 흉내 내는 데서도 나타난다. 바바는 흉내가 어떤 대상을 모방하지만 동시에 그것이 현전하지 않음을 보여 준다는 점을 강조한다. 식민지 담론의 맥락에서 가령 인도인이 이상화된 영국인의 정체성을 모방할 때, 그는 그것과 닮을 수는 있지만 같을 수는 없다. 모방의 대상인 이상적 정체성은 부분적으로 현전하지만 동시에 모방자 내에서 차이를 만들어 내며 부재하기도 한다. 인도인 통역관처럼 영국인의 문화와 사고방식, 생활습관을 배워 습득하고 내면화하는 경우, 그의 백인으로서의 문화적 소양과 흑인으로서의 피부색은 불일치를 이루며 문제적이 된다. 왜냐하면 식민지 지배자들은 식민지의 피지배자들이 자신을 모범으로 삼아 자신의 이상을 따르기를 바라며 이를 식민통치를 정당화하는 이유로 내세우지만, 막상 피지배자들이 그들 자신과 같아져 독립하기를 희망하지는 않기 때문이다. 즉 식민지 피지배자들의 흉내는 어디까지나 흉내에 그쳐야 하며, 그들은 식민지지배자들과 구별되는 타자의 지위에 머물러야 한다. 따라서 식민지 통치자들은 이러한 혼종성을 띤 분열을 식민통치의 전략으로 삼으면서도 은폐하는데, 왜냐하면 그러한 메울 수 없는 차이에 대한 식민지 피지배자들의 인식은 그러한 통치의 허구적 이데올로기를 간파하고 식민지 지배를 전복할 수 있는 위험을 내포하고 있기 때문이다. 또한 피지배자들은 그러한 문화적 혼종성을 의식적으로 수용하며, 모방대상이었지만 차이를 지닌 식민지 통치국의 문화적 권위에 도전하고 그것을 문제시할 수 있다.

식민지 권력은 우선은 자아와 타자의 구분에서 출발해 자신을 타자인 피지배국가의 이상으로 내세우며 모방을 유도하고 동일시의 가상을 불러일으킨다. 그러나 이들은 궁극적으로 차별을 통해 이러한 동일시를 불가능하게 만든다. 반대로 식민지의 피지배자들은 부분적으로만 식민지 통치국의 지배자들과 닮는 혼종성을 띠게 되며 문화적 차이를 만들어 낸다. 가령 인도에서 토착민들은 이주민인 영국 선교사들로부터 기독교를 받아들이며 인도의 전통문화와 종교에 저항할 수 있었지만, 다른 한편으로 세례를 거부하거나, 세례는 받아들이되 성물은 받아들일 수 없다며 기독교를 인도식 버전에 맞춰 수용하려 하였다.[131] 식민지 통치국의 문화적 텍스트는 결코 근원성의 권위를 지니지 않고 문화적 번역을 통해 부분적으로만 수용되며 토착문화에 병합될 뿐이다.[132] 이처럼 식민지 피지배자들은 타자가 자아와 같아질 수 있다는 식민지 국가가 심어 준 이데올로기의 허구성을 통찰할 수 있을 뿐만 아니라, 식민지 권력의 권위에 도전하고 식민지 권력이 가져온 문화적 혼종성을 의식적으로 수용하며 전복적 전략으로 전환할 수 있다.

베네딕트 앤더슨은 민족을 '상상의 공동체'로 정의하였다. 민족은 언어나 종교, 영토나 혈통 같은 어떤 특정한 요소를 바탕으로 다양한 사회구성원에게 하나의 공동체에 속해 있다는 집단적 소속감을 심어 준다. 파농 역시 식민지 해방투쟁에서 민족국가 개념을 고수한다. 반면 바바는 이러한 상상의 공동체가 실체적인 어떤 정체성을 띠지 않도록, 민족을 경험적 실재로 서술하는 교육학적 서사에 저항하는

131 H. K. Bhabha, 같은 책, 175-177쪽 참조.
132 같은 책, 205쪽 참조.

수행적 서사의 필요성을 강조한다. 즉 하나의 민족 정체성을 만들어 내는 역사주의적 서사에 맞서 그러한 민족과 관련된 다양한 서사들이 존재하고 있으며 각 민족에 대한 서사들은 구성적인 특성을 지닐 수 밖에 없음을 인식해야 한다는 것이다. 이러한 민족담론에 있어 그것을 구성하는 서사의 '수행성'에 대한 인식은 궁극적으로 민족담론에 대한 관심을 한 민족과 다른 민족 사이의 외적 차이가 아니라 한 민족 내에 존재하는 다양한 담론들, 즉 그 민족 내의 소수자와 주변부들의 입장과 서사에 귀 기울이게 하며 집단적 동일성 내에 분열적으로 존재하고 있는 타자성에 관심을 갖게 한다.[133]

포스트식민주의 이론은 자아와 타자의 확고한 경계에 기반을 둔 근대의 민족주의적 서사를 두 가지 측면에서 흔든다. 그것은 한 민족의 공간 내부의 경계를 흔들며 다양한 소수자들의 이야기에 귀 기울이게 할 뿐만 아니라 민족들 간의 경계를 넘어서 '초국가적 trans-national' 차원으로 향한다.[134] 정치적 이유에서의 망명이든 경제적 이유에서의 이민이든 다양한 이유에서 사람들은 국가의 경계를 넘어 이동한다. 이러한 이주민들은 결코 이주한 국가의 문화적 정체성을 일방적으로 받아들이며 흡수될 수 없으며, 오히려 그 국가의 문화를 번역하며 초국가적인 문화적 차이를 만들어 낸다.

바바는 '새롭다'는 뜻을 지닌 근대가 결코 동질적인 하나의 시간

---

133 같은 책, 224쪽: "문화적 차이에 의한 위협은 하나로서의 민족이 지닌 타자성의 문제가 된다. 문화적 동시성이라는 민족학적인 관점에서 볼 때 민족의 주체는 분열되며, 주변부의 목소리들과 소수자 담론의 대변자들은 이제 이론적 입장과 서사적 권위를 갖게 된다."

134 같은 책, 261쪽 참조.

만을 지니지 않다는 점을 강조한다. 그는 푸코나 앤더슨이 피나 이에 바탕을 둔 인종차별을 근대에 외적인 것, 즉 전근대적인 것이나 초시간적인 것으로 간주하는 것에 반대하며, 근대가 지닌 불연속적 시간성을 강조한다. 즉 근대의 상상적 공동체로서의 민족국가의 문화에는 위계적이고 왕조적이며 중세적인 과거의 시간과 동질적이고 세속적인 현재의 시간이 뒤섞여 혼종적인 모습을 드러낸다는 것이다.[135] 근대를 떠올릴 때는 결코 서유럽의 프랑스 혁명만을 떠올려서는 안 되며, 프랑스의 식민 지배를 받으면서 자유, 평등, 박애를 외쳤던 생도맹그에서의 아이티 혁명도 같이 떠올려야 한다.[136] 여기서 근대는 전근대로부터의 해방이자 자유, 평등, 박애에 바탕을 둔 인본주의의 시기인 동시에 유럽적 자아와 비유럽적 타자를 구분하며 인종차별에 기반을 둔 식민지배의 시기임이 드러난다. 따라서 근대의 시간은 비동질적인 시간들이 서로 혼재되어 있는 불연속성의 시간인 것이다.

바바는 포스트모더니즘이 유럽이나 서양중심적인 이론으로 머물러서는 안 되며, 포스트식민주의의 관점에서 근대를 다시 바라보아야 한다고 강조한다. 포스트식민주의 이론은 결코 하나의 단일한 이론적 틀을 가지고 있지 않으며, 오랜 동안 지속되어 권력화된 지식들을 재배치하고 새롭게 번역하며 수용함으로써 스스로를 개방하는 대화적 특성을 지닌다.[137] 바로 이러한 포스트식민적 관점에서만 근대의

---

135 같은 책, 376쪽 참조.

136 같은 책, 366쪽 참조.

137 이러한 맥락에서 영은 바바에 기대어 다음과 같이 말한다. "그러므로 포스트식민주의는 시간이나 역사의 차원, 그리고 공간의 차원을 통해 작동한다. 그 공간이란 지리적 공간이면서도 동시에 또 하나의 제3의 공간, 문화적 재개념화의 공간이다. 문화적 재

전제주의적인 시간 속에서 희생되었던 소수자들의 시간성이 고려될 수 있고, 타자성에 대한 역사적 서사가 가능하게 된다. "내 생각으로는 포스트식민지적 시간의 차이가 없다면, 근대의 담론은 쓰일 수 없을 것이다. 근대의 담론은 미래투사적인 과거를 수단으로 해서 타자성의 역사적 서사로 새겨질 수 있다. 그러한 타자성의 역사적 서사는 여태까지 적절하게 재현되지 못했던 사회적 대립과 모순의 형식들과 이제 막 형성되어 나오는 정치적 정체성들, 그리고 혼종성의 행위와 번역 및 문화적 차이의 가치전도의 과정에서 나타나는 표명들을 탐구한다."[138] 이처럼 바바는 미래적인 포스트식민주의적 관점에서 과거로서의 근대를 바라보며 근대 문화의 혼종적 성격을 밝혀내고 그것을 서양중심적인 동질적인 근대담론을 전복시키는 데 사용한다. 이를 통해 유럽의 근대적 자아가 주변인이자 소수자로서 식민지의 타자에 가한 폭력이 밝혀질 수 있을 것이다. 아울러 문화적 번역의 과정에서 생겨나는 혼종성과 문화적 차이를 가치 전도하여 평가하고 자아와 타자의 경계를 고착화시키려는 근대담론을 파괴함으로써 들뢰즈와 가타리적인 의미에서 전쟁기계적이고 전복적인 새로운 근대담론이 생겨날 수 있을 것이다.

개념화란 오래도록 지속된 강제적인 권력관계 안에 연루되어 있던 상태에서 벗어나 다시 구성된 지식 형태들을 통해 세계를 재배치하는 것을 의미한다. 그것은 새로운 서발턴 역사들, 새로운 정체성들, 새로운 지리학들, 세계 — 서구세계가 아니라 초민족적인 세계 — 의 새로운 재개념화들을 만들어 내고 수행하는 활동들을 가리키는 이름이다. 또한 그것은 더 정의롭고 평등한 사회들을 추구하면서 그 활동들을 통해 오늘날의 권력과 자원의 불균형을 개선하려고 애쓴다. 포스트식민주의는 역사적 실천의 이러한 특정한 결합으로 정의되며, 그것은 현재의 조건들을 변혁하려고 하는 일종의 번역의 정치로 확장된다." 영, 같은 책, 128쪽.

138 H. K. Bhabha, 같은 책, 378쪽 이하.

바바의 문화적 혼종성의 이론에 대한 가장 중심적인 반박은 다음과 같다. "탈식민주의 이론은 제3세계적 투쟁의 물질적 현실에서 유리된 채, 주로 서구 학계 내에서만 유통하는 상품으로 자리 잡았다는 것이다. 아마드가 탈식민주의 이론을 공격하는 가장 중요한 논거는 탈식민주의 이론의 방법론이 대중적 정치 투쟁과 구체적 연계를 상실한 '정치의 텍스트화' 내지 '텍스트적 투쟁'을 강조하는 데리다의 이론을 차용하고 있다는 점이다. […] 즉 탈식민주의 이론가들이 철학적 문제에 매달린 나머지 탈식민적 상황에서의 현실 정치를 회피"[139] 하고 있다는 것이다. 실제로 바바의 이론은 문화비판이론이기 때문에 물질적인 경제적 현실의 문제나 이와 관련된 직접적인 정치적 전략을 제시하지는 않는 것이 사실이다. 이러한 점에서 그의 이론이 서양중심적 이론이며 제3세계의 절박한 현실적 상황을 고려하지 않는다는 비판이 생겨난다.

그러나 포스트식민주의 이론은 문화이론과 정치경제이론을 접목시킬 수 있으며, 영이나 네그리 · 하트 같은 이들은 실제로 이러한 작업을 하고 있다.[140] 가령 이들은 포스트구조주의와 마르크스주의가 어

139 최종천, 같은 글, 407-408쪽.

140 최종천은 "해체론은 민족주의나 마르크스주의와는 양립 불가능하다"고 주장한다. "해체론은 민족주의이든 공산주의이든지 간에 유토피아적 이데아를 목표로 하는 '계몽의 논리'와 '로고스중심적 형이상학'을 배격한다. 해체론은 기본적으로 하나의 의미, 단일한 중심, 자율적 주체(예로서 자민족/타민족, 백인/흑인, 부르주아/프롤레타리아)로 구성되는 거대서사를 부정한다. 민족주의와 마르크스주의는 단일한 변혁 주체와 이항 대립 구조를 설정하고 있다" 같은 글, 409쪽.
그러나 민족주의와 달리 마르크스주의는 끊임없이 외부담론을 수용하며 변형되어 왔다. 서양담론인 고전적인 마르크스주의는 레닌과 마오쩌둥의 비서양적인 담론을 수용하며 변화를 겪었으며, 심지어 들뢰즈의 포스트구조주의나 페미니즘 이론과 결합해 발전하기도 하였다. 따라서 마르크스주의 이론의 변화가능성을 배제할 필요는 없

떻게 결합할 수 있는지 보여 준다. 따라서 바바 자신이 그러한 작업을 수행하고 있지는 않지만, 그의 이론을 다른 이론들과 결합하며 외연을 확장할 수 있는 가능성은 얼마든지 존재한다.

또한 소위 말하는 바바의 텍스트적 투쟁이 식민지를 지배했던 메트로폴리스의 소수집단의 해방에 기여할 수 있을지는 몰라도 제3세계의 정치적 실천에는 거의 아무런 의미를 갖지 않는다는 비판도 있다.[141] 그러나 바바의 문화비판이론을 마르크스주의와 연결시키지 않더라도 거기서 얼마든지 정치적인 전략과 실천의 의미를 끌어낼 수 있다. 가령 바바의 혼종성 개념은 이항적 대립구도에 따라 식민주의의 폭력에 대항폭력으로 맞설 것을 제한하는 파농의 주장과 달리, 민족해방을 추구하는 피지배자들이 사용할 수 있는 저항수단의 다양화를 가능하게 한다. 왜냐하면 저항(또는 폭력)이 물리적 폭력으로 환원되지 않고 바바의 문화적 차이 개념처럼 그 자체 내에 다양한 차이들을 내포하는 잠재성의 차원을 획득할 때, 물리적 폭력은 저항의 한 가지 가능성일 뿐이며 그 외에도 다양한 비물리적 저항형식들이 실천적인 전략으로 사용될 수 있기 때문이다. 또한 저개발국은 소위 선진국의 기술이나 다양한 정치제도를 받아들이면서도 그것을 자신의 특수한 상황과 연결시키거나 뒤틂으로써, 즉 혼종성을 추구함으로써 선진

다. 다만 아감벤이나 네그리 · 하트 등이 내세우는 변형된 현대의 마르크스주의 정치이론들이 과연 자신들이 내세우는 초월적 이상을 달성할 수 있을지에 대한 해체주의적인 회의는 정당하다고 하겠다. 왜냐하면 그것이 정치적인 실천으로 특정한 공동체를 수립할 때 필연적으로 그것은 들뢰즈와 가타리적인 의미에서 재영토화를 수행할 수밖에 없고 자신의 무한한 잠재력을 제한하고 현실화된 형태로 나타날 수밖에 없기 때문이다.

141 이석구, 같은 글, 173쪽 참조.

국의 지배에 저항하는 동시에 발전을 추구할 수 있다. 따라서 바바의 이론을 서양의 비정치적인 문화이론으로 단정하기보다는 그것에 내재된 실천적 잠재력을 끌어내어 텍스트적인 저항을 현실적인 실천으로 이끌어 낼 수 있는 다양한 해석들이 필요하다. 더욱이 텍스트와 현실의 이분법적 구분 자체가 낡은 사고방식이며 텍스트적 저항이 곧 현실의 저항 차원으로 넘어갈 수 있음을 고려한다면, 바바의 이론에서 실천적인 정치적 함의를 끌어내는 것이 어렵지 않을 것이다.

2) 문학과 포스트식민주의 담론: 크라흐트[142]

(1) 크라흐트의 『나 여기 있으리. 햇빛 속에 그리고 그늘 속에』

◆ 제국주의 비판과 유토피아의 환상 폭로

크라흐트의 소설 『나 여기 있으리. 햇빛 속에 그리고 그늘 속에 *Ich werde hier sein im Sonnenschein und im Schatten*』(이하 『나 여기 있으리』, 2008)는 대체역사소설의 형식의 띠고 있다.[143] 이 소설은 레닌이 스위스에서 러시아로 돌아가지 않고 스위스에 소비에트 공화국을 수립했다는 가상적 설정하에서, 스위스소비에트공화국(SSR)과 파시스트 국가인 독일과 영국이 96년째 전쟁을 벌이고 있는 상황을 시대적 배경으로 한다.[144] 서술자이

142 이 부분은 「탈식민주의 담론과 혼종적 정체성. 크라흐트의 『나 여기 있으리. 햇빛 속에 그리고 그늘 속에』와 『제국』을 중심으로」(『뷔히너와 현대문학』 45권, 2015)를 편집 수정한 것이다.

143 김태환, 「유토피아의 뒤편」, 크리스티안 크라흐트, 『나 여기 있으리. 햇빛 속에 그리고 그늘 속에』, 배수아 옮김, 문학과지성사, 2012, 192쪽 참조.

144 힌두스탄, 한국 등 아시아 국가와 유럽의 파시스트 국가 그리고 스위스소비에트공화국이라는 사회주의 국가가 오랜 기간 전쟁을 하고 있다는 가상적 설정은 조지 오웰의

자 주인공으로 등장하는 '나'라는 인물은 아프리카 말라위의 한 마을에서 태어났지만, 그곳을 통치하는 스위스소비에트공화국의 장교아카데미에서 교육받아 스위스 군 장교가 된다. 그는 그곳에서 인종차별을 금하고 평등하게 대우해 주는 스위스인들에게 깊은 감명을 받아, 아프리카를 점령해 식민지를 만들려는 파시스트 국가들에 맞서 스위스가 벌이는 전쟁을 정의로운 전쟁으로 간주한다. 더 나아가 그는 스위스를 제2의 조국으로 삼고 스스로를 스위스인으로 생각하기도 한다.

위에서 간략히 요약한 작품 내용에서 독일뿐만 아니라 영국도 파시스트 국가로 설정된 것이 눈에 띈다. 이는 활발한 식민지 정복활동을 벌였으면서도 독일 나치 정권에 맞서 싸웠다는 사실 때문에 묻히곤 하는 영국의 역사적 범죄를 드러내려는 의도와 연관이 있어 보인다. 또한 에메 세제르의 말처럼, 파시즘은 세계가 이미 식민지열강들에 의해 다 분할되어 더 이상 분할될 수 없을 때, 독일이 유럽 자체를 식민제국으로 삼으려 한 제국주의의 또 다른 형태로 볼 수 있다.[145] 이로써 파시즘과 제국주의 간의 연결고리가 생겨난다. 로버트 영은 "파시즘이 유럽으로 되돌아온 식민적 전체주의라면, 전체주의는 언제나 외적으로든 내적으로든 식민적이다."[146]라고 말한다. 이를 바꿔서 생각하면, 식민주의는 언제나 그 식민지에 대해 전체주의적이라고 말할 수 있을 것이다. 즉 식민지 통치국가는 일종의 파시즘 국가인 셈이다. 제국주의적인 영국과 파시즘적인 독일이 하나의 범주에 묶여 연합군

『1984』에서 동아시아, 유라시아, 오세아니아가 지속적으로 전쟁을 하고 있다는 가상적 설정과 매우 유사하다.

145 영, 같은 책, 20쪽 참조.

146 같은 책, 730쪽.

으로 등장하는 것은 이러한 맥락에서 이해할 수 있을 것이다.

영국이나 독일 같은 자본주의 국가가 파시스트 국가이자 식민지 통치국가로 등장하는 데 반해, 스위스소비에트공화국은 공산주의 이념에 따라 식민지 세계를 파시스트의 식민지지배로부터 해방시킬 뿐만 아니라, 나아가 식민지 피지배자들을 근대화하고 그들에게 인본주의적인 이념을 심어 주려는 역사적 유토피아의 수행자로 등장한다. 그런데 이들이 내세우는 근대화의 이념은 사실은 역사적으로 식민지 통치국가들이 내세웠던 식민지 통치이데올로기에 정확히 상응한다. 로버트 영은 제국주의 통치모델을 영국의 연합체제와 프랑스의 동화체제로 구분하는데, 프랑스의 동화체제는 크라흐트의 작품 속 스위스소비에트공화국의 통치원칙과 정확히 일치한다. 동화체제란 아무리 멀리 떨어진 식민지라도 본국의 일부로 간주하며, 모든 인간은 평등하다는 전제하에 후진적인 식민지 피지배자들을 본국 국민과 똑같이 교육하고 똑같은 문화시설을 제공함으로써 본국에 동화하려는 통치방식을 말한다. 프랑스는 혁명 후 자유, 평등, 박애라는 이념을 내세우며 식민지 주민들을 계몽하려 했는데, 이러한 통치방식은 역으로 그들의 문화나 종교를 말살하는 것을 의미했다.[147] 크라흐트의 소설에서도 스위스소비에트공화국은 이와 유사한 계몽적 신념하에 원시적인 아프리카 부족들을 근대화하여 질병과 가난에서 구해 내고 문명화시

---

147 같은 책, 67-72쪽 참조.
역사적인 식민지배국가인 프랑스와 소설 속 스위스소비에트공화국의 또 다른 공통점은 양자가 자신들의 전쟁에 식민지병사들을 참여하게 만들었다는 것이다. "약 20만 명의 아프리카인들이 제1차 세계대전에 참전하기 위해 유럽으로 건너온 것"(같은 책, 448쪽)이다.

키겠다는 명분을 내세우며 그들을 교육하고 그들에게 문화를 전수하지만, 이는 원주민 문화의 말살을 의미할 뿐만 아니라 식민지 통치자와 피지배자 사이의 차별과 착취를 여전히 존속시킴으로써 그들이 내세우는 문명화사업의 허위성을 폭로하기도 한다.[148]

주인공인 나는 이러한 스위스의 이데올로기를 그대로 내면화하며 수용한다. 그러나 그가 스위스인들에게 갖고 있는 이상은 현실과 동떨어져 있다. 실제로 전쟁에서 스위스인들은 파시스트와 마찬가지로 항복한 포로들에게 잔혹한 보복을 하기도 하고 얼음물에 들어가든지 죽든지 선택하라며 똑같이 폭력적인 태도를 보인다. 심지어 인종차별 역시 여전히 남아 있다. 고위 장교인 주인공마저 흑인이라는 이유로 자신보다 낮은 스위스 백인사병들에게서 직·간접적으로 인종차별적인 말이나 행동을 경험한다. 주인공 나는 공산주의 이념을 내세우며 이러한 인종차별을 극복할 수 있을 것으로 믿지만, 이러한 믿음은 결국 착각에 지나지 않는 것으로 밝혀진다.

스위스 최고 소비에트의 지시로 주인공은 유대인 브라친스키 대령을 체포하러 알프스에 있는 요새로 들어간다. 원래 이 요새는 어떤 공격에도 끄떡없는 난공불락의 상징이자 막강한 미사일로 적군을 초토화할 수 있는 필승의 상징이기도 하다. 그러나 막상 그곳에는 스위스소비에트공화국이 선전한 미사일이 존재하지 않으며, 요새 역시 작품 마지막에 붕괴되는 데서 알 수 있듯이 결코 난공불락이 아니다. 즉

148 실제 역사에 있어서 스탈린 시대의 소련은 중앙집권적 권력에 의거하여 소수민족의 문화를 통제하고 억압하는 등 강압적인 문화정책을 펼쳤으며, 그로 인해 반식민투쟁을 내세우면서도 동시에 식민주의적인 특성을 띠었다. 같은 책, 223쪽 참조.

스위스가 내세우는 그러한 군사전력은 기만적인 선전에 지나지 않는다. 더 나아가 브라친스키는 주인공에게 그가 지금까지 잘못된 기억과 정체성을 갖고 살아 왔다며, 스위스소비에트공화국이 그에게 심어준 이데올로기의 허구성을 철저히 폭로한다.

> 반혁명이니 이단이니 하는 말들은 모두 애들 말장난에 불과해요. 당신은 스스로를 재교육하셔야 합니다. 지도원 동지, 당신은 노예일 뿐이에요. 아시겠어요? 당신은 스위스의 노예로 태어나 조련되고 그렇게 만들어졌어요. 당신과 당신의 민족은 그저 총알받이고 로봇일 뿐, 그 이상 어떤 의미도 지니지 못합니다. 당신의 유년기는 위조되었어요.[149]

주인공도 꿈에서 스위스 군이 먼저 흑인을 전장으로 내몬 후 마지막에 가서야 백인을 내보내는 광경을 떠올리며 전쟁터에서 죽어 가는 자기 민족에 대한 애통한 마음을 갖는다. 이로써 그가 스스로에게 주입한 스위스인으로서의 정체성은 근본적으로 흔들린다. 호미 바바가 말했듯이, 식민지 통치국가는 식민지 원주민들에게 자신을 이상으로 내세우며 모방할 것을 권하지만, 그러한 모방은 어디까지나 모방일 뿐이며 모방의 대상과 차이를 만들어 낸다. "거의 동일하지만, 완전히 같지는 않은 것"[150]이 모방의 특징이다. 이로써 주인공 역시 스위스의 이념을 내면화했지만 여전히 흑인의 모습을 지닐 수밖에 없

---

149 Christian Kracht, *Ich werde hier sein im Sonnenschein und im Schatten*, München, 2010, 128쪽.

150 H. K. Bhabha, 같은 책, 132쪽.

는, '하얀 가면을 쓴 흑인'으로 존재할 수밖에 없는 것이다. 이러한 혼종성은 일차적으로 지배국가의 관점에서 행해진 차별의 결과이자 문화적 번역에서 필연적으로 생겨날 수밖에 없는 한계이지만, 다른 한편 피지배자가 그것을 의식적으로 전환시켜 사용할 때 저항 내지 전복을 위한 발판이 될 수 있다.

파시스트 국가의 식민지배에 맞서 식민지 피지배자들을 해방시켜 주겠다는 스위스소비에트공화국의 선전은 허구로 밝혀지며, 식민지 피지배자들은 여전히 새로운 식민지 통치국가의 지배하에 그들의 전쟁을 위한 도구로 사용된다. 식민지 통치의 주체만 바뀌었을 뿐, 자아와 타자, 지배자와 피지배자 간의 간극은 사라지지 않은 것이다.

어쩌면 스위스 혁명위원회와 떨어져 자율적이 된 요새가 공산주의의 진정한 이상을 대변한다고 생각할 수 있을지도 모른다. 실제로 작품 초반 주인공이 만난 파브르 소장은 브라친스키가 스위스소비에트공화국에 대한 위협인 동시에 희망일 수도 있다고 말한다. 브라친스키는 요새에 혁명위원회가 없고 요새가 자립했으며 그것이 바로 스위스소비에트공화국 자체라고 말한다. 그는 주인공에게 "유대인, 여자, 흑인. 이게 바로 진정한 스위스죠. 이게 바로 새로운 세상이고요."[151]라고 말한다. 여기서 그는 스위스 국민으로 구성된 민족국가를 생각하거나 중앙집권적이고 관료화된 공산주의 사회를 생각하지 않는다. 오히려 유대인, 여성, 흑인 등 소수자들의 권리를 대변하는 사회로서 스위스, 즉 새로운 세상을 기획한다. 이것은 들뢰즈와 가타리

151 C. Kracht, 같은 책, 124쪽.

가 내세운 소수자의 윤리학[152]을 떠오르게 한다. 또한 흥미로운 것은 요새의 구조이다. 원래 근대적인 이상에 따라 어떤 공격도 막을 수 있는 철벽방어수단으로 요새가 구상된 것인데, 이 작품에 묘사된 알프스 요새는 그러한 근대적 구조를 넘어선 것처럼 보인다. 그곳에 있는 수직, 수평 갱도는 서로 그물처럼 복잡하게 연결되어 끝을 알 수 없으며, 마치 들뢰즈와 가타리가 말한 리좀[153] 같은 구조를 갖고 있다. 콘터는 스위스소비에트공화국이 중앙집권적인 행정구조와 이와 대비되는 탈중심적이고 연방적인 정치구조의 공존이라는 모순을 갖고 있음을 지적한다. 가령 엄격한 위계구조를 지닌 중앙집권적 행정체계와 권력의 중심지로서의 수도 대신 군사적 · 정치적 중심지를 옮겨 다니는 탈중심적인 정치적 구조가 양립한다. 특히 리좀적인 구조를 드러내는 요새의 건축구조는 이러한 탈중심적 정치구조를 잘 드러내 주며, 스위스소비에트공화국의 중앙집권적 체제와 충돌하는 모습을 보인다.[154] 또한 이 요새의 동굴에 그려진 벽화도 처음에는 사회주의 리

---

152 이 개념에 대한 자세한 설명은 다음을 참조하시오. 이정우, 『천 하나의 고원』, 204-233쪽.

153 들뢰즈와 가타리는 리좀을 이렇게 정의하고 있다. "땅밑줄기인 리좀은 본질적으로 뿌리나 수염뿌리와 다르다."(G. Deleuze & F. Guattari, *Tausend Plateaus*, 16쪽) "리좀은 시작도 없고 끝도 없다. 그것은 항상 중간에 있고 사물 사이에 있으며, 사이-존재이고 **간주곡**이다. 나무는 혈통관계이지만, 리좀은 결연관계이며 오직 결연관계일 뿐이다."(같은 책, 41쪽)

154 Claude D. Conter, "Christian Krachts posthistorische Ästhetik", *Christian Kracht*, Johannes Birgfeld & Claude D. Conter (Hrsg.), Köln, 2009, 38-39쪽 참조.
특히 주인공이 처음에 요새에 들어와 브라친스키를 체포하려 했을 때, 이를 저지하며 주인공에게 총을 겨누는 공병대 여군과 주인공을 파견한 스위스 최고 소비에트의 명령을 더 우선시하는 다른 금발병사의 갈등에서 요새 내에서마저 이러한 모순적 갈등이 사라지지 않고 있음을 확인할 수 있다.

얼리즘에 따라 스위스 역사를 묘사하고 있지만, 위로 올라갈수록 그 그림들은 추상화되고 마치 주인공이 어린 시절 아프리카 고향마을의 동굴에서 본 회오리 모양의 사물을 연상시킨다. 요새의 상층부는 무정부주의적이고 퇴폐적인 인상을 풍긴다. 즉 그것은 어떤 경계를 상정하는 특정한 민족국가가 아니라 무정부주의적인 성향을 띠고 있는 것이다. 더욱이 브라친스키나 그의 애인이었던 파브르 소장 모두 몸에 콘센트 모양의 것을 지니며 기계와 인간이 결합된 형태를 보여 줄 때, 이들은 포스트모던적 혼종성을 지니며 진정한 스위스의 유토피아를 대변하는 것처럼 보이기도 한다.

동서 냉전이 소련의 붕괴와 동서독 통일로 끝났을 때, 공산주의는 사실상 사형선고를 받은 것처럼 보였다. 자본주의와 서양 민주주의의 승리는 확실한 듯 보였고, 공산주의 이념에 대한 향수는 시대착오적으로 느껴졌다. 그 때문에 1990년대 팝문학의 창시자이자 댄디로 등장한 크라흐트의 작품에서 다시 공산주의가 작품의 전면에 등장하는 것은 의외로 받아들여질 수도 있다. 그가 서유럽 후기 자본주의 사회의 퇴폐성을 전면적으로 비판하면서 그의 두 번째 소설 『1979』(2001)에서 이슬람 근본주의와 중국 공산주의의 전체주의적 특성을 비판했을 때도 공산주의는 그저 서양 자본주의의 대안이 될 수 없다는 의미에서 제시되는 정도로 생각이 되었다. 하지만 『나 여기 있으리』에서는 공산주의가 더 이상 소련이나 중국 같은 현실 사회주의국가들이 지향한 관료주의적이고 중앙집권적이며 민족국가적인 모습에 머무르지 않으며, 이를 뛰어넘어 국제주의적이고 탈경계적이며 포스트구조주의적인 특성을 띠고 있다는 사실에 주목할 필요가 있다. 로버트 영은 마르크스주의가 그 자체로 혼종적 특성을 지니고 있으며,

시대와 상황에 따라 역동적으로 변화하며 다양한 다른 이론들과 소통하며 번역될 수 있는 정치이론으로 발전해 왔음을 강조한다. 이것은 안토니오 네그리와 마이클 하트가 자본주의의 제국에 맞서 내세운 새로운 탈경계적인 공산주의 모델로서의 '공통체'[155]와 흡사하다. 오늘날 세계화라는 이름하에 전 세계적으로 퍼져 가고 있는 신자유주의의 물결에 맞서 지젝이나 네그리 또는 하트 같은 공산주의자들이 포스트구조주의 내지 포스트모더니즘 이론을 수용하면서 새로운 유토피아 사회를 구상하며 많은 지지를 얻고 있다는 점을 고려할 때, 크라흐트가 여기서 제시한, 브라친스키 및 리좀적인 요새를 통해 구현된 스위스소비에트공화국 모델이 결코 시대착오적인 것만은 아니다. 부패하고 타락한 후기 자본주의 사회에서 크라흐트가 아무런 긍정적 요소를 발견하지 못할 때, 이러한 새로운 공산주의 모델은 적어도 그에게 새로운 세계의 탄생을 위한 밑거름의 역할을 할 수 있는 것처럼 보인다. 그렇지만 크라흐트는 이렇게 제시된 이상향으로서의 새로운 공산주의 모델에 완전히 동조하지는 않는다.

이 작품에서 브라친스키라는 인물이나 그가 대변하는 요새는 궁극적으로 어떤 이상향으로 묘사되지 않는다. 브라친스키는 자신을 쫓아온 스위스 군인들을 살해한 후, 주인공을 지뢰에서 구해 주기 위해

155 '공통체'는 네그리와 하트의 저서 제목이기도 하다. 네그리와 하트는 이 개념으로 이미 존재하는 공통적인 것의 존재를 가리키기보다는 특이성들의 상호작용으로 공통적인 것을 구성해 나가는 공동의 참여과정을 강조한다. 이렇게 만들어지는 공통체는 동일성을 지닌 어떤 실체가 아니라 끊임없이 새롭게 구성되고 변신하는 개방성을 특징으로 갖는 집단적 실천의 결과물(또는 과정)이다. 그 때문에 공통적인 것은 특이성을 배제하거나 억압하지 않으며 오히려 그것과 공존한다. 네그리 · 하트, 『공통체』, 181-193쪽 참조.

목숨을 희생했던 우리엘이라는 난쟁이에게 자신의 죄를 뒤집어씌운다. 나중에 주인공이 브라친스키에게 그가 군인들을 죽인 것이 아니냐고 묻자, 그는 신이 죽인 것이라는 모호한 답변을 한다. 그런데 이 모호한 답변 속에 브라친스키의 입장과 한계가 모두 들어 있다. 왜냐하면 언뜻 포스트모던한 인물처럼 보이는 브라친스키를 자세히 살펴보면 종교적인 특성이 대단히 많이 나타나기 때문이다. 그는 동양의 신비적인 종교에 관심이 많다. 그는 포스트모던적인 입장처럼 절대적 진리를 부정하기보다는 부재를 임재로 바꿔 놓으며 진리 개념을 고수하는 것처럼 보인다.[156] 특히 그는 주인공의 고향 마을부족의 늙은 치유사와 대단히 닮았다. 그 치유사는 새의 똥과 피로 과거의 일을 알아내고 미래를 점칠 수 있으며, 호흡만으로 살아가고 새로운 인류의 탄생을 꿈꾼다. 브라친스키 역시 아프리카 부족의 최고령자 같은 모습으로 머리와 수염을 길게 기르고 있으며, 헌신적인 치료로 요새의 동굴에서 기적의 치유사로 간주된다. 또한 그 역시 이곳에서 새로운 스위스를 꿈꾼다. 더 나아가 그는 호흡을 이용한 연기언어를 사용하는데, 그 언어는 대상을 이동시키며 전달할 수 있는 물적 존재로, 파브르는 고대부족이 이러한 언어적 능력을 발전시켰다고 말한다. 문자언어가 아닌 구술언어에 기반을 둔 새로운 언어로서 연기언어는 주술적인 고대부족의 언어를 연상시키는 면이 있다. 따라서 브라친스키는 표면상으로는 트랜스휴먼적이며, 근대국가의 이념을 부정하고 소수자의 윤리를 주장하는 무정부주의적인 정치적 이념을 지닌 포스트

156 C. Kracht, 같은 책, 119쪽.

구조주의자 내지 포스트모더니스트로 등장하지만, 사실은 여전히 형이상학적인 종교적 · 초월적 심급에서 벗어나지 못하고 있다. 이는 브라친스키가 초월성에 바탕을 둔 이분법적 구분에서 여전히 벗어나지 못하고 있음을 의미한다. 그렇기 때문에 브라친스키는 새로운 인류를 대변하는 것이 아니라 그 전 단계로서 새로운 인류를 탄생시키기 위해 소멸되어야 할 인물로 등장한다. 요새는 퇴폐적인 소멸의 분위기를 발산할 뿐만 아니라 작품 마지막에 파시스트의 공세로 무너지며 사라져 버린다. 파브르도 전쟁 중에 폭격으로 땅속에 파묻혀 사라지고 브라친스키 역시 요새와 함께 사라진다.[157] 따라서 이들이 새로운 인류를 대변하는 인물일 수는 없다. 이는 요새를 떠나는 주인공의 생각에서도 명확히 밝혀진다.

> 나는 무거운 야전상의는 물론, 브라친스키의 병적인 가르침도 함께 내던져 버렸으며, 연기언어도 더 이상 사용하지 않았다. […] 그것은 백인들의 언어였고, 전쟁터의 관용구였기 때문에, 나는 그것이 더 이상 필

157 그러나 이러한 사라짐이 완전한 사라짐을 의미하지는 않는다. 오히려 푸른 눈의 흑인 장교가 파브르와 브라친스키의 아들로 상상될 때, 그가 이들의 이념을 단순히 내팽개치기보다는 오히려 혼종적인 방식으로 수용하며 발전시켜 나가리라고 추측할 수 있다. 크라흐트의 작품에서 '사라짐'이 완전한 사라짐을 의미하지 않는다는 것을 슈마허도 크라흐트의 글쓰기미학을 규명하는 작업에서 강조하고 있다. "크라흐트는 글을 쓰면서 거의 지속적으로 이미 존재하는 구도, 기존의 것을 활용한다. 그는 선행텍스트를 토대로 글을 쓴다. 그가 이러한 선행텍스트들 위에 자신의 글을 덧씌워 쓰기는 하지만, 그로 인해 선행텍스트가 완전히 뒤덮이거나 소멸되는 것은 아니다. 오히려 그것은 사라지면서도 새로운 텍스트 사이로 비쳐 나오거나, 아니면 적어도 비쳐 나오는 것처럼 보인다."(Eckhard Schumacher, "Differenz und Wiederholung. Christian Krachts *Imperium*", *Christian Kracht trifft Wilhelm Raabe. Die Diskussion um Imperium und der Wilhelm Raabe-Literaturpreis 2012*, Hubert Winkels (Hrsg.), Berlin, 2013, 136쪽)

요하지 않았다.[158]

이것은 요새로 대변되는 스위스소비에트공화국의 공산주의 모델이 서양의 공산주의 이론가들이 만들어 낸 허구적인 유토피아에 지나지 않으며, 파시즘적인 자본주의 사회에 대한 그들의 투쟁이 이 소설에서 묘사된 전쟁에서 드러나듯이 또 다른 종류의 폭력을 낳을 뿐임을 비판하고 있다.

◆ 혼종적인 정체성과 열린 정치체제

앞에서 부정적으로 언급된 알프스 요새의 종교적 특성이나 고향을 연상시키는 요새 내의 벽화는 주인공에게 요새를 떠나 고향으로 향하게 한다는 점에서 중요한 의미를 갖는다.[159] 따라서 알프스 요새는 주인공에게 부정적인 체험의 공간만은 아니며, 스위스소비에트공화국이 표방하는 이데올로기의 허구성을 인식하고 고향으로의 귀환을 준비하게 되는 긍정적 계기이기도 하다.

새로운 세상에서는 인간이 세상의 중심에 있지 않으며 다른 동물이나 기계와 명확히 구분되지 않고 끊임없이 진화하는 것으로 간주된다. 이러한 포스트휴먼적 세계관[160]에서 자아와 타자의 구분은 더 이

---

158 C. Kracht, 같은 책, 138쪽.

159 Johannes Birgfeld & Claude D. Conter, "Mörgenröte des Post-Humanismus. *Ich werde hier sein im Sonnenschein und im Schatten* und der Abschied vom Begehren", *Christian Kracht*, 267쪽 참조.

160 포스트휴머니즘의 맥락에서 이 작품에 나타난 혼종성의 문제를 다룬 연구로는 다음을 참조하시오. 구연정, 「포스트휴머니즘 시대의 혼종성의 미학. 크리스티안 크라흐트의 『나 여기 있으리 햇빛 속에 그늘 속에』를 중심으로」, 『뷔히너와 현대문학』 제41

상 의미가 없다. 파브르가 주인공에게 연기언어로 보여 준 어린아이는 검은 피부에 파란 눈을 하고 있다. 브라친스키와 파브르 사이에 태어날, 새로운 세계의 주인공이 될 이 아이는 바로 서술자이자 주인공인 나이기도 하다. 왜냐하면 그는 점차 눈동자 색이 파란색으로 변하며 혼종적인 정체성을 보여 주기 때문이다.

새로운 혼종적 정체성을 보여 주는 주인공은 과거 세계에 속하는 고향의 원시적인 주술사의 종교도, 미래의 유토피아를 제시하는 현대판 주술사 브라친스키의 새로운 공산주의 종교도 믿지 않는다. "혼종성이 이단이라면, 신성모독은 다름 아닌 꿈꾸기이다. 그것은 과거나 현재는 물론, 지속된 현재에 대한 꿈꾸기도 아니다. 그러한 꿈은 전통에 대한 향수에 찬 꿈도 아니고 현대의 진보에 대한 유토피아적인 꿈도 아니다."[161] 그것은 "경계 위에서 자신의 삶을 살아가는 행위로서의 경계 위에서-살기"[162]이다. 이러한 신성모독적인 경계 위에서 살기로서의 혼종성이 바로 주인공이 꿈꾸는 새로운 세계의 토대이다.

이러한 혼종성은 호미 바바가 말한 문화적 번역에서도 나타난다. 이 소설에서 영국과 독일의 파시스트들은 기독교를 믿고 있고 군인들의 허리띠에는 '신은 우리와 함께'라는 말이 새겨 있다. 그래서 스위스소비에트공화국은 전쟁에서 승리하면 제일 먼저 교회를 허물려고 하는 것이다. 그런데 흥미로운 것은 직접적으로 교회를 탄압하지 않고 그 대신 그것을 모방하고 문화적으로 번역하면서도 모방대상과의

호, 2013, 185-204쪽.

161 H. K. Bhabha, 같은 책, 338쪽 이하.

162 같은 책, 339쪽.

문화적 차이를 만들어 낼 수 있다는 사실이다. 예를 들면 주인공 나를 지뢰에서 구해 준 난쟁이 우리엘은 스위스 군들이 불태운 성경책 더미에서 치체와어로 쓰인 성경 한 권을 구해 내 읽고 '남쪽에서 온 남자', 즉 메시아를 기다린다. BC 1000년경에 예멘 남서부 지방과 말라위 지방을 다스리던 시바의 여왕은 솔로몬 왕을 찾아가 그를 방문한 후 사내아이를 낳았는데, 그의 아들이 유대인을 이끌고 에티오피아 왕국을 세웠다는 전설이 있다. 그래서 에티오피아의 흑인들은 다른 아프리카 인에 비해 피부가 덜 검으며 솔로몬 왕의 후손이라는 것이다. 이러한 에티오피아 유대인들이나 이들 중 개종한 기독교인들은 유대교의 메시아나 예수를 흑인으로 표상하곤 하였다. 이러한 맥락에서 보면, 말라위의 치체와어를 통해 성경을 알게 된 우리엘 역시 흑인을 친구로 간주할 뿐만 아니라 메시아를 흑인으로 생각하였으며, 유럽인과 성경에 대해 전혀 다른 문화적 표상을 만들어 내었다고 추측할 수 있다. 다시 말해 언어적 번역은 문화적 번역, 즉 문화적 차이를 만들어 낸 것이다. 우리엘이 치체와어로 말하는 성경구절은 유럽어로 쓰인 성경구절과 다른 발화의미를 지니며 문화적 혼종성을 만들어 낸다. 이러한 혼종성은 앞에서 바바가 말한 의미에서 '신성모독'이다. 이러한 우리엘의 신성모독은 순수한 정통신앙을 주장하는 유럽 기독교국가의 광신적인 전쟁수행과 대비되는 그의 희생적 죽음을 통해 역설적으로 더욱 숭고해진다.

말라위의 고향 마을을 떠나 스위스 뉴베른을 거쳐 요새에 머물렀던 주인공은 다시 고향으로 돌아온다. 오디세우스처럼 여러 가지 모험과 시련을 겪고 다시 고향에 돌아온 것이다. 그러나 그의 귀향은 결코 그가 그곳을 떠나기 전의 상황으로 돌아온 것을 의미하지 않는다.[163] 고향을 떠날 때와 달리 그의 눈동자는 이제 파란색이다. 그는 고향의 군사아카데미, 스위스 뉴베른에서의 생활, 알프스 요새에서의 체류를 통해 다양한 생각을 하게 되고 관점의 변화를 겪는다. 즉 여행은 그에게 끊임없이 새로운 정체성을 부여하며 궁극적으로 혼종적인 정체성을 갖게 한다. 호미 바바가 말한 것처럼 이러한 방랑자에게 최종적인 귀환은 있을 수 없으며[164], 따라서 고향마을로의 귀환도 근원적이고 원초적인 상황으로의 귀환을 의미하지 않는다. "그는 방랑하는 자이며, 그가 살았던 곳의 다양한 힘들을 몸속에 받아들인 자이고, 그리하여 이질적이고 혼종적인 정체성들을 한데 끌어안고 있는 자이다. '나'는 유럽, 아프리카, 아시아, 아메리카 등 전 세계를 옮겨 다니며 살아가는 코스모폴리탄적 작가 크라흐트의 거울상"[165]이라고 할 수 있을 것이다.

주인공 내가 돌아온 아프리카의 도시 역시 이전과 상이한 모습을 보인다. 한 스위스 건축가가 현대적인 비전에 따라 콘크리트로 건설한 동아프리카의 모든 도시들은 지금은 텅 비어 있다. 그곳에 살던 아프리카 주민들이 모두 그곳을 떠나 시골마을로 돌아가 버렸기 때문이다. 이들의 행렬은 민족대이동에 비교되는데, 도시 외곽을 지키던 군인들마저 무기를 버리고 대열에 합류하는 바람에 이 이동을 더 이

---

163 그 때문에 이 작품을 단순히 문명 대 자연의 대립적인 구도로 이해하며 작가의 문명비판이 근원적 자연으로의 회귀를 지향하는 것으로 해석하는 것은 문제가 있다. 노버는 스위스 건축가의 자살과 그의 시체가 하이에나에게 먹히는 것을 문명에 대한 자연의 승리로 해석하면서도 동시에 자연의 폭력과 잔혹성이 여기서 나타난다며 작가가 자연을 맹목적으로 예찬한다는 입장과는 거리를 두고 있다. Immanuel Nover, *Referenzbegehren. Sprache und Gewalt bei Bret Ellis und Christian Kracht*, Wien u.a., 2012, 279-280쪽 참조.

164 H. Bhabha, 같은 책, 246쪽 참조.

165 김태환, 「유토피아의 뒤편」, 218쪽.

상 막을 방법이 없다. 스위스 건축가 르 코르뷔지에의 구상으로 지어진 근대적 건축물은 얼마 지나지 않아 덩굴식물로 뒤덮이고, 깨끗했던 도시도 아무도 돌보지 않아 먼지로 뒤덮인다. 그리고 이 건축가는 목을 매달아 자살한다. 이로써 근대적인 유토피아는 사실상 종말을 고한다. 반면 근대적인 도시의 경계를 넘어 이동하는 행렬은 근대가 설정했던 경계의 파괴를 시각적으로 생생하게 보여 준다. 과거 남미의 식민지 세계에서 식민지 통치자들이 노예들의 이동의 자유를 철저히 제한하고 그들을 가둠으로써 통치하고 지배할 수 있었다면, 이제 스위스의 지배하에서 사실상 또 다른 종류의 노예였던 아프리카 부족민들은 유목적인 경계 넘어서기, 아니 들뢰즈와 가타리적인 의미에서 탈주를 통해 근대의 억압적 폭력에 맞선다.

아프리카 사람들을 서양식으로 조성된 도시에 살게 하고 그 속에 가두려는 시도는 실패로 돌아간다. 이는 그들이 서양의 근대적 이상을 더 이상 모범으로 삼아 모방하려 하지 않는다는 것을 의미한다. 그렇다고 이것이 아프리카 원주민이 이전의 전근대적 삶과 정체성으로 회귀해야 한다는 말은 아니다. 비록 주인공을 비롯한 원주민의 혈관에 체와족의 피가 끓기 시작하더라도 말이다. 왜냐하면 고향으로 돌아온 주인공은 계속해서 이렇게 묘사되기 때문이다.

> 그리고 우리 혁명의 푸른 눈동자는 피할 수 없는 잔인함으로 불타올랐다.[166]

166 C. Kracht, 같은 책, 147쪽.

스위스소비에트공화국이 아프리카에 세운 근대 문명은 무자비하게 타오르는 아프리카 부족의 혁명의 불길에 의해 파괴된다. 그러한 혁명은 전쟁이 아니라 문자 그대로 유목적인 탈주에 의해 일어난다. 그것은 근대 식민지 통치국가가 세운 국경선을 부순다. 그런데 그러한 경계 넘어서기는 물질적인 차원을 넘어 의식적인 차원으로까지 확장된다. 그러나 이렇게 해서 새롭게 탄생할 세계는 원초적이고 전근대적인 아프리카가 아니다. 오히려 그것은 자아와 타자의 구분이 사라지고, 자아 속의 타자성을 인식하는 혼종성이 지배하는 세계이다. 그것은 앞에서 인용한 '우리들'의 혁명적인 눈동자가 푸른색을 띠는 데서 상징적으로 드러난다. 서양의 식민지 통치국이 원주민에게 강요한 혼종적 정체성 — 즉 이상적 인간으로서 백인을 모방해야 하지만 백인과 같아져서는 안 될 — 이 원주민에게 의식될 뿐만 아니라, 여기서 한 걸음 나아가 이들은 그것을 혁명적인 전복 수단으로 사용한다. 근대의 이분법적 구분과 이로 인한 억압과 폭력에 맞서 포스트식민주의적인 혼종성은 전복적인 혁명성을 띠면서 긍정적 의미를 획득한다. 크라흐트에게는 그것이 새로 탄생할 포스트휴먼적 인류의 모습이기도 하다.

비록 작품 마지막에 주인공인 흑인장교가 브라친스키로 대변되는 알프스 요새를 떠난다고 해도, 그것이 브라친스키가 추종한 이념과의 완전한 단절을 의미하지는 않는다. 왜냐하면 흑인장교는 브라친스키와 파브르 사이에 태어날 미래의 아이로 표상되기 때문이다. 브라친스키가 대변하는 알프스 요새의 스위스소비에트공화국 모델이 부분적으로 고전적인 마르크스주의나 민족국가로서의 사회주의 국가를 넘어서며, 유대인, 흑인, 여성 같은 소수자를 지지하고 포스트구조주의적 속성을 띠고 있다는 사실에서 이미 그것의 혼종성을 확인할 수 있다. 로버트 영의 주장처럼, 마르크스주의는 결코 폐쇄적인 이론이 아니라 역사적 발전에 따라 같이 변화하는 혼종성의 산물이었으며,[167] 이 작품에서도 그러한 모습이 나타난다. 그리고 주인공인 흑인 장교가 포스트식민주의의 관점에서 알프스 요새의 공산주의 이념을 서양의 이념으로 비판할 때, 이는 그러한 포스트구조주의적 마르크스주의라는 관점의 완전한 포기를 의미하기보다는 오히려 그것의 수정을 의미한다고 보아야 할 것이다. 이로써 포스트식민주의의 관점을 취하는 흑인장교는 다양한 정치적 · 문화적 이론과 실천을 경험하고 그것들을 자신의 상황에 맞게 번역해 냄으로써 혼종적인 정체성과 열린 정치체제를 제시한다.

(2) 크라흐트의 『제국』

◆ 자아와 타자의 대립 모델: 인종차별적 제국주의와 문명비판적 낭만주의

"크라흐트가 원하는 것은 대체 무엇인가? 아주 간단히 말하면, 그는 우익사상의 수문장이다. 그의 예에서 반현대적이고, 민주주의에 적대적인 전체주의 사상이 어떻게 주류 속에 들어올 수 있는지 확인할 수

---

167 레닌의 지적처럼, 마르크스주의 자체가 이미 "독일철학과 영국정치경제학 그리고 프랑스 사회주의"(Vladimir Ilich Lenin, *Selected Works*, London, 1968, 20쪽. 영, 같은 책, 293쪽 재인용)의 산물이었으며, 그 이후에도 마르크스주의는 소위 제3세계의 반식민주의 민족해방운동의 맥락과 결합하며 미처 서양에서 인식되지 못했던 방식으로 발전하였다. 또한 현대에는 포스트구조주의와 연결되어 포스트모더니즘 시대에도 여전히 시의성을 잃지 않고 있다. 이는 "혼성화가 항상 마르크스주의의 특징"(같은 곳)이었음을 보여 준다.

있다."[168] 2012년 2월 『슈피겔』지에 실린 게오르크 디에츠의 기사는 위와 같은 도발적인 문장으로 끝을 맺으며, 크라흐트의 소설 『제국 *Imperium*』(2012)에 대한 논란의 시발점이 된다. 물론 소설인물들의 진술을 작가의 진술과 혼동하며 작가인 크라흐트 자신이 인종차별적인 사상을 갖고 있다고 의심하는 디에츠의 글은 대부분의 평론가들에 의해 격렬히 비판받았고, 심지어 크라흐트의 책을 출판한 키펜호이어 & 비취 출판사가 옐리네크 같은 일련의 작가들의 서명을 받아 슈피겔지에 공개항의서한[169]을 보내는 상황까지 초래했다. 디에츠는 자신의 주장을 뒷받침하기 위해 크라흐트가 인종차별적 성향을 갖고 있는 것으로 의심되는 데이비드 우다드라는 미국인과 주고받은, 그 사이 책으로 출판된 이메일을 근거로 제시하였지만, 이 역시 크라흐트가 항상 스스로를 연출하기 때문에 그가 말한 표면상의 진술을 그대로 받아들일 수는 없으며 따라서 그 메일은 아무런 증거력을 갖지 못한다고 반박되었다.[170] 디에츠가 촉발한 논란과 이에 대한 찬성과 반

---

168 Georg Diez, "Die Methode Kracht", *Christian Kracht trifft Wilhelm Raabe*, H. Winkels (Hrsg.), Berlin, 2013, 38쪽.

169 이 공개항의서한의 자세한 내용 및 서명자 리스트는 다음을 참조하시오. Kiepenheuer & Witsch, "Christian Krachts Agentur Landwehr & Cie. und zahlreiche Autoren wenden sich am 17. Februar in einem offenen Brief an den *Spiegel*", *Christian Kracht trifft Wilhelm Raabe*, 54-55쪽.

170 Joe Paul Kroll, "Der Ritter der Kokosnuss", *Christian Kracht trifft Wilhelm Raabe*, 107-109쪽과 Thomas E. Schmidt, "Zwei Nerds spielen bürgerliches Schreiben", *Christian Kracht trifft Wilhelm Raabe*, 77-80쪽 참조.
그러나 이와 달리 그러한 메일의 내용을 있는 그대로 해석하거나 그것이 독자에게 미치는 효과 또는 모든 것을 유희적으로 연출하는 작가에 대해 비판하는 글도 있다. Jan Süselbeck, "Im Zeichen von Elisabeth Förster-Nietzsches Yerba-Mate-Tee", *Christian Kracht trifft Wilhelm Raabe*, 81-91쪽과 Volker Weidermann, "Notizen zu Kracht. Was er will", *Christian Kracht trifft Wilhelm Raabe*, 121-128쪽 참조.

박의 글이 모여 또다시 한 권의 책으로 출간되었지만, 정작 이 책에 실린 대부분의 글에서는 허구와 현실을 넘나들며 자기 연출을 하는 작가 크라흐트가 소설인물이나 서술자와 구분되어야 한다고 강조될 뿐, 그러한 자기연출적 놀이나 글쓰기가 구체적으로 어떤 정치적 함의를 지니는지에 대해서는 거의 말하지 않고 있다. 그러나 허구와 현실을 넘나들며 탈경계적인 성격을 보이는 크라흐트의 유희적 글쓰기는 주제적으로 혼종적인 정체성의 문제와 연결되며, 나아가 『나 여기 있으리』에서처럼 혼종적인 열린 정치적 담론의 형성과도 연결될 수 있다. 이러한 측면에 주목하며 여기서는 크라흐트의 최신작 『제국』이 정치적으로 무관심한 한 작가의 단순한 유희가 아니라[171], 정반대로 포스트식민주의 시대에 식민주의 내지 제국주의 또는 제국의 문제를 고민하는 한 작가의 정치적 성찰의 산물이라는 것을 보여 주려고 한다.

전작과 마찬가지로 크라흐트의 최신작 『제국』에서도 제국주의라는 테마는 계속된다. 이 작품은 1차 대전이 일어나기 전 독일령 뉴기니의 수도 헤르베르츠회에를 시공간적 배경으로 삼고 있다. 비록 독일이 영국이나 프랑스 같은 나라에 비해 식민지 개발에 뒤쳐져 있었던 것은 사실이지만, 이 문제에 결코 무관심하지 않았음이 이 소설에서 강조된다. 아프리카식민지와 비교해 남태평양 섬들은 별로 유용성

171 이 소설에서 작가가 모든 것을 아이러니적으로 묘사하며 구속력 있는 의미를 만들어 내지 못하고 있다는 비판에 대해 토마스 슈바르츠는 다음과 같이 반박하고 있다. "반유대주의와 홀로코스트가 다루어질 때면, 크라흐트의 소설 『제국』에서 아이러니도 끝이 난다." Thoma Schwarz, "Im Denotationsverbot? Christian Krachts Roman "Imperium" als Reise ans Ende der Ironie", *Zeitschrift für Germanistik*, Vol. 24, 2014, 140쪽.

이 없었고 그래서 이를 식민지로 삼는 것에 반대하는 자들도 있었지만, "멀리 떨어진 베를린에서는 그 섬들을 하나하나 꿰어서 목걸이를 만들 수 있는 값비싼 영롱한 진주라도 되는 양 떠들어댔다."[172] 유럽의 경제 전체가 식민지 개발과 착취에서 원동력을 얻고 있다는 사실은 사람들이 입고 다니는 검은색 우의가 벨기에령 콩고의 고무농장에서 식민지 노예를 짐승처럼 부리고 착취하여 얻은 제품이라는 언급에서도 잘 드러난다. 헤르베르츠회에의 할 총독은 프랑스나 벨기에 또는 네덜란드의 식민지 통치에서처럼 인간성을 말살하고 경제적 이득을 얻기 위해 노예를 착취하는 현대판 노예제를 도입하고 싶지는 않다며 사회주의적인 발언을 하기도 한다. 하지만 할이 통치하는 식민지가 인간적으로만 운영되지는 않는다는 사실은 현지경찰이 원주민 좀도둑을 채찍질하며 잔혹한 형벌을 가하는 것에서 드러난다. 그러한 잔혹한 형벌이 현지인에게 엄격한 도덕과 질서의식을 심어 주기 위한 것이라는 할 총독의 말은 그들을 윤리의식이 부족한 야만인으로 보는 식민지 통치자의 관점을 잘 보여 준다. 역설적인 것은 할 총독 스스로가 청부살인을 지시하는 도덕성이 결여된 야만인으로 등장한다는 사실이다. 새로 부임한 제국 식민지청의 청장 빌헬름 졸프가 헤르베르츠회에의 풍기문란을 지적하며 그를 압박하자, 할 총독은 슬뤼터 선장에게 엥겔하르트를 살해하면 대가를 지불하겠다며 청부 살해를 지시한다. 이로써 식민지 헤르베르츠회에가 도덕적이고 인간적으로 통치되고 있다는 할 총독의 말은 한갓 거짓 주장에 지나지 않는다는 것

172 C. Kracht, *Imperium*, Frankfurt a.M., 2014, 18쪽.

이 폭로된다.

정신이 피폐해진 문명사회에 염증을 느낀 주인공 아우구스트 엥겔하르트는 채식주의자이자 나체주의자로 헤르베르츠회에에서 멀리 떨어지지 않은 카바콘 섬을 사서 그곳에서 코코넛야자수 농장을 운영하며 유토피아적인 공동체를 만들 계획을 세운다. 그는 뚱뚱하고 천박한 독일인을 야만인으로 생각하며 인종차별적인 반유대주의 사상에도 거리를 둔다. 또한 코코넛야자수 농장을 운영하면서도 자본주의적인 관념과는 거리가 멀어, 경제적 이익을 염두에 두기보다는 자연 그대로의 삶을 살며 사유재산이 없는 이상적인 사회를 꿈꾼다. 식민지 지배사회가 본국과 식민지를 자아와 타자의 대립적 구도에 의해 파악했듯이, 엥겔하르트도 그 방향은 바뀌었지만 마찬가지로 순수하고 자연적인 자신의 유토피아 공동체와 타락한 문명사회를 대립적으로 파악한다.

그러나 엥겔하르트가 지닌 낭만주의적인[173] 유토피아의 꿈은 전혀 현실성이 없는 것으로 밝혀진다. 유토피아적인 원시 공산주의 사회와 코코넛야자수를 숭배하는 종교재단을 수립하려는 엥겔하르트의 모습은 마찬가지로 공산주의 사회의 유토피아를 추구하면서도 동시에 신비주의적인 종교지도자의 모습으로 등장하는 브라친스키와 닮아 있는데, 여기서 이미 엥겔하르트가 추구하는 유토피아가 환상에 불과할 것이라는 사실이 암시된다. 평등한 원시공산주의 사회의 이상

---

173 이 작품에서 엥겔하르트는 명시적으로 낭만주의자로 지칭된다. "그래서 이제 그 대표적인 예로 단 한 명의 독일인, 즉 이런 부류의 많은 사람들에게서 흔히 보이듯 실패한 예술가였던 한 낭만주의자의 이야기를 하려고 한다."(같은 책, 18쪽)

은 이주민인 백인에게만 해당되지 노동을 하고 급료도 제대로 받지 못하는 원주민에게는 해당되지 않는다. 따라서 이것은 사실은 식민지 지배질서를 반복하고 있다고 할 수 있다.[174] 나체주의자 엥겔하르트는 온 몸으로 태양광선을 받으며 생활하면서 자연 그대로의 삶을 살고 있다고 믿지만, 사실 이러한 자연적 삶이란 연출된 것에 지나지 않는다. 왜냐하면 그는 원주민이 지어 준 집에서 모기떼 때문에 고생하며, 하루를 견디지 못해 결국 헤르베르츠회에에서 데려온 목수가 지어 준 방 3개짜리 집에서 살 뿐 아니라, 가져온 많은 책을 알파벳과 숫자의 분류법에 따라 현대식으로 디자인된 책장에 꽂아 두기 때문이다. "이를 통해 한편으로 유럽문화 내지 음악과 문학을 인류가 수행한 최고의 것으로 높이 평가하면서도 다른 한편으로는 유럽문명의 물질주의를 비판하는 소설주인공의 근본적인 양면성이 주제로 다루어진다. 이 두 가지, 즉 문화와 물질적 삶을 분리시키려는 헛된 시도는 결국 해결할 수 없는 난제를 낳는다. 즉 세계는 그럼에도 불구하고 이원적으로, 물질적 차원과 이념적 차원에서 지각되는데, 이는 또다시 서양 철학의 범주화로 나아가며 그 때문에 원하는 혁신을 불가능하게 만든다."[175] 나중에 엥겔하르트와 그의 추종자 뤼초가 쓴 글을 읽고 스물다섯 명의 독일인들이 헤르베르츠회에를 찾아왔을 때도, 엥겔하르트

---

174 실제 역사에서도 엥겔하르트의 태양재단에 속했던 독일인들은 주로 정신적 활동만 했을 뿐 육체적 노동을 하지는 않았다. 그들은 원주민 노동자를 감독하는 역할만 하고 식민지 지배자로서 아무런 노동도 하지 않으며 재산을 공동으로 소유하였던 것이다. T. Schwarz, 같은 글, 131쪽 참조.

175 Catherine Repussard, "Ein bisschen Südsee und ein gutes Mass Lebenreform. Das Rezept für das beginnende 21. Jahrhundert? Marc Buhls *Paradies des August Engelhardt* (2011) und Christian Krachts *Imperium* (2012)", *Recherches Germaniques* 42, 2012, 91쪽.

는 위대해지고 싶어 자신의 정체를 숨긴 채 거짓된 삶을 살고 있는 자신의 정체가 발각될까봐 두려워한다. 그가 피지 섬에서 아무것도 먹지 않고 햇빛만 받으며 살고 있다고 선전하는 미텐츠바이라는 인물의 정체를 밝혀내며 그를 사기꾼으로 폭로할 때, 사실은 이러한 삶의 거짓된 연출은 엥겔하르트 자신의 삶의 모습이기도 하다. 이러한 엥겔하르트의 자기연출은 그가 꿈꾸는 유토피아적 공동체의 허구성을 폭로하는 것을 넘어 작가의 시학적 원칙과도 연결된다. 특히 이 소설의 결말에서 미군에게 구조된 엥겔하르트가 할리우드 영화의 주인공으로 등장하며 그 영화 속 첫 장면이 소설 첫 장면과 동일할 때, 이는 이 소설이 현실을 묘사하는 것이 아니라 연출된 현실을 보여 주고 있으며, 나아가 영화라는 매체에 기대어 소설의 현실 서술가능성에 대해 성찰하고 있음을 보여 준다.[176]

엥겔하르트의 모국인 독일은 그에게 아무런 감정도 없는 조야한 사람들만이 사는 억압적인 곳으로 비판된다. 엥겔하르트는 식인종보다 이들이 더 야만적이고 인간에 적대적이라고 생각한다. 그는 동프로이센 메멜의 해변에서 나체로 산책하다가 신고를 받은 경찰에게 폭행 당하기도 한다. 이와 반대로 엥겔하르트는 호주의 케언스로 갔을 때, 백인들이 한 유색인종을 구타하는 것을 보고 "인간이 인간에게 이럴 수는 없다"[177]며 용기 있게 이들에게 맞선다. 이처럼 엥겔하르트는 식민지 통치국인 독일에 만연해 있는 야만적 폭력을 비판하는, 인종적 편견이 없는 평화주의자인 것처럼 보인다. 그러나 독일이 식민지

176 E. Schumacher, 같은 글, 144-145쪽 참조.

177 C. Kracht, 같은 책, 101쪽.

헤르베르츠회에에서 자행하는 폭력이나 착취와 달리, 엥겔하르트가 카바콘 섬에서 이상적인 통치를 할 것이라는 기대는 곧 착각에 지나지 않는 것으로 밝혀진다. 처음에 그가 카바콘 섬에 도착했을 때 서술자는 이미 그가 현지인에게 신앙심 깊은 신앙인처럼 보일 수도 있지만, 문명인에게는 정복자 페르난드 코르테스를 떠오르게 할 수도 있다며, 그의 낭만주의적 유토피아 구상이 식민지를 정복한 제국주의와 유사한 방향으로 나아갈 것임을 암시한다.[178] 독일의 한 잡지에 실린 엥겔하르트의 캐리커처에서 그가 왕홀을 든 군주의 모습으로 있고 유럽식 복장을 한 원주민이 그의 발치에 엎드려 있을 때 카바콘 섬에서 그의 통치가 제국주의와 유사성을 띠고 있다는 것이 더욱 잘 드러난다. 영국의 포스트식민주의 이론가인 로버트 영은 영국을 떠나 미국에 정착한 백인들이 원주민을 박해한 것과 관련해 "박해를 받고 이주해 간 소수자들이 그다음엔 소수자를 박해하는 자들이 되었다는 것은 식민주의의 공통적인 이야기였다."[179]라고 말하는데, 이는 엥겔하르트에게도 적용된다. 더욱이 그의 사상에 감명을 받아 독일을 떠나 카바콘 섬으로 와 그와 같이 새로운 세상을 꿈꾼 뤼초와의 갈등 후, 엥겔하르트는 이 섬이 공산주의적 유토피아의 실험장소도 아니고 민주주의적인 체제를 표방하지도 않으며 이곳의 지배자는 오직 자신뿐

---

178 역사적으로 엥겔하르트는 자신의 코코야자주의를 태평양, 열대 아시아, 아프리카 등지로 퍼뜨려 자신의 제국을 실현하겠다는 원대한 포부를 갖고 있었으며 그 때문에 문명세계를 피해 온 그의 낭만주의적 이상 속에는 이미 제국주의적 팽창주의의 요소가 숨겨져 있었다고 볼 수 있다. T. Schwarz, 같은 글, 134쪽 참조.
물론 그의 구상이 비현실성 때문에 웃음거리가 될 때, 이와 관련된 제국주의도 풍자와 조소의 대상이 된다.

179 영, 같은 책, 48쪽.

이라며 독재자의 면모를 드러낸다. 심지어 그는 뤼초가 자는 동안 그를 암살할 궁리까지 한다. 엥겔하르트는 또한 언제부터인가 자신이 꿈꾼 유토피아가 무너진 것이 전부 물신숭배와 탐욕으로 가득 찬 유대인들 때문이라고 생각하며 반유대주의적인 태도를 공공연히 내비친다. 그가 독일을 떠나 이 섬으로 오기 전에 증오했던 야만적 폭력성과 인종차별적 공격성을 이제 그 스스로 표방하고 있는 것이다. 이로써 비합리주의적이고 낭만주의적인 사회비판이 식민주의의 인종차별을 대신할 또 다른 야만적 인종차별을 만들어 낸다는 것이 드러난다.[180]

> 그는 자신이 아르카디아에 있다는 환상에 빠졌다가 갑자기 자신이 세운 신비의 제국이 단 한 번도 카바콘 섬인 적이 없다는 사실을 깨닫는다. 오히려 그러한 제국은 계속 회전하며 무한이 뻗어 나가는 양탄자와 같은 자신의 꿈의 세계에만 존재할 뿐임을 알게 된다. […] 그는 이제 알고 있다. 다른 행성에는 항상 야수처럼 행동하는 고도로 발달한 종족들이 있음을.[181]

엥겔하르트의 환상에 등장하는 야수 같은 종족은 이 소설에서 여러 차례 암시되었듯이 반유대주의 사상과 아리아 인종 우월주의를 내세우는 히틀러의 출현을 예고하고 있다.

---

180 예술적 차원에서는 에밀 놀데가 자연 상태에 대한 비합리적 동경과 야만적인 인종차별을 서로 결합하며 구현하는 인물로 등장한다.

181 C. Kracht, 같은 책, 223쪽 이하.

코코넛야자수 열매와 즙만 먹으며 살기로 결심한 코코야자주의자 엥겔하르트는 작품 마지막에 자신의 손톱, 나아가 자신의 손가락을 잘라 먹는 식인종이 된다. 이 소설에서 원래 식인종이었던 원주민들이 점점 문명화되며 원래의 부족문화로 돌아가는 데 어려움을 겪는다면, 이와 반대로 엥겔하르트는 점점 퇴화하며 일종의 자기식인을 하는 식인종이 된다. 심지어 그는 자신의 충실한 하인 마켈리의 손가락마저 먹는데, 그 때문에 마켈리는 엥겔하르트의 가위를 숨기기도 한다. 사실 엥겔하르트의 이러한 식인종으로의 변화는 이미 그의 코코야자주의 자체에 암시되어 있다. "모든 식물 가운데 코코넛야자수 열매가 인간의 머리모양과 가장 흡사하다"[182]면, 야자수 열매를 먹는 것은 곧 인간 신체의 일부를 먹는 식인행위인 것이다.[183] 따라서 이미 처음부터 근원적인 자연으로의 회귀를 목표로 하는 엥겔하르트의 이상 속에 야만적인 폭력의 발현가능성이 내재해 있음을 알 수 있다.

이처럼 작품 초반에 인종차별적인 제국주의와 문명비판적인 낭만주의가 자아와 타자의 엄격한 구별을 요구하며 적대적인 대립관계를 형성하고 있었다면, 소설 마지막 부분에 이르러서는 엥겔하르트의 낭만적 이상이 파괴적인 식민주의와 전체주의적 양상을 띠게 되면서 하나로 합일되는 양상을 보인다. 이 둘은 자아로부터 타자를 엄격히 배제하는 배타적 태도를 통해 서로 연결되며, 한 극단이 다른 극단으로 수렴되면서 궁극적으로 서로 구별되지 않는다.

182 같은 책, 40쪽.

183 J. P. Kroll, 같은 글, 103쪽 참조.

◆ 여행을 통한 혼종적 정체성 추구

엥겔하르트가 유럽의 문명에서 벗어나 남태평양의 원시적 삶을 향해 나아갔다면[184], 이와 반대로 식민지 원주민들은 점점 문명화되며 원래의 부족적 정체성을 상실하기 시작한다. 그런데 라바울의 현지인 경찰들은 제복을 갖춰 입고 총검 달린 혁대도 지급받았지만 신발은 지급받지 못해 백인들의 시선에는 우스꽝스러운 모습으로 등장한다. 카바콘 섬의 추장은 뤼초의 피아노 연주에 깊이 감명을 받아 밤마다 모형피아노 앞에서 연주하고 그가 떠나자 더 이상 그의 멋진 피아노 연주를 들을 수 없게 된 것에 크게 상심한다. 그 이후 그에게 부족의 전통악기인 북과 피리는 너무 원시적으로 여겨져 그는 더 이상 이에 대해 관심을 갖지 않는다. 이처럼 원주민들이 문명사회의 영향을 받아 그 사회의 문화적 정체성을 어설프게 모방할 때, 그러한 모습은 이 작품에서 희화되어 묘사된다.

엥겔하르트의 조수인 원주민 소년 마켈리의 발전도 위의 예에서처럼 점점 문명화되는 양상을 띤다. 마켈리는 엥겔하르트가 카바콘 섬에 처음 도착했을 때부터 그의 조수가 되어 그가 자신을 강간한 동성애자 아우에켄스를 대신 살해해 주자 그를 생명의 은인으로 간주

---

184 크라흐트의 초기 작품, 예를 들면 『파저란트 *Faserland*』나 『1979』 같은 작품에서도 여행은 퇴폐적이고 타락한 서양문명의 상징인 독일을 벗어나는 목적을 지닌다. 그러나 이러한 여행은 낯선 곳에서 어떤 새로운 것의 발견을 낳기보다는 세계화시대의 빠른 문화적 교류의 결과로서 낯선 곳에서 자신의 문화를 다시 발견하는 역설을 낳는다. 이로써 적어도 크라흐트의 초기 작품에서 여행을 통한 이동은 부정적인 현실로부터의 어떤 돌파구도 가져다주지 못하는 것으로 보인다. J. Birgfeld, "Christian Kracht als Modelfall einer Reiseliteratur des globalisierten Zeitalters", *»Germanistik im Konflikt der Kulturen«. Bd. 9: Kulturkonflikte in der Reiseliteratur*, Annakutty V. K. Findeis, Hans-Wolf Jäger, & Françoise Knopper (Hrsg.), Bern, 2007, 411쪽 참조.

하며 그에게 봉사한다. 그는 엥겔하르트가 읽어 준 독일소설을 통해 독일어와 문명세계의 정신을 배워 가며 점점 독일인처럼 변한다. 심지어 그는 식민지관청 관료처럼 자신의 부족에 대해 말하고 평가하며 자기 부족의 집단정체성으로부터 멀어진다. 이는 크라흐트의 전작『나 여기 있으리』의 서술자 흑인장교의 모습을 떠오르게 한다. 그러나 흑인장교가 스위스소비에트공화국의 유토피아적 환상에서 깨어나 결국 아프리카로 돌아가듯이, 마켈리 역시 마지막에는 엥겔하르트가 습득한 식인습관의 폭력에 시달리며 엥겔하르트가 지향하는 유토피아의 환상에서 벗어난다. 엥겔하르트가 뤼초와 싸우며 전제적인 폭군으로 돌변한 후 점차 반유대주의적 발언을 하고 자신의 손가락마저 먹어치우자, 마켈리는 백인들과 이들의 미친 짓거리에 염증을 느낀다. 그는 자신이 백인이 될 수도 없고 그렇다고 원주민들에게로 돌아갈 수도 없다는 것을 깨닫는다. 그래서 그는 영국 뉴사우스웨일스의 총독 프레더릭 세시저의 외동딸인 판도라[185]와 함께 라바울을 떠나 불확실한 어떤 곳을 향해 항해한다.

『제국』에는 혼종성의 두 가지 양상이 나타난다. 이러한 혼종성은 한편으로 뤼초와 에마 포사이스로 대변되고, 다른 한편으로 마켈리와 판도라로 대변된다. 이 둘은 전자가 혼종성에서 단일성으로 나아가는 반면, 후자는 단일성에서 혼종성으로 나아간다는 점에서 차이가 난다.

---

185 판도라는 휴고 프라트의 만화 〈남태평양 발라드〉에 등장하는 허구적인 인물이다. E. Schumacher, 같은 글, 133쪽 참조.
그러나 많은 비평가들은 이 사실만 지적할 뿐, 대단히 흥미로운 이 여성인물에 대해 거의 무관심하며 구체적인 분석을 하지 않고 있다.

음악가 뤼초와 헤르베르츠회에에서 자금융자와 인력주선 일을 하는 에마 포사이스 부인은 여러 면에서 식민지통치자인 일반 독일인과 구분된다. 뤼초는 부패하고 타락한 독일을 떠나 정신적 건강을 되찾기 위해 엥겔하르트를 찾아 카바콘 섬에 온 음악가이다. 그는 엥겔하르트와 힘을 합쳐 이 섬에서 이상적인 공산주의 사회를 수립하고자 하지만[186], 결국 엥겔하르트의 의심과 권력욕에 부딪혀 그와 불화에 빠지며 그 섬을 떠난다. 1년간의 실험을 끝낸 후 그는 완전히 원시세계에서 빠져나와 문명사회로 돌아가는데, 고국으로 돌아가기에 앞서 에마 포사이스와 선상 결혼식을 올린다. 에마 역시 헤르베르츠회에에 있는 다른 고루한 인물들과 구분되는 어떤 특별한 매력과 개방성을 지닌 인물로 등장한다. 또한 그녀가 혼혈이라는 점에서도 백인 식민지통치자와 구분된다. 그런데 그녀가 독일인보다 더 완벽한 독일어를 구사한다고 할 때, 그녀의 혼종성은 뤼초의 혼종성과 마찬가지로 결국은 서양의 문명을 위해 포기되고 만다. 뤼초와 에마가 섹스하는 모습이 "멀리서 보면 괴상한 인간로봇의 움직임과 유사하게 자동적으로 움직이고 있는 것"[187]으로 묘사될 때, 이들은 『나 여기 있으리』에 나오는 브라친스키와 파브르 커플을 떠오르게 한다. 그러나 이러한 트랜스휴먼적인 특성이 유토피아적인 특성을 지니지 않는다는 것은 뤼초와 에마의 운명에서 분명히 드러난다. 뤼초는 선상결혼식 때 술기

---

186 실제 역사에 있어서도 뤼초는 카바콘 섬에서의 유토피아 사회를 공산주의 사회로 기획하였는데, 이는 그가 쓴 공개서한에서도 잘 드러난다. "우리의 기획은 공산주의적이다. 모든 식민주의자는 공동소유주가 된다." Susanne Leinemann, "Der Orden der Fruchtesser", *mare* Nr. 83, 2010, 55쪽 재인용.

187 C. Kracht, 같은 책, 209쪽.

운에 배의 난간을 뛰어넘어 다른 배로 넘어가려다 바다에 빠진 후 충돌하는 배 사이에 끼어 처참하게 죽는다. 마찬가지로 에마 역시 모나코의 한 카지노에서 남은 재산을 다 걸어 날린 후 쓰러져 죽는다. 그녀의 죽음 후에 모나코 문화관광협회가 비석을 세워 주었다는 구절은 뤼초의 죽음에 대한 묘사처럼 희화화하는 작용을 하며, 독자가 이들의 죽음을 비극적으로 받아들이지 않게끔 만든다.

이와 달리 원주민도 아니고 그렇다고 백인도 될 수 없었던 어정쩡한 정체성의 소유자 마켈리가 마지막에 자신의 주인인 백인 엥겔하르트에게 염증을 느끼고 그가 구상한 유토피아의 허구성을 인식하며 떠날 때, 마켈리의 혼종적 정체성은 전복적 성격을 지닌다. 마찬가지로 그와 함께 돛단배를 타고 미지의 텅 빈 바다로 항해하는 판도라 역시 어떤 면에서는 혼종적 정체성을 지닌다고 할 수 있다. 시드니의 기숙학교를 탈출한 판도라는 슬뤼터 선장의 도움으로 무사히 추격자들의 손아귀에서 벗어나고 몰려오는 파도를 극복하며 모험적인 항해 끝에 라바울에 도착하지만, 라바울에는 영국 국왕의 대표사절단이 그녀를 다시 시드니로 데려가기 위해 할 총독에게 도움을 요청한 상태이다. 슬뤼터 선장은 그녀를 구해 낸 후 딸처럼 생각하며 돌볼 뿐만 아니라, 영국 사절단이 그녀를 데려가는 것을 막기 위해 엥겔하르트의 청부살인까지 맡지만 그에게 동정심을 느껴 결국 그를 살해하지는 않는다. 이처럼 슬뤼터 선장이 선한 성품의 인간적인 인물로 등장하고, 이에 반해 자신을 돌봐 준 슬뤼터 선장을 매몰차게 버리고 마켈리와 떠나는 판도라는 배은망덕하고 이기적인 인물처럼 느껴질 수도 있다. 그렇지만 슬뤼터 선장이 새로운 세계를 열어 나갈 미래의 새로운 인간을 대변하지는 않는다.

> 많은 사람들이 바다를 생각하면서 살인을 떠올리지만, 그(슬뤼터, 필자 주)는 이 세상에 아직 사람이 살지 않던 그 시절에 대해 한 없이 다정하고 향수에 찬 애정을 느낀다. 이 점에서 그는 아마 엥겔하르트와 크게 다르지 않을 것이다. 하지만 그의 환상과 꿈에서는 단 한 번도 다른 세상이 등장하지 않는다. 그는 미래의 어떤 종족이 퍼져 나가고 새로운 질서가 생겨나는 것을 상상하지 못한다. 그 대신 늘 홀로 바다를 바라볼 뿐이다. 뜨거운 피를 지닌 유기체의 단호함으로 교회와 도시, 국가와 심지어 대륙 전체를 범람하는 그 바다를.[188]

인간이 존재하기 이전의 태고의 시간에 대한 향수를 지닌 채 바다를 바라보는 슬뤼터는 분명 인간중심적인 문명세계에 회의를 표명하는 긍정적 인물이지만, 그것을 넘어서 지상에서 새로운 종족과 새로운 질서를 꿈꾸지는 않는다는 점에서 한계를 지니기도 한다. 그는 판도라를 딸처럼 돌보면서도, 같은 선원이었던 마오리족의 아피라나가 그녀의 몸에 그들이 바다에서 겪은 폭풍의 이야기를 영원한 역사로서 새겨 주겠다고 제안할 때 격렬히 반대한다. 그는 그녀의 새하얀 몸에 이런 문신을 새긴다는 것을 상상하는 것만으로도 참을 수가 없는 것이다. 고지식하고 융통성 없는 남자인 슬뤼터는 그녀가 몰래 등에 문신을 한 것을 알고 버럭 화를 낸다. 그때까지 그녀의 후견인 역할을 해 왔고 목숨을 걸고라도 그녀를 지키려 했던 슬뤼터의 꿈은 하지만 그녀의 꿈이 아니었다. 원주민과 식민지정착민의 혼종적 정체성을 지

188 같은 책, 195쪽.

닌 마켈리가 자신의 주인 엥겔하르트에게 염증을 느끼며 그의 이상의 허구성을 깨닫고 그를 떠나듯이, 백인의 피부에 마오리족의 문신을 새긴 혼종적 정체성을 지닌 판도라 역시 자신의 후견인 역할을 하던 슬뤼터의 고루함에 실망하며 그를 떠난다. 그리스 신화에 등장하는 최초의 여인 판도라가 판도라의 상자를 열어 인류를 불행에 빠뜨린 것처럼, 이 작품 속 판도라 역시 슬뤼터를 불행에 빠뜨린다. 그러나 판도라의 상자 안에는 희망이 남아 있다. 그것은 혼종적인 새로운 종족에 대한 희망이다. 작가는 거인신족에 속하는 에피메테우스와 결혼한 그리스 신화 속 판도라를 현대적 맥락으로 옮겨 놓으며 혼종적인 존재로 만든다. 또한 작품 내적으로도 소설 속 판도라는 마오리족 문신을 한 백인여성으로서, 혼종적 정체성을 지닌 새로운 종족의 첫 번째 여성이 된다. 이처럼 마켈리와 판도라 모두 이전의 자신의 주인 품을 떠나 혼종적 정체성으로 무장한 채 새로운 커플이 되어 미지의 세상으로 떠난다. 새로운 종족과 새로운 질서를 창조하기 위해.[189]

이러한 면에서 이들의 이야기는 크라흐트의 전작인 『나 여기 있으리』의 속편이라고도 할 수 있다. 왜냐하면 거기서 주인공인 파란 눈을 지닌 흑인장교는 알프스 요새를 지나 고향인 아프리카로 돌아가는 길에 배 위에 있는 파란 눈의 여성을 만나기 때문이다. 비록 그곳에서 그녀와 대화를 나누지는 못하지만, 그녀에 대한 잔상은 계속 그의 기억에 남아 있다.

189 필자의 해석과 달리 『제국』에 대한 일반적 해석은 주인공 엥겔하르트의 유토피아 실험에만 초점을 맞추며 이 소설이 작가의 비관주의만을 보여 줄 뿐이라는 입장을 제시

나를 태운 화물선이 지중해를 지나, 곧 우리 아프리카인에게 속하게 될 운하를 통과한 후, 내가 사랑하는 한 금발의 여인에게로 나를 데려다주었다. […] 때때로 그녀는 푸른색 물방울무늬의 여름원피스를 입은 채 맨 발로 배의 난간에 기대어 서 있었다. 희미하게 깜박거리기는 해도, 그녀의 신체적 윤곽을 뚜렷하게 알아볼 수 있었다. […] 작열하는 푸른 하늘 아래에서 우리는 전갈로 뒤덮인 소말릴란드의 해안에 마침내 다가갔다. 한 무리의 돌고래 떼가 우리 배를 쫓아 왔다. 새들도 거기에 있었다. 팜 나뭇잎 껍질, 새들, 우리의 혈관 속에 들어 있는 체와족의 피가 노래하기 시작했다. 은다피카, 은다콘드와. 우리의 혁명의 푸른 눈동자가 피할 수 없는 무자비함으로 불타오르기 시작했다."[190]

상상 속에서 파란 눈의 흑인장교는 금발의 여성과 함께 배를 타고 아프리카 대륙으로 항해한다. 이러한 상상 속의 항해는 이제 『제국』에서는 마켈리와 판도라의 현실 속 항해로 탈바꿈한다. 또한 파란 눈을 지닌 금발의 여성 대신 빨간 머리에 마오리족 문신을 새긴 여성이 등장해, 아프리카로의 항해 대신 남태평양의 섬에서 미지의 곳으로 항해를 떠난다. 그들이 어디에 도착하는지는 아무도 모른다. 그러나 어쩌면 최종 목적지는 어떤 특정한 장소가 아니라 바다 자체인지도 모른다.

『제국』은 주인공 엥겔하르트가 배를 타고 독일령 식민지인 헤르베르츠회에로 떠나는 장면으로 시작된다. 콜럼버스의 신대륙 발견 후

하곤 한다. C. Repussard, 같은 글, 80쪽과 98쪽 참조.

190 C. Kracht, *Ich werde hier sein im Sonnenschein und im Schatten*, 146쪽 이하.

16세기 들어 범선제조와 항해기술의 발전은 지리적으로 멀리 떨어진 곳에 식민지를 개척하는 것을 가능하게 만들었다. 이러한 의미에서 이 작품에 자주 등장하는 배와 바다는 정복을 통한 팽창을 지향하는 식민주의와 제국주의 역사를 상징하는 사물과 공간으로 등장한다.[191] 그러나 다른 한편 배와 바다는 제국열강의 질서를 내부에서 뒤흔들고 전복시킬 혼종성의 공간을 지시하기도 한다. 제국주의는 경제적인 면에서 보호무역의 장벽을 만들어 낼 뿐만 아니라 제국열강들 간의 민족국가적 경쟁과 적대성을 드러내기도 한다. 이러한 점에서 제국주의는 민족국가의 경계를 넘어서는 동시에 또다시 경계를 만들어 낸다고 할 수 있다. 만일 사면이 벽으로 둘러싸인 집이나 경계선이 그어진 대지가 경계선 바깥과 구분되는 특정한 정체성을 상징한다면, 어떠한 특정한 형체를 지니지 않는 바다는 그러한 경계를 넘어서는 혼종성의 공간을 상징한다. 돛단배를 타고 그러한 바다로 항해하는 것은 자신의 문화적 정체성을 강요하는 식민지 통치 국가의 정체성은 물론이거니와 또한 식민지의 정체성도 극복하며 새로운 혼종적 정체성을 찾아 나서는 것을 의미한다. 혼종적 정체성을 지닌 마켈리와 판도라는 이처럼 새로운 종족과 새로운 질서를 만들기 위해 돛단배를 타고 망망대해로 모험을 떠나는 것이다.

르네상스 시기에 시작된 식민주의의 역사는 이 소설의 배경이 되는 20세기 초까지 계속된다. 그러나 유럽열강의 제국주의 시기가 끝이 나면 히틀러의 제3제국의 역사가 시작된다. 엥겔하르트의 이야기

---

191 영, 같은 책, 40쪽.

는 이러한 제3제국의 도래를 암시한다. 더 나아가 크라흐트의 소설 『제국』은 2차 대전이 끝난 직후 미군이 솔로몬 군도의 콜롬방가라 섬의 한 동굴에서 엥겔하르트를 발견하는 이야기로 끝이 난다. 흥미로운 것은 미군이 동굴에서 발견한 기괴하고 영락한 인물 엥겔하르트에게 옷을 입혀 주고 손목시계까지 선물하며 기운을 내라고 등을 두드리는 것이 바로 '제국'으로 불린다는 점이다. 이는 2차 대전에서 패망한 독일을 미국이 경제적으로 원조하는 모습을 연상시킬 뿐만 아니라, 나아가 미국 중심으로 재편되는 자본주의적 세계시장이 이제 기존의 정복적인 민족국가적 식민주의를 뛰어넘어 탈경계적인 자본주의의 세계화로 나아갈 것임을 암시한다. 이것이 과거의 제국주의와 구분되는 현재 제국의 모습인 것이다.[192]

유럽의 제국(주의)의 역사적 발전에 맞서 그로부터 벗어나 유토피아를 찾으려는 크라흐트의 끊임없는 시도는 그의 소설에서 여행의 형태로 제시된다. 『파저란트』에서 파시즘의 흔적을 피해 중립국인 스위스에서 유토피아를 찾으려는 백인 주인공의 시도가 실패로 끝나듯이, 『1979』에서도 이슬람 근본주의 사회인 이란과 민족국가의 형태를 띤 사회주의 국가 중국, 즉 아시아에서 유토피아를 찾는 백인 주인공의 시도는 실패로 끝나고 만다. 『나 여기 있으리』에서는 흑인 주인공이 등장해 근대적인 스위스소비에트공화국과 탈근대적인 알프스 요새에서 유토피아를 찾아 나서지만 실패하며 아프리카로 돌아온다. 이러한

192 마지막에 미군과 관련해 언급된 제국을 마이클 하트와 안토니오 네그리의 제국주의와 제국의 구분에 따라 제국을 암시한 것으로 보는 견해로는 다음을 참조하시오. C. Repussard, 같은 글, 96쪽.

아프리카로의 여행은 『제국』에서는 오세아니아 주에 있는 남태평양의 한 섬에서 백인 주인공 엥겔하르트의 유토피아 건설시도로 이어지지만 이 역시 실패하고 만다. 하지만 작품 마지막에 원주민 소년 마켈리와 백인 소녀 판도라의 미지의 곳을 향한 항해로 희망의 끈을 완전히 놓지는 않고 있다. 이러한 여행과 이를 통한 문화적 번역의 과정에서 인물들은 고정된 정체성을 버리고 점점 다양한 정체성을 받아들이며 혼종적인 정체성을 갖게 된다. 또한 소설의 형식적 차원에서도 크라흐트의 작품들은 그 자체로 완결되지 않고 서로 연결되어 있는데, 이는 마치 유토피아를 찾는 끊임없는 여행을 연상시킨다. 동시에 그것은 폐쇄적이고 그 자체로 완결된 개별소설의 경계를 허물어뜨리며, 소설들을 서로 연결시키고 이로써 그것들의 혼종성을 낳는 방식의 글쓰기로 나아간다. 그러한 글쓰기는 최종목적지 없이 미지의 곳을 향해 떠나는 여행과도 같을 것이다.

제3장

생명권력과 폭력

1. 푸코

1) 생명권력: 인체의 해부정치와 인구의 생명정치

우리는 일반적으로 권력을 부정적인 맥락에서 이해한다. 권력욕, 권력을 둘러싼 암투, 갑과 을의 권력관계 등 일상생활에서 사용되는 권력개념은 대체로 부정적 함의를 지닌다. 그것은 권력을 지닌 자와 권력의 지배하에 놓인 자 간의 힘의 비대칭적 구조뿐만 아니라 그러한 비대칭적 권력 관계 자체가 정당성을 지니지 못함을 암시한다. 또한 권력은 무언가를 금지하고 그것을 위반했을 때 처벌하는 부정적인 심급으로 이해되기도 한다.

푸코 역시 『감시와 처벌』을 썼을 때만 해도, 이러한 부정적 맥락에서 권력 개념을 이해하고 있었던 것으로 보인다. 그는 이 책에서 군주권력에서 규율권력으로 이행하는 과정에 나타난 시각체제의 근본적 변화를 보여 준다. 절대군주제에서 사형은 백성이 지켜보는 가운데 일종의 스펙터클처럼 집행된다. 법을 어기며 군주의 권력에 도전한 범죄자의 신체에 납물을 붓거나 사지를 갈기갈기 찢는 등의 잔혹함은 수형자의 신체에 나타난 군주권력의 가시화로 볼 수 있다. 따라서 공개처형은 군주의 권력에 도전한 사람이 어떤 처벌을 받는지 모든 백성에게 분명하게 보여 주는 장 場인 것이다. 이에 반해 근대 이후의 규율사회에서는 명시적인 법보다는 눈에 보이지 않는 규율이 공장, 학교, 군대 등 다양한 사회조직을 지배하며 개인의 행동을 미세한 부분에 있어서까지 감시한다. 이제 감시대상은 완전히 빛에 노출되어 있는 데 반해, (규율)권력 자체는 어둠 속에 감춰지는 것이다.

그런데 『감시와 처벌』에서 공개적인 힘의 행사이든 은폐된 감시이든 권력은 권력의 지배하에 놓인 대상을 억압하고 통제하는 부정적 심급으로 등장한다. 그럼에도 불구하고 푸코가 이 책에서 이미 권력의 생산성에 주목하고 있음을 간과해서는 안 될 것이다. 군주권력이 수형자의 신체를 손상하는 파괴적 권력으로 나타나는 데 반해, 규율권력은 통제와 감시대상으로서의 개인의 신체를 억압하고 순종만을 요구하는 것이 아니라 신체의 훈육을 통해 경제적 유용성을 이끌어 내려고 한다. 가령 학교에서 이루어지는 규율권력의 통제와 감시는 단순히 학생들을 괴롭히기 위한 것이 아니라 그들의 학업성과를 높이기 위한 수단의 의미를 갖는다. 따라서 규율권력은 정치적으로는 억압적 특성을 지니지만, 경제적으로는 생산성이나 유용성의 측면을 갖고 있다.[1]

---

1 유사한 맥락에서 렘케도 이렇게 말했다. "노예제나 농노제 같은 전통적인 지배형식과 달리 규율은 경제적인 유용성의 목적으로 신체의 힘을 증대시키는 동시에 정치적인

푸코는 더 나아가 『성의 역사 1. 지식에 대한 의지』에서는 권력을 단순히 예속화하는 부정적 심급으로 보는 견해에서 완전히 탈피해 권력의 다양한 특성에 주목한다. "내가 보기에 권력은 우선 작용영역에 내재하고 조직을 구성하는 다수의 세력관계, 끊임없는 투쟁과 대결을 통해 다수의 세력관계를 변화시키고 강화하고 뒤집는 게임, 이 다수의 세력관계가 연쇄나 체계를 형성하게끔 서로에게서 찾아내는 거점, 이와는 반대로 세력관계들을 서로 분리하는 괴리나 모순, 끝으로 세력관계들이 효력을 발생하고 국가기구, 법의 표명, 사회의 주도권에서 일반적 구상이나 제도적 결정화가 구체화되는 전략으로 이해해야 할 듯하다."[2] 여기서 푸코는 권력을 끊임없이 투쟁하고 대결하는 세력관계 내지 세력관계의 게임으로 파악한다. 게임이라는 말로 이러한 세력 관계가 유동적이며 변화 가능하다는 것이 암시된다. 권력관계에 있는 세력들이 불평등하고 비대칭적인 관계를 맺고 있다면, 이러한 관계는 언제든지 뒤집힐 수 있으며 늘 그 안에 저항이라는 다른 항을 내포하고 있다는 것이다. 이로써 푸코는 권력을 그 관계를 변화시킬 수 있는 저항이라는 관점과 함께 생각하는, 이전과 달라진 권력에 대한 관점을 보여 준다. 네그리와 하트도 푸코의 권력이론에 나타나는 저항과 자유의 특성을 강조한다. "권력이 우선적이고 저항이 그것에 반작용한다는 식으로 생각해서는 안 된다. 역설적으로 들릴지도 모르지만, 저항이 권력에 우선한다. 여기서 우리는 권력은 오직 자유로운 주체들에 대해서만 행사된다는 푸코의 주장이 갖는 중요성을 온

예속의 목적으로 신체의 힘을 약화시키는 데 성공한다." T. Lemke, *Biopolitik*, 51쪽.

2 푸코, 『성의 역사 1. 지식의 의지』, 101-102쪽.

전하고 정당하게 평가할 수 있다."[3] 한병철은 권력과 폭력을 구분하면서, 폭력과 달리 권력은 그것이 행사되는 주체에게 아무리 협소하더라도 자유로운 결정과 행동을 할 공간을 남겨 둔다고 말했는데, 이를 권력의 지배를 받는 주체의 입장에서 바꿔 생각하면 그가 "자신의 저항 능력의 근거가 되는 자유의 여백"[4]을 가지고 있음을 의미한다. 따라서 권력은 항상 자유롭고 저항능력이 있는 주체와의 '관계'에서 생각되어야 하며, 결코 일방적으로 주체를 억압하는 권력으로 표상되어서는 안 된다.

푸코에 따르면 군주권력이 언제나 법의 형태로 행사되는 반면, 근대적인 규율권력은 법보다는 규범의 형식으로 일상생활에 침투해 영향을 미친다. 그러한 권력은 군주권력과 달리 어떤 한 인물에 기대지 않기 때문에 주관적인 성향을 띠지 않는다. 가령 파놉티콘적 감옥에서 감시탑에서 누가 감시하느냐는 중요하지 않다. 다만 감시하려는 의도가 중요하고 이를 위해 어떤 전략을 짜느냐가 중요할 뿐이다. 그 때문에 푸코는 권력이 주관적이지는 않지만 의도적이라고 말하며, 그것이 특정한 목표를 갖고 있으며 이를 위한 전략을 짜는 계산적 속성을 띠고 있다고 주장한다.[5] 또한 그는 권력을 어떤 권력의 꼭짓점에서 출발해 밑으로 내려오며 조직화되어 있는 피라미드 구조로 생각하지 않는다. 그는 권력망 전체를 관리하고 주재하는 개별주체의 선택이나 결정을 인정하지 않는다. 오히려 "권력은 무수한 지점으로부터, 불평

---

3 네그리 · 하트, 『공통체』, 133쪽.

4 같은 책, 124쪽.

5 푸코, 같은 책, 103-104쪽 참조.

등하고 유동적인 관계들의 상호작용 속에서 행사된다."[6]

더 나아가 권력은 단순히 억압하고 예속시키는 힘이 아니라 끊임없이 담론을 유발하고 그로부터 지식을 생산해 내는 생산적 기능을 갖고 있다. 푸코는 특히 성의 역사를 계보학적으로 살펴보면서 권력과 담론, 지식이 어떤 관계를 맺고 있는지 보여 준다.

권력에 대한 이러한 변화된 관점은 푸코가 『성의 역사 1. 지식에 대한 의지』에서 또 다른 유형의 권력 형태를 사유하게 만든다. 그것은 바로 근대의 또 다른 권력양상인 생명권력이다. 푸코는 이제 군주권력과 규율권력 대신 군주권력과 생명권력을 대비시킨다.

군주권력은 "죽게 '하든가' 살게 '내버려 두는'"[7] 권력이다. 군주는 적국이 자신을 타도하려고 할 때 신민을 국가의 방어에 소집해 그들의 생명을 좌우할 수 있다. 또한 그는 법을 위반하며 자신에게 도전한 사람의 목숨 역시 빼앗아 갈 수 있다. 이처럼 군주는 직접적 · 간접적으로 신민에 대한 생살여탈권을 지니며 그들을 '죽게 할' 권력을 지닌다. 군주의 법을 위반하면 엄하게 처벌하고 피로 갚게 하는 군주제 사회는 곧 '피의 사회'이다. 그러한 피의 사회에서 권력은 인간의 생명을 파괴하는 죽일 권리를 의미한다. 반면 생명 자체는 정치의 영역에서 배제된다. 군주제사회에서 정치는 신민의 생명을 관리하거나 돌보지 않으며 그저 그들이 '살게 내버려 둘' 뿐이다.

그런데 17-18세기에 들어오면서 권력의 패러다임이 변화한다. 푸코는 이 시기에 생겨난 새로운 권력 형태를 '생명권력'이라는 이름

6 같은 책, 103쪽.
7 같은 책, 149쪽.

으로 부른다. 파괴하고 죽음으로 내모는 군주권력의 부정성과 달리, 생명권력은 인간의 신체를 훈육하고 생명을 관리하고 돌보며 긍정성의 정치를 추구한다. 그것은 살게 하거나 죽게 내버려 두는 권력이다. 그것은 개인의 삶을 관리하며 살게 만들지만, 반대로 그의 죽음에 개입하지 않으며 그를 죽도록 내버려 둔다. 이전에 죽음에 대한 권리가 군주에게만 있었기 때문에 자살이 범죄로 간주되었다면, 이제 죽음은 개인적인 권리로 여겨져 자살도 범죄적 성격을 탈피한다. 이처럼 17세기 이후의 생명정치는 더 이상 인간의 신체를 예속하거나 파괴하는 생살여탈권을 포기하는 대신 생명 자체에 관심을 돌린다. "수천 년 동안 인간은 아리스토텔레스가 이해한 존재, 즉 살아 있고 게다가 정치생활을 영위할 수 있는 동물이었으나, 근대인은 이제 생명체로서 정치에 자신의 생명을 거는 동물이"[8] 된 것이다. 다시 말해 근대 이전까지는 단순한 생명 자체는 정치의 영역에서 전혀 고려되지 않는 대상이었으나, 근대로 접어들면서 생명 자체가 정치의 대상으로 고려되기 시작한 것이다.

핑커는 근대에 생겨난 생명에 대한 존중을 크게 두 가지 관점에서 바라본다. "새로운 존중은 일면 정서적 변화였다. 사람들에게 타인의 고통과 즐거움에 동일시하는 습관이 생겨난 것이었다. 그러나 또 어떤 면에서는 지적 · 도덕적 변화였다. 영혼에 가치를 두는 태도가 생명에 가치를 두는 태도로 바뀐 것이었다. 영혼의 신성함이라는 교리는 얼핏 고상하게 들리지만, 사실은 대단히 해롭다. 그에 따르면 지

8 같은 책, 154-155쪽.

상의 삶은 인간이 거치는 일시적인 단계이자 인간 존재에게 무한히 작은 일부분에 지나지 않기 때문이다. 또한 죽음은 사춘기나 중년의 위기와 같은 삶의 통과의례에 지나지 않는다. 영혼이 아니라 생명을 도덕적 가치의 소재지로 여기는 점진적 변화를 거든 것은 회의주의와 이성의 득세였다."[9] 비록 종교전쟁 이후 유럽이 엘리아스가 말한 문명화과정에 접어들고 법에 의해 다스려지는 중앙집권국가가 수립되면서 전쟁과 살인이 많이 감소하기는 했지만, "사람들은 야만적 처벌, 왕의 권력, 폭력을 동원한 이단자 억압에 대해서는 별로 신경 쓰지 않았다. 오히려 국가는 강력해질수록 더 잔인해졌다. 일례로 (처벌이 아니라) 자백을 끌어내기 위한 고문은 중세에 많은 나라가 로마법을 되살리면서 다시금 도입했다."[10] 그러나 과학이 발전하고 합리적인 이성적 사고가 점점 사회를 지배하게 되면서 마녀사냥을 하며 인간을 화형에 처하는 행위는 사라지게 된다. 이러한 지적인 발전과 더불어 도덕적인 발전도 생명존중사상에 기여한다. 핑커는 특히 18세기에 접어들어 출판기술의 발달로 책의 대량생산이 가능해지고 독서인구가 늘어나면서 독자가 독서를 통해 타인의 관점을 취하고 그들의 고통에 공감하며 계몽주의의 인도주의적인 사상을 받아들이게 되었다고 말한다. 이러한 독서혁명이 인도주의의 확산에 기여하며 유럽에서 잔인한 처벌과 고문을 완전히 없애지는 못했을지라도 그것을 대폭 축소시키고 주변화하는 데 큰 역할을 했다는 것이다.[11] 이러한 생명에 대한 변화

9 핑커, 『우리 본성의 선한 천사』, 265쪽.
10 같은 책, 309쪽.
11 같은 책, 314-319쪽과 337쪽 참조.

된 관점과 인식은 정치에도 영향을 미쳐, 권력은 생명을 무자비하게 고문하고 죽이는 대신, 그것을 돌보고 관리하는 과제를 떠맡는다. 마침내 생명권력과 생명정치가 탄생하게 된 것이다.

울리히 벡은 "실제 일어난 사건"[12]으로서의 '재해 Katastrophe'와 "예견된 사건"[13]으로서의 '위험 Risiko'을 구분하며 위험을 근대 산업사회에서 발생한 현상으로 해석한다. 물론 전근대사회에도 여러 가지 위험이 존재했고 객관적인 통계에 따르면 그 사회가 현대사회보다 더 폭력적이고 위험한 사회라고 할 수 있겠지만, 그럼에도 불구하고 벡은 이 시기에 미래를 예측하고 이에 따라 현재의 상황을 진단하며 예방적인 조치를 취하게 만드는 위험 개념은 등장하지 않았다고 말한다. 왜냐하면 전근대사회에서 발생하는 재해는 신이나 운명에 의해 일어난 것으로 여겨졌기 때문에, 인간이 그것을 바꿀 수 있다고 생각되지 않았으며 그 때문에 그것을 예방하는 것에도 관심을 두지 않았던 것이다. 반면 인간이 자유롭게 행동하고 생산할 수 있게 된 근대 산업사회에 들어서면서 인간 스스로가 만들어 낸 위험이 발생한다.[14] 인간은 스스로가 만들어 낸 위험을 미리 예측하고 계산함으로써 그것을 조절하고 나아가 예방할 수 있기를 희망한다. 이처럼 근대에 들어와서 '예견된 재난'으로서의 위험에 대한 인식이 생겨나거나 그러한

---

12 U. Beck, *Weltrisikogesellschaft*, 32쪽.

13 같은 곳.

14 "신에 대한 믿음 속에서 위험은 위험으로 존재하지 않는다. 왜냐하면 여기서 위험에 대한 책임은 추가적으로 혹은 본질적으로 신의 (또는 악마의) 초월성에 돌려지는 반면, 인간의 행동에서(만) 연유된 것은 아니기 때문이다. 그런 한에서 세속화와 위험 사이에는 긴밀한 연관성이 존재한다. 위험은 인간의 결정을 전제로 한다." 같은 책, 139쪽.

위험에서 자신의 신체와 생명을 지키려는, 안전에 대한 관심이 커지는 현상은 근대 생명정치의 틀 안에서 생각될 수 있다. 비록 벡 스스로는 위험사회를 생명권력이나 생명정치와 연결시켜 다루지는 않지만, 인간의 생명을 위험에서 지켜 내고 안전을 보장하려는 시도와 그것의 제도적 확립은 생명정치와 긴밀한 연관을 맺고 있다. 가령 기후변화와 관련된 환경문제나 테러의 위협 같은 정치적 문제는 위험관리와 관련된 테마인 동시에 인간의 건강관리 및 생명보장과 직결된 생명정치의 대상이기도 하다. 푸코가 나중에 『안전, 영토, 인구』에서 생명권력과 밀접히 연결된 통치권력의 문제를 다루면서 안전메커니즘을 언급할 때, 푸코에게서도 생명정치와 위험관리 사이에 긴밀한 연관성이 존재하고 있음을 알 수 있다.

푸코는 『성의 역사 1. 지식에 대한 의지』에서 특히 성을 생명정치 기술의 두 가지 축을 연결시키는 지점으로 간주한다. 그는 부르주아지 계급이 성생활과 인간의 육체를 단순히 억압의 대상으로 간주하지 않고 오히려 자기 확인의 수단으로 삼았다고 강조한다. 귀족이 피라는 혈통의 문제에 관심을 가졌고 프롤레타리아 계급이 아직까지 생활여건으로 인해 성의 문제에 많은 관심을 가질 수 없었던 반면, 부르주아지 계급은 신체를 중요시하며 자신의 건강을 지키고 생명을 연장하기 위해 다양한 성생활의 장치와 이와 관련된 담론을 만들어 내었다는 것이다.[15] 부르주아지의 신체는 이제 단순히 억압이나 파괴의 대상이 아니라, 오히려 그것을 위험에서 지켜 내고 잘 돌보아야 할 관리의

15 푸코, 같은 책, 133-139쪽 참조.

대상으로 간주된다. 그 때문에 부르주아지 계급은 건강, 위생, 유전, 인구 등의 문제에 큰 관심을 기울였다.

이러한 생명권력은 성의 문제와 관련하여 크게 신체의 규율과 인구조절의 두 부분으로 나누어진다.

첫 번째 신체의 규율은 푸코가 『감시와 처벌』에서 규율권력이라고 부른 것과 관련된다. 즉 규율권력이 생명권력의 일부분이 되어 그 속에 편입된 것이다. 규율권력은 인간의 신체를 훈육하되 이로부터 유용성을 이끌어 내는 것을 목표로 한다. 푸코는 규율권력에 의해 행해지는 이러한 정치를 "인체의 해부-정치"[16]로 부른다. 이러한 규율권력은 부르주아지의 성과 관련해서 이 계급의 체력을 강화시키고 에너지를 잘 조절해 유용하게 사용할 수 있도록 만드는 것을 목표로 한다. 가령 유아의 성적 특징을 인식하고 이에 대한 담론을 만들어 조기 성생활이 미칠 해악을 미리 예방하거나, 가정의 보존과 자녀의 건강에 기여해야 할 여성이 히스테리에 빠지는 위험을 막기 위해 여성의 신체와 성을 의학적 담론을 통해 관리하려 한다. 이제 성의 문제는 단순히 도덕적 측면에서 단죄되지 않으며 의학적 담론으로 편입되어 관리의 대상이 된다.

두 번째 인구조절은 출생률과 사망률, 건강과 장수, 공중보건 등의 문제에 관심을 지닌다. 성의 문제와 관련해서는 출산을 장려하거나 산아제한을 하는 식으로 국가가 국민의 성생활에 개입한다. 이처럼 생명권력이 인간의 생명에 관심을 갖고 이를 돌보고 관리하는 정

16 같은 책, 150쪽.

치를 푸코는 "인구의 생명-정치"[17]라고 부른다. 여기서는 신체를 훈육하고 경제적 관점에서 그것으로부터 생산성을 끌어 내려는 규율권력과 달리 인간의 생명 자체가 중심에 놓인다. 물론 푸코는 이 책에서 생명권력을 상위개념으로 놓고 규율권력을 생명권력의 한 부분으로 귀속시키고 있지만, 생명 자체를 중심적 가치로 놓고 그것을 정치의 직접적 대상으로 삼는 것은 '인구의 생명정치'라고 부르며 규율권력이 수행하는 인체의 해부-정치와 구분한다. 또한 규율권력으로서의 생명권력은 공장, 병원, 학교 등 특별한 개별기관의 틀 내에서 생겨나며 개인의 신체를 다루지만, 국가가 일종의 통치로서 행하는 생명정치는 한 개인이 아닌 종으로서의 인구 조절을 목표로 한다.[18] 뒤에서 언급하게 될 『안전, 영토, 인구 *Sécurité, territoire, population*』(2004)에서는 국가가 행사하는 생명권력이 통치성의 문제와 연결되어 보다 깊이 사유된다.

푸코는 이처럼 생명권력을 개인의 신체를 훈육하고 유용성을 끌어내는 인체의 해부-정치와 집단으로서의 종의 신체를 관리하는 인구의 생명정치라는 두 차원으로 구분하며 양자의 차이점을 설명하고 있지만, 궁극적으로는 이 둘 다 생명권력이라는 상위범주에 포함되며

---

17 같은 곳. 번역서에는 '생체-정치'로 번역되어 있지만, 여기서는 '생명-정치'로 바꿔 인용하였다.

18 렘케도 푸코의 생명권력의 두 가지 양상을 다음과 같이 구분한다. "한편에는 개인 신체의 규율화가 있고 다른 한편에는 인구의 조절이 있다. 이미 17세기에 발견되는 규율공학은 개인 신체의 훈육과 감시를 목표로 한다. […] 이에 반해 18세기 후반에 생겨난 또 다른 권력공학은 개인의 신체가 아니라 인구라는 집단적 신체를 향한다. 여기서 사용되는 핵심적인 도구는 규율이나 훈육이 아니라 조절과 통제이다." T. Lemke, *Gouvernementalität und Biopolik*, Wiesbaden, 2008, 80쪽.

서로 연결되고 있음을 간과해서는 안 될 것이다. 렘케도 이러한 맥락에서 "'따라서 개인'과 '집단'은 대립을 이룬다기보다는 신체적 인간의 통제와 종적인 인간의 통제를 동시에 목표로 하는 포괄적인 정치적 기술의 두 측면이다."[19]라고 말한다.

푸코가 『성의 역사 1. 지식에 대한 의지』에서는 『감시와 처벌』에서와 달리 규율권력의 억압적 특성을 거의 언급하지 않는다 할지라도, 감시와 통제라는 규율권력의 부정적 특성은 여전히 푸코의 철학을 각인하고 있으며, 그러한 권력은 폭력으로 쉽게 연결될 수 있는 반면, 인구조절로서의 생명권력은 그 자체로는 파괴적이고 억압적인 성격이 부각되지 않은 채 가치중립적으로 기술되고 있는 것처럼 보인다. 그렇다고 푸코가 생명을 관리하고 조직하는 생명권력과 생명정치를 생명을 연장하고 건강을 증진하는 긍정성의 관점에서만 바라보고 있는 것으로 해석해서는 곤란하다. 왜냐하면 푸코는 이 책에서 생명권력이 어떻게 이데올로기적으로 악용되고 파괴적인 죽음의 권력과 결탁할 수 있는지 그 위험을 분명히 언급하고 있기 때문이다. 푸코는 부르주아지가 자신의 계급적 특성으로 관리하려는 건강한 신체에 대한 집착이 어떻게 생물학이나 의학, 특히 우생학과 연결되는지 이야기한다. 특히 나치는 전근대적인 피의 정치와 근대적인 성의 정치, 다르게 표현하면 죽음의 정치와 생명의 정치를 서로 교묘하게 결합하면서 생명권력을 파괴적인 목적으로 사용한다. 나치의 인종차별적인 정책은 피의 순수성이라는 이데올로기에 기반을 두고 우생학에 입각하

19 T. Lemke, *Biopolitik*, 52쪽.

여 특정인종의 생명을 관리, 조절하며 생명정치를 수행하는 반면, 그 밖의 다른 무가치한 생명들에 대해서는 생살여탈권을 쥐고 그 목숨을 빼앗아 가며 민족 전체를 절멸시키려고 한다. 이로써 생명권력과 이에 입각한 생명정치에 내재해 있는 폭력의 위험성이 부각된다.

"푸코가 출발한 테제는 주권권력이 근대의 생명권력으로 변형되는 과정에서 정치적 · 군사적 담론이 인종차별적이고 생물학적인 담론으로 전이되었다는 것이다."[20] 이전에는 서로 다른 인종들이 적대 진영을 이루며 전쟁을 했다면, 근대에 들어서는 한 인종 내에서 우월한 인종과 열등한 인종이 나누어지며 소위 "'살아야 할 생명'과 '죽어야 할 생명' 간의 경계선이 확립된다는 것이다."[21] 이러한 경계선은 신체에 대한 생물학적 지식을 전제로 하며, 그러한 지식을 규범화하여 인종차별주의가 생겨난다.[22] 그러한 인종차별주의는 단순히 가치 있는 생명과 가치 없는 생명, 건강과 질병을 구별하는 데 그치지 않으며, 더 나아가 인종적 순수성에 대한 이데올로기와 더불어 가치 있는

---

20 T. Lemke, *Gouvernementalität und Biopolik*, 112쪽.

21 M. Foucault, *In Verteidigung der Gesellschaft. Vorlesungen am Collége de France 1975-76*, Frankfurt a.M., 1999, 295쪽(T. Lemke, 같은 책, 113쪽 재인용).

22 렘케는 오늘날 생명공학의 발전으로 점차 장기이식뿐만 아니라 유전자 복제가 가능한 시대로 접어들고 있으며, "그 자체로 완결되고 다른 신체와 구분되는 신체"(T. Lemke, 같은 책, 114쪽)의 형태를 지니지 않을 수 있게 되었다고 말한다. 이처럼 다른 동물이나 인간 또는 심지어 기계와 섞일 수 있는 신체를 갖게 된 인간은 이제 이전처럼 더 이상 인종차별주의를 필요로 하지 않으며 미래에는 원하는 유전자를 선택해서 신체적으로 완벽한 새로운 인간을 만들어 낼 수 있을지도 모른다. 그러나 줄기세포 연구가 일으킨 논란에서 알 수 있듯이, 이러한 생명공학적 연구는 결코 가치중립적인 과학이 아니며 필연적으로 정치 및 윤리의 문제와 긴밀히 연결되어 있다. 렘케는 인간이 혼성적인 정체성을 갖게 되는 이러한 과정에 정치적 · 윤리적 책임의식을 지니고 참여하며 결정할 것을 요구한다. 같은 책, 117쪽과 126쪽 참조.

생명을 가치 없는 생명으로부터 적극적으로 지키고 보호할 필요성을 역설한다. 즉 병약하고 무가치한 생명을 없앰으로써 가치 있는 생명의 건강 유지와 강화에 기여할 수 있다는 것이다.[23]

푸코가 출생률과 사망률, 건강과 장수 등 인구조절과 관련된 생명정치의 시작을 근대와 연결시킬 때, 우리는 푸코의 관점을 뛰어넘어 한 국가 내의 통치양상으로서의 생명정치뿐만 아니라 유럽 국가의 외부에 위치한 식민지 통치양상으로서의 생명정치도 함께 살펴보아야 한다. 푸코 자신은 이러한 생명정치 개념이 식민지의 인종차별정책에 대해 갖는 함의를 거의 다루지 않았는데, 로버트 영 같은 포스트식민주의 이론가는 이러한 그의 태도를 유럽중심적인 것으로 간주한다.[24] 네그리와 하트가 유럽의 근대를 제국주의적 식민주의와 분리해서 생각하기 어렵다고 주장했을 때, 이러한 관점은 근대 유럽 국가의 생명정치에도 적용될 수 있다. 유럽 국가들은 근대에 들어서면서 서서히 국민의 건강이나 보건 같은 문제에 관심을 기울이며 생명을 통제하고 관리하기 시작한다. 그러나 이러한 생명정치가 개별 유럽 국가 내의 문제인 것만은 아니다. 생명권력은 유럽인의 식민지 통치에서도 나타난다. 가령 아프리카의 식민지 주민이 끊임없이 질병에 시달린다고 한다면, 이는 유럽의 식민지 기획에 정당성을 부여하는 이데올로기로 사용된다. 왜냐하면 정신적 · 도덕적으로 타락한 야만인은 신체적으로도 건강하지 못한 사람이기 때문이다.[25] 그는 문명화된

23 T. Lemke, *Biopolitik*, 58쪽 참조.
24 영, 같은 책, 695쪽 참조.
25 네그리 · 하트, 『제국』, 189-190쪽 참조.

유럽인이 돌보고 관리함으로써 치유해야 할 생명이다. 적어도 유럽이 아프리카를 비롯한 식민지를 통치할 명분은 이러한 생명정치적 관점에서 제공된다. "일단 순수하고 문명화된 유럽인과 부패하고 야만스러운 〈타자〉 간의 차별이 확립된다면, 질병에서 건강으로의 문명화 과정뿐만 아니라, 불가피하게 건강에서 질병으로라는 역전 과정이 가능하다."[26] 즉 식민지 원주민의 질병은 건강한 유럽 본토의 문명인이나 식민지에 사는 이주민에게 전염될 수 있는 위험으로 간주된다. 그 때문에 면역학적 관점에서 지배국가의 이주민과 원주민 사이에는 직접적 접촉을 가로막는 보호 장벽이 요구된다. 이러한 면역학적 관점에서 보면, 원주민은 박멸되어야 할 바이러스 같은 존재로 간주될 수 있으며, 그 때문에 열등한 생명체로 분리되고 격리되어 강제수용소와 유사한 공간에 갇혀 노동하게 된다. 원주민에게 부과되는 비인간적인 노동환경은 그가 생명을 관리하고 보살피는 생명정치의 틀에서 벗어나 있음을 보여 준다. 이주민이 원주민의 자유를 억압하고 비인간적 폭력을 행사하며 심지어 그의 목숨을 빼앗을 때, 이는 식민지 통치의 정당성을 담보하기 위해 이데올로기로 내세워진 생명정치의 이면에 죽음의 정치가 숨어 있음을 적나라하게 폭로한다.[27]

---

26 같은 책, 190쪽.

27 유사한 맥락에서 노엄 촘스키는 조지 오웰이 사용한 바 있는 '비인간'이라는 개념을 통해 식민주의나 제국주의는 물론 오늘날의 정치에까지 나타나고 있는, 가치 있는 생명과 가치 없는 생명의 구분과 이와 연관된 죽음의 정치를 강조한다. "세상은 크게 둘로 나눠진다. 우리 같은 사람들과, 중요하지 않은 다른 모든 사람들, 즉, 비인간들. 오웰은 미래의 전체주의적 사회를 이야기하고 있었지만, 그건 지금 우리에게도 상당히 잘 적용된다. […] 그 비인간들에게 무슨 일이 벌어지든, 우리는 상관하지 않는다는 것이다."(촘스키 · 블첵, 『촘스키, 은밀한 그러나 잔혹한』, 29쪽) 그는 또한 영어권 국가들이 제국주의 통치를 하면서 "원주민들을 그저 통치하는 데 그치지 않고 완전히 멸족시

유럽인은 식민지 원주민에 대해 생명정치적인 측면에서 모순적인 이중적 표상을 만들어 낸다. 한편으로 식민지 원주민은 문명적인 유럽인과 비교해 본능적이고 동물적인 원시적 건강함을 지닌다. 이것이 유럽의 문명적 부패와 타락에 염증을 느낀 일부 지식인이나 예술가를 아프리카로 끌어들인 동력이기도 하다. 그러나 이러한 동물적 본능이나 원시적 건강성이란 개념은 원주민을 야만인으로 규정하고 유럽의 문명인과 구분 짓는 척도로 기능하며, 이에 따라 궁극적으로 원주민은 이성적이거나 도덕적이지 못하고 광기에 차 있으며 따라서 정상이 아닌, 즉 정신적으로 건강하지 못한 존재로 간주된다. 즉 그가 지닌 원시적 생명력이 역설적으로 정상적인 이성적 정신을 위협하는 위험한 질병 같은 것으로 여겨지는 것이다.[28] 또한 이와 동시에 경제적으로는 물론 의학적으로도 발전하지 못한 식민지 세계에서 원주민은 육체적으로 병약한 모습으로 표상되기도 한다. 언뜻 모순되는 이러한 이미지는 오늘날에도 여전히 발견된다. 즉 운동에서 탁월한 능력을 발휘하는 흑인들에 대한 표상과 병렬적으로 기아와 질병에 허덕이는 아프리카 흑인아이들의 모습이 전 세계에 광고되고 있는 것이다. 더욱

켜 버렸다"(같은 곳)는 점을 강조하며 이러한 과거가 감춰지거나 부정되고 있음을 지적한다.

28 "모든 지적 획득은 성적 잠재력의 상실을 요구한다. 문명화된 백인은 성적 방종이 넘쳐나던 시대, 무절제한 축제의 장, 처벌받지 않고 행해지는 강간, 억압받지 않는 근친상간에 대한 비이성적인 노스탤지어를 간직하고 있다. 이 환상은, 어떤 점에서는, 프로이트의 생의 본능에 부응한다. 백인은 자기의 의도를 검둥이에게 투사하면서, 마치 검둥이가 실제로 '그런 듯이' 처신한다. 대상이 유대인이라면 문제는 간단하다: 백인들은 부를 소유하거나 윗자리를 차지하려는 유대인을 불신할 뿐이다. 저 검둥이는 생식기에 매어 있다; 아니면 적어도 저들이 검둥이를 그렇게 매어 놓았다. […] 검둥이는 생물학적 위험을 대변한다." 파농, 『검은 피부, 하얀 가면』, 158-159쪽.

이 아프리카에서 유래하는 것으로 간주되는 다양한 전염병들, 예를 들면 에이즈나 에볼라 바이러스는 네그리와 하트의 말을 빌면 세계화와 더불어 "증가된 접촉에 대한 불안과 식민주의적 위생학에 대한 일정한 항수"[29]를 불러일으킨다. 이처럼 아프리카 원주민의 전염병이 가져올 위험에 대해 유럽 국가들은 식민지 시대뿐만 아니라 현재에도 면역학적 관점에서 국경의 장벽을 설치하여 그것을 막으려 하고 있다. 하지만 네그리와 하트는 "모든 종류의 흐름들이 국민국가의 경계선들에 점차 침투할 수 있다. 어떤 것도 식민지적 경계들이 지닌 위생학적 방어물로 되돌아갈 수는 없다. 전 지구화 시대는 보편적 전염의 시대이다."[30]라며 자본주의 시장의 세계화와 동전의 양면을 이루는 전염병의 세계화를 강조한다. 그것은 세계화에 항상 동반되는 또 다른 전 세계적 위험인 테러와 마찬가지로 항시적인 위험으로 존재하고 있다.

푸코가 근대에 생명정치가 시작되었다고 주장하면서 간과한, 생명정치의 또 다른 이면이 있다. 그것은 바로 동물에게 행사된 인간의 생명권력이다. 인류 역사에서 인간이 항상 동물에 대한 우월의식을 지니며 동물을 지배했던 것은 아니다. 원시시대의 인간은 육식을 하기는 했지만, 동물 신이 자신에게 식량을 제공하는 것에 감사하며 제사를 지내기도 하였다. 그 이후에도 인간은 동물에게서 식량과 의복의 재료를 획득했지만, 그것은 인간의 생존과 관련된 문제일 뿐 생명정치적인 차원을 갖지는 못했다. 하지만 푸코가 인간의 생명정치가 시작되는 것으로 보는 근대에 이르러 동물의 위상은 달라진다. 이것

29 네그리 · 하트, 『제국』, 191쪽.
30 같은 책, 192쪽.

은 특히 인간이 스스로의 존엄성을 인식하며 자신을 특별한 존재로 보는 것과 관련이 있다. 반면 동물은 단순한 생명을 지닌 존재일 뿐, 사고나 감정, 유희본능이나 의지를 갖지 못한 존재로 간주되었다. 아감벤식으로 말하면, 동물은 죽여도 처벌받지 않고 이제 희생제물도 될 수 없는, '신성한 동물'이 된다. 데리다는 근대성과 동물 희생의 관계를 이렇게 말한다. "정당한 것과 부당한 것의 대립은 동물과 관련해서는 아무런 의미도 갖지 않는다. 동물에 대한 재판[…]이 문제이든 또는 동물을 박해하는 자들에 대한 소추[…]가 문제이든 간에, 이는 우리의 문화를 구성하는 요소로 볼 수 없는 옛날 일이거나 부차적이고 드문 현상들일 뿐이다. 우리의 문화에서 동물의 희생은 근본적이고 지배적이며, 동물에 대한 생물학적 실험에서 볼 수 있듯이 가장 고도로 발전된 산업 기술에 의해 조절된다. 이는 우리의 근대성의 사활이 걸린 일이다. […] 동물의 희생은 주체성의 구조에 본질적이며, 또한 지향적 주체의 정초 및 법이 아니라면 적어도 법[…]의 정초에 본질적이다."[31] 즉 동물의 희생과 배제는 인간의 주체성과 근대성의 확립에 본질적 요소를 이룬다는 것이다. 특히 제약회사에서 인간의 건강을 위한 명목으로 행하는 동물생체실험은 인간의 생명을 돌보고 관리하는 생명정치가 다른 동물을 죽음으로 내모는 죽음의 정치라는 이면을 갖고 있음을 여실히 보여 준다. 이진경은 생명복제의 시대에 부정적인 의미에서의 인간의 생명권력이 "인간이라는 특정한 종을 넘어서 생명체 일반으로 확대되어" 가고 있다며, "인간의 삶이 동물적인

---

31 데리다, 『법의 힘』, 41쪽.

생명으로 다루어지는 게 문제가 아니라 인간이 아니라는 이유로 동물이나 다른 생명체들에 대해 인간의 편의를 위해 손쉽게 다루는 태도가 지금 우리에게 다가오는 사태의 본질"이라고 주장한다.[32] 푸코는 근대에 인간이 생명의 존엄성을 인식하고 자신의 생명을 돌보고 관리하는 생명정치를 수행한 것을 긍정적으로 바라보았지만, 그러한 생명이 인간 자체로 한정되고 인간의 생명정치가 동물에 대한 차별과 배척을 전제로 한다는 점을 올바로 인식하지 못하였다. 오늘날 일부 동물이 반려동물로 간주되고 여러 동물에게 감정, 사고, 의지, 유희충동이 있다는 사실이 밝혀지면서 동물에 대한 인식이 변화하고 있다. 이러한 인식은 생명정치의 대상을 인간에서 다른 생명체로 확장하고 새로운 생명정치를 법적으로 제도화하는 실천으로 이어져야 할 것이다. 이러한 인식과 실천은 근대의 인간중심적인 생명정치에 내재한 폭력성을 줄이는 데 기여할 것이다.

2) 통치권력과 생명정치

『성의 역사 1. 지식에 대한 의지』가 1976년에 출간된 다음 해에 푸코가 콜레주 드 프랑스에서 강의한 내용을 모은 책 『안전, 영토, 인구』에서도 생명권력의 문제가 다루어진다. 이 책의 제1강에서 푸코는 생명권력을 "인간이라는 종의 근본적으로 생물학적인 요소를 정치, 정치적 전략 그리고 권력의 일반 전략 내부로 끌어들이는 메커니즘의 총

32 이진경, 「근대적 생명정치의 계보학적 계기들. 생명복제시대의 생명정치학을 위하여」, 『시대와 철학』 제18권, 2007, 99쪽.

체"[33]로 정의한다. 위의 정의에서 알 수 있듯이 푸코는 이 책에서 개인이 아니라 종으로서의 인구 그리고 법적 존재가 아니라 생물학적 존재로서 인구의 문제를 생명권력 내지 생명정치와 연결시켜 다룬다. 이는 푸코가 개인의 신체에 권력을 행사하는 규율권력의 문제를 더 이상 생명권력에 포함시키지 않고, 생명권력을 오로지 국가의 정치적 차원에서 이루어지는 생명정치와만 연결시키고 있음을 보여 주는데, 여기서 『안전, 영토, 인구』와 『성의 역사 1. 지식에 대한 의지』의 차이가 드러난다. 즉 푸코는 생명정치와 연결된 좁은 의미의 생명권력을 이제 생명권력 개념 자체로 확장시켜 사용하고 있는 것이다. 그러나 푸코는 이 책의 1장에서 생명권력이라는 말을 사용한 이후로는 더 이상 이 개념을 사용하지 않으며[34], 그 대신 주로 통치권력이라는 개념을 내세워 군주의 주권권력이나 규율권력과 구분하곤 한다. 이 경우 통치권력은 생명권력과 완전히 일치하는 개념은 아니지만[35], 생명권력과 교차하며 생명권력 내지 생명정치의 문제에 대해 간접적으로 성

---

33 푸코, 『안전, 영토, 인구』, 심세광 · 전혜리 · 조성은 옮김, 난장, 2012, 17쪽.

34 『성의 역사 1. 지식에 대한 의지』에서도 생명권력의 문제가 전면에 내세워 다루어지기보다는 성의 문제와 관련해서만 등장한다. 또한 『생명관리정치의 탄생』에서도 책 제목과 달리 생명권력 내지 생명정치의 문제가 본격적으로 다루어지지 않는다. 이처럼 푸코가 생명권력이나 생명정치의 문제에만 초점을 맞추며 이 주제를 다룬 적은 없지만, 그의 후기 저작에 이 주제가 지속적으로 등장하고 있다는 사실은 이 주제에 대한 푸코의 관심이 결코 적지 않았음을 반증한다. 오히려 푸코가 성, 통치 등의 문제와 생명권력이 맺고 있는 '관계'에 주목하며 이러한 연관성을 밝히려 시도했다고 해석하는 편이 더 적절할 것이다.

35 팔크는 이렇게 말한다. "통치권력이 생명정치의 방식으로 작업하기는 하지만 생명정치로 한정될 수는 없다. 통치권력구조에서는 타인의 통치가 자치와 연결된다. 푸코는 이것을 특히 통치의 자유주의적인 형식과 연결시키는데, 이러한 형식은 통치 받는 사람들의 합의와 그들의 자유를 강조한다." Francesca Falk, "Hobbes' *Leviathan* und die aus dem Blick gefallenen Schnabelmasken", *Leviathan* 39, 2011, 258쪽.

찰할 수 있도록 해 준다.

자유로운 자기조절 능력에 기반을 둔 통치권력이 생명정치와 맺고 있는 연관성은 특히 그것이 1800년경에 등장한 생물학의 인식을 수용하고 있다는 점에서도 잘 드러난다. 근대 이전까지 주로 인간의 생명이 그의 외부에 있는 신의 계획에 따라 조직되고 전개된다는 생각이 지배적이었다면, 근대 이후에는 생명이 스스로를 내적으로 조직하면서 보존하고 번식하며 발전한다는 생각으로 바뀐다.[36] 이처럼 "자율성과 자유라는 자유주의적인 개념은 자기보존과 자기조절이라는 생물학적 개념과 긴밀한 관련을 맺고 있는 것이다."[37] 이와 같이 자유주의적인 통치권력은 동시대에 생겨난 생물학적 인식을 수용하며 더 이상 신이 아닌 인간 스스로에 의해 관리되어야 할 생명에 대한 관심을 증대시켰을 뿐만 아니라, 더 나아가 생물학적인 자기조절메커니즘을 정치경제학적인 통치메커니즘으로 전환하기도 했다. 이러한 점에서 통치권력이 생명정치와 맺고 있는 연관성이 잘 드러난다.

푸코는 『안전, 영토, 인구』에서 주권권력, 규율권력, 통치권력을 구분한다. 군주의 주권권력은 무엇보다 법과 연관된다. 군주가 만든 법을 위반하는 것은 군주에 대한 도전인 만큼 그에 상응하는 엄격한 형벌이 내려진다. 반대로 군주가 나라를 잘 통치하려면 법을 잘 알고 있어야 하며 그것을 상황에 맞게 적용할 수 있어야 한다. 이에 반해 규율권력은 법이 직접적으로 적용되지 않는 생활영역에서 적용될 수 있는 미시적인 통제권력이다. 그것은 학교나 공장 등 광범위한 영역

36 T. Lemke, *Biopolitik*, 65쪽 참조.

37 같은 곳.

에서 작용한다. 하지만 규율권력 역시 통제권력이라는 점에서는 주권 권력과 공통점이 있다. 반면 푸코는 이러한 권력들과 구분하여 "인구를 주요 목표로 설정하고 정치경제학을 주된 지식의 형태로 삼으며, 안전장치를 주된 기술적 도구로 이용하는 지극히 복잡하지만 아주 특수한 형태의 권력"[38]을 통치권력으로 부른다. 푸코의 이 강의집에서 무엇보다 중심에 놓이는 주제는 바로 이 통치권력의 문제이다.

푸코에 따르면, 전통적 군주는 영토의 정복과 확장에 관심을 가지며 영토 위에 군림한다. 이에 반해 인구는 그의 관심사가 되지 못한다. 17세기 이전까지만 해도 인구는 그것이 급속히 감소할 경우에만 관심의 대상이 되었을 뿐 평상시에는 아무런 주목을 끌지 못하였다. 그러나 17세기 초에 들어와 소위 말하는 국가이성이 통치를 하게 되면서 인구는 정치적 통치의 대상으로 고려되기 시작한다. 국가이성에게 중요한 것은 더 이상 주권의 행사가 아니라 국가를 보존하고 국력을 향상시키는 것이다. 즉 국가의 최종목적은 국가 자체인 것이다.[39] 이러한 목적을 위해 국가는 합리적으로 통치를 수행해야 하며 이로부터 국가이성 내지 통치이성이 생겨난다. 인구가 이 시기에 중요해진 것은 그것이 국부의 원천, 즉 국력의 강화에 도움이 된다고 생각되었기 때문이다.[40]

국가의 보존 내지 국력의 증강이 최고 목표가 되면서 법에 의한 통치보다 사물의 올바른 배치로서의 통치가 더 중요한 의미를 갖게

---

38 푸코, 같은 책, 162-163쪽.
39 같은 책, 352-353쪽 참조.
40 같은 책, 439쪽 참조.

된다. 쉽게 말해 국력의 증강이라는 목적을 위해 국가가 어떤 전술을 짜느냐가 중요해진 것이다. 이로부터 다른 이웃국가들과의 힘의 균형을 유지하는 외교-군사적 장치와 국내적으로 국력증강을 꾀하는 내치가 정치적 이성의 중요한 요소로 고려되기 시작한다.[41]

그런데 푸코에 따르면 17세기 초에서 18세기 초까지만 해도 통치술이 아직 일관성을 띠지 못하며 제대로 발전하지 못한다. 이 시기를 지배하던 사상인 중상주의 정책은 무엇보다 국가의 번영을 주된 목적으로 내세웠기 때문에, 인구[42]를 거론하더라도 그것이 번영과 행복의 주체가 되지는 못하였다. 그 때문에 인구는 이러한 통치이성의 본격적인 고려대상이 아니었던 것이다. 오히려 군주의 법에 복종하는 신민으로서의 인구는 노동력을 제공하는 생산력으로서 국부의 원천으로만 그 가치를 인정받았다. 그 때문에 인구는 본격적으로 통치의 대상이 되었고 이와 연관해 공중위생도 중요한 정치적 문제가 될 수 있었던 것이다. 따라서 통치의 영역, 대상과 관련해서는 이전과 비교해 근본적인 변화가 일어났다고 말할 수 있다. 그러나 통치 방식에 있어서는 이전과 크게 달라지지 않았다. 왜냐하면 법, 칙령, 통제를 통해

41 같은 책, 403쪽 참조.

42 푸코는 이 책에서 인구를 사람숫자를 가리키는 말로 사용할 뿐만 아니라 그 이상의 의미를 부여하기도 한다. "인구란 개별적으로든 집단적으로든 주권자의 의지와 관계를 맺는 사법적 주체의 집합이 아닙니다. 인구란 일련의 요소로 이뤄진 집합, 즉 우리가 [우연한] 사고에서조차 상수와 규칙성을 목격할 수 있고, 만인의 이익을 규칙적으로 생산하는 욕망의 보편성을 포착할 수 있으며, 그것이 의존하는 몇몇 수정가능한 변수를 포착할 수 있는 집합입니다."(같은 책, 121쪽) 다시 말해 인구는 대단히 불규칙적이고 가변적으로 보이지만, 그 안에 어떤 일정한 규칙성이 늘 나타나는 현상이며, 또한 단순히 통치의 대상이 아니라 욕망을 지닌 인간을 의미하며 그것과 연관된 상황에 따라 변할 수 있는 집합이라는 것이다.

식량난이나 인구 문제를 해결하려고 했기 때문이다. 그 때문에 이 시기에 법이나 규율권력이 사라진 것이 아니라 오히려 더 섬세하게 적용되었다고 말할 수 있을 것이다. 그래서 푸코는 주권권력, 규율권력, 통치권력을 결코 순차적으로 나타나 서로 대체하는 관계에 있는 권력 형태들로 파악하지 않고 이 다양한 권력들이 서로 교차하고 얽히며 나타날 수 있음을 강조한다.[43]

푸코가 통치권력을 언급할 때, 이는 17세기 초에서 18세기 초 중상주의에 의해서 주창된 국가이성에 의한 통치를 내포하는 것처럼 보인다. 왜냐하면 국가이성에 의한 정치적 통치에서 인구가 관리의 대상으로 고려되고 있고 국력을 증대시키기 위한 다양한 통치전략들이 성찰되고 있기 때문이다. 하지만 이러한 통치대상의 근본적 변화에도 불구하고 법이나 규율권력 같은 통제의 메커니즘이 여전히 작동하고 있고 인구가 아닌 국가가 통치의 궁극적 기준이자 목적이 됨으로써 이것은 '순수한' 생명권력 내지 '순수한' 통치권력의 양상을 보여주지는 못한다. 푸코가 이 책의 1강 시작부분에서 생명권력을 정의하면서 그것이 작동하는 본격적 시기로 17세기 초반이 아닌 18세기 초반을 언급한다는 사실 역시 이를 입증한다. 생명권력개념에 명시적으로 규율권력을 포함시키고 있는 『성의 역사 1. 지식에 대한 의지』에서와 달리 『안전, 영토, 인구』에서는 적어도 '순수한' 생명권력의 형태에 규율권력이 포함되지 않는 것으로 보인다. 적어도 생명권력이 규율권

---

43 같은 책, 162쪽: "그러므로 주권사회를 규율사회가 대체했고, 규율사회를 통치사회가 대체했다는 식으로 사태를 이해해서는 결코 안 됩니다. 실제로 우리 앞에 존재하는 것은 주권, 규율, 통치적 관리라는 삼각형입니다."

력의 대상인 개인의 신체를 자신의 대상으로 삼지 않는다는 점에서는 그렇다. 그러나 대상의 차원이 아니라 형식(권력행사의 방식)의 차원에서 보면 규율권력은 생명권력과 여전히 결합할 수 있는 여지를 갖고 있는 것으로 나타난다. 푸코는 이 책에서 순수한 생명권력과 규율권력 간의 착종 가능성을 17세기 초반에서 18세기 초반까지 국가이성의 통치시기를 통해 보여 주고 있으며, 이로써 종으로서의 인구를 주요 목표로 삼는 생명권력 역시 그것의 불완전한 형태 — 즉 인구가 목표가 아니라 국가의 수단이 되는 — 에서 규율권력(의 형식)을 내포하거나 아니면 적어도 자신 속에 그것을 끌어들일 수 있는 가능성을 열어 두고 있다.

팔크는 푸코와 달리 이미 17세기 중반 생명정치가 시작되었다고 주장한다. 그는 아일랜드에서 페스트를 박멸하는 임무를 맡은 영국의사 윌리엄 페티가 인구의 정치적 측면에 주목하며 제시한 일련의 제안들이 생명정치적 관점을 보여 준다고 말한다. 페티는 아일랜드의 상황을 가난하고 병적인 상태로 인식했고 그래서 그곳에서의 영국인과 아일랜드인의 인구비율이 조정되어야 한다고 믿었다. 그는 인구의 질을 높이기 위해 영국 여성이 아일랜드 남성과 결혼할 것을 권장했다. 또한 인구의 양적인 측면에서도 아일랜드의 노동력 부족을 메우기 위해 주점, 수도원의 축소를 제안하고 이주를 장려하였다. 반면 아일랜드인들을 영국으로 이주시키고 그 대신 아일랜드의 생산성 향상을 위해 영국인들이 그 자리를 대신할 것을 요구했다.[44] 그러나 아일

44 F. Falk, 같은 글, 255-256쪽과 258쪽 참조.

랜드인을 영국인과 구분하며 차별하는 페티의 관점에는 식민지 지배국의 인종차별적인 관점이 깔려 있으며, 그 때문에 그것이 아일랜드인의 생명을 돌보고 배려하는 생명정치로 볼 수 있을지는 의문이다. 그것은 아일랜드에서의 생산성 향상에 관심을 지닌 영국인들이 인구를 목표가 아닌 수단으로 간주하는 불완전한 형태의 생명권력 관점을 보여 줄 뿐이다. 이로써 팔크의 주장과 달리 18세기에야 인구를 목표로 삼는 본격적인 생명정치가 시작되었다는 푸코의 테제는 반박되었다기보다는 오히려 입증되었다고 볼 수 있다.

푸코는 규율권력과 생명권력이 혼재되어 있는 국가이성에 의한 통치가 지닌 위험성에 대해서 인지하고 있다. 국가이성의 관점에서 볼 때, 국가는 법을 초월해 있다. 국가가 평상시에는 법을 존중하고 준수하려고 노력할지라도, 긴급한 상황에서는 얼마든지 법을 위반하거나 중단시키며 행동할 수 있다. 17세기 초의 정치사상에서는 이를 '쿠데타'라는 이름으로 지칭하였다. 국가가 위기에 처해 있을 때 국가를 구제하기 위해 신속하게 대응하며 법을 초월해 행동하는 것이 바로 쿠데타이다. 따라서 "쿠데타는 어떤 사람들이 다른 어떤 사람들로부터 국가를 몰수하는 것이" 아니라 "국가 자체의 자기 현시"인 것이다.[45] 그런데 푸코는 국가이성의 본질적 특성이 바로 쿠데타에서 드러나는 것으로 간주하며, 생명권력에 내재된 폭력적 성격을 확인한다. 17세기 이전까지 기독교의 통치이념이었던 사목권력이 목자가 무리를 이끌 듯이 만인을 구제해야 할 뿐만 아니라 한 마리의 길 잃은 양,

45 푸코, 같은 책, 360쪽.

즉 한 명의 신도까지 구제해야 할 책무를 지녔던 것에 반해, 쿠데타적인 특성을 지닌 국가이성은 국가의 구제라는 명목하에 "희생을 바치거나 말단을 절제하거나 해를 끼치거나 부정을 저지르고 살인하도록"[46] 이끌 수 있다. 즉 국가의 구제라는 명분하에 그들은 국가이익에 반하는 신민을 얼마든지 제거할 수 있는 것이다. "쿠데타가 국가이성의 표명에 다름 아니라고 한다면 거기서 적어도 국가에 관해서는 폭력과 이성 사이에 어떤 이율배반도 없다는 생각에 도달할 수 있게"[47] 된다. 푸코는 국가이성에 내재된 비극성을 언급하면서 "히틀러의 밤을 떠올리게 하는 것"[48]이 있다고 말하는데, 이는 통제적인 성격을 띤 생명권력이 어떻게 생명에 대한 폭력으로 이어질 수 있는지 암시하는 것으로 해석할 수 있을 것이다. 그러나 푸코는 이 책에서 이 부분을 더 깊이 있게 다루지는 않으며, 이 부분에 대한 본격적인 논의는 이후에 아감벤에 이르러서야 이루어진다.

푸코는 이러한 불완전한 통치권력 내지 생명권력과 대립되는, 중농주의자들이 주창해 18세기 초부터 발달한 근대적인 통치권력의 발전과정을 기술한다. 17세기 초에서 18세기 초까지 행해진 국가이성의 통치가 법보다는 칙령, 금지령 같은 규율적인 통제의 형식을 띠었다면, 18세기 초 이후의 통치권력은 자율성과 자유를 보다 강조하는 방향으로 나아간다. 가령 식량난이 일어났을 때 국가는 이에 직접적으로 개입하며 가격이나 판매량을 제한하며 통제하는 것이 아니라, 자

46 같은 책, 362쪽.
47 같은 책, 363쪽.
48 같은 책, 367쪽.

연적인 경제메커니즘에 의해 문제가 스스로 해결될 수 있도록 자신의 역할을 조절 내지 방치로 한정한다. 물론 이러한 자율적 · 자연적인 조정과정에서 일부 지방의 사람들이 매점매석을 함으로써 굶어 죽는 사람들이 생겨날 수 있지만, 전체적인 차원에서는 식량난의 문제가 외국에서의 곡물수입과 자연적인 가격경쟁을 통한 곡물가격의 인하로 결국에는 해결될 수 있다는 것이다.[49] 이 과정에서 국가는 금지 대신 자유로운 통상을 허용하고 아무런 통제를 하지 않는 안전메커니즘을 작동시킴으로써 문제를 해결한다. 여기서 안전장치란 배제와 금지를 통해 안전을 추구하는 것이 아니라 위험요소를 최소화하고 긍정적 요소를 최적화하는 확률로 작업하는 메커니즘을 의미한다. 이러한 안전장치는 환경에 작용을 가함으로써 인간이라는 종의 상태를 바꾸려고 시도하며 생명정치와 연결된다.

푸코는 『감시와 처벌』을 썼을 때만 해도 권력을 억압적인 것으로 묘사했고 주체도 광인 같은 타자를 배제함으로써 형성되는 부정적 개념으로 파악하였다. 그런데 『안전, 영토, 인구』에 묘사된 권력은 부정적이지만은 않으며, 오히려 통치기술로서 개인의 자유에 의존할 뿐만 아니라 개인의 자유와 행복을 증진시킬 능력과 의무를 지닌 것으로 묘사된다.[50] 그래서 그는 자유주의적 권력과 사회전체에 긍정적으

49 위에서 살펴본 식량난의 발생과 관련된, 중농주의자들의 안전장치에 대한 보다 구체적인 생각은 다음을 참조하시오. 같은 책, 67-77쪽.

50 자라진은 푸코가 점차적으로 "타자를 배제함으로써 주체를 형성하는 이러한 관점에서 이제 스스로 주체를 형성하는 관점으로 넘어갔다."(Philipp Sarasin, *Michel Focault*, Hamburg, 2005, 184쪽)라고 말한다. 이러한 경향은 특히 그의 말년 프로젝트에서 잘 드러난다.

로 작용할 수 있는 개인의 자유를 강조하며 '더 적은 정부'를 요구한다. 비록 푸코가 이 책에서 18세기 초반 유럽의 통치권력을 객관적으로 기술하는 모습을 보일지라도, 거기서 묘사된 통치권력은 억압적인 통제권력과 비교되며 긍정적으로 나타난다.

푸코에 따르면, 18세기 초에 들어서면서 인구는 더 이상 단순한 생산력으로 간주되지 않는다. 이 말은 인구가 많다고 해서 반드시 국력에 도움이 된다고 생각하지 않게 되었음을 의미한다. 또한 인구는 식량난과 마찬가지로 인위적으로 통제되기보다는 자연적으로 조절되어야 하는 것으로 간주된다. 이 때문에 국가의 통치가 개입과 통제 대신 조절과 방치의 메커니즘을 작동시킬 필요성이 강조된다. 푸코는 이러한 상황에서 보다 복잡한 정치적 · 경제적 과정을 파악하기 위해 과학적이고 합리적인 이성이 요구되며 이로부터 정치경제학이 발전되어 나온다고 생각한다.

인구의 절대적 숫자가 갖는 의미나 가치가 줄어들었다고 해서 인구 자체가 통치권력의 관심에서 멀어졌다거나 주변적인 문제로 밀려난 것은 결코 아니다. 오히려 인구는 통치의 수단이자 목표로 격상된다. 푸코는 인구의 양적인 측면뿐만 아니라 질적인 환경개선이 통치권력 내지 생명권력의 중요한 관심사가 되었다고 역설한다. "근본적으로 무엇이 통치의 목표일 수 있을까요? 분명 인구를 통치하는 것이 아니라 인구의 조건을 개선하고 인구의 부, 수명, 건강 등을 증진시키는 것입니다. 그리고 어떤 의미에서 보면 통치가 이런 목표를 달성하기 위해 활용하는 도구들은 인구의 장 안에 존재합니다. 통치는 각종 캠페인을 통해 직접적으로 인구에 작용하기도 하고, 사람들이 알아차릴 수 없게 출생률을 부추기거나 인구의 흐름을 이런저런 지역이나 행동으로 유도하는 기술을 통해 간접적으로 작용하기도 합니다. 따라서 인구는 주권자의 역량이라기보다는 통치의 목표이자 수단으로 등장하게 됩니다."[51]

위에서 살펴본 것처럼 인구정책은 더 이상 강압적인 통제가 아니라 상황에 따른 조절과 관리의 방향으로 나아간다. 국가는 단순히 인구를 늘리려는 정책을 펴거나 특정한 영토에 맞는 이상적인 인구를 정하기보다는, 보다 유연하게 상황에 따라 인구를 늘리거나 줄이는 정책을 편다. 이러한 정책은 현대에도 여전히 적용되고 있다. 우리나라의 예를 들면 1970년대까지도 인구감소 캠페인을 벌였다면, 지금은 다양한 사회적 혜택을 제공하며 인구증가를 유도하고 있다. 그런데 이미 18세기 초의 서유럽 국가에서 국가이성이 통치하던 17세기와 달리 인구=국력이라는 관점이 폐기되고 있음을 알 수 있다. 이러한 인구정책에서는 출생률이나 사망률 또는 인간의 수명이 고려대상이 되는데, 보건정책의 시행이나 사회보장제도의 도입도 이러한 맥락에서 파악될 수 있을 것이다.

18세기 초반 이후 인구는 더 이상 단순히 주권자의 법에 복종하는 신민이자 노동력만을 의미하지 않는다. 오히려 인구는 자신의 욕망을 지닌 경제적 주체로 간주된다. 그래서 국가는 개인에게 복종을 요구하며 이로부터 국가이익을 추구하기보다는, 개인들 간의 경쟁을 허용하고 그들의 이익이 국가의 이익이 될 수 있도록 유도한다. 또한 그러한 측면에서 인구의 조건을 개선하고 수명이나 건강과 관련된 다

---

51 푸코, 같은 책, 159쪽.

양한 정책과 제도를 마련하는 것이다. 이에 따라 통치권력은 본래적 인 의미의 생명권력의 속성을 띠게 된다.

그런데 푸코가 18세기 초반 이후 유럽의 통치권력에 대해 말하면서 인구의 자율적 조절을 이야기할 때 간과하고 있는 것은 유럽의 식민주의와 제국주의이다. 맬서스가 이미 1798년 『인구론 *An Essay on the Principle of Population*』(1798)에서 많은 인구가 곧 국력을 의미하지 않으며 오히려 인구증가가 식량공급을 앞질러 국가에 재앙이 될 수 있음을 경고한 이후, 과잉인구는 국가정책의 중대한 관심사가 되었다. 그래서 영국은 그 후 강제이주를 제도화했고, 특히 1840년대 영국에서 일어난 극심한 기근은 식민지의 필요성을 증대시켰으며 19세기 후반 제국주의를 정당화하는 요소가 되기도 했다. 프랑스 역시 1871년 독일과의 전쟁에서 패해 알자스로렌 지방을 빼앗긴 후, 그곳에 사는 프랑스 주민을 강제로 알제리로 이주시켰다.[52] 이처럼 제국주의의 식민정책은 과잉자본의 해소뿐만 아니라 과잉인구의 해결이라는 관점에서도 이루어졌으며, 인구문제를 자율적으로 해결하기보다는 국가정책에 의해 강제적으로 해결하려는 모습을 보였다. 특히 "1867년까지도 영국에서 중단되지 않았던 범죄자들의 수송이라는 관행은, 가장 광범위한 의미에서 달갑지 않은 자들을 제거하는 방법의 하나로 식민화를 이용하는 폭넓은 정책의 한 측면일 뿐이었다."[53] 이처럼 영국이 범죄자를 오스트레일리아로 강제 이주시켰을 때, 이는 가치 없는 생명들에게 주거의 자유를 인정하지 않고 심지어 그들을 조국에서 제거함으

52 영, 같은 책, 52쪽 참조.

53 같은 책, 53쪽.

로써 인구정책을 생명정치와 연관시키고 있음을 보여 준다.

17세기 초 국가이성이 지배하던 시기의 통제적인 통치권력은 18세기 초의 자유로운 경제적 이성이 지배하는 순수한 통치권력에 자리를 내준다. 그러나 이것이 결코 순차적인 대체관계로 종결되는 것을 의미하지 않는다. 푸코도 근대의 통치성이 국가이성과 이에 대항하는 욕망을 지닌 인구(국민)(또는 국가와 개인적인 관계망의 확장으로서의 시민사회)의 대립적 관계를 통해 작동하고 있음을 강조한다. 심지어 현대에도 이들 간의 복잡한 상호작용은 여전히 나타나고 있다.

독일의 여류소설가 율리 체는 『범죄의 체소. 어떤 소송』이라는 가상소설에서 국가가 국민의 건강을 총체적으로 관리하는 미래사회를 묘사한다. 여기서 국가는 국민의 건강증진을 위해 모든 노력을 기울이지만, 이는 총체적인 감시와 억압의 형태를 띤다. 비록 이 소설에서 가치 있는 생명과 가치 없는 생명의 구분이 이루어지지 않고 모든 시민의 건강증진이 도모되지만, 그럼에도 불구하고 그러한 관리가 자율적인 통치권력이 아니라 감시와 통제에 의존하는 규율권력의 형식을 띠게 될 때, 그것은 오히려 폭력적인 모습을 보여 준다. 나아가 이 소설은 생명 자체를 최고의 가치로 삼으며 장수나 웰빙에만 매달리는 것이 과연 우리가 추구해야 목표인가에 대한 의문을 제기하며, 죽음과의 관계 속에서 생명 자체가 아니라 삶의 의미에 대해 성찰할 필요성을 역설하며 생명을 관리하는 생명권력이 생명을 억압하는 폭력성을 띨 수 있음을 경고한다.

또한 죽음은 때로는 이러한 억압적인 생명권력을 비판하며 그것에 저항할 수 있는 긍정적 가치로 인정되기도 한다. 푸코 역시 권력에 대한 저항으로서의 죽음의 의미에 대해 어느 정도 성찰하고 있다. 앞에서 『성의 역사 1. 지식에 대한 의지』를 다루면서, 푸코가 권력의 단순한 억압성을 강조하는 것을 넘어서 권력관계에 내재된 저항 가능성을 강조한 것을 언급한 바 있다. 이러한 생각은 생명권력에 대한 그의 언급에서도 나타난다. 푸코는 『말과 글 *Dits et Écrits*』(1994)에 실린 한 글에서 이렇게 썼다. "한 개인이나 한 집단, 소수자 그룹이나 또는 한 민족 전체가 "나는 더 이상 복종하지 않겠어."라고 말하고, 부당하다고 느낀 권력에 생명의 위험을 무릅쓰고 맞서 싸우게 되는 운동, 이러한 운동은 내게 설명 불가능한 것처럼 여겨진다. 왜냐하면 어떤 권력도 그러한 운동을 완전히 불가능하게 만들 수는 없기 때문이다."[54] 어떤 권력도 죽음을 무릅쓴 저항을 막을 수는 없으며, 때로는 그러한 죽음이 생명보다 더 가치 있는 것이 될 수도 있음을 간과해서는 안 될 것이다.

비록 푸코가 『안전, 영토, 인구』에서는 통치권력 개념으로 주로 국가에 의한 통치의 문제를 다루며 이를 생명정치와 연관시키고 있다고 할지라도, 그는 이후에 점점 통치의 주체를 국가를 넘어 사회적 집단이나 개인을 포괄하는 보다 넓은 관점에서 생각하기 시작한다. 이로써 푸코의 통치개념은 오늘날 널리 퍼져 있는 거버넌스 개념과 연관성을 맺게 된다. 푸코는 과거로 거슬러 올라가 통치 개념의 역사적 사용을 살펴보며, 이로부터 통치의 주체나 통치방식에 대한 새로운 관점을 내세운다. ""통치"가 오늘날 특히 정치적 조종의 형식이나 국가기관의 법적 · 행정적 구조를 지칭하는 반면, 이 개념은 이전에는

54 M. Foucault, *Schriften in vier Bänden. Dits et Ecrits. Bd. III 1976-1979*, Daniel Defert & François Ewald (Hrsg.), Frankfurt a.M., 2003, 987쪽.

"인간 통솔"의 다양한 형식과 연관되었다. 따라서 푸코는 "정치적 형식의 통치"와 "일반적인 통치의 전반적 문제"를 구분한다. 후자는 인간을 통솔하는 다양한 형식과 영역들을 포괄한다. 즉 자아의 통치, 가정의 지도, 아이들의 교육, 영혼의 인도, 심지어 공동체나 회사의 통솔이 거기에 포함된다."[55] 더욱이 이러한 자아의 통치나 사회집단의 통치는 거버넌스 개념을 통해 정치적 통치의 영역으로 들어올 수 있다. 푸코가 내세우는 자기배려의 윤리는 권력에 의해 범주화되고 고정된 정체성을 부여받는 개인이 새로운 주체성을 확립하며 그러한 권력에 저항하도록 할 수 있다. 그러나 동시에 자기배려나 자아의 통치 같은 개념은 개인의 고립화를 야기하며 탈정치화를 낳을 위험도 존재한다.[56] 푸코는 개인의 자기배려와 자치가 어떻게 생명정치의 문제와 연결되는지 또 고립화된 개인이 어떻게 생명권력에 맞서 자유를 추구할 수 있을지에 대해서 깊이 있게 다루지 않는다. 푸코의 죽음으로 인해 이러한 문제는 후세대에게 해결해야 할 숙제로 남게 된다.

이러한 문제는 이후 푸코의 통치 개념이나 생명정치 개념을 이어받아 연구하는 일련의 학자들에 의해 다루어진다. 우선 신체를 유기적으로 통합되어 있으며 그 자체로 완결된 것으로 간주하는 푸코의 신체 개념에 대한 비판의 목소리가 나타난다.[57] 푸코가 신체를 해부학

---

55 T. Lemke, *Gouvermentalität und Biopolitik*, 35쪽.

56 임미원, 「탈근대적 생명정치 개념의 기초적 고찰. 푸코와 로즈의 생명정치 개념을 중심으로」, 『법학논총』 제27집, 2010, 172쪽 참조.

57 T. Lemke, *Biopolitik*, 122쪽 이하: "마이클 플라워와 데보라 히스에 따르면, 개개인에게 더 이상 해부학적인 시선이 아니라 유전적인 시선을 열어 주며 동시에 이러한 유전적 시선을 '유전자 풀' 내부에 위치시키는 '분자정치'가 생겨난다. 도나 해러웨이, 한스-외르크 라인베르거 그리고 그 밖의 많은 다른 과학이론가들이 이 과정에서 단

적인 관점에서 접근했다면, 최근의 생명정치이론가들은 신체를 유전학적인 관점에서 이해하며, 그것을 읽고 바꿔 쓸 수 있는 일종의 텍스트로 간주한다. 이러한 관점에서 신체는 결코 자연적이지 않으며, 인공수정, 장기이식, 줄기세포치료, 나아가 유전자변형에서 드러나듯이 능동적으로 변화시킬 수 있는 것으로 나타난다. 이러한 상황에서 건강관리는 국가의 주도하에 이루어지기보다는 개인의 책임과 자율적 결정하에 이루어지는 방향으로 나아간다. 이것은 신자유주의적 통치하의 변화된 생명정치의 양상을 보여 준다.

이러한 입장에 서 있는 대표적인 학자로 영국의 니콜라스 로즈를 들 수 있다. 그는 신자유주의 대신 선진자유주의라는 개념을 사용하며, "스스로의 삶을 관리하는 '자유로운 개인'의 등장"[58]을 선진자유주의 사회의 중요한 특성으로 간주한다. 그는 "1980년대 이후에 나타난 새로운 정치권력의 통치성에 '자유'가 핵심적 요소임을 포착"[59]하며, "국가는 정치권력의 유일한 장소가"[60] 아니며, 오히려 국가를 "한 사회를 구성하는 여러 가지 권력의 효과로 파악"[61]할 것을 요구한다. 더 나아가 그는 통치의 문제에서 생명정치의 문제로 관심을 이어가

순히 이미 존재하는 기술이나 도구의 확장이 문제되는 것이 아니라는 사실을 주목시켰다. […] 더 이상 외적 자연에 대한 통제가 아니라 내적 자연의 변형이 이러한 생명에 관한 정치적 인식론의 중심에 놓인다. 그 결과로서 생물학은 더 이상 생명의 과정을 기록하고 증명하는 발견의 학문으로 이해될 수 없으며, 오히려 생명을 창조하고 생명체를 능동적으로 변화시키는 변형의 학문으로 작업한다."

58 인터뷰: 「니콜라스 로즈와의 만남」, 『생명정치의 사회과학』, 김환석 엮음, 알렙, 2014, 96쪽.

59 같은 글, 95쪽.

60 같은 글, 98쪽.

61 같은 글, 98쪽.

며, 나치시대의 부정적인 생명정치, 즉 죽음의 생명정치에서 벗어나 모든 사람의 건강을 관리하고 생명을 보존, 연장해 나가는 삶의 생명정치를 추구한다. 이때 그는 이러한 생명정치가 국가나 국가에 의해 위탁받은 전문가 집단에 의해서가 아니라 자유로운 시민들의 자발적 참여에 의해 주도되어야 한다고 말한다. 예를 들면 그는 환자들이나 그들의 가족이 자신들의 질병에 무관심한 국가나 의료집단에 저항하며, 연대감을 갖고 결집하여 이익집단을 형성하며 생명정치의 과정에서 정치적 주체로 발전하는 양상에 주목한다. "이들은 자신의 질환에 대한 투자, 자원, 연구, 치료법을 요구"하는데, 로즈는 "이런 새로운 주체화 과정을 (능동적인) '생물학적 시민권'이라고" 부른다.[62] 또한 미셸 칼롱과 볼로로나 라베하리소아도 이러한 환자집단과 그들의 가족 또는 그들을 지지하는 사람들이 어떻게 연대하여 생명정치의 권력관계를 바꾸어 나가는지 프랑스의 '근이영양증 muscular dystrophy, MD' 환자단체의 예를 들어 설명한다. 유전자 손상으로 척수근 위축 질환에 시달리는 이 환자의 부모들은 네트워크를 형성하여 스스로 이 질병에 대한 정보를 모으면서 외부세계로부터 이 질병에 대한 관심을 이끌어 내었으며, 다양한 전문가집단, 즉 연구자나 의료전문직 종사자들과 환자 및 그 가족으로 이루어진 혼성적인 단체를 결성하였다. 이를 통해 질병의 개선을 위한 지식과 환자의 권익을 위한 사회적 · 법적 제도의 개선을 가져오고, 나아가 이 환자를 곧 죽을 괴물에서 질병에 시달리는 온전한 인간으로 바라보는 관점의 변화도 이끌어 내었다.[63] 이

62 같은 글, 100쪽.

63 미셸 칼롱 · 볼로로나 라베하리소아, 「신생우려집단의 정치 · 경제생활 관여의 증가.

상의 예에서 살펴보았듯이, 현대의 거버넌스는 생명정치의 분야에서도 국가의 금지나 지나친 개입 대신 합리적이고 자율적인 시민들이 자발적으로 통치에 나서고 스스로 권력의 주체가 될 수 있는 길을 열어 줌으로써 긍정적 의미를 지닐 수 있다. 그것은 "생명정치의 민주화 현상"과 "건강복지에 대한 정치적 관심과 개인적 이해의 결합", "신체의 최적화를 향한 무한한 의지"를 낳는다.[64]

그러나 이러한 주체의 자율적 통치 이상은 특정한 사회정치적 구조 내에서 부정적인 결과를 초래할 위험도 있다. 특히 그러한 거버넌스 개념이 신자유주의적인 경제적 관점의 지배를 받고 시민 전체가 아닌 일부 회사중역이나 특정 전문가 집단만을 통치에 끌어들일 경우 그렇다. 또한 신자유주의적 통치개념은 경제적 불평등과 빈부격차가 사회구조적으로 심화된 사회에서는 생명정치의 관점에서 보자면 생명의 자율적 관리 대신 생명의 방치를 초래할 위험이 있다. 프랑스의 의학윤리학자인 디디에 파생은 생명정치적 현상이 갖는 도덕적 차원을 강조하며, "우선 생명과 수명, 건강과 질병의 문제가 사회적 불평등의 문제와 분리될 수 없다."[65]라고 말한다. "프랑스에서 35세 미숙련 노동자는 평균적으로 같은 나이의 기술자나 선생보다 9살 수명이 적으며, 우간다에서 통계적인 평균수명은 일본의 절반"[66]이라는 것이다. 이는 생명정치의 문제를 사회적 구조와 분리시켜 단순히 개인의 책임과 자율적 결정에만 맡길 수 없다는 것을 보여 준다. 또 다른 예

프랑스 신경근육계 질환 환자 단체의 교훈」, 『생명정치의 사회과학』, 167-213쪽 참조.

64 임미원, 같은 글, 174쪽.

65 T. Lemke, *Biopolitik*, 113쪽.

66 같은 곳.

로 미국의 의료보험제도를 들 수 있다. 미국의 의료보험제도는 유럽이나 한국 또는 일본과 달리 2014년까지 민영화인 상태였으며 보험료가 대단히 높았다. 오바마 정부 때 의료보험법이 개선되어 의료보험을 의무화하기는 했지만 이는 65세 미만의 주민에게만 해당되며, 여전히 국민의 15.3%, 즉 4,570만 명이 의료보험에 가입하지 못한 상태였다. 또한 소위 '오바마 케어'로 불리는 국민의료보험의 보험금이 여전히 높고 혜택도 제한적이어서 많은 국민들이 불만을 표시하기도 했다. 그리고 지금은 그 제도마저 트럼프 정부하에서 폐기될 위험에 처해 있다. 미국에서는 국민의 건강을 온전히 개인의 책임으로 전가하는 경향이 강하지만, 비싼 병원비 때문에 가계가 파산하거나 온전한 치료를 받지 못해 사망하는 사람의 수가 적지 않다.[67] 따라서 '더 적은 국가', '더 많은 자율성'이라는 기치하에 모든 것을 민영화하고 개인의 자유와 책임에 맡긴다면, 경우에 따라 이는 자율적인 시민주체에게 합리적이고 책임감 있는 자치적 행동을 요구하는 것이 아니라 국가의 사회적 책임을 방기하는 것이 될 수 있다. 이러한 국가의 사회적 책임 방기는 생명정치와 관련해서 개인의 건강을 장려하고 유지시켜주거나 질병을 예방하고 생명의 질을 높이는 데 오히려 장애가 될 것이다. 따라서 자유주의적인 통치권력 및 이와 연관된 생명정치를 단순히 거버넌스의 관점에서 긍정하기보다는, 이를 개별국가의 특수한 사회경제적 구조를 고려하며 비판적인 관점에서 바라보는 것이 필요

---

67 미국의 국민건강보험제도에 대한 자세한 설명은 다음을 참조하시오. Gesundheitssystem der Vereinigten Staaten(https://de.wikipedia.org/wiki/Gesundheitssystem_der_Vereinigten_Staaten, 2016. 4. 14.).

하다. 이를 통해 신자유주의사회에서 야기될 수 있는 생명정치의 구조적 폭력을 막을 수 있을 것이다.

로즈가 내세우는 '생명 자체의 정치'는 생명정치가 죽음의 정치와 긴밀한 관련을 맺고 있는 현재의 정치상황을 지나치게 과소평가하고 있다. 오늘날처럼 국가 간의 장벽이 또다시 세워지며 인종차별적 사고가 만연해 있는 시기에 생명정치는 결코 자신의 생명을 최적화하고 생명정치적 주체성을 발전시키는 생명 자체의 정치로 환원될 수 없다. 오히려 아감벤이 말한 죽음의 정치로 전도된 생명정치의 양상이 여전히 시의성을 띠고 있다. 또한 국가의 생명권력이나 소수의 전문가에 의한 생명정치에 반대하며 생명정치의 민주화를 추구하는 것은 분명 의미 있는 일이지만, "정치적으로 좋은 삶(비오스)의 문제가 생물학적 삶(조에)의 과정의 문제가 됨으로써, 정치화된 삶(정치적 시민)이 아니라 생물학적 생명 자체가 정치적 투쟁-사회적 경쟁의 소재가 되고 주체가 되어 정치적 영역을 떠돌게 된다"[68]는 것은 문제가 있다. 생명정치는 결코 단순히 생명의 연장이나 생명의 질적 향상 같은 생물학적 가치의 문제로 제한되지 않으며, 생명을 넘어선 다양한 정치적 가치, 이를테면 자유나 평등 같은 가치의 문제와 연결된다. 그 때문에 '생명 자체의 정치'와 생물학적 시민성의 문제에만 관심을 기울인 로즈의 관점을 넘어설 필요가 있다.

물론 미래의 생명정치 문제는 생명공학의 발전을 통한 인간 유전자의 조작 및 변형뿐만 아니라, 인공지능의 발달로 훨씬 더 복잡한

---

68 임미원, 같은 글, 176쪽.

양상을 띠게 될 것이다. 특히 인간과 기계의 경계가 점점 허물어지면서 기계와의 관계를 통해 인간 신체의 가치가 평가되는 새로운 국면이 도래할 것이다. 미래에는 인간의 생명을 연장하고 삶의 질을 높이기 위해, 심지어 인간이 불멸을 추구하기 위해 역설적으로 인간 신체를 포기하고 기계의 몸을 취하게 되는 상황에 이를 수도 있을 것이다. 기계가 인간과 비슷한 지능과 감정을 갖게 되는 순간 또는 인간이 사이보그로서 기계가 되는 순간, 생물학적인 신체를 지닌 인간은 기계와의 경계를 허무는 혼종적 정체성을 어떻게 받아들일 것인지 결정해야 하며 이러한 단계에서 생명정치는 지금까지와는 완전히 다른 양상과 의미를 지니게 될 것이다.[69]

2. 아감벤

1) 생명정치의 양 축: 주권자와 호모 사케르

아감벤은 푸코가 『성의 역사 1. 지식에 대한 의지』에서 다루었던 생명권력과 생명정치의 문제를 이어받되, 그것을 단순히 근대, 즉 18세기에 등장한 역사적 사태로 해석하지 않는다.[70] 오히려 그는 생명정치를

69 이 문제는 여기서 다룰 수 없는 복잡한 양상을 띠고 있기 때문에 차후에 독립된 주제로 다루고자 한다.

70 T. Lemke, *Gouvernementalität und Biopolik*, 81쪽: "푸코는 규율적인 규제와 인구정책적인 조절의 조합에서 자본주의가 실현되고 근대 민족국가가 형성되기 위한 결정적인 전제조건을 발견한다."

아주 먼 옛날부터 있었던 근원적인 정치적 형태로 간주하며 특히 추방령에서 그 모델을 찾는다. 또한 그는 오늘날에도 여전히 이러한 생명정치가 죽음의 정치와 결합된 형태로 나타나고 있다며, 근대적인 생명정치의 모델로 강제수용소를 제시한다. 그리고 비록 명확히 강제수용소의 형식으로 나타나지는 않을지라도, 인간의 벌거벗은 생명을 정치의 근원적 요소로 받아들여 그것을 차별하거나 제거하려는 시도가 사회주의와 민주주의 사회 모두에 공통적으로 나타나고 있다며 현대사회의 전체주의화를 경고한다.[71]

아감벤이 『호모 사케르 *Homo Sacer*』(1995)에서 테마로 삼은 생명정치 개념의 특수성을 이해하기 위해서는 우선 예외라는 개념을 이해해야 한다. 왜냐하면 주권자와 호모 사케르를 양 축으로 삼는 생명정치는 추방령과 강제수용소 같은 예외상태를 전제로 하기 때문이다. 그렇다면 예외란 무엇인가? 아감벤은 예외와 예를 비교하며, "예외는 앞서 말한 의미에서 일종의 **포함인 배제**(즉 배제된 것을 다시 포함시키는 것)인 반면, 예는 오히려 일종의 **배제인 포함**으로 기능한다"[72]고 말한다. 즉 예외는 예와 달리 일반적인 경우에 속하지 않지만, 특수한 조건 아래에서 그것을 인정해 주는 상황에서 발생한다. 이로써 예외는 일반적 법칙에서 벗어나면서도 그것을 부정하지 않을 수 있고, 그것에서

71 렘케는 많은 비평가들의 비판과 달리, 아감벤이 의회민주주의 국가와 히틀러나 스탈린이 지배하던 전체주의 국가의 차이를 간과하고 있지 않다고 말한다. 다만 아감벤은 양자의 차이에도 불구하고 둘 다 모두 벌거벗은 생명을 산출하는 생명정치라는 공통점을 지니고 있으며, 따라서 서양의 의회민주주의 국가 역시 대안적인 정치 프로젝트가 될 수 없음을 강조하고 있다는 것이다. T. Lemke, *Biopolitik*, 76쪽.

72 아감벤, 『호모 사케르』, 66-67쪽.

배제되면서도 동시에 그것과 특수한 관계를 맺으며 포함될 수 있다.

이러한 예외상황을 정치적 맥락과 연관시켜 성찰하기 위해 아감벤은 우선 카를 슈미트의 『정치신학』에 나오는 주요 테마인 주권자의 예외적 결정을 살펴본다. 슈미트에 따르면, 주권자는 어떤 예외적 상황에서 (실정)법의 효력을 정지시키지만, 이는 법을 부인하기 위해서가 아니라 보호하기 위해서이다. 특정한 정치적 상황에서 법을 위협하는 세력이 등장할 때, 이 세력으로부터 법을 지키고 사회의 안정을 보장하기 위해 법의 효력을 중지하고 계엄령을 발동하는 경우가 그 예이다. 이 경우 주권자는 법의 효력을 정지할 수 있는 법적 권한을 지닌 존재로서, 법질서의 외부에 있는 동시에 내부에 있다. 이처럼 "예외로부터 창출된 상황은 사실 상태로도 법률 상태로도 정의될 수 없으며, 오히려 이 양자 사이에 역설적인 비식별역을 설정한다는 특수성을 갖고 있다."[73] 아감벤에 따르면, 슈미트는 법실증주의자들과 달리 법을 기계적으로 적용되는 단순한 규칙과 구별하며 노모스로서의 법에 생명을 불어넣어 주려고 한다. 즉 법이란 단순히 기계적으로 반복해서 적용되는 석화된 규칙이 아니라 "무엇보다 실제 삶에서 자기 고유의 참조 영역을 만들어 내고 그러한 참조를 규칙화해야 하기 때문에 [⋯] '규칙'이 된다."[74]

슈미트가 석화된 법과 대립시키는 생명력 있는 법의 원천으로서의 주권자의 예외적 결정은 두 가지 측면에서 흥미롭다. 첫 번째로 법이라는 무생물적인 제도에 생명, 즉 실제 삶을 끌어들이고 있

73 같은 책, 61쪽.
74 같은 책, 74쪽.

다는 것이다. 이로써 예외는 생동적인 규칙을 만드는 긍정적인 것으로 간주된다. 그리고 예외와 생명을 긍정적으로 연결하는 이러한 관점이 주권자, 즉 결정의 주체의 관점에서 내려지고 있다는 점에 주목할 필요가 있다. 왜냐하면 그것은 나중에 살펴볼 호모 사케르, 즉 그러한 예외적 결정의 대상의 관점에서 예외상태를 볼 때와 극명한 대조를 이루기 때문이다. 두 번째로 주권자의 예외적 결정으로서의 노모스는 법과 폭력을 서로 구분할 수 없게 만들 위험을 야기한다. 슈미트가 말하는 주권적 결정은 벤야민이 비판한 법 제정적 폭력과 마찬가지로 법이라는 규칙을 초월하여 폭력을 행사할 수 있는데, 이 경우 법과 폭력이 비식별영역에 빠져들며 서로 구분할 수 없을 정도로 얽힌다. 슈미트는 주권자가 행사하는 예외적 결정과 그로부터 발생하는 폭력이 어떻게 정당화될 수 있을지에 대해 충분히 성찰하지 못한다.

또한 예외상태를 결정하는 주권자 스스로가 특별한 생명의 지위를 갖는다는 점도 강조할 필요가 있다. 아감벤은 『예외상태 *Stato di eccezione*』(2003)에서 고대 로마에서 공화국을 위험에 빠뜨릴 수 있는 동란이 일어났을 때 원로원의 권고에 따라 법의 효력을 중지하는 유스티티움이 선포될 수 있었다고 말한다. 그러나 그는 원로원이 어떤 법적 권한을 지니는 것은 아니며 그것과 구별되는 권위만을 지니고 있다고 강조하면서 권한과 권위를 구분한다. "극한적인 상황에서 […] 권위는 권한이 행사되고 있는 곳에서는 권한을 효력 정지시키는 힘으로, 권한이 더 이상 행사되지 않는 곳에서는 권한을 재생시키는 힘으로 작동하고 있는 것처럼 보인다. 권위는 법을 효력 정지시키거나 부활시키는 힘이지만 형식적으로는 법과 같은 효력을 갖지 않는다."[75] 군주정에서 주권자인 왕은 법적 권한뿐만 아니라 권위도 지닌 존재인데, 이러한 권위는 "왕의 신체적 인격과 밀접하게 연결되어"[76] 있다. 이러한 생각은 현대에도 이어져 파시즘의 영도자나 나치즘의 총통이 갖는 자질은 그들의 "육체적 인격에 직접적으로 연결되어 있는 것으로, 권위의 생명정치적 전통에 속하는 것이지 권한의 법적 전통에 속하는 것이 아니다."[77] 다시 말해 이러한 신적 권력을 지닌 주권자는 단순히 어떤 정무를 맡아 처리하는 법적 권한의 주체가 아니라, 다른 평범한 사람과 구분되는 특별한 카리스마를 지닌 신체적 존재로 간주된다. 그 때문에 그는 법을 넘어서서 법을 중지하거나 더 나아가 새로운 법을 제정할 수 있는 것이다. 즉 그의 권위는 생명정치적 관점에서 그에게 특별한 신체를 부여함으로써 생겨나며, 이는 나중에 살펴볼 가치 없는 생명을 지닌 호모 사케르의 신체와 극명한 대비를 이룬다.

이제 생명정치의 또 다른 축인 호모 사케르를 중심으로 예외상태의 또 다른 측면을 살펴보자. 호모 사케르란 어떤 존재인가? 고대 로마의 페스투스에 따르면, "호모 사케르란 사람들이 범죄자로 판정한 자를 말한다. 그를 희생물로 바치는 것은 허용되지 않지만 그를 죽이더라도 살인죄로 처벌받지 않는다."[78] 여기서 "살인죄에 대한 면책"과 "희생제의로부터의 배제"[79]라는 호모 사케르가 지닌 두 가지 특성이

75 아감벤, 『예외상태』, 150쪽.
76 같은 책, 157쪽.
77 같은 책, 158쪽.
78 아감벤, 『호모 사케르』, 156쪽.
79 같은 책, 173쪽.

나타난다. 여기서 호모 '사케르'가 지닌 신성함이란 일반적인 신성함의 의미와 무관하다. 즉 그는 속세의 영역에서 쫓겨나 신성함의 영역으로 옮겨진 자가 아니라, 인간의 법정 밖으로 쫓겨난 동시에 신의 영역으로도 들어오지 못한 자이다. 호모 사케르가 신성한 이유는 그들이 "신들에게 바쳐졌거나 아니면 저주받았기 때문이 아니라 자신들을 신의 법은 물론 인간의 법 모두를 **초월한**(필자 강조) 어떤 영역 속으로 타인들에게서 분리시켰기 때문이다."[80] '성스럽다'는 단어는 "고대 로마법에서 [...] '죽음에 바쳐진'"[81]이라는 의미를 지니며, 따라서 '호모 사케르'란 인간의 법과 신의 법을 모두 초월해 죽음에 바쳐진 인간을 가리킨다.

호모 사케르가 처한 상황은 앞에서 살펴본 주권적 예외의 상태에 상응한다. 호모 사케르는 희생물이 될 수 없는 형태로 지하세계의 신에게 바쳐진다. 다시 말해 배제를 통해 포함되는 것이다. 또한 그를 죽여도 살인죄로 처벌받지 않는다는 것 역시 법의 중지를 통해 법을 인정하는 것, 다시 말해 배제를 통한 포함이라는 예외상태를 규정하고 있다. 누구라도 처벌받지 않고 살해할 수 있고 희생제물로 바칠 수 없는 호모 사케르는 살인도 희생제의도 아닌 특수한 폭력에 무기력하게 내맡겨진 벌거벗은 생명을 의미한다. 호모 사케르라는 벌거벗은 생명의 관점에서 보자면, 예외상태는 더 이상 기계적인 법의 영역에 생명력을 불어넣는 정당한 주권적 폭력행사를 의미할 수 없으며, 오히려 폭력과 법을 식별할 수 없게 만듦으로써 한 생명을 무방비상

80 같은 책, 182쪽.

81 아감벤, 『목적없는 수단』, 32-33쪽.

태에 빠뜨리는 비인도적인 폭력행사를 의미한다.

"주권자와 호모 사케르는 법질서의 양 극단에 위치한 두 가지 대칭적인 형상들로서, 동일한 구조를 갖고 있으며 서로 결합되어 있다. 여기서 모든 사람을 잠재적인 호모 사케르들로 간주하는 자가 바로 주권자이며, 또 그를 향해 모든 사람들이 주권자로 행세하는 자가 바로 호모 사케르이다. 주권자와 호모 사케르는 자신을 인간의 법과 신의 법, 그리고 노모스와 퓌시스 모두로부터 예외화하지만, 그럼에도 어떤 의미에서는 종교의 영역과 세속의 영역, 자연의 질서와 정상적인 법질서 모두와 구분되는 최초의 본래적인 의미의 정치적 공간을 구획한다는 점에서는 동일하다."[82] 주권자와 호모 사케르 모두 예외적인 존재이며, 둘 다 예외상태와 관계를 맺는다는 점에서 동일한 구조를 갖고 있지만, 이들이 예외적인 정치구조 내에서 맺고 있는 관계는 비대칭적이고 불균형적이라는 점에서 서로 동등하지는 않다. 아니 보다 정확히 말하면, 일종의 가해자와 피해자의 관계를 맺고 있다고 할 수 있을 것이다. 그 때문에 아감벤이 말하는 예외상태는 키르케고르의 예외 개념이나 슈미트의 주권적 예외 개념과 달리 전적으로 부정적 맥락에서 이해된다.

2) 예외상태의 구조와 수용소 모델

아감벤에게서 생명정치는 항상 주권자가 벌거벗은 생명을 배제함으

82 아감벤, 『호모 사케르』, 178-179쪽.

로써 포함시키는 권력기술의 형태로 나타난다. 이 경우 그는 주권적 권력에 내맡겨진 수동적인 벌거벗은 생명을 전제로 하는데, 이 점에서 그의 생명정치 개념은 푸코의 생명정치 개념과 구분된다. 물론 푸코의 생명정치 개념에서도 살아 있는 생명으로서의 인간은 우선은 통치권력의 대상으로 등장하지만, 그렇다고 "단순히 정치적 주권에 종속되어 있지만은 않다. 오히려 그것은 스스로를 동시에 생명정치적 기술의 능동적인 담당자로 확립한다."[83] 다시 말해 생명정치의 대상인 생명이 직접적인 통치주체로서 모든 것을 구상하고 결정을 내리며 활동하는 것은 아니지만, 생명정치는 그에게 자율적인 활동공간을 열어 주며 그를 매개로 해서 작동한다. 이러한 관점에서 푸코의 생명정치는 아감벤의 생명정치와 달리 긍정적 의미를 지닐 수 있다. "왜냐하면 푸코에게 생명정치는 […] 생명의 벌거벗음이라는 선험적 가능성을 나타내는 것이 아니라, 권력이 생명을 긍정성과 생명력을 띠도록 지배할 수 있게 해 주는 구체적인 기술과 메커니즘을 나타내기 때문이다."[84] 아감벤의 생명정치는 이미 가치 있는 생명과 그렇지 못한 벌거벗은 생명의 근원적 분열을 전제로 한다. 반면 푸코는 생명을 "단순하고 규정되지 않은, 그래서 권력-지식의 구도에 따라 결정될 수 있는 생명"[85]으로 간주한다. 이로써 푸코는 생명정치를 계보학적인 관점에서 살펴볼 수 있는 길을 열어 준다. 푸코의 관심은 생명이 각 시대마다의 상이한 지식과 권력장치에 의해 어떻게 달리 규정되어 왔는

83 Martin Muhle, "Biopolitik – ein polemischer Begriff. Von Foucault zu Agamben und zurück", *Der Nomos der Moderne*, 50쪽.

84 같은 글, 54쪽.

85 같은 글, 55쪽.

지 보여 주는 데 있으며, 이로부터 생명정치가 근대에서야 탄생한 이유를 설명한다.

앞에서 살펴본 것처럼, 아감벤은 생명을 이미 근원적으로 분열되어 있는 것으로 간주하기 때문에 이에 대한 계보학적인 연구를 수행하지 않는다. 오히려 그의 관심사는 호모 사케르가 시대를 초월해 어떻게 존재해 왔는지를 규명하는 데 있다. 그 때문에 그는 호모 사케르의 근원적 상을 고대 게르만 사회로 거슬러 올라가 찾는다. 고대 게르만 사회에서는 추방령을 받은 사람을 법과 무관하게 재판과정도 없이 살해하는 것이 가능했다. 베어울프로 알려진 늑대인간은 사실 공동체로부터 추방된 인간을 상상 속에서 형상화한 것으로, 결코 야생적 자연 상태에 있는 존재가 아니라 "짐승과 인간, 퓌시스와 노모스, 배제와 포함 사이의 비식별역이자 이행의 경계선"[86]에 위치한 존재이다. 아감벤은 이러한 추방령으로 대변되는 비식별적인 정치적 관계가 슈미트가 말한 친구와 적 · 내국인과 외국인의 대립적인 정치관계보다 더 근원적이라고 주장한다.

아감벤이 호모 사케르의 예외상태를 그 근원에서부터 살펴본 것은 그것의 역사성을 확인하기 위해서가 아니라 오늘날까지 지속되고 있는 그것의 구조를 동시대사회에서 간파하기 위해서이다. 아감벤에 따르면, 그가 수용소의 구조로 표현한 예외상태는 서양의 역사에서 초기에는 정치질서의 주변부에서만 나타났지만 근대에 들어서면서 점점 중심부로 들어와 정치질서의 토대를 형성하였으며 오늘날에

86 아감벤, 『호모 사케르』, 215쪽.

는 그 영역을 더욱 확장하고 있다. 그는 이로부터 파국으로 치닫는 비극적인 역사철학의 서사를 만들어 낸다.[87]

그렇다면 주권자와 호모 사케르를 양 축으로 삼으며 노모스와 퓌시스, 법과 폭력의 비식별영역으로 들어서는 예외상태가 현대의 생명정치와 어떤 관계를 맺고 있는지 살펴보자.

그리스인들은 삶을 단순히 살아 있는 생명으로서의 조에와 정치적으로 특별히 가치 있는 삶을 가리키는 말인 비오스로 구분한다. 아리스토텔레스는 비오스만을 정치의 영역에 포함시켰지만, 푸코는 근대 이후 조에로서의 단순한 생명이 생명정치를 통해 정치의 대상으로 편입되었음을 밝혀내었다. 그러나 아감벤은 이미 앞에서 살펴본 것처럼 근대 이전에도 조에로서의 단순한 생명이 정치의 대상이 되었음을 상기시킨다.

아감벤은 단순한 생명인 조에로서의 인간이 새로운 정치적 '주체'로 등장한 것은 1676년 인신보호영장에서이며, 그 후 프랑스의 인권선언문에서는 단순한 자연생명, 즉 출생이 권리의 원천으로 등장하게 되었다고 말한다.[88] 국왕 치하의 신민으로서의 백성이 정치적 주체가 될 수 없었다면, 새로운 시민은 출생이라는 단순한 사실, 즉 자연적인 생명 자체만으로도 권리를 누릴 자격을 갖게 되었다는 것이다.

그러나 아벤감에 따르면, 출생이 곧 국민이자 정치적 주체가 되는 상황은, 근대 생명정치가 생명을 단순히 돌보고 관리하는 데 그치지 않고 그것을 가치 있는 생명과 그렇지 못한 생명으로 구분하고 이

---

87 O. Marchart, *Die politische Differenz*, 224쪽.

88 아감벤, 같은 책, 242쪽과 250쪽 참조.

를 통해 무가치한 생명을 '배제'함으로써 정치적 통치의 대상으로 '포함'시키는 예외상태의 출현과 더불어 변화한다. 추방령에 가까운 이러한 예외상태에서 단순한 자연적 생명은 더 이상 권리를 지닌 정치적 주체가 아니라 죽음의 정치라는 폭력에 내맡겨진 벌거벗은 생명으로서의 호모 사케르로 전락한다.

생명정치가 죽음의 정치와 연결되며 서로 구분되지 않는 예외상태의 출현은 특히 1933년 이후 나치가 지배하던 시기에 가장 잘 드러난다. 그러나 이미 그전에 독일에서 사민당이 지배하던 시기에도 비상사태가 여러 차례 선포되고 계엄령이 발동되기도 하였다. 나치시대에는 더 이상 비상사태라는 표현을 사용하지 않았으며, 이로써 예외상태를 일상적인 상황으로 만들었다는 점에서만 이전과 차이가 있다.[89]

아감벤은 나치의 인종차별에만 초점을 맞춰서는 그들이 수행한 정치의 특수성을 올바로 파악할 수 없다고 주장한다. 나치는 유대인이나 집시뿐만 아니라 건강하지 못한 아리아인의 권리 역시 다양한 단계와 방식으로 제한하였다. 그래서 우생학 관련 법률을 통해 신체적으로 심각한 결함이 있는 사람에게 외과불임시술을 하고 결혼을 금지하였다. 전쟁 막바지에는 폐와 심장질환이 있는 국민은 아이를 낳

89 히틀러는 제3제국 때 바이마르 공화국의 헌법을 폐지하지 않고 그것을 존속시킨 채 또 다른 제2의 법적 구조물을 만들었다. 이러한 '이중국가' 시스템은 예외상태를 전제로 해서 가능한 것이었다. 그러나 다른 한편 이러한 예외상태가 제3제국의 몰락 시기까지 이어진 점이나 명시적으로 비상사태라는 표현이 사용되지 않은 점에서 예외상태를 상례화한 것으로 볼 수 있을 것이다. 아감벤, 『예외상태』, 95쪽과 114쪽 참조.

지 못하게 할 계획까지 세웠다.[90] 따라서 아감벤은 나치의 인종차별이 우생학적인 관점의 틀에서 이해되어야 하고, 이러한 우생학적인 관점은 다시 죽음의 정치이기도 한 생명정치와 연관시켜 사유되어야만 한다고 주장한다. 앞에서 말한 것처럼 생명은 그 자체로 모두 똑같은 평등한 생명이 아니라 그 속에서 서로 구별, 아니 차별되는 상이한 생명을 내포하고 있기 때문이다. 그중에서도 죽여도 처벌받지 않는 무가치한 생명인 호모 사케르는 생명권력이 행사하는 죽음의 폭력의 희생자이다. 여기서 생명권력은 생살여탈권이라는 죽음의 권력과 더 이상 구별되지 않으며 생명정치를 폭력의 정치로 변질시킨다.

아감벤은 푸코가 규율권력에 관심을 가지고 병원, 감옥을 사유대상으로 고려한 반면, 생명정치의 부정적 측면을 올바로 사유할 수 없었기 때문에 수용소라는 공간을 사회학적 성찰의 대상으로 삼을 수 없었다고 지적한다. 아감벤에 따르면, 수용소는 단순히 법질서 외부에 위치한 작은 공간이 아니다. "수용소로 추방된다는 것은 […] 자신의 배제를 통해 포함된다는 것을 가리킨다. […] 수용소는 예외상태가 […] 규범적으로 실현되는 구조이다."[91] 수용소 안으로 들어간 사람은 모든 정치적 권리를 박탈당하며, 합법도 불법도 아닌 예외상태에서 비인도적 폭력에 내맡겨진다.

그러나 아감벤은 수용소로 대변되는 죽음의 정치로서의 생명정치가 비단 나치시대라는 특수한 역사적 시기에 한정되어 나타나지만은 않는다는 점을 강조한다. 그는 오늘날에도 여전히 이러한 생명정

90 아감벤, 『호모 사케르』, 285-287쪽 참조.
91 같은 책, 321쪽.

치가 다양한 형태로 사회주의 사회는 물론 소위 민주주의 사회에까지 등장하고 있으며 이로써 새로운 전체주의 사회를 형성하고 있다고 역설한다. 아감벤에 따르면, 생명정치는 다양한 형태로 등장한다. 예를 들면 뇌사를 가치 없는 생명으로 간주하여 안락사를 허용할 것을 요구하는 것도 생명정치의 일환이다. 또는 인간 모르모트로서 범죄자를 다양한 생체실험대상으로 삼는 것 역시 이러한 생명정치에 속한다. 여기서는 의사와 과학자가 주권자의 역할을 수행하며, 코마에 빠진 사람이나 범죄자가 가치 없는 벌거벗은 생명이 된다. 또는 난민수용소의 난민 역시 정치적 권리를 박탈당한 벌거벗은 생명에 속한다. 더 나아가 "오늘날의 민주주의적-자본주의적 프로젝트는 자신 속에 배제된 인민을 재생산할 뿐만 아니라 제3세계 인민 전체마저 벌거벗은 생명으로 변형시킨다."[92] 이로써 아감벤은 죽음의 정치로서 생명정치가 수행되는 예외적 공간이 수용소라는 특수한 공간에 한정되지 않으며 전 세계적으로 퍼져 있다고 주장한다. 그리고 그러한 예외상태는 결코 한시적 성격을 띠지 않으며 우리의 일상이 되었다고 경고한다. "나치의 생명정치가 아직까지 확인가능한 개인이나 특정한 하위인구에 집중되었다면, 아감벤에게 우리가 살고 있는 시대에는 특별하면서도 매우 현실적인 의미에서 모든 시민이 호모 사케르로 등장하고 있는 것이다."[93]

아감벤에게 "파시즘적인 수용소는 경험적이고 역사적인 장소가 아니라, 특정한 상황에서 생명정치의 원칙이 소위 급진적으로 표현되

---

92 같은 책, 338-339쪽.

93 T. Lemke, *Biopolitik*, 77쪽.

는 예로 연구된다."[94] 즉 아감벤이 수용소라는 장소를 언급한 이유는 그 안에서 자행되는 잔혹한 폭력 때문이 아니라 벌거벗은 생명을 배제함으로써 다시 포함하는 정치적 공간으로서의 의미 때문이다. 아감벤에 따르면, 수용소가 극단적인 형태로 대변하는 이러한 예외적 구조는 현대사회에서도 여전히 다양한 형태로 존재한다. "벌거벗은 생명을 정치적인 것의 중심축으로 삼는 예외상태는 무수한 미시적인 예외상태 또는 미시적인 파시즘의 형태로 우리사회를 관통한다."[95] 물론 아감벤은 생명정치와 연관된 자신의 예외상태의 이론을 자본주의 사회 일반에 거칠게 적용하고 있지만, 이와 비판적 거리를 두면서도 그러한 사회에 등장하는 미시적인 예외상태에 주목하는 것은 충분히 의미가 있다.

또한 아감벤의 예외상태의 이론은 푸코가 등한시한 식민주의의 생명정치를 살펴보는 데도 적합한 이론적 틀을 제공한다. 가령 1685년 프랑스의 루이 14세가 반포한 '흑인 법령 Code Noir'은 모든 프랑스 식민지에 적용되는 노예법안으로 60개의 조항으로 이루어져 있다. 이 법령에서 흑인노예는 죄를 저지르면 처벌받으며 법적 주체로 인정받는 것 같지만 또 다른 경우에는 움직이는 물건처럼 정의된다. 이 법령의 43조에 따르면, 노예감독관이나 노예소유주가 노예를 살해할 경우 처벌받게 되어 있지만, 판사의 무죄선고가 적절하다면 처벌이 내려지지 않는다.[96] "이로써 노예소유주의 형사소추는 전적으로 판사의

---

94 Serhat Karakayali, "Vom Staat zum Lager. Von der Biopolitik zur Biokratie", *Der Nomos der Moderne*, 66쪽.

95 같은 곳.

96 J. Ehrmann, 같은 글, 139-140쪽 참조.

자의에 내맡겨져 있다."[97] 결국 식민지의 노예는 법과 삶이 뒤섞인 상태, 법의 보호에서 배제됨으로써 법에 포섭되는 예외상태에서 죽여도 처벌받지 않는 가치 없는 생명, 즉 호모 사케르의 지위에 놓인다. 식민지 통치국은 식민지 지배자와 피지배자의 생명을 구분하고, 전자의 생명보존과 안전에만 신경을 쓰며 후자의 생명을 방치하거나 폭력에 내맡기는 죽음의 정치로서의 생명정치를 수행한다. 이처럼 식민지에서는 예외상태가 일상화되어 있고 죽음의 폭력이 만연해 있다.

3) 순수한 폭력과 도래하는 공동체

아감벤은 슈미트가 예외상태에서 규범적인 법 바깥에 위치한 아노미적인 삶을 인정하면서도 이를 다시 법 내부로 끌어들임으로써 문제를 잘못 해결하고 있다고 비판한다. 아노미적인 삶은 결코 법 내부에 포섭될 수 없으며, 따라서 예외상태에서 주권자가 새로운 법령을 통해 문제를 해결하는 방식은 또 다른 폭력을 낳을 위험이 있다는 것이다. 특히 주권자라는 한 사람의 인격 안에서 법적 권한과 법을 초월해 있는 권위가 합치되고 예외상태가 일상화된다면, 이러한 일상적인 예외상태에서 법과 삶(생명)의 연결은 폭력적인 생명정치로 이어진다. 이러한 생명정치는 가치 없는 위험한 생명들이 일상적인 현행 법규범하에 포섭될 수 없는 아노미적인 삶으로서의 비상사태를 유발할 수 있다고 주장하며, 그 때문에 주권자가 현행법의 효력을 중지하고 이

97 같은 글, 140쪽.

들을 제거하는 법령을 선포하는 결정을 내림으로써 기존의 법질서와 사회체제를 수호할 수 있다는 이데올로기를 주입한다.

특히 오늘날처럼 자유와 인권보다 안전을 더 우선시하는 사회적 풍토에서 개인의 건강을 유지하고 생명을 보존하는 것은 최우선적인 사회적 목표로 간주된다. 그 때문에 이를 위협하는 위험에서 국민을 지키는 것은 생명정치의 핵심적 요구가 된다. 그러나 이러한 생명정치의 방향을 결정하는, 위험에 대한 정의와 그에 대한 대처는 결코 가치중립적으로 내려지는 것이 아니다. 울리히 벡의 말처럼 위험에 대한 정의를 내릴 수 있는 사람이나 집단은 곧 권력을 쥐고 있는 것이며, 그 때문에 위험정의를 둘러싼 갈등이나 대결이 도처에서 일어난다.[98] 또한 위험으로부터 국민의 생명을 보호해야 한다는 생각에서 이제 "사람들은 도처에서 곧바로 위험한 사람과 위험하지 않은 사람을 분류하려고 한다. 우리와 타자라는 잘 알려진 정형화된 모델에 따라서 말이다."[99] 이처럼 예견된 위험에 대해 효과적으로 대처하기 위해 소위 민주적이라고 불리는 사회에서조차 위험한 것으로 간주된 사람들에게 법의 적용을 중지하고 예외적인 규정을 통해 (때로는 폭력적으

98 U. Beck, 같은 책, 66쪽: "위험이란 그에 상응하는 정의 관계의 배경하에서 생겨나는 사회적 구성물이자 정의이다. 그것은 (과학적 그리고 대체과학적인) 지식의 형식으로 존재한다. 따라서 위험의 '실재'는 위험에 대한 지식과 무지를 결정하는 척도로서의 규범에 따라 극대화되거나 최소화되고, 변화하거나 단순히 부인될 수 있다. 위험이란 특정한 정의권력관계의 틀 내에서 이루어지는 정의투쟁과 정의갈등의 산물, 다시 말해 (다소간 성공적인) 연출의 결과이다."
벡은 위험이란 곧 정의의 문제이며 그것을 둘러싼 투쟁이 곧 권력투쟁임을 체르노빌 원전사고 및 이와 연관된 우크라이나의 독립문제와 연관시켜 설득력 있게 설명하고 있다. 같은 책, 305-308쪽 참조.

99 같은 책, 197쪽.

로) 문제를 해결하려는 경향이 나타나고 있다.

아감벤은 법과 삶(생명)이 이처럼 무차별적으로 뒤섞이고 새로운 폭력을 낳는 상황에 반대하며, 벤야민에 기대어 이에 맞선 순수한[100] 폭력의 필요성을 주장한다. 그는 법과 폭력이 맺고 있는 긴밀한 관계를 지적하며, "순수한 폭력은 법과 폭력의 연결망을 폭로하고 절단하며, 그리하여 궁극적으로는 통치하거나 집행하는 폭력이 아니라 순수하게 작동하고 현현하는 폭력으로 나타날 수 있다."[101]라고 말한다. "진정으로 정치적인 행위란 폭력과 법 사이의 연계망을 끊어 내는 행위뿐이다. 그리고 오직 그렇게 해서 열리는 공간에서 시작해야만 예외상태 속에서 법을 생명과 연결시키던 장치를 작동 중지시킨 후 법을 어떻게 사용하는 것이 가능한지를 물을 수 있다. 그때서야 비로소 우리는 '순수한' 법을 눈앞에서 보게 될 것이다. 벤야민이 말한 '순수한' 언어나 '순수한' 폭력이라는 의미에서 말이다."[102] 그리고 이처럼 "폭력과 법 사이의 연계망을 끊어 내는" 순간이야말로 벤야민은 물론 아감벤에게서도 진정한 의미에서의 예외상태를 의미한다고 말할 수 있을 것이다. 순수한 폭력과 순수한 법은 모두 정의와 연관된다. 순수한 폭력은 정당한 폭력이고 순수한 법은 정의로운 법이다. 그러나 이러한 순수한 폭력이나 순수한 법에 대한 아감벤의 이상은 앞에서 살

---

100 아감벤은 벤야민이 순수성 개념을 본질적 · 실체적 개념이 아니라 관계적 개념으로 사용한다고 강조한다. "즉 순수한 폭력과 신화적 · 법적 폭력 사이의 차이는 폭력 자체가 아니라 외부와의 관계에서 유래하는 것이다. […] 따라서 폭력의 '순수성' 기준 또한 법과의 관계에서 비롯된다고 할 수 있다." 아감벤, 『예외상태』, 118-119쪽.

101 같은 책, 121쪽.

102 같은 책, 166-167쪽.

펴본 것처럼 그 안에 필연적으로 순수하지 못한 오염물질이 끼어들 수밖에 없는 현실과 괴리가 있다.[103]

아감벤은 정치권력이 벌거벗은 생명을 어떻게 정치에서 배제하면서도 다시 포함시켜 죽음으로 내모는지 보여 주었다. 하지만 이것이 아감벤이 역사에 대한 비관적 전망을 갖고 있음을 의미하지는 않는다. 아감벤은 정치권력이 벌거벗은 생명을 삶의 형태에서 분리한다고 주장한다. 그런데 여기서 형태란 무엇을 의미하는가? 아감벤은 단순한 생명 자체인 조에와 구분되는 비오스를 "한 개인이나 집단에 고유한 살아가는 방식이나 형태"[104]로 정의한다. 그러한 살아가는 방식 내지 형태는 비오스의 정치적인 삶을 가리킨다. 그런데 벌거벗은 생명은 그러한 정치적 삶에서 배제되며 단순한 생명, 사적인 삶으로 환원된다. 물론 그것이 다시 수용소라는 예외공간에서 죽여도 처벌받지 않는 생명으로 정치적 지배하에 들어오기는 하지만 말이다. 오직 생살여탈권이라는 죽음과의 연관 속에서만 법적 의미를 획득하는 생명은 삶의 형태에서 완전히 분리되어 있다. 이러한 죽음 정치로서의 생명정치에 맞서 아감벤은 벌거벗은 삶을 자신에게 고유한 형태와 다시 연결시키며 그것의 생명력을 강화시키고 그것을 다시 정치적 존재로 만들려고 한다. "정치적인 삶, 즉 행복이라는 관념으로 정향되고 삶-의-형태 안에 응집되는 그런 삶은 이런 분열에서 해방됨으로써만, 일체의 주권으로부터 돌이킬 수 없는 엑소더스[탈출]를 감행함으로써만

103 이에 대한 자세한 설명은 '법과 폭력' 장 중 벤야민과 아감벤, 데리다에 관한 부분을 참조하시오.

104 아감벤, 『목적없는 수단』, 13쪽.

사유될 수 있다."[105] 그는 "삶의 형태를 [삶을 그 형태로부터] 분리할 수 없는 맥락으로, 즉 삶-의-형태로 구성하는 관계를 사유라고 부른다. 우리는 한 기관이나 정신적 능력을 개인적으로 행사하는 것을 사유라고 부르지 않는다. 사유란 삶과 인간 지성의 잠재적 성격을 그 대상으로 하는 경험/실험이다."[106] 즉 사유란 들뢰즈와 가타리적인 의미에서 다양체로서의 인간이 자신의 잠재성을 마음껏 실험하고 펼치며, 스스로의 사유를 통해 네그리와 하트가 말한 의미에서 자신을 재생산하는 동시에 (이를테면 지식을) 생산하는 것을 의미한다. 이러한 사유는 나를 현실적인 존재, 특정한 정체성의 존재에서 벗어나게 하며 잠재적으로 타자와 연결하고 소통할 수 있게 해 준다. 그래서 "사유의 경험이란 항상 공통된 역량의 경험"이며, "내가 할 수 있는 [역량 혹은 잠재력을 갖는] 곳에서, 우리는 항상 이미 여럿"인 것이다.[107] "모든 영역에서 벌거벗은 생명을 삶의 형태와 분리함으로써만 자신을 긍정할 뿐인 국가의 주권성에 맞서, 지적 능력과 사유는 삶과 그 형태를 끊임없이 다시 묶어 주고 삶과 형태가 분리되는 것을 막아 주는 역량이다."[108] 아감벤은 이러한 삶-의-형태, 즉 생명력의 강화가 우리를 죽음의 정치로서의 생명정치에서 벗어나 '도래하는 공동체', 즉 폭력적인 법의 피안에 있는 비국가 정치공동체로 이끌어 줄 수 있을 것이라고 믿는다.

105 같은 책, 19-20쪽.
106 같은 책, 20쪽.
107 같은 책, 21쪽.
108 같은 책, 23쪽.

4) 아감벤의 예외상태 이론에 대한 비판적 성찰

아감벤의 호모 사케르에 관한 테제는 생명정치가 어떻게 죽음의 정치로 변할 수 있는지 밝혀 주었다는 점에서 푸코의 생명정치에 관한 이론을 보완해 주고 있다. 그러나 다른 한편 아감벤의 테제는 여러 가지 측면에서 문제점을 내포하고 있다. 렘케는 아감벤의 이론이 지닌 문제점을 잘 지적하고 있는데, 아래에서는 렘케의 견해를 중심으로 이러한 문제점을 자세히 살펴보고자 한다.

첫 번째 문제점이자 가장 근본적인 문제점은 아감벤이 생명정치를 그 개념 자체에서 출발하지 않고 그것의 이면에서 출발하고 있다는 것이다. 엄밀히 말해 아감벤에게 중요한 것은 생명을 돌보고 관리하며 최적화하는 생명정치의 정치경제학적 관점이 아니라, 벌거벗은 생명을 설정함으로써만 그것과 대립되는 정치적인 존재를 만들 수 있다는 전제, 즉 모든 정치는 호모 사케르를 만들어 내는 폭력적인 생명정치라는 전제이다. "아감벤은 '생명'보다는 생명의 '벌거벗음'에 관심을 갖고 있다. 그의 성찰의 핵심은 생명의 규율화와 훈육 또는 그것의 정상화와 규범화가 아니라 경계의 확립과 물질화로서의 죽음이다. 따라서 아감벤에게 생명정치는 무엇보다 '죽음의 정치'이다."[109] 이처럼 렘케는 아감벤이 생명을 돌보고 관리하는 생명정치 자체의 특성에 무관심함을 올바르게 지적하고 있다. 또한 그는 생명정치가 그 자체로 폭력성을 띠지 않으며, 폭력성을 띠는 생명정치란 죽음의 정치로

109 T. Lemke, *Gouvernementalität und Biopolitik*, 99쪽.

변질된 특수한 양상의 생명정치임을 강조한다. 그러나 이러한 렘케의 주장에 맞서 어느 정도 아감벤의 입장을 옹호할 여지도 있다. 왜냐하면 인간중심적인 근대 국가의 법 체제에서 배제된 동물이나 시민권을 획득하지 못한 난민은 국가의 생명정치의 관리대상에서 배제되고 있기 때문이다. 반대로 말하면 근대의 생명정치는 동물이나 비시민의 배제를 통해서만 작동하고 있다고도 볼 수 있다. 물론 이것이 미래의 생명정치가 원칙적으로 죽음의 정치로서의 생명정치적 형식을 띨 수밖에 없음을 의미하는 것은 아니지만, 적어도 현재까지의 생명정치의 형식이 그러한 양상을 띠어 왔음을 주목할 필요가 있다.

두 번째 문제점은 푸코가 주권(또는 군주)권력과 생명권력을 구분하며 생명정치를 17-18세기에 생겨난 근대적인 현상으로 해석하는 데 반해, 아감벤은 생명정치를 아주 이전부터 존재해 왔던 정치적 현상으로 간주하며 그것의 역사성을 없앤다는 것이다. 아감벤은 현대는 이전부터 존재해 왔던 생명정치의 폭력성을 이어받되 이러한 예외상태를 일상화함으로써 그것을 더 극단화시켰다는 점에서만 차이가 난다고 본다.[110] 그러나 렘케는 18세기 후반에 와서야 자연적인 생명이 신과 같은 외부의 초월성에 의해 규정되지 않고 자율성을 지닌 독자적인 존재로서 주목받게 되었으며, 이로부터 근대의 생물학이 발전되어 나왔다고 말한다. 또한 그는 18세기 후반에 이르러서야 살아 있는 인간만이 법적 주체로 간주되었고, 그 이전에는 망자나 동물도 법적 주체의 지위를 지닐 수 있었다고 말한다. 이처럼 인간의 생명 자체를

110 같은 책, 91-92쪽 참조.

법에 끌어들이고 살아 있는 인간을 법적 주체로 만드는 현상은 근대 사회에 이르러서야 가능하다.[111] 따라서 인간의 '생명' 자체를 정치의 대상으로 삼는 것은 명백히 근대적인 현상이다. 아감벤이 이야기한, 고대의 추방령에서와 같은 벌거벗은 생명의 생산은 엄밀히 말해 생명정치와 무관하다. 왜냐하면 이러한 벌거벗은 생명과 구분되는 다른 인간의 '생명'을 관리하고 최적화하려는 시도가 정치적으로 행해지지 않기 때문이다. 즉 여기서는 '생명'이 문제가 아니라 '벌거벗음'이 문제가 될 뿐이다. 이에 반해 나치의 정책은 우생학과 인종차별을 바탕으로 벌거벗은 생명과 그렇지 않은 생명을 구분함으로써 전자는 말살하고 후자는 관리하고 최적화한다는 점에서 폭력적인 생명정치로 볼 수 있을 것이다. 아감벤의 이론은 생명정치에 나타날 수 있는 어두운 이면으로서의 폭력성을 호모 사케르 개념으로 보여 줄 수 있다는 점에서 의미가 있지만, 생명정치 자체를 항상 죽음의 정치와 연관시켜 설명하고 있다는 점에서는 명백한 한계를 지닌다.

세 번째 문제점은 아감벤의 권력 개념이 전통적인 주권권력에서 출발하고 있다는 것이다. "푸코는 주권권력이 그 자신의 요구에 반해 주권적이지 못하다는 것을 보여 준다. 왜냐하면 이러한 권력의 정당성과 효력은 권력의 미시물리학에 의존하기 때문이다. 반면 아감벤에게서는 이러한 주권성이 벌거벗은 생명을 생산하고 지배한다."[112] 카를 슈미트와 유사하게 아감벤은 주권자가 폭력적인 생명정치에 입각해 벌거벗은 생명, 즉 호모 사케르를 법 바깥으로 추방하면서 동시에

111 같은 책, 105-106쪽 참조.

112 같은 책, 100쪽.

그 속으로 포함시키는 권력을 행사한다고 주장한다. 그러나 푸코의 권력 개념에 따르면, 권력은 절대권력자의 소유물이 아니며 탈중심적으로 다양한 관계 속에서 생겨난다. 더욱이 현대사회에서 생명정치를 수행하는 주체는 결코 국가권력으로 한정되지 않는다.

이로부터 아감벤 이론의 네 번째 문제점이 도출된다. ""국민의 신체"적 건강에 대한 염려에서 생명의 가치와 무가치함에 대해 주권적으로 결정을 내리는 것이 국가가 되는 경우는 점점 적어진다. 오히려 이러한 결정능력은 점점 더 주체 자신들에게 요구된다."[113] 예를 들면 스위스같이 안락사를 허용하는 나라에서 한 개인의 삶을 연장하는 것이 더 이상 의미가 없다고 판단하여 안락사를 결정하는 것은 당사자 자신이지 결코 더 이상 나치시대에서처럼 국가가 아니다. "생명정치는 오늘날 국가의 입법과제일 뿐만 아니라 성숙한 환자, 시장의 능동적인 개인 또는 책임 있는 부모로서 의학적이고 생명공학적인 선택권들에 대해 알아볼 의무를 지닌 주권적 주체들의 과제이기도 하다."[114] 또한 국가가 관심을 갖지 않는 희귀병환자의 부모들이 네트워크를 형성하고 매체를 통해 이러한 병에 대한 관심을 촉구하고 경제적 후원을 요청하고 이러한 질환에 대한 연구를 장려하며 정치적인 영향력을 행사할 때, 이는 분명 국가에서 수행하는 생명정치와는 다른 형태의 생명정치로 불릴 수 있을 것이다.[115] 이러한 생명정치는 벌거벗은 생명을 만들어 내는 폭력적인 국가의 (예외적인) 법과 관련되는

---

113 T. Lemke, *Biopolitik*, 81쪽.

114 T. Lemke, *Gouvernementalität und Biopolitik*, 102쪽.

115 이에 대한 구체적인 사례는 프랑스 신경근육계 질환 환자 단체를 연구하는 다음 글을 참조하시오. 칼롱 · 라베하리소아, 같은 글, 167-213쪽.

것이 아니라, 오히려 국가로 하여금 이러한 환자들을 배려하고 이들의 권리를 법제화하도록 만드는 순기능을 갖고 있다. 따라서 생명정치를 단순히 국가로부터 위에서 행해지는 부정적인 형태로만 인식하는 것은 이것이 내포하고 있는 다양한 의미잠재력(이를테면 권력에 대한 저항 가능성)을 지나치게 제한하는 문제점이 있다.

마지막으로 아감벤 이론의 문제점으로 생명정치와 호모 사케르 개념을 너무 무차별적으로 사용하며 어떤 내적인 구분도 하지 않는다는 점을 들 수 있다. 물론 아감벤이 전체주의 국가와 서양 민주주의 국가의 단순한 구분을 지양하며, 소위 민주주의 사회로 불리는 서양사회에 나타나는 생명정치의 부정적 양상에 주목하게 한 것은 의미가 있다. 예를 들면 미국이나 영국 같은 사회에서 테러와의 전쟁을 선포하며 테러용의자라는 이름으로 시민의 법적 권리를 침해하거나 프랑스 같은 유럽 국가에서 난민들의 인권을 침해하는 양상들이 나타나고 있다. 특히 현대사회에서 테러리즘이나 이민자 내지 난민 문제가 점점 중요성을 얻고 있을 때, 아감벤의 이론은 시의성을 획득한다. 하지만 "중환자실의 코마 환자가 강제수용소의 수감자와 정확히 어떤 공통점을 지니는지, 밀입국자추방감옥의 죄수가 나치강제수용소의 죄수와 같은 정도로 벌거벗은 생명인지"[116]에 대해서 아감벤은 말하지 않는다. 그는 벌거벗은 생명과 정치적인 실존 사이에 경계를 긋는 것에만 몰두하는데, "이런 방식으로 그는 "벌거벗은 생명" 내에서 어떻게 단계구분이 이루어지고 가치차이가 발생하는지 더 이상

116 T. Lemke, *Gouvernementalität und Biopolitik*, 98쪽.

분석할 수 없다."[117] 따라서 아감벤의 생명정치 이론이 갖는 중요한 정치적 함의에도 불구하고 이에 대해 비판적 거리를 두는 것이 필요하다.

보론 1: 일리야 트로야노브 · 율리 체: 예외의 일상화: 테러리즘과의 전쟁

벤야민과 아감벤이 말한 예외의 일상화는 현대 민주주의 사회와 결코 무관한 일이 아니다. 일리야 트로야노브와 율리 체는 『자유에 대한 공격 *Angriff auf die Freiheit*』(2009)이라는 공동저서에서 9 · 11 테러[118] 이후 미

117 T. Lemke, *Biopolitik*, 79쪽.

118 테러와 테러리즘은 일상어에서는 거의 동일한 의미로 사용된다. 그러나 엄밀한 의미에서 보면, 위의 두 용어는 구분될 수 있다. 독일어판 위키피디아의 '테러'에 대한 용어설명에서 테러리즘과 테러는 다음과 같이 구분된다. "테러(라틴어로 테러는 '공포'를 의미)는 인간을 복종시키기 위해 폭력을 행사하거나 폭력을 행사하겠다고 위협함으로써 불안과 공포를 체계적으로 그리고 빈번히 의도적으로 퍼뜨리는 것을 의미한다. [⋯] 정치적 · 경제적 또는 종교적 목적을 달성하기 위해 테러를 저지르는 것을 테러리즘이라고 부른다."(https://de.wikipedia.org/wiki/Terror, 2016.1.1.)
또한 '테러리즘' 용어설명에서는 양자의 차이가 이렇게 설명된다. "테러리즘 개념(라틴어로 테러는 '두려움, 공포'를 의미)은 정치적 질서에 대한 폭력이나 폭력행위(예를 들면, 납치, 암살, 폭탄공격 등)를 의미한다. 테러는 압력수단으로 사용되며 무엇보다 불안과 공포를 퍼뜨리고 공감이나 마음의 지지를 만들어 내야 한다."(https://de.wikipedia.org/wiki/Terrorismus, 2016.1.1.)
이러한 정의들을 종합하고 보충하면, 테러리즘은 국가나 비국가 행위자가 비교전자(민간인뿐만 아니라 비교전 중인 군인까지 포함)에게 사전에 계획된 폭력을 행사하여 불안과 공포를 퍼뜨림으로써 자신의 정치적 · 종교적 · 사회적 목적을 달성하려는 시도로 정의될 수 있다.
테러와 테러리즘의 개념 구분에 따르면, 가령 남편이 아내를 집에서 구타하고 공포를 조성하는 것은 테러일 수 있지만 테러리즘은 아니다. 왜냐하면 거기에는 정치적 · 종교적 · 사회적 목적이 깔려 있지 않기 때문이다. 또한 폭력을 사용하지 않고 겁을 주는 것은 테러일 수 있지만, 물리적 폭력이 아니라면 테러리즘은 아니다. 테러리즘은

국과 서유럽 사회에서 예외상태가 어떻게 일상화되고 있는지를 테러리즘이라는 주제를 통해 설득력 있게 보여 준다.

9 · 11 테러 이후 미국과 서유럽 국가들의 언론에서 본격적으로 테러리즘이라는 말이 빈번히 등장하기 시작한다. 또한 공공연히 '테러와의 전쟁'이라는 말도 사용된다. 그런데 이러한 테러리즘과의 전쟁은 단순한 수사학적 표현이 아니며, 마치 전쟁이라는 비상사태에서 일시적으로 국민의 권리가 제한될 수 있듯이, 테러리즘으로부터 국민을 보호하기 위해 법적인 권리가 제한될 수 있음을 의미한다. 테러리즘과의 전쟁이라는 개념은 근본적으로 안전 이데올로기에 기반을 두고 있다. 즉 국민의 안전을 보장하기 위해 테러리즘이라는 예외적 상황에서 국민의 기본권을 침해할 수 있다는 것이다. 그런데 트로야노브와 체는 설령 알카에다 같은 테러조직이 언급되고 있을지라도 궁극적으로 테러리즘과의 전쟁은 어떤 구체적인 대상보다는 막연히 추정된 악에 대해 치러지고 있다고 말하면서, 그 때문에 테러리즘과의 전쟁을 "예외적인 법을 정당화하는 영구적인 예외상태"[119]로 간주한다. 그들에 따르면, 어떤 사회도 절대적으로 안전할 수는 없으며 테러리즘의 잠재력은 항상 존재하기 때문에 궁극적으로 테러리즘과의 전쟁은 끝날 수 없다. 더 나아가 그러한 예외적인 조치들은 테러범을 색출

구체적인 폭력행위이지만, 테러는 공포의 조성이라는 심리적 측면에 더 초점을 맞춘 개념이기 때문이다. 이 책에서는 테러와 테러리즘의 이러한 기본적인 차이를 인식하면서도, 9 · 11 테러처럼 테러리즘보다 테러라는 개념이 더 익숙한 경우에는 예외적으로 두 개념을 구분하지 않고 사용할 것이다.

119 Ilija Trojanow & Juli Zeh, *Angriff auf die Freiheit. Sicherheitswahn, Überwachungsstaat und der Abbau bürgerlicher Rechte*, München, 2014, 33쪽.

하고 예방하는 데 큰 도움이 되지도 못한다. 조너선 바커 역시 『테러리즘 *Terrorism*』(2003)에서 국가테러리즘을 제외하고 개인이나 집단이 국가에게 가하는 "테러는 특정 국가의 후원을 받지" 않기 때문에 "테러와의 전쟁은 군사적 의미에서 '싸우는' 것이 될 수 없고, 따라서 '이길' 수 없다는 것은 분명한 사실"이며 "테러를 주로 군사적인 문제로 보는 것이 아니라 사회적 · 경제적 · 정치적인 문제로 보아야 한다."라고 말한다.[120]

물론 전쟁이 시대를 초월하여 항상 국가 간의 전쟁이라는 동일한 양상을 띠는 것은 아니다. 오늘날 전쟁은 국가 간의 전쟁보다는, 국가와 준군사적인 테러조직의 군사적 대결 같은 비대칭적인 전쟁의 양상으로 나타난다.[121] 그렇기 때문에 테러리즘과의 전쟁이라는 말이 그 자체로 모순적인 것은 아니며, 테러리즘과의 전쟁이라는 말을 불합리한 것으로 간주하는 트로야노브나 체의 견해에 어느 정도 거리를 둘 필요가 있다. 오늘날 알카에다나 IS 같은 테러조직이 네트워크적인 성격을 띠고 있는 것은 사실이지만, 이들이 군사훈련을 하거나 거점으로 삼고 있는 지역들이 있는 것도 분명하다. 따라서 이러한 테러조직의 거점지역에 대한 공격이 무의미한 것은 아니며, 그곳에 대한 공습이나 지상군의 공격이 전쟁이 아닌 것도 아니다.[122] 하지만 이러한

120 바커, 『테러리즘』, 183쪽.

121 H. Münkler, "Clausewitz und die neuen Kriege", 367쪽: "그사이 세계적으로 벌어진 전쟁의 약 10퍼센트만이 고전적인 의미에서 국가 간의 전쟁이 되었다."

122 같은 글, 377쪽 이하: "테러리즘의 네트워크가 이렇게 뿌리내리는 현상은 특히 국가 질서가 전반적으로 파괴되었거나 마비되어 있으며 어떤 국가적인 추격의 압력이 존재하지 않는 곳에서 발견된다. 즉 레바논, 소말리아 또는 아프가니스탄 같은 내전지역에서 나타난다. 그러한 거점지역들이 없다면 테러리즘의 네트워크 역시 전 세계적

전쟁은 전쟁이 치러지는 지역에서는 전쟁으로 느껴지지만 자국의 군대를 파견하고 인명피해를 최소화하기 위해 주로 공습공격을 감행하는 국가의 국민에게는 전쟁을 하고 있다는 인상을 거의 주지 못한다.

준군사적인 테러조직의 테러리즘은 '근대적인 의미'[123]의 전쟁으로 간주될 수 없다. 왜냐하면 이러한 테러리즘은 시작도 끝도 없고, 도처에서 항구적으로 발생하며, 그 실체도 모호하기 때문이다. 그것은 기본적으로 적에게 물리적 타격을 가해 승리를 쟁취하려 하기보다는 그러한 공격을 통해 심리적 불안 내지 공포를 확산하는 것을 목표로 한다. 테러리즘 집단이 이러한 심리적·상징적 공격을 가하는 이유는 이들과 미국 및 서유럽 국가들 사이에 존재하는 힘의 비대칭성 때문이다. 가령 미국 및 서유럽 국가들은 군사력에 있어서 알카에다 및 IS 같은 테러집단에 대해 압도적인 우위를 점하고 있다. 따라서 미국이나 서유럽 국가들은 군사적인 공격을 감행해 테러조직의 거점을 파괴할 수 있지만, 테러조직이 같은 방식으로 그들을 공격하는 것은 현재로서는 불가능하다. 그 때문에 테러조직의 테러리즘은 공포를 확산시켜 시민을 동요하게 만들려는 고도의 심리적 전략으로 볼 수 있다. 벡은 아랍세계가 군사적으로 우위에 있는 서양세계에 맞서 싸울

인 확장에도 불구하고 번성해 나갈 수 없을 것이다. 따라서 그곳을 공격하고 그곳에서 순수하게 군사적 수단으로 테러리즘을 무찌르는 것은 테러리즘에 맞선 전쟁의 시작이 될 것이다. 물론 이는 단지 시작에 불과하다. 그런 한 폭탄으로 테러리즘을 물리칠 수 없다는, 종종 들리는 단언은 잘못된 것이다."

123 근대적인 전쟁의 특징을 여기서 다 열거할 수는 없을 것이다. 다만 몇 가지 특징만 언급하자면, 그것은 시작과 끝이 있고, 뚜렷한 적이 설정되어 있으며, 일상과 대비되는 예외의 특성을 지닌다는 것이다. 물론 현대의 전쟁 양상은 근대의 전쟁 양상과 다르고 국가 간의 전쟁형태로만 나타나는 것도 아니기 때문에, 준군사적인 성격을 띤 테러조직이 국가와 벌이는 전투나 이들의 테러리즘을 전쟁으로 부를 수 있을 것이다.

수 있는 새로운 방법을 찾아냈으며, 그것이 바로 테러리즘이라고 말한다. "서양을 파괴하는 것은 테러리즘적인 행위가 아니라 이러한 예견된 테러에 대한 반응이다. 그것이 서양의 중심지와 서양인들의 머릿속에 전쟁의 감정을 불러일으키는 것이다."[124] 이슬람국가의 영토에서 벌어지는 전쟁이 서양인들에게 전쟁처럼 느껴지지 않는 반면, 그들에게 테러리즘은 '근대적인 의미'에서의 전쟁이 아님에도 불구하고 그러한 전쟁처럼 느껴진다는 것이다.

이러한 현상은 서로 긴밀히 연결되어 있는 매체와 생명정치라는 두 가지 키워드에 의해 설명될 수 있다. 이미 오래전에 근대사회로 접어든 서양 국가들은 그 이후 줄곧 생명정치를 전면에 내세워 왔다. 더욱이 오늘날처럼 여러 가지 예측 불가능한 위험이 산재해 있는 시대에 서양 사회에서 안전은 어느 때보다 더 포기할 수 없는 가치로 여겨진다. 반면 아직까지 확고한 종교적 전통 아래 전근대적인 가치가 고수되고 있는 이슬람국가들에서는 생명이 가장 소중한 가치가 아니며 종교적인 목적을 위해 언제든지 목숨을 버리고 자살테러를 하려는 사람들이 줄지어 서 있다. 이처럼 생명과 안전에 대한 상이한 입장 차이를 테러조직들은 적극적으로 활용하며 자신들의 목적을 위해 이용하고 있는 것이다. 생명을 최고의 가치로 간주하는 서양인들은 더 이상 자신의 영토에서 전쟁이 치러지기를 바라지 않으며, 타국에서 치러지는 전쟁에서도 자국국민의 희생을 최소화하려고 한다. 서양의 매체 역시 타국에서 발생하는 희생자에 대해서는 거의 보도하지 않으며 평

124 U. Beck, 같은 책, 280쪽.

화롭게 치러지는 전쟁의 인상에 기여한다.[125] 반대로 서양인들은 자국에서 일어나는 테러리즘에 대해서는 극도의 공포에 휩싸여 충격을 받으며 이를 마치 전쟁처럼 느낀다. 또한 대중의 관심을 필요로 하는 대중매체는 테러리즘의 보도에 더욱 열을 올리며 이러한 전쟁의 인상을 부추긴다.[126]

그런데 한 국가에서 테러리즘에 대해 더 강력하게 대응하고 비상상태를 선포하며 언론이 이러한 분위기를 더욱 고조시킬수록, 이는 테러리즘 세력에 도움이 될 뿐이다. 왜냐하면 테러리즘 세력은 이처럼 확산된 공포분위기에 의해서야 비로소 힘을 얻게 되며 상징적인 공격의 목적을 달성할 수 있기 때문이다. "결국 테러의 세계화를 부추기는 것은 예견이다. 그렇다. 비록 원치 않는 부차적 결과일지라도, 사람들의 머릿속에 전쟁의 감정을 불러일으키고, 갈등고조의 비용을 높이고 자신의 권력체계를 위기에 빠뜨리게 만드는 것은 서양 자체이다."[127] "만일 서양 국가들과 대중매체들이 테러자살공격에 대한 정보의 터부에 합의한다면, 첫째 테러의 위험은(기대는) 사라져 버릴 것이며, 둘째 그러한 행위는 자신의 세계정치적인 공포의 후광 중 상당부분을 잃게 될 것이다."[128]

또한 '테러와의 전쟁'을 외치며 위험을 지나치게 부풀리는 행위는 자칫 국민의 자유를 억압하는 국가테러리즘의 위험을 낳을 수 있다. 핑커는 "살인, 전쟁, 집단 살해의 사망자와 비교하면, 전 세계

---

125 같은 책, 271-272쪽 참조.

126 같은 책, 284쪽 참조.

127 같은 책, 281-282쪽.

128 같은 책, 199쪽.

테러의 희생자는 고작 통계적 잡음 범위에 불과하다"[129]고 말한다. 3,000명에 달하는 9 · 11 테러를 제외하면 "지난 38년 동안 미국 땅에서 테러리스트가 죽인 사람 수는 340명이었다. 그중 — 이른바 테러의 시대가 개막된 날인 — 9 · 11 이후 사망자는 11명이었다. 국토안보부는 자신들이 여러 음모를 저지했다고 주장했지만, 알고 보면 그중 다수는 유명한 농담에 등장하는 코끼리 퇴치제나 다름없었다. 코끼리가 없는 날이 하루 더 이어지면 그것이 퇴치제의 효력을 말해 주는 증거라는 농담 말이다."[130] "매년 미국인 4만 명이 교통사고로 죽는다. 2만 명이 추락으로 죽고, 1만 8,000명이 살인으로 죽고, 3,000명이 익사로 죽고 […]. 1995-2001년까지 매년 테러로 죽은 사람보다 벼락, 사슴, 땅콩 알레르기, 벌침, '잠옷의 발화 혹은 녹아내림'으로 죽은 사람이 더 많았다. 테러 사망자는 워낙 적기 때문에, 그것을 피하려는 경미한 조치가 오히려 위험을 높일 수 있다. 인지 심리학자 게르트 기거렌처에 따르면, 9 · 11 공격 이듬해에 비행기 납치나 사보타주를 염려하여 차를 몰고 가기로 결정한 사람들 중 1,500명이 교통사고로 죽었다. […] 달리 말해, 비행기 여행을 피하려다 죽은 사람이 9월 11일에 비행기에서 죽은 사람보다 여섯 배 더 많았다."[131] 이러한 말을 한 스티븐 핑커는 공산주의자도 좌파사상가도 아닌, 자유 시장경제에 기반을 둔 의회민주주의를 지지하는 대학교수이다. 그러한 사람의 눈에도 현대의 테러리즘에 대한 염려와 국가의 대응은 과장된 것으로 비

129 핑커, 『우리 본성의 선한 천사』, 590쪽.
130 같은 책, 591쪽.
131 같은 책, 592쪽.

쳐지고 있는 것이다.

물론 통계적인 접근에 따라 테러리스트 집단이 핵무기를 소유하게 될 가능성이 얼마나 희박한지, 아니 거의 불가능한지를 숫자로 보여 주려는 핑커의 접근방식에 완전히 동의할 수는 없다. 테러리즘 같은 예외적인 사건을 통계적으로 무의미한 수치로 그 의미를 격하시키며 무관심으로 대응하는 것은 결코 올바른 대응방법이 아니다. 다만 주의해야 할 것은 그러한 예외상태에 대해 과잉대응하거나 심지어 이를 정치적인 목적을 위해 도구화하려는 시도이다. 테러리즘에 대한 전쟁을 선포하며 예외상태를 일상화하는 것은 테러리즘이라는 예외상태를 서양 사회에서 일상으로 만들기를 원하는 테러집단의 요구에 정확히 부응한다. 그 때문에 테러리즘에 대한 적절한 대응은 테러리스트들이 원하지 않는 방향으로 이루어져야 한다. 그것은 테러리즘에도 불구하고 사회가 동요하지 않고 자유와 인권 같은 가치를 굳건히 지키며 문화적 다양성과 환대의 정신을 잃지 않는 것이다.

그렇다면 실제보다 위기를 더 부풀리며 테러리즘과의 전쟁을 선포하는 것은 국가의 차원에서 어떤 의미가 있는가? 국가는 대중의 관심을 얻으려는 언론의 도움을 빌려 공포를 조장하며 국민의 삶에 대한 개입과 통제를 정당화할 수 있다. 국가는 테러용의자를 추적하기 위해 국민 개개인의 정보에 대한 무제한적인 접근을 허용할 것을 요구한다. 그렇게 해서 획득된 개인정보는 정치적으로 얼마든지 악용될 수 있다. 즉 정부에 불만을 가지고 있거나 정부정책에 반대하는 인사들을 정치적으로 사찰하고 탄압할 수 있는 것이다. 그 대표적인 예로 터키를 들 수 있다. 터키의 에르도안 대통령은 테러범의 목적을 지지하는 행위는 테러나 마찬가지라며 테러방지법을 정치인과 언론인을 탄압하기 위한 수단으로 사용한다. 에르도안 대통령의 이러한 독재정치와 인권탄압에 맞서 EU는 터키인에 대한 비자면제의 선결조건으로 터키의 테러방지법 개정을 요구하고 있다. 터키의 테러방지법이 자국민의 인권과 민주주의를 탄압할 독소조항을 내포하고 있다는 이유에서이다.[132]

이처럼 테러리즘과의 전쟁은 정치적으로 악용되고 인권을 침해할 위험이 있다. 미국이나 영국 같은 국가는 다수의 시민의 안전을 위해 적으로 간주되는 테러리스트에게 모든 법적 지위를 박탈하는 것을 정당화한다. 심지어 테러용의자가 이미 범죄자로 간주되며 모든 법적 권리를 박탈당하고 고문당하기조차 한다. 이에 대해 트로야노브와 체는 이렇게 말한다. "원래 용의자는 우리의 법적인 이해에 따르면 항상 무죄이다(무죄추정의 원칙은 자유라는 가치를 둘러싼 투쟁이 거둔 또 다른 성과이기도 하다). 그러나 '테러'라는 개념만으로 이미 감금, 특별재판소, 고문 같은 방향이 제시된다. 나토 국가들이 형체를 알 수 없는 적에 대한 투쟁으로 무한할 수밖에 없는 '테러와의 전쟁'을 수행하므로, '테러용의자'는 이미 우리의 생명과 우리의 세계를 위협하는 범죄자가 된다."[133] 범죄를 상상한다고 해서 그 사람을 처벌할 수는 없다. 테러용의자 역시 테러조직과의 구체적 연관성이 입증되기 전까지는 결코 범죄자 취급을 받아서는 안 된다. 그러나 이러한 기본적인 인권이 국민의 안전을 보장한다는 명목하에 침해당하고 있는 것이다.

---

132 연합뉴스 2016년 5월 10일(http://www.yonhapnews.co.kr/bulletin/2016/05/10/0200000000AKR20160510187500098.HTML?input=1179m, 2016. 5. 23.) 참조.

133 I. Trojanow & J. Zeh, 같은 책, 27쪽 이하.

더 나아가 테러용의자에 대한 혐의는 특정 종교집단이나 민족에게 더 많이 적용되며, 이로부터 종교적 · 민족적 차별을 유발할 수 있다. 특히 데이터뱅크에 저장된 테러용의자들의 정보를 평가해 이로부터 테러리스트를 찾아낼 수 있으리라는 생각은 환상에 지나지 않는다. 가령 독일에서는 9 · 11 테러 이후 본격적으로 컴퓨터 자료를 이용한 범인색출을 시도하였는데, 2004년에 단 한 번 이 방법으로 수사절차가 진행되었을 뿐이며, 독일 국민 10분의 1에 해당하는 830만 명의 데이터를 검토했지만 한 명의 범인도 찾아내지 못했다.[134] "2006년 4월 4일 독일헌법재판소는 한 모로코 대학생의 소원 訴願에 따라 구체적인 증거 없이 독일국민을 스캔하는 것은 헌법에 위배된다는 판결을 내렸다."[135] 따라서 컴퓨터 자료를 이용한 테러리스트 색출은 아무런 실효도 거두지 못했으며, 오히려 국가가 국민의 정보를 소유하며 감시와 통제를 위한 수단으로 사용할 위험만 증가시켰을 뿐이다.

물론 트로야노브와 체도 테러리즘을 인간의 귀중한 생명을 위협하는 중대한 범죄로 간주한다. 그러나 이들은 테러리스트를 범죄자로 생각하며 그 배후조직을 수색할 필요성을 역설하면서도, 결코 이들의 위협과 공격이 전쟁선포나 전쟁과 같은 차원의 행위는 아니라고 강조한다.[136] 물론 이들이 전쟁을 지나치게 국가 간의 전쟁이라는 틀 내에서만 바라보며 현재의 테러조직들이 지닌 준군사적 성격을 간과하고 있는 것은 문제가 있다. 또한 이들은 전쟁을 정태적인 개념으로만 파

134 같은 책, 55쪽 참조.
135 같은 책, 56쪽.
136 같은 책, 39-40쪽 참조.

악하며, 그것의 역사적 변화를 이해하지 못하는 문제점도 노출한다. 그러나 이들이 테러리즘에 대한 서양국가들의 대응을 비판할 때 이는 전적으로 타당하다. 왜냐하면 테러리즘을 (근대적인 의미에서의) 전쟁의 차원에서 파악하며 이에 맞서 비상사태를 선포하는 것은 결코 올바른 대응이 아니기 때문이다.

테러리즘은 결코 그 자체로 한 국가를 위협에 빠뜨리거나 멸망시킬 수 없다. 테러리스트들도 그것을 알고 있기 때문에 항상 언론을 이용해 주목을 끌고 자신의 행위에 정당성을 부여하려고 하는 것이다. 만일 그 사회가 민주적이고 관용과 우애의 정신이 지배하는 사회라면, 테러리즘은 아무런 사회적 공감도 얻지 못하고 사회 내에 발붙이지 못할 것이다. 이러한 의미에서 민주주의에 대한 위협은 테러리즘 자체가 아니라 오히려 그것에 대한 비민주적인 반응이라고 할 수 있다. 동일한 맥락에서 트로야노브와 체는 "우리나라에 현재 위험한 것은 테러리즘이 아니라, 테러리즘에 겁박당할 준비가 되어 있는 것과 테러의 위협을 도구로 삼아 권위적인 구조를 도입하려는 것이다."[137] 라고 말한다.

폭력을 더 큰 예방적 폭력으로 제압할 수 있다는 생각은 환상에 지나지 않는다. 미국의 이라크 전쟁에서 드러나듯이, 예방전쟁은 공격대상뿐만 아니라 죄 없는 민간인까지 살해함으로써 오히려 그 사회 내에 적대감과 증오를 증대시키며 더 과격한 폭력을 야기한다.[138] 또

---

137 같은 책, 42쪽.

138 울리히 벡에 따르면, 미국의 이라크 공격으로 한 달 사이에 죽은 이라크 민간인의 수는 9 · 11 테러로 인한 미국인 희생자 수보다 더 많다. U. Beck, 같은 책, 284쪽.
또한 벡은 소위 테러리즘에 대한 전쟁으로 감행된 이라크 전쟁이 역설적으로 테러리

한 오늘날의 테러리즘처럼 네트워크화되어 있고 국제화되어 있는 테러리즘에 대해 민족국가적인 전쟁을 수행함으로써 테러집단을 말살할 수 있다는 생각은 착각에 지나지 않는다.[139] 뮝클러는 앞에서 이러한 전쟁이 테러리즘을 격퇴하기 위한 출발점이라고 했지만, 그러한 군사적 시도만으로는 아무것도 이룰 수 없을 것이다. 비민주적인 권력의 억압과 체제의 불평등이 만연해 있고 문화적 평등과 관용이 사라진 사회에서 테러리즘은 언제든지 발생할 수 있다.

테러리즘은 단순히 미국인들이 상상하듯이 극단적인 이슬람근본주의자들, 특히 알카에다나 IS 같은 테러조직에 의해서만 일어나는 것이 아니다.[140] IS에 동조하는 많은 사람들은 IS가 테러리즘적 욕망의 분출구에 지나지 않는다는 것을 보여 준다. 특히 종교적 · 인종적 차원에서 테러리스트 집단과 마찬가지로 위험한 사람으로 분류된 시

즘을 발생시킨 온상이 되었다고 비판한다. 같은 책, 218쪽 참조.

139 W. Heitmeyer, "Kontrollverluste. Zur Zukunft der Gewalt", *Gewalt*, W. Heitmeyer & H. G. Soeffner (Hrsg.), 99쪽: "테러 네트워크는 국가적 조직을 가지고 있지 않다. 하지만 예방전쟁은 민족국가적인 목표를 필요로 한다. 그러나 예방적 행동을 하면, 무찔러야 할 것이, 이를테면 대량살상무기의 사용이, 아직 일어나지 않은 상황이 발생한다. 그 때문에 모든 예방전쟁은 구조적으로 폭력을 줄이거나 적어도 제한하는 일관적인 폭력억제의 조건을 이행할 수 없다. 그러한 전쟁의 본질은 죄 있는 사람만 공격하고 죄 없는 사람은 놔두는 데 있지만, 예방공격에서는 일반적으로 둘 다 공격하게 되며, 그리하여 의도치 않게 그 국가의 국민이 연대하는 효과를 가져온다."

140 "2001년부터 14년간 미국에서 연방정부 건물이나 공직자를 노린 테러 공격 중 80%가 기존 테러조직에 속하지 않은 단독범인, 즉 '외로운 늑대'의 소행이었다는 분석이 나왔다. 미국 비밀경호국(SS)은 2일(이하 현지시간) 발표한 보고서에서 이 기간에 발생한 테러공격 43건 중 35건의 범인이 1명이었다고 발표했다." 미국 내 발생 테러 80%가 '외로운 늑대' 소행. 실린 곳: 연합뉴스 2015년 12월 3일(http://media.daum.net/foreign/all/newsview?newsid=20151203000821440, 2015. 12. 3.).
다시 말해, 미국에서 벌어진 대부분의 테러리즘은 알카에다나 IS에 의해 자행된 것이 아니라 미국 정부나 사회에 불만을 품은 미국시민에 의해 저질러진 것이다.

민들은 자신들이 살고 있는 사회에 적응하려 하기보다는 오히려 그러한 배타적인 구분과 차별에 분노하며 역으로 정형화된 이미지에 자신을 맞춰 가며 테러리스트로 변할 수 있다.[141] 따라서 테러리즘에 대한 진정한 예방은 결코 헌법에 보장된 권리를 제한하는 행정부의 명령과 지시나 예외조항에 의해서 이루어지지 않는다. 오히려 그것은 사회복지제도의 안정이나 빈부격차의 해소, 사회적 관용과 약자에 대한 배려 같은 사회적 · 경제적 · 문화적 환경의 개선을 통해서만 이루어질 수 있다. 진정 용감한 사람은 목숨을 걸고 테러리즘과의 전쟁을 수행하는 사람이 아니라, 테러리즘의 위협에 굴하지 않고 꿋꿋하게 지금까지 수호해 온 자랑스러운 가치인 자유를 수호할 수 있는 사람이다.[142] 즉 테러리즘의 위협을 예외적 상황으로 간주하며 일상의 질서를 중단시키는 것이 아니라, 그러한 위협에 굴복하지 않고 정상적인 사회를 유지할 때 비로소 테러리즘에 제대로 대응할 수 있는 것이다. 이런 점에서 국가가 테러리즘과의 전쟁을 강조하며 예외상태를 선포하는 것 자체가 정상사회를 예외상태로 바꾸고 공포를 조장하며 인권을 침해하는 또 다른 테러리즘이 될 위험이 있다.

"이전에 테러는 토마스 홉스와 같은 사상가들에 의해 정당한 것으로 간주된 국가의 실천적 행위였다. 테러는 국민을 두려움과 공포에 빠뜨려 복종하게 만드는 데 사용되었다. 프랑스 혁명과 연관해 1793년부터 '국민의회의 테러', 즉 처형과 체포가 반혁명세력에 대해

---

141 U. Beck, 같은 책, 197쪽 참조.

142 I. Trojanow & J. Zeh, 같은 책, 42쪽: "그러나 대체 누가 비겁한 것인가. 테러리스트들에 대한 두려움에서 헌법의 일부를 바꾸고자 하는 사람인가 아니면 꿋꿋하게 기본적인 확신을 지켜 나가고 우리가 법치국가를 고수할 능력이 있다고 믿는 사람인가?"

사용되었다."[143] 이러한 테러리즘 개념은 테르미도르 반동을 거쳐 부정적 의미를 갖게 되며, 특히 히틀러나 스탈린 정부의 테러리즘과 연관해 비판적인 맥락에서 사용되었다. 그러나 테러리즘은 점차 개인이나 집단이 국가를 상대로 저지르는 위협적인 폭력행위를 가리키는 말로 개념의 변천을 겪어 왔고 오늘날까지도 그러한 의미에서 사용되고 있다. 이로써 테러리즘에 맞서 싸우는 국가가 테러리즘의 주체가 될 수 있다는 사실은 은폐된다.[144] 그러나 역사를 보다 자세히 살펴보면, 국가테러리즘은 냉전시기에도 여전히 존속되어 왔다. 가령 1960-80년 시기의 라틴 아메리카의 독재정권들은 미국의 지원하에 정권반대세력에 대한 가차 없는 테러리즘을 저질렀다. 더 나아가 냉전 이후에도 르완다나 짐바브웨의 예에서 볼 수 있듯이 국가테러리즘은 여전히 나타나고 있다.[145] 그러나 9 · 11 이후 미국과 일부 유럽 국가에서 조짐을 보이고 있는 국가테러리즘은 그것이 소위 '민주주의국가들'에서 나타나고 있다는 점에서 특별한 의미를 지닌다. 9 · 11 테러 이후 오늘날 미국이나 유럽 국가에서 행해진 일련의 행정적 조치들을 보면, 테러리즘이라는 개념이 또다시 새로운 의미의 차원으로 접어든 것처럼 보인다.[146] 즉 국가에 대한 테러리즘을 방지할 목적으로 국가가 개인

143 같은 책, 32쪽 이하.

144 같은 책, 33쪽 참조.

145 국가테러리즘에 대한 자세한 예와 설명은 다음을 참조하시오. 바커, 『테러리즘』, 100-135쪽.

146 미국에서는 9 · 11 테러 이후 부시 정부하에서 소위 애국자법이라고 불리는 테러방지법을 통과시켰다. 이 법에 의해 미국 시민에 대한 무차별적인 정보 수집과 영장 없이 혐의만으로 체포하는 것이 가능해졌다. 이 법은 많은 논란을 일으키며 2015년 6월에 폐기되었다. 『경향신문』 2016년 2월 29일(http://news.khan.co.kr/kh_news/khan_art_view.html?artid=201602292148035&code=970201, 2016. 5. 23.).

정보를 수집하고 자의적으로 해석하거나 국민 모두를 잠재적 테러리즘의 용의선상에 올려놓으며 개인의 권리를 침해할 때, 다시 말해 국가가 개인을 그러한 정보를 바탕으로 통제하고 위협하며 공포에 빠뜨릴 때, 또다시 국가에 의한 공포정치, 즉 국가테러리즘의 위험이 발생하는 것이다. 이러한 테러리즘의 변증법에 직면하여, 아감벤이 이야기한 예외상태의 일상화에 대한 경고는 여전히 시의성이 있다. 그 때문에 이제 '테러와의 전쟁'을 선언하는 대신, 사회적 · 경제적 · 정치적 노력과 외교적 협상, 문화적인 포용의 정신으로 테러리즘의 문제에 접근하는 태도가 절실히 요구된다.

서양 사회는 인간의 생명을 최고의 가치로 내세우며 그것을 관리하고 돌보는 생명정치를 추구한다. 그런데 테러리즘과의 전쟁은 생명정치를 안전문제와 연결시키며 생명을 보호한다는 명목하에 억압과 통제의 정치로 변질될 가능성이 있다. 나아가 그것은 예외상태의 일상화를 원하는 테러리스트들의 목적에 봉사할 위험도 지닌다. 더욱이 감시와 통제의 사회에서 모든 사람이 잠재적 테러리스트로 분류되고 이에 따라 기본적인 권리와 자유를 박탈당하며 탄압받을 수 있다면, 이는 곧 인간의 생명력을 제한하고 박탈하는 죽음의 정치를 의미할 것이다. 인간의 생명도 소중하지만, 그에 못지않게 자유와 인권 같은 가치도 중요하다. 그러한 가치를 포기하고 맹목적으로 장수나 생명의 보존에만 집착한다면, 인간은 결국 살기 위해 사는 역설에 빠지게 될 것이다. 그러한 인간다운 삶을 가능하게 하는 조건들이 충족된 사회에 살기 위해서는 테러리즘에 대해 과잉반응하며 전체주의적인 사회질서를 도입하기보다는, 오히려 그것에 흔들리지 않고 정상적인 사회질서를 유지하며 국내외적인 사회적 차별과 구조적 불평등에 대해 성찰하고 문제를 해결하려는 태도가 필요하다.

3. 네그리 · 하트

1) 제국의 생명권력과 다중의 생명정치

한병철은 『심리정치 *Psychopolitik*』(2014)에서 오늘날 신자유주의 시대의 통치술은 생명정치에서 심리정치로 넘어가고 있다고 주장한다. 그는 "생명정치는 규율사회의 통치술이다."라고 말하면서 "그것은 심리를 착취하는 신자유주의 체제에는 전혀 적합하지 않다."라고 단언한다.[147] 여기서 한병철은 생명권력이나 생명정치라는 말로 주로 푸코적 의미에서의 규율권력을 지시하며, 이러한 권력에 기반을 둔 정치는 낡은 것이 되었으며 심리정치로 대체될 것이라고 주장한다. 그러나 푸코는 특히 『안전, 영토, 인구』에서 생명정치를 규율권력과 구분되는 개념인 통치권력과 연결시키면서, 집단적 신체로서의 인구를 강압적으로 통제하고 조정하기보다는 상황에 따라 자연스럽게 조절되도록 관리하는 정치로 이해한다. 이러한 생명정치는 한병철의 주장과 달리 신자유주의 시대에도 여전히 중요한 의미를 갖고 있다. 가령 서유럽이나 미국뿐만 아니라 한국에서도 (좁은 의미에서의) 인구 문제는 연금제도를 비롯한 사회복지제도와 관련해 핵심적인 문제로 대두되

---

147 한병철, 『심리정치. 신자유주의의 통치술』, 김태환 옮김, 문학과지성사, 2015, 37쪽(번역서에 사용된 '생정치'라는 개념은 이 책에서는 '생명정치'로 수정하였다.).

고 있으며, 이 문제를 타개하기 위해 생명정치가 지속적으로 시행되고 있다. 사람들은 근대 산업사회의 발전과 더불어 생겨난 여러 가지 위험이 계산과 이에 따른 예측을 통해 통제될 수 있다고 믿지만, 울리히 벡은 우리가 살고 있는 사회는 그러한 위험이 예측 불가능하며 그것에 대한 완벽한 지식도 가질 수 없는 '위험사회'[148]에 접어들었다고 주장한다. 더 나아가 기후변화와 금융위기, 테러리즘이나 유전자 변형 같은 현대의 위험들은 한 국가 내에서 해결될 수 없는 초국가적이고 세계적인 위험의 성격을 띠고 있다. 이처럼 세계위험사회에서 위험에 대한 예측과 통제가 불완전할 수밖에 없다는 인식에 비례하여 개인의 안전과 생명에 대한 관심은 커진다. 그 때문에 한병철의 주장과 달리 이러한 위험사회에서 생명정치는 결코 지나간 과거의 정치형태가 아니라 현재뿐만 아니라 미래에도 지속될, 아니 더 중요성이 커질 정치형태라고 할 수 있다.

한병철은 푸코를 인용하면서 "생명정치는 근본적으로 생물학적인 것, 신체적인 것과 관련되어 있다. 그것은 결국 아주 넓은 의미에서 신체의 정치다."[149]라고 말한다. 그러나 신체정치가 곧 생명정치인 것은 아니다. 이는 네그리와 하트가 『공통체 *Commonwealth*』(2009)에서 다룬 근본주의의 신체정치를 생각하면 명확해진다. 네그리와 하트는 가령 종교적 근본주의자들이 신체의 일부를 베일로 가리거나 신체적 고행을 강요하는 등 신체에 대해 지대한 관심을 가지며 부단히 감

148 '위험사회'에 대한 정의는 다음을 참조하시오. U. Beck, 같은 책, 39-40쪽 참조.

149 한병철, 같은 책, 41쪽. 또한 M. Foucault, "Die Geburt der Sozialmedizin", *Schriften in vier Bänden Bd.3*, Frankfurt a.M., 2003, 275쪽을 참조하시오.

시하고 통제하고 있지만, 강렬하고 폭발적인 신체의 힘으로부터 어떤 생산성도 끌어내고 있지 않다면서 이러한 신체정치를 생명정치와 구분한다.[150] 네그리와 하트에 따르면, 종교적 근본주의자들의 신체정치는 신체에 지대한 관심을 기울이고 그것에 초점을 맞추면서도, 사실은 그 이면에 숨겨진 초월적 가치에 궁극적 관심을 갖기 때문에 결과적으로는 신체를 사라지게 한다. 신체는 영혼의 건강이나 내적 덕을 표현하는 외적 표식일 뿐인 것이다. 이에 반해 생명정치는 아무리 신체를 억압할지라도 그로부터 신체가 지닌 힘을 이끌어 내어 생산성을 도출한다. 생명정치를 넓은 의미에서 이해하여 규율권력에 의한 통치까지 그것에 포함시키더라도, 생명정치는 단순히 신체를 예속하는 것이 아니라 신체에서 생산성을 끌어내거나 그러한 목적으로 그것을 관리하는 것을 의미한다.

한병철은 생명정치를 규율권력과 연결시키며 억압과 통제라는 부정적 속성을 부여하는 반면, 심리정치는 신자유주의 사회에 사는 주체를 친절하게 유혹하며 자유의 감정을 심어 주는 긍정성의 속성을 지니는 것으로 간주한다. 물론 여기서 긍정성이란 신자유주의 체제에 사는 주체가 억압과 통제 대신 자발적으로 자유의지에 따라 스스로를 노출하고 감시와 통제의 대상으로 내맡긴다는 의미에서의 긍정성이다. 그러나 한병철은 심리사회와 긍정성을 연결하기에 앞서, 생명정치와 (진정한) 긍정성의 관계에 대해 먼저 성찰해 보아야 했을 것이다.

---

150 네그리 · 하트, 『공통체』, 67-68쪽 참조. 네그리와 하트는 "신체에 대한 근본주의의 이러한 경계는 생명정치에서 핵심적 위치를 차지하는 신체의 생산성 […]을 허용하지 않는다."라고 말한다. 같은 책, 67쪽.

현대사회에서 생명정치는 죽음의 정치로 전도될 수도 있지만, 생산과 노동이 산업사회와 다른 의미를 갖는 새로운 환경에서 벌거벗은 생명의 역능을 강화하고 창조하는 긍정성의 의미를 획득할 수도 있다.

안토니오 네그리와 마이클 하트는 『제국 *Empire*』(2000)에서 푸코나 아감벤과 정반대되는 관점에서 생명정치[151]와 생명권력에 대해 이야기한다. 푸코나 아감벤이 생명권력이나 생명정치를 이야기할 때, 이는 국가가 생명에 대해 행사하는 권력과 지배를 의미한다.[152] 이러한 맥락에서 생명권력과 생명정치는 생명을 관리하고 통제하는 지배의 관점에서 바라본 것이다. 그런데 네그리와 하트는 생명권력은 푸코와 마찬가지로 지배의 관점에서 정의하는 반면, 생명정치는 푸코와 달리

---

151 국내에 번역된 네그리와 하트의 책에서는 'biopolitics'라는 개념이 대부분 '삶정치'라는 개념으로 번역되었다. 네그리와 하트에게서 "비물질적 생산은 사회적 삶의 수단이 아니라 사회적 삶 자체를 생산하기에 이른다. 비물질적 생산은 삶정치적이다"(같은 책, 186쪽)라고 말할 때, '삶정치'라는 번역이 타당성이 있음을 알 수 있다. 하지만 다른 한편 네그리와 하트는 경제적 측면에서 '벌거벗은 생명'이 스스로를 지적 · 정동적으로 생산하면서 생명을 재생산하는 것이 곧 생산임을 언급하며, 비물질적 생산의 '생명정치적' 성격을 강조한다. 또한 정치적 맥락에서도 그들은 정치적 조직을 신체에 비유하며 '생명정치'라는 번역에 힘을 실어 주기도 한다. 네그리와 하트는 위계적으로 조직된 근대적인 정치체제를 하나의 유기적인 신체에 비유하는 반면, 다중의 생산적인 살은 실체가 아니라 잠재적인 힘으로서 스스로의 살을 끊임없이 조직하고 힘을 강화할 수 있는 신체로 이해한다. 이러한 살아 있는 살은 결코 하나의 정체성으로 환원될 수 없는데, 그래서 괴물의 신체에 비유되기도 한다. 이처럼 스스로의 생명력을 강화하고 끊임없이 조직해 나가는 정치적 신체의 비유 역시 '생명정치'라는 번역의 타당성을 입증해 준다. 나아가 네그리와 하트는 제국의 권력이 어떻게 생명을 가치 있는 생명과 가치 없는 생명으로 구분하는지 보여 주며 '생명권력(biopower)'의 차별적이고 폭력적인 힘을 강조하기도 한다. 이 책에서는 경우에 따라 '삶정치'라는 번역이 필요하다는 점을 인정하면서도, 앞에서 언급한 이유에서 일반적인 의미에서 사용할 경우에는 '생명권력'이나 '생명정치'라는 역어를 사용하고 있다. 이러한 역어는 푸코 및 아감벤의 생명정치 개념과의 연계성을 보여 준다는 점에서도 장점을 지닌다.

152 물론 푸코의 경우 자기통치기술에 대해 언급하고는 있지만, 이를 명시적으로 생명정치와 연결시켜 다루지는 않았다.

통치의 대상이었던 생명 자체의 관점에서 정의한다.[153] 다시 말해 이제 생명 자체가 행하는 정치가 생명정치로 간주되며 네그리와 하트의 정치철학의 핵심개념으로 등장하는 것이다.

이처럼 네그리와 하트는 푸코의 생명정치를 재해석하여 긍정적인 생명정치의 가능성을 발견한다. 네그리와 하트는 푸코의 이론에서 생명권력이 주체의 신체를 통제하고 관리하지만, 이러한 신체는 존재하기 위해 그러한 권력에 저항한다고 말한다. "신체들의 저항이 주체성을 생산한다는 것이다. 이는 고립되거나 독립적인 방식으로 이루어지지 않고 다른 신체들의 저항과의 상호작용이라는 복합적인 동학의 형태로 이루어진다. 저항과 투쟁을 통한 주체성의 생산은 (우리의 분석이 진행되면서) 기존 권력 형태의 전복뿐 아니라 대안적 제도의 구성에도 중요한 핵심적 중요성을 가진 것으로 드러날 것이다."[154] 네그리와 하트는 비록 푸코가 자신의 저작에서 분명히 밝히거나 강조하지는 않을지라도, 그에게 생명권력과 생명정치의 구분이 암시되고 있다고 주장한다. 푸코에게서는 생명을 지배하고 주체의 자유를 억압하는 것이 생명권력이라고 불린다면, 이러한 생명권력에 저항하며 새로운 주체성을 생산하는 생명의 힘은 생명정치라는 것이다.[155] 그러나 푸코가 억압적인 권력에 저항하는 주체의 자유에 대해 이야기하고 있기는 하

153 물론 푸코에게서도 생명정치는 궁극적으로는 통치되는 생명의 주체적인 행동을 매개로 이루어진다는 점을 간과해서는 안 될 것이다.

154 같은 책, 66-67쪽.

155 같은 책, 101쪽: "여기서 전자(생명권력, 필자 주)는 삶을 지배하는 힘(권력)으로 (다소 거칠게) 정의될 수 있고, 후자(생명정치, 필자 주)는 저항하는 그리고 주체성의 대안적 생산을 낳는 삶의 힘으로 정의될 수 있다."

지만, 이를 생명정치로 부르지는 않는다. 그 때문에 생명 속에 내재된 힘과 그 저항을 강조하는 네그리와 하트의 해석은 푸코의 생명정치에 대한 독자적 해석, 나아가 그들 자신의 생명정치 개념을 발전시키기 위한 포석으로 볼 수 있을 것이다.[156]

네그리와 하트는 생명권력에 맞서 투쟁하는 생명정치의 구체적인 실례를 역사에서 제시한다. 근대 유럽 국가는 본질적으로 식민지를 착취하고 수탈하는 식민주의나 식민지 주민을 열등한 생명으로 간주하며 차별하는 인종차별적인 생명권력으로 등장하였다. 그러나 근대 유럽 식민지 지배국가의 생명권력과 관계를 맺고 있는 식민지의 피지배자들은 그러한 차별과 억압에 맞서 끊임없이 저항하는 반근대적 투쟁을 보여 주었다. 하지만 네그리와 하트는 이러한 반근대적 저항과 투쟁이 여전히 근대성의 권력관계 속에 위치함을 지적하며, 이러한 권력관계를 끊어 내기 위해 보다 자율적이고 단순한 저항을 넘어 대안을 구축하는 대안근대성[157]으로서의 생명정치의 필요성을 역설한다.

이러한 맥락에서 언급되는 생명은 아감벤이 말한, 생명정치에 의해 가치 없는 것으로 분류되고 배제된 대상으로서의 벌거벗은 생명이

156 네그리는 푸코가 생명정치를 "지나치게 정적인 개념이자 지나치게 역사적인 범주"(Antonio Negri, *Ready-Mix. Vom richtigen Gebrauch der Erinnerung und des Vergessens*, Berlin, 1998, 33쪽. T. Lemke, *Gouvernementalität und Biopolitik*, 82쪽 재인용)로 간주했다고 보았으며, 그가 생명정치의 역동성과 창조성을 간과하고 있다고 비판하였다. T. Lemke, 같은 책, 82쪽 참조.

157 네그리와 하트는 근대를 미완의 기획으로 보며 이를 완성시켜 나가려는 하버마스 식의 모더니즘 기획과 포스트모더니즘적인 미학적 태도 모두에 거리를 두며, 저항과 근대성 너머를 기획할 수 있도록 해 주는 개념으로 대안근대성을 제시한다. 이는 들뢰즈와 가타리로 대변되는 포스트구조주의의 입장에 가깝다고 볼 수 있다. 네그리 · 하트, 『공통체』, 173-180쪽 및 252쪽 참조.

아니라, 벌거벗은 생명 자체가 노동하고 생산하며 정치의 주체로까지 확장되는, 한마디로 역능을 지닌 존재로서의 생명이다. "지오르지오 아감벤은 '벌거벗은 삶'이라는 용어를 인간성의 부정적 한계를 말하기 위해 그리고 정치적 심연 배후에서 근대적 전체주의가 인간 수동성의 (다소 영웅적인) 조건들을 구축해 왔다는 것을 폭로하기 위해 사용했다."[158] 그러나 네그리와 하트는 아감벤과 달리 벌거벗은 생명을 정치에서 배제됨으로써 포함되는 예외적 존재로 간주하기보다는, 자신 속에 있는 잠재성을 실현하며 자신의 가치를 증식시키는 역능을 지닌 생산력의 지위로 끌어올린다. 동시에 그러한 벌거벗은 생명은 항상 언어와 소통에 기반을 둔 협동적인 생산을 하며 자신의 창조적 역능을 제약하려는 제국적 권력의 부패에 저항하는 정치적 존재로 입증된다.

네그리와 하트는 개개인을 단일한 정체성의 존재가 아니라, 규정될 수 없으며 끊임없이 생성되는 열린 정체성의 존재로 간주한다. 각각의 자아는 자신의 경계를 넘어 타자로 생성될 수 있으며 끊임없이 주체성을 생산해 낼 수 있다. 이러한 "특이한 주체성들"이 "공통적인 것 속에서 합성함으로써 스스로를 창조하는" 것이 바로 다중이다.[159] 즉 다중은 "특정한 지배 장치에 의해 구조화되기보다는" 특이성을 지닌 개별자들이 "자신들의 개별 고유성을 소통하면서 공통성을 키워나가는 주체적인" 사회적 집단이다.[160] "공통적인 것을 기반으로 움직이고 공통적인 것을 생산함으로써 부단히 자신을 변형시키는"[161] 다중

158 네그리 · 하트, 『제국』, 467쪽.
159 네그리 · 하트, 『공통체』, 20쪽.
160 네그리 · 하트, 『제국』, 530쪽.
161 네그리 · 하트, 『공통체』, 258쪽.

은 스스로를 소유를 통해 다른 계층이나 계급과 구분하며 배타적 정체성을 형성하는 사회적 집단이 아니라[162], "경계가 없고 사회적 지위와 집단이 혼합된 상태를 본래적 특징으로 하는 개방적이고 포괄적인 사회 집단이다."[163]

이러한 다중 개념을 좀 더 잘 이해하기 위해 프랑스 철학자 질베르 시몽동의 '개인화' 이론을 참조할 필요가 있다. 시몽동은 원자화된 개인이 사회화된다는 전통적인 관점과 반대로 사회적이고 집단적인 것이 개인화의 출발점이 된다고 주장한다. 또한 개인이 개인화를 통해 개성적인 특징을 지니게 될지라도, 그에게는 여전히 개인화 이전의 현실이 존재한다고 말한다. 모든 개인은 개인화되기 이전에 일반적으로 공유되는 감각적 지각, 언어, 일반지성이라는 환경에 의존해 있다. 즉 '내'가 개인에 대한 의식을 갖기 이전에 '나'는 감각적으로 지각하고 있고 언어를 사용하며 일반적으로 접근 가능한 지식을 습득한다. 따라서 개인화 이론에 따르면, 이러한 일반적이고 사회적인 요소들은 고유한 특이성의 존재인 개인이 도달해야 할 목표가 아니라 오히려 출발점이 된다. 또한 "주체는 결코 (개인화과정의 결과인) 개인과 일치하지 않으며, 그것에는 항상 제거될 수 없는, 개인화되기 이전의 현실이 일정 부분 존재한다. 따라서 주체는 불안정한 합성

162 마르틴 자르는 네그리와 하트가 두 가지 점에서 전통적인 마르크스주의를 수정하고 있다고 말한다. 첫 번째는 계급 개념 대신 다중 개념을 내세운 것이고, 두 번째는 정치, 경제적인 세계화에 따라 마르크스주의적인 국가비판과 제국주의 이론 대신 제국의 이론을 내세운 것이다. Martin Saar, "Michael Hardt/ Antonio Negri, Empire (2000)", *Geschichte des politischen Denkens*, 810-811쪽.

163 네그리 · 하트, 『공통체』, 78쪽.

물이며 혼합물이다."[164] 이처럼 주체 속에 들어 있는 개인화되지 않은 현실은 가능성으로 남아 있으며, 개인은 이러한 가능성들을 점유하며 스스로를 끊임없이 생성하고 새로운 개인화를 수행한다. 파올로 비르노는 이처럼 사회적이고 집단적인 것의 토대 위에서 개인화가 이루어진다는 시몽동의 관점을 수용하며, "다중을 사회적 개인의 총체"[165]로 부른다. 이러한 사회적 개인은 자신을 개인으로 느끼기 이전에 사회적이고 집단적인 요소, 즉 감각적 지각과 언어, 일반지성에 의존하며 그것들을 이용할 뿐만 아니라 개인화가 이루어진 후에도 자신 속에 여전히 현존하는 이러한 가능성들을 활용할 수 있다. 네그리와 하트가 말하는 다중 역시 이러한 사회적 잠재성을 실현할 수 있는 특이성들의 앙상블로 이해할 수 있다. "푸코에 따르면 항상 행정적 단위를 나타내는 '인구'나 '국민'과 달리 다중은 상이한 추구들의 연합, 연맹, 결합을 형성한다. 그것들은 신이나 정치적 지도자 또는 소위 역사적 주체라고 불리는 것 속에서의 자기 확신을 필요로 하지 않는다. 다중 자체는 다수의 모임으로 구상되어 있으며, 서로 이질적이면서도 공통적인 것을 생산해 내는 주체와 주체성들의 연합이다."[166]

네그리와 하트가 2000년 볼리비아의 코차밤바의 수자원 통제권을 둘러싼 투쟁의 예를 통해 보여 준 것처럼, 대안적 근대성을 잘 드

---

164 Paolo Virno, "Multitude und das Prinzip der Individuation", *Empire und die biopolitische Wende. Die internationale Diskussion im Anschluss an Hardt und Negri*, Marianne Pieper et al. (Hrsg.), Frankfurt a.M., 2007, 40쪽.

165 같은 글, 44쪽.

166 Mariane Pieper, Thomas Atzert, Serhat Karakayali, & Vassilis Tsianos, "*Empire* und die biopolitische Wende", *Empire und die biopolitische Wende*, 305쪽.

러내는 이 시위에서는 다양한 인종과 종족 및 다양한 노동분야가 평등하게 수평적인 관계를 유지하며 네트워크적으로 연결되어 이러한 다양성을 바탕으로 수자원의 사유화를 저지하려는 공통된 행동을 추구한다. 즉 여기서는 어떤 한 계급이 위계적인 우위를 차지하고 운동 전체를 지도하며 다른 운동조직들을 주변화하거나 배제하지 않는 민주적인 조직형태를 보여 준다. 또한 다중의 투쟁은 이미 존재하고 있던 지역사회의 네트워크라는 공통된 조직구조에 기반을 두고 있기도 하다. 여기서는 다양한 사회적 특이성들이 자율적이고 평등하게 연결되어 있을 뿐만 아니라 그러한 협력관계에서 서로 뒤섞이고 영향을 주고받으며 변신한다.[167] 이처럼 공통적인 것을 기반으로 공통된 행동을 추구하며 스스로 변화하는 이질적인 주체들의 연결과 협력이 바로 네그리와 하트가 말하는 다중의 형상이다.

네그리와 하트에 따르면, 생명정치는 억압적인 규범으로 작용하는 권력에 저항하며 그것을 전복하거나 혁신하는 사건의 의미를 지닌다. 이들은 권력과 주체의 관계를 변화시키고 새로운 주체성을 창조하는 생명정치가 비록 한 개인으로 인한 변화가 미미하더라도 파르티잔식으로 세계 전체에 변화를 초래한다며, 생명정치적 사건을 정치적 전략으로서의 다중의 형상과 연결시킨다.[168]

네그리와 하트가 말한 다중의 생명정치적 자기 조직을 이해하기 위해서는 우선 그들이 구분한 자본주의(적 생산) 패러다임의 변화를 살펴보아야 한다. 이들에 따르면, 초기 자본주의는 자본의 무한한 증

167 네그리 · 하트, 『공통체』, 167-173쪽 참조.
168 같은 책, 106-107쪽 참조.

식과 이로 인한 생산품의 증가를 국내 시장에서 소비하지 못함으로써 식민지 개발에 나섰지만, 이러한 식민지지배국가와 식민지 사이에는 명확한 경계가 발생한다. 또한 식민지지배국가들 사이에도 경쟁관계를 통해 장벽이 생겨 각각의 국가는 보호무역을 추구하게 된다. 이러한 제국주의적 자본주의는 근대적인 자본주의로서 자아와 타자의 명확한 구분에 토대를 두고 있으며, 이러한 경계와 장벽은 근본적으로 유동적이고 무한히 확장하려는 속성을 지닌 자본의 특성과 모순된다. 그 때문에 자본주의가 살아남기 위해서 새롭게 전 지구적으로 시장을 확장하는 세계시장이 구축되며 이로 인해 민족국가의 장벽을 넘어서는 제국이 탄생한다. 네그리와 하트는 근대 자본주의의 이면인 제국주의와 포스트모던적 자본주의인 제국을 질적으로 상이한 체제로 구분하며, 현대사회가 포스트모던적인 제국의 시대에 접어든 것으로 간주한다. 그리고 "이들에게 생명정치는 제국주의에서 제국으로, 근대에서 포스트모던으로 넘어가는 이행을 표시한다."[169]

네그리와 하트에 따르면, 이러한 포스트모던적이고 제국적인 자본주의에서는 근대의 산업적 생산과 구분되는 비물질적 생산이 지배적이다. 쉽게 말해, 언어와 소통, 지식과 정동[170]의 생산이 지배적이

169 T. Lemke, *Gouvernementalität und Biopolitik*, 83쪽.

170 『다중』에서 네그리와 하트는 비물질적 노동의 대표적인 경우로 지적이고 언어적인 노동과 정동적인 노동을 들고 있다. 이 경우 이들은 '정서(emotion)'와 '정동(affect)'을 다음과 같이 구분한다. "정신적 현상들인 정서들과 달리, 정동들은 신체와 정신에 똑같이 관계한다. 사실상, 기쁨이나 슬픔과 같은 정동들은 유기체 전체에 담겨 있는 삶의 활력의 현재 상태를 보여 주며, 신체의 일정한 상태를 사유의 일정한 양태와 함께 표현한다. 그래서 정동적 노동은 편안한 느낌, 웰빙, 만족, 흥분 또는 열정과 같은 정동들을 생산하거나 처리하는 노동이다." 네그리 · 하트, 『다중』, 144쪽.
일반적으로는 서비스업 같은 영역에서 생겨나는 정서적 생산과 관련해 정서적 노동

된다. 이러한 포스트모던적인 자본주의 시대에 노동자는 제조업에 종사하며 도구적 기계를 이용하여 상품을 생산하는 노동자만을 의미하지 않는다. 노동 개념이 지식, 정보, 정동, 사회적 관계 등을 생산하는 비물질적 노동으로 확장될 때, 노동자 역시 전통적인 노동자와 달리 새로운 지식과 정동, 사회적 관계를 창조적으로 만들어 내는 모든 사람을 포괄하는 개념이 된다.[171] 이런 식으로 노동과 생산 개념이 이해되면, 외적인 도구로서의 기계 외에 인간의 두뇌와 신체 자체가 생산기계가 된다. 이에 따라 인간의 생존을 위한 재생산 자체가 생산과 명확히 구분되지 않고 뒤섞이며, 따라서 인간의 새로운 신체를 만들어 내는 것이 곧 노동과 생산이 된다.[172] "바로 지성과 정동[173](즉 사실상 신

이라는 개념을 사용하고 있지만, 여기서는 네그리와 하트의 개념을 좇아 정동적 노동이라는 개념을 사용하기로 한다.
'감정(feeling)', 정서, 정동 개념의 보다 체계적인 구분에 대해서는 다음을 참조하시오. 한병철, 『심리정치』, 61-70쪽 참조.

171 재생산의 생산적 성격에 관심을 촉구한 중요한 사회운동 가운데 하나가 바로 페미니즘이다. 페미니즘은 전통적인 가부장사회에서 노동으로 인정받지 못했던 가사노동이나 부양노동 같은 비물질적 노동이 노동으로 인정받는 데 크게 기여하였다. Precarias a la deriva, "Projekt und Methode einer 'militanten Untersuchung'. Das Reflektieren der Multitude in actu", *Empire und die biopolitische Wende*, 87쪽 참조.

172 한병철은 "자유로운 시간은 오직 노동의 타자만이, 생산력이 아닌 다른 힘, 어떤 노동력으로도 전환되지 않을 어떤 힘만이 가져다줄 수 있는 것이다. 즉 생산 형식이 아닌 어떤 삶의 형식, 완전히 비생산적인 어떤 것, 우리의 미래는 우리가 생산의 피안에서 쓸모없는 것의 쓸모를 찾아낼 수 있느냐에 달려 있다"(한병철, 같은 책, 74쪽)고 주장한다. 또한 그는 '노동하는 사유'와 '놀이하는 사유'를 구분하며 진정한 자유와 해방은 놀이하는 사유를 통해서만 가능하다고 주장하기도 한다(같은 책, 77쪽 참조). 그런데 네그리와 하트의 주장처럼 인간의 신체와 두뇌, 지식과 정동을 생산하는 것이 오늘날에는 곧 생산과 노동이라고 한다면, 놀이하는 '사유'라는 것도 생산과 노동의 범주에 포함되지 않을 수 없다. 따라서 탈경계의 시대인 오늘날 노동의 저편에 있는 '순수한' 놀이를 꿈꾸기보다는, 놀이와 노동의 탈경계화된 형태에 더 관심을 기울일 필요가 있다.

173 『제국』의 한국어번역본에는 '정서'로 번역되어 있지만, 여기서는 '정동'으로 바꿔 인용하기로 한다.

체와 같은 공간을 가지는 두뇌)이 일차적인 생산역능이 될 때, 지성과 정동은 자신들이 작동하는 지형을 가로질러 생산과 삶을 일치시킨다. 왜냐하면 삶이란 바로 신체들과 두뇌들을 생산하고 재생산하는 것이기 때문이다."[174] 그래서 "삶은 모든 생산에 파고들어 그것을 지배하는 것이다."[175]

네그리와 하트가 보기에는 인간이 스스로를 생산하는 상황, 즉 생산의 주체가 곧 생산의 객체가 되는 역설적 상황이 포스트모던적인 자본주의 사회를 특징짓는 상황이다. 이는 곧 노동이 생명정치적으로 되어 간다는 것을 의미한다.[176] 이러한 상황은 생명정치의 양가적 의미를 산출한다.

네그리와 하트에 따르면, 포스트모던적 자본주의 시대의 제국적 권력, 즉 생명권력은 스스로를 재생산하며 생산하는 생명정치적 노동을 착취한다. 이러한 부정적 의미에서 생명정치적 착취는 전통적인 산업사회에서 이루어지는 노동력과 잉여가치의 착취와 다르다. 마르크스에 따르면, 산업생산의 시대에 자본과 노동은 유기적 관계를 맺고 있다. 자본가는 노동자들을 공장에 모으고 기술적 도구를 제공하

---

174 네그리 · 하트, 『제국』, 466쪽.

175 같은 책, 467쪽.

176 '생명정치적 생산'이라는 개념은 경제적인 노동과 생산이 정치적인 행위와 긴밀히 연결되어 있음을 보여 준다. 생산이 더 이상 산업적 생산이 아니라 지식과 정동 같은 비물질적 생산을 의미할 때 그것은 인간 자체의 생산을 의미한다. 그런데 이러한 비물질적 생산은 공통적인 것을 바탕으로 소통하고 협력하며 공통적인 것을 만들어 낸다. 이러한 경제적 생산에 등장하는 주된 요소들, 즉 공통의 세계, 소통, 협력은 정치적 행위에도 고스란히 나타난다. 그 때문에 네그리와 하트는 생명정치적 생산이 경제적 활동일 뿐만 아니라 동시에 그 행동 자체가 그러한 생산을 규제하거나 분할하는 제국적 권력에 맞선 정치적 성격을 띨 수 있으며, 더 나아가 그것을 구성하는 요소들의 유사성으로 인해 정치적인 조직형성 및 결정으로 쉽게 이행할 수 있다고 주장한다.

며 협력할 수 있는 환경을 제공한다. 그런데 네그리와 하트는 지식이나 언어 또는 정동 같은 비물질적 생산이 주가 되는 생명정치적 생산의 시대에는 자본이 이러한 생산적 협력을 더 이상 적어도 이전과 같은 정도로 조직하거나 결정하지는 않는다고 말한다. 한마디로 "자본은 자본의 외부에서 생산된다고 할 수 있는 가치를 생명정치적 착취를 통해 포획하고 수탈"[177]할 뿐이며, 그러한 생명정치적 생산에 점점 적게 관여하게 된다. 쉽게 말해, "기업의 생산성이 전적으로 기업 외부에 있는 요인들로 인해서 높아지거나 낮아진다는 것이다."[178]

그러나 네그리와 하트의 주장과 달리, 오늘날 기업은 직원을 경제적으로 지원하며 교육시키기도 하고 산학협력을 통해 교육에 관심을 갖기도 할 뿐만 아니라, 심지어 직접 교육 사업에 뛰어들기도 한다. 따라서 자본이 생명정치적 생산에 아무런 기여도 하지 않거나 그러한 노동의 결과로서 생산물에만 관심을 지닌다는 주장은 재고할 필요가 있다. 이러한 일반적인 비판이나 거부보다 자본이 어떤 생명정치적 생산에 관심을 기울이고 어떤 생명정치적 생산은 탄압하거나 배제하는지 살펴보는 것이 필요하다. 가령 자본의 이익에 도움이 되지 않거나 또는 그것에 반하거나 그것을 위협할 수 있는, 저항적이고 전복적인 생명정치는 탄압받거나 적어도 지원 대상에서 배제될 수 있을 것이다. 네그리와 하트는 생명정치적 착취라는 개념을 사용하면서도, 생명권력에 의한 부정적 형태의 생명정치 양상을 자세히 다루지는 않는다. 다만 이들은 생명권력이, 새로운 것을 창조하고 생명의 힘을 증

177 네그리 · 하트, 『공통체』, 209쪽.
178 같은 책, 210쪽.

대시키는 생명정치를 억압한다며, 그것이 행하는 정치를 "시체정치 혹은 죽음정치"[179]라고 부르며 전반적으로 거부할 뿐이다.

오늘날 생명정치적 생산이 산업생산시대에서처럼 공장 같은 특별한 작업장에서만 이루어지지 않고 삶 전반에 걸쳐 어디서나 이루어질 수 있을 때 그리고 지적재산권이 지식과 정보의 협력적 생산에 장애가 될 때, 현대의 생명정치적 노동이 자본의 외부에 놓이며 점점 자율적이 되고 있다든지 사적 소유의 틀에서 벗어나야 더 효율적일 수 있다는 주장은 일부 타당성이 있다. 또한 네그리와 하트가 말한 것처럼, 기업과 자본의 명령과 규율이 다중의 생명정치적 생산력을 약화시킬 수도 있다. 그러나 근본적으로 이윤에 관심을 지닌 기업이 지식과 정보의 생산에 제약만 가할 뿐, 창조적 생산성을 끌어내는 데 어떤 기여도 하지 못한다는 주장은 설득력이 없다. 왜냐하면 기업은 이윤을 가져올 새로운 지식과 정보를 창출하기 위해 연구를 위한 투자를 강화하고 기업 내 연구조건을 개선할 뿐만 아니라 심지어 창조적인 인적 자본을 갖기 위해 교육 분야에도 투자할 수 있기 때문이다. 즉 자본과 생명권력이 단순히 생명정치와 대립관계를 이루는 것은 아니며, 그 스스로 '생명정치'를 수행할 수도 있다. 또한 모든 기업들이 한결같이 위계적이고 창조성을 억압하는 규율과 명령의 체계를 지닌 것은 아니며, 시대적 변화에 발맞추어 이러한 규율과 명령을 완화하며 수직적 · 위계적 구조에서 탈피하려는 움직임도 존재한다. 오늘날 국내 기업 가운데에도 소수이기는 하지만, 직원 간의 수평적 소통을 시

179 같은 책, 439쪽.

도하고 개개인의 창조성을 보장하며 위계적인 기업구조를 타파하려는 시도들이 이루어지고 있음에 주목할 필요가 있다. 물론 회사와 직원 간의 계약이라는 한계 내에서 이루어지는 이러한 시도가 수직적 위계구조로부터의 완전한 탈피를 가져오기는 힘들겠지만, 어쨌든 그러한 회사에서 지식과 정보, 정동과 사회적 관계의 생명정치적 생산이 증대되는 것은 얼마든지 가능하다. 더 나아가 기업이 개인의 신체를 규율적으로 통제하고 지배하는 대신 근무시간을 탄력적으로 운영하는 경우도 있다. 예를 들면 미국의 세무서비스 기업인 라이언 기업은 2008년부터 오전 9시에서 오후 5시까지 근무하는 전통적인 노동시간 개념에서 벗어나 근무시간을 탄력적으로 운영하고 있다. 즉 직원들은 원하면 무제한 휴가를 쓸 수 있으며, 자율적으로 노동시간을 조정할 수 있다.[180] 물론 현재는 이와 다른 형태의 기업이 훨씬 더 많은 것이 사실이지만, 장기적인 관점에서 보면 앞으로는 근무시간을 줄이거나 노동시간을 탄력적으로 운영하는 기업이 늘어날 것이라고 전망할 수 있을 것이다. 이러한 시도는 기업이 직원들의 생명정치적 생산에 주목하고 있으며 생산성을 높이기 위해 그들의 신체와 정신을 관리하고 있음을 보여 준다.

기업은 생명정치적 생산을 이윤극대화로 연결하려고 하기 때문에, 네그리와 하트가 생각한 것과 달리 지식과 정보의 생산'과정'에 결코 무관심하지 않으며 오히려 이러한 과정에 직접 개입하려고 한

---

180 '언제든 마음껏 쉰다' … 美기업 '무제한 휴가' 실험. 실린 곳: 연합뉴스 2013. 12. 22. (http://www.yonhapnews.co.kr/bulletin/2013/12/22/0200000000AKR20131222064700009.HTML?input=1179m, 2014. 7. 18.)

다. 기업은 입사조건을 통해 기업에 도움이 되는 인간과 그렇지 못한 인간, 즉 가치 있는 인간과 그렇지 못한 인간을 구분하고, 대학에 자신이 원하는 인간유형을 배출하라는 압력을 행사하기도 하며 더 나아가 재교육이나 위탁교육 또는 교육보조나 심지어 직접적인 교육을 통해 자신들이 원하는 유형의 생산적인 인간을 창출하려고 한다. 이러한 맥락에서 렘케는 이렇게 말한다. "다중에 대한 찬미가 제국의 지배에 대한 진단에 상응한다. 하트와 네그리에게 있어서는 다중만이 생산적이고 긍정적이며, 반면 제국은 조절하고 규제할 뿐이다. [...] 그러나 물론 생산과 조절이 실제로 깨끗이 서로 분리될 수 있는지는 의문이다. 모든 생산이 항상 이미 특정한 방식으로 조절된 생산이 아닌가? 어째서 제국은 부정적인 것만을 생산하고, 다중은 긍정적인 것만 생산하는가? 정서와 욕망은 늘 제국의 일부분으로 그것을 생존하게 하지 않았는가? 제국과 다중의 관계를 두 개의 존재론적인 단위들의 외적인 관계로 이해하는 대신, 자신의 내부에서 이 양 극단을 생산해 내는 (생명정치적) 생산관계를 분석하는 것이 더 적절할 것이다."[181]

따라서 이제는 자본이 점차적으로 생명정치적 생산의 중요성을 인식하고 있을 뿐만 아니라 점점 그것을 자신의 관리하에 두고 경영과 연결하는 방식을 취하면서, 자신이 원하는 주체성을 생산하려는 생명정치를 수행하고 있음을 간과해서는 안 될 것이다. 그러나 다른

181 T. Lemke, *Biopolitik*, 98-99쪽.
유사한 맥락에서 자르는 이렇게 말한다. "아래로부터의 피조물의 창조적 생명정치와 위로부터의 갈취하는 생명권력의, 부자연스럽고 그 순수한 구분 속에서는 거의 유지될 수 없는 이분법은 '다중'과 '제국'의 정치적인 적대적 관계를 존재론적으로 다시 기술하고 있다." M. Saar, 같은 글, 817쪽 이하.

한편 네그리와 하트도 간파하고 있듯이, 네트워크적으로 연결되어 협력하는 다중의 생명정치적 생산이 자본이 행하는 생명정치에 의해 완전히 지배받거나 조종될 것으로 생각되지는 않는다. 왜냐하면 다중의 생명정치가 자본이 행하는 생명정치에 포함될 수 있지만 결코 경제적 논리에만 따르는 자본의 요구 속에서 소진될 수는 없으며, 그 때문에 그것과 갈등을 일으키는 생명정치적 생산을 하면서 충돌하고 때로는 그것에 저항할 수도 있기 때문이다. 예를 들면 자본주의 사회에서 이루어지고 있는 착취구조나 부의 불균등한 분배에 주목하는 지식의 생산은 자본의 논리를 따르는 기업의 생명정치적 생산과정에서 발생하기는 힘들다. 이러한 의미에서 비물질적인 생산이 점점 중요해지는 현대적인 생산체계에서 다양한, 심지어 때로는 서로 대립되는 생명정치의 형태들이 어떻게 교차 내지 중첩되고 때로는 어떤 대립구도를 이루며 변화하고 발전하는지 관심 있게 지켜볼 필요가 있다.

세계화시대를 지배하는 이데올로기였던 신자유주의는 작은 국가와 많은 개인의 자유를 강조하였지만, 이는 빈부격차의 심화와 개인의 소외와 방치라는 부정적 결과를 가져왔다. 이처럼 고용의 유동성은 경제적 불안이라는 부정적 결과를 야기했지만 또 다른 의미에서 긍정적인 측면도 갖고 있다. 예를 들면 그것은 자본의 권력에 맞서 "'정상적인 노동일'과 이성애 규범적인 핵가족 같은 경직된, 제약적인 노동과 생활형식으로부터 탈출하는 과정"[182]이다. 개개인은 자신

182 Marianne Pieper, "Biopolitik – die Umwendung eines Machtparadigmas: Immaterielle Arbeit und Prekarisierung. Konzeptionelle Überlegungen zu Subjektivierungsprozessen und widerständigen Praktiken der Gegenwart", *Empire und die biopolitische Wende*, 232쪽.

의 비물질적인 노동을 어떻게 조직할 것인지 또한 어떤 기업이나 노동 분야에서 일할 것인지에 대한 자주적인 결정을 내릴 수 있으며, 그러한 유동적인 속성 때문에 억압적인 자본권력에 저항하고 그것에서 탈주할 수 있을 뿐만 아니라 타인과 소통하고 협력하며 네트워크적인 관계를 형성하면서 스스로를 새롭게 생성하고 이전과 다르게 개인화하는 것이 가능해진다. "이러한 과정에서 주체화방식은 개인화된 경쟁적인 개별기업가적인 모습으로뿐만 아니라 자발적인 협력과 협업적인 실천의 형식으로도 나타난다."[183]

생명권력인 자본과 다중의 생명정치적 관계를 절대적 명령과 절대적 자율성의 대립관계로 이해해서는 곤란하다. 자본의 권력과 다중의 관계는 이러한 이분법적인 구분보다 훨씬 복잡하게 얽혀 있으며, 그 때문에 자본의 권력에 대한 다중의 저항 역시 초월적인 성격보다는 내재적인 성격을 띠어야 한다. "여기서 제국적인 권력관계의 급진적인 외부에서 절대적인 자율성, 하나의 거점에 도달하는 대신, 전복적이고 저항적인 잠재력을 헤게모니적인 자본관계와의 단층선을 만들어 낼 수 있는 내재적으로 발전된 잠재력으로 이해할 수 있는 이론적 구상이 필요하다."[184] 생명권력에 대한 다중의 이러한 비판과 저항을 통해 권력관계가 변화하고 보다 원활한 생명정치가 수행될 수 있을 것이다. 그러한 변화를 통해 자율적인 근무시간, 공정한 임금체계, 합리적이고 민주적인 소통과 결정구조를 지닌 기업이 생겨나고 사회적 약자를 배려하는 복지시스템이 구축될 수 있을 것이다. 또한 이러

183 같은 글, 235쪽.

184 같은 글, 235-236쪽.

한 변화된 정치경제적 환경 속에서 다중은 서로 협력하고 소통하며 창조적인 생명정치를 수행할 수 있을 것이다. 물론 다중의 이러한 내재적인 저항과 비판적 실천으로 자본주의 체제의 근본적인 문제가 해결되는 것은 아니며, 그 때문에 새로운 대안적인 체제에 대한 구상과 실험 가능성도 원칙적으로는 열어 놓아야 한다. 하지만 네그리와 하트처럼 그들이 지향하는 공통체와 자본주의 체제를 선악의 이분법으로 규정하고 전자에게 초월적인 지위를 부여하는 것은 문제가 있다. 왜냐하면 다중의 생명정치적 생산이 구체적인 정치적 · 경제적 시스템으로 실현되었을 때, 그것 역시 자본주의 체제와 마찬가지로 제약적이고 억압적인 성격을 띨 수 있기 때문이다.

2) 구성권력의 생명정치와 생명권력의 죽음 정치

네그리와 하트가 생명정치에 대해 이야기할 때, 이는 명백히 니체의 '힘에 대한 의지' 개념을 염두에 둔 것이다. 무언가를 생성해 내려는, 신체[185]의 욕망과 의지가 곧 힘에 대한 의지라면, 그것은 들뢰즈와 가타리 식으로 이야기하면 기계의 고정된 배치를 해체하고 끊임없이 새로운 배치를 만들어 내는 역능을 가리킨다. 따라서 그것은 곧 욕망하

185 카스트루는 신체를 다음과 같이 정의한다. "내가 '신체'라고 부르는 것은 다른 것과 구별되는 실체나 고정된 형상 같은 것이 아니다. 여기서 신체는 정동의 배치를 혹은 아비투스를 구성하는 존재의 방식을 의미한다." Eduardo Viveiros de Castro, "Exchanging Perspectives. The Transformation of Subjects into Objects in Amerindian Ontologies", *Common Knowledge* 10, No. 3, 2004, 474-475쪽(네그리 · 하트, 『공통체』, 187쪽 재인용).

는 '생명'의 힘이다. 네그리와 하트에 따르면, 그러한 역동적인 기계적 배치는 새로운 주체성을 생산해 낼 뿐만 아니라 집단적으로 공통적인 것을 구성해 내는 새로운 삶의 형태, 사회적 관계도 만들어 낸다. 이처럼 타자를 향해 스스로를 개방하고 서로 상호작용하며 공통의 경험에 참여하는 생명의 역능은 새로운 주체성의 생산을 넘어, 사회적 실천을 통해 공통적인 것을 만들어 나가는 과정에서 삶의 정치로서 생명정치를 수행한다. 여기서 공통적인 것이란 이미 존재하는 상태로서의 공통성이나 상실되었지만 되찾아야 할 총체성으로서의 공통성이 아니라, 특이성들이 함께 협력하면서 끊임없이 역동적으로 만들고 구성해 내야 할 공통성이다. 따라서 네그리와 하트가 추구하는 공통성은 단순히 정적인 상태를 의미하는 것이 아니라 그 자체로 열려 있는 생성적 존재를 의미한다.[186] 그 때문에 보편자와 개별자가 서로 대립하며 억압적인 관계를 형성하는 것과 달리, 공통성은 특이성과 상호 양립할 수 있다. 그러한 공통성은 모든 것이 그 안에 다 들어올 수 있는 무차별적인 혼합을 의미하지 않는다. 공통성의 추구는 위계적인 관계를 만들며 초월성으로서의 보편성을 주장하는 태도나 아무런 구속력 없이 모든 것을 등가적인 것으로 간주하는 미학적 태도와 구분된다.

186 네그리와 하트는 공통적인 것의 두 가지 형태를 구분한다. 첫 번째 종류의 공통적인 것은 "비교적 운동성이 약하고 전통적인 것으로, 일반적으로 천연자원과 연관된다." 이러한 자연적 요소와 구분되는 두 번째 종류의 공통적인 것은 "역동적인 것으로서, 노동의 산물과 미래의 생산수단을 모두 포함한다. 이러한 형태의 공통적인 것에는 우리가 공유하는 대지만이 아니라 우리가 창조하는 언어, 우리가 수립하는 사회적 관행, 우리의 관계를 규정하는 사회성의 양태 등도 해당된다."(네그리 · 하트, 『공통체』, 207-208쪽)

네그리와 하트에 따르면 생명정치는, 자본의 자기 증식과 유동적 성격 때문에 훈육적인 지배와 거리가 있으면서도 궁극적으로 다중을 착취하고 분할하며 명령을 통한 통제를 완화하지 않는 제국권력[187]과 대조를 이룬다. 제국의 권력이 부정적이고 억압적이며 폭력적인 성격을 띤다면, 이에 반해 다중의 생명정치는 긍정적이고 생산적이며 창조적인 성격을 띤다는 것이다. 물론 다중의 생명정치는 제국적 통제에 여전히 남아 있는 억압과 경계의 장벽을 부수며 저항하고 투쟁한다는 점에서 폭력적이지만, 동시에 협동적인 사회적 생산으로서 사적 소유의 착취를 폐기하고 공통된 것을 추구한다는 점에서 사랑의 특성을 지니기도 한다. 또한 그러한 폭력은 단순히 파괴적인 속성만 지니는 것이 아니라 새로운 것을 생산하고 구성한다는 점에서 창조적이기도 하다. 이런 점에서 생명정치는 '구성권력'에 기반을 둔다. "유연하고 유목적인 생산적 사회 협동의 모든 장에서 '다중'의 지성과 자기 가치 증식을 연결하는 구성권력이 당대의 질서이다. 다른 말로 하면, 사회적 노동자의 강령은 구성 기획이다. 오늘날의 생산 매트릭스에서

---

187 "실제로 제국적 통치가 대중의 잠재성(가상성을 여기서는 잠재성으로 바꿈, 필자 주)에 부과하는 관계는 단순히 정태적인 억압관계이다. 제국적 통치는 본질적으로 부정적이며, 무질서로 이어질 위험이 있는 행위들과 사건들을 강압적으로 질서 지으려는 절차들을 통해서 전개된다. 모든 경우에 제국적 통치가 지닌 유효성은 규제적이지 구성적이지는 않으며, 그것의 효과가 오래 지속되더라도 구성적이지는 않다."(네그리 · 하트, 『제국』, 460쪽)
그러나 내가 보기에는 제국적 자본이 특정한 종류의 지식과 정보의 생산과정에 관심을 갖고 그것을 생명정치적으로 주도하고 관리할 수 있다는 점에서 제국적 통치를 단순히 규제적이고 부정적인 관점에서만 바라보는 것은 문제가 있다. 오히려 제국적 생명권력이 어떤 종류의 생명정치적 생산에 관심을 갖고 이를 주도하려 하는지, 또 어떤 종류의 생명정치적 생산은 억압하고 규제하고 있는지, 또는 이 둘의 구분이 어느 정도까지 가능한지에 초점을 맞추는 것이 필요하다.

노동의 구성권력은 인간의 자기 가치 증식(세계시장의 모든 부문에서 모두에게 균등한 시민권)으로서, 협동(소통할 수 있고, 언어를 구축할 수 있고, 소통네트워크를 통제할 수 있는 권리)으로서, 그리고 정치권력으로서 또는 그 권력기반이 모든 사람들의 욕구 표현에 의해 정의되는 사회의 구성으로서 표현될 수 있다. 이것은 사회적 노동자와 비물질적 노동의 조직화, 즉 다중이 관리하고, 다중이 조직하고, 다중이 지도하는 생명조직적 통일체 — 작용하고 있는 절대적 민주주의 — 로서의 생산적이고 정치적인 권력의 조직화이다."[188]

독일어로 권력은 Gewalt라는 단어로 표현되기도 하고, Macht라는 단어로 표현되기도 한다. 제국권력이 다중을 억압하고 그들의 역능을 제한한다고 할 때, 그러한 권력은 폭력성을 띤다. 즉 제국권력은 폭력 Gewalt으로서의 권력이다. 이에 반해 다중의 구성권력, 아니 '구성의 힘'은 새로운 것을 생산하고 창조하는 역능, 즉 힘 Macht으로서의 권력이다. 그러나 이러한 새로운 것의 생산을 위해서는 우선 기존의 권력을 파괴할 필요가 있는데, 이로써 다중은 지배를 위해서가 아니라 파괴와 저항을 위해 Gewalt, 즉 폭력을 사용한다.

네그리와 하트는 폭력을 일삼는 부패한 제국권력에 맞서 생성을 본질적 특징으로 갖는 다중이 지닌 신체의 풍성함을 내세운다. "다중의 신체들은 우리가 보아 왔듯이 지적이고 협동적인 힘으로 풍부해진 신체들이며, 이미 잡종적인 신체들이다."[189] 제국의 권력이 이러한 풍부해진 신체를 착취하고 억압하며 병들게 하는, 죽음에 대한 열망을

188 같은 책, 516-517쪽(인용문에서 본문의 '대중'을 '다중'으로 바꾸어 번역함).
189 같은 책, 496쪽.

지닌 파괴적 권력이라면, 이와 달리 재생산을 생산으로 만들며 생산의 주체가 된 구성권력은 언어와 소통에 기반을 둔 협동적인 생산을 통해 자신의 가치를 끊임없이 증식하고 자신의 독특한 잠재성을 펼쳐나가며 역능을 강화하는 혼종적인 건강한 신체를 구성하는 권력이라는 것이다. 그러나 이러한 주장은 부분적으로만 정당하다. 왜냐하면 제국의 권력은 마치 인종주의처럼 인간의 생명을 형성하는 다양한 힘들을 가치 있는 것과 가치 없는 것, 예를 들면 기업에 유익한 인재와 기업에 해가 되거나 무가치한 존재로 구분하며, 전자의 생산을 후원하고 장려하는 반면 후자는 배제하려 하기 때문이다. 기업이 원하는 인재를 양성하려는 대학에서 이루어지는 이공계 장려와 인문계 축소 정책은 자본에 이익이 되지 않는 주체성과 지식 및 정동을 억압하는 자본의 생명정치가 어떻게 특정한 생명만을 지원하며 무가치한 생명은 배제하는 (비유적인 의미에서의) 죽음의 정치로 변질되는지 잘 보여준다. 이 점에서 네그리와 하트가 말하는 포스트모던적인 후기 자본주의 사회의 생명정치는 그들 자신의 해석과 달리 아감벤의 생명정치와의 접점을 발견할 수 있다.

네그리와 하트의 생명권력 개념이 죽음 정치로서의 생명정치 개념과 연결될 수 있다는 것은 오늘날의 전 지구적 내전을 항구적인 예외상태로 간주하는 이들의 관점에서도 확인된다. 네그리와 하트는 "근대세계에서 전쟁은 다른 수단에 의한 정치의 연속"[190]이라는 클라우제비츠의 격언이 오늘날은 '정치는 다른 수단에 의한 전쟁의 연속'

190 네그리 · 하트, 『다중』, 49쪽.

이라는 격언으로 대체되어야 한다고 믿는다. 전 세계에서 일어나고 있는 전 지구적 내전은 전쟁이 더 이상 정상상태인 평화와 대비되는 예외상태가 아님을 보여 준다. 비록 핵 개발 후 1차 대전이나 2차 대전 같은 총력전은 더 이상 생각할 수 없게 되었지만, 오히려 국지전이나 테러는 급격히 증가하였다. 특히 9 · 11 이후 미국에서는 전쟁이 모든 정치의 출발점이자 근본조건이 되고 있다. 미국은 도처에서 발생할 수 있는 테러의 위협을 언급하며, 안보를 위해서 통제와 감시를 강화하고 고문도 행하며 심지어 예방차원에서 선제공격도 할 수 있다고 주장한다. 테러와의 전쟁을 외치는 미국정부에게 "안보라는 관념은 내부와 외부, 군대와 경찰의 구분이 무의미해짐을 의미한다. '방어'가 외부의 위협에 대한 보호 방벽을 함축하는 반면, '안보'는 국내에서나 국외에서나 똑같이 항구적인 군사활동을 정당화한다."[191] 안보이데올로기는 내국인의 생명을 보호한다는 이유로 국민에 대한 감시와 통제를 강화하는 것을 허용하는데, 이는 생명권력이 억압적 권력으로 변질될 수 있음을 잘 보여 준다. 오늘날 생명권력의 특징은 이러한 안보이데올로기의 틀에서 보아야 한다. 푸코가 말한 근대적인 훈육적 생명권력이 행정권력으로서 가장 토대가 되는 권력이었던 것과 달리, 오늘날은 전쟁권력이 최우선적인 생명권력으로서 작용하며 훈육적인 감시와 통제를 위한 조건을 형성한다.[192] 또한 이러한 생명권력은 내국인과 추상적인 적으로서의 테러리스트를 구분하며, 후자의 생명을 모든 법적 권리를 박탈당한 무가치한 생명으로 간주하며 테러혐의만

191 같은 곳.

192 같은 곳 참조.

으로도 체포하고 심지어 고문할 수 있다. 여기서 전쟁에 기반을 둔 생명권력이 폭력적인 죽음의 정치를 행할 수 있다는 것을 알 수 있다.

네그리와 하트는 『다중』에서 근대에서 포스트모던으로 이행하면서 전쟁의 성격과 전쟁에 대한 인식이 어떻게 변화했는지 보여 준다.[193] 이들의 분석에 따르면, 근대에는 평화가 정상적인 상태인 반면, 전쟁은 일시적인 예외상태였다. 또한 전쟁은 기본적으로 방어적인 성격을 지니며 어떤 선제공격도 정당화될 수 없었다. 따라서 전쟁 자체는 적어도 선제공격으로서 결코 정의로운 전쟁으로 정당화될 수 없었으며, 정의로운 전쟁이라는 말 자체가 개념적 모순을 의미했다. 이에 반해 오늘날에는 전쟁이 항구적이 되었으며, 벤야민적인 의미에서 예외상태가 일상이 되었다. 이제 평화와 전쟁은 명확히 구분될 수 없으며, '테러와의 전쟁'이라는 말처럼 전쟁은 일상에서도 일어나고 언제 끝날지 기약할 수 없는 것이 되어 버렸다. 또한 안보를 위한 선제공격이 정당화되면서 테러세력의 악에 맞선 '정의로운' 전쟁에 대한 구호도 빈번히 들을 수 있다. 이는 마치 중세 종교전쟁의 구호를 연상시킨다.

그러나 핑커가 구체적인 통계자료를 통해 보여 주었듯이, 과거에 비해 오늘날 실제로 전쟁이나 테러를 비롯한 개인적 · 집단적 폭력이 늘었다고는 볼 수 없다. 오히려 전쟁이나 개인적 · 집단적 폭력은 줄어들었지만, 안보이데올로기에 따라 '테러와의 전쟁'이 영구적으로 치러지고 있다고 느낌으로써 오늘날 전쟁은 관념 속에서 일상이 되어

193 아래의 내용과 관련된, 이에 대한 자세한 설명은 다음을 참조하시오. 같은 책, 27-34쪽과 40-43쪽 참조.

버린 것이다. 물론 무장한 테러조직이 서양사회를 공격할 때, 전쟁과 테러리즘의 경계가 모호해지며 '새로운' 전쟁의 형식으로 테러리즘이 변모하고 있다고 볼 수도 있을 것이다. 시작과 끝이 없는 새로운 전쟁의 형식 때문에 포스트모던 시대에 예외적인 전쟁이 상례가 되었다는 네그리와 하트의 주장을 틀렸다고 말할 수는 없을 것이다. 그러나 바로 그 때문에 테러리즘에 대해서는 전통적인 전쟁에서처럼 일상적 삶을 중단하고 비상사태를 선포하는 방식으로 대응해서는 안 된다. 왜냐하면 그러한 새로운 전쟁형식으로서의 테러리즘은 물리적인 우위를 통해 최종적 승리를 쟁취하려 하기보다는, 상징적인 공격의 특성을 갖고 있고 불안과 공포를 확산하려는 심리적 전략을 취하기 때문이다. 그 때문에 그에 맞선 가장 효과적인 전략은 일상적 삶을 유지하고 심리적으로 동요하지 않음으로써 적의 전략에 휘말리지 않는 것이다.

네그리와 하트에 따르면, 근대의 전쟁은 신체적 전쟁이다. 근대의 전쟁은 참호 속에 들어가 치열하게 전투하는 장면을 떠오르게 한다. 반면 포스트모던적 전쟁은 하이테크놀로지에 의한 비신체적인 전쟁으로 선전된다. 여기에는 일차적으로 생명권력적 관념이 숨어 있다. '군사에서의 혁명 RMA'이라고 불리는 미국 군사전략의 변화를 옹호하는 기술주의자들은 "새로운 전략들과 새로운 테크놀로지들은 미국 병사들을 그 어떤 적으로부터도 보호하여 전쟁을 이 병사들에게 실제적으로 위험하지 않은 것으로 만들어 주리라 생각"[194]한다. 그들

194 같은 책, 73쪽.

은 하이테크놀로지에 의해 수행되는 전쟁에서 미군이 공격목표물과의 거리를 확보하며 비신체적인 전쟁을 수행할 수 있다고 믿는다. 그러나 비신체적 전쟁은 미군에게만 적용되는 개념일 뿐, 적군에게는 해당되지 않는다.[195] 미군의 생명을 보장하고 안전한 전쟁을 수행한다는 생명권력적 사고는 역설적으로 적군의 신체를 파괴하고 그들의 생명을 죽여야 하는 것을 전제로 한다. 나아가 그들의 하이테크놀로지 전쟁기술이 그들의 주장과 달리 목표물을 정확히 맞추지 못하고 민간건물과 민간인 사상자를 내고 있다는 사실도 잊지 말아야 할 것이다. 또한 미군의 생명이 위협받지 않는 전쟁을 수행할 수 있다면, 미국이 전쟁을 그만두어야 할 어떤 이유도 생기지 않는데, 그 때문에 이는 항구적인 전쟁수행의 조건이 된다.[196]

그러나 하이테크놀로지에 의해 수행되는 비신체적인 전쟁의 이데올로기는 현실과는 거리가 있다. 오늘날의 전쟁은 대규모적인 총력전이 아니라 소규모의 국지전 양상을 띠기 때문에 하이테크놀로지 기술에 의한 전쟁은 한계가 있으며 때로는 지상군도 투입해야 한다. 그 때문에 결국 '군인 없는 전쟁', 비신체적인 전쟁의 관념은 한계가 있으며 전쟁은 여전히 양측 모두의 희생을 요구한다. 네그리와 하트는 이 경우에도 용병 같은 외주군대나 미국에서 가장 덜 혜택을 받는 계층의 시민들, 가령 아프리카계 미국인들이 주로 지상병력으로 파견되고 있다고 강조한다.[197] 이는 비신체적인 안전한 전쟁의 이데올로

195 같은 책, 77-78쪽 참조.

196 같은 책, 78쪽 참조.

197 같은 책, 78-79쪽 참조.

기 속에서 실제로 신체적 전쟁을 치러야 하는 사람들은 생명권력에 의해 무가치한 또는 덜 가치가 있는 인간으로 차별된 사람들임을 보여 준다.

네그리와 하트에 따르면, 오늘날의 전쟁이 갖는 또 다른 특징은 전쟁에 참여한 군인들이 전투수행으로 임무를 마치는 것이 아니라 공격한 나라의 국가재건 사업 임무까지 떠맡는다는 것이다. 즉 이들은 그 나라의 평화를 유지하고 사회적 · 경제적 · 정치적 구조를 재건하며 삶을 조직해야 하는 생명권력의 임무를 떠맡고 있다.[198] 이처럼 전쟁은 단순한 파괴의 행위가 아니라 생명권력과 또 다른 의미에서 긴밀히 연결되어 있다. 그런데 여기서 생명권력은 "단지 자기가 필요로 하는 순종적인 사회적 주체들을 생산할 뿐이다."[199] 하지만 "자살폭파자는 복종의 삶을 거부하면서 삶 자체를 끔찍한 무기로 바꾼다. 이것이야말로 생명권력이 직면하는, 가장 비극적이고 반란적인 형태의 존재론적 한계이다."[200]

위에서 살펴본 것처럼, 네그리와 하트는 현재의 항구적인 전쟁상태를 예외상태의 일상화로 간주하며, 전쟁이 정치의 근본조건이 되는 상황에서 안보이데올로기에 기초한 생명권력이 어떻게 파괴적인 죽음의 정치로 이어지는지 보여 준다. 여기서 생명권력은 특정한 생명을 보호하는 반면, 또 다른 생명은 무가치한 생명으로 간주하며 그것의 죽음에 무관심하거나 심지어 그러한 생명을 파괴하고 절멸하려

198 같은 책, 85쪽 참조.

199 같은 곳.

200 같은 책, 86-87쪽(이 책에서 '삶권력'은 '생명권력'으로 고쳐서 인용하였다.).

한다. 네그리와 하트는 이러한 생명권력에 맞서 생명을 지켜 내고 보존할 뿐만 아니라 경제적인 생산성과 민주적인 정치적 조직화로 이끌며 사회적 삶 전체에 관여하게 만드는 생명정치의 필요성을 제기한다. 따라서 제국적 생명권력에 맞선 다중의 생명정치에 관한 구상이 바로 네그리와 하트가 제시한 정치이론의 핵심이라고 말할 수 있을 것이다.

네그리와 하트의 생명정치 이론은 무엇보다 생명권력의 관점이 아니라 통치의 대상인 주체의 관점에서 생명에 대한 욕망과 생명정치의 문제를 다루었다는 점에서 의미가 있다. 또한 생명의 재생산의 문제를 생산의 문제와 연결하며, 생산 패러다임의 전환을 생명정치의 문제와 연결시킨 것도 그들의 큰 공적이라고 할 수 있다. 네그리와 하트는 이러한 생명정치적 생산이 협동적인 네트워크를 요구하고, 공통적인 것을 기반으로 공통적인 것을 생산하려 하는데, 사적 소유와 자본을 토대로 하는 자본주의가 이에 대한 장애가 되기 때문에 궁극적으로 자본주의가 해체될 수밖에 없다고 주장한다. 그러나 다중의 네트워크적 연결과 이에 따른 지식과 정동의 생산이 과연 자본주의 체제의 전복을 요구할 정도로 자본의 생명권력에 의해 방해를 받고 있는지에 대해서는 의문의 여지가 있다. 또한 경제적인 영역에서의 생명정치적 생산이 '거의 자동적으로' 정치적인 구조와 의식의 변화로 이어져 근본적으로 다른 형태의 정치적 공동체와 경제적 시스템을 만들어 내리라는 생각도 지나치게 이상주의적이다. 이러한 부분에 대해 충분한 논거를 제시하지 못하고 있다는 점에서 네그리와 하트의 공통체에 대한 구상은 아직까지는 현실성이 결여되어 있다.

보론 2: 포스트모던 시대의 테러리즘에 대한 성찰

보론 1에서 내린 테러리즘의 정의를 다시 한 번 상기하면, 테러리즘은 국가나 비국가행위자가 비교전자(민간인뿐만 아니라 비교전 중인 군인까지 포함)에게 사전에 계획된 폭력을 행사하여 불안과 공포를 퍼뜨림으로써 자신의 정치적 · 종교적 · 사회적 목적을 달성하려는 시도로 정의될 수 있다. 이러한 정의에 따르면, 테러리즘은 원칙적으로 교전 중인 군인만을 살해하는 전쟁뿐만 아니라, 정치적 목적이 결여된 민간인 살해로서의 일반범죄와도 구분된다. 또한 테러리즘은 그 유형을 분류하자면, 국가테러리즘처럼 국가가 테러리즘의 주체가 되어 폭력을 통해 공포를 퍼뜨려 국민을 통제하려는 경우도 있고, 개인이나 집단의 테러리즘처럼 이들이 테러리즘의 주체로서 국가에 정치적 변화를 요구하며 행동하는 경우도 있다.

테러리즘이라는 개념이 프랑스 혁명을 기점으로 생겼다면, 그것은 근대적 개념이며 근대국가와의 연관성 속에서 성찰되어 왔다고 할 수 있다. 물론 테러리즘의 역사를 훨씬 이전의 과거로 거슬러 올라가 살펴보는 사람들도 많이 있다. 오늘날의 관점에서 테러리즘에 해당하는 사건이 근대 이전부터 있었던 것은 부인할 수 없는 사실이지만, 그것을 지칭하는 개념이 없었다는 사실에 주목할 필요가 있다. 왜냐하면 존재하는 현실을 담론이 재현하기보다는 담론이 비로소 현실을 만들어 내며 우리에게 그것을 의식 내지 인식하도록 만들기 때문이다. 바로 이러한 테러리즘에 대한 담론이 등장하고 나서야 비로소 테러리즘을 수행하거나 그것을 저지하는 사람들, 또는 그것을 전달하는 매체나 테러리즘이 전하는 메시지의 수신자들 각각의 이해관계, 행동전략 내지 반응, 테러리즘에 대한 가치평가 등이 생겨나기 때문이다.

테러리즘이라는 단어는 원래 “프랑스 혁명이 일어났을 때, 일정한 시기의 자코뱅 체제를 의미했다. […] 1798년 「아카데미 프랑세즈 사전」에 처음으로 테러리즘이라는 단어를 정의했다고 하는데, 여기서 테러리즘은 ‘공포의 시스템, 체제’로 나와 있다. 자코뱅파는 연설이나 인쇄물 등을 통해 자신들에 대해 언급할 때는 이 단어를 적극적인 의미로 사용했다. 프랑스 혁명 후, 외국의 침략이나 국내반란의 위협에 처했을 때 국가는 예외상태를 선포하고 국가공안위원회가 집중적으로 권력을 장악했다.”[201] 즉 자코뱅파는 외국의 침략이나 국내의 반혁명세력의 반란을 막기 위해 공포정치를 활용했고 그러한 공포를 퍼뜨리기 위해 테러리즘이라는 개념을 연설이나 인쇄물 등의 매체를 이용해 적극적으로 사용했던 것이다. 이러한 테러리즘이 폭력의 행사 자체에 목적이 있는 것이 아니라 공포를 이용한 메시지 전달과 이를 통한 행위조종, 즉 커뮤니케이션에 궁극적 목적이 있다고 한다면, 결국 테러리즘은 공포를 빠르게 확산시킬 수 있는 인쇄술 같은 매체가 발달한 근대 이후에 본격적으로 대두될 수 있었다.

이처럼 테러리즘은 근대적 현상이며, 그 때문에 근대국가가 발생한 이후부터 담론화되고 그러한 현상으로 인식되기 시작한다. 바로 이러한 이유에서 테러리즘은 국가와의 관계를 통해 국가테러리즘 내지 국가에 대한 테러리즘으로 그 유형이 분류된다. 또한 테러리즘이라는 개념은 전쟁이나 비정치적인 일반범죄, 그리고 기타 비폭력적인 저항

---

201 사카이, 『폭력의 철학』, 141쪽.

행동(파업, 시위 등)과 구분되며 근대적인 경계 짓기의 구분법에 따라 정의되기도 한다. 그러나 엄밀히 말하면 그러한 경계가 항상 분명한 것은 아니며[202], 시대적 변화에 따라 그 경계는 더욱 희미해지고 있다.[203]

바커는 전쟁법에 따르면 시민과 재소자를 보호해야 하지만, 게릴라전의 경우 민간인을 목표로 삼기도 하기 때문에 전쟁에서 국가테러리즘이 자행되기도 한다고 말한다.[204] 반대로 미국정부가 알카에다의 테러리즘을 전쟁으로 간주하며 '테러와의 전쟁'을 선포하듯이, 테러리즘이 전쟁으로 간주되기도 한다. 물론 이상적인 전쟁 상황에서는 민간인을 살해해서는 안 되고 국가테러리즘이 발생해서도 안 되지만, 그것은 어디까지나 이상적인 상황설정에 불과하다. 마찬가지로 알카에다 같은 정치조직은 테러리즘을 전쟁의 일환 — 성전으로서의 지하드[205] — 으로 간주하고 있기 때문에 테러리즘에서 전쟁의 성격을 완

202 예를 들면, 전쟁에서 행해지는 의도적인 민간인 살해나 민간인이 비교전 중인 군인을 공격하는 경우 역시 각각 국가테러리즘이나 국가에 대한 테러리즘의 변형으로 테러리즘에 포함시킬 수 있을 것이다.

203 오늘날 조직적으로 무장한 테러리즘 세력은 국가와의 비대칭적인 전쟁을 수행하고 있으며 전쟁의 일환으로 테러리즘을 벌인다. 그 때문에 테러리즘과 전쟁의 경계가 무너지고 테러리즘이 새로운 전쟁의 한 형태로 등장하고 있다. 비록 모든 테러리즘이 전쟁을 의미하는 것은 아니지만 말이다.

204 바커, 『테러리즘』, 47쪽.

205 "'지하드'는 '투쟁'을 의미한다. 우선적인 뜻은 내적인 것, 즉 자아에 관한 투쟁으로 타락한 행위나 기호를 제거하는 것이고, 더 높은 도덕적 성취 안에서 일관성과 인내를 훈련하는 것을 가리킨다. 이슬람이라는 종교는 개인의 범주 안에 국한되어 있지 않고 사회와 인류 전체의 복지에까지 확장되어 있기 때문에 개인은 그가 속한 사회와 나아가 세계 전체에서 일어나는 일에서 격리된 채 자신의 문제에만 몰두할 수 없다. 이에 대해 『꾸란』은 모든 이슬람 국가에게 '선을 명령하고 악을 금지하는 것'을 의무로 삼도록 명령하고 있다. […] 그렇다고 이슬람이 악을 재갈 물리기 위해 무력을 사용하는 것을 배제하는 것은 아니다. 무력은 선택의 여지가 전혀 없을 때 사용된다. […] 따라서 군사 행동은 지하드의 한 부분이다. 그렇지만 전체는 아니다." www.unn.ac.uk/societies/islamic/index에서 '이슬람과 무슬림'에 대한 부분. 바커, 같은 책, 149

전히 빼앗는 것은 불가능하다. 설령 그것이 전통적인 민족국가적 전쟁의 양상을 띠지는 않을지라도 말이다. 뮝클러는 현대의 전쟁이 전통적인 국가 간의 대칭적인 전쟁의 성격을 점점 상실하고 있으며, "전쟁의 탈국가화, 사유화, 상업화라는 일반적 경향"[206]이 지배적이 되어 간다고 말한다. 그는 일반적으로 국가 간의 전쟁만을 전쟁으로 부르는 경향이 있지만, 현대 전쟁의 주체는 "지방의 전쟁사령관들, 약탈하는 (일반적으로 준군대로 미화시켜 불리는) 폭력조직들, 광적인 폭도, 끝으로 용병이나 소년병사들, 게다가 자살테러범과 박테리아로 오염된 편지의 발송자"[207]까지 포함할 수 있다며 오늘날 벌어지는 전쟁의 질적 변화를 강조한다. 이러한 전쟁은 더 이상 전통적인 국가 간의 전쟁에서처럼 영토획득 같은 특정한 정치적 요구를 목표로 하지 않고 시공간적인 측면에서 집약적으로 전투를 수행하지도 않으며, 선전포고를 하지도 않고 전쟁법이나 국제법을 준수하지도 않는다. 더 나아가 현대전쟁에는 전쟁선포와 정전협정을 통한 전쟁과 평화의 명확한 구분

쪽 재인용.

브루스 링컨 역시 지하드의 두 가지 의미를 강조한다. 그에 따르면, 이슬람 교리는 이슬람 율법체계가 확립된 '평화의 세계'와 그러한 율법체계가 아직 확립되지 않은 '전쟁의 세계'를 구분하는데, 전자의 세계에서 무슬림들은 자신의 이기심이나 게으름 같은 단점을 극복하기 위해 끊임없이 투쟁하는 내적 투쟁으로서의 지하드를 추구하는 반면, 후자의 세계에서는 지하드의 투쟁이 이런 내적인 투쟁의 의미를 넘어 이슬람의 율법이 적용되는 세계를 확장하려는 군사적인 투쟁의 성격을 띤다. 링컨, 『거룩한 테러』, 81-82쪽 참조.

알카에다나 IS 같은 테러조직들은 서방세계에 의해 이슬람 세계가 타락하고 부패하며 '전쟁의 세계'로 돌아가고 있다며, 이에 맞서 지하드를 통해 다시 '평화의 세계'로 나아가야 한다고 주장한다.

206 H. Münkler, "Clausewitz und die neuen Kriege", 367쪽.

207 같은 글, 370쪽.

이나 국내치안과 국외전쟁 간의 명확한 구분도 존재하지 않는다.[208] 이것은 모두 탈경계시대의 변화된 전쟁양상을 보여 준다.

이러한 관점에서 보면 적어도 조직화되지 않은 한 개인의 테러 행위는 전쟁이 아닐지라도, 준군사적인 조직이 국가를 상대로 벌이는 테러리즘은 전쟁으로 간주될 수 있을 것이다. 그러나 테러리즘을 새로운 현대전쟁의 한 형태로 간주할 수 있다는 것이 테러리즘에 대한 국내의 대응방식을 전쟁이라는 예외상태의 관점에서 취해야 한다는 것을 의미하지는 않는다. 테러조직이 주둔하는 군사적 거점에 대한 공격이나 테러조직이 한 국가를 상대로 저지르는 테러행위는 모두 전쟁의 일환으로 간주될 수 있다. 하지만 앞에서 미국이나 유럽사회가 '테러와의 전쟁'을 선포하면서 국민의 자유와 인권을 침해하는 것을 경고하며 테러리즘을 군사적 관점이 아닌 정치적 · 사회적 · 문화적 관점에서 바라보아야 한다고 말했을 때, 이는 결코 테러리즘이 전쟁의 성격을 띨 가능성을 원천적으로 배제해서가 아니라 그러한 태도가 테러리즘에 대한 가장 효과적인 대응이기 때문이다. 테러리즘을 전쟁으로 간주하고 반테러리즘을 전쟁으로 기획하는 태도는 테러리즘을 예방한다는 명목하에 또 다른 국가테러리즘을 자행하는 모순을 낳을 수 있다. 또한 테러리즘이 그 사회가 지닌 여러 가지 모순과 문제점에서 비롯된다고 한다면, 테러리즘은 정치적 목적을 지닌 폭력행위로서 일반범죄와 구분되면서도 동시에 공통점을 갖기도 한다. 이러한 이유에서도 조직화된 테러리즘의 경우 군사적 전략과 정치외교적

208 같은 글, 368-369쪽 참조.

인 협상을 통해 문제해결을 모색해야 하지만, 심층적으로는 경제적인 불균형의 해소와 문화적인 이해 그리고 사회적인 범죄예방의 차원에서 그 해결책을 찾아야 한다.

한편으로 소위 세계화가 진행됨에 따라 자본이 국가의 경계를 넘어서 흘러가고 있고 네그리와 하트가 말했듯이 국경을 초월한 포스트모던적 제국이 형성되며 구조적 폭력을 행사하고 있다면[209], 다른 한편으로 그에 맞서 네트워크적으로 느슨하게 연결되어 있는 초국가적인 알카에다나 IS 같은 조직의 테러리즘이 발생하고 있다.[210] 이때 알카에다나 IS 같은 테러조직은 세계화에 대한 모든 잠재적 저항이 실현된 구체적인 한 형태에 지나지 않는다. 더 이상 폭력은 국가 내의 범죄나 국가 대 국가의 전쟁 형태로만 일어나고 있지 않으며, 국가를 초월한 자본주의적 세계시장의 구조적 폭력과 이에 대한 대항 테러리즘의 형태로 나타나고 있다. 이러한 갈등과 대결을 '문명의 충돌'로 보는 관점은 옳지 않지만[211], 적어도 이러한 개념은 이 갈등이 국가적인 차원

---

209 물론 자본주의 자체와 이러한 자본주의적인 세계화를 '구조적 폭력'으로 볼 수 있을지에 대해 다양한 관점이 존재할 수 있다.

210 네그리와 하트는 알카에다 같은 조직이 형식적으로는 네트워크적 양상을 띠고 있지만, 실제로는 여전히 중앙집중적 위계구조와 비민주적인 권력구조를 지니고 있음을 지적한다. 네그리 · 하트, 『다중』, 124-125쪽 참조.

211 현대 세계의 갈등을 서방의 기독교와 동방의 이슬람교 간의 문명충돌로 해석하는 것은 종교적 · 인종주의적 관점에 바탕을 둔 낡은 해석으로 현재의 상황을 이해하는 데 적합하지 못하다. 같은 책, 64쪽 참조.
실제로 테러리즘은 서방국가보다는 이슬람 국가들 내에서 훨씬 빈번히 벌어지고 있다. 이슬람 국가 내에서 내전이나 테러리즘이 발생하는 이유는 서양 자본주의의 영향을 받은 이슬람 세력과 근본주의적 경향을 지닌 세력 간의 갈등 때문이다. 결국 이슬람 국가의 테러리즘은 서방국가에서 뻗어나가는 (기독교화가 아니라) 세계화가 이슬람 세계 내부에 파열을 일으키며 심대한 변화를 가져왔기 때문에 그에 대한 반작용으로 발생한 것이다.

을 넘어서 전 지구적인 차원에 도달하였음을 암시한다는 점에서는 유의미하다. 물론 그렇다고 국가테러리즘이나 국가에 대한 테러리즘이라는 근대적 테러리즘의 양상이 사라졌다는 말은 아니다. 그러나 동시에 테러의 양상이 세계화에 발맞추어 한 국가 내의 문제로 머물지 않고 전 지구적 차원으로 확장되고 있는 것도 틀림없는 사실이다.[212] 하이트마이어는 이러한 "유랑하는 폭력"[213]을 이전과 질적으로 달라진 현대폭력의 새로운 양상으로 간주한다. 그것은 국제적인 테러조직에 더 이상 하나의 중심이 존재하지 않으며, 빈 라덴을 처형한다고 해서 테러리즘이 사라지지는 않는다는 것을 의미한다.

테러리즘의 원인이나 형태는 매우 다양하며 하나의 공통분모로 묶을 수 없다. 모든 테러리즘이 선행하는 폭력에 대한 저항적 폭력인 것은 아니며, 마찬가지로 테러행위가 테러리스트의 주장처럼 정당화될 수 있는 것도 아니다. 오늘날 세계화를 주도하며 세계경찰을 자처하는 미국을 비롯한 서방세계와 이에 테러리즘으로 맞서는 이슬람 근본주의 테러조직들이 정치경제적으로 포스트모던적인 네트워크를 형성하고 있다고 하더라도, 그들이 행사하는 폭력은 경제적으로 분할과 구분에 의해 억압과 착취를 낳고 정치적으로는 상대를 악마화하며 자신의 도덕성을 확보하려는 이분법적 사고에서 벗어나지 못하고 있다.

---

212 과거에는 테러리즘이 민족주의적인 동기를 지녔으며 그래서 테러리즘 세력이 미래의 새로운 국가의 수장이 될 수도 있었다. 울리히 벡은 이러한 "제1근대의 민족적인 테러리즘과 제2근대의 초국가적인 세계적 테러리즘 간에 범주적인 차이가 존재한다."(U. Beck, 같은 책, 267쪽)라고 말한다. 또한 그는 새로운 초국가적 테러리즘이 어떤 영토에 매어 있지 않고 국가의 형식을 띠지도 않으며 도처에 존재할 수 있다고 강조한다. 같은 책, 268쪽 참조.

213 W. Heitmeyer, "Kontrollverluste", 100쪽.

더 나아가 테러리즘을 전쟁의 수단으로 삼는 세력과 테러리즘에 맞서 전쟁을 선포하는 세력 모두 여전히 자아와 타자, 나와 적이라는 근대의 이분법적 구분에서 벗어나지 못하고 있다.[214] 그것은 결코 진정한 세계화도 아니고 진정한 전 지구적 저항도 아닌, 그 형식만 새로울 뿐인(즉 포스트모던적인) 낡은 폭력의 반복에 지나지 않는다. 그것은 어떤 창조성도 지니지 못한 채 생명을 억압하고 파괴할 뿐인 죽음의 폭력인 것이다.

4. 문학과 생명권력: 율리 체의 『범죄의 체소. 어떤 소송』

1) 생명 자체의 정치와 그 위험성

오늘날은 그 어느 때보다 건강에 대한 관심이 높다. 음식은 단순히 생존을 위한 것이 아니라 건강을 위한 것이며, 그래서 웰빙(음식)이라는 단어를 하루에도 몇 번씩 대중매체를 통해 듣게 된다. 또한 병의 예방과 치료를 위한 다양한 정보를 제공하는 의학 관련 방송들도 자주 접할 수 있다. 이전 시대와 비교해 인간의 평균수명이 비약적으로

214 따라서 신자유주의적인 서방국가들이 전체주의적인 국가들로 변하고 있는 것은 결코 우연이 아니다. 이로부터 오늘날 새로운 장벽이 생겨나는데, 그 극단적 예가 트럼프의 보호무역주의와 인종차별주의이다. 물론 신자유주의와 세계화가 경제적 불평등의 확대 등 여러 가지 문제를 가져온 것은 사실이지만, 이에 대한 비판이 결코 이기적이고 폐쇄적인 자국중심주의와 타문화배척의 방향으로 나아가서는 안 될 것이다.

높아지면서, 건강과 장수는 어느 때보다 중요한 삶의 가치로 간주되고 있다.

건강은 단순히 개인의 관심사인 것만은 아니다. 국가는 국민의 건강을 정기적으로 검사하게 하고 위생이나 복지에 신경을 쓰면서 국민의 건강과 생명을 통치의 대상으로 삼는다. 건강뿐만 아니라 인구 역시 정치적 통치의 대상이다. 출생률, 사망률 등 인구와 관련된 지표들이 사회의 경제, 복지 정책과 긴밀히 연결되어 각각의 국가는 자신의 상황에 맞게 인구를 조절하려고 한다.

1990년대 이후 발전해 온 경험적인 생명정치이론의 대표적인 인물 중 하나인 니콜라스 로즈는 "오늘날 우리의 생명정치에서 중요한 것이 생명의 제조, 생명의 형성, 생명의 최적화"라며, "오늘날 우리의 생명정치는 타나토 정치, 죽음의 생명정치가 아니라 본질적으로 생명의 정치"임을 강조한다.[215] 아감벤 같은 사상가가 생명을 가치 있는 생명과 그렇지 않은 생명으로 나누며 후자를 말살하는 죽음의 생명정치에 주목했다면, 로즈는 이와 반대로 생명정치 본연의 기능, 즉 생명을 관리하고 최적화하는 기능에 초점을 맞춘다. 특히 그는 현대 의학의 가장 핵심적인 변화로 의학의 담당영역이 "질병치료에서 건강관리로 확장"[216]된 것을 든다. 의학이 생의학으로 변하고 유전자를 읽는 것뿐만 아니라 미래에는 쓰는 것도 가능하다는 생각이 커지면서, 의학은 점점 "치료의 실천에서 통제의 실천으로 이동"[217]한다. 이

215 니콜라스 로즈, 「생명 자체의 정치를 위하여. 21세기의 생명정치」, 『생명정치의 사회과학』, 김환석 엮음, 2014, 18쪽.

216 같은 글, 19쪽.

217 같은 글, 26쪽.

에 따라 생명정치는 과거의 우생학이 가치 없는 생명을 찾아내 제거하려 했던 것과 달리 이제는 생명체를 사람들이 원하는 방향으로 최적화하는 방향으로 나아가게 될 것이라는 것이다.[218] 물론 생명과학이 생명체를 조작할 수 있는 능력이 아직까지는 불완전한 것이 사실이지만, 이러한 방식의 사고, 즉 질병을 미리 예방하고 생명을 관리하며 최적화해야겠다는 생각은 일반인의 의식과 삶에 점점 뿌리내리고 있다.

생의료화이론을 개념화한 아델 클라크는 질병보다 건강에 관심을 기울이며 건강을 관리하는 사회에서 "건강은 점차 도덕적인 의무로 여겨진다."[219]라고 말한다. 그런데 인간의 생명과 건강이 개인의 소중한 가치로 설정되고 국가의 중요한 통치 대상으로 간주되는 것이 긍정적 의미만 갖는 것은 아니다. 삶과 죽음을 대립적으로 파악하고 죽음을 두려움의 대상으로 여기면서 장수에만 집착할 경우, 모험과 도전을 기피하고 맹목적인 삶의 연장을 최고의 가치로 여길 위험성이 생겨난다. 즉 삶에서 가장 중요한 가치가 무엇인지 묻기보다 생명 자체를 최고의 가치로 여기는 생각이 팽배할 위험이 있는 것이다. 또한 미래에 실질적으로 유전자를 쓰고 조작할 수 있는 가능성이 현실화될 수 있다면, 너도나도 우월한 유전자로만 구성된 인간을 만들어 내려 할 것이며 이로써 인간복제와 관련된 여러 가지 윤리적인 문제들이 제기될 수 있다.

오늘날은 인간의 생명과 관련해 안전에 대한 관심도 어느 때보다

---

218 같은 곳 참조.
219 아델 클라크, 「생의료화의 개념」, 『생명정치의 사회과학』, 46쪽.

높다. 무수한 재난영화의 등장은 이를 입증한다. 특히 미국이나 유럽 같은 서양사회에서는 테러리즘에 대한 위험이 항상 존재하기 때문에 안전에 대한 관심이 지대하다. 그러나 안전에 대한 지나친 관심은 자칫 감시와 통제를 낳으며 소위 자유주의 사회를 전체주의 사회로 변질시킬 위험이 있다.

독일의 여류작가인 율리 체의 소설 『범죄의 체소. 어떤 소송』은 인간 생명을 최우선으로 하는 생명정치가 어떻게 건강과 안전에 대한 집착 때문에 감시와 통제의 권력을 낳으며 인간의 생명력을 억압하는지 잘 보여 주고 있다. 아래에서는 우선 이 소설을 분석하면서 인간 생명을 정치적 대상으로 삼는 생명정치가 지닌 폭력성을 드러낸 후, 총체적인 감시와 통제가 지배하는 전체주의 사회에서 테러리즘이 갖는 의미에 대해 성찰하고, 삶과 죽음, 육체와 정신 등 이분법적인 사고의 억압성을 파괴하는 폭력기계의 긍정성을 보여 주도록 할 것이다.

2) 생명정치의 폭력성

율리 체의 『범죄의 체소. 어떤 소송』은 조지 오웰의 『1984』처럼 미래에 일어날 수 있는 전체주의 사회의 디스토피아를 상상하며 쓴 가상 소설이다. 그런데 『1984』가 인간을 총체적으로 감시하고 억압하며 그들의 생명을 말살하는 전체주의 사회를 묘사하는 반면, 『범죄의 체소. 어떤 소송』은 인간의 생명을 돌보고 관리하는 사회가 어떻게 전체주의 사회로 변하는지 묘사한다. 간단히 말하면, 율리 체의 소설에 등장하는 사회에서는 인간을 죽이는 것이 아니라 살리는 것이 중요하지만, 바로 이러한 인간생명의 관리 자체가 역설적으로 생명에 대한 통제와 억압으로 변질되고 있는 것이다.

『범죄의 체소. 어떤 소송』의 서문에는 하인리히 크라머라는 인물이 쓴 『국가 공인원칙으로서의 건강』이라는 책의 서문이 인용된다. 이 책의 서문에서 흥미로운 것은 크라머가 건강을 단순히 신체의 어떤 상태가 아닌 하나의 규범으로 제시하고 있다는 것이다. 그에 따르면 "건강은 자연스러운 생존의지의 목표이며 그렇기 때문에 사회와 법, 정치의 자연스러운 목표이다. 건강을 추구하지 않는 인간은 병들게 되는 것이 아니라 이미 병든 것이다."[220] 이 인용문에서 알 수 있듯이, 인간의 생명과 건강은 더 이상 개인적인 관심사가 아니라 국가의 관심사가 되며, 이로써 정치의 대상이 된다. 더욱이 건강이 하나의 규범이 되면서, 건강하지 못한 상태는 개선, 심지어 제거되어야 할 상태로 비난받고 제재를 당한다. 국가는 개인의 건강을 단순히 관리하는 것이 아니라 매일 그 상태를 점검하고 통제하며 개입하는 것이다.

앞에서 언급한 크라머라는 인물은 국민건강을 저해하는 요소들에 맞서 싸우는 일종의 면역체계라고 할 수 있는 '방법'[221]의 대변자로 등장한다. 그는 건강 규범이 위반됨으로써 생길 혼란을 막기 위해 『1984』의 빅브라더처럼 사회 전체를 감시하는 "제4의 권력의 눈"[222]을 작동시킨다. 푸코는 근대에 들어 권력이 단순히 법을 위반하는 사

220 J. Zeh, *Corpus Delicti. Ein Prozess*, Frankfurt a.M., 2010, 7쪽 이하.

221 크라머는 다른 곳에서 방법을 다음과 같이 정의한다. "우리는 모든 개인에게 가능한 한 오랜 동안 아무런 장애에 시달리지 않는, 다시 말해 건강하고 행복한 삶을 보장하는 하나의 방법을 개발했습니다." 같은 책, 36쪽.

222 같은 책, 16쪽.

람을 처벌하거나 규율을 통해 인간의 신체를 통제하는 방식을 벗어나, 인간생명 자체를 정치의 대상으로 삼기 시작했다고 말한다. 이로써 생명은 단순히 한 개인의 문제가 아니라 정치적 고려의 대상이 된 것이며, 국가는 국민의 위생, 보건, 복지, 인구의 문제에 관심을 기울이기 시작한다는 것이다.[223] 그런데 이러한 생명정치는 동시에 그 이전의 군주권력이나 규율권력이 대변하는 통제와 억압의 성격과 연결될 수도 있다. 왜냐하면 생명정치가 생명을 돌보고 관리하는 데 그치지 않고 건강을 규범으로 삼는 순간, 제시된 기준에 도달하지 못한 생명은 비정상적인 것으로 간주되기 때문이다. 이러한 사회에서는 국민 전체의 건강을 항상 일정한 수준으로 유지하기 위해 지속적인 통제가 이루어져야 한다.

이 소설에서는 이러한 통제와 감시에 대한 예가 빈번히 제시된다. 예를 들면 사람들은 모두 이두박근 밑에 칩을 달고 있어야 하며, 수면보고서나 영양섭취보고서를 제출해야 한다. 만일 그러한 의무를 소홀히 하거나 건강의 적신호가 알려지면, 그들은 법원으로 불려 가며 심한 경우 체포되기도 한다. 방법안기부라는 단체는 블랙리스트를 작성해 건강의 의무를 지키지 않는 자들의 명단을 기록하며 지속적으로 감시한다. 이러한 목적에서 전화도청이나 컴퓨터 데이터 입수까지 온갖 감시의 수단이 사용된다. 또한 이러한 감시와 통제는 일상적인 주거지역에서 거주민 스스로에 의해 이루어지기도 한다. 그 대표적인 예가 이 소설의 주인공 미아 홀이 살고 있는 주거지역이다. 이 주거지

223 푸코, 『성의 역사 1. 지식의 의지』, 153-155쪽 참조.

역은 감시원건물이라고 불린다. 당국은 위생 및 질병예방조치를 주민 스스로 알아서 해결하는 건물에 혜택을 주며 그러한 자치를 장려하는데, 당국의 허가를 받은 공동주택이 바로 감시원 건물이다. 건물 이름에서 드러나듯이, 이곳의 주민은 자발적으로 이웃을 감시하며 그들의 삶 전체를 통제하고 관리한다.

앞에서 살펴본 생명권력은 법을 어기는 사람의 목숨을 빼앗는 군주권력이나 법 이외의 일상 영역에서 지속적 감시와 통제를 행하는 규율권력과 결합하며 폭력적인 성격을 띤다. 다만 여기서는 건강을 최우선으로 한다는 생명정치의 이데올로기상, 법을 심하게 위반하는 사람을 처형하는 대신 무기 동결형의 처벌을 내린다는 점에서만 차이가 있다.

아감벤은 생명정치가 어떻게 죽음의 정치로 전도될 수 있는지 자신의 책 『호모 사케르』에서 설득력 있게 보여 준 바 있다. 그는 생명 자체를 정치의 영역에 끌어들인 사회가 생명을 존중하는 긍정적 모습을 띠기보다는 생명을 가치 있는 생명과 가치 없는 생명으로 구분하며 후자를 어떻게 비인간적으로 다루고 말살시켜 왔는지 보여 준다. 그는 '희생제물로도 바칠 수 없고 죽여도 처벌받지 않는' 인간을 의미하는 호모 사케르라는 개념을 내세우며, 법적 · 정치적 질서에서 배제되는 동시에 다시 포섭되는 예외상태에 놓인 인간들에 주목한다.[224] 나치 정권 역시 우생학적인 관점에서 건강한 인간과 병든 인간을 구분하며, 후자에게 호모 사케르의 지위를 부여하며 강제수용소에 수감

224 아감벤, 『호모 사케르』, 45-46쪽 참조.

한 바 있다. 아감벤은 나치정권이 강제수용소로 대변되는 예외의 공간을 일상화시켰다며, 그 당시 정상적인 법규범이 중지된 예외상태가 얼마나 장기간 지속되며 일상화되었는지 상기시킨다.[225]

이 소설에서 묘사된 생명정치의 사회에서도 나치와 유사한 우생학적 관점, 즉 가치 있는 생명과 가치 없는 생명의 차별이 행해진다. 미아 홀의 변호를 맡은 로젠트레테라는 인물은 자신과 다른 면역학적 등급을 지닌 여성과의 사랑을 금지하는 사회에 대한 불만을 갖고 있다. 이러한 사회는 단순히 개인의 건강을 관리하고 책임지는 것이 아니라, 특정한 척도에 따라 개인의 건강상태를 분류하고 정상/비정상으로 구분하며, 이를 토대로 결혼은 물론 사랑 같은 개인의 사생활까지 통제한다. 마치 나치정권이 '독일 국민의 유전적 건강성 보호에 관한 법'을 통해 신체적으로 심각한 결함이 있는 사람의 결혼을 금지하려 한 것처럼[226], 이 소설에서 묘사된 사회는 심지어 면역등급이 다른 남녀 간의 사랑조차 금지하고 있는 것이다. 비록 이 소설에서 아감벤이 묘사한, 생명권력과 죽음권력의 결합이 직접적으로 나타나지는 않더라도, 생명정치는 인간을 차별하고 억압하는 폭력의 정치로 등장한다.

더욱이 소설 속 생명정치의 사회는 일상에서 테러리즘과의 전쟁

225 "나치 국가를 예로 들어보자. 권력을 차지하자마자 […] 히틀러는 1933년 2월 28일에 '국가와 민족 보호에 관한 긴급 조치'를 공표했는데, 이것은 개인의 자유에 관한 바이마르 헌법의 모든 조항을 효력 정지시키는 것이었다. 이 '긴급조치'가 [나치의 통치기간 동안] 폐지되지 않았기 때문에 법률적 관점에서 제3제국은 12년 동안 지속된 예외상태로 간주될 수 있다." 아감벤, 『예외상태』, 15쪽.

226 아감벤, 『호모 사케르』, 285-286쪽 참조.

을 수행하며 테러용의자에게서 모든 법적인 권한을 빼앗고 도청하고 고문을 행사하기도 하는 예외상태가 일상화된 사회로 묘사된다. 크라머가 "반방법주의는 전쟁이나 마찬가지의 공격이니, 우리는 전쟁으로 이에 맞설 거요."[227]라고 말할 때, 이는 곧 테러리즘과의 전쟁을 선포하고 전시와 같은 예외상태를 선언하며 시민의 기본권을 제한하고 침해하는 것을 의미한다. 지빌레라는 여성을 강간하고 살해한 혐의로 체포된 후 자살한 남동생의 무죄를 알고 나서 미아 홀은 폭압적인 생명정치를 수행하는 국가에 저항한다. 하지만 그녀는 크라머의 모함 때문에 결국 국가전복을 획책한 테러리스트로 체포된다. 이때 국가는 그녀의 전화를 도청하고 컴퓨터 안의 데이터 전체를 몰래 스캔한 후 자료를 끼워 맞춰 사실을 날조한다. 또한 크라머는 미아 홀에게 아무리 형법의 역사가 진보한 것처럼 보일지라도 다시 그것이 과거로 돌아갈 수 있다며, 그녀를 나체로 세워 놓고 검은 모자를 씌운 후 전기로 고문할 수 있다고 위협한다. 여기서 다시 한 번 생명과 건강을 최우선으로 내세우는 사회가 결코 인간다운 삶을 보장하는 것은 아님을 확인할 수 있다. 오히려 니체가 비판한 '최후의 인간 der letzte Mensch'[228]이 사회가 추구하는 궁극적 목적이 될 때, 그러한 사회에서는 인간다운 삶과 인간이 추구해야 할 가치에 대한 논의가 사라지고 만다. 이처럼 삶의 가치에 대한 아무런 성찰 없이 건강과 장수가 맹목적으로 추

227 J. Zeh, 같은 책, 89쪽.

228 니체가 말한 최후의 인간은 아무것도 창조하지 못하고 항상 같은 것만 원하며, 병드는 것을 죄악으로 간주하면서 오래 사는 것을 가장 큰 목표로 삼는 인간을 가리킨다. 즉 새로운 가치를 창조하지 못하면서 그저 수명의 연장에 목숨을 거는 미천한 인간이 바로 최후의 인간인 것이다. F. Nietzsche, *Also sprach Zarathustra*, 19-20쪽 참조.

구될 때, 그러한 생명추구는 역설적으로 그와 정반대되는 것, 즉 생명력의 상실로 귀결될 수밖에 없음을 이 소설은 잘 보여 주고 있다.

이 소설에서 묘사된, 태양전지가 에너지원으로 사용되고 매연도 없으며 환경이 이상적으로 보존된 사회는 우선은 굉장히 유토피아적인 것처럼 보일 수도 있다. 더욱이 국가에서 개인의 안전과 건강을 책임질 때 그러한 인상은 더욱 강해진다. 미아 홀 사건을 맡은 '조피'라는 판사도 육체적 고통에 대한 본원적 공포에서 인간을 구해 주고 경제적 지원까지 하며 시민의 건강을 보살피는 공동체의 이상성을 설파한다. 그러나 이러한 건강지상주의 사회가 얼마나 억압적이며 심지어 건강에 이롭지도 않은지는 이 사회의 이데올로기를 내면화한 인물들의 신체에 나타나는 모순적 반응에서도 확인할 수 있다. 조피는 미아 홀이 반복해서 사회규정을 위반하자 히스테릭해지기도 하고 화가 나서 흥분하기도 한다. 심지어 흥분하면 건강에 안 좋다는 사실을 알기 때문에, 자신이 흥분하는 것을 더욱더 참을 수 없어 더 분이 치솟기도 한다. 또한 방법체제의 대변자인 크라머 역시 수전증이 있으며, 이를 감추기 위해 떨리는 손을 바지 주머니에 감추곤 한다. 이처럼 어느 누구도 정상이자 규범으로 내세워진 건강이라는 척도를 만족시킬 수 없기 때문에, 결국은 모두 다 잠재적인 범법자가 될 수밖에 없다. 이 소설에서는 특히 체제의 대변자인 크라머와 반대축을 이루는 모리츠라는 인물을 통해, 건강을 최고이념으로 삼는 생명정치를 추구하는 사회가 사실은 디스토피아의 사회이며 역설적으로 생명을 억압하고 있음이 폭로된다.

개인복리와 보편적 복리의 일치를 이상으로 삼는 건강제일주의 사회가 오히려 사적인 권리를 침해하는 상황에서 모리츠는 과연 그러한 건강 추구가 누구를 위한 것인지 회의를 품는다. 모리츠는 국가에서 통제하는 금지구역인 비위생적인 숲에 들어가 담배도 피고 내장이 깨끗하게 다듬어지지 않은 물고기도 잡아먹는다. 그래서 그는 국가가 제시하는 이성적 사고와 규범에 따르는 누나인 미아 홀과 자주 싸우기도 한다. 미아는 그의 생각에 동조할 수 없으면서도 시인 같은 그의 매력에 끌리기도 한다. 모리츠는 건강을 최고규범으로 내세우며 안전이라는 이름하에 인간을 실험관 속 식물인간처럼 만드는 사회의 잘못 이해된 정상성 개념을 비판한다. 더 나아가 그는 인간은 스스로에게 어울리는 존엄한 경험을 해야 하며, 이때 죽음을 삶의 반대편에 있는 것으로 파악해서는 안 된다고 말한다.

> 짐승과 달리 나는 자연의 구속을 뛰어넘을 수 있어. 나는 번식하려는 의도 없이 섹스를 할 수 있어. 또 노예처럼 육체에 매어 있는 날 잠시 동안 구원해 줄 물질을 복용할 수도 있어. 그리고 오로지 도전에 매력을 느껴 생존본능을 무시하고 스스로를 위험에 빠뜨릴 수도 있어. 진정한 인간에게 그저 현세에 존재하는 그런 삶은 충분하지 못해. 인간은 자신의 현존재를 경험할 수 있어야 해. 고통을 겪으면서. 도취상태에 빠지면서. 좌절하면서. 비상하면서. 자신의 존재에 대한 온전한 결정권을 지닌 충만한 힘을 느끼면서. 자신의 삶과 자신의 죽음에 대해서 말이야. 가련하고 메마른 미아 홀, 이게 바로 사랑이야.[229]

229 J. Zeh, 같은 책, 92쪽.

모리츠는 자신이 자살할 수 있고, 삶에 대한 선택은 자신이 죽음 또한 결정할 수 있을 때만 비로소 가치가 있는 것이라며, 삶을 죽음과 항상 결부시켜 생각할 것을 요구한다. 하이데거가 인간은 죽음을 미리 선취하고 생각함으로써 비로소 세인의 일상적인 삶에서 빠져나와 자신의 본래적인 존재의 가능성을 이해하고 드러낼 수 있다고 주장한 것처럼[230], 모리츠 역시 죽음을 맹목적으로 부정하기보다는 삶과 연결시켜 생각하고 삶을 비춰 볼 수 있고 삶을 가치 있게 만드는 삶의 일부로 삼는다. 이러한 모리츠의 태도는 맹목적으로 생명의 연장과 건강에 집착하는 생명권력과 대조를 이루며 그것에 대한 비판과 저항으로서 의미를 갖는다. 모리츠가 국가의 질서를 위협하는 테러리스트로 몰려 체포되었을 때 그의 자살은 한편으로 생명정치의 형태로 운영되는 전체주의 사회에서 일어난 비극이지만, 또 다른 한편 푸코가 말한 의미에서 그러한 억압적 사회에 맞선 일종의 저항이기도 하다. 왜냐하면 생명권력에 맞서 죽음을 무릅쓰는 인간의 저항은 결코 막을 수 없기 때문이다.[231]

3) 테러리즘과 이념적 폭력

국민의 건강을 유지하기 위해 총체적인 감시와 통제를 하는 전체주의 사회에도 이러한 감시와 통제를 벗어나 그것에 저항하는 무리나 개인이 존재한다. 특히 이 소설에서 병날권이라는 테러조직이 언급되는

---

230 Martin Heidegger, *Sein und Zeit*, Tübingen, 2006, 262-263쪽 참조.

231 M. Foucault, *Schriften in vier Bänden. Dits et Ecrits. Bd. III 1976-1979*, 987쪽 참조.

데, 이 조직은 크라머에 따르면 일종의 네트워크이며 그 구성원들은 서로 느슨하게 연결되어 있다.

> 그 구조가 지닌 우연적이고 카오스적인 특성 때문에 이러한 운동 전체는 거의 공격이 불가능합니다.[232]

크라머의 이 말은 보드리야르가 현대의 테러리즘에 대해 말한 것과 일맥상통한다. 보드리야르는 미국과 이슬람의 대결구도에서 나타나는 테러리즘은 표면적 현상일 뿐이며, 그러한 테러리즘은 보다 근원적인 적대성으로 거슬러 올라간다고 말한다. 즉 세계화라는 형태로 진행되는 현대의 정치, 경제, 문화의 흐름 속에서 이러한 발전에 적대감을 느낀 모든 사람이 외형적인 사건으로 일어나는 테러리즘에 무의식적으로 공감하며 잠재적으로 테러리스트가 될 가능성이 존재한다는 것이다. 그래서 테러리스트는 결코 미국이나 서방 세계 바깥에 위치한 이슬람교도로 국한되지 않고 그들의 사회 내부에 위치한 모든 사람일 수 있다. 이처럼 일상 속에서 평범하게 살아가는 사람들이 잠재적으로 모두 테러리스트가 될 수 있을 때 그 사회는 총체적인 감시와 통제를 하게 된다.[233] 소위 서방의 자유주의 사회가 모든 시민을 잠재적 테러리스트로 의심하고 통제할 때 전체주의 사회로 돌변할 위험이 있다. 이러한 역설에서 주목할 점은, 앞에서 크라머라는 인물이 말한 것처럼 전체주의 사회에서 우연히 그리고 고도로 복잡한 네트워크

---

232 J. Zeh, 같은 책, 84쪽.

233 보드리야르, 『테러리즘의 정신』, 6-7쪽과 13쪽 참조.

안에서 테러리즘이 발생하기 때문에, 근본적으로 테러리즘을 완전히 말살하는 것이 불가능하다는 사실이다. 또한 보드리야르가 지적하듯이, 테러집단과 테러대상의 관계는 결코 선악의 이분법적 구도로 파악될 수 없다.[234] 많은 사람들이 이슬람의 테러행위를 규탄하면서도 신자유주의 정책을 추구해 온 미국의 파멸을 상상 속에서 그려 본다는 것은 이러한 테러집단과 테러대상의 관계가 결코 선악의 이분법으로 규정될 수 없음을 의미한다.

앞에서 보드리야르가 언급한 현대적인 테러리즘의 특성은 크라머의 글이나 말에서도 나타난다. 크라머 역시 테러리즘을 근절하기란 대단히 어려우며 일상에 스며든 테러리스트들의 위장 때문에 그들을 식별하는 것이 불가능하다고 말한다. 흥미로운 것은 보드리야르가 현대의 테러리즘을 사회에 서서히 스며드는 바이러스에 비유하며 면역학적 모델을 제시하는 것처럼[235], 이 소설에서도 테러리즘이 이러한 면역체계와 연결되어 설명된다는 것이다. 크라머는 테러리스트들이 공기정화체계나 식수공급체계에 박테리아나 바이러스를 퍼뜨리는 공격을 할 수 있다고 강조한다. 더 나아가 "그는 오늘날 가장 위험한 바이러스가 더 이상 핵산이 아니라 전염성 있는 생각들로 이루어져 있다고 말한다. [...] 이어서 그는 국가의 면역체계로서 방법은 현재 번

---

234 같은 책, 14-15쪽 참조.

235 같은 책, 11-12쪽: "테러리즘은 바이러스처럼 도처에 존재한다. 테러리즘은 마치 혈관 안으로 지속 주입되듯이 전 세계적으로 퍼져 나간다. 그것은 모든 지배적인 시스템이 드리운 그림자 같은 것이어서 도처에서 도플갱어처럼 되살아날 수 있다. 이제는 그것을 명확하게 할 수 있는 경계선이 없다. 테러리즘은 그것과 싸우는 우리 문화의 한가운데에 있다."

져 가고 있는 바이러스의 정체를 이미 확인했으며 그것이 박멸되었다고, 어느 누구도 강력한 신체의 자기치유력을 벗어날 수는 없다고"[236] 텔레비전 방송에서 말한다. 여기서 전체주의 국가와 테러리스트의 관계는 면역학적 구도로 파악되며, 테러리스트는 면역체계를 어지럽히기 때문에 제거되어야 할 바이러스로 간주되는데, 그러한 바이러스 퇴치수단이 바로 방법이다. 그러나 크라머의 이러한 확언에도 불구하고 테러리즘을 완전히 송두리째 뿌리 뽑는 것은 불가능해 보인다. 특히 안전기관은 '자살테러범'을 가장 무서워하는데, 왜냐하면 그들은 통제가 불가능하기 때문이다.

나중에 미아 홀이 음모에 의해 국가질서를 전복하려는 테러집단의 우두머리로 체포되어 법정에 섰을 때, 그녀를 추종하는 드리스라는 여성은 그녀를 테러리스트이자 순교자로 부른다. 드리스는 미아 홀을 '좋은 테러리스트'라고 부르는데, 이를 통해 테러리즘에 대한 기존의 도덕적 관점이 전도된다.

그러나 작가 율리 체가 테러리즘을 궁극적으로 승인하거나 그것에 동조하는 것으로 보이지는 않는다. 달팽이들이라는 조직의 우두머리로 몰려 체포된 모리츠나 미아 모두 테러리즘 집단은 물론 어떤 특정조직에도 가입하려고 하지 않는다. 모리츠는 그러한 조직이 체제의 보호수단인 방법과 마찬가지로 자신에게 특정한 일을 생각하고 말하도록 강요할 것이라고 믿기 때문에 그것에 거리를 둔다.

이로써 작가 율리 체는 전체주의 사회에 저항할 수 있는 모든 폭

---

236 J. Zeh, 같은 책, 200쪽 이하.

력적 수단을 포기하는 것인가? 폭력을 좁은 의미의 도덕적 관점에서 바라보자면 그렇다. 그러나 폭력을 부정적인 물리적 폭력 개념을 넘어 보다 넓은 관점에서 바라보며 정의하는 것이 가능하다면, 윤리 체는 긍정적 폭력의 가능성을 열어 두고 있다. 들뢰즈와 가타리는 영토화와 코드화를 통해 경계를 긋고 이를 통해 다양체의 가능성을 억압하는 것을 파괴하는 모든 시도를 전쟁기계라는 이름으로 부른다.[237] 이러한 전쟁기계 개념을 폭력의 문제와 연결시켜, 나는 위계적인 이분법적 구분을 통해 타인을 억압하는 비도덕적 담론을 공격하고 해체하는 비물리적 폭력을 이념적 폭력으로 부르고자 한다. 이러한 이념적 폭력은 획일화된 전체주의 사회의 이데올로기를 파괴함으로써 긍정성을 획득한다.

방법에 의거한 전체주의 사회는 이성에 기반을 두며 무오류성을 주장한다. 크라머는 자신이 사는 사회가 어떤 이데올로기에 의지할 필요가 없으며, 이성에만 귀를 기울이면 된다고 말한다. 객관적 증거와 이에 따른 이성적 판단에 근거해 그는 모리츠가 지빌레라는 여성을 죽였다고 판단한다. 아랫도리가 벗겨진 채 살해된 지빌레의 몸에서 나온 체액을 유전자 조사한 결과 모리츠의 유전자와 일치하는 것으로 밝혀졌다며, 크라머는 DNA검사가 틀릴 수는 없다고 말한다. 하지만 미아가 동생 모리츠의 말을 믿고 그러한 규칙이 다 인간이 발명한 것인데 왜 그것이 틀릴 가능성을 생각하지 않는지 묻자, 크라머는

237 "'국가장치'(알튀세)에 포섭되기 전의 도당들, 국가장치 바깥으로 끝없이 탈주해 가는 무리들은 '전쟁기계들'(비릴리오)이다. 전쟁기계는 영토화-코드화하는 국가장치에 포섭되지 않는 창조적 추상기계를 드러낸다." 이정우, 『천 하나의 고원』, 171쪽.

그런 식으로 개별사건을 생각한다면 감정의 독재로 나아가게 될 것이라며 합리적 객관성과 그것의 무오류성을 주장한다. 그러나 모리츠가 죽기 전에 만든, 미아 외의 다른 사람의 눈에 보이지 않는 이상적 애인이라는 존재는, 미아에게 오성이란 착각에 지나지 않으며 그 안에는 인간의 복잡한 감정의 총체가 보다 실제적인 것으로 자리 잡고 있다며 합리성에 대한 환상을 비판한다. 실제로 나중에 로젠트레터 변호사는 백혈병 환자였던 모리츠가 여섯 살 때 줄기세포이식으로 골수이식을 받은 후, 그의 혈액이나 유전자가 골수기증자인 발터 하네만이라는 사람과 같아졌다며, 지빌레의 범인이 모리츠가 아닌 하네만이라는 사실을 밝혀낸다. 그러나 이러한 오류에도 불구하고 크라머는 방법으로 불리는 자신들의 체제만큼 오류가 적은 체제는 없다며 여전히 합리성을 옹호한다.

그러나 크라머 스스로 합리성에 근거한 객관적 진리가 사실은 단순한 믿음에 지나지 않는다는 것을 알고 있다. 그는 미아에게 법정에서마저 진실은 주관적인 문제일 뿐이라며 진실과 믿음의 유사성을 강조한다. 그래서 진실과 믿음의 경계에 있는 것을 타당성이 아니라 유용성의 관점에서 살펴보고 판단해야 한다고 주장한다. 이처럼 방법이라는 체제의 무오류성을 주장하는 크라머는 앎을 곧 믿음에 지나지 않는 것으로 간주하는 회의론자이지만, 진실은 유용성에 굴복해야 한다며 체제를 기계처럼 잘 작동하게 만들려는 강박적 욕구에 매달린다. 이에 미아는 크라머가 선동가처럼 행세하지만, 사실은 그 체제가 기독교이든, 민주주이든 아니면 방법이든 다 마찬가지라고 믿으며, 다만 체제 자체를 절대 진리처럼 믿고 그것을 보존하려 애쓰고 있다고 비판한다.

위에서 언급한 것처럼 크라머는 미아와 마찬가지로 본질적으로 회의론자이지만, 객관적 진리에 대한 회의 때문에 불안해하는 미아와 달리 유용성이라는 척도에 따라 절대적인 것으로 나아간다. 이러한 그의 확고한 태도 때문에 미아는 그에게 경탄하며 마음이 끌리기도 하지만, 동시에 그가 내세우는 절대성의 공허함을 인식하며 반감을 갖기도 한다.

방법이라는 체제가 결코 이성적이지 않을 뿐만 아니라 정반대로 조작과 책략을 일삼고 있다는 것은 소설 마지막에서 크라머가 미아를 테러리스트 집단의 수괴로 체포하기 위해 꾸민 일련의 술수에서 잘 드러난다. 그는 미아의 전화를 도청하고 컴퓨터의 데이터 장치를 모두 스캔한다. 또한 그녀의 컴퓨터에서 발견한 식수공급계획 데이터와 생물학자인 그녀의 집에서 발견한 보툴리누스균을 짜 맞추어, 그녀가 식수를 오염시켜 주민을 살상하려는 계획을 갖고 있었다고 사실을 날조한다. 그는 심지어 전기고문을 할 수도 있다며 미아에게 자백을 강요하고, 자백이 없다면 주관적 진실을 날조된 객관적 진실로 대체하겠다고 위협한다. 이러한 태도는 크라머가 주장하는 방법이라는 체제의 합리성이 얼마나 비합리적이고 거짓과 폭력으로 점철되어 있는지 폭로한다.

이러한 유사객관성의 문제점을 모리츠는 잘 알고 있다. 생물학자인 누나 미아가 아직까지 방법이라는 체제에 동조하고 객관적 진실에 대한 믿음을 고수하고 있을 때, 모리츠는 그녀에게 자연과학적 사고방식이 그녀를 망쳐 놓았으며 그녀가 예술가가 되어야 한다고 주장한다. 미아는 모리츠가 자신에게 했던 말을 떠올리며 이렇게 말한다.

> 우리가 관찰한 것뿐만 아니라 우리 스스로가 만물을 구성하는 거대한 원자 소용돌이의 일부분에 지나지 않는다는 사실을 항상 생각해야 한다면, 어떻게 하나의 대상이나 심지어 사랑하는 한 존재를 관찰할 수 있겠냐고 모리츠는 물었어. 우리의 관찰과 이해의 유일한 도구인 뇌가 우리가 보고 이해한 대상과 똑같은 성분들로 이루어져 있다는 사실을 우리가 어떻게 견뎌 낼 수 있을까? 그러고선 모리츠는 소리쳤지. 스스로를 뚫어지게 쳐다보는 물질이란 대체 뭐란 말인가라고.[238]

위의 인용문에서 모리츠는 우리가 소위 객관적 인식이라고 부르는 것이 그것을 바라보는 주체 자신의 불완전성 때문에 결코 객관성을 유지할 수 없다고 비판한다. 이러한 객관적 진실에 대한 회의는 서로 구분될 수 있는 개념으로서의 언어에 대한 회의로 이어진다. 크라머가 사회에서 제거되어야 할 바이러스로 규정한 '사랑'을 모리츠는 전혀 다르게 규정한다. 미아는 이상적 애인에게 모리츠가 사랑을 위해 살려고 했다며, 그에게 사랑은 일상적으로 통용되는 사랑 개념과 전혀 다른 것을 의미했다고 말한다.

> 사랑은 자연이었고, 자유와 여자였으며, 낚시였고 소란을 피우는 거였어. 다르게 존재하기. 더 많이 소란 피우기. 이 모든 것이 그에게는 사랑이라고 불렸어.[239]

---

238 J. Zeh, 같은 책, 26쪽.
239 같은 책, 27쪽.

그는 또한 금지구역을 대성당이라고 부르고 그곳을 기도하는 곳으로 간주했지만, 그에게서 기도란 종교적 의미를 지니지 않았으며 "이야기하고 침묵하고 낚시하는 것을 의미했다."[240] 이러한 언어 내지 개념과의 유희에는 개념이 현실의 대상을 결코 지시하지 않으며 그것과 필연적인 관계를 맺고 있지 않다는 인식이 깔려 있다. 따라서 이러한 언어를 매개로 세계를 파악하는 인간의 인식은 결코 객관적 진리를 담보할 수 없다.

객관적 진리나 언어에 대한 이러한 모리츠의 회의는 방법이라는 체제에서 주장한 합리성의 무오류성과 첨예하게 대립한다. 그런데 방법이라는 체제의 대변자이면서도 은밀하게는 절대적인 허무주의자인 크라머가 객관성을 유용성으로 대체하고 체제의 보존에 매달리는 반면, 객관적 진실을 부정하는 또 다른 허무주의자 모리츠는 방법이라는 체제에 대한 이념적 폭력을 행사하면서 정신의 자유와 들뢰즈와 가타리적인 의미에서 다양체로서의 삶을 펼쳐 나간다. 체제의 권력이 삶과 죽음, 육체와 정신 같은 개념들의 이분법적 구분을 고수하고 이러한 개념들 사이에 세워진 경계의 울타리에 올라탄 미아 같은 여성을 마녀로 부르며 부정적 폭력을 행사한다면, 이와 반대로 모리츠는 그러한 경계의 벽을 허물고 경계를 자유롭게 넘나들며 체제의 권력에 도전함으로써 이념적 폭력이라는 긍정적 폭력을 행사한다.

---

240 같은 책, 60쪽.

제4장

성과사회와 긍정성의 폭력

1. 한병철: 성과사회와 긍정성의 폭력

한병철은 이전의 폭력과 21세기의 폭력을 각각 부정성의 폭력과 긍정성의 폭력으로 구분한다. 부정성의 폭력이란 나와 타자, 친구와 적을 구분함으로써 적대적인 타자를 억압하고 그로부터 자신을 지켜 내는 폭력이다. 이러한 의미에서 그는 부정성의 폭력을 면역학적 관점에서 이해한다. 반면 "긍정성의 폭력은 적대성을 전제하지 않는다. 그것은 오히려 관용적이고 평화로운 사회에서 확산"[1]된다. 즉 그것은 더 이상 적대적인 타자가 존재하지 않는 상황에서 나르시시즘에 빠진 자아가 자발적으로 스스로에게 더 많은 성과를 요구하며 자기 자신에게 행사하는 폭력이다. 한병철은 자아와 타자의 구분이 사라지고 모든 것이

1 한병철, 『피로사회』, 김태환 옮김, 문학과지성사, 2012, 21쪽.

혼성적으로 변하는 세계화의 시대에 면역학적 관점에서 비롯되는 부정성의 폭력 역시 사라지고 있다고 진단한다.[2]

한병철이 제시하는 새로운 폭력 패러다임의 특징은 다음과 같이 정리할 수 있다.

첫 번째로 한병철이 제시하는 긍정성의 폭력 개념은 전통적인 의미에서의 도덕적 의미를 지니지 않는다. 이러한 긍정성의 폭력에서는 자신과 적대적인 관계에 있는 타자에 대한 억압적 · 공격적 태도가 사라진다. 더욱이 폭력의 피해자가 동시에 가해자가 되는 상황에서 폭력에 관한 (좁은 의미에서의) 도덕적인 문제는 제기될 수 없다. 왜냐하면 도덕이란 인간 상호 간의 규범적 관계에서 발생하기 때문이다. 엄격히 말해 한 개인이 더 많은 성과를 거두기 위해 목적 지향적으로 행동하는 것은 옳고 그름의 문제, 즉 도덕의 문제가 아니라 삶의 지향점과 관련된 가치의 문제이다. 즉 그것은 그렇게 설정된 삶의 가치가 모든 사람이 아니라 내 자신에게 어떻게 느껴지느냐, 즉 좋은가 나쁜가의 문제이며, 그런 점에서 개인적인 상태와 연관된 건강의 문제와 유사하다. 따라서 한병철이 말하는 긍정적 폭력은 도덕의 영역보다는 가치의 영역, 더 나아가 심리적 · 의학적 영역에 위치하는 듯 보인다.[3]

---

2 보드리야르는 세계화의 시대에 일어날 제4차 전쟁은 더 이상 국가 간의 전쟁 형태가 아니라 내파적인 테러리즘 형태의 바이러스적 폭력으로 일어날 것이라고 주장한다. 한병철은 이러한 바이러스의 폭력 모델이 여전히 내부 안에 외부를 만들며 이들 간의 적대적 긴장관계를 전제로 하는 면역학적 모델에 기초해 있다며, 이러한 모델로는 부정성이 결핍된 채 생산과 소통의 과잉형태로 등장하는 세계화의 폭력 및 이에 대한 저항형식을 제대로 파악할 수 없다고 말한다. B. C. Han, *Topologie der Gewalt*, 122-126쪽 참조.

3 그러나 한병철은 자기 파괴적인 과잉행동 자체를 이미 도덕적인 맥락에서 살펴보며 그 자체로 폭력으로 간주한다. 즉 그것은 스스로가 자신에게 가하는 비도덕적 행위이

긍정성의 폭력이 지닌 두 번째 특징은 그것의 심리적 · 의학적 특성에 있다. 한병철은 21세기의 성과사회를 피로사회라고도 부르면서, 끊임없이 자신을 더 많은 성과로 내모는 후기현대사회의 주체가 우울증이나 소진증후군 또는 주의력결핍행동장애 같은 정신질환에 시달린다고 강조한다. 그가 후기현대사회의 내적 폭력과 그 이전의 외적 폭력을 구분하면서 후자의 특징을 면역학적 관점에서 가해지는 폭력으로 묘사할 때, 이러한 구분에도 이미 의학적 관점이 가미되어 있다. 이미 규율사회에서 사회 전반적인 감시와 통제가 정신질환을 야기하며 심리적 · 의학적 문제를 야기했다면, 그 이전의 절대군주사회에서는 오히려 신체에 직접적으로 가해지는 고문 같은 폭력이 주도적인 의미를 지니며 이에 따라 폭력 역시 외면적 특성을 지니고 있었다. 한병철은 푸코가 언급한 규율사회의 폭력에 심리적 · 의학적 특성을

며 따라서 폭력이라는 것이다. 그러나 이처럼 도덕 및 이와 연관된 폭력의 범위를 넓힐 경우, 가령 담배를 피우며 자신의 건강을 해치는 행위나 시험공부를 하느라 건강을 해치는 행위 역시 비도덕적인 폭력으로 분류될 수 있다. 이 경우 이를 비도덕적인 것으로 분류하는 관점 뒤에는 두 가지 전제가 숨어 있다. 하나는 인간은 자신의 몸을 자신의 자유로운 선택과 결정에 의해서라 할지라도 결코 훼손해서는 안 되며, 만일 그러한 훼손이 일어난다면 이는 타인의 신체에 대한 훼손과 마찬가지로 도덕적으로 잘못된 행위라는 것이다. 만일 한병철이 신체 자체에 대한 인간의 자기결정권을 부인하는 관점을 취하는 것이 아니라면, 다른 하나의 관점만이 남는다. 그것은 바로 건강이 일종의 규범이 되어 도덕과 폭력 여부를 결정하는 척도가 되는 경우이다. 그런데 한병철은 건강을 최우선시하는 현대사회를 오히려 비판하는 경향을 보인다. 그렇다면 결국 그가 문제로 삼는 것은 성과주의를 추구하는 잘못된 가치관인데, 이에 대한 비판은 도덕적 비판보다는 실존적 가치에 대한 비판으로 보는 것이 옳을 것이다. 다른 한편 자기 파괴적인 과잉행동이 그러한 행동을 야기한 시스템에서 직접 유발된 것으로 간주되며 시스템의 억압성이 강조된다면, 이 경우에는 윤리적 관점을 제기하며 폭력을 언급할 수 있을 것이다. 그것은 자기 파괴적인 폭력의 탈을 쓴 시스템의 폭력인 것이다. 그런데 자살이나 자해, 또는 자기 파괴적인 과잉행동이 윤리적 담론과 연결되는지 또 이를 통해 폭력으로 간주될 수 있는지의 문제는 결코 객관적으로 결정될 수 없으며, 오히려 그것을 바라보는 관점에 따라 담론에 의해 결정되어야 한다.

부여하면서 그 이전의 외면적 · 신체적 폭력과 구분한다. 그는 여기서 한 걸음 더 나아가 21세기의 성과사회에서 나타나는 긍정성의 폭력을 규율사회를 특징짓는, 안과 밖, 친구와 적이라는 면역학적 관계에 기초한 부정성의 폭력과 본질적으로 구분하며 폭력의 패러다임 변화를 확인한다. 그는 나르시시즘에 빠져 과잉활동을 하며 소진증후군에 시달리는 부정적 피로와 비교해, 아무것도 하지 않는 무위의 피로가 지닌 긍정적 의미를 강조한다. 더 많은 성과를 내도록 자신을 내모는 주체가 자신의 행동을 중단하고 사색에 잠기며 창조적 순간을 준비할 때, 이러한 무위로서의 근원적 피로는 나르시시즘적 과잉행동에 빠져 병든 개인을 치료하는 치유의 의미를 갖는다. 동시에 이러한 근원적 피로는 목적지향적으로 행동하는 파편화된 개인을 자기중심적 사고에서 끌어내어 세계 안으로 끌어들이는 의미도 갖고 있다.

긍정성의 폭력이 지닌 세 번째 특징은 폭력의 자기연관성이다. 쉽게 말해 폭력의 피해자가 바로 가해자가 되는 양상이다. 여기서 주인과 노예는 더 이상 구분되지 않으며, 주인이 스스로의 노예가 되는 상황이 발생한다. 긍정성의 폭력은 나와 타인의 경쟁에서 비롯되는 것이 아니라, 내 스스로가 나에게 가하는 무한한 채찍질에서 비롯된다. 한병철은 이러한 상황이 발생하는 이유를 자신을 인정해 줄 타자라는 존재의 소멸에서 찾는다. 타자의 인정에 의해 충족되어야 할 욕망이 타자의 부재 때문에 충족되지 않기 때문에, 자아는 더 많은 성과를 얻으려고 끊임없이 자신을 내모는 것이다. "과도한 선택의 자유를 누리는 후기근대의 성과주체는 강력한 유대의 능력을 잃어 버린다. 우울증은 모든 유대를 끊어 버린다."[4] "소셜네트워크 속의 "친구"들은 마치 상품처럼 전시된 자아에게 주의를 선사함으로써 자아 감정을 높여주는 소비자의 구실을 할 따름이다."[5] 그러나 모든 유대관계에서 벗어나 자유롭게 자신의 욕망과 쾌락을 추구하고 있다고 믿는 개인이 오히려 스스로 만든 감옥에 자신을 가두고 학대하며 착취하는 역설이 생겨난다. "자본주의 시스템은 더욱 가속화된 발전을 위해 타자에 의한 착취에서 자기 착취로 전환한다. 이러한 역설적 자유로 인해 성과주체는 가해자이자 희생자이며 주인이자 노예가 된다. 자유와 폭력이 하나가 된다. 자기 자신의 주권자, 호모 리베르를 자처하는 성과주체는 호모 사케르임이 밝혀진다."[6]

이처럼 자기 자신에게 자발적으로 가하는 폭력은 투명사회에서 가해지는 자기폭력의 양태로도 나타난다. 모든 어둠과 부정성을 몰아내고 투명성을 요구하는 "투명성의 독재는 과잉소통, 과잉정보, 과잉가시성 같은 현상들과 떼어서 생각할 수 없다."[7] 즉 투명성의 폭력은 과도한 긍정성의 폭력인 것이다. 이러한 투명성의 폭력은 또한 시스템의 폭력이기도 하다. 왜냐하면 완전히 투명한 의사소통은 인간의 의사소통에서는 불가능하며 기계적인 의사소통에서만 가능한데, 사회가 그러한 절대적인 투명성을 강요할 때 인간은 시스템의 기능적 요소로 전락하기 때문이다. 한병철은 푸코의 파놉티콘 개념을 현대의 디지털 사회에 적용하고, 모든 것을 투명하게 만드는 사회를 절대적 통제와 감시의 사회로 지칭하며, 디지털 파놉티콘이라는 개념을 사용한다. 그런데 이러한 감시는 조지 오웰의 『1984』에 나오는 빅 브라더

---

4 한병철, 「우울사회」, 『피로사회』, 96쪽.
5 같은 글, 96-97쪽.
6 같은 글, 110쪽.
7 B. C. Han, *Topologie der Gewalt*, 128쪽.

식의 억압적이고 전체주의적인 규율사회의 감시만 의미하는 것은 아니다. 더 나아가 각각의 개인은 소셜 네트워크에 스스로를 자발적으로 노출하고 자기전시를 하면서 스스로 타인의 감시와 폭력에 내맡겨지기도 한다. "오늘날 세계 전체가 하나의 파놉티콘으로 발전한다. [···] 자유의 공간을 자처하는 구글과 소셜네트워크는 파놉티콘적 형태를 취해 간다. 오늘날 감시는 사람들이 흔히 생각하는 것처럼, "자유에 대한 공격"이라는 형식으로 이루어지는 것이 아니다. 오히려 사람들 스스로 자발적으로 파놉티콘적 시선에 자기를 내맡긴다. 사람들은 자기를 노출하고 전시함으로써 열렬히 디지털 파놉티콘의 건설에 동참한다."[8] 이로써 투명사회의 폭력은 자발적인 자기폭력의 특성을 띠며 성과사회의 폭력과 연결된다.

규율사회의 감시와 이에 따른 폭력이 부정성의 폭력이라면, 스스로를 노출하는 것을 즐기며 자발적으로 감시와 통제에 내맡기며 당하는 폭력은 긍정성의 폭력이다. 한병철은 개인에게 더 많은 자유가 주어진다고 더 자유로워지는 것은 아니라고 말한다. 오히려 성과사회와 전시사회라는 특수한 역사적 상황에서 개인에게 주어진 자유는 스스로에게 더 많은 성과를 강제하며 자기를 착취하는 강제로 변질되거나 자신을 상품처럼 끊임없이 전시하며 자발적으로 감시와 통제의 대상으로 만들어 버린다. 한병철은 "이처럼 자신의 대립자로 전도되는 자유의 치명적인 변증법"[9]을 강조하며, 나르시시즘에 빠진 고독한 자아가 타자에게 향하는 문을 열어 친밀감과 우애의 사회를 만들 것을 요

---

8 한병철, 『투명사회』, 101-102쪽.

9 한병철, 「무리 속에서. 디지털의 풍경들」, 『투명사회』, 182쪽.

구한다.

긍정성의 폭력의 네 번째 특징은 자본주의적 성과사회의 토대를 이루는 시스템의 폭력과 관련된다. 우선 그는 앞에서 언급한 현대인의 신경질환을 시스템의 폭력과 연관해 설명한다. "우울증, 주의력결핍과잉행동장애, 소진증후군과 같은 신경성 질환은 바이러스성 폭력과 같이 여전히 내부와 외부, 자아와 타자의 면역학적 도식을 따르며, 시스템에 적대적인 특이한 개별자나 이질성을 전제하는 개념으로는 정확히 기술할 수 없다. 신경성 폭력은 시스템에 이질적인 부정성에서 나오지 않는다. 그것은 오히려 **시스템적**인 폭력, 시스템에 내재하는 폭력이다. 우울증도, 주의력결핍과잉행동장애나 소진증후군도 긍정성 과잉의 징후이다."[10] 즉 어떤 외부적 강제도 없이 자발적으로 더 많은 성과를 내도록 스스로를 채근하는 긍정성의 과잉으로 인해 위에서 언급한 신경증이 발생한다는 것이다. 이처럼 시스템의 폭력이 자기연관적인 긍정성의 폭력의 원인으로 지목될 때, 개인이 스스로와의 합의하에[11], 즉 자발적인 결정에 따라 자기착취적인 행위를 하더라도 그것에 대한 윤리적 비판이 제기될 수 있게 된다. 왜냐하면 비록 그러한 행위가 사회구조에 의해 결정된다고는 말할 수 없더라도 그로부터 지대한 영향을 받고 있다고는 말할 수 있기 때문이다. 따라서 이러한 사회시스템의 정당성에 대한 문제를 제기하며 윤리적 담론을 펼칠 수 있다는 점에서 주체의 자기 파괴적인 과잉행동은 폭력으로 간주될 수

---

10 한병철, 『피로사회』, 22쪽.

11 한병철, 「우울사회」, 109쪽: "오늘날의 폭력은 **적대적인 이견**에서보다는 **순응적 합의**에서 나온다. 그렇다면 우리는 하버마스에 반하여 **합의의 폭력**을 이야기할 수도 있을 것이다."

도 있다. 한병철도 이러한 시스템의 폭력에 대해 비판을 가한다. 아무런 부정적인 비판의 제동도 받지 않고 끊임없이 자기 증식만을 하는 자본주의 사회와 정보사회는 과잉생산과 가속화의 요구 속에서 개인을 과잉행동과 멀티태스킹으로 내몬다. "성과사회, 활동사회는 그 이면에서 극단적 피로와 탈진 상태를 야기한다."[12]

"피로는 폭력이다. 그것은 모든 공동체, 모든 공동의 삶, 모든 친밀함을, 심지어 언어 자체마저 파괴하기 때문이다."[13] 그러나 한병철은 이러한 시스템의 폭력에 맞서 그것의 개선이나 변화를 촉구하기보다는 개인의 실존적 차원에서 어떤 삶의 가치를 추구하며 이에 대응해야 할지 성찰할 것을 요구한다.[14] 그러면서 그는 피로에 대한 한트케의 성찰에 기대어 성과사회에서 일어나는 고독한 피로 또는 모든 공동체와 친밀함을 상실하는 자아-피로에 맞서, 이와 대비되는 근본적 피로로서 무위의 피로를 내세운다. 무위의 피로는 성과사회에 나타나는 가속화의 흐름을 멈춰 세우고 과잉활동 속에서 이해할 수 없었던 것을 이해시켜 주는 사색을 가능하게 한다. 또한 탈진의 피로와 달리 타자와의 경계를 열어 주는 '우리-피로'는 우애를 낳고 공동체를 가능하게 함으로써 치유의 기능을 갖는다. 더 나아가 목적지향적

12 한병철, 『피로사회』, 66쪽.

13 같은 책, 67쪽.

14 한병철은 성과사회에서 사람들이 추구하는 유일한 가치는 적나라한 생존으로서의 건강과 자아의 전시가치뿐이라고 말한다. 그리하여 사람들은 무조건적으로 건강을 유지하며 생존 자체에만 가치를 둘 뿐, 좋은 삶에 대해서는 성찰하지 않는다며 인간의 실존적인 삶의 가치에 대한 성찰이 부재함을 비판한다. 아울러 신체적 건강을 최우선으로 여기는 현대인이 역설적으로 우울증 등 다양한 심리질환에 시달리는 모순도 지적한다. 같은 책, 112-114쪽 참조.

행위를 벗어난 이러한 "피로는 무장을 해제한다."[15] 그리고 "피로한 자의 길고 느린 시선 속에서 단호함은 태평함에 자리를"[16] 내주며 우애와 평화를 가져온다. 따라서 한병철이 내세우는 무위의 피로는 자기 파괴적인 긍정성의 폭력에 맞서 평화를 가져오는 피로라고 할 수 있다.

2. '자아-피로'에서 '우리-피로'로: 한트케의 『피로에 관한 시론』

1) '자아-피로'와 폭력 또는 피로를 모르는 자들의 폭력

앞에서 한병철이 피로에 관한 한트케의 성찰에 기대어 어떻게 긍정성의 폭력을 비판하며 평화를 가져오는 '우리-피로'라는 개념을 제시했는지 살펴보았다. 이 장에서는 한트케의 『피로에 관한 시론 *Versuch über die Müdigkeit*』(1989)을 중심으로, 한병철이 이상적인 피로로 제시한 '우리-피로'가 무엇인지 좀 더 자세히 살펴보고자 한다.

일반적으로 '피로'라는 단어는 부정적인 의미를 지니는 것으로 간주된다. 특히 자본주의 사회에 들어서면서 생존경쟁이나 더 많은 성과에 대한 압박 때문에 과도하게 자신을 노동으로 내몬 대가로 사람들은 '피로'해진다. 네이버 국어사전도 이러한 맥락에서 피로를 "과

15 같은 책, 72쪽.
16 같은 쪽.

로로 정신이나 몸이 지쳐 힘듦. 또는 그런 상태"[17]로 정의하고 있다. 이처럼 피로는 일반적으로 노동과 관련시켜 생각되며 거의 부정적인 의미로 이해된다.

한트케는 이러한 일반적인 피로 개념에 맞서 『피로에 관한 시론』이라는 에세이에서 피로를 개념적으로 정의하기보다는 그것에 대한 다양한 이미지들을 떠올리며 그것의 다양한 의미와 가치에 대해 이야기한다. 이 경우 피로는 폭력이나 평화라는 주제와도 밀접한 연관을 맺으며 성찰된다.

먼저 폭력담론과 연관시켜 한트케가 부정적으로 묘사한 피로의 유형들을 살펴보자.

한트케는 이 책에서 어린 시절에는 대체로 피로를 두려워할 대상으로 경험했다고 말한다. 특히 유년 시절 한트케는 가톨릭교회에서 답답함을 느끼며 피로해져 교회를 뛰쳐나와 집으로 가고 싶은 충동을 느낀다. 한트케뿐만 아니라 옐리네크나 베른하르트 같은 오스트리아 작가나 발저 같은 남부독일의 작가에게는 그곳의 보수적인 가톨릭교회가 억압적인 것으로 묘사되곤 한다. 이 경우 피로는 보수적이고 억압적인 분위기의 교회가 개인에게 폭력적으로 작용하여 생겨난 심리적 · 육체적 상태로 간주될 수 있을 것이다. 그러나 다른 한편 유년 시절의 한트케는 교회공동체에 속하지 못하고 적응에 실패한 것에 대해 죄책감을 갖기도 한다. 이러한 죄책감이 그 자체로 타당한 것은 아니라고 하더라도, 사회와 유리된 채 독립적으로 존재하려는

---

17 네이버 국어사전(http://krdic.naver.com/search.nhn?kind=all&scBtn=true&query=%ED%94%BC%EB%A1%9C, 2014. 11. 30.).

개인주의에 대한 한트케의 유보적 태도가 이미 어느 정도 선취된 것으로 생각할 수 있을 것이다. 왜냐하면 나중에 한트케는 개인주의적 성향에 반대하며 '우리-공동체'를 이상적인 유토피아로 제시하기 때문이다.

한트케는 유년 시절의 교회처럼 대학강의실에서도 답답하고 숨막히는 경험을 한다. 그는 아무런 영혼 없이 기계적으로 강의하는 교수들에게 반발을 느끼며 강의실을 뛰쳐나가고 싶어 한다. 물론 앞에서 언급한 교회와 마찬가지로 대학 역시 직접적으로 그에게 신체적 위해를 가하는 것은 아니지만, 생명력을 상실한 채 진부한 상투어만을 내뱉으며 자신을 가두는 대학은 그에게 감옥처럼 느껴진다. 따라서 여기서도 대학생인 한트케가 느낀 피로는 넓은 의미에서 그의 자유로운 정신을 억누르는 일종의 폭력에 대한 반응이라고 볼 수 있을 것이다. 그러나 그가 앞에서 언급한 교회의 예에서처럼 죄책감을 갖고 그곳을 떠나기보다는 반항심을 갖고 강의실을 떠난다는 점에서 차이가 있다.

그러나 피로가 앞에서 살펴본 것처럼 정신적 폭력에 대한 반응인 것만은 아니다. 정반대로 피로가 폭력을 낳는 경우도 있다. 가령 남녀가 내면적으로는 이미 갈라선 상태이지만 표면적으로는 여전히 같이 살고 있는 상황에서 극도의 피로가 생겨난다. 하지만 이들은 자신의 내면을 말로 표현하지 않기 때문에 잠재적 공격성은 더욱 커진다. 그리하여 그들은 사물을 파괴하거나 제3자에게 폭력을 행사하기도 하고, 아니면 자해하며 스스로에게 폭력을 가하기도 한다. 심지어 직접적으로 파트너에게 불만을 토로하며 구타를 하는 경우도 발생한다. 한트케는 이러한 폭력에 선행해 서로를 갈라놓는 피로가 생겨난다고 말한다. "각자 자신의 가장 고유한 피로상태에 빠져들었다. 즉 우리의 피로가 아니라, 여기에서는 나의 피로에, 저기에서는 너의 피로에 빠져들었던 것이다."[18] 이러한 피로는 서로에 대한 무관심을 낳고 친숙한 파트너를 낯선 존재로 바꿔 버린다.

그러나 한트케에 따르면 역설적으로 바로 이러한 폭력만이 커플을 피로에서 벗어나게 해 줄 수 있는데, 그 이유는 일단 폭력이 행사되면 그 커플의 관계는 깨지기 때문이다. 그러나 그들이 다시 서로에게 돌아와 이전과는 다른 눈으로 상대방을 바라볼 수도 있다. 만일 그렇게 된다면, 그것은 그들이 "서로를 비난하는 대신에 개개인으로부터 독립해 존재하는 '함께 있음'이라는 조건에 대해 함께 눈을 뜨게 되었음"[19]을 의미한다. 한트케는 친구들 사이에 나타나는 피로는 아무런 위험이 없지만, 커플들 사이의 피로는 상대방에 대한 환상을 파괴하고 스스로도 학대하게 만들며 파국으로 몰고 갈 위험이 있다고 말한다. 더 나아가 커플 간의 피로는 삶 자체를 피로하게 만들며 그들을 무기력하게 만들 수도 있다. 이처럼 전면적 관계를 요구하는 커플에게서 생겨나는 피로는 항상 그 안에 잠재적 폭력을 내포한다.

앞에서 억압적인 제도적 폭력이 피로를 낳거나 반대로 피로가 폭력을 발생시키는 예들에 대해 언급하였다. 이러한 예에서 피로는 부정적인 것으로 나타나지만, 그렇다고 한트케가 반대로 피로하지 않은 사람들을 긍정적인 인간으로 내세우는 것은 아니다. 오히려 그는 피

---

18 Peter Handke, *Versuch über die Müdigkeit*, Frankfurt a.M., 1992, 15쪽.
19 같은 책, 19쪽.

로를 느끼지 못하는 사람들을 부정적으로 묘사한다. 그는 시민계층을 피로한 모습의 이미지로 떠올릴 수 없다고 말한다. 가령 대시민이든 소시민이든 시민계층은 피로를 나쁜 것처럼 이야기하며, 그들이 피로한 모습을 보여 주지 않는다는 것이다. 뒤에서 다루게 될 낭만적으로 변용된 수공업자나 소농민이 체험하는 긍정적인 피로를 시민계층에서는 발견하기 힘들다. 권력자나 부자 역시 피로한 모습으로 나타나지 않는다.

한트케는 무엇보다도 역사적인 범죄자로서 항상 불안한 모습으로 추적당하는 오스트리아 국민을 피로를 알지 못하는 인간의 모습으로 떠올린다. 한트케는 사악한 범죄자가 소리를 내며 깊이 잠들 수도 있겠지만, 그들이 피로에 빠지지는 않는다고 말한다. 다만 그가 몰래 소망하던 처벌을 받을 때야 비로소 피로를 경험할 수 있을 뿐이다. 더 나아가 한트케는 이러한 개인 범죄자를 오스트리아 국민 전체로 확장하여 생각한다. "그리고 우리나라 전체가 소위 지도층에 이르기까지 이러한 피로를 모르는 사람들, 완전히 깨어 있는 활발한 사람들로 가득 차 있다. 다만 한순간이라도 피로한 모습을 띠는 대신, 계속되는 폭력범과 그 하수인들로 우글거리는 무리가 뻔뻔하게 자신의 모습을 드러낸다."[20] 한트케는 2차 대전이라는 역사적 범죄에도 불구하고 속죄하지 않고 뻔뻔하게 이러한 폭력을 계속 행사하고 있는 오스트리아 국민에 대해 비판적으로 성찰하며, 이러한 속죄할 줄 모르는 사람들을 '피로를 모르는 사람들'로 지칭한다. 피로를 모르는 사람들이 폭력

---

20 같은 책, 31쪽.

범으로 등장하는 것이다. 이로써 앞에서 언급한 부정적 피로의 대척점에 있는 것이 '피로하지 않음'이 아니라 특정한 형태의 긍정적 피로라는 것이 암시된다.

2) '우리-피로'와 평화

한트케는 『피로에 관한 시론』에서 지금까지 주로 부정적 맥락에서만 이해되었던 피로라는 개념을 그 다양한 이미지와 그것과 관련된 세계상과 연관시켜 설명하고 이로부터 그것에 내재해 있는 긍정적 함의를 끌어낸다.

한트케는 1940년대 말에서 1950년대 초반 자신이 어린 시절에 경험했던 곡식의 타작과 볏단의 운반 작업에 대한 기억을 생생하게 서술한다. 그때는 어른들뿐만 아니라 아이들까지 함께 노동에 참여했는데, 일이 끝나면 모두 먼지를 뒤집어쓴 채 피로해졌다. 이러한 피로는 앞에서 기술했던, 사람들을 갈라놓는 '자아-피로'와 완전히 대조된다.

> 우리는 그렇게 (내 기억 속에서는 항상 바깥에서 오후의 햇빛을 받으며) 앉아 이야기를 하거나 또는 침묵을 지키면서 공동의 피로를 즐기고 있었다. 일부는 농장의 벤치에 앉아 있었고, 또 다른 사람들은 수레의 손잡이에 앉아 있었으며, 또 다른 제3의 부류는 더 멀리 떨어진 곳에서 먼지가 뽀얗게 내려앉은 풀밭에 이미 앉아 있었다. 정말 마치 소집된 것처럼, 또한 모든 이웃과 세대가 어떤 에피소드에서처럼 하나가 되어 있었다. 피로의 구름, 에테르같이 몰려온 피로가 그 당시에 우리를 하나

로 만들었다(다음 볏단의 적재가 예고되었을 때까지). 나는 마을에서 보낸 유년기로부터 그러한 우리-피로에 대한 더 많은 형상을 간직하고 있다.[21]

여기서 피로는 세대 간의 간극을 메우고 마을 사람 전체를 하나로 묶어 놓는 '우리-피로'로 불린다. 그것은 분업적인 시스템에 따라 홀로 기계 앞에 앉아 일하는 소외된 노동의 결과인 '자아-피로'와 대조된다. 또한 그것은 다른 사람과의 경쟁 내지 개인의 욕심에서 발생하는 이기적 피로가 아니라, 그러한 개인적 욕심과 경쟁을 넘어서서 자신을 타인들에게 열어 놓으며 그들과 하나로 단결시키는 화합의 피로이다. 한트케는 2차 대전 후 오스트리아라는 작은 나라가 이처럼 함께 일하며 하나로 결합되는 피로의 형상을 볼 수 있기를 소망한다. 하지만 현실의 오스트리아는 결코 그렇지 못하며, 그래서 그는 피로를 모르며 자기반성을 하지 않는 자신의 나라를 비판한다.

한트케는 자신이 어린 시절에 구경했던 목수들의 작업에서도 '우리-피로'를 목격한다. 물론 작업반장이 있기는 했지만 이 무리 중 어느 누구도 지배자로 권력을 휘두르는 법은 없었다. 또한 이들이 빠져든 피로의 특징은 이들의 감각이 피로에도 불구하고 깨어 있었고 생기가 있었다는 점이다. 이러한 피로는, 할머니가 돌아가시고 할아버지가 연금생활자가 되면서 대가족 공동체가 해체된 후 한트케의 부모가 새 집을 지었을 때 그가 경험한 중노동의 피로와 분명히 구분된다.

---

21 같은 책, 27쪽 이하.

혹사에 가까운 중노동을 할 때 삶에 대한 최소한의 감정마저 사라져 버리며, 그는 타인과 화합하지 못한 채 개별화되고 고립되는 피로를 경험한다.

한트케가 위에서 긍정적으로 묘사한 '우리-피로'를 체험하는 계층이 수공업자나 소농민이라는 점은 그가 근대 자본주의 사회의 소외된 노동과 대립시켜 전근대적인 사회를 이상화하는 듯한 인상을 준다. 그것은 땅과 농경사회를 이상적 모델로 삼았던 하이데거의 철학을 떠올리게 한다. 특히 하이데거의 후기 철학을 연상하며 한트케의 이 텍스트를 읽으면, 한트케가 언급하는, 이상적인 피로의 상태에서 세계가 스스로를 서술하는 유토피아적 상황을 읽어 낼 수 있다.

이 주제를 다루기에 앞서 우선 노동과 무관한 또 다른 종류의 피로, 즉 예술창작과 관련된 피로를 살펴볼 필요가 있다. 한트케는 창작의 피로를 다루기에 앞서 먼저 대학생 시절 교대근무 후 귀갓길에서 경험한 피로에 대해 언급한다. 이러한 피로는 그에게 익숙한 길을 새로운 시선에서 보게 한다. 그것은 분명 새로운 지각의 길을 열어 주는 피로이지만, 다른 한편 길을 지나가는 사람들로부터 그를 배제시킨다는 점에서 서로를 갈라놓는 피로이기도 하다.

한트케는 글을 쓸 때 자신이 느끼는 피로 역시 외관상으로는 교대근무 후의 피로와 유사하다고 말한다. 왜냐하면 창작의 피로는 작가로 하여금 사물을 새로운 시각에서 바라보게 하지만, 또한 일상에서 그를 떼어 놓으며 다수의 사람이 속한 사회에 소속되지 못하게 만들기 때문이다. 그러나 양자 사이에는 결정적 차이가 있다. 교대근무 후에 느끼는 피로에서와 달리 창작의 피로에서는 "내게 접근 불가능한 것은 사회가 아니었으며, 오히려 내가 사회에, 모든 사람들에게 접근 불가능했던 것이다."[22] 따라서 사회에 소속되지 않은 작가는 소외감을 느끼기보다는 오히려 그들과 차별화된다는 생각에 기분이 좋아지기조차 한다.

한트케는 이러한 창작의 피로가 갖는 부정적 이면을 간과하지 않는다. 그는 다른 사람이 자신을 건드리지 못하도록 벽을 쌓음으로써 창작의 피로가 거만함으로 돌변할 수 있음을 인식한다. 그는 나중에서야 자신이 타인을 만질 수 있고 또한 타인이 자신과 접촉할 수 있는 보다 발전된 형태의 피로를 체험하게 된다고 말한다.

서로가 접촉하고 하나로 합일되는 그러한 피로는 어떻게 생겨나는가? 우선 그는 남녀 간에 발생하는 '에로틱한 피로'가 그러한 성격을 지닌다고 말한다. 그러나 그것은 단순한 육체적 사랑이 아니라, 그에 앞서 파트너와 함께 어떤 어려움을 극복한 이후에 생겨나는 에로틱한 피로이다. 그러한 피로를 통해 남녀는 하나가 될 수 있다.

한병철은 『피로사회』에서 자신을 끊임없이 더 많은 성과로 내몰며 결국 소진시키는 '자아-피로'의 병적인 성격에 대해 언급한다. 이에 반해 한트케는 피로가 건강을 촉진하는 기능도 있음을 지적한다. 가령 그는 우울증 환자의 경우 잠을 제대로 못 이루면서 오히려 어려움을 극복하고 자신의 자아를 더 견고히 할 수 있다는 기사를 읽었다고 말한다. 이 경우 피로는 극복할 투쟁의 대상, 즉 적이 아니라 친구이다.

장시간의 여행 후 피로한 상태에서 한트케는 카페의 테라스에 앉

---

22 같은 책, 44쪽 이하.

아 길거리를 지나가는 사람들을 바라본다. 이러한 바라봄은 상대방을 자신의 관찰대상으로 만드는 시선과는 무관하다. 오히려 그러한 피로의 시선에서 나는 자아를 잃은 시선으로 상대방을 쳐다보며 그 때문에 상대방의 호감을 사기도 한다. 이러한 피로의 시선은 상대방을 사물화하며 자신의 지배하에 놓는 공격적인 폭력의 시선이 아니라, 그에게 자신을 열어 놓고 그를 자신의 친구 내지 연인으로 만드는 평화의 시선이다.

> 그리고 놀라운 점은 피로의 시선이 각각 폭력이나 싸움 또는 단순히 불친절한 행동의 제스처에 대한 단초를 이미 (진정시키면서? 완화시키면서?) 무장해제하면서, 그곳에서의 나의 피로가 잠깐 동안 평화에 이바지하는 것처럼 보였다는 것이다. 그것은 가끔 창작의 피로에도 나타나는 멸시적인 동정과는 전적으로 다른 동정이다. 즉 그것은 이해로서의 공감이다.[23]

창작하는 작가는 때때로 일반인과 자신을 구분하며 우월감에 차 그들을 내려다본다. 이러한 그의 피로한 시선에 멸시적인 동정이 깃들어 있다면, 자아를 잃은 채 세상에 자신을 열어 놓는 피로의 시선에는 타인을 친구로 받아들이며 그를 판결하기보다는 이해하려는 공감(동정이 아니라)이 깃들어 있다. 바로 이러한 피로는 폭력을 야기하는 피로와 정반대되는 평화에 기여하는 피로이다.

23 같은 책, 54쪽.

이처럼 평화에 기여하는 평안한 피로에 빠진 자아가 자신을 버리고 세상에 자신을 열어 놓을 때 비로소 그는 다시 세계 한가운데에 있게 된다. 이러한 상황에서 그는 다른 사람을 바라보는 동시에 그 사람이 세계 속에 있는 상황을 함께 볼 수 있다. 가령 그는 단순히 그를 바라보는 것이 아니라 나무 밑을 지나가는 타인을 보거나 또는 손에 책을 쥐고 있는 타인의 모습을 바라본다. 설령 그런 상황이 떠오르지 않는다 해도, 그의 피로가 그러한 상황을 창조해 낸다.

이로부터 작가의 창작과정 역시 앞에서 언급한 우월감에 찬 거만한 작가의 창작과정과 다른 모습이 된다. 작가는 언어를 매개로 해서 세계를 지칭하고 재현하려 하지 않는다. 오히려 작가의 피로는 작가가 세계에 강제로 개입하며 그 세계를 왜곡하는 대신, 세계가 스스로를 작가에게 드러낼 수 있도록 만든다. 물론 작가는 처음에는 모든 사건의 과정에서 배제되어 고통스럽게 침묵해야 하지만, 점차 삶이 그의 내면으로 들어와 자연스럽게 자신을 말하기 시작한다. 그리하여 세계는 침묵 속에서 자신을 드러내며 스스로 작가에게 이야기한다. 한트케는 이전의 연대기작가나 서사 시인이 서사시의 소재로 전쟁이나 투쟁 같은 폭력적인 사건을 필요로 한 반면, 평화로운 피로의 시선을 지닌 작가에게는 세계가 스스로를 드러내며 평화로운 사건으로서 이상적인 서사시를 서술한다고 말한다. 이러한 순간에 모든 것이 함께 하게 되고, 나와 타자의 경계도 사라진다. 이러한 '우리-피로'의 순간은 평화가 찾아오는 순간인 것이다.

3. 한병철의 피로사회와 긍정성의 폭력 개념에 대한 비판적 성찰

1) 폭력의 단계이론 비판과 '긍정성의 폭력' 개념의 확장

한병철은 폭력이라는 개념을 거의 대부분 부정적인 맥락에서 사용하며 이와 대비되는 평화의 이상을 피력한다. 그런데 그가 이론의 특성을 언급하면서 예외적으로 '폭력적 특성'의 긍정성을 언급하기도 한다. 그는 실증적인 데이터와 정보에 맞서 가치평가를 하는 결단의 부정성이 지닌 의미를 부각시킨다. 이 경우 "이론은 고도의 선택적인 이야기로서 구별의 경계선을 만든다. 이러한 부정성으로 인해 이론은 폭력적인 성격을 지닌다."[24] 그러나 한병철의 의도와 달리 이러한 이론의 폭력성은 부정적 의미로 해석되어야 할지도 모른다. 왜냐하면 긍정성의 폭력에 대한 한병철의 이론은 투명성과 긍정성을 지나치게 부정적인 관점에서만 바라봄으로써 그러한 현상에 '폭력'을 가하며 그 의미를 온전히 해석하지 못하기 때문이다.

한병철은 후기 자본주의 사회에서 자유로운 개인이 더 이상 어떤 외부의 억압이나 강제 없이 자발적으로 더 많은 성과를 내기 위해 자신을 채근하고 착취하는 현상의 근저에 시스템의 폭력이 숨어 있다고 본다. 그런데 여기서 시스템의 폭력은 대체 무엇을 의미하는가? 한병철에게 있어 자본주의 사회의 시스템적 폭력은 자본의 자기증식과

24 한병철, 『피로사회』, 22쪽.

자본주의의 과잉생산 체계 및 가속화 현상을 의미한다. 이러한 자본주의 시스템이 개인을 더 빨리, 더 많은 성과를 거두도록 내몰았다는 것이다. 그는 특히 현대의 자본주의 시스템을 신자유주의라고 부르는데, 이 신자유주의 사회의 특징은 그 사회 속 개인을 강압하거나 통제하면서 착취하는 것이 아니라, 그에게 개인적인 자유를 보장하며 자발적으로 성과와 경쟁으로 나아가도록 유도한다는 것이다. 하지만 한병철은 여기서 개인의 자유를 통해 자본을 증식시켜 나가는 시스템의 폭력에 관한 이론을 전개하기보다는, 그러한 시스템 속 주체의 자기착취를 다루는 주체철학의 이론으로 넘어가고 있으며, 이로부터 자아와 타자의 관계를 중심으로 폭력이론을 만들어 낸다. 이러한 주체철학적인 관점의 폭력이론에 따르면, 과거에 자아와 타자의 구분이 적대적인 관계를 낳고 부정성의 폭력을 생겨나게 했다면, 오늘날에는 자아와 타자의 부정적 · 적대적 관계가 사라지고 이로써 오직 자아가 자발적으로 자신에게 가하는 긍정성의 폭력만이 존재한다. 타자와의 관계 상실로 타자의 인정을 받을 수 없게 된 자아가 도달할 수 없는 어떤 이상적 자아를 설정하고 스스로를 더 많은 성과를 달성하도록 내몰면서, 긍정성의 폭력이 자기착취의 형태로 생겨난다는 것이다.

그런데 한병철은 자아와 타자의 적대적 관계가 사라지고 부정성의 폭력이 자아의 자기착취라는 긍정성의 폭력으로 이행하게 된 과정을 설득력 있게 설명하지 못하며, 그러한 이행을 기정사실로 전제하고 있는 듯한 인상을 준다. 이러한 매끄러운 이행이 과연 후기 자본주의 사회의 현실에 부합하는가? 자본주의 사회에서 성과주체가 자기 자신과의 합의하에 스스로에게 폭력을 행사할 수도 있지만, 계급적 · 계층적 갈등을 겪으며 전혀 합의되지 않은 상황에서 억압되고 착취되는 폭력의 피해자가 될 수도 있다. 한병철의 주장과 달리, 세계화시대에 이러한 문제는 결코 주변적인 문제가 아니며 여전히 시의성 있는 중심적인 문제로 남아 있다.

한병철은 긍정성의 폭력 이론을 제시하면서, 오늘날의 사회는 아감벤의 주장과 달리 정상사회이며 감시와 통제가 지배하는 훈육사회나 적대성의 대립적 폭력과 결별하였다고 주장한다. 그러나 후기 자본주의 사회는 결코 이러한 부정성의 폭력과 결별하지 않았다. 정보화사회에 산업생산이 사라지는 것이 아니라 정보화와 접속되어 정보적 생산의 형태를 취하는 경향이 있는 것과 마찬가지로, 후기 자본주의 사회에 결코 적대적인 관계에서 비롯되는 부정성의 폭력이 사라지고 긍정성의 폭력만이 남는 것은 아니다. 한병철이 생각하는 것처럼 우리가 사는 사회는 결코 억압적인 규율사회에서 자유로운 성과사회로, 부정성의 폭력에서 긍정성의 폭력으로 단선적으로 옮겨 가지 않는다. 억압적인 감시와 통제의 사회에서 자기 스스로를 전시하는 자기 노출적인 투명사회로 단순히 옮겨 가는 것이 아니라, 통제사회의 형태 자체가 새로운 사회적 · 매체적 환경에서 변화한다. 즉 인간의 시선에 기초해 있기 때문에 어느 정도 제약성을 띤 중앙집권적인 파놉티콘 체제에서 전자적인 시선이 편재해 있는 탈중심적인 전자파놉티콘 체제로의 변화가 일어난 것이지, 현대에 통제사회 자체가 사라진 것은 아니다. 많은 국가들이 테러와의 전쟁을 내세우면서 난민이나 (특히 이슬람) 이주민뿐만 아니라 자국민의 정보까지 수집하고 도청하며 때로는 기본적인 인권까지 침해하는 상황에서, 부정적인 폭력을 행사하는 통제사회가 역사의 뒤안길로 사라졌다고 말하기는 힘들 것이다. 오히려 투명사회는 자기노출적인 전시사회와 전자파놉티콘적인 통제사회의 양면성을 갖고 있으며 양자가 복잡하게 얽혀 있다고 말하는 편이 더 적절할 것이다.

현대에 부정성의 폭력은 사라지기보다는 오히려 정보화시대와 결합하여 새롭게 변형된다. 이에 대한 대표적인 예로 테러리즘의 폭력에 맞서는 대 테러적 감시와 통제를 들 수 있다. 그것은 나와 적의 대립적 관계에 근거하며, 도처에서 총체적인 감시가 이루어질 수 있도록 개인 컴퓨터와 이메일 정보를 획득하고 전화를 도청한다. 그것은 푸코의 파놉티콘 모델처럼 한정된 장소에서만 이루어지는 감시와는 근본적으로 다른 것이다. 푸코의 파놉티콘 모델이 감옥을 사회 전체로 확장하며 생산성을 증대하려는 훈육적인 감시체제를 의미했다면, 오늘날 정보화 사회에서 감시는 산업적인 의미에서의 생산보다는 잠재적인 테러리스트에 관한 정보 생산의 의미에서 이루어진다. 따라서 그것은 감시대상의 신체를 통제하고 관리하여 생산성을 높이는 훈육적인 의미를 상실하지만, 비물질적인 정보를 획득하는 새로운 정보차원의 생산과 여전히 관련된다. 다른 한편 이러한 대테러적인 감시가 이동통신수단과 인터넷 같은 포스트모던 사회의 매체를 통해 이루어지더라도, 그것은 여전히 테러범으로 의심되는 적과 그로부터 보호되어야 하는 나를 구분하는 부정성의 관계에 기초하고 있다. 더욱이 테러범의 혐의가 잠재적으로는 모든 사람으로 확장될 수 있을 때, 그러한 감시와 통제는 간접적으로는 물론, 직접적으로도 사람들에게 위협과 심지어 폭력으로 다가온다.

한병철이 부정성의 폭력으로 간주하며 면역학적 관점에서 바라보는 테러리즘은 2015년 말 프랑스 파리 테러리즘, 2016년 3월 벨기에 테러리즘, 2016년 7월 프랑스 니스 테러리즘, 2016년 12월 독일 베클린 테러리즘 등을 통해 알 수 있듯이 결코 과거의 현상으로 치부될 수 없다. 물론 중동지역에서 일상이 된 테러리즘은 더 말할 것도 없다. 정보와 지식 그리고 정동이 중요한 의미를 갖는 3차 산업 시대에 제조업 같은 2차 산업이 사라지지 않고 그 의미가 바뀌듯이, 테러리즘 같은 부정성의 폭력 역시 오늘날 결코 사라지지 않고 있으며 다만 그 의미가 바뀔 뿐이다. 즉 그것은 한 국가의 경계 내에서 이루어지는 폭력이 아니라 세계화시대의 변화에 발맞추어 전 지구적으로 네트워크화된 폭력의 양상을 띤다. 이처럼 부정성의 폭력은 현대에 여전히 존재하며 중요한 의미를 갖고 있다. 그 때문에 사회형태나 폭력유형을 단선적으로 발전하고 대체되는 것으로 바라보는 한병철의 관점은 문제가 있다.

그렇다고 한병철이 폭력의 패러다임 변화를 주장하면서 긍정성의 폭력을 제시한 것이 무의미하다고 생각하지는 않는다. 다만 그는 긍정성의 폭력을 신체적 내지 심신 의학적 관점에서만 바라보는 한계가 있다. 만일 폭력을 들뢰즈와 가타리의 전쟁기계 개념처럼 경계긋기를 통해 소수자를 억압하는 생각에 맞서는 폭력이라는 의미로까지 확장시켜 이해할 수 있다면, 이러한 이념적 폭력은 억압적인 경계를 부수고 새로운 의미와 사고를 창조해 낼 수 있는 창조적인 폭력이 된다. 한병철은 후기 자본주의 사회에서 자발적으로 스스로를 채근하며 소진될 정도로 노동하는 인간이 행하는 긍정성의 폭력을 이야기한다. 그러나 이와는 다른 또 하나의 긍정성의 폭력이 존재한다. 그것은 바로 자신의 정신 속에 존재하는 억압적인 경계적 사고를 부수고 스스로를 자기생성적으로 재창조해 내는 긍정성의 폭력이다. 이러한 긍정성의 폭력은 적대적인 대립자를 필요로 하지 않으며 자발적인 특성을 띤다는 점에서는 한병철이 말한 긍정성의 폭력과 유사하지만, 이때 폭력이 단순한 파괴가 아니라 창조를 의미한다는 점에서는 그것과 근본적으로 구분된다.

일반적인 관점에서의 폭력 개념에 따르면, 위에서 언급한 두 가지 긍정성의 폭력 유형 모두 폭력으로 분류되지 않는다. 그러나 폭력의 정의에 관한 장에서 자세히 살펴본 것처럼 폭력의 의미를 확장할 수 있다면, 보편적이고 절대적인 도덕이 그 의미를 점점 잃어 가는 시대에 이러한 두 유형의 폭력이 점점 더 중요한 의미를 갖게 될 것이다. 지식과 정보, 정동 같은 비물질적인 생산이 지배적인 현대사회에서 폭력 역시 그에 상응하는 패러다임 변화를 보인다. 그리고 이를 통해 긍정성의 폭력이 한병철이 말한 것처럼 부정적 의미를 띨 수도 있지만, 반대로 파괴를 통해 새로운 것을 창조해 내는 긍정적 의미를 띨 수도 있다. 긍정성의 폭력과 관련해 유의할 점은, 부정성의 폭력에서 긍정성의 폭력으로의 패러다임 변화가 결코 폭력의 단계적 발전모델을 의미하지는 않는다는 것이다. 왜냐하면 긍정성의 폭력은 현대 그리고 미래 사회에서 더욱더 중요한 의미를 갖게 될 새로운 폭력의 형태이기는 하지만, 결코 유일한 폭력형태는 아니며 부정성의 폭력과 병존할 것이기 때문이다.

긍정성의 폭력을 바라보는 한병철의 관점에 나타나는 또 한 가지 문제점은 그의 비판이 총체적인 성격을 띤다는 것이다. 노출증적인 자기전시와 억압적인 감시가 서로 맞물려 있는 투명성의 폭력이 현대의 디지털 매체를 통해 다양한 방식으로 행사되는 것은 분명한 사실이지만, 다른 한편 이러한 매체를 통해 가능해진 투명성이 지닌 민주적이고 윤리적인 긍정적 의미 역시 간과해서는 안 된다. 그러한 투명성은 전근대적인 밀실정치나 독재정치가 숨기고자 하는 것을 드러내며 윤리적인 사회를 만들고 민주주의의 발전에 기여할 수 있다. 한병철이 현대의 매체발전에 대해 총체적인 비판을 가하며 과거 회귀적인 태도를 취할 때, 그 위험성은 과잉투명성과 과잉긍정성으로 채워진 사회에 대한 맹목적인 추종 못지않게 크다. 중요한 것은 정보의 투명성 자체에 대해 우리가 취해야 할 태도이다. 한병철 스스로 올바로 간파하듯이, 정보는 결코 진리와 동일하지 않다.[25] 정보를 실증주의적인 태도로 맹신하며 받아들일 경우 그것은 또 다른 폭력을 낳을 수 있다. 정보의 투명성에는 여전히 불투명한 어둠이 도사리고 있다. 우리는 디지털 매체에 의해 모든 것이 가시적이 된 상황에서도 여전히 들여다볼 수 없는 어둠 속에 놓여 있다. 정보는 결코 비밀이 없는 벌거벗은 언어, 해석을 필요로 하지 않는 탈해석학적 언어가 아니다. 정보 자체가 매우 이질적인 성격의 것들을 포함하고 있을 뿐만 아니라 항상 특정한 맥락에서 주어지기 때문에 그 자체로 여전히 불완전하고 해석을 필요로 할 뿐만 아니라 빈번히 결코 중립적이지 않은 가치판단과 결부된다. 따라서 정보의 획득이 모든 것을 투명하게 드러내며 진리를 보증하는 것은 결코 아니다. 현대의 매체발전이 되돌릴 수 없는 과정임을 인정한다면, 미래의 총체적인 투명성의 폭력 앞에서 우리를 지키는 것은 투명성의 빛을 피해 억지로 어둠 속으로 숨는 것이 아니라 그러한 투명성 속에 담긴 어둠을 함께 보며 투명성의 한계를

---

25 "투명성과 진리는 같은 것이 아니다. […] 정보의 증가와 축적만으로 진리가 성립하는 것은 아니다. […] 더 많은 정보와 커뮤니케이션에 의해 불명료함은 오히려 더욱 첨예화된다." 한병철, 『투명사회』, 26-27쪽.

인정하는 것이다. 투명성은 결코 투명하지 않으며 항상 그 안에 어둠을 내포하고 있다는 사실을 말이다.[26]

2) 노동과 놀이 그리고 폭력의 관계

(1) 금욕적 노동에서 자유로운 노동으로: 노동 패러다임의 변화에 대한 성찰

한병철은 후기 자본주의 사회에서 스스로를 채근하는 자기 착취적 노동과 그로 인해 생기는 피로에 대해 이야기한다. 그러한 노동은 후기 자본주의 사회의 주체가 스스로 세운 이상과 목표에 도달하기 위해 자발적으로 행하는 긍정적 행위이지만, 이는 결과적으로 자신도 모르게 스스로를 착취하고 신체적 소진을 낳는 자기 파괴적인 폭력행위로 변질된다. 한병철이 여기서 이야기하고 있는 후기 자본주의 사회의 긍정성의 폭력과 자기 착취적 노동을, 막스 베버가 『프로테스탄티즘의 윤리와 자본주의 정신 *Die Protestantische Ethik und der Geist des Kapitalismus*』(1920)에서 다룬 초기 자본주의의 금욕주의적 노동윤리와 비교해 보는 것은 의미가 있을 것이다.

마르크스와 달리 막스 베버는 자본주의 체제를 물질적인 경제적 하부구조보다는 정신적인 이념적 상부구조를 통해 살펴본다. 물론 베

---

26 유사한 맥락에서 데리다는 『눈먼 자의 회상(*Memoires d'aveugle*)』의 해석에서 선험적으로 진리를 볼 수 없는 인간의 인식적 한계와 관련해 인간의 '선험적 실명'에 대해 이야기한다. 즉 데리다는 가시성의 조건이 바로 비가시성임을 인정함으로써 절대적 투명성을 환상으로 폭로하고 있는 것이다. 정항균, 『메두사의 저주』, 문학동네, 2014, 186-195쪽 참조.

버가 결코 하부구조, 즉 경제적 시스템의 의미를 격하시키는 것은 아니지만,[27] 그의 관심은 일차적으로 정신적인 요소가 어떻게 자본주의 체제의 형성에 작용할 수 있는지에 있다. 베버는 초기 자본주의 정신이 프로테스탄티즘의 금욕주의적 노동윤리에서 발생한 것으로 생각한다. 칼뱅은 예정설에서 신이 은총을 내리는 인간과 그렇지 않은 인간, 즉 구원을 받을 인간과 그렇지 못한 인간이 예정되어 있다고 주장하였는데, 칼뱅 스스로 구원받을 인간에 대한 어떤 표식도 없다고 말했음에도 불구하고 과연 어떤 사람이 그러한 은총을 받도록 예정되어 있는가에 대한 엄청난 관심이 신도들 사이에서 생겨났다. 그런데 이러한 은총을 확증할 표식으로 사용된 것이 바로 금욕주의적인 생활태도와 이에 바탕을 둔 합리적이고 체계적으로 조직된 노동이다. 왜냐하면 신이 창조한 세상에 기여하는 공리주의적인 생활태도는 궁극적으로 신의 영광에 기여하는 것이며, 그 때문에 개인의 쾌락이나 향유를 목적으로 한 부의 생산이나 노동이 아닌, 신의 영광을 기리기 위한 노동과 이윤 창출은 긍정적인 것으로 간주되었기 때문이다. 또한 신의 영광을 기리기 위해 금욕적 노동을 하는 것은 신이 그 사람 안에서 작용하였기 때문에 가능한 것으로 간주되었기 때문에, 반대로 신에 의해 구원이 예정된 것을 입증하기 위해서는 열심히 일하지 않을 수

27 막스 베버, 『프로테스탄티즘의 윤리와 자본주의 정신』, 김덕영 옮김, 도서출판 길, 2015, 369쪽: "그러나 앞으로는 거기에서 더 나아가 프로테스탄티즘의 금욕주의가 그 형성 과정과 특성에서 사회의 문화적 조건들, 그중에서도 특히 경제적 조건에 의해서 어떠한 영향을 받았는가도 밝혀져야 할 것이다. […] 그렇다고 해서 문화와 역사에 대한 일방적인 '유물론적' 인과해석을 역시 일방적인 유심론적 인과해석으로 대체하려 의도할 수 없음은 물론이기 때문이다. 양자는 똑같이 가능하다."

없었다. 그 때문에 시간의 낭비나 나태함은 신랄하게 비판받고 죄악시되었으며, 내세에서의 구원을 위해 현세에서의 시간을 철저히 효율적이고 합리적으로 관리하고 생산성과 이윤을 높이기 위해 사용하는 것이 중요하게 생각되었다.[28] 또한 현세에서의 쾌락이 아니라 내세에서의 구원이 궁극적 목적이었던 만큼, 자기 향유적인 소비를 억제하고 축적한 부를 다시 생산을 위해 사용하도록 자본을 축적하고 증식하는 것이 중요했다. 베버에 따르면, 이러한 프로테스탄티즘의 노동윤리가 바로 자본주의 정신을 탄생시켰다는 것이다. 즉 이러한 금욕주의적인 프로테스탄티즘의 윤리는 중세 수도원의 금욕주의와 달리 세속적인 영역으로 옮겨져 특히 초기 자본주의에서 노동의 합리적 조직과 노동윤리의 확립, 생산성 향상과 자본의 축적을 낳는 심리적 동인으로 작용하였다.

베버는 전통적인 경제에서 활동하는 선대업자와 초기 자본주의 기업가를 비교하며, 후자에게서 어떻게 노동 강도가 비약적으로 강화되었는지 살펴본다. 선대업자는 직조공이 가져온 직물의 품질을 평가하여 가격을 지불한 후, 이를 중간상인인 원격상인에게 다시 판매한다. 선대업자의 영업시간은 대략 하루에 5-6시간 정도였으며, 대체로 사업원칙에 일정한 합의를 보아 큰 경쟁은 존재하지 않았다.[29] "또한

---

28 같은 책, 336쪽: "따라서 시간 낭비야말로 모든 죄 가운데 제일가는 그리고 원칙적으로 가장 무거운 죄가 된다. 또한 인간에게 주어진 삶의 시간은 각자의 소명을 '굳게 하기'에 너무나도 짧고 소중하다. 사교, '쓸모없는 잡담', 사치를 통한 시간 낭비 그리고 심지어 건강 유지에 필요한 시간 — 6시간에서 아무리 길어도 8시간 — 이상의 수면에 따른 시간 낭비도 절대적인 도덕적 비난의 대상이 된다."

29 같은 책, 90쪽 참조.

매일 '클럽'을 찾아 오랜 시간 머물렀으며, 그 밖에도 상황에 따라서 초저녁부터 술을 마시거나 정기적인 서클 모임에 참석했다. 삶의 템포는 전반적으로 느긋했다."[30] 반면 자본주의 초기에 새로 시작한 기업가는 직조공을 엄선하여 노동자로 교육시키고 합리적으로 노동을 조직할 뿐만 아니라 판매에도 직접 신경을 쓴다. 또한 다른 기업가들과 치열한 경쟁을 하는데, 그 때문에 안락한 향락적 생활태도에서 벗어나 강도 높은 노동과 냉정하고 합리적인 생활태도를 갖게 된다.

물론 베버가 이야기하는 프로테스탄티즘 윤리에 바탕을 둔 자본주의 정신이 현실에서 항상 실천된 것은 아니지만, 일종의 이념형으로서는 투기적인 유대교적 자본주의와 명백히 선을 긋는다. "유대교는 정치나 투기에 의존하는 '모험가' 자본주의에 속했다. 즉 유대교의 에토스는 한 마디로 말해 천민자본주의의 에토스였다. 이에 반해 청교주의는 합리적인 시민계층적 기업과 합리적인 노동조직의 에토스를 담지했다. 청교주의는 유대교 윤리에서 이러한 틀에 적합한 것만 취택했다."[31]

중세 기사의 허영에 찬 치장과 과시, 봉건귀족의 게으름, 수공업자나 농민의, 생활에 필요한 정도의 노동은 프로테스탄티즘의 노동윤리에서 내세워지고 초기 자본주의에서 실행된 엄격하고 합리적으로 추진된 조직화된 노동이나 강도 높은 노동과 명백히 구별되었다. 막스 베버가 말한 프로테스탄티즘의 종교적 윤리에 기반을 둔 시민계층의 자본주의 정신은 노동자를 쉬지 않고 끊임없이 일하도록 내몰았으

30 같은 곳.
31 같은 책, 345쪽.

며, 그것이 신의 영광을 기리고 신의 은총을 확인하기 위한 수단인 한 그러한 노동을 내재적으로 긍정하도록 만들었다. 그것은 자신이 설정하기보다는 청교도적인 종교적인 규율로 제시되었다는 점에서 한병철이 말한 후기 자본주의적 주체의 노동과 구분된다. 즉 그러한 종교적 · 도덕적 규범에 따른 노동윤리는 부정성의 논리를 따르는 반면, 후기 자본주의 사회에서의 노동은 노동하는 주체 스스로 설정한 가치에 따른 노동인 만큼 긍정성을 지닌다.

베버가 말한 것처럼 금욕의 기본적 특성이 욕망과 쾌락의 억압인 만큼, 프로테스탄티즘의 직업윤리에 따르는 시민계층의 노동은 그 자체로 억압적인 측면이 있지만, 그것이 종교적인 이데올로기로서 수용되는 이상적인 경우 자발성과 긍정성을 띨 수도 있다. 그러나 설령 그것이 그렇게 내면화되더라도 그러한 종교적 양심에 따른 행동은 무의식적인 내적 억압이라는 내면적 폭력으로 작용한다. "자유주의 사상가 버트런드 러셀은 청교도적이고 금욕적인 노동신화가 일을 줄이지 않아 현대 사회에 엄청난 해악을 끼쳤다고 본다. 현대의 생산 방식이 모두 편안하고 안전할 수 있는 가능성을 열어 놓았는데도 체제는 과로와 굶주림을 주는 방식을 고집한다는 것이다. 그래서 지금도 우리는 기계가 없던 때처럼 계속 뼈 빠지게 일해야 한다."[32]

---

32 하승우, 『풀뿌리민주주의와 아나키즘』, 205쪽.
크로포트킨도 국가사회주의가 아닌, 사회구성원의 자립과 자치가 보장된 사회주의적인 연방체제에서는 노동이 미덕으로 여겨지지 않고 보다 적은 노동과 보다 많은 여가가 가능하다는 점을 강조한다. "그것은 명백히 공산주의가 — 반대급부로 하루에 10 혹은 9 혹은 심지어 8시간 대신에 4 혹은 5시간 이하의 노동만을 요구하면서도 — 사회 구성원 각각에게 복지와 심지어 사치품에 대한 욕구의 충족까지도 완전하게 보장할 수 있기 때문이다. 우리의 의식적인 삶이 진행되는 하루 16시간 중에서(나머지 8시

다른 한편 개인적인 쾌락의 향유를 죄악시하는 프로테스탄티즘의 금욕주의적 생활태도는 노동자의 자기착취뿐만 아니라 기업가에 의한 착취도 정당화하는 이데올로기적 기능을 한다. 프로테스탄티즘의 금욕주의는 "노동을 소명으로, 은총상태를 확신하기 위한 최선의, 아니 궁극적으로는 유일한 수단으로 파악함으로써 그 규범에 심리학적 동인을 부여했던 것이다. 그리고 프로테스탄티즘의 금욕주의는 또 다른 한편으로 기업가의 화폐 취득도 '소명'으로 해석함으로써 이와 같이 특별한 노동 의욕을 가진 자들에 대한 착취를 정당화했다."[33] 프로테스탄티즘에서 기업가의 이윤창출은 그것이 개인적 목적이 아니라 공리적 목적, 궁극적으로는 신의 영광을 기리기 위한 목적으로 발생할 경우 긍정된다. 더 나아가 부의 불균등한 분배는 신의 은총을 받도록 선택된 사람들의 불균등한 분배처럼 차별적이지만 신의 섭리로 정당화된다. 이로써 가난한 노동자들의 과도한 노동은 프로테스탄티즘의 금욕주의적 노동윤리와 소명으로서의 기업가의 이윤획득에 의해 정당화되며, 여기서 자발적인 자기 착취와 타인에 의한 착취가 서로 만나게 된다. 특히 마르크스가 『자본론 *Das Kapital*』(1권 1867, 2권 1885, 3권 1894)에서 기술한 초기 자본주의에서의 과도한 노동시간과 착취는

간은 취침을 위해 필요하다) 각자에게 10 혹은 11시간을 여가로 제공한다는 것은 이미 인류가 수천 년 동안 이상으로 여겼던 수준으로 개인의 자유가 확대된다는 것을 의미한다. 오늘날 우리의 강력한 생산수단을 바탕으로 이것은 전적으로 가능하다." 크로포트킨, 『아나키즘』, 266쪽.

마르크스의 사위였던 라파르그 역시 과도한 노동시간에 맞서 게을러질 권리를 선언하며, "하루에 세 시간만 일하고, 나머지 낮과 밤 시간은 한가로움과 축제를 위해 남겨 두는 습관을 들여야 한다."(폴 라파르그, 『게으를 수 있는 권리』, 조형준 옮김, 새물결, 1997, 65쪽)라고 주장하였다.

33 베버, 같은 책, 360쪽.

베버가 『프로테스탄티즘의 윤리와 자본주의 정신』에서 기술한 금욕주의적 노동윤리에 감추어진 자기 착취와 한 쌍을 이루며, 시스템의 객관적 폭력과 개인의 주관적 폭력을 보여 준다. 비록 한병철은 자발적으로 이루어지는 자기착취로서의 긍정성의 폭력이라는 주관적 폭력에 초점을 맞추고 있지만, 후기 자본주의 사회에서도 타인에 의한 착취와 시스템의 객관적 폭력이 여전히 존재하고 있음을 간과해서는 안 된다.

앞의 내용을 정리하면 다음과 같다. 베버와 한병철은 각각 초기 자본주의 사회와 후기 자본주의 사회에서 개인이 수행하는 노동의 의미를 분석한다. 베버가 금욕주의적 노동'윤리'를 강조하는 데서 알 수 있듯이, 초기 자본주의 사회에서 노동은 단순히 자유로운 노동이 아니라 '의무'이며 내세에서의 행복과 구원을 위해 현세에서의 자신의 욕망을 억누르는 억압적 성격을 지닌다. 그러한 노동윤리는 외부에서, 즉 종교를 통해 주어진 것이며, 그 때문에 설령 개인이 그것을 자발적으로 규범으로 받아들인다 할지라도 그러한 자유의지는 완전히 자유롭지는 못하다. 그것은 끊임없이 스스로에 의해 감시되고 통제되어야 하며 그 때문에 규율사회를 자신 속에 지니고 있는 것이라고 할 수 있다. 이에 반해 한병철에 따르면, 후기 자본주의 사회에서 개인은 어떤 외부적 구속과 강압으로부터도 자유로우며 스스로와의 합의하에 진정으로 자발적으로 노동하며 자신의 성과를 향상시키려 한다. 비록 한병철 자신은 베버를 언급하지 않지만, 그의 이론에는 자본주의 사회의 변화에 따른 이러한 노동 패러다임의 변화가 어느 정도 전제되어 있다.

비록 자본주의 사회에서 일어난 이러한 노동 패러다임의 변화에 대해 어느 정도 동의하더라도, 베버와 한병철이 제시한 방식으로는 그것이 완전히 설명될 수 없다. 가령 베버가 설명한 대로라면 자본주의는 신교가 지배하는 곳에서만 발전했어야 하겠지만, 역사는 이러한 베버의 이론이 잘 들어맞지 않는다는 것을 보여 준다. 즉 가톨릭이 지배하던 곳에서도 초기 자본주의가 발전하였음을 확인할 수 있었던 것이다. 또한 초기 자본주의의 금욕주의적인 노동윤리가 이데올로기 차원에서 어느 정도 프로테스탄티즘에 빚지고 있다고 하더라도, 그것의 생성조건을 온전히 이해하기 위해서는 자본주의의 물질적인 생산조건을 함께 고려해야 할 것이다. 즉 그것은 중세의 수공업적 생산체계에서 근대 자본주의의 기계적인 대량생산체계로의 이행을 통해 설명될 수 있다. 산업적 생산에서 노동은 분업적인 노동이며, 노동자는 수공업에서와 달리 생산물과의 긴밀한 연관성을 상실하며 생산물로부터의 소외를 경험한다. 또한 신체적인 단순노동은 노동자가 노동 자체에서 어떤 기쁨이나 행복을 얻을 수 없게 만들며 그 때문에 억압적인 성격을 띤다. 그 밖에도 초기 자본주의 사회는 자본가가 노동자에게 과도한 노동을 강요하며 노동자의 노동을 착취하는 성격을 띠고 있었다. 이러한 상황에서 금욕적인 노동윤리는 노동자로 하여금 자신의 욕구를 억누르고 희생하도록 할 뿐만 아니라, 어떤 즐거움도 가져다주지 못하는 노동을 신성시하며 자본가의 착취를 무비판적으로 받아들이게 하는 이데올로기적인 기능을 수행한다. 설령 그것이 반드시 프로테스탄티즘의 종교적 맥락에 기반을 두지 않더라도 말이다.

프로테스탄티즘의 정신과 자본주의의 발전의 연관성을 설명한 베버의 시도가 문제점이 있다고 하더라도, 근대사회에 들어서야 노동이 사회의 핵심적인 가치로 등장하고 심지어 신성시되었다는 그의 주장은 타당성이 있다. "근대사회에서 노동의 중심적인 지위는 역사적으로 아마 유례없는 가치전도를 거쳐서 비로소 '자연적인' 것으로 만들어져야만 했다. [...] 고대 그리스에서 노동은 시민공동체에서 배제되는 척도로 간주되었다. 반면 노동은 근대사회에서는 대체불가능한 통합의 양식으로 신성시된다. 인간은 노동을 통해서만 자신을 펼쳐나갈 수 있다는 테제, 노동이 요구하는 이러한 의미를 인간의 기본적 특성으로 삼는 것은 근대의 산물이다 [...]"[34] 따라서 인류의 역사에서 노동이 항상 중요한 사회적 가치는 아니었으며 심지어 근대 이전에는 사회적으로 의미 있는 중요한 역할을 하는 구성원이라면 면제받아야 짐으로 간주되기도 하였다. 이로부터 오늘날에도 여전히 남아 있는 근면한 노동자에 대한 긍정적인 상이 역사적으로 특정한 시기에 만들어진 것임을 알 수 있다.

베버와 달리 한병철은 후기 자본주의의 '자유로운' 노동을 종교 같은 어떤 외부적 제도나 규범의 영향보다는 오히려 더 빨리, 더 많은 성과를 올리도록 내모는 자본주의 경제시스템의 영향을 받은 것으로 간주한다. 그런데 후기 자본주의 사회는 더 많은 성과를 올리기 위해서 위로부터의 규율과 강제보다 아래로부터의 자발적인 참여가 더 중요하다는 것을 깨닫고 주체의 자발적인 노동을 유도한다. 신자유주의 경제정책은 이러한 개인의 자유에 기반을 두고 있다. 그러나 이러한 설명만으로는 왜 후기 자본주의 사회가 금욕적인 노동에서 자유로운 노동으로 이동했는지 이해하기 힘들다. 후기 자본주의 사회의 특

---

34 U. Beck, 같은 책, 382쪽.

징 중 하나가 2차 산업에서 3차 산업, 산업사회에서 정보사회, 포드주의에서 포스트포드주의로의 이행이라고 한다면, 자유로운 노동으로의 패러다임 변화는 지식과 정보, 정동의 생산이 중요해진 새로운 시대적 상황과 연결해 설명될 수 있을 것이다. 즉 새로운 자본주의 생산체제가 제조업 같은 물품의 생산을 넘어 지식과 정보, 정동을 생산하는 것으로 넘어가면서, 노동자는 예술가와 유사하게 자신의 생산물을 총체적으로 만들어 낼 수 있는 힘을 갖게 된다. 중세 수공업자가 그랬듯이 말이다. 다만 중세 수공업자와의 차이는 물질적 생산에서 비물질적 생산으로 이행했다는 점일 것이다. 또한 어떤 점에서 그러한 생산은 예술가의 창조적 생산과도 유사하다. 그 때문에 후기 자본주의 사회에서의 비물질적 생산은 억압과 규제보다는 자유로운 생산 환경에서 더 생산적이 될 수 있으며, 그래서 그러한 정신적 · 감성적 노동은 자유로우며 때로는 유희적인 놀이와 닮게 된다. 그러한 자유로운 노동은 한병철이 말한 의미에서의 자기 파괴적인 자유로운 노동이 될 수도 있겠지만 결코 그것으로 환원될 수는 없으며, 자기만족과 행복을 가져다주는 창조적인 노동이 될 수도 있다.

물론 현대 후기 자본주의 사회에서 나타나는 자유로운 노동의 의미를 일방적으로 긍정적인 측면에서만 본다면, 이는 지나친 단순화가 될 것이다. 또한 3차 산업시대에도 1차 산업과 2차 산업은 존재하며, 전통적인 작업방식에 따라 노동하고 생산물로부터 소외되며 자신의 욕망과 어긋나는 금욕적 노동을 하는 노동자들이 여전히 존재함을 간과해서도 안 된다. 비록 오늘날 1차 산업과 2차 산업의 의미가 점점 이전과 달라지고 있다 하더라도 말이다. 또한 비물질적인 정신적 · 정동적 노동 역시 그것이 어떤 조건하에서 이루어지고 있는지에 따라 그 성격이 달라질 수 있다. 가령 그것이 단순히 자본가의 요구에 따르는 강요된 노동의 성격을 띤다면 전혀 자유로운 노동이 될 수 없을 것이다. 또한 한병철의 말처럼 자유로운 노동이 자기착취로 이어지며 심신질환을 야기할 수도 있을 것이다. 따라서 베버와 한병철이 말한 것과 다른 의미에서 금욕적 노동에서 자유로운 노동으로의 패러다임 변화를 언급할 수 있다고 하더라도, 이것이 결코 이전 단계를 지양하며 발전하는 단계적 발전모델로 오해되어서는 안 될 것이다. 오히려 현대사회에 다양한 생산유형과 노동형식 그리고 노동관이 혼재하며 복잡한 상호관계를 맺고 있다는 것을 잊지 말아야 할 것이다.

그럼에도 불구하고 미래 사회가 나아가게 될, 아니 규범적인 의미에서 지향해야 할 노동모델은 유희적인 성격을 띤 자유롭고 창조적인 노동이다. 벡은 노동에 관한 사회적 평가가 역사적으로 변해 왔음을 지적하며, 우리가 노동을 신성시하며 완전고용사회의 이상에 매달릴 필요가 없다고 강조한다. "더 이상 완전고용을 실현하지 못하는 사회가 완전고용의 이상에 매달리며, 직장일이 제2의 본성이 된 인간이 생존보장과 사회적 정체성의 생산에 대한 어떤 다른 대안도 알지 못할 때만 비로소 대량실업은 '재난'이 된다. [⋯] 그리고 다음과 같은 핵심적인 질문은 은폐된 채 남아 있게 된다. 즉 인간이 직장을 얻지 못하더라도, 어떻게 현대사회에서 의미 있는 삶을 영위할 수 있을까 라는 질문 말이다."[35] (놀이와 대비되는 전통적인 의미에서의) 노동을 하지 않고도 의미 있는 삶을 영위하기 위해서는 경제적인 여건이 마련

35 같은 책, 382-383쪽.

되어야 한다. 이와 관련해 주목할 만한 것은 2016년 6월 스위스에서 시행된 전 국민 기본소득제에 관한 찬반투표이다. 이 제도의 골자는 모든 국민이 직장에서 일을 하든 하지 않든 상관없이 매달 300만 원의 기본소득을 받도록 하자는 것이다. 물론 결과는 부결로 나왔지만, 이러한 시도 자체는 자본주의 사회에 만연한 부의 불평등을 조정하고 미래에 인공지능 같은 기술의 발달로 인한 대량실업사태에 직면해 기본적인 생계를 보장하기 위한 노력으로 충분히 의미가 있었다. 더욱이 우리가 근대의 신성한 노동의 이념을 포기하고 그것이 역사적으로 만들어진 관념에 지나지 않는다는 것을 깨닫는다면, 기본소득만 받고 (전통적인 의미에서) 노동하지 않는 삶이 결코 의미가 없는 기생적인 삶은 아닐 것이다. 오히려 미래에는 인간의 노동이 지적이고 정동적인 노동, 다시 말해 놀이와 명확히 구분되지 않는 창의적 노동의 방향으로 나아갈 것이기 때문에, 직장에 근무하지 않는 사람도 얼마든지 놀면서 창의적으로 사고하고 이를 통해 지적이고 정서적인 생산물을 만들어 낼 수 있을 것이다.

(2) 시스템의 폭력과 노동 및 피로의 관계

안토니오 네그리와 마이클 하트는 앞에서 간단히 설명한 자본주의의 생산력 발전단계를 『제국』에서 자세히 살펴본다. 네그리와 하트에 따르면, 초기 자본주의 사회에서 충분한 임금을 받지 못하는 프롤레타리아트는 자본이 만들어 내는 과잉생산을 다 소비할 능력이 없기 때문에, 초기 유럽자본주의국가들은 식민지를 찾아 나서며 제국주의를 추구한다. 이러한 식민지국가에서 이루어지는 노동은 노예노동으로 가차 없는 착취에 기반을 두고 있다. 그런데 제국주의는 2차 대전 후 미국을 주도로 한 새로운 자본주의 질서 아래에서 사라지고, 그 대신 전 세계적으로 테일러주의와 포드주의 그리고 케인스주의가 혼합된 형태의 자본주의가 등장한다. 이것은 국가가 자본주의 시장에 개입하며 노동자의 일자리와 임금에 신경을 쓰지만, 동시에 노동자의 노동을 합리적으로 조직하고 관리하며 훈육적인 사회를 만들어 내는 것을 의미한다. 푸코의 개념을 경제적인 생산성의 차원에 적용한 이 훈육적인 자본주의 사회라는 개념은 1960년대 후반 베트남 전쟁 및 유럽과 미국에서의 다양한 정치적 · 사회적 운동과 식민지 국가의 해방투쟁을 통해 서서히 사라지기 시작한다. 이것은 1970년대 이후 자본주의 사회가 산업화에 기반을 둔 근대적인 자본주의 사회에서 서비스 산업과 정보화에 기반을 둔 포스트모던적인 자본주의 사회로 이행했다는 것을 의미한다. 네그리와 하트는 현대사회가 명백히 포스트모던적인 자본주의 사회이며, 생산패러다임이 물질적인 산업적 생산에서 비물질적인 지식과 정동의 생산으로 전환하였다고 강조한다.[36]

그렇다면 제3차 산업이 자본주의적 생산패러다임의 중심이 된 포스트모던적인 경제시스템은 한병철이 말한 피로나 폭력의 문제와 어떤 관계를 맺고 있을까? 이러한 문제에 답하기 전에 네그리와 하트가 인용한 카스텔과 아오야마의 두 가지 기본적인 정보모델의 구분을 살펴볼 필요가 있다. 첫 번째 정보모델은 서비스 경제모델로, 근대적인 산업화와 관련된 직업이 급감하는 대신 서비스 산업, 특히 금융서비스 산업이 지배적인 모델이다. 미국, 영국, 캐나다가 이에 속한다.

36 네그리 · 하트, 『제국』, 297-396쪽 참조.

반면 두 번째 정보모델은 산업 생산이 정보화 서비스와 접속되고 그것에 통합됨으로써 그 생산력을 강화하는 형태의 모델이다. 가령 컴퓨터 기술의 힘을 빌려 자동차를 생산해 내는 식이다. 독일이나 일본이 이러한 예가 될 것인데, 이는 정보화 시대에 산업적 생산이 사라지는 것이 아니라 이에 맞춰 변형되고 있음을 보여 준다.[37]

이러한 관점을 빌려 와 후기 자본주의 시대의 시스템이 과연 노동 및 피로의 문제와 어떤 연관성을 갖고 있는지 살펴보자. 한병철은 포스트모던적인 후기 자본주의 사회에 개인이 자유로워졌으며 그를 심리적으로 억압하는 초자아나 외부의 권력이 사라졌다고 말한다. 즉 자본주의 경쟁 사회에서는 더 이상 타자와 경쟁할 필요가 없고 오직 스스로와 경쟁할 뿐이며, 스스로가 설정한 목표에 도달하지 못해 스스로를 착취할 뿐이라는 것이다.

그런데 한병철이 말한 자아와 타자의 경계, 면역학적 모델을 붕괴시키는 정보화 시대의 가장 중요한 특징인 네트워크와 이동성을 대변하는 매체인 컴퓨터와 이동통신기기는 개인을 새로운 생산관계에 몰아넣는다. 네트워크적 생산은 정보와 소통을 생산과정의 근본요소로 삼는데, 특히 비물질적 노동[38]에서 정보와 소통의 의미는 증대한다.[39] 한트케가 말한 전근대 농경사회에서의 협동은 이제 언어와 소통을 생산의 필수요건으로 삼는 비물질적 노동의 내재적인 요소가 된다.

---

37 같은 책, 377쪽 참조.

38 간단히 말해 비물질적 노동은 "서비스, 문화상품, 지식, 또는 소통과 같은 비물질적 재화를 생산하는 노동"이다. 같은 책, 382쪽. 이 개념에 대한 보다 자세한 정의는 다음을 참조하시오. 같은 책, 533쪽.

39 같은 책, 381-382쪽 참조.

그러나 이러한 소통적인 생산의 이면도 있다. 제국주의의 식민지 경제와 훈육적인 경제 구조에서 개인이 끊임없이 노동으로 내몰리며 그 때문에 더 많은 자유와 휴식을 원했다면, 정보화 사회에서 개인은 외면적으로는 확실히 이전보다 더 자유롭고 더 많은 여가시간을 갖는다. 그것은 60년대 후반 노동자들이 수행한 사회적 저항의 결과이기도 하다. 그런데 외관상의 자유와 휴식은 시스템적인 의미에서 허구로 밝혀진다. 근대적 경계를 넘어서는 사회경제적 구조에서 사적인 공간과 공적인 공간, 가정과 직장의 구분은 점점 모호해진다. 물론 한편으로 집에서 일을 할 수 있게 되면서, 보다 자율적으로 시간을 설계하며 더 많은 자유를 누릴 수 있을 것 같은 생각이 들 수도 있다. 그러나 다른 한편 유목적인 삶은 우리의 삶에 더 많은 노동을 부과하고 이에 따른 피로를 유발할 수 있다. 가령 우리는 이동 중에도 끊임없이 핸드폰으로 통화하고 퇴근 후에도 언제든지 업무지시를 받을 수 있다. 집은 더 이상 일로부터 자유로운 휴식처가 아니다. 2017년 1월 8일 "한국법제연구원이 내놓은 '퇴근 후 업무카톡(카카오톡) 금지법안의 주요 내용과 시사점' 보고서에 따르면 현행 근로기준법에는 스마트기기를 활용한 업무지시 관련 규정이 존재하지 않아 직장인들이 여가시간에도 업무를 보는 일이 일상이 됐다. 실제로 지난해 6월 한국노동연구원이 제조업 · 서비스업 노동자 2,402명을 설문조사 한 결과 퇴근 후 업무 목적으로 스마트기기를 이용하지 않는다는 응답자는 13.9%에 불과했다. 또 직장인들은 스마트기기를 이용해 주당 평균 11.3시간 더 일하고 있다고 응답했다."[40]

또한 노동시간과 자유시간의 구분이 늘 명확한 것도 아니다. 오늘날 우리는 인터넷의 발전으로 모든 지리적으로 떨어진 장소들과 연결됨으로써, 회사나 기관이 해야 할 일을 직접 떠맡는다. 가령 우리는 책을 사거나 쇼핑을 할 때 스스로 주문과 계산 작업을 해야 하고 항공권이나 기차표의 예매나 발권도 스스로 해야 한다. 영국에서는 슈퍼마켓에서 식료품을 살 때 고객이 계산업무를 맡기도 한다. 물론 우리는 직접 쇼핑센터나 서점에 가는 수고를 덜고 집에서 편안하게 물건을 받을 수 있기 때문에 이를 노동으로 인지하지 않을 수도 있다. 그러나 책 주문과 계산, 항공권 발권, 인터넷 뱅킹, 신용카드 신청, 식료품 계산 같은 일은 사실은 이전에는 서점직원이나 항공사직원 또는 은행직원이나 신용카드회사 직원, 캐셔가 해야 하는 일이었으며, 자동화과정을 통해 일자리가 줄면서 소비자가 맡게 된 업무들이다. 우리는 우리도 모르는 사이 서점직원, 항공사직원, 은행직원, 캐셔가 되고 있으며, 많은 경우 이러한 노동에 대한 아무런 보상도 받지 못한 채 착취당하고 있다. 이로써 정보화 시대의 개인은 자신도 모르는 사이 가정에서 그리고 휴식할 때조차 사실은 끊임없이 일하고 있으며 노동에서 벗어나지 못하는 것이다.

그러나 사실 이처럼 업무 외에 일상에서 수행하는 부수적인 노동이 엄청나게 증가하고 있기는 하지만, 그것이 반드시 자유 시간을 뺏고 우리를 피곤하게 만드는 것은 아니다. 오히려 인터넷으로 책을 주문하면 서점에 직접 가서 책을 사는 것보다 훨씬 시간이 단축되는 것처럼 추가적인 노동이 역설적으로 시간을 절약해 주는 경우도 많다. 이전에 우리가 쇼핑하러 가는 것이나 서점에서 책을 사는 것은 비록

40 『한국일보』 2017년 1월 8일(http://www.hankookilbo.com/v/1c2db0726f5d4f968e-f147e68ad024e3, 2017. 2. 7.).

시간이 많이 들지라도 노동은 아니었다. 그러나 오늘날 우리가 인터넷 상으로나 영업점에서 직접 하는 여러 가지 주문이나 계산 또는 발권 행위는 명백히 이전에는 직원들이 수행하던 업무이므로 노동으로 간주될 수 있다. 따라서 네트워크화되고 자동화된 현대사회에서 우리는 점점 더 많은 노동을 하지만 오히려 더 많은 자유 시간을 갖는 역설적 상황에 처한다. 따라서 현대사회에서 근무시간 외 노동이 자신의 직장과 관련해 수행될 때는 피로를 낳는 원인이 될 수 있지만, 그 밖의 다른 일상 업무와 연결될 때는 반드시 그러한 것은 아니며 많은 경우 오히려 피로를 덜 수도 있다.

유동적인 현대사회에서 피로를 낳는 또 다른 요인은 소위 말하는 노동의 유연성이다. 현대사회에서 고용은 불안정하며 그 때문에 노동자에게 한 가지 일 대신 여러 가지 일을 수행할 수 있는 유연성이 요구된다. 노동자는 고정된 직장을 갖는 대신 한 직장에서 다른 직장으로 끊임없이 이동해야 하며, 이로 인해 노동과 생계의 불안정에 시달린다. 이는 끊임없이 새로운 직장을 얻기 위해 정보를 얻고 지식을 획득하며 노력해야 하는, 즉 대가 없는 노동을 해야 하는 상황을 만들어 내는데, 이 역시 유목적인 사회의 부정적 이면이라고 할 수 있다.

앞에서 살펴본 것처럼 후기 자본주의 사회 내지 정보화 사회를 사는 개인은 자신도 모르게 노동하고 있으며 그에 대한 임금의 보상을 받지 못한 채 착취당하고 있다. 즉 이들은 한병철의 말과 달리 스스로를 착취할 뿐만 아니라 시스템에 의해 착취당하기도 한다. 그러나 그러한 착취는 의식되지 못하는 경우가 적지 않다. 이처럼 후기 자본주의 사회, 포스트모던적인 정보화 사회는 한병철의 말과 달리 개인을 결코 자유롭게 놔두지 않으며, 유목적인 시대에 상응하는 새로운 생산 상황 속에 집어넣으며 노동을 강요한다. 이전의 노동이 노동자를 공장에 가두고 경계의 울타리를 빠져나오지 못하게 하는 산업적 노동이었다면, 오늘날의 노동은 이러한 경계의 울타리를 벗어났지만 네트워크적으로 연결된 전 지구적 노동, 즉 어디에 있든지 노동에서 자유롭지 못한 사회의 노동이다. 비물질적인 노동의 시대에 노동은 삶 전체에 침투하여 삶과 명확히 구분되지 않고 있으며, 도처에서 우리에게 휴식 없는 노동을 '강요'한다. 적어도 그것이 자율적인 노동의 성격을 띠지 않는 경우에 말이다.

앞에서 말한 것과 유사한 관점에서 네그리와 하트도 제국의 생명정치적 맥락에서 이루어지는 프롤레타리아트의 광범위한 착취를 언급한다. "하지만 제국의 생명정치적 맥락에서 자본의 생산은 더욱더 사회적 삶 자체의 생산 및 재생산으로 수렴된다. 따라서 생산적 노동, 재생산적 노동 그리고 비생산적 노동 사이의 구분을 유지하는 것이 더욱더 어렵게 된다. [⋯] 생명정치적 맥락에서 생산과 재생산을 점차 구분할 수 없다는 것은 또한 다시 한 번 시간과 가치의 측정 불가능성을 강조한다. 노동이 공장 벽 밖으로 이동함에 따라, 노동일을 측정한다는 허구를 유지하기가 더욱더 어렵고, 따라서 생산 시간과 재생산 시간을 분리하거나, 노동시간과 여가시간을 분리하는 것이 점점 더 어렵다. 생명정치적 생산의 지형에는 [근무] 시간을 기록하는 시간 기록계[타임 리코더]는 없으며, 프롤레타리아트는 하루 종일 도처에서 일반적으로 생산한다."[41] 물론 앞에서 언급한 착취는 생명정치적 생산에 원칙적으로 기여하지 않으면서도 이윤을 수탈하는 자본의 지배하에서의 노동에 대한 착취를 의미한다. 마르크스가 산업생산의 시대에 아직까지 노동시간이 상품의 가치로 재현된다는 생각을 가지고 있었던 데 반해, 네그리와 하트는 비물질적인 생산이 주도적인 현대에 더 이상 노동의 시간이 착취되는 것이 아니라, 생산에 전혀 기여하지 않는 자본이 이윤을 획득하는 것을 착취로 간주한다. 그러나 이는 결코 노동시간이 중요하지 않게 되었다는 의미는 아니다. 오늘날 직원 스스로 자율적으로 근무시간이나 휴가시간을 결정하도록 하는 기업이 있는가 하면, 오히려 삶 전체에서 노동이 가능해진 것을 악용하여 보이지 않게 노동시간을 연장하려는 기업도 적지 않다는 사실을 간과해서는 안 될 것이다.

한병철은 후기 자본주의 사회에서 타인에 의한 착취가 사라지고 자발적인 자기착취만이 남아 있을 뿐이라고 말한다. 그러나 네트워크적으로 연결된 유동적인 현대사회에서 가정과 직장, 휴식과 노동 사이의 경계가 모호해짐으로써, 타인에 의한 착취는 새로운 형태로 바뀌어 여전히 남아 있다. 하지만 새로운 정보기술에 기반을 둔, 눈에 보이지 않는 시스템의 착취를 시스템의 폭력으로 부를 수 있을지는 논란의 여지가 있다. 슈퍼마켓에서 이루어지는 고객의 셀프계산이나 인터넷 뱅킹의 예처럼 우리는 자동화되고 네트워크화된 시스템 내에서 미처 의식하지 못한 채 노동을 강요당한다. 우리가 이런 노동에 상응하는 대가를 받지 못할 때 이는 분명 착취이지만 그렇다고 반드시 폭력이라고 말할 수는 없다. 왜냐하면 이러한 노동이 우리에게 반드시 신체적 · 정신적 고통을 야기하는 것은 아니며, 때로는 오히려 시

41 네그리 · 하트, 『제국』, 508-509쪽(이 책에서 '생체정치'는 '생명정치'로 바꿔 번역하기로 한다.).

간을 절약하고 번거로운 일을 덜어 주는 편리한 기능을 갖는 것으로 여겨지기도 하기 때문이다.

반면 만일 직장에서 스마트폰이나 컴퓨터 같은 커뮤니케이션 매체를 이용해 부당하게 근무시간 외의 노동을 강요해 노동자의 신체적 · 정신적 피로를 야기한다면, 이는 관점에 따라 폭력이 될 수도 있다. 물론 이러한 문제를 일차적으로 커뮤니케이션 수단이나 경제적 시스템의 문제가 아니라 개별 기업이나 해당직원의 문제로 보거나 부당한 업무지시에 저항할 수 있는 개인의 활동공간을 인정하는 관점에서 접근한다면, 이러한 부당한 업무지시는 직접적인 폭력이 아니라 부당한 권력으로 간주될 것이다. 하지만 추가적인 업무의 신속한 처리를 가능하게 하는 커뮤니케이션 수단과 '많은 업무를 신속히 처리하는 것'을 덕목으로 내세우는 후기 자본주의 사회 시스템이 그것을 유발한 직접적인 조건으로 간주되고 노동자가 실질적으로 이러한 근무환경에서 벗어날 수 없으며 근무시간 외 업무지시를 금지하는 법안[42]을 통해서만 이 문제를 해결할 수 있다고 믿는다면, 커뮤니케이션 매체와 후기 자본주의 시스템의 결합에 의한 폭력을 언급할 수 있을 것이다.

42 "프랑스는 올해(2017년, 필자 주) 1월 1일 발효된 노동법에 따라 노사가 디지털기기 사용과 관련한 교섭을 매년 의무적으로 진행해야 한다. 노사 교섭을 통해 업무용 휴대폰을 받지 않고 메일에 회신하지 않아도 되는 등의 내용이 정해진다. 독일은 안티스트레스법안을 통해 노동시간만 규정했던 기존 관행에서 벗어나 휴식시간까지 명시했다. 노동자들은 공식 노동시간 외 휴식시간에는 스마트기기 등을 통한 업무지시를 받지 않아도 된다." 『한국일보』 2017년 1월 8일(http://www.hankookilbo.com/v/1c2db0726f5d4f968ef147e68ad024e3, 2017. 2. 7.).

(3) 놀이와 노동의 관계

한병철의 주장과 달리 후기 자본주의의 새로운 생산양식에서는 노동을 반드시 부정적 맥락에서만 보지 않을 수 있는 계기가 발견된다. 비물질적인 생산 시대의 노동은 놀이나 오락과 명확히 구분되지 않으며 때로는 분간하기 힘들 정도로 뒤섞이기 때문이다. 중세의 수공업적인 작업 역시 노동이기는 하지만 그로부터 즐거움이 생겨날 수 있었다.[43] 왜냐하면 노동 분업에 기반을 둔 기계적인 공장노동과 달리, 수공업 작업은 총체적인 작업의 성격을 띠고 자신만의 소우주를 생산물에 실현하며 작업의 기쁨을 가져다줄 수 있었기 때문이다. 그래서 영국의 아나키스트 윌리엄 모리스는 기계문명에 반대하면서 공예노동이 예술처럼 창조적인 즐거움을 가져다줄 수 있을 것으로 기대하였다. "노동과 예술을 단절시킨 사회에서 모리스는 공예 노동을 통해 그 둘의 관계를 다시 회복시키려"[44] 했던 것이다. 반면 초기 자본주의 사회에서 금욕주의적 노동윤리는 노동을 양심에 따라 해야 할 의무로 만듦으로써 그것으로부터 쾌락적 요소를 박탈한다. 그것은 궁극적 행복을 내세에서 찾도록 요구함으로써 노동을 명백히 오락이나 놀이 또는 쾌락이나 향유 개념과 대립시킨다. 설령 베버의 금욕주의적 노동윤리가 초기 자본주의 사회의 정신과 일치하지 않는다는 관점을 취하더라도,

---

43 베버는 중세 수공업 작업에서 생겨나는 기쁨에 대해 다소 모호하게 이야기하기는 하지만, 근본적으로 그러한 기쁨 자체를 부정하지는 않는다. "중세의 수공업자들에 대한 논의는 흔히 그들이 '자신이 창작한 것'에 대해 '기쁨'을 가졌다는 가정 아래 이루어지는데, 사실 이 기쁨이 심리학적 동인으로서 얼마나 중요한 역할을 했는지 의심할 수 있다. 그럼에도 불구하고 노동에는 그런 기쁨을 주는 무언가가 있었음에는 의심의 여지가 없다." 베버, 같은 책, 413쪽.

44 하승우, 같은 책, 207-208쪽.

노동자가 전체 생산과정에서 소외된 채 기계적인 분업작업을 하는 초기 자본주의의 생산조건이 노동의 즐거움을 빼앗아 간다는 데는 이견이 없을 것이다.

그러나 후기 자본주의 사회에서는 더 이상 앞에서 언급한 금욕주의적 노동 개념이 성립하지 않는다. 오늘날 노동과 놀이의 경계는 더 이상 분명하지 않다. 물론 놀이는 무목적적인 반면 노동은 어떤 목적성을 지닌다며 전통적인 구분법에 따라 양자를 구분하려고 할 수도 있겠지만, 실천적인 영역에서 이러한 구분은 그렇게 명확히 이루어질 수 없다. 가령 콘서트 장에서 마음껏 음악을 즐기며 공연하는 가수는 자신의 공연을 노동으로 간주하지 않으며 그저 놀이로 볼 뿐이다. 이와 반대로 마지못해 아이와 놀아 주는 아버지에게 놀이는 노동에 지나지 않는다. 더 나아가 아이디어가 중요한 지적인 노동의 경우처럼 창의성을 요하는 분야에서도 노동과 놀이의 경계는 분명하지 않다. 레이 커즈와일도 이 점을 지적한다. "놀이란 일의 다른 이름이며, 온갖 형태로 인류의 지식 창조에 기여해 왔다. 인형이나 나무블록을 갖고 노는 아이는 자신만의 경험을 통해 지식을 창조해 가는 중이라고 볼 수 있다. 어울려서 춤을 추는 사람들은 합동적으로 무언가를 창조하는 것이나 마찬가지이다. […] 아인슈타인은 스위스 특허청에서 일하는 동안 가끔 일을 밀어 두고 재미난 사고 실험에 몰두하곤 했기에 특수 상대성 이론과 일반 상대성 이론이라는 불멸의 업적을 남겼다. 전쟁이 발명의 아버지라면 놀이는 발명의 어머니쯤 된다."[45] 오

45 레이 커즈와일, 『특이점이 온다』, 김명남 · 장시형 옮김, 김영사, 2007, 471쪽.

늘날 지식의 생산이 무에서 유를 창조하는 형태가 아니라 기존의 지식과 정보를 바탕으로 협동적이고 네트워크적인 방식으로 이루어질 수밖에 없다는 사실을 인정한다면, 인터넷의 네트워크라는 대양을 항해하며 여기저기 정보를 찾아다니는 행위는 놀이인 동시에 새로운 지식의 생산을 위한 노동이기도 하다. 따라서 자본의 지배를 받으며 단순히 강요되고 착취되는 노동이 아니라, 노동자 스스로 자신의 생산 조건을 자율적으로 구성하고 통제할 수 있는 상황이라면, 노동, 특히 창조성을 핵심으로 하는 비물질적인 노동은 더욱더 놀이와 구분되지 않으며 즐거움을 낳을 수 있을 것이다.

물론 한병철이 지적한 것처럼, '감성 자본주의'가 생산성의 향상을 위해 노동의 세계를 게임화하며, 게임이 제공하는 신속한 성공체험처럼 신속하게 보상함으로써 노동자의 기분을 좋게 하여 더욱더 많은 성과와 착취를 낳을 수도 있다.[46] "인간은 이제 놀이하는 가운데 지배의 메커니즘에 예속된다"[47]는 것이다. 그러나 일 자체가 아니라 성공이나 보상 때문에 더 즐겁게 노동한다면, 이러한 노동자는 진정한 의미에서 호모 루덴스가 아니다. 진정한 호모 루덴스의 유희적 노동이 특히 비물질적 지식이나 정동의 생산과 연관될 때 반드시 지배 메커니즘에 예속되는 것은 아니며 오히려 그것에 저항하거나 심지어 그것을 전복시킬 수도 있다. 한병철은 "진정한 행복은 […] 필요, 노동과 성과, 목적에서 벗어나는 것"[48]이라고 말하지만, 행복이란 사실은

46 한병철, 『심리정치』, 71쪽 참조.
47 같은 책, 72쪽.
48 같은 책, 75쪽.

개인의 개별적 가치설정과 관련되어 일어나는 주관적 감정인 만큼 모두에게 통용될 수 있는 '진정한' 행복이란 존재하지 않는다. 더 나아가 한병철은 '노동하는 사유'와 '놀이하는 사유'를 구분하고 있지만, 니체적인 의미에서 세계를 시점주의적으로 바라보며 무한히 새롭게 세상을 창조하고 스스로를 생성해 내는 놀이하는 아이의 사유는 동시에 자기 생성적인 노동하는 사유이기도 하다. 따라서 놀이와 노동의 결합을 부정적인 관점에서만 바라보는 것은 옳지 못하며, 노동의 저편에 있는 순수한 놀이에 대한 환상을 품을 필요도 없다.

그러나 반대로 놀이가 부정적인 의미에서 노동으로 변질될 수도 있다. 2014년 한국에서 일인당 스마트폰 사용시간이 음성통화를 제외하고 하루 평균 3시 39분에 달했다고 한다.[49] 스마트폰의 사용은 모바일 웹서핑, SNS, 각종 앱 사용 등 다양한 용도로 이루어지기 때문에 획일화시켜 그 용도를 말하기는 어렵지만, 정보의 획득과 소통, 오락이 주된 목적일 것이다. 여기서 정보획득과 소통이 오락적 차원에서 이루어질 수도 있고 노동이 될 수도 있으며 이 둘의 경계지점이 애매한 경우도 있다. 하루 평균 3시간이 넘는 스마트폰 사용과 1시간가량의 컴퓨터 사용[50]은 휴식시간을 보내는 방식의 변화를 보여 줄 뿐만 아니라 또한 우리가 일반적으로 계산해 넣는 정규노동시간 외에 추가적인 노동시간이 발생할 수 있음을 보여 준다.[51] 더 나아가 스마트폰

---

49 세계 파이낸스 2014년 12월 16일(http://fn.segye.com/articles/article.asp?aid=20141216020296&cid=0501010000000?OutUrl=daum(2015. 4. 12.).

50 『한겨레신문』 2015년 3월 18일(http://www.hani.co.kr/arti/economy/it/682734.html(2015. 4. 12.).

51 물론 SNS의 사용은 자신의 정보를 그 서비스를 제공하는 회사에 무상으로 제공하며

을 이용한 오락은 게임중독처럼 놀이중독을 낳을 수 있으며, 이는 휴식 없는 피로로 전도될 수 있다. 과잉오락은 과잉노동만큼 힘들 뿐만 아니라 피곤한 노동으로 변할 수도 있다. 과잉소통 역시 피로의 원인이 된다. 하루 4시간이 넘는 정보와 소통기술의 사용이 현대의 피로사회를 낳는 가장 중요한 원인 중 하나임은 부정할 수 없을 것이다. 새로운 생산 조건하에서 이러함 매체의 사용은 노동과 오락을 뒤섞게 되는데, 이는 노동의 즐거움을 낳을 수도 있지만, 반대로 과도한 인터넷 서핑과 SNS 사용, 게임중독처럼 피로와 질병의 원인이 될 수도 있음을 간과해서는 안 될 것이다.

(4) '우리-피로'의 재해석

한병철이 후기 자본주의 사회에 나타나는 자아-피로의 폭력성을 비판하고 한트케에 기대어 평화적인 우리-피로를 대안으로 제시할 때, 그러한 유토피아는 명백히 과거지향적인 성격을 지닌다. 한트케는 긍정적인 우리-피로의 예를 주로 과거 사회에서 들고 있다. 가령 그는 농경사회의 공동 작업을 우리-피로의 긍정적인 예로 제시한다. 또한 한병철이 한트케가 제시한 우리-피로를 "피로의 종교"로, 또 그러한 피로를 통해 설립된 공동체를 "오순절의 모임"이라고 부를 때도 간접적으로 그의 과거 지향적인 모습이 드러난다.[52] 그리고 벤야민이 현대인의 지각방식이 몰입에서 산만함으로 변한 것을 언급하면서 후자의 긍정적 가능성을 강조했다면, 이에 반해 한병철은 후기 자본주의 사회의

회사의 이득을 가져오기도 한다.

52 한병철, 『피로사회』, 73쪽.

멀티태스킹과 산만함을 비판하며 과거의 지각방식인 몰입과 사색의 의미를 강조한다. 물론 그가 과거의 종교적인 사회나 농경사회로의 회귀를 주장하는 것은 아니지만, 그가 내세우는 무위의 피로 개념은 현대사회의 가속화와 과잉활동에 대한 분명한 거부를 담고 있으며 느림의 의미를 강조한다. 하지만 가속화의 흐름을 멈춤으로써 이전에 이해할 수 없던 것을 이해하게 해 주는 무위의 사색에는 '속도'가 빠져 있다.

현대사회의 가장 중요한 특징 중 하나는 속도이다. 폴 비릴리오는 소위 질주학을 주창하면서 인간의 역사가 어떻게 더 빠른 속도를 만들어 내기 위해 노력해 왔는지 보여 준다. 산업사회에서 기계를 다룰 때만 해도 아직까지 상대적인 속도가 문제가 되었다면, 인간은 전자공학의 혁명과 더불어 절대속도에 다가가게 되었다. 비릴리오는 인간의 속도혁명을 삼 단계로 나누는데, 그 마지막 혁명은 바로 절대속도의 혁명이다. "20세기 후반의 특징인 현기증 나는 속도와 함께 21세기 이후 시대의 기이한 역설이 이미 암시되는 것처럼 보인다. 그 역설의 핵심은 본래 기술공학의 소용돌이 전체를 불러일으켰던 인간이 결국에는 스스로 정지상태에 이르게 된 것이다. 미래의 실시간 기술공학은 우리에게 상호작용을 약속한다. 모두가 원격화상회의로 다른 사람과 소통할 수 있을 것이다. 또 소위 '데이터글로브'를 끼고 원격촉각을 지닐 수도 있을 것이다. 즉 센서의 도움으로 아주 멀리 떨어져 있는 것을 만질 수 있을 것이다. 21세기 이후에 우리는 여기 머물러 있으면서도 동시에 다른 곳에 있을 수 있는 가능성을 갖게 될 것이다."[53] 이

53 Paul Virilio, *Revolution der Geschwindigkeit*, Berlin, 1993, 12-14쪽.

처럼 속도혁명은 편재성과 동시성을 가능하게 한다. 그래서 비릴리오는 속도혁명이 역설적으로 인간을 정지 상태에 이르게 한다고 말한다. "왜냐하면 속도의 중심에는 나태함이 있기 때문이다. 새로운 속도는 항상 새로운 나태함과 연결되어 있다."[54] 기계와 인간이 접속하는 미래의 4차 산업시대에 이르면, 한병철의 예상과 달리 가속화 대신 절대속도가 지배하고 과잉행동 대신 무위가 지배하게 될 것이다. 더욱이 인공지능로봇이 인간노동의 상당부분을 떠맡게 되면, 인간은 원하든 원하지 않든 (전통적인) 노동에서 더욱 해방될 것이다. 비릴리오는 과거에 속도를 지배하는 것이 곧 권력을 갖는 것이었지만, 미래의 인간은 더 이상 질주하는 속도를 통제할 수 없으며 몰락으로 치닫게 되리라는 비관적 전망을 내놓는다. 그는 미래에는 행위를 하는 현재의 시간보다 잠재적인 시간이 더 중요하다며, 특히 갑자기 등장해 재해를 야기하는 잠재적 시간과 잠재적 속도의 의미를 강조한다.

한병철은 후기 자본주의 사회가 과잉행위와 가속화의 시대임을 인식하지만, 그것이 절대속도의 혁명으로 나아가고 있음을 간과한다. 그 때문에 그는 오히려 속도를 제어하고 느린 사색을 추구하며 과거로 회귀하려 한다. 반면 들뢰즈와 가타리는 속도에 관심을 지닌다. 그들은 비릴리오와 마찬가지로 현대사회에서 상대적인 속도, 즉 양적 속도 대신 절대적인 속도, 즉 질적 속도가 중요하다는 것을 인식한다. 또한 그들은 현실의 시간보다 잠재적 시간에 관심을 갖는다. 그러나 그들은 비릴리오와 달리 잠재적 속도를 인류의 파멸이 아니라 억

---

54 같은 책, 30쪽.

압적인 경계를 부수는 탈영토화의 해방적 기능과 관련시켜 생각한다. 들뢰즈와 가타리는 운동과 속도를 구분한다. "운동은 '하나'로 불리는 물체가 한 지점에서 다른 지점으로 이동할 때 갖는 상대적 성격을 지칭한다. 반면 속도는 물체의 환원할 수 없는 부분들(원자들)이 갑자기 어떤 지점에 나타날 가능성을 갖고서 소용돌이가 일듯이 매끄러운 공간을 차지하거나 채울 때 그 물체의 절대적 성격을 가리킨다. (따라서 이와 관련해 실제로 움직이지 않고도 그저 강렬한 체험을 통해서만 그 자리에서 이루어지는 정신적 여행에 대한 이야기가 전해져 온 것은 놀라운 일이 아니다. 그러한 여행은 유목[55]의 일부이기 때문이다.) 간단히 말해, 유목민만이 절대적 운동, 즉 속도를 갖고 있다는 데 의견의 일치를 볼 수 있을 것이다. 소용돌이 운동이나 회전운동은 본질적으로 유목민의 전쟁기계에 속하는 것이다."[56]

들뢰즈와 가타리는 잠재적 속도(또는 절대적) 속도를 제약하고 상대적 운동만 허용하는 국가장치에 맞서 탈영토화를 추구하고 전쟁기계의 속도와 유목성을 강조한다. 이러한 속도는 전혀 움직이지 않아도 생겨난다. 또한 이러한 속도는 자아와 타자의 경계를 허무는 소용돌이 운동이 되는데, 이를 통해 특이성으로서의 자아는 임의성으로서의 '우리'와 연결될 수 있다. 아감벤은 현실적으로 수행된 행위와 구분되는 잠재성의 의미를 강조하며, "능력 potenza과 불능 impotenza을 똑

---

55 "따라서 유목민에게 운동의 특성을 부여한다면 잘못된 것일 것이다. 토인비가 유목인은 오히려 이동하지 않는 사람이라고 말할 때 옳았다. […] 물론 유목민은 이동한다. 하지만 앉아 있으면서 그렇다. 즉 그는 이동하면서 그저 앉아 있는 것이다." G. Deleuze & F. Guattari, *Tausend Plateaus*, 524쪽.

56 같은 책, 524-525쪽.

같이 행할 수 있는 이러한 능력만이 최고의 능력"[57]이라고 말한다. "사유는 오로지 이러한 사유하지 않을 잠재성 덕분에 자기 자신으로 (자신의 순수한 잠재성에) 되돌아갈 수 있고, 자신의 정점, 즉 사유의 사유일 수 있다."[58] 이로써 그는 한 가지 잠재성을 실현할 뿐인 특정한 행위에 대한 "잠재성 자체를 대상으로 삼는 어떤 잠재성"[59]의 우위를 강조한다. 순수한 사유, 잠재성의 잠재성의 행위는 현실화되지 않은 행위로서 무위이지만, 그러한 잠재성 전체를 사유의 대상으로 삼기 때문에 피로를 유발한다. 그러한 잠재성에 대한 욕망은 자아의 협소한 정체성을 부수고 자신을 타자들과 연결시키며 특이성이 임의적 특이성이 되게 만든다. 이로써 무위의 피로는 '우리-피로'가 된다.

물론 한병철이 후기 자본주의 사회의 개인이 더 빨리, 더 많은 성과를 거두기 위해 과잉노동하며 병들어 가는 것을 지적하며, 그로부터 발생하는 피로를 타인과 자신을 갈라놓은 이기적이고 병적인 자아-피로로 비판한 것이나, 그에 대한 대안으로 한트케에 기대어 나와 타인의 우애적인 관계를 열어 주는 우리-피로를 내세운 것 자체는 의미가 있다. 그러나 그러한 '우리-피로'는 결코 시간을 거슬러 올라가 전통적인 방식으로 생겨날 수는 없다. 비단 농촌에서 이루어지는 노동형태를 살펴보더라도, 오늘날에는 기계화되기 이전의 상호협력적인 농사와 달리 기계화와 정보화에 바탕을 둔 농사와 농산물판매가 이루어지고 있다. 더 이상 소가 아닌 경운기가 밭을 갈고 있으며, 자

57 아감벤, 『도래하는 공동체』, 56쪽.
58 같은 책, 58쪽.
59 같은 책, 56쪽.

신이 지은 농산물을 인터넷을 통해 직접 판매하기도 한다. 심지어 유전자변형농산물의 경우처럼 농산물 자체의 생산이 과학적 지식과 정보에 기반을 두고 있기도 하다. 이러한 사회에서 전통적인 우리-피로를 상상하기는 힘들다.

그렇다고 현대사회에서 협동과 우리-피로가 사라졌다는 말은 아니다. 오늘날 후기 자본주의 사회에서 생산은 언어와 소통을 바탕으로 한 협동에 기반을 두며, 특히 정보화시대의 발전에 따라 소통과 사회적 협동의 의미가 더욱 커지고 있다. 가령 지식의 생산으로서 한 권의 책의 저술도 상호텍스트적인 네트워크 속에서, 즉 소통과 협력을 통해 생겨난다. "[…] 정보와 지식은 인간 노동, 경험, 발명의 재능에 의해 생산되지만, 어떤 경우에도 그러한 노동이 한 개인에게 전적으로 할당될 수는 없다. 이러한 지식은 언제나 협력과 소통 속에서 생산된다. 광대하고 불명확한 사회적 네트워크들 속에서 […] 공통적으로 작업하는 것에 의해 생산된다."[60] 따라서 창조적인 생산은 이전과 달리 가시적이지는 않지만 '우리-피로'에 의해 생겨난다. 또한 인터넷 및 통신수단의 발전으로 노동의 사회적인 네트워크성이 강화되면서, 비물질적인 노동의 생산에서 서로 알지 못하는 사람들 간의 협력은 더욱더 큰 의미를 갖게 된다. 우리가 우리들 자신의 노동에 담긴 이러한 언어 및 소통의 차원을 의식할수록, 우리는 각자가 느끼는 노동과 생산의 피로가 사실은 눈에 보이지 않는 '우리-피로'임을 깨닫게 될 것이다. 그리고 나의 노동이 다른 사람의 노동과 연결되어 있으며, 나

---

60 네그리 · 하트, 『다중』, 232쪽.

의 생산물이 그들의 협력에 기반을 두고 있음을 인식할 때, 나는 나 자신의 세계에서 벗어나 타인을 인정하고 그들과 협력하며 평화로운 우리의 세계를 만들어 갈 수 있을 것이다.

| 참고문헌 |

국내

강영안, 「레비나스의 철학」, 엠마누엘 레비나스, 『시간과 타자』, 강영안 옮김, 문예출판사, 2012.

구연정, 「포스트휴머니즘 시대의 혼종성의 미학. 크리스티안 크라흐트의 『나 여기 있으리. 햇빛 속에 그늘 속에』를 중심으로」, 『뷔히너와 현대문학』 제41호, 2013.

권혁준, 「테크노포비아와 테크노필리아 사이에서. 현대 '기술매체'와 카프카의 서사텍스트」, 『카프카 연구』 28집, 2012.

김연수, 「카프카의 '유형지에서' 만난 유럽인과 비유럽인」, 『카프카 연구』 제16집, 2006.

김은중, 「포스트식민주의를 거쳐, 모더니티를 넘어, 트랜스모더니티로」, 『이베로아메리카연구』 21집, 2010.

김은희, 「로크의 자유주의와 무산자 배제」, 『철학연구』 제114집, 2016.

김준수, 「헤겔의 『법철학』에서 법과 인륜성」, 『범한철학』 제65집, 2012.

김태환, 「유토피아의 뒤편」, 크리스티안 크라흐트, 『나 여기 있으리. 햇빛 속에 그리고 그늘 속에』, 배수아 옮김, 문학과지성사, 2012.

김태환, 『미로의 구조. 카프카 소설에서의 자아와 타자』, 알음, 2008.

김혁기, 「포스트모던 법이론 연구. 데리다의 해체론을 중심으로」, 서울대학교 법학석사학위 논문, 2000.

김환석, 「'사회적인 것'에 대한 과학기술학의 도전. 비인간 행위성의 문제를 중심으로」, 『생명정치의 사회과학』, 김환석 엮음, 알렙, 2014.

김환석 엮음, 『생명정치의 사회과학』, 알렙, 2014.

끌라스트르, 삐에르, 『폭력의 고고학』, 변지현 · 이종영 옮김, 울력, 2009.

네그리, 안토니오 · 하트, 마이클, 『공통체』, 정남영 · 윤영광 옮김, 사월의 책, 2014.

네그리, 안토니오 · 하트, 마이클, 『다중』, 조정환 · 정남현 · 서창현 옮김, 세종서적, 2008.

네그리, 안토니오 · 하트, 마이클, 『제국』, 윤수종 옮김, 이학사, 2011.

니체, 프리드리히, 『도덕의 계보학』, 홍성광 옮김, 연암서가, 2011.

니체, 프리드리히, 『바그너의 경우 · 우상의 황혼 · 안티크리스트 · 이 사람을 보라 · 디오니소스 송가 · 니체 대 바그너』(니체 전집 15), 백승영 옮김, 책세상, 2012.

다둔, 로제, 『폭력』, 최윤주 옮김, 동문선, 2006.
데리다, 자크, 『법의 힘』, 진태원 옮김, 문학과지성사, 2012.
데리다, 자크, 『환대에 대하여』, 남수인 옮김, 동문선, 2004.
드 발, 프란스, 『착한 인류. 도덕은 진화의 산물인가』, 오준호 옮김, 미지북스, 2014.
들뢰즈, 질, 『매저키즘』, 이강훈 옮김, 인간사랑, 2007.
라투르, 브뤼노, 『우리는 결코 근대인이었던 적이 없다』, 홍철기 옮김, 갈무리, 2009.
라파르그, 폴, 『게으를 수 있는 권리』, 조형준 옮김, 새물결, 1997.
레비나스, 엠마누엘, 『시간과 타자』, 강영안 옮김, 문예출판사, 2012.
로즈, 니콜라스, 「생명 자체의 정치를 위하여. 21세기의 생명정치」, 『생명정치의 사회과학』, 김환석 엮음, 알렙, 2014.
로크, 존, 『통치론. 시민정부의 참된 기원, 범위 및 그 목적에 관한 시론』, 강정인 · 문지영 옮김, 까치, 2015.
루소, 장 자크, 『사회계약론』, 김중현 옮김, 펭귄클래식코리아, 2014.
링컨, 브루스, 『거룩한 테러. 9.11 이후 종교와 폭력에 관한 성찰』, 김윤성 옮김, 돌베개, 2005.
맥퍼슨, C. B., 『홉스와 로크의 사회철학』, 황경식 · 강유원 옮김, 박영사, 2010.
모렐, 버지니아, 『동물을 깨닫는다』, 곽성혜 옮김, 추수밭, 2015.
밀러, 스티븐, 「법 이론의 한계에 선 라캉. 법, 욕망, 최고 폭력」, 에띠엔느 발리바르 · 알랭 바디우 · 슬라보예 지젝 외, 『법은 아무 것도 모른다』, 강수영 옮김, 인간사랑, 2008.
바르트, 롤랑, 『텍스트의 즐거움』, 김희영 옮김, 동문선, 2002.
바커, 조너선, 『테러리즘. 폭력인가 저항인가?』, 이광수 옮김, 이후, 2008.
박영욱, 『데리다 & 들뢰즈. 의미와 무의미의 경계에서』, 김영사, 2014.
박윤혜, 「장 아메리의 작품에 나타난 죽음담론의 변화 연구. 『죄와 속죄의 저편』, 『르퓌 혹은 붕괴』, 『자유죽음』을 중심으로」, 서울대학교 문학석사학위논문, 2014.
박은주, 「'피부': 문화적 기호와 육체성이 교차하는 경계면. 카프카의 「변신」과 「유형지에서」 분석」, 『뷔히너와 현대문학』 제38호, 2012.
박은주, 「『소송』에 나타난 권력과 법정세계」, 『카프카 연구』 6집, 1998.
박지향, 「식민주의/포스트식민주의 연구의 현황과 과제」, 『서양사연구』 제54집, 2016.
박혁, 「의지의 정치에서 의견의 정치로. 루소의 『사회계약론』에 나타난 의지의 정치에 대한 아렌트의 비판」, 『정치사상연구』 제18호, 2012.
박희경, 「베른하르트 슐링크의 소설 『책 읽어 주는 남자』에 나타난 죄와 수치의 유산」, 『뷔히너와 현대문학』 제44호, 2015.
버틀러, 주디스, 『윤리적 폭력 비판』, 양효실 옮김, 인간사랑, 2013.
벅모스, 수전, 『헤겔, 아이티, 보편사』, 김성호 옮김, 문학동네, 2012.
베버, 막스, 『프로테스탄티즘의 윤리와 자본주의 정신』, 김덕영 옮김, 도서출판 길, 2015.
벤야민, 발터, 『역사의 개념에 대하여. 폭력비판을 위하여. 초현실주의 외』, 최성만 옮김, 도서출판 길, 2009.
보드리야르, 장, 『테러리즘의 정신』, 배영달 옮김, 동문선, 2003.

사드, 도나티앙 알퐁소 프랑소아 드, 『규방철학』, 이충훈 옮김, 도서출판b, 2008.
사르트르, 장 폴, 「1961년판 서문」, 프란츠 파농, 『대지의 저주받은 사람들』, 남경태 옮김, 그린비, 2012,
사카이 다카시, 『폭력의 철학. 지배와 저항의 논리』, 김은주 옮김, 산눈, 2007.
서동욱, 「그리스인의 환대. 손님으로서 오뒷세우스」, 『철학논집』 제32집, 2013.
소렐, 조르주, 『폭력에 대한 성찰』, 이용재 옮김, 나남, 2010.
슈미트, 칼, 『정치신학. 주권론에 관한 네 개의 장』, 김항 옮김, 그린비, 2010.
아감벤, 조르조, 『도래하는 공동체』, 이경진 옮김, 꾸리에, 2014.
아감벤, 조르조, 『목적없는 수단』, 김상운 · 양창렬 옮김, 난장, 2016.
아감벤, 조르조, 『예외상태』, 김항 옮김, 새물결, 2009.
아감벤, 조르조, 『호모 사케르』, 박진우 옮김, 새물결, 2008.
아렌트, 한나, 『예루살렘의 아이히만. 악의 평범성에 대한 보고서』, 김선욱 옮김, 한길사, 2014.
아렌트, 한나, 『폭력의 세기』, 김정한 옮김, 이후, 1999.
안상헌, 「아나키즘 르네상스」, 표트르 크로포트킨, 『아나키즘』, 백용식 옮김, 충북대학교출판부, 2014.
야마기와 주이치, 『폭력은 어디서 왔나. 인간성의 기원을 탐구하다』, 한승동 옮김, 곰출판, 2015.
엘리아스, 노르베르트, 『문명화과정 I, II』, 박미애 옮김, 한길사, 2007.
엠리히, 빌헬름, 『카프카를 읽다 1』, 편영수 옮김, 유로, 2005.
영, 로버트 J. C., 『포스트식민주의 또는 트리컨티넨탈리즘』, 김택현 옮김, 박종철출판사, 2010.
오순희, 「카프카의 법. 소설 『소송』을 중심으로」, 『카프카 연구』 제30집, 2013.
윤삼석, 「헤겔 『법철학』에서 법을 통한 근대적 인륜성의 재구성」, 『헤겔연구』 40권, 2016.
윤재왕, 「개인주의적 절대주의. 토마스 홉스의 국가철학과 법철학에 관하여」, 『원광법학』 제28권, 2012.
은은기, 「루소의 『사회계약론』 한계 고찰」, 『인문연구』 제68호, 2013.
이경원, 「프란츠 파농과 '민족'의 정치학」, 『비평과 이론』 제9권, 2004.
이석구, 「호미 바바의 탈민족주의와 이산적 상상력」, 『비평과 이론』 제9권, 2004.
이정우, 『천 하나의 고원. 소수자 윤리학을 위하여』, 돌베개, 2013.
이진경, 「근대적 생명정치의 계보학적 계기들. 생명복제시대의 생명정치학을 위하여」, 『시대와 철학』 제18권, 2007.
이홍경, 「트라우마를 남긴 사랑. 베른하르트 슐링크의 『책 읽어 주는 남자』의 정신분석학적 고찰」, 『독일문학』 제93집, 2005.
임미원, 「탈근대적 생명정치 개념의 기초적 고찰. 푸코와 로즈의 생명정치 개념을 중심으로」, 『법학논총』 제27집, 2010.
임철규, 『눈의 역사 눈의 미학』, 한길사, 2006.
장은수, 「세대담론으로 읽는 슐링크의 『책 읽어 주는 남자』」, 『브레히트와 현대연극』 제26

집, 2012.
장제형, 「신적 폭력과 신화적 폭력의 단절과 착종. 발터 벤야민의 「폭력비판을 위하여」를 중심으로」, 『독일어문학』 제68집, 2015.
정항균, 『메두사의 저주』, 문학동네, 2014.
정항균, 『시시포스와 그의 형제들. 현대문학과 철학에 나타난 '반복' 모티브』, 을유문화사, 2009.
지라르, 르네, 『폭력과 성스러움』, 김진식 · 박무호 옮김, 민음사, 2003.
지젝, 슬라보예, 『폭력이란 무엇인가』, 이현우 · 김희진 · 정일권 옮김, 난장이, 2012.
촘스키, 노엄 L. · 블첵, 안드레, 『촘스키, 은밀한 그러나 잔혹한. 서양이 저지른 기나긴 테러의 역사』, 권기대 옮김, 베가북스, 2014.
최경은, 「문자 사회에서 문맹자의 운명. 베른하르트 슐링크의 『책 읽어 주는 남자』를 중심으로」, 『독일문학』 제125집, 2013.
최문규, 『파편과 형세』, 서강대학교출판부, 2012.
최윤영, 『카프카, 유대인, 몸』, 민음사, 2012.
최종천, 「탈식민주의 문화이론의 해체론적 접근」, 『범한철학』 61집, 2011.
카네티, 엘리아스, 『군중과 권력』, 강두식 · 박병덕 옮김, 바다출판사, 2012.
칼롱, 미셸 · 라베하리소아, 볼로로나, 「신생우려집단의 정치 · 경제생활 관여의 증가. 프랑스 신경근육계 질환 환자 단체의 교훈」, 『생명정치의 사회과학』, 김환석 엮음, 알렙, 2014.
커즈와일, 레이, 『특이점이 온다』, 김명남 · 장시형 옮김, 김영사, 2007.
크라흐트, 크리스티안, 『나 여기 있으리. 햇빛 속에 그리고 그늘 속에』, 배수아 옮김, 문학과지성사, 2012.
크로포트킨, 표트르, 『아나키즘』, 백용식 옮김, 충북대학교출판부, 2014.
클라스트르, 피에르, 『국가에 대항하는 사회』, 홍성흡 옮김, 이학사, 2013.
클라크, 아델, 「생의료화의 개념」, 『생명정치의 사회과학』, 김환석 엮음, 알렙, 2014.
파농, 프란츠, 『검은 피부, 하얀 가면』, 노서경 옮김, 문학동네, 2014.
파농, 프란츠, 『대지의 저주받은 사람들』, 남경태 옮김, 그린비, 2012.
푸코, 미셸, 『광기의 역사』, 이규현 옮김, 나남출판, 2003.
푸코, 미셸, 『성의 역사 1. 지식의 의지』, 이규현 옮김, 나남출판, 2014.
푸코, 미셸, 『안전, 영토, 인구』, 심세광 · 전혜리 · 조성은 옮김, 난장, 2012.
핑커, 스티븐, 『우리 본성의 선한 천사』, 김명남 옮김, 사이언스북스, 2015.
하승우, 『풀뿌리민주주의와 아나키즘』, 이매진, 2014.
한병철, 『심리정치. 신자유주의의 통치술』, 김태환 옮김, 문학과지성사, 2015.
한병철, 『투명사회』, 김태환 옮김, 문학과지성사, 2014.
한병철, 『피로사회』, 김태환 옮김, 문학과지성사, 2012.
헤겔, G. W. F., 『법철학』, 임석진 옮김, 한길사, 2014.
홉스, 토머스, 『리바이어던』, 최공웅 · 최진원 옮김, 동서문화사, 2014.
홍윤기, 「비판이론에 의한 헤겔사회철학의 현대적 수용과 거부」, 『철학논구』 23집, 1995.

국외

Arendt, Hannah, *On Violence*, New York, 1970.

Bauman, Zygmunt, *Moderne und Ambivalenz*, Hamburg, 2005.

Beck, Teresa Koloma & Schlichte, Klaus, *Theorien der Gewalt*, Hamburg, 2014.

Beck, Ulrich, *Weltrisikogesellschaft*, Frankfurt a.M., 2008.

Benz, Arthur & Dose, Nicolai (Hrsg.), *Governance. Regieren in komplexen Regelsystemen*, Wiesbaden, 2010.

Bhabha, Homi K., *Die Verortung der Kultur*, Tübingen, 2011.

Birgfeld, Johannes, "Christian Kracht als Modelfall einer Reiseliteratur des globalisierten Zeitalters", *»Germanistik im Konflikt der Kulturen«. Bd. 9: Kulturkonflikte in der Reiseliteratur*, Annakutty V. K. Findeis, Hans-Wolf Jäger, & Françoise Knopper (Hrsg.), Bern, 2007.

Birgfeld, Johannes & Conter, Claude D. (Hrsg.), *Christian Kracht*, Köln, 2009.

Birgfeld, Johannes & Conter, Claude D., "Mörgenröte des Post-Humanismus. *Ich werde hier sein im Sonnenschein und im Schatten* und der Abschied vom Begehren", *Christian Kracht*, J. Birgfeld & C. D. Conter (Hrsg.), Köln, 2009.

Brinkmann, Rolf Dieter, "Godzilla", *Standphotos. Gedichte 1962-1970*, Reinbek bei Hamburg, 1980.

Brocker, Manfred (Hrsg.), *Geschichte des politischen Denkens*, Frankfurt a.M., 2006.

Butler, Judith, *Hass spricht. Zur Politik des Performativen*, Berlin, 1998.

Cohen, Josuha, "Structure, Choice, and Legitimacy. Locke's Theory of the State", *Philosophy & Public Affairs*, Vol. 15, No. 4, 1986.

Conter, Claude D., "Christian Krachts posthistorische Ästhetik", *Christian Kracht*, J. Birgfeld & C. D. Conter (Hrsg.), Köln, 2009.

de Castro, Eduardo Viveiros, "Exchanging Perspectives. The Transformation of Subjects into Objects in Amerindian Ontologies", *Common Knowledge* 10, No. 3, 2004.

Deleuze, Gilles & Guattari, Félix, *Tausend Plateaus*, Berlin, 2005.

Derrida, Jacques, *Die Schrift und die Differenz*, Frankfurt a.M., 1992.

Diez, Georg, "Die Methode Kracht", *Christian Kracht trifft Wilhelm Raabe*, H. Winkels (Hrsg.), Berlin, 2013.

Dreike, Beate M., "Was wäre denn Gerechtigkeit? Zur Rechtsskepsis in Bernhard Schlinks *Der Vorleser*", *German Life and Letters* 55, H. 1, 2002.

Ehrmann, Jeanette, "'Jenseits der Linie'. Ausnahmezustand, Sklaverei und Thanatopolitik zwischen Aufklärung und (Post-)Kolonialismus", *Der Nomos der Moderne*, Daniel Loick (Hrsg.), Baden-Baden, 2011.

Euchner, Walter, "Locke zwischen Hobbes und Hooker. Zu neuen Interpretationen der politischen Philosophie John Lockes", *Archives européenes de sociologie* 7, 1966.

Falk, Francesca, "Hobbes' Leviathan und die aus dem Blick gefallenen Schnabelmasken", *Leviathan* 39, 2011.

Fischer-Lescano, Andreas, "Postmoderne Rechtstheorie als kritische Theorie", *Deutsche Zeitschrift für Philosophie* 61, 2013.

Foucault, Michel, "Die Geburt der Sozialmedizin", *Schriften in vier Bänden* Bd.3, Frankfurt a.M., 2003.

Foucault, Michel, *Die Ordnung des Diskurses*, Frankfurt a.M., 2003.

Foucault, Michel, *In Verteidigung der Gesellschaft. Vorlesungen am Collége de France 1975-76*, Frankfurt a.M., 1999.

Foucault, Michel, *Schriften in vier Bänden. Dits et Ecrits. Bd. III 1976-1979*, Daniel Defert & François Ewald (Hrsg.), Frankfurt a.M., 2003.

Foucault, Michel, *Überwachen und Strafen. Die Geburt des Gefängnisses*, Frankfurt a.M., 1994.

Fricke, Hannes, "Selbstverletzendes Verhalten. Über die Ausweglosigkeit, Kontrollversuche, Sprache und das Scheitern der Erika Kohut in Elfriede Jelineks *Die Klavierspielerin*", *Lili* H. 119, 2000.

Galtung, Johan, *Strukturelle Gewalt. Beiträge zur Friedens- und Konfliktforschung*, Reinbek, 1975.

Genz, Julia, "Schreib-Schmerzen. Die Materialität des Schreibens bei Prudentius und Kafka", *Arcadia* 40, H. 2, 2005.

Habermas, Jürgen, *Erläuterungen zur Diskursethik*, Frankfurt a.M., 1992.

Habermas, Jürgen, *Faktizität und Geltung. Beiträge zur Diskurstheorie des Rechts und des demokratischen Rechtsstaats*, Frankfurt a.M., 1994.

Habermas, Jürgen, *Theorie des kommunikativen Handelns* Bd.1, Frankfurt a.M., 1995.

Habermas, Jürgen, *Vorstudien und Ergänzungen zur Theorie des kommunikativen Handelns*, Frankfurt a.M., 1995.

Han, Byung-Chul, *Topologie der Gewalt*, Berlin, 2012.

Han, Byung-Chul, *Was ist Macht?*, Stuttgart, 2005.

Handke, Peter, *Versuch über die Müdigkeit*, Frankfurt a.M., 1992.

Heidegger, Martin, *Sein und Zeit*, Tübingen, 2006.

Heitmeyer, Wilhelm, "Kontrollverluste. Zur Zukunft der Gewalt", *Gewalt*, W. Heitmeyer & H. G. Soeffner (Hrsg.), Frankfurt a.M., 2004.

Heitmeyer, Wilhelm & Soeffner, Hans-Georg (Hrsg.), *Gewalt*, Frankfurt a.M., 2004.

Herb, Karlfriedrich, "Jean-Jacques Rousseau, Vom Gesellschaftsvertrag(1762)", *Geschichte des politischen Denkens*, M. Brocker (Hrsg.), Frankfurt a.M., 2006.

Hermsdorf, Klaus, "Land und Stadt, Soziotopographische Aspekte in Franz Kafkas 'Vor dem Gesetz'", *Neue Literaturtheorien in der Praxis. Textanalysen von Kafkas "Vor dem Gesetz"*, K. M. Bogdal (Hrsg.), Göttingen, 2005.

Hiebel, Hans H., ""Später!" - Poststrukturalistische Lektüre der "Legende" *Vor dem Gesetz*",

Neue Literaturtheorien in der Praxis. Textanalysen von Kafkas "Vor dem Gesetz", Klaus Michael Bogdal (Hrsg.), Göttingen, 2005.

Jahraus, Oliver, *Kafka.Leben,Schreiben,Machtapparate*, Stuttgart, 2006.

Jann, Werner & Wegrich, Kai, "Governance und Verwaltunsgpolitik. Leitbilder und Reformkonzepte", *Governance. Regieren in komplexen Regelsystemen*, A. Benz & N. Dose (Hrsg.), Wiesbaden, 2010.

Kafka, Franz, *Der Proceß*, Frankfurt a.M., 2002.

Kafka, Franz, "In de Strafkolonie", *Drucke zu Lebzeiten*, Wolf Kittler, Hans-Gerd Koch, & Gerhard Neumann (Hrsg.), Frankfurt a.M., 2002.

Karakayali, Serhat, "Vom Staat zum Lager. Von der Biopolitik zur Biokratie", *Der Nomos der Moderne*, Daniel Loick (Hrsg.), Baden-Baden, 2011.

Kaul, Susanne, *Einführung in das Werk Franz Kafkas*, Darmstadt, 2010.

Kiepenheuer & Witsch, "Christian Krachts Agentur Landwehr & Cie. und zahlreiche Autoren wenden sich am 17. Februar in einem offenen Brief an den Spiegel", *Christian Kracht trifft Wilhelm Raabe*, H. Winkels (Hrsg.), Berlin, 2013.

König, Ekkehard & Stathi, Katerina, "Gewalt durch Sprache. Grundlagen und Manifestationen", *Gewalt in der Sprache.Rhetoriken verletzenden Sprechens*, Sybille Krämer & Elke Koch (Hrsg.), München, 2010.

Kracht, Christian, *Ich werde hier sein im Sonnenschein und im Schatten*, München, 2010.

Kracht, Christian, *Imperium*, Frankfurt a.M., 2014.

Kroll, Joe Paul, "Der Ritter der Kokosnuss", *Christian Kracht trifft Wilhelm Raabe*, H. Winkels (Hrsg.), Berlin, 2013.

Krämer, Sybille, "'Humane Dimension' sprachlicher Gewalt oder: Warum symbolische und körperliche Gewalt wohl zu unterscheiden sind", *Gewalt in der Sprache*, S. Krämer & E. Koch (Hrsg.), München, 2010.

Krämer, Sybille & Koch, Elke (Hrsg.), *Gewalt in der Sprache.Rhetoriken verletzenden Sprechens*, München, 2010.

Lacan, Jacques, "Kant mit Sade", *Schriften II*, Norbert Haas (Hrsg), Weinheim & Berlin, 1991.

Lacan, Jacques, *Schriften I*, Norbert Haas (Hrsg.), Olten, 1973.

Leinemann, Susanne, "Der Orden der Fruchtesser", *mare*. Nr. 83, 2010.

Lemke, Thomas, *Biopolitik*, Hamburg, 2007.

Lemke, Thomas, *Gouvernementalität und Biopolik*, Wiesbaden, 2008.

Liebsch, Burkhard, *Subtile Gewalt. Spielräume sprachlicher Verletzbarkeit. Eine Einführung*, Weilerswist, 2007.

Lévinas, Emmanuel, *Nine Talmudic Readings*, Bloomington, 1990.

Lévinas, Emmanuel, *Totalität und Unendlichkeit*, Freiburg & München, 2008.

Marchart, Oliver, *Die politische Differenz*, Berlin, 2010.

Metz, Joseph, ""Truth Is a Woman". Post-Holocaust Narrative, Postmodernism, and the Gender of Fascism in Bernhard Schlink's *Der Voleser*", *The German Quarterly* 77. H.3, 2004.

Meyer, Peter, "Grundlagen menschlicher Gewaltbereitschaft. Beiträge evolutionärer Forschung", *Gewalt*, W. Heitmeyer & H. G. Soeffner (Hrsg.), Frankfurt a.M., 2004.

Moll, Andreas, *Text und Bild bei Rolf Dieter Brinkmann*, Frankfurt a.M., 2006.

Muhle, Maria, "'Biopolitik - ein polemischer Begriff. Von Foucault zu Agamben und zurück", *Der Nomos der Moderne*, Daniel Loick (Hrsg.), Baden-Baden, 2011.

Müller, Klaus-Detlef, *Franz Kafka*, Berlin, 2007.

Münkler, Herfried, "Clausewitz und die neuen Kriege. Über Terrorismus, Partisanenkrieg und die Ökonomie der Gewalt", *Gewalt*, W. Heitmeyer & H. G. Soeffner (Hrsg.), Frankfurt a.M., 2004.

Negri, Antonio, *Ready-Mix. Vom richtigen Gebrauch der Erinnerung und des Vergessens*, Berlin, 1998.

Negri, Antonio & Hardt, Michal, *Die Arbeit des Dionysos. Materialistische Staatskritik in der Postmoderne*, Berlin, 1997.

Nietzsche, Friedrich, *Also sprach Zarathustra*, München, 1999.

Nietzsche, Friedrich, *Die nachgelassenen Fragmente*, Stuttgart, 1996.

Nover, Immanuel, *Referenzbegehren. Sprache und Gewalt bei Bret Ellis und Christian Kracht*, Wien u.a., 2012.

Nunner-Winkler, Gertrud, "Überlegungen zum Gewaltbegriff", *Gewalt*, W. Heitmeyer & H. G. Soeffner (Hrsg.), Frankfurt a.M., 2004.

Pieczyk, Liesa, "Godzilla meets Miss Maus. Norm versus Phantasma in Rolf Dieter Brinkmanns *Godzilla*", *Rolf Dieter Brinkmann. Neue Perspektiven. Orte – Helden – Körper*, Thomas Bozken, Ina Cappelmann, & Uwe Chwagmeier (Hrsg.), München, 2010.

Pieper, Marianne et al. (Hrsg.), *Empire und die biopolitische Wende. Die internationale Diskussion im Anschluss an Hardt und Negri*, Frankfurt a.M., 2007.

Popitz, Heinrich, *Phänomene der Macht*, Tübingen, 1992.

Repussard, Catherine, "Ein bisschen Südsee und ein gutes Mass Lebenreform. Das Rezept für das beginnende 21. Jahrhundert? Marc Buhls *Paradies des August Engelhardt* (2011) und Christian Krachts *Imperium* (2012)", *Recherches Germaniques* 42, 2012.

Saar, Martin, "Michael Hardt/ Antonio Negri, Empire (2000)", *Geschichte des politischen Denkens*, M. Brocker (Hrsg.), Frankfurt a.M., 2006.

Santos, Boaventura de Sousa, *Una epistemología del sur. La reinvención del concoimiento y la emancipación social*, México, 2009.

Sarasin, Philipp, *Michel Focault*, Hamburg, 2005.

Sartre, Jean-Paul, "Black Orpheus", *What Is Literature? and Other Essays*, Cambridge & Massachusetts, 1988.

Schlink, Bernhard, *Der Vorleser*, Zürich, 1997.

Schlink, Bernhard, *Die Heimkehr*, Zürich, 2008.

Schmidt, Thomas E., "Zwei Nerds spielen bürgerliches Schreiben", *Christian Kracht trifft Wilhelm Raabe*, H. Winkels (Hrsg.), Berlin, 2013.

Schmitt, Carl, *Der Nomos der Erde. Im Völkerrecht des Jus Publicum Europaeum*, Berlin, 2011.

Schmitz, Heltmut, "Malen nach Zahlen? Bernhard Schlinks *Der Vorleser* und die Unfähigkeit zu trauern", *German Life und Letters* 55 H. 3, 2002.

Schroer, Markus, "Gewalt ohne Gesicht. Zur Notwendigkeit einer umfassenden Gewalt-anaylse", *Gewalt*, W. Heitmeyer & H. G. Soeffner (Hrsg.), Frankfurt a.M., 2004.

Schumacher, Eckhard, "Differenz und Wiederholung. Christian Krachts *Imperium*", *Christian Kracht trifft Wilhelm Raabe*, H. Winkels (Hrsg.), Berlin, 2013.

Schwarz, Thomas, "Im Denotationsverbot? Christian Krachts Roman "Imperium" als Reise ans Ende der Ironie", *Zeitschrift für Germanistik* Vol. 24, 2014.

Schönherr-Mann, Hans-Martin, "Ein Anfang der Gerechtigkeit. Postmoderne Theorie des Politischen", *Zeitschrift für Philosophische Forschung* Bd. 49, 1995.

Seiler, Sascha, *>>Das einfache wahre Abschreiben der Welt<<. Pop-Diskurse in der deutschen Literatur nach 1960*, Göttingen, 2006.

Spivak, Gayatri Chakravorty, "Can the Subaltern Speak?", *Marxism and the Interpretation of Culture*, Cary Nelson & Lawrence Grossberg (Ed.), Houndmills, Basingstoke, & Hampshire, 1988.

Süselbeck, Jan, "Im Zeichen von Elisabeth Förster-Nietzsches Yerba-Mate-Tee", *Christian Kracht trifft Wilhelm Raabe*, H. Winkels (Hrsg.), Berlin, 2013.

Trojanow, Ilija & Zeh, Juli, *Angriff auf die Freiheit. Sicherheitswahn, Überwachungsstaat und der Abbau bürgerlicher Rechte*, München, 2014.

Verplaetse, Jan, *Der moralische Instinkt. Über den natürlichen Ursprung unserer Moral*, Göttingen, 2011.

Virilio, Paul, *Revolution der Geschwindigkeit*, Berlin, 1993.

Virno, Paolo, "Multitude und das Prinzip der Individuation", *Empire und die biopolitische Wende. Die internationale Diskussion im Anschluss an Hardt und Negri*, Marianne Pieper et al. (Hrsg.), Frankfurt a.M., 2007.

Weber, Max, *Gesammelte Politische Schriften*, Tübingen, 1988.

Weidermann, Volker, "Notizen zu Kracht. Was er will", *Christian Kracht trifft Wilhelm Raabe*, H. Winkels (Hrsg.), Berlin, 2013.

Wetzel, Michael, *Derrida*, Stuttgart, 2010.

Winkels, Hubert (Hrsg.), *Christian Kracht trifft Wilhelm Raabe. Die Diskussion um Imperium und der Wilhelm Raabe-Literaturpreis 2012*, Berlin, 2013.

Witte, Bernd, "Das Gericht, das Gesetz, die Schrift. Über die Grenzen der Hermeneutik am Beispiel von Kafkas Türhüter-Legende", *Neue Literaturtheorien in der Praxis.*

Textanalysen von Kafkas "Vor dem Gesetz", K. M. Bogdal (Hrsg.), Göttingen, 2005.
Zeh, Juli, *Corpus Delicti. Ein Prozess*, Frankfurt a.M., 2010.

인터넷 사이트

『경향신문』 2015년 10월 14일(http://news.khan.co.kr/kh_news/khan_art_view.html?artid=201510142235575&code=970100, 2016. 3. 23.)

『경향신문』 2016년 2월 29일(http://news.khan.co.kr/kh_news/khan_art_view.html?artid=201602292148035&code=970201, 2016. 5. 23.)

네이버국어사전(http://krdic.naver.com/detail.nhn?docid=40701400, 2015. 10. 10.)

네이버국어사전(http://krdic.naver.com/search.nhn?kind=all&scBtn=true&query=%ED%94%BC%EB%A1%9C, 2014. 11. 30.)

다음국어사전(http://dic.daum.net/word/view.do?wordid=kkw000035439&q=%EA%B8%B0%EA%B3%84, 2015. 11. 11.)

세계 파이낸스 2014년 12월 16일(http://fn.segye.com/articles/article.asp?aid=20141216020296&cid=0501010000000?OutUrl=daum, 2015. 4. 12.)

연합뉴스 2013년 12월 22일(http://www.yonhapnews.co.kr/bulletin/2013/12/22/0200000000AKR20131222064700009.HTML?input=1179m, 2014. 7. 18.)

연합뉴스 2015년 12월 3일(http://media.daum.net/foreign/all/newsview?newsid=20151203000821440, 2015. 12. 3.)

연합뉴스 2016년 5월 10일(http://www.yonhapnews.co.kr/bulletin/2016/05/10/0200000000AKR20160510187500098.HTML?input=1179m, 2016. 5. 23.)

『한겨레신문』 2015년 1월 17일(http://www.hani.co.kr/arti/society/environment/674032.html, 2015. 12. 26.)

『한겨레신문』 2015년 3월 18일(http://www.hani.co.kr/arti/economy/it/682734.html, 2015. 4. 12.)

『한국일보』 2017년 1월 8일(http://www.hankookilbo.com/v/1c2db0726f5d4f968ef147e68ad024e3, 2017. 2. 7.)

Cours Vincennes. 12/21/1980, http://www.webdeleuze.com/php/texte.php?-cle=190&groupe=Spinoza&langue=2.

https://de.wikipedia.org/wiki/Terror, 2016. 1. 1.

https://de.wikipedia.org/wiki/Terrorismus, 2016. 1. 1.

| 찾아보기 |

인명 논저

용어 및 명칭

ㅊ

ㅋ

ㅌ

저자소개

정항균(鄭恒均)

서울대학교 독어독문학과를 졸업하고 같은 학교 대학원에서 석사학위를, 독일 부퍼탈 대학교에서 하버마스의 의사소통행위이론을 바탕으로 한 폰타네 소설 연구로 박사학위를 받았다. 독일 19세기 사실주의 문학과 독일 현대소설을 전공했으며, 현재 서울대학교 독어독문학과 교수로 재직 중이다. 지은 책으로 『대화의 개방성: 테오도르 폰타네 소설 연구 *Dialogische Offenheit. Eine Studie zum Erzählwerk Theodor Fontanes*』(2001), 『므네모시네의 부활』(2005), 『시시포스와 그의 형제들』(2009), 『"typEmotion": 문자학의 정립을 위하여』(2012), 『메두사의 저주』(2014)가 있고, 옮긴 책으로는 『악마의 눈물』(공역, 2004), 『커플들, 행인들』(2008), 『어쩌면 이것이 카프카』(2017)가 있다. 최근의 주요 관심 분야는 독일 팝문학과 고향이라는 테마다.